"十二五"国家重点图书

38

财政政治学译丛
刘守刚 主编

上海财经大学
公共经济与管理学院

An Anthology Regarding Merit Goods
The Unfinished Ethical Revolution in Economic Theory

有益品文选
一场发生在经济学理论领域的未竟伦理革命

威尔弗莱德·维尔·埃克（Wilfried Ver Eecke） 编

沈国华 译

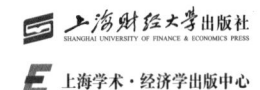

上海财经大学出版社
上海学术·经济学出版中心

图书在版编目(CIP)数据

有益品文选:一场发生在经济学理论领域的未竟伦理革命/(美)威尔弗莱德·维尔·埃克(Wilfried Ver Eecke)编;沈国华译. —上海:上海财经大学出版社,2024.6

(财政政治学译丛)

书名原文:An Anthology Regarding Merit Goods: The Unfinished Ethical Revolution in Economic Theory

ISBN 978-7-5642-4191-9/F·4191

Ⅰ.①有… Ⅱ.①威… ②沈… Ⅲ.①经济学-文集 Ⅳ.①F0—53

中国国家版本馆CIP数据核字(2023)第116101号

图字:09-2023-0867号

An Anthology Regarding Merit Goods
The Unfinished Ethical Revolution in Economic Theory

Wilfried Ver Eecke

© Purdue University Press 2007.
All Rights Reserved.

CHINESE SIMPLIFIED language edition published by SHANGHAI UNIVERSITY OF FINANCE AND ECONOMICS PRESS, Copyright © 2024.

2024年中文版专有出版权属上海财经大学出版社
版权所有　翻版必究

□责任编辑　温　涌
□封面设计　张克瑶

有益品文选
一场发生在经济学理论领域的未竟伦理革命

威尔弗莱德·维尔·埃克　编
(Wilfried Ver Eecke)
沈国华　译

上海财经大学出版社出版发行
(上海市中山北一路369号　邮编200083)
网　址:http://www.sufep.com
电子邮箱:webmaster@sufep.com
全国新华书店经销
上海叶大印务发展有限公司印刷装订
2024年6月第1版　2024年6月第1次印刷

710mm×1000mm　1/16　49.75印张(插页:2)　762千字
定价:198.00元

总 序

"财政是国家治理的基础和重要支柱",自古以来财政就是治国理政的重要工具,中国也因此诞生了丰富的古典财政思想。不过,近代以来的财政学发展主要借鉴了来自西方世界的经济学分析框架,侧重于财政的效率功能。不仅如此,在此过程中,引进并译介图书,总体上也是中国人开化风气、发展学术的不二法门。本系列"财政政治学译丛",正是想接续近代以来前辈们"无问西东、择取精华"的这一事业。

在中国学术界,"财政政治学"仍未成为一个广泛使用的名称。不过,这个名称的起源其实并不晚,甚至可以说它与现代财政学科同时诞生。至少在19世纪80年代意大利学者那里,就已经把"财政政治学"作为正式名称使用,并与"财政经济学""财政法学"并列为财政学之下的三大分支学科之一。但随着20世纪经济学成为社会科学皇冠上的明珠,财政经济学的发展也在财政学中一枝独大,而财政政治学及其异名而同质的财政社会学,一度处于沉寂状态。直到20世纪70年代,美国学者奥康纳在他的名著《国家的财政危机》中倡导"财政政治学"后,以财政政治学/财政社会学为旗帜的研究才陆续出现,不断集聚,进而成为推动财政学科发展、影响政治社会运行的积极力量。

当前以财政政治学为旗帜的研究,大致可分为两类:一类是从财政出发,探讨财政制度构建与现实运行对于政治制度发展、国家转型的意义;另一类是从政治制度出发,探索不同政治制度对于财政运行与预算绩效的影响。在"财政政治学译丛"的译著中,《发展中国家的税收与国家构建》是前一类著作的典型,而《财政政治学》则属于后一类著作的典型。除了这两类著作外,举凡有利于财政政治学发展的相关著作,如探讨财政本质与财政学的性质、研究财政制度的政治特征、探索财政发展的历史智慧、揭示财政国家的阶段性等作品,都在这套译丛关注与引进的范围内。

自 2015 年起,在上海财经大学公共政策与治理研究院、公共经济与管理学院支持下,"财政政治学译丛"已经出版了 30 本,引起了学界的广泛关注。自 2023 年 7 月起,我们公共经济与管理学院将独立承担起支持译丛出版工作的任务。

上海财经大学公共经济与管理学院是一个既富有历史积淀,又充满新生活力的多科性学院。其前身财政系始建于 1952 年,是新中国成立后高校中第一批以财政学为专业方向的教学科研单位。经过 70 多年的变迁和发展,财政学科不断壮大,已成为教育部和财政部重点学科,为公共经济学的学科发展和人才培养做出了重要贡献。2001 年,在财政系基础上,整合投资系与设立公共管理系,组建了公共经济与管理学院,从而形成了以应用经济学和公共管理的"双支柱"基本架构,近年来,学院在服务国家重大战略、顶天立地的科学研究和卓越的人才培养等方面均取得了不错的成绩。

我们深信,"财政政治学译丛"的出版,能够成为促进财政学科发展、培养精英管理人才、服务国家现代化的有益力量。

范子英
2023 年 7 月 7 日

谨把此书献给米克(Mieke)、斯特凡(Stefaan)、雷纳特(Renaat)和杨(Jan)这几个让我的生活变得如此丰富多彩的孩子。

致　谢

倘若没有许多人的帮助,本文选就不可能与读者见面。首先,本文选的编者要感谢戴安·巴斯廷(Diane Bastin)完成了布劳尔克(Braulke)、安德尔(Andel)、麦克沙伊特(Mackscheidt)和福尔克斯(Folkers)论文的初译工作;还要感谢斯图亚特·布罗兹(Stuart Broz)对这些论文的英译文和本文选引言的英语做了修改润色。本文选的编者要感谢乔塔姆·乔伊斯(Gautam Jois)对编者为本文选的全部入选文献撰写的英文评论进行了修改润色,还要感谢乔塔姆·乔伊斯和戴夫·奥马拉(Dave O'Mara)帮助编者查到了本文选入选文献遍布世界各地的作者和出版商的地址,并征得了引用这些文献的许可。最后,本文选的编者要感谢尤皮尔·金·穆恩(Eupil Kim Muhn)帮助制作文选的参考文献,还要感谢亚历克斯·斯卡尔(Alex Skall)帮助完成了索引编写工作。乔塔姆·乔伊斯、大卫·奥马拉(David O'Mara)和尤皮尔·金·穆恩获得了乔治敦大学本科生研究机会项目(Georgetown Undergraduate Research Opportunity Program,GUROP)的资助,斯图亚特·布罗兹获得了乔治敦大学的补助,而尤皮尔·金·穆恩有时也能得到哲学系的资助。

本书编者怀着感激的心情回想起克里斯蒂安·舍尔(Christian Scheer)教授提出的建议。当时,我在波恩获得了冯·洪堡基金会的资助;作为哲学家,我把我的思考从公共品的概念扩展到了有益品的概念。

我也非常感谢克劳斯·麦克沙伊特(Klaus Mackscheidt)教授,是他让我有机会两次在科隆大学(University of Cologne)举行的财政学研讨会上向研究生们介绍我的想法。最后,我要感谢有益品概念的提出者马斯格雷夫教授,感谢他提供了热情的支持并提出了宝贵的建议。如果没有乔治敦大学经济系我的同事和导师亨利·布里夫斯(Henri Briefs)教授的鼓励,那么这项浩大的工程甚至不可能启动。

本书编者还要感谢以下出版商和作者允许引用下面提到的文献：

• Abdlatif Yousef Al-Hamad and the Per Jacobson Foundation for permission to reprint pp. 5—15 of Al-Hamad,A. Y. (2003). The Arab World：Performance and Prospects. In *The Per Jacobsson Lecture. Dubai,United Arab Emirates*(pp. 5—17). Washington,D. C. ：The Per Jacobsson Foundation.

• Norbert Andel and *Finanzarchiv* and their publisher Mohr Siebeck Verlag for permission to reprint Andel,N. (1968/69,March). Zur Diskussion über Musgraves Begriff der "Merit Wants." *Finanzarchiv*,N. F. ,28,209—213.

• D. A. L. Auld & P. C. Bing and *Finanzarchiv* and their publisher Mohr Siebeck Verlag for permission to reprint Auld. D. ,& Bing,P. C. (1971/72). Merit Wants：A Further Analysis. *Finanzarchiv*；N. S. ,30(2),257—265.

• Annette C. Baier and University of Calgary Press for permission to reprint Baier,A. C. (1987). The Need for More than Justice. *Canadian Journal of Philosophy. Suppl. Vol. on Science,Ethics,and Feminism,edited by Marsha Hanen and Kai Nielsen*,13,41—56. Original copyright holder：University of Calgary Press,Calgary,Alberta,Canada.

• James G. Ballentine and *Finanzarchiv* and their publisher Mohr Siebeck Verlag for permission to reprint Ballentine,J. G. (1972/73). Merit Goods,Information,and Corrected Preferences. *Finanzarchiv*,N. S. ,31,298—306.

• Michael Braulke and *Finanzarchiv* and their publisher Mohr Siebeck Verlag for permission to reprint Braulke,M. (1972/73). Merit Goods：Einige zusätzliche Anmerkungen. *Finanzarchiv*,N. S. ,31,307—309.

• Geoffrey Brennan & Loren Lomasky and *Finanzarchiv* and their publisher Mohr Siebeck Verlag for permission to reprint pp. 183—198 of Brennan,G. ,& Lomasky,L. (1983). Institutional Aspects of "Merit Goods" Analysis. *Finanzarchiv*,N. S. ,41,183—206.

• Geoffrey Brennan & Loren Lomasky and Cambridge University Press for permission to reprint Brennan,G. ,& Lomasky,L. (1993). Paternalism,Self-Paternalism,and the State. In *Democracy and Decision：The Pure Theory of Electoral Preference* (pp. 143—166). Cambridge：Cambridge University Press. Original copyright holder：©

Cambridge University Press 1993. Reprinted with the permission of Cambridge University Press.

• James M. Buchanan and the University of Notre Dame Press for permission to reprint pp. 53—72 of Buchanan, J. M. (1983). Fairness, Hope and Justice from *New Directions in Economic Justice* (pp. 53—89), edited by R. Skurski. Notre Dame: University of Notre Dame Press. Original copyright holder: Copyright © 1983 by University of Notre Dame Press, Notre Dame, Indiana 46556.

• Paul Burrows and Cambridge University Press for permission to reprint Burrows, P. (1977). "Efficient" Pricing and Government Interference. In M. Posner(Ed.), *Public Expenditure: Allocation Between Competing Ends* (pp. 81—93). Cambridge: Cambridge University Press. Original copyright holder: © Cambridge University Press 1977. Reprinted with the permission of Cambridge University Press.

• The National Conference of Catholic Bishops, Inc. for permission to reprint pp. 65—83 of *Economic Justice for All. Pastoral Letter on Catholic Social Teaching and the U. S. Economy* (1986). Washington, D. C. : National Conference of Catholic Bishops, Inc. Original copyright holder: Copyright © 1986 United States Catholic Conference, Inc. Washington, D. C. All rights reserved.

• A. J. Culyer and *Public Finance/Finances Publiques* for permission to reprint Culyer, A. J. (1971). Merit Goods and the Welfare Economics of Coercion. *Public Finance/Finances Publiques*, 26(4), 546—572.

• James P. Feehan, *Journal of Public Economics* and Elsevier for permission to reprint Feehan, J. P. (1990). A Simple Model for Merit Good Arguments. *Journal of Public Economics*, 43, 127—129. Original copyright holder: © 1990, Elsevier Science Publishers B. V. (North-Holland).

• Cay Folkers and *Jahrbuch für Sozialwissenschaft* for permission to reprint Folkers, c. (1974). Meritorische Güter als Problem der normativen Theorie öffentlicher Ausgaben. *Jahrbuch für Sozialwissenschaft*, 5, 1—29.

• Mary Ann Glendon and Harvard University Press for permission to reprint Glendon, A. M. (1987). Economic Consequences of Divorce. In *Abortion and Divorce in Western Law* (pp. 81—104). Cambridge, MA: Harvard University Press. Copyright © 1987 by the President and Fellows of Harvard College.

• R. Kenneth Godwin, *Journal of Public Policy*, the Copyright Clearance Center and Cambridge University Press for permission to reprint Godwin, K. R. (1991). Charges for Merit Goods: Third World Family Planning. *Journal of Public Policy*, 11(4), 415—429. The Journal is registered with the Copyright Clearance Center, 27 Congress St., Salem, Mass. 01970 for organizations in the USA registered with C. C. C. and with Cambridge University Press for other use. Reprinted with the permission of Cambridge University Press.

• John G. Head and *Finanzarchiv* and their publisher Mohr Siebeck Verlag for permission to reprint Head, J. G. (1988). On Merit Wants: Reflections on the Evolution, Normative Status and Policy Relevance of a Controversial Public Finance Concept. *Finanzarchiv*, N. S., 46, 1—37.

• D. B. Houston and the *Review of Economics and Statistics for Permission to Reprint Tiebout*, C. M., & Houston, D. B. (1962). Metropolitan Finance Reconsidered: Budget Functions and Multilevel Governments. *Review of Economics and Statistics*, 44(4), 412—417. Permission obtained from MIT Press Journals in the name of the original copyright holder: © 1962 by the President and Fellows of Harvard College.

• Klaus Mackscheidt and *WJSU—Das Wirtschaftsstudium* for permission to reprint Mackscheidt, K. (1974). Meritorische Güter: Musgraves Idee und deren Konsequenzen. *WISU-Das Wirtschaftsstudium*, 3, 237—241.

• Richard A. Musgrave and *Finanzarchiv* and their publisher Mohr Siebeck Verlag for permission to reprint pp. 340—341 of Musgrave, R. A. (1956, September). A Multiple Theory of Budget Determination. *Finanzarchiv*, N. F, pp. 333—343.

• Richard A. Musgrave, the Joint Economic Committee and the United States Government Printing Office for permission to reprint a paragraph on p. 111 of Musgrave, R. A. (1957). Principles of Budget Determination. In Joint Economic Committee (Ed.), *Federal Expenditure Policy for Economic Growth and Stability* (pp. 108—115). Washington, D. C.: Government. Printing Office.

• Richard A. Musgrave and the McGraw-Hill Companies for permission to reprint pp. 8—9, 13—15 and 86—89 of Musgrave, R. A. (1959). *The Theory of Public Finance* [Musgrave at Michigan University]. New York: McGraw-Hill Book Company. Original copyright holder: Copyright © 1959 by McGraw-Hill, Inc.

致　谢

- Richard A. Musgrave and the McGraw-Hill Companies for permission to reprint pp. 86—89 of Musgrave, R. A. (1959). *The Theory of Public Finance* [Musgrave at Harvard University]. New York: McGraw-Hill Book Company. Original copyright holder: Copyright © 1959 by McGraw-Hill, Inc. Reproduced with the permission of The McGraw-Hill Companies.

- Richard A. Musgrave and Macmillan Press Ltd. for permission to reprint pp. 143—144 of Musgrave, R. A. (1969). Provision for Social Goods. In J. Margolis & H. Guitton (Eds.), *Public Economics*. London: Macmillan Press Ltd. Original copyright holder: © The International Economic Association 1969. Published by the Macmillan Press Ltd.

- Richard A. Musgrave and Yale University Press for permission to reprint pp. 11—13, 81—83, and 308—309 of Musgrave, R. A. (1969). *Fiscal Systems*. New Haven, CT: Yale University Press. Original copyright holder: Copyright © 1969 by Yale University.

- Richard A. Musgrave and *Public Finance/Finances Publiques* for permission to reprint pp. 312—315 and selections from p. 316, 317, 318, 319 and 320 of Musgrave, R. A. (1971). Provision for Social Goods in the Market System. *Public Finance/Finances Publiques*, 26, 304—320.

- Richard A. Musgrave and Oxford University Press for permission to reprint Musgrave, R. A. (1976). Adam Smith on Public Finance and Distribution. In Wilson and Skinner (Ed.), *The Market and the State. Essays in Honor of Adam Smith* (pp. 296—319). Oxford University Press. © Oxford University Press 1976.

- Richard A. Musgrave and Macmillan Press Ltd. for permission to reprint pp. 452—453 of Musgrave, R. A. (1987). Merit Goods. In J. Eatwell, M. Milgate & P. Newman (Eds.), The *New Palgrave: A Dictionary of Economics* (vol. 3). London: Macmillan Press Ltd. Original copyright holder: © The Macmillan Press Limited, 1987.

- Richard A. Musgrave, the Centre for Research on Federal Financial Relations of the Australian National University for permission to reprint pp. 207—210 of Musgrave, R. A. (1990). Merit Goods. In G. Brennan & C. Walsh (Eds.), *Rationality, Individualism and Public Policy*. Canberra: The Australian National University. Original copyright holder: © The Contributors 1990.

• Richard A. Musgrave and Metropolis-Verlag for permission to reprint pp. 73—79 of Musgrave, R. A. (1997). Crossing Traditions. In H. Hagemanri(Ed.), *Zur deutschsprachigen wirtschafttlichen Emigration nach 1933*. Marburg: Metropolis.

• Richard A. Musgrave and *Finanzarchiv* and their publisher Mohr Siebeck Verlag for permission to reprint pp. 186—187 of Musgrave, R. A. (1996). Public Finance and Finanzwissenschaft Traditions Compared. *Finanzarchiv*, N. S. ,53(2),145—193.

• Richard A. Musgrave & Peggy Musgrave and the McGraw-Hill Companies for permission to reprint pp. 70—71,80—81 and p. 612 of Musgrave, R. A. ,& Musgrave, P. (1973). *Public Finance in Theory and Practice*. New York: McGraw-Hill Book Company, pp. 70—71,80—81,612. Original copyright holder: Copyright © 1973 by McGraw-Hill, Inc. Reproduced with the permission of The McGraw-Hill Companies.

• Richard A. Musgrave & Peggy Musgrave and the McGraw-Hill Companies for permission to reprint pp. 64—66,328—329,476—477 and 625—626 of Musgrave, R. A. ,& Musgrave, P. (1976). *Public Finance in Theory and Practice*(second edition). New York: McGraw-Hill Book Company. Original copyright holder: Copyright © 1973,1976 by McGraw-Hill, Inc. Reproduced with the permission of the McGraw-Hill Companies.

• Richard A. Musgrave & Peggy Musgrave and the McGraw-Hill Companies for permission to reprint pp. 76—79 and 98—99, p. 438 and pp. 511—512 of Musgrave, R. A. ,& Musgrave, P. (1984). *Public Finance in Theory and Practice*(fourth edition). New York: McGraw-Hill Book Company. Original copyright holder: Copyright © 1984,1980,1976,1973 by McGraw-Hill, Inc. Reproduced with the permission of The McGraw-Hill Companies.

• Richard A. Nelson, *Journal of Industrial and Corporate Change*, and Oxford University Press for permission to reprint Nelson, R. R. (2002). The Problem of Market Bias in Modern Capitalist Economies. *Journal of Industrial and Corporate Change*, 11(2), 207—244. Original copyright holder: © ICC Association 2002, published by Oxford University Press.

• Harvard University Press for permission to reprint Olson, M. ,Jr. (1965). *The Logic of Collective Action*. New York: Schocken Books pp. 91—97; 165—167. ©

致 谢

Copyright 1965 by the President and Fellows of Harvard College.

• Yale University Press for permission to reprint pp. 24—33 of Olson, M. , Jr. (1983). The Political Economy of Comparative Growth Rates. In D. C. Mueller(Ed.), *The Political Economy of Growth*. New Haven, CT: Yale University Press, pp. 7—52. Original copyright holder: Copyright © 1983 by Yale University.

• Elisha A. Pazner and *Public Finance/Finances Publiques* for permission to reprint Pazner, E. A. (1972). Merit Wants and the Theory of Taxation. *Public Finance/Finances Publiques*, 27, 460—472.

• John Rawls and Cambridge University Press for permission to reprint pp. 159—185 of Rawls, J. (1982). Social Unity and, Primary Goods. In A. Sen & B. Williams (Eds.), *Utilitarianism and Beyond*. Cambridge: Cambridge University Press. Original copyright holder: © Maison des Sciences de I'Homme and Cambridge University Press 1982. Reprinted with the permission of Cambridge University Press.

• Agnar Sandmo and Blackwell Publishing for permission to reprint Sandmo, A. (1983). Ex Post Welfare Economics and the Theory of Merit Goods. *Economica*, 50, 19—33.

• Amartya Sen and *Social Philosophy and Policy* for permission to reprint pp. 1—8 of Sen, A. (1985). Moral Standing of the Market. *Social Philosophy and Policy*, 2(2), 1—19. Reprinted with the permission of Cambridge University Press. Original copyright holder: © Social Philosophy & Policy 1985.

• Amartya Sen and *The New York Review of Books* for permission to reprint Sen, A. (1990, 20 Dec.). More than 100 Million Women are Missing. *The New York Review of Books*, pp. 61—66. Reprinted with permission of *The New York Review of Books*. Copyright © 1990 NYREV, Inc.

• James Tobin and *Journal of Law and Economics* for permission to reprint Tobin, J. (1970). On Limiting the Domain of Inequality. *Journal of Law and Economics*, 13, 263—277. Copyright 1970 by the University of Chicago. All rights reserved.

• W. Ver Eecke, *Journal of Socio-Economics* and Elsevier for permission to reprint Ver Eecke, W. (1998). The Concept of a "Merit Good": The Ethical Dimension in Economic Theory and the History of Economic Thought or the Transformation of Economics into Socio-Economics. *Journal of Socio-Economics*, 27(1), 133—153. Permission obtained from Elsevier in the name of the original copyright holder: Copyright © JAI Press Inc. 1998.

• W. Ver Eecke, *Journal of Socio-Economics* and Elsevier for permission to reprint Ver Eecke, W. (2003). Adam Smith and Musgrave's Concept of Merit Good. *Journal of Socio-Economics*, 31, 701—720. Permission obtained from Elsevier in the name of the original copyright holder: Copyright © JAI Press Inc. 2003.

• Pope John Paul II and the Office for Publishing and Promotion Services for permission to reprint pp. 66—85, 92—97 of John Paul II. (1991). *Centesimus Annus*. Washington, D. C. : Office for Publishing and Promotion Services, United States Catholic Conference. *Centesimus Annus* is in the public domain.

• H. Dieter Wenzel & Wolfgang Wiegard and *Public Finance/Finances Publiques* for permission to reprint Wenzel, D. H. , & Wiegard, W. (1981). Merit Goods and Second-best Taxation. *Public Finance/Finances Publiques* 36, 125—140.

• Transaction Publishers for permission to reprint Wildavsky, A. (1979). Opportunity Costs and Merit Wants. In *Speaking Truth to Power: The Art and Craft of Policy Analysis* [Chapter 7](pp. 155—183). Piscataway, NJ: Transaction Publishers. Rutgers—The State University. Previously published: Boston and Toronto: Little, Brown and Company. Original copyright holder: Copyright © 1979 by Aaron Wildavsky.

引 言

选编本文选的目的是要进行文献引证,把一个有争议的新概念引入一个学科,也就是把理查德·A. 马斯格雷夫(Richard A. Musgrave)提出的"有益品"(good of merit)[①]概念引入经济学。

本文选的第一部分收录了马斯格雷夫讨论有益品概念的全部原始文献。编者做了大量的点评以凸显这个概念很多有争议的地方,间或也指出了马斯格雷夫一些自相矛盾的表述。

编者从有关有益品这一主题的二次文献[②]中精选了很多重要的文献,收录本文选的第二部分。这些文献的不同作者都对马斯格雷夫——或者其他学者——对这个概念的使用进行了评论。在考察和评论其他不同作者关于有益品概念的论述以后,本书编者阐述了有益品概念研究在过去半个世纪里取得的主要进展。

本书编者在本文选的第三部分介绍了一些研究有益品的文献(包括一些作者并没有明确使用这个概念的文献)。在第十七章中,编者收录了四篇重点阐述有益品概念可能用途的论文。其中,第一篇(马斯格雷夫的)和第二篇[托宾(Tobin)的]论文表明,分配和平等的思想导致一些否定个人偏好的政策。这两位作者都没有使用有益品这个术语,但都运用了有益品概念所隐含的思想,并且阐述了有益品思想的广泛适用范围;第三篇(维尔·埃克的)和第四篇[布伦南和洛马斯基(Brennan and Lomasky)的]论文明确使用了有益品的概念。维尔·埃克认为,在亚当·斯密的著作中虽然没有出现有益品的概念,但已经出现了有益品的思想。布伦南和洛马斯基认为,个人偏好的差异性,就像

---

① 中文可译为"有益品"或"优值品"。——译者注
② 在本文选中是指其他学者讨论马斯格雷夫提出的有益品概念的文献。——译者注

在市场上和投票过程中表现出来的那样,是否定市场偏好的政治活动的基础。因此,有益品思想可能会出现在很多投票人偏好不同于市场偏好的情况下。

第十八章收录了一些著名经济学家[诺贝尔经济学奖获得者詹姆斯·布坎南(James Buchanan)和阿马蒂亚·森(Amartya Sen),以及理查德·尼尔森(Richard Nelson)、小曼瑟尔·奥尔森(Mancur Olson, Jr.)和阿布德拉蒂夫·尤瑟夫·阿尔哈马德(Abdlatif Yousef Al-Hamad)]的文章。在这些作者中,有人明确表示,他们并不是在进行公共品分析。本文选的编者虽然没有同意把有益品概念作为经济学理论中的一个合法概念来接受,但仍认为这些论文虽然并非不可能,但仍难以归入经济学文献。第十九章收录了一位法学家[玛丽·安·格兰登(Mary Ann Glendon)]以及两名哲学家[约翰·罗尔斯(John Rawls)和安妮特·拜尔(Annette Baier)]的著作、两篇天主教会宗教文献的节选以及一位政治学家[肯尼斯·戈德温(Kenneth Godwin)]的论文。这些选自不同学术领域的著述可以说都以论述有益品问题为自己的核心内容。

一本收录了经济学界有益品论述文献的文选应该不但能够引起经济学学者的兴趣,而且能引起政治学、社会学、神学和哲学等学科学者的兴趣。

事实上,政府有可能在两大经济活动范畴中发挥潜在的作用:有益品是经济学家用来确定其中一个政府可发挥潜在作用的范畴的概念,而公共品则是被用来确定另一个政府可发挥潜在作用的范畴的概念。显然,政治学家,尤其是理论政治学家,应该能够发现有益品是他们可用来从事专业研究的一种重要工具。

此外,由于有益品概念陷入了产品社会和个人评价的冲突之中,因此,社会学家应该会对这个概念的研究和应用感兴趣。例如,这在凯·福尔克斯(Cay Folkers)的论文中就可见一斑。

神学家也应该对这个新概念有兴趣,因为这个概念所指的经济活动是与严格意义上的个人主义或者自私自利格格不入的。因此,有益品概念赋予神学家一个专业性很强的经济学概念,他们可用它来界定源于神学的社会道德责任。

最后,由于多种原因,有益品概念应该也能引起哲学家的兴趣。一个与某种特定学科的基本假设相矛盾的概念的出现,应该能够引起科学哲学家的兴趣。由于这个新概念提出了关于政府法定职能的问题,因此也应该能够引起政治哲学家的兴趣。这个概念注意到了通过市场表达的偏好与通过投票这种政治机制表达的偏好之间的区别,因此同样应该能够激发哲学人类学(philosophical anthropology)[或者人类哲学(philosophy of the human person)]学者的兴趣。事实上,关于有益品概念的研究使我们认识到,我们每个人都有自己不同的偏好谱系,具体取决于个人表达偏好的环境。关于有益品概念的研究告诉我们,个人在不同的制度背景下会偏好不同的东西。既然如此,那么个人自由的概念还有什么意义呢?

个人自由的概念又会置有益品概念于何地呢? 一方面,"有益品"是一个通过 R. A. 马斯格雷夫的著作才得以在财政理论中登堂入室的概念。关于有益品的概念,已经有大量的二次文献。同样,有些作者用这个概念来阐述和评价公共政策(Godwin)。另一方面,这个概念并没有在经济学理论中找到自己稳固的立足点。这是因为,只有当它出现在每一本经济学教科书中时,才能算是在经济学理论中找到了自己稳固的立足点。[①] 目前,这个概念好像还只限于出现在专业杂志发表的论文中。

值得注意的是,这个概念在德语出版物中享受的待遇就完全不同。首先,我们要说,R. A. 马斯格雷夫是德裔移民,他在两次世界大战间隔期间移民来到美国之前,已经在德国接受过大学教育。按照他自己的说法,他能提出有益品概念,得益于在德国接受的哲学教育(Musgrave,1993)以及他在德国学到的德国财政理论中的不同哲学假设(Musgrave,1996)。

其次,在德国,经济学家赋予有益品概念较为广泛的用途,这一点在克劳斯·麦克沙伊特(1981)的文章中可见一斑。本书编者认为,有益品概念多亏两个因素帮助它在德国的德语出版物中比在英美的英语出版物中取得了更大的成功。第一,德国文化更加愿意接受国家有其义务和责任的观念,这种观念为有益品概念在德语出版物中立足奠定了基础。第二,有益品概念在德语出版物中的成功还有一个更加微妙的原因。德语允许在"有益"这个名词的基础

---

① 至少在一些英语经济学教科书中讨论了这个概念的内容(如 Rosen,1999i)。

上创造动词,也就是"meritorisieren",这个动词的意思就是"有益化"或者"使某种东西变得有益"。因此,如果美国哥伦比亚特区 1990—1994 年的财政危机发生在德国,那么德语出版物就能把美国联邦政府对这次财政危机的关心作为一个"有益化"的例子来谈论。[①] 德语甚至能够为采取这种行为的事例专门造个名词"Meritorisierung"。这个名词的意思就是"把一种物品作为有益品来对待"。这样,这两个德语单词就可用来表示某种情况在什么时候值得(联邦)政府予以关注——政府确定市场机制无法解决的问题。这两个单词也意味着经济学理论所说的"公共品"概念不能是决定政府是否应该采取行动的唯一标准:政府在采取行动变更某个已有益化(即已被宣布为有益品)的产品时,未必会遵循帕累托(Pareto)最优原则。因此,好像是政治哲学方面的差别以及德语为"有益"概念造动词——然后再根据动词造动名词——的能力,赋予"有益品"在德国文化中一种不同的生命力。尽管如此,我们仍能说,在英语语境下,有益品概念的潜力还没有得到充分利用。证明这一主张的正当性,就是本文选的目的之一。

马斯格雷夫提出了他本人的独到见解,他表示,某些经济活动既不能被作为私人品,也不能被归入公共品的范畴。由于"私人品"和"公共品"是经济学理论中的两个规范概念,因此,有些经济活动并没有适当的学名。虽然这样的经济活动难以计数,但经济学家却不屑于劳思费神为它们取个适当的学名。马斯格雷夫首先在他自己的理论框架中发现了缺少这种学名的问题,于是提出了有益品概念,并用它来指称那些既不能归入私人品也不属于公共品的经济活动。在提出有益品概念后不久,马斯格雷夫就不惜偏离自己的理论,把有益品定义为具有以下特点的产品:由于非常有价值,因此有关当局有充分的理由认为,通过市场达到的消费水平实在是太低,因而有必要干预消费者的意愿以提高这类产品(如教育、接种疫苗)的消费水平。而有害品(demerit good,又译"无益品""劣值品")则作为有益品的反义词被定义为:由于通过市场达到的消费水平太高而干预消费者偏好以降低其消费水平的产品(如烟、酒)。

[①] 联邦政府的担忧导致在马里恩·巴里(Marion Barry)市长的最后一个任期内成立了财政控制委员会(Financial Control Board)。该委员会被授予裁定华盛顿哥伦比亚特区财政问题的终极权力,因此能够否决市长或市议会的财政提案或决定。

引　言

　　引入一个新概念,会在许多方面面临挑战,但主要会迫使特定学科的学者——对于有益品来说,就是经济学家——思考他们要与之打交道的概念的性质。从哲学的角度看,本书编者认为,有益品概念以及另外两个经济学概念"私人品"和"公共品"都是一些理想的概念:它们不应该只是一些"标签"或者"包装盒"。本书编者说这话有两层意思。首先,具体的产品或多或少是这些概念的体现。因此,以上这几个经济学概念从性质上讲都类似于(譬如说)"大方"(generosity)这个概念。一个人既可以比较大方,也可以不那么大方。类似地,一件产品既可具有较大的有益性和公共性,也可以没有那么大的有益性和公共性。其次,特定的产品可以是几个理想概念的具体体现。例如,一个人可以既大方又正直;一件产品可以既是私人品又是有益品,也可以既是公共品又是有益品。如果把概念看作"标签"或者"包装盒",那么就等于把具体的产品装入适当的包装盒(或贴上适当的标签)或者没有把它装入适当的包装盒(或没有给它们贴上适当的标签)——这是一个全有或者全无的问题。也就是说,一件具体的产品只能用一个概念来正确地表示(这里所说的产品可以是椅子或桌子,或者既不是椅子也不是桌子,但不能既是椅子又是桌子)。马斯格雷夫没有始终如一地把私人品、公共品和有益品三个概念视为理想的概念。因此,他在回答有益品是公共品、私人品还是自成一体的产品类别的问题时难免会出错。本书编者在评论马斯格雷夫的相关著述时已经指出,马斯格雷夫甚至改变了他自己对这个问题的答案。本书编者的观点是:只有从哲学的角度正确理解这些概念的性质,才能保证始终正确地使用这些概念。

　　说提出有益品的概念对于经济学界构成了挑战,还有一个原因。那个时代的西方经济学家把他们的部分学术研究视为规范研究。这部分研究活动旨在告诉购买他们服务的客户,应该生产什么产品。但是,只有在设立获得一致同意的标准或规范的情况下,才能告诉他们应该生产什么。当时西方经济学界达成一致的规范就是优化消费者的满意度,而有益品则被定义为干预消费者偏好的手段。因此,这个新概念对当时西方经济学界获得认同的唯一规范提出了挑战。马斯格雷夫意识到了这一点,并且经常承认他自己为这个新概念感到不安,并且仍然认为这个新概念虽然导致了意见分歧,却是一个不可或缺的概念。这样一种观点不可能稳定不变,并且置经济学于进退维谷的境地,因为经济学能够为这个新概念的必要性进行有效的论证,却无力提供概念性框架来解决由这个概念的引入而导致的明显矛盾。让我们来总结一下为解决这个显而易见的矛盾应该采取的各种策略:先是总结针对马斯格雷夫自己采用的策略,然后再总结马斯格雷夫观点的批评者们所采取的策略。

马斯格雷夫在提出自己的有益品概念后,就承认这仍是一个有问题的概念。本书编者这么说,是为了说明马斯格雷夫没有能力充分证明这个概念的正当性,而只能部分证明它的正当性。本书编者在评论马斯格雷夫的相关著述时,注意到了这些片面的论点。下面让本书编者来谈谈这些片面的论点,并且给它们取一些有简单化之嫌的名称。

(1)马斯格雷夫从伦理学的视角证明了有益品概念的正当性,或者说从伦理学的角度对有益品进行了定义。马斯格雷夫曾提到当局评判有些产品具有有益性,因此致力于提高它们的消费水平。

(2)有益品还有一个政治定义。在有益品的政治定义中,马斯格雷夫提到了掌握经济问题决策权的政治系统,然后区分了政治干预经济的不同动机或者原因。

①如果政治对经济的干预是由一些统治精英做出的,那么本书编者就想把这种政治对经济的干预贴上"极权主义"的标签。

②如果政治对经济的干预是由善意的(政治)精英所为,那么本书编者就想把这种干预称为"家长式干预"。

③如果政治对经济的干预是由民主的多数派通过把自己的愿意强加给少数派的方式所为,那么本书编者就想把这种干预称为"民主干预"。

④如果这种干预可运用领导—学习理论(leadership-learning theory)来证明它的正当性并加以限制,那么在这种情况下,政治干预经济的理念便是:一个社会能够得益于具有信息优势的领导人,因为这样的领导人可以教导社会成员并迫使他们消费否则他们就不会消费的产品,并且深信其他社会成员由此有机会发现这些产品能为他们自己带来的好处。过一段时间,社会成员被认为会接受之前做出的政治干预决策。

(3)我们还可以从人类学的角度来证明有益品概念的正当性。人类学的论证都与消费者自身的不足有关:知识不足、评价能力不足、意愿不足。因此,马斯格雷夫认为,消费者偏好仍然有被纠正的余地。

(4)我们也能从社会学的角度来证明社会价值观有可能不同于个人价值观。从社会学的角度看,社会偏好有可能与个人偏好发生冲突。有时,个人偏好与社会偏好之间的冲突被认为源于人际效用依赖(例如,只要B消费教育服务,A哪怕本来不喜欢,后来也会喜欢上学或者消费教育服务)。

(5)有益品还有一个从自由主义视角下的定义。这个定义把有益品界定为其公共品特点并非显而易见的公共品。由于有益品根据这个定义可被视为公共品,因此有些经济学家可能会认为,政府只是在帮助个人认识自己的偏好,而这就是自由主义传统赋予政府的一种职责。

(6)有益品还有一个混合定义,这个定义把有益品说成是被政府作为公共品来对待的私人品。

(7)还有一种关于有益品的再分配理论。马斯格雷夫认为,根据这种理论,西方国家似乎已经达成了协议,它们正在把有益品与某种程度的再分配联系在一起。如果再分配不是通过现金转移而是通过实物补贴的方式进行的,那么这种实物补贴就是有益品(具有再分配性质的有益品)。这种再分配性质的有益品(实物补贴)并不仅仅旨在实现一般公平,而且旨在实现"类别公平"(categorial equity);也就是说,还要确保满足特定类别的需要(如需要用食品、衣服和医疗服务等来满足的物质需要)。

那么,马斯格雷夫是如何评价他自己对有益品概念的不同辩解的呢?他的辩解涉及多个不变的主题。首先,马斯格雷夫断然把极权主义视角下的有益品概念的正当性证明认定为不可接受,认为它同时践踏了消费者主权的经济规范和民主的政治规范。其次,马斯格雷夫腼腆地肯定了有益品概念的有效性。对于为一种极端个人主义的观点辩护并且可能要求拒绝任何有益需要的假想反对者,马斯格雷夫并没有采用证明反对者观点错误的认识论观点进行回击,而是用一种温和的道德观做出回应(Musgrave,1959b:13)。用一种温和的道德观进行应对,并不等同于用认识论的观点来进行回击。因此,按照马斯格雷夫自己的观点来看,他对有益品的任何一种论证都不能驳倒极端个人主义。由于现代经济学理论根植于个人主义的假设,因此,马斯格雷夫不可能被认为已经解决了他提出的有益品这个新概念造成的经济学内部的张力问题。

那么，马斯格雷夫从不同视角对有益品概念进行的正当性证明有哪些不足呢？第一，我们来看看从伦理学角度进行的正当性证明。这种视角的正当性证明干脆就表明，只有在进行道德评判后，才能宣布某种产品是有益品。显然，在马斯格雷夫看来，应该为这种宣布权从而为这种评判权进行辩护。

第二，我们来看看从政治角度进行的正当性证明。由于极权主义视角的正当性证明遭到了否定，因此，我们只剩下家长式干预、民主和共和视角的正当性证明需要考察。家长式干预视角的正当性证明把对某种产品是不是有益品的评判表述为"善意的（政治）精英做出的决策"，这种决策未必就是经济上最优的决策。经济学家有权从经济的角度去分析任何政治决策，包括家长式干预决策。从政治的角度进行的正当性证明并不是从经济的角度进行的正当性证明。众所周知，对再分配领域家长式干预的分析得出了以下结论：家长式干预型再分配是一种低效的再分配方式，因为现金再分配要比实物再分配有效。不过，有些作者提出了一些复杂的反驳论点，因而支持以低于市价的价格供应某些产品（Burrows）。然后，民主视角的正当性证明把多数派的意愿符合程序的表达视为具有政治正当性的表达。但显然，多数派的意愿即便是用符合程序的方式表达的，也仍有可能并不是经济最优。再说，政治视角下的正当性证明毕竟不是经济学视角下的正当性证明。最后，共和视角下的正当性证明运用领导—学习理论来证明有益品概念的正当性，领导—学习观是一种具有潜在有效性的观点。尽管如此，这种观点需要一个强制性假设条件：社会成员需要最低限度的时间来"学习"（即了解）有益品的有益性。只要没有这样的时间限制，干预就会超过正当的限度。

第三，基于人类学视角的正当性证明。这种视角的正当性证明显示，具体的人并没有纯经济学理论所假设的知识、评判能力和意志力。那么，人的这些缺陷就与政府机构无关？这种视角下的正当性证明只不过为有益品被接纳创造了机会，但并没有证明它的正当性。

第四，社会学视角下的正当性证明。这种视角下的正当性证明干脆就认为社会偏好不同于个人偏好，但没有说明哪种偏好更优。显然，社会偏好可能会存在缺陷、排序在后甚或侵害个人权利。

第五，基于自由主义视角的正当性证明。这种视角下的证明证实了有益品的正当性，因为这种产品具有不易发现的公共品特点。这样一种产品首先是公共品，并且应该被作为公共品来对待。如果它们是公共品，那么为什么还要标新立异，给它们取新的名字呢？因此，这种视角下的正当性证明充其量只能说明，不是公共品本身，而是需要花费信息成本证明其具有公共品维度的产品才可被称为"有益品"。

第六，给有益品下的混合定义。这个定义把有益品视同政府把私人品作为公共品来处理的态度，因此取决于政府乍看没有正当理由却是完全错误的态度。如果某种产品是私人品，那么经济学理论告诉我们，竞争性自由市场是这种产品进行交易的适当场所。政府被认为不应该插手这样的交易。要想从经济学的角度证明政府干预的正当性，就应该说明政府干预的正当理由。政府把私人品作为公共品来处理这样的表述，根本就不是从概念上对政府干预进行辩解。

最后，在马斯格雷夫关于有益品的著述中，基于再分配意图的有益品概念根植于以下简单的描述性观察。西方似乎有一种道德契约：一方面允许巨大的财富差别；另一方面又要求实行最低限度的再分配。这种道德契约并没有引起争议，因此，我们不清楚应该进行多大程度的再分配。此外，经济学理论认为，现金再分配效率要高于实物再分配。因此，想要让这个论点站得住脚，就必须求助于支持类别公平的论点。马斯格雷夫提到了"类别公平"的概念，但并没有表示赞同。

因此，我们可以得出结论：虽然马斯格雷夫说明了对有益品这个新概念的需要，但并没能成功解决由这个新概念在经济学理论内部引发的矛盾。如果我们从当代西方经济学得到公认的规范（应该最大限度地满足消费者的偏好）出发，那么马斯格雷夫并没有为证明他提出的有益品这个新概念进行有效的论证。科隆（Cologne）大学的公共财政学教授克劳斯·麦克沙伊特也得出了相同的结论。[1]

那么，在一个新概念的提出否定了一个学科基本假设的情况下，我们还能

---

[1] 麦克沙伊特区分了四种观点。按照本书编者的说法，它们分别是人类学观（消费者缺乏做出正确决策的信息、判断力或意志力）、再分配观、公共品观和政治观。麦克沙伊特认为，只有承认政治过程在经济现实中的必要性和有效性，才能调和有益品这个概念造成的矛盾（Mackscheidt，1981：258—262）。

对这个学科的学者有什么期待呢？根据推测，我们能够期待这个学科的学者采取以下策略：

(1)彻底否定这个概念(McLure；Wildavsky)。

(2)通过重新定义，对这个概念进行弱化处理：用"纠正个人偏好"，而不是"干预个人偏好"对有益品进行重新定义(如 Head)。

(3)把新概念(有益品)简约为旧概念(公共品)，但这么处理并没有取得完全的成功(Pulsipher；Brennan)，因为简约法需要一个不能使公共品完全等同于有益品的概念(主体间的效用相互依赖)或者过程(投票表决)。

(4)这个概念被解释为介于社会评价与个人评价之间的冲突(如 Folkers)。

(5)经济学家之间的观点对立造成的显而易见、令人难堪的问题被这样一种观点所掩盖：在认为"由于市场失灵，因此需要政府干预经济"的经济学家之间并不存在很大的分歧(Andel)。

(6)这个新概念造成的对立，对于小部分有益品来说，可以得到解决，但对于这个概念本身而言，则无法得到解决(Mackscheidt)。

(7)这个新概念可以通过列举某些具有非常值得关注的特点的产品来证明它的正当性。这些产品就像良方一样被认为能够改善一些重要的问题。所以，这类产品应该得到补贴(Burrows)。

(8)有些经济学家限制了这个新概念的适用范围，而另一些经济学家则扩大了它的适用范围。一些有心的经济学家之所以要限制这个新概念的适用范围，是因为有益品已经存在一个竞争性概念"必需品"(necessity goods)(Tiebout and Houston)；另一些经济学家通过列举很多适用有益品概念内核——干预消费者偏好——的经济活动来扩大这个新概念的适用范围(Ver Eecke)。

(9)也有经济学家曾尝试运用当代经济学最普遍接受的语言——数学——来表述这个新概念(Wenzel & Wiegard；Sandmo；Feehan)。

本文选的第二部分"二次文献"将详细介绍这些论文，本书编者打算分五章来进行介绍。第十二章收录了否定有益品概念正确性的作者(McLure；Wildavsky)的论文。第十三章收录了试图对这个概念进行定义并且确定其特点的作者(Pulsipher；Culyer；Auld & Bing；Ballentine；Braulke；Pazner)的论文。第十四章收录了那些主要致力于为证明新概念正当性的作者的论文,这些作者(Andel；Mackscheidt；Burrows；Brennan)试图通过论述有益品的不可或缺性、介绍有关有益品的洞见或者证明政治干预经济的正当性来替新概念辩护。第十五章收录了两篇讨论有益品狭义和广义概念适用范围的论文。在其中的一篇文章(Tiebout and Houston)里,有益品概念的适用范围受到了限制,因为作者认为这个概念的部分适用范围属于必需品这个已经存在的概念；而另一篇文章则认为有益品概念的基本特点(干预消费者主权)适用于远远多于之前提到的经济活动——如反托拉斯立法(Ver Eecke)。第十六章收录了三篇其他作者(Wenzel & Wiegard；Sandmo；Feehan)试图运用数学模型来表述这个新概念的论文。

　　本文选第三部分选编收录了一些介绍有益品论证在很多不同学术领域发展的论文。第十七章收录了四篇能够反映有益品概念内核广泛适用性的论文。马斯格雷夫的那篇文章表明,解决分配问题会导致对消费者偏好的干预。托宾的文章表明,促进平等也会导致对消费者偏好的干预。所以,这两篇文章都表明,有益品概念体现的核心思想(干预消费者偏好)在凡是目标涉及分配和平等问题的公共政策中具有广泛的适用性。第十七章收录的另外两篇文章(维尔·埃克以及布伦南和洛马斯基的文章)明确反映了有益品概念具有广泛的适用性。维尔·埃克在这篇文章里表示,强加于经济的制度安排可以被恰如其分地称为"有益品",并且以产权安排为例进行了论证。他表示,亚当·斯密本人已经认识到产权并非公共品式的安排；为执行产权进行融资要采用一种不同于为供应公共品进行融资而采用的方法。维尔·埃克还表示,政府在有益品供应方面扮演的角色与政府在公共品供应方面扮演的角色需要不同性质的理由来证明。最后,维尔·埃克指出,有益品和公共品供应需要不同的融资方式。布伦南和洛马斯基在他们的文章中表示,理性的个人有可能在市场上和政治投票过程中表达不同的偏好。接着,他们又表示,我们应该能预见到许多投票过程促成否定市场偏好的法律的例子；这其中每一个例子都与有益品或有害品有关(教育和预防接种,即使对于那些不愿消费这些服务的人,也要强制他们接受；而吸烟和酒后驾车,即使对于那些选择吸烟和酒后驾车的人,也要强制禁止)。因此,虽然布伦南和洛马斯基以及维尔·埃克的文章采用了截然不同的论证方法,但布伦南和洛马斯基与维尔·埃克一样,都成功地证明了存在多种有益品的可能性。

第十八章介绍了一些为经济学做出过重要贡献的经济学家的论文。我们无法把这些论文归入纯粹的私人品或公共品研究。那么,这些论文到底属于哪种类型的研究呢？运用有益品概念,就能对这些论文进行归类。如果没有有益品这个概念,这些论文就是一些没有"理论家园"(theoretical home)的经济学研究。虽然马斯格雷夫最初确定了一些非常温和的目标(即赋予学校提供免费午餐、义务教育、禁烟、对烟酒等课征恶税这些经济活动一个概念),但给这些论文贴上"有益品研究"的标签,我们就能理解有益品概念的广泛适用范围。不过,应该指出,虽然马斯格雷夫比其他作者(海萨尼、森、罗尔斯)更加希望对有益品的适用范围加以限制,但他在最近发表的一篇文章中却扩大了有益品的适用范围(Musgrave,1987)。本文选的这个部分旨在具体证明有益品论证的经济学适用范围到底有多大。

布伦南在他的论文中详细考察了市场游戏的规则,他赞成机会平等或者"起点平等",但反对干预市场机制。他把继承来的财产和智力视为两个造成分配不均的因素,建议对继承遗产课征重税,并且主张把教育作为提高机会平等的手段。布伦南明确表示,他的研究并不是公共品研究：公共品研究接受市场游戏规则。布伦南认为,他在这篇文章中论述的问题非常基本,因此应该被视为"宪法问题"。布伦南把他提出的规则称为"不利因素"(1983,60)。提倡在不考虑补偿的情况下强制推行一些即使对某些人不利的规则,其实就是主张遵循有益品而不是公共品的逻辑。

阿马蒂亚·森的有关著述基于他本人对饥荒的研究。森表示,他没有在民主社会看到任何饥荒的问题。想必在民主社会,一旦预期到饥荒,潜在的受害者就会引起政府的注意,而政府为了避免饥荒,就会对市场进行干预。在干预市场的过程中,政府未必就会尊重产权,但会进行再分配。森认为,在有可能发生饥荒的情况下,产权应该不是一种绝对权利。在某些情况下质疑产权主张道德正确性的争论并不属于公共品论证的范畴,而属于有益品论证的范畴,因为这种争论旨在提供不利于某些人而有利于另一些人的论据。

森在第二篇论文中表示,如果把西欧和北美接近1.05∶1或1.06∶1的女性和男性的人口比例作为标准来接受,而且这个比例适用于全世界,那么全世界就相当于减少了1亿多女性人口。森认为,各种不同形式的性别歧视导致杀害女婴、女性缺少食品和医疗的问题比男性更加严重。然后,森提出了旨在避免女性非正常消失(死亡)的政策建议。这些政策并不是要补偿受损者,因此是一些具有有益品性质的政策建议,而且是一些以避免女性死亡为有益目的的政策建议。

纳尔逊(Nelson)在他的论文中主张,无论是市场失灵研究(因为存在公共品条件)还是公共选择理论,都不是为政府干预经济辩护或者反对政府干预经济的适当工具。因此,纳尔逊表示,"只有在政府实施有力、精准的监管,或许还有很多其他非市场补充元素的条件下,市场组织才能令人满意地运行"(2002,207)。纳尔逊所说的很多其他非市场补充元素包括产权制度、破产法和反托拉斯法。政府自然还被赋予更多任务,纳尔逊列举了其他一些任务的例子,如资助基础研究、救济穷人、提供基础教育。在列举的这些例子中,既有支持也有反对他的主张的论据充分的论证。情感之所以产生如此强烈的作用,是因为纳尔逊的这些主张都与帕累托最优方案无关,而都是一些有明确赢家和输家的建议。但是,比谁输谁赢更重要的问题是,它们是不是值得政府出面完成的任务。但不管怎样,这肯定是一个有益品问题。

奥尔森(Olson)在他的论文中指出,公共品的自愿供应需要集体行动。有些群体成功地采取了这样的行动,而另一些群体则没有。此外,奥尔森还表示,如果自愿的集体行动能取得成功,由于公共品供应的成本强加于其他没有同样直接得益于公共品供应的人身上,因此公共品供应常会超越经济理性允许的水平。如果某个能得益于某种公共品供应的群体无力阻止集体行动,那么这种公共品就会供应不足,或者根本就没有供应。因此,公共品的自愿供应会导致"盛宴"或者"饥荒"。这种想法导致奥尔森提出了以下关于有益品的问题:如果出现没有供应或者供应严重不足的公共品对于社会非常重要的情况(如工作场所安全),那么国家是否应该为了供应所需的公共品而帮助某个合适的群体进行自组织呢?奥尔森主要想到了立法(如工会法),因为颁布工会法就能允许工人进行自组织,为制定工作场所安全法进行游说。显然,赞成或者反对强制性工会运动，并不是一个公共品研究的主题，而属于有益品研究的范畴。

奥尔森在他的第二篇文章中主要想说明英国生产率下降、德国和日本生产率提高的问题。他的论点是，关心集体利益（公共品）的群体常会自己组织起来，为争取议会制定有利于他们的法律（如规定在火车上派驻消防员的法律——在火车靠燃煤机车拉动时颁行，但在改用电气机车后仍保持了下来）进行游说。在一个民主历史持续数百年没有间断的国家里，这样的法律越积越多，并且往往会阻止从容适应新的生产方法。因此，这些陈年旧法会像抑制剂那样对生产灵活性，从而对经济增长产生抑制作用。同盟国在占领德国和日本以后便废除了这两个国家的很多陈年旧法，军事占领者由此清除了阻碍日、德两国经济增长的"抑制剂"，并且使得德国和日本能够在第二次世界大战之后大幅度提高经济的生产力。然后，奥尔森提出了民主国家的政府如何才能废除、修订或者完善那些阻碍经济增长的陈年旧法的问题。由于这些举措可能会减少强大的游说团体游说施压的机会，因此在政府无意补偿受损者的情况下，我们又遇到了有益品概念有用武之地的事例。

公务员阿布德拉蒂夫·尤瑟夫·阿尔哈马德在他的文章中考察了阿拉伯世界经济命运逆转的问题。首先，阿拉伯世界在 20 世纪 60 年代到 80 年代中期迎来了经济发展的黄金岁月。在这个时期，阿拉伯世界不但有意外的石油收入，而且推行了"积极进取的经济政策……以及市场化的制度改革"（Al-Hamad,7）。有益品政策导致整个阿拉伯世界的贫困率大幅度下降，非产油阿拉伯国家也得益于劳动力流动和援助性转移支付，因此，阿拉伯国家已经成为世界贫困率最低的地区。

其次，从 20 世纪 80 年代中期开始，阿拉伯世界不但命运发生了逆转，而且面临巨大的挑战。阿拉伯世界的这次命运逆转始于油价下跌。收入减少与人口大幅度增长（年均人口增长 2.5%）同时发生，这两个方面的挑战要求阿拉伯地区必须在未来 20 年里创造"近 7 000 万个新的就业机会，才能实现充分就业"（Al-Hamad,13）。这项挑战因为一项成功的政策——接受教育的女性不断增加——而严峻到了几乎具有讽刺意味的程度：这些接受过教育的女性也需要工作。阿尔哈马德指出，阿拉伯国家也不是没有机会，因为它们具有发展对外贸易的很大可能性。

阿尔哈马德表示,"阿拉伯国家今天迫切需要制度改革和恢复活力",这样才能成功地发展对外贸易(Al-Hamad,17)。他已经敏锐地感觉到,宏观经济政策的有效实施需要相应的价值观和体现这种价值观的动机来支撑。阿尔哈马德还自豪地表示,阿拉伯世界在伊斯兰教的鼓舞下,在黄金岁月里一定能够实现世界最低的贫困率(Al-Hamad,7)。最后,阿尔哈马德在这篇文章的文末表示,阿拉伯世界能够依靠伊斯兰教来满足经济增长所需的条件,因为"伊斯兰教是一种提倡平等的宗教,它的教义就是通过传承、生育、身份认同和财富甚或通过竞争来反对特权,并且强调等级和荣誉取决于怜悯心和美德"(Al-Hamad,17)。

这篇文章表明,经济增长需要政府采取多种政策,本书编者称之为"多种有益品"。阿尔哈马德敏锐地意识到,为了贯彻这些政策,阿拉伯世界需要接受多种价值观。他进一步认为,伊斯兰教能为接受这些价值观提供支持。因此,作者在强调正义和充分就业、关于经济的宗教文献中把纯粹的经济学思考与更加注重人文关怀的思考结合在了一起。

第十九章收录了四篇非经济学学者撰写的文献。这四篇文献的作者分别是法学家玛丽·安·格兰登、哲学家约翰·罗尔斯、哲学家安妮特·拜尔和政治学家肯尼斯·戈德温。本书编者还在第十九章收录了两篇讨论经济问题的宗教文献——美国天主教主教会议关于经济问题的主教牧函《人人享有的经济正义》(*Economic Justice for All*)以及约翰·保罗二世(John Paul Ⅱ)的《百年通谕》(*Centesimus Annus*)——的节选。本书编者之所以要把这些文献收入本文选,是因为它们提供了干预经济的道德论据。因此,它们要么明确使用有益品概念(如 Godwin),要么虽然没有使用有益品概念,但进行了有益品式的论证。

格兰登表示,美国离婚法的修订导致争夺子女监护权的诉讼成了一种讨价还价的工具。有统计数据表明,母亲比父亲更想获得离婚后的子女监护权,因此,只要能够保住子女监护权,都愿意在扶养费上做出让步。修订离婚法的论据就是要增强主张子女监护权的母亲或者父亲在离婚诉讼中的讨价还价能力。对离婚法做这样的修订,有可能会产生意义深远的经济影响。但是,这些主张修订离婚法的论点并不能被看作基于公共品原理的论点，而最好应该被看作基于公平思想的有益品论点。

罗尔斯在他的论文中表示，一个好的社会（如讲道德的社会）必须保证某些基本善。有人可能会认为，罗尔斯所说的某些基本善（如思想自由、宗教信仰自由）与经济无关。但是，罗尔斯也把（按照他的差别原则实行的）收入和财富分配包括在他的基本善中，甚至承认他的基本善观违背了帕累托原则。更加具体地说，罗尔斯并没有想到计算公共品效用的问题。他在说到"建议追求不被认可的价值观（如不公平的价值观）的主张毫无意义"（1982,184）时，把公平思想放在了绝对优先的位置。这样的推论就是基于有益品原理，而不是公共品原理的推论。

另一位哲学家，安妮特·拜尔甚至比罗尔斯走得更远。她认为，一个好的社会不能只限于贯彻罗尔斯提出的那种自由正义观。这样的社会缺乏对弱者——病人、垂危者和未成年人——的关怀。把美好社会定义为正义的社会，其关注自主的个人的权利（保护所有权、自由选择权、契约执行权），这种权利不应该受到他人不适当的干预。这样一种美好社会观遗漏了不少重要的方面，如关怀弱者。接着，拜尔建议把关怀伦理作为美好社会的一个指南。她认为，只要求人类的一半（通常是女性）来负责这样的关怀是不公平的。她还认为，人类的另一半（男人）被剥夺了一种关怀伦理的情感补偿，而且常常是在发生了中年危机以后才发现这一点。在拜尔的心目中，美好社会应该采取措施使得关怀弱者变得更加有效，并且重新分摊关怀弱者的负担。如果这样的措施也需要公共政策方案配套，那么显然就不是帕累托最优。因此，这样的措施应该被称为"有益（或有害）"的政策措施。

美国天主教主教会议在主教牧函《人人享有的经济正义》中列举了许多他们认为美国经济系统应该实现的目标。面对占总人口7%、女性户主10%和非裔美国青年30%以上的失业率，这封主教牧函要求实施有利于充分就业的政策，并且为充分就业政策提供公共品论据。这些论据提到了失业造成的巨大损失。这次主教会议也提到了一项声称"失业率每上升1%，就会导致联邦政府增加400亿美元债务"的研究，还提到了与失业率上涨相关的"凶杀、抢劫、盗窃、吸毒、贩毒和青少年犯罪"案件的增加（par. 142）。但是，这封主教牧函并不认为,就业必须增加到由此产生的经济收益等于成本的水平。这样一种观点应该属于公共品论。更加确切地说,这封主教牧函表示,"如果数以百万计的人没有适当的工作,就有可能出现人的尊严受到威胁的问题。因此……当前的失业水平已经不可容忍,迫使我们承担道义上的责任,争取政府实施旨在减少失业的政策"(par. 143)。这种论证思路并没有为经济政策建议求助于经济计算,而是提供了一种认为"某些经济目标具有有益品的性质"的道德论。因此,《人人享有的经济正义》可以被理解为一种为赋予某些经济活动(如充分就业)以有益品地位而进行的努力。

约翰·保罗二世在其《百年通谕》中,为一种使我们不可避免地从有益品的角度思考问题的政治经济学进行了辩护。他认为,社会只有控制经济活动,才能确保满足全社会的基本需要(par. 35)。他还进一步认为,"经济系统本身并不具备正确区分满足人类需要的新的更高形式的标准和阻碍成熟人格形成的人为新需要的标准"(par. 36)。然后,他又认为,需要做很多教育和文化工作来帮助消费者做出负责任的选择。接着,约翰·保罗二世更加笼统地表示,经济应该根植于制度、司法和政治架构中;主张制度、司法和政治架构高于经济,就需要从有益品的角度来进行论证。与此同时,保罗二世在表示反对"社会援助国家"时,阐述了基于道德考虑而限制国家作用的论点。在这个问题上,保罗二世认为,附属原则要求国家这个高层次社会组织不要去接管低层次社会组织能够履行的职能;高层次的社会组织应该帮助低层次的社会组织更好地完成它们的任务,而不是越俎代庖,替它们完成任务。从道德的角度赞成政府应该有限地、亲力亲为地完成经济方面的紧迫任务,就是一种从有益品的角度进行论证的方式。在保罗二世的《百年通谕》中,我们能够看到有益品概念如何证明在某些情况下应该干预消费者主权,而在另一些情况下则应该限制这种干预。

戈德温在他的论文中分析了发展中国家的计划生育政策。他注意到,发展中国家推行计划生育政策的指导思想存在很大的分歧。在有些发展中国家,计划生育被作为一种纯粹的有益品,几乎就是免费提供节育服务;而在另一些发展中国家,节育被理解为一种具有公共品维度但被统治精英宣称具有有益品维度的私人品。在后一类发展中国家里,政府采取集体行动创建生育健康中心,并且就像公共品理论所要求的那样,对不同的消费者收取不同的费用。由于政府又把节育看作有益品,对节育进行补贴,因此,一般来说,能够以低成本实施节育。这种节育补贴政策的效率要比免费节育政策高。把一种产品(节育服务)同时看作私人品、公共品和有益品,而不是单一的有益品,就能区分公共政策的成本和效率,并且凸显私人品、公共品和有益品这三个经济学概念各自的基本属性。

本文选收录了马斯格雷夫提到有益品这个新概念的全部著述和大量相关二次文献的节选,并且介绍了关于有益品概念的分歧很大的不同观点。最后,本文选介绍了很多运用有益品论证来阐明问题的重要研究(尽管有些研究并没有明确使用有益品概念),并且表明有很多研究进行了隐含的有益品分析。

重要的是,应该注意到,有益品概念正在缓慢地渗透经济学的主流应用研究。2003年3月,只要在雅虎搜索引擎上输入"有益品",就能搜索到很多相关研究。虽然在一些教授的网页上只能搜索到几个简单的有益品定义,但在其他网站上能搜索到更加值得关注的有益品定义。英国和新西兰财政部在它们的网站上都对有益品进行了定义,并且明确了这个概念在财政领域的适用性。[1] 英国的内阁办公室有一个类似的网站。[2] 美国健康与人力资源服务部发布了一份(除其他原因外还)把"儿童保育"作为一种有益品来辩护的儿童保育报告。[3] 世界银行在一份文献中称,即使在"市场没有失灵"的情况下,有益品也为政府实施干预提供了正当的理由。[4]

尽管有人使用有益品概念并不意味着这个概念已经有令人满意的理论基础支撑,但是,通过提供这样的理论基础支撑,我们不但能够证明狭义的有益品概念的正当性,而且能扩大这个概念的跨学科应用范围。

---

[1] http://www.hmtreasury.gov.uk/Spending_Review/Spending_Review_2000/Associated_Documents/spend_sr00_ad_ccrgloss.cfm and http://www.treasury.govt.nz/publicsector/charges/part3.asp.
[2] http://www.statistics.gov.uk/learningzone/health.asp.
[3] http://aspe.hhs.gov/hsp/ccrationale02.
[4] http://www.worldbank.org/education/economicsed/finance/public/socialse.htm.

目 录

第一部分 马斯格雷夫论述有益品的原始文献

第一章 "预算决定的多重理论"/3

第二章 "确定预算的原则"/7

第三章 《公共财政理论》/9
  第一节 《公共财政理论》(马斯格雷夫在密歇根大学任教时提出)/10
  第二节 《公共财政理论》(马斯格雷夫在哈佛大学任教时提出)/18

第四章 "社会品供应"/21

第五章 《比较财政分析》/25

第六章 "市场系统中的社会品供应"/31

第七章 《公共财政理论与实践》/38
  第一节 《公共财政理论与实践》(第一版)/39
  第二节 《公共财政理论与实践》(第二版)/44
  第三节 《公共财政理论与实践》(第四版)/50

第八章 "有益品"(《新帕尔格雷夫经济学词典》)/60

第九章 有益品"(《理性、个人主义和公共政策》)/68

第十章 "跨越不同的传统"/75

第十一章 "公共财政与公共财政学传统比较"/83

第二部分 二次文献

第十二章 拒不接受有益品概念/89
第一节 有益需要：一只规范空盒子/90
第二节 机会成本与有益需要/102

第十三章 有益品概念的定义及其特点/136
第一节 论有益需要：对一个有争议的财政学概念的沿革、规范地位和政策相关性的思考/137
第二节 有益品的属性和相关性/173
第三节 有益品与对强制权的福利经济学分析/196
第四节 有益需要：更加深入的分析/221
第五节 有益品、信息和偏好纠正/232
第六节 有益品：一点补充评论/242
第七节 有益需要与税收理论/245

第十四章 对有益品概念的正当性证明/259
第一节 关于马斯格雷夫的有益需要概念的讨论/260
第二节 有益品：马斯格雷夫的有关思想及其影响/266
第三节 有益品：一个公共支出规范理论的问题/276
第四节 "高效"定价与政府干预/304
第五节 "有益品"分析的制度维度/317

第十五章　新概念的适用范围/344
第一节　关于大都市财政问题的再思考：预算职能和多级政府/345
第二节　"有益品"概念：经济学理论和经济思想史中的伦理维度/356

第十六章　新概念特征的数学表述/379
第一节　有益品与次优税收/380
第二节　事后福利经济学分析与有益品理论/395
第三节　对一个简单的有益品模型的论证/414

第三部分　有益品思想的应用

第十七章　有益品思想的知识体系论证/419
第一节　亚当·斯密论财政与分配/420
第二节　论不平等定义域的界定/442
第三节　亚当·斯密与马斯格雷夫提出的有益品概念/458
第四节　家长式管理、家长式自我管理与国家/480

第十八章　知名经济学家的著述/511
第一节　公平、希望和正义/512
第二节　一亿多女性正在消失/531
第三节　市场的道德地位/544
第四节　现代资本主义经济偏爱市场的问题/552
第五节　政府干预与潜在"受益群体"和"被遗忘群体"（从集体行动的逻辑看"默默受损的群体"）的经济自由/598
第六节　"比较增长率政治经济学分析"的"三阶影响"/606
第七节　阿拉伯世界：表现与前景/615

第十九章　非经济学家论述政府妥善完成其使命意义的著作/634
　　第一节　离婚的经济后果——《西方法律中的堕胎与离婚》节选/635
　　第二节　社会统一与基本善/659
　　第三节　社会需要的不仅仅是正义/686
　　第四节　《人人享有的经济正义》节选——关于天主教社会训导与美国经济的主教牧函/701
　　第五节　《百年通谕》节选/714
　　第六节　有益品收费：第三世界的计划生育/727

参考文献/746

译丛主编后记/755

第一部分

马斯格雷夫论述
有益品的原始文献

第一章

"预算决定的多重理论"[1]

---

[1] A Multiple Theory of Budget Determination, pp. 340—341. 最初发表于 *Finanzarchiv* 17(3)(September 1956),经作者许可后转引。

📝 编者点评

为了解决他本人财政理论中出现的异象问题，马斯格雷夫提出了"有益品/有益需要"（merit good/want）的概念。

1956 年，马斯格雷夫在本文选援引的以下文章中提出了"有益品/有益需要"的概念。这篇文章对他 1959 年第一次出版的财政专著的大致内容进行了概述。他在这篇文章里提出了用于解决他自己理论中出现的异象问题的概念。马斯格雷夫赋予政府三大经济职能："①满足公共需要（public want）；②调节收入分配；③促进经济稳定"[p.333]。马斯格雷夫把政府的这三种经济职能称为政府的服务、分配和稳定职能。

马斯格雷夫提出"有益品/有益需要"的概念来解决"非中性"服务支出这个异象问题[p.341]，如"为穷人免费看病的医院或者政府的廉租房补贴"（ibid.）。马斯格雷夫把这种异象称为"实物补贴"（ibid.）。

马斯格雷夫所说的异象就是指以上两个例子中的政府活动都不属于他在自己的理论中赋予政府的经济职能。它们不属于政府的服务职能，因为它们具有再分配效应；它们也不属于政府的分配职能，因为它们不只是"给低收入者进行的转移支付"。事实上，它们并没有满足在消费者最清楚自己需要什么这个个人主义假设下实行有效再分配的要求，因为这种再分配不允许穷人根据自己的偏好来消费政府提供的补贴。虽然这些例子只不过是涉及政府再分配职能的例子，但是，经济理性有可能要求采用另一种再分配方式（现金再分配，而不是实物再分配）。有趣的是，马斯格雷夫并没有以他所举的两个例子是同时涉及政府两种经济职能的案例为由来解决这个异象问题，而是建议把他的例子视为只涉及政府的分配职能。想要让这个建议产生作用，马斯格雷夫就必须承认这两个例子是有附带条件的再分配例子。

在这一点上，马斯格雷夫进行了一种概念联想，并将实物补贴与奢侈品税（在本书编者的例子中就是烟酒税）进行了比较。依本书编者之见，马斯格雷夫接下来正确地把这两种政府活动定义为干预个人偏好的活动，而且把那些政府干预旨在增加与之有关的消费的需要称作"有益需要"（如对免费看病的医院、廉租房的需要)。

在本书编者看来,马斯格雷夫接下来因为声称"这样的干预常会产生再分配效应"[p.341],或者因为在这一段结束时把"有益需要严格地讲不能与分配问题相分离"作为一般命题,而毫无道理地缩小了这个新概念可能具有的一般性。

在认真考察这个新提出的概念时,马斯格雷夫正确地强调指出,并非所有对消费者意愿的干预都是错误的;这样的干预要求拓宽财政的理论框架[p.341]。

关于有益品概念的提出,有几点需要注意:

(1)有益品概念是马斯格雷夫作为解决他本人的理论框架造成的问题的途径提出的。

(2)这个新概念与新古典经济学的消费者主权传统相抵触,因此向经济学传统提出了挑战。

(3)马斯格雷夫毫无道理地试图通过把有益品局限在再分配范畴来限制有益品概念可能具有的一般性。马斯格雷夫既然能够看到有益品与奢侈品税之间的关系,因此就不应该提出这种主张。

(4)马斯格雷夫(先验地)认为,对消费者意愿的所有干预并非都是错误的,因此只对自己提出的概念进行了无力的辩护。

※ ※ ※

马斯格雷夫的原始文献

服务部门与分配部门的分离

[p.340]我们现在来讨论服务部门与分配部门职能分离的问题。这一得到维克塞尔和林达尔(Wicksell and Lindahl)认同的做法源于我们认为服务部门为应对个人偏好而应该满足公共需要的观点,类似于在讨论私人部门资源使用效率时通常所做的分配既定假设[p.341]。关于资源配置效率的结

论，必然基于有效需求既定和分配状况既定的假设。类似地，确定公共需要方面的效率可以只根据既定的收入分配状况来评判，因此，也就是只根据满足公共需要所需的"真实"有效需求的既定状况来评判。

从更加务实的财政政策的角度看，这种职能分工的好处在于：允许高估公共需要的 X 先生即使不同意收入再分配，也会投票赞成服务部门的巨额预算；允许反对服务部门巨额预算的 Y 先生投票支持对收入分配进行调节。如果政府的这两个职能能够适当分离，那么就能遵循不同的模式为这两个政府职能部门制订两份税收计划，而预算确定也可能变得更加有效。

然而，也有人提出一些反对政府职能分离的不同意见。第一种反对意见是针对这样一种情况的：政府的产品和服务支出常常涉及一些并非分配中性、其目的就是偏袒某些特定群体的项目。为了举例说明这种情况，我们来考察给穷人免费看病的医院和政府对廉租房的补贴这两个例子。这种项目可以说包含：①对低收入者的转移支付；②收入用来购买某些服务（如医疗和解决住房问题）这个必要条件。关于选项①，我们只有分配部门预算中应该考虑的再分配职能。但是，选项②引入了一个在我们的理论框架中还没有出现的新特征。

我们应该还记得，我们已经把公共需要定义为消费不受排他原则约束的需要；然而，服务部门的问题仍然是根据个人偏好和消费者主权来满足公共需要。实物补贴思想——包含在上述选项②中——是一个截然不同的问题。这个问题就像奢侈品税，公共政策旨在干预个人偏好；而这样的干预常会产生再分配效应。我不想说这种干预总是十分糟糕，但有时可能不会促成资源配置优化。一个恰当的例子就是，公众在确保自己的孩子能够接受必要的教育之前，明显更愿意先考虑购买第二辆汽车或者第三台冰箱。但在我看来，这是一个应该有别于更加一般的公共需要理论的特殊问题。我们的计划方案必须扩展到任何需要干预个人偏好的地方。这样的需要——由于没有更适当的名称，我称它为"有益需要"——可考虑由一个分立的部门来满足。这样，与分配问题严格分开的论点的确变得站不住脚。

第二章

"确定预算的原则"[1]

---

[1] Principles of Budget Determination, p. 111. 文章最初发表于 Joint Economic Committee, ed., *Federal Expenditure Policy for Economic Growth and Stability* (Washington, D. C.: Government Printing Office, 1957), 经作者允许后转引。

> **编者点评**
>
> "有益品"思想,而不是"有益品"标签。
>
> 在这篇文章里,马斯格雷夫没有使用有益品/有益需要的标签,而是讨论了有益品/有益需要的概念或者思想,但继续把他的有益品概念局限在实物补贴上,并且以免费教育(新的例子)和医院服务为例。马斯格雷夫在提到这种特殊类别产品的典型时表示,它们并不符合受益人的偏好,但是符合多数人表达的意愿。他还表示,这种产品是公共品[用马斯格雷夫的话来说,是"社会需要"(social wants)],因为"这种服务产生的受益范围超越了受益人本人"[p.111]。
>
> 在这篇短文中,马斯格雷夫提出了一个意义深远的观点:遵循"多数决原则"(majority rule)运行的民主政府经常违背新古典经济学的基本假设——消费者主权假设。他还提出了一个在他后来发表的著述中收回的观点,即有益品是公共品。有益品的概念正在变成一个有争议的概念。

※ ※ ※

马斯格雷夫的原始文献

确定预算的原则

[p.111]我几乎无须补充说明,对社会需要进行的简要讨论并不全面。并非所有的公共服务都是为了满足消费者个人偏好而提供的。在有些情况下,虽然个人宁可获得现金,并且把现金花在其他用途上,但可能由多数人决定应该满足个人的某些需要。免费教育和医疗服务需要不同的解释,但必须注意,这两种免费服务所产生的受益范围会超过特定的受益人,因此,应该把我所说的东西作为主要的社会需要来对待。

第三章

《公共财政理论》

第一节 《公共财政理论》（马斯格雷夫在密歇根大学任教时提出）[①]

📝 编者点评

马斯格雷夫展开讨论了他本人关于有益品概念的思想。

在这本著作中，马斯格雷夫采用独立于他本人理论框架的方式，对有益品概念进行了定义，列举了更多的例子，而且提到了有害品的概念（"通过征收惩罚性税收可阻止满足对其需求的产品，如烈酒"[p. 13]）。他继续强调指出，有益品"就其本质而言，涉及对消费者偏好的干预"（ibid.）。他还对有益品概念进行了扩展。有益品包括公共品（这是马斯格雷夫之前的观点）和私人品（这是马斯格雷夫之前观点的变化）。因此，马斯格雷夫写道，"需要可以通过市场来得到满足"或者"个人消费可以单列"[p. 9]。此外，马斯格雷夫从不同的视角来证明了有益品概念的正当性，但也承认，为有益品辩护是一项艰巨的任务。

马斯格雷夫为证明有益品概念的正当性而做出的努力表明，他在有益品概念的五个不同定义（正当性证明视角）之间摇摆不定，本书编者把这五种定义分别称为伦理学、极权主义、政治（民主和共和）、自由主义和人类学定义。伦理学的定义强调有益品的显著有益性或者有害品的显著有害性以及社会甚至不惜违背消费者意愿来提供有益品消费或者禁止有害品消费的意愿。马斯格雷夫强调了再分配思想对于很多有益品的重要意义。极权主义观的有益品定义强调统治集团把自己的意愿强加于他人的事实。这个定义下的有益品是一种马斯格雷夫完全不能接受的有益品。政治视角下的定义包括在民主和共和视角下的两个定义。民主视角下的有益品定义强调合法选出的多数派把自

[①] *The Theory of Public Finance*, pp. 8—9, 13—15, 896—889. New York: McGraw-Hill Book Company, 1959. Copyright © 1959 by McGraw-Hill, Inc. 在征得麦克劳—希尔公司和作者本人同意后转引。

己的意志强加于少数派的事实；而共和视角下的定义则利用领导—学习理论来说明民主社会公民被邀甚或被迫学习（了解）领导认为有益而公民本来不会消费的产品的有益性。马斯格雷夫有时把共和视角下的有益品定义等同于善意的家长式干预视角下的定义。自由主义视角下的定义认为，有益品主要是公共品。基于人类学视角的正当性证明利用消费者的弱点（缺乏相关知识或理性评判能力——如在高压广告的社会——或者无自制力）来为纠正消费者偏好的需要辩护。不同的评论者会偏好马斯格雷夫的某种有益品定义或者概念正当性证明。

※ ※ ※

马斯格雷夫的原始文献

[p. 8]即使我们假设已知所有个人的真实偏好，仍会遇到第二个困难。之所以会遇到这个困难，是因为没有一种方法能够非常有效地满足社会需要或者解决向社会全体成员提供等量服务消费的问题。至少，如果我们采用我们所理解的确定市场价格的效率标准，就会遇到这样的困难。因此，需要一种比较特殊的福利函数才能保证找到最优的解决方法。有两个议题构成配置部门要解决的问题的症结所在。

已经提到的对私人需要和社会需要的区别并不是那种绝对的区别，通过市场过程来满足私人需要存在低效的问题。只要出现这种情况，我们就可以说，它与社会需要有点关系。两者的差别基本上就是程度的问题，而大多数经济学范畴，如消费和资本形成，都可以说是程度的问题。差别仍然具有基本重要性。就满足私人需要而言，私人品与社会品之间的区别几乎就是一个不重要的问题；但就满足社会需要而言，私人品与社会品之间的区别就变成了本质问题。私人需要通过市场来得到充分的满足，而社会需要则必须通过预算才能得到满足[p. 9]。因此，对于公共政策来说，程度上的差别就会变为本质上的重要差别。

至此，我们已经考虑了需要采取纠偏政策才能确保资源按照消费者的偏好来配置的情形。只要公共政策旨在对资源进行有违消费者主权的配置,那么就是实施了一种不同类型的干预。也就是说,本可通过市场来满足的需要并没有得到满足,因为消费者选择把自己的钱花在其他地方。在这种情况下,就不应该在由于社会成员等量消费某些服务而造成的技术性困难中寻找采取预算行动的理由。个人消费量可以分列,因此,采取预算行动的原因是纠正个人选择。在这样的条件下得到满足的需要是第二种公共需要,并且将被称为"有益需要"。由有益需要造成的问题必然明显有别于由社会需要造成的问题。

....

有益需要[p. 13]

那种在社会需要名下讨论的公共需要就是对它们的满足要受制于消费者主权原则的需要。其基本规则就是:资源应该为了满足消费者的有效需求而配置,并且由个人偏好和一般分配状况决定。事实上,社会需要在这个基本方面非常类似于私人需要。

我们现在来考察我们所说的第二类公共需要。这类公共需要通过提供消费受制于排他性原则的服务来满足,而在有效需求的范围内则由市场来满足。如果这类需要被视为非常有益,因此除了通过市场由私人自己掏钱来满足外,剩下的就要通过公共预算来予以满足,那么它们就变成了公共需要。这第二类公共需要被称为有益需要,用于满足有益需要的公共服务包括政府提供的学校午餐、政府补贴的廉租房和免费教育。相比之下,有些需要可被认为是不受欢迎的需要,并且可以通过征收惩罚性税收来抑制对它们的满足,如征收酒税。

我们不能采用解释满足社会需要的理由来解释要满足有益需要的原因。虽然就两者都要通过公共预算来满足这一点而言,有益需要和社会需要都是公共需要,但两者遵循不同的原理。社会需要是一个特殊的问题,因为全体社会成员必须等量消费相关的服务,所以由等量消费造成的困难需要克服;否则对社会需要的满足就如同对私人需要的满足,会落入消费者主权的范畴。满足有益需要,就其性质而言,必然涉及对消费者偏好的干预。

那么,就此而言,满足有益需要的问题是不是应该在以民主社会个人偏好为前提的公共经济规范理论中占有一席之地呢？极端的个人主义观有可能不允许有益需要的存在，但这并不是一种明智的观点。有时会出现初看似乎是有益需要、细看则是社会需要的情况；只要在遵循消费排他性原则仅仅有利于部分而不是全体社会成员的情况下，有些公共需要就可能介于私人需要和社会需要之间，预算拨款用于提供免费教育服务和落实免费医疗卫生措施就是这种情况的恰当例子。这样的服务和措施直接有利于特定的学生或者家长或父母群体，但除此以外，人人都因为生活在一个教育和健康水平较高的社会里而从中受益。一些看似有益需要的需要，有可能是社会需要的重要元素。

[p.14]此外，严格地讲，满足有益需要和干预消费者主权的原因，可能是有些群体在民主社会里扮演的领导角色。虽然消费者主权是一种一般规则，但在民主社会的背景下有可能出现以下情况：知情的群体被认为有理由把自己的决定强加给其他群体。很少有人会否定实行药品销售监管和提供一些医疗卫生设施的主张。相对于不知情群体，教育的好处对于知情群体更加显而易见，因而被用来证明强制性地把资源配置于教育的正当性；干预家庭的偏好模式可能有利于保护未成年人的利益；归属自由可以高于排斥自由；等等。这些学习和领导的问题是合理定义的民主的基本内容，并且能够证明根据一种标准模式来满足某些有益需要的正当性。

最后，消费者主权的基本原则是建立在完全了解市场和理性评价的假设之上的。在现代经济中，消费者受到瞄准他们并旨在影响他们选择而不是提供完全信息的大众媒体广告的摆布。因此，消费者的偏好结构有可能被扭曲，从而需要加以纠正。消费者在高压市场上进行选择有可能是完全不同的事情。与此同时，满足有益需要仍然是一项艰巨的任务。干预消费者选择的事情之所以有可能发生，仅仅是因为统治集团认为他们做的那一套更好，并且希望把这些措施强加给他人。这样的需要确定方式是建立在专制的基础上的，在我们民主社会的规范模式中没有容身之地。

即便有益需要得到了承认，满足有益需要也基本上不同于满足社会需要。在后一种情况下，问题是如何影响个人评价。虽然政策并不是以全票通过的方式确定的，但任务仍然是让结果尽量接近个人的品味和有效需求。"多数决原则"是接近理想结果的必要之恶，而不是理想的原则。但在有益需要的情况下，目的也许就是由某些人，想必是多数派对其他人的需求格局进行干预。类似根据全体成员真实偏好确定社会需要这样的解决方法并不适合用来满足有益需要。

如何满足公共需要

现在假设已经确定通过公共预算拨款来满足哪些公共需要、社会需要或者有益需要。那么，我们说政府必须"拨款"满足这样的需要[p.15]，确切的意思到底是什么呢？

我们只是想说，满足公共需要所必需的产品和服务必须用政府的一般收入来买单，这些产品和服务必须免费提供给使用者，并且必须在政府的直接管理或者监督下生产。这是为了避免混淆而必须进行的重要区分。

我们来考察军事保护的例子。给军事保护拨款，就意味着部分资源必须被用于生产枪支或者建造军舰，但并不一定意味着枪支或军舰由公有企业——或者由私人企业——生产或者建造。我们也可以考察公共草场的问题。在这里，这个问题就是确定拨款修建公共草场设施的数量和类型，但拨款决定并不会告诉我们，它们是应该由公有企业供应，还是签约让私人建筑公司来承建。

为了进行这种区分，我们可以设想有两个经济体，其中一个经济体的全部产品由政府生产并在市场上销售，而另一个经济体的全部产品由私人生产，但由政府购买并且以免费的方式分配。在前一个经济体里，政府不必自己来满足公共需要，但全部的生产在政府管理下完成；而在后一个经济体里，没有任何公有企业从事生产活动，但全部资源用于满足公共需要。因此，满足公共需要并不需要进行公共生产管理，就如同公共生产管理并不一定用于满足公共需要：确定每种满足不同需要的方式的适用范围要采用完全不同的标准。

··············

社会需要的主观基础[p.86]

在这一章里，我们已经表示，社会需要的满足必须基于消费者或者选民个人的偏好。这是受益原则的本质，而不是自愿交换的概念。在结束对受益原则的讨论之前,让我们看一些反对个人评价的批评意见。

有一种批评意见是由一些认为公共需要根本不同于私人需要,因此不会出现在个人偏好表中的学者提出的,并且被一些国家有机论的拥护者所接受。国家有机论的拥护者认为,存在群体需要,或者存在"整个群体"[1][p. 87]以某种方式体验到的需要。由于这样的群体不能发表意见,因此,有人想知道谁能够表达群体的感受。除非群体的领导人通过直觉或者代为体验群体的感受,否则只能交给确定偏好的专制制度。无论这种制度或社会有机观是好还是坏,都可能有价值判断的问题。这里要说的就是,这种观点是与民主背景下的财政规范理论格格不入的。

应该对那些不赞成有机观的批评者进行更加认真的考察,因为他们似乎持有基于个人选择的公众家庭论。这就是说,应该忽视预算过程的基本政治特点以及预算目标的基本社会性质。[2] 为了强调预算过程与满足私人需要之间的区别,格哈德·科尔姆(Gerhard Colm)指出:①任何个人的贡献—受益关系取决于政府主管机构的决策,而不是取决于市场过程;②民主政府有它的政治任务,而且这种政治任务与个人在市场上表达的需要之间只有间接关系。

细加思考就能发现,科尔姆指出的第一个要点很容易与我们的观点调和。我们同意维克塞尔的观点:预算确定是一个政治而不是市场过程。情况确实如此,因为政治行动必须把个人的社会需要转化为具体的预算计划。由于民主社会的政府主管机构就是选民和他们的代表,因此,政府主管机构通过民主过程来确定预算。即使考虑到公务员和行政领导的作用,情况也是如此。科尔姆指出的第二个要点侧重有所不同,但有可能更加重要。他坚持认为,关心政治问题的选民个人采用的参考系完全不同于他们作为关心收入分配的消费

---

[1] 例如,可参阅:Albert Schäffle, *Das gesellschaftliches System der menschlichen Wirtschaft*, Tübingen, Germany, 1973, vol. I, p. 6. 也可见:H. Ritschl, *Theorie der Staatswirtschaft und Besteuerung*, K. Schroeder, Bonn, Germany, 1925, chap. 1, 以及 *Gemeinwirtschaft und kapitalistische Marktwirtschaft*, J. C. B. Mohr (Paul Siebeck), Tübingen, Germany, 1931, pp. 32—43. 对于 Ritschl 的摘录,可见:R. A. Musgrave and Alan T. Peacock (eds.), *Classics in the Theory of Public Finance*, International Economic Association, Macmillan & Co., Ltd., London, 1958.

[2] 请参阅:*The Theory of Public Finance*, p. 11; Gerhard Colm, *Essays in Public Finance and Fiscal Policy*, Oxford University Press, New York, 1955, pp. 32—33; *Volkswirtschaftliche Theorie der Staatsausgaben: Ein Beitrag zur Finanztheorie*, J. C. B. Mohr (Paul Siebeck), Tübingen, Germany, 1927.

者采用的参考系。在前一种情况下,选民作为一种政治存在,在他们自己认为的好社会的形象的指引下采取行动;而在后一种情况下,选民的行为是由自身利益决定的个人行为,他们关心的是自己的个人需要。科尔姆认为,前后两种情况是完全不同的两回事情。任何消费需求理论都被认为忽视了个人与预算问题有关的行为的基本政治性质。[①]

在评价这种批评意见时,我们应该先考虑那些与重大的国家问题无关但与一些类似于通过市场得到满足的个人需要有关的社会需要。这种社会需要的例子有消防、街道保洁和许多由市政府提供的服务。对于这些例子,科尔姆的基本批评意见并不适用。严格地说,这些例子所反映的问题就是关于相关群体等量消费的需要问题。从原则上讲,至少应该要求选民个人根据他们从政府提供的服务中受益的程度付费。

此外,我们还要考察国防和教育这类社会需要。关于这类社会需要,选民的态度和偏好可能受制于他们心目中的好社会的形象和远远超越他们周围环境问题的影响因素。他们的选择可能取决于他们认为的利他动机,而不是比较狭隘的支持典型消费者在市场上选择的自利心。[②] 所有这一切都是正确的,但并不意味着基本偏好对于社会需要的主观性小于对于私人需要的主观性。不同的动机在两种情况下重叠,即使在存在动机差别的地方,总需要的等级之分仍必须根据可获得的收入和稀缺资源来测量。

最后,即使社会需要能够分开确定,仍必须参考个人偏好来制订预算计划,并且相应分摊所需服务的成本。无论基本动机是利己还是利他,正式的决策问题在很大程度上仍然相同。事实上,预算方面的决策可以与涉及公共政策内容的其他决策(对外政策 X 与对外政策 Y)结合在一起,并且不会产生私人需要的直接机会成本。两者之间或许更多地存在语义而不是实质性的差

[①] 对科尔姆观点的讨论是本文选编者根据科尔姆的著述进行的讨论,但本书编者仍负有正确解读的责任。

[②] 请参阅:*The Theory of Public Finance*, p. 11, and G. Colm, "Comments on Samuelson's Theory of Public Finance," *Review of Economics and Statistics*, vol. 38, no. 4, p. 409, November 1956。作者认为,这让我们陷入享乐主义哲学家的循环论证陷阱。他说,享乐主义哲学家认为:"我们之所以行善,是因为我们享受行善的感觉,而令我们感到享受的事情都是善事。"这与我们的观点不同。我们关心的不是人们想要自利还是利他。事实上,无论动机如何,个人的偏好模式都会受到社会环境的影响。这并不是循环论证的问题,而是一组相互依赖的偏好和一个同时确定的系统的问题。

别:通过用服务评价原则取代受益原则[p.89],就能使政策标准对动机变为中性。

另一种批评意见直接指向作为公共需要理论核心议题的等量消费产品所提出的问题。① 这种批评意见认为,有相当一部分的预算活动与社会全体成员等量消费的服务没有关系。具体来说,凡是在干预消费者主权是问题症结所在的地方,从受益观到社会需要的论证思路并不适合用来解决有益需要的问题。这种论证思路也不适合用来解决收入分配调整问题。这些都是值得考虑的问题,基本上得到了我们在资源配置部门内部区分有益需要与社会需要以及把资源配置部门与收入分配部门分开的做法的认可。我们需要一种多视角的公众家庭理论,而确定预算计划的政治过程必须涉及面广,足以涵盖全部问题。

不论怎样,我们有理由特别关注社会全体成员等量消费的产品的供应问题。借助于经济学分析工具,这个问题至少可以在一定的范围内得到解决。解决最优分配的一般问题,或者说解决有益需要的一般问题,要困难得多。因此,经济学家应该关注社会需要问题。此外,纯有益需要现象并不是一种初看时感觉那么普遍的现象。看上去像有益需要的东西,通常是社会需要,因而也属于我们的讨论范畴。②

---

① 请参阅:Julius Margolis,"A Comment on the Pure Theory of Public Expenditures," *Review of Economics and Statistics*, vol. 32, no. 4, pp. 347—349, November 1955。

② 请参阅:*The Theory of Public ; Finance*, p. 13。

第二节 《公共财政理论》(马斯格雷夫在哈佛大学任教时提出)[①]

编者点评

马斯格雷夫的有益品思想发生了重大变化。

从英语第三版开始(马斯格雷夫已经在哈佛大学,而不是在密歇根大学任教),马斯格雷夫列表阐明了私人品、公共品和有益品之间的关系。马斯格雷夫的这一变化先是出现在1966年的德译本中(Andel,1984:634)。马斯格雷夫利用这张表格展示了一个从纯私人品到纯公共品的连续统(continuum),但没有说明有益品可以是私人品或公共品(安德尔正确地指出,这张表格就有这个意思)。他确实利用这张表格为声称"公共品概念是一个多少可以适用于具体情况的理想概念"的主张进行了辩护。马斯格雷夫并没有明确表示,有益品概念也是一个理想的概念,几乎可以应用于私人品、公共品,或者既是公共品又是私人品的产品。

令人遗憾的是,马斯格雷夫在没有验证的情况下,而且在我看来错误地表示,"适用有益品的情况并没有我们有时认为的那样常见"[p.89]。

最后,马斯格雷夫明智地承认,经济学分析不太适合有益品和分配问题,也不太适合社会需要(公共品)和分配问题。因此,他承认,他明白由他引入当代经济学思想的有益品概念所具有的麻烦性。

※ ※ ※

[①] *The Theory of Public Finance*, pp.86—89. 当时马斯格雷夫在哈佛大学任教。New York: McGraw-Hill Book Company, 1959. Copyright © 1959 by McGraw-Hill, Inc. 在征得麦格劳希尔公司和作者的允许后转引。

马斯格雷夫的原始文献

社会需要的主观基础[p.86]

[p.88]另一种批评意见直接指向了作为公共需要理论[p.89]核心议题的等量消费产品所提出的问题。① 这种批评意见认为,有相当一部分的预算活动与社会全体成员等量消费的服务没有关系,而且只有部分服务属于这类服务。在讨论这个议题时,对不同的需要进行如下分类很有益处:

消费者主权适用的程度	外部性水平或社会收益占比		
	百分之百	部分	零
完全适用	1	2	3
部分适用	4	5	6
完全不适用	7	8	9

情形 1 表示前面讨论的 100% 的社会需要,而情形 3 表示 100% 的私人需要。有人对此提出不同的看法:一般情况是两者兼而有之。混合情形 2 表示公共教育,公共教育既能产出社会效益又会产出私人收益。我们承认,情形 1 和情形 3 代表两种极端情况,实际情形往往是介于两者之间,但这种情形并不会导致我们的观点失去有用性。支持我们的社会需要理论的一般推论也许适用于情形 2,因此把推论从一种完全补贴(完全的税收财政)的情形过渡到一种部分补贴(部分税收财政)的情形。②

---

① 请参阅:Julius Margolis,"A Comment on the Pure Theory of Public Expenditures," *Review of Economics and Statistics*, vol. 32, no. 4, pp. 347—349, November 1955.

② 假设给定的公共服务同时用于满足社会需要和私人需要。我们通过纵向相加个人需要表中的社会需要分量来得到社会需要的总需求表,并且通过横向相加个人需求表中的个人需要分量来得到个人需要的总需求表。我们进一步假设(尽管这并不是一个必要假设)社会品和私人品分量按 1∶1 的比例比配。然后,我们从供给表中扣除总需求表的社会分量。经过这样调整的供给表与私人分量总需求表的相交点表示需要供给的数量(横轴)和那部分作为价格支付的总单位成本(纵轴)。相交点与未经调整的供给表之间的垂直距离表示那部分需要通过预算(即通过提供由税收支付的补贴)来完成供给的单位成本。在全部是社会需要的情况下(上文中的情形 1),补贴是 100%;而在全部是私人需要的情况下(上文中的情形 3),补贴为零。

虽然我们的理论涵盖了以上三种情形,但没有包括在第一行下面出现的有益需要现象。在这里,只要提出以下两点就能为我们的观点辩护:一是有益需要的情况并不像我们有时认为的那样经常出现,更加仔细地观察有益需要,就能发现它们是一种社会需要①;二是一种完善的公众家庭理论需要多方面的解释[原文如此]。社会(或者社会—个人混合)需要提出的配置部门问题比有益需要提出的问题或者分配部门问题更能经得起经济学分析的检验,因此,经济学家致力于这方面的研究是对的。

---

① 请参阅:*The Theory of Public Finance*,p. 13。

第四章

"社会品供应"[1]

---

[1] "Provision for Social Goods," pp. 143—144. 原文发表于 J. Margolis & H. Guitton, eds., *Public Economics* (London: Macmillan Press Ltd., 1969). © The International Economic Association 1969, 在征得作者和帕尔格雷夫·麦克米伦出版公司允许后转引。

编者点评

马斯格雷夫把主体间的效用依赖(intersubjective utility dependence)和阶层偏倚(class bias)的思想引入了有益品概念。对于是否把有益品概念作为规范经济学理论的一个元素来接受,他似乎显得有些犹豫不决。

在"社会品供应"中,为了调和有益品与主观偏好之间的关系,他运用效用相互依赖的思想进行了新的尝试。效用相互依赖是指个人不但能从自己的消费,而且能从他人的消费中获得效用。作为利他主义者,我们为穷人有像样的住房住而感到快乐;作为一个唯美主义者,我们为穷人有更好、更加干净的衣服穿而感到高兴。后来的学者把这称为精神外部性(psychic externalities)。

马斯格雷夫看到了消费者个人基于物质外部性消费的公共品与基于精神外部性消费的有益品之间的相似性。如果有益品用精神外部性来定义,那么有益品就是用专项补贴或者实物补贴(如廉租房、婴儿牛奶)进行的再分配。

马斯格雷夫还重新引用领导—学习模型来对有益品和消费者主权传统进行调和。领导—学习模型要求对消费者进行暂时的干预,以便他们学会重新评价某些产品和服务。因此,干预被看作为了在未来能做出明智的自由选择而必须忍受的损害。马斯格雷夫虽然没有完全否定这个论点,但承认自己因它而感到不适。

最后,马斯格雷夫指出,西方社会似乎做出了一种由伦理引发的妥协:虽然容忍财富和收入方面的不平等,但通过向穷人提供实物补贴来加以纠正。有望得到实物补贴的候选物品是能满足生理需要(如食品、住所和医疗等消费需要)的产品和服务。其他作者把这些物品称为必需品(necessity goods)。马斯格雷夫并不赞成再分配,他只是介绍性地指出,再分配可能就是一个隐藏在某种有益品子类背后出于伦理动机提出的理由。这种有益品子类主要的受益者是社会下层阶级。因此,社会下层阶级比社会上层阶级更有可能成为消费者主权干预的对象。在"社会品供应"中,马斯格雷夫并没有明示这个特殊子类有益品——必需品——的这种影响。

虽然马斯格雷夫进行了旨在调和有益品与消费者主权两者之间关系的尝

试,但他坦率地表示,我们不能对这种调和尝试抱太大的希望。他写道:"选择本身就是强加的可能性仍然存在"[p. 143]。因此,分析公共品的方法并不适用。与本书编者认为是马斯格雷夫早前发表的著述中表达的观点不同,马斯格雷夫在这里认为,被定义为用强制方式来满足需要的有益品"仍不适用经济学的规范模型"[p. 143]。因此,马斯格雷夫似乎在这个问题上秉持有益品应该分为两类的立场。第一类有益品可以根据公共品模型来理解,因而是规范经济学思想的合理思考内容;第二类有益品必须被严格阐释为一些采用强制方式来满足需要的产品,因而不适用规范经济学分析。如此看来,有益品概念要么简约为公共品,要么不能为规范经济学所接受。

※　※　※

马斯格雷夫的原始文献

有益需要[p. 143]

在结束讨论之前,应该就有益品的作用再补充说明一些看法。就如第四章所述,这部分的讨论全部基于社会品必须根据个人偏好来供应的假设,因此有可能招致反对意见,因为批评者会认为,偏好在一定程度上应该是由一些挑选出来的精英分子强加的;之所以会这样,是因为这些精英分子受过更好的教育、更有天赋或者属于某个特定的党派或派别。或者,这部分的讨论有可能被斥责为完全与现实不符,因为有一大部分预算支出其实被用来供应一些有消费竞争性和很高消费排他性的产品(如廉租房或婴儿牛奶)。由此可以得出结论认为,社会其实希望在很大程度上强行干预消费者偏好;因此,在财政模型中应该纳入一种强制选择理论(theory of imposed choice)。我曾把消费者选择被废弃、要采取强制方式来满足的需要称为"有益需要",并且认为它们并不适合运用经济学规范模型来分析。①

---

① 请参阅本人的 *Theory of Public Finance*, pp. 13 ff。

如果我们承认理性的个人在进行选择时需要了解备选方案,而且可能还需要进行试验(即使可能涉及暂时的强制选择)来获得必要的信息,那么就可能会达成某种和解。暂时接受强加的选择也许可被解释为学习过程的一个辅助手段。因此,这种看似强加的选择,从长远看也许可以与明智的自由选择相容。然而,对于那些可能会抱怨"公众"品味低下但又宁可说服而不是强迫公众选择的人来说,这是一种多少有些令人担忧的观点。但是,在社会现实中,这种观点并非毫无立足之地。

我们还可以根据以下思路来设想另一种调和的可能性:很多看似属于有益品的现象,其实可以用效用相互依赖性来解释。类似于上文中情形 2 的描述: A 的效用函数可被定义为 $U_A=U_A(X_A,Y_A,Y_B)$。也就是说,A 从他自己对 Y 的消费中获得了效用,而且从 B 对 Y 的消费中获得了(一种虽然是不同的)效用。这是一种关于食品、住房和医疗等消费需求的普遍态度。西方社会的社会理念就是,容忍奢侈品消费和储蓄分布不平等的自由[p. 144],要以提供专项(特定)补贴的代价来换取。按照双重标准来看,用于满足有益需要的实物补贴,特别是发放给低收入群体的这类实物补贴,可以被纳入主观偏好理论。

就此而言,我们同样必须改变第七章从社会品而不是社会需要的角度来审视这个问题的观点。不论怎样,我们不应该过分强调对有益需要与个人选择进行调和的理由,因为选择本身也有可能是强加的;而我们对社会品的基本分析并不适合这个问题。

第五章

《比较财政分析》[1]

---

[1] *Fiscal Systems*, pp. 11—13, 81—83, 308—309. New Haven: Yale University Press, 1969. Copyright © 1969 by Yale University. 经作者本人和耶鲁大学允许后转引。

编者点评

马斯格雷夫改变了他关于有益品定量重要性的看法,明确讨论了有益品的阶层偏倚问题,并且提出了"中央有益品"(central merit good)的思想,而不是"中央有益品"的标签。

在这本书里,马斯格雷夫不情愿地承认,有益品并非不重要。确实,马斯格雷夫写道:"虽然有益需要在西方经济体中涉及面有限,但它们在相当的大范围里得到了承认"[p. 12]。这一判断不同于马斯格雷夫在该书第三版(Musgrave,1959a)中做出的判断:"纯有益需要现象并不像初看那样普遍。看似有益需要的需要,在很多情况下就是社会[公共]需要"[p. 89]。

马斯格雷夫还提出了三个需要考虑的新问题。第一,他阐明了内在于有益品的干预更经常落在特定阶层头上的观点。他指出,有益品常与再分配,特别是与必需品联系在一起。如果与必需品有关的再分配目标按绝对值来确定(最低限度的衣、食、住和医疗服务水平),那么穷人要比富人更多地得益于这种政策;与此同时,穷人与富人相比就更是强迫消费的接受者。因此,社会强加的选择在概念上与由收入决定的社会阶层有关。第二,马斯格雷夫提出了公共品和有益品占国民生产总值的百分比随时间变化的趋势问题。他承认自己在这个问题上也就知道这么多。第三,马斯格雷夫提出,如果中央政府致力于影响地方政府的产品和服务供应,那么地方政府会供应数量不同于在没有中央政府施压或者发放补贴的情况下可能会提供的产品和服务。后来,马斯格雷夫又为中央政府的这种干预贴上了"中央有益品"的标签。

※　※　※

马斯格雷夫的原始文献

有益需要[p. 11]

至此,我们一直假设社会(或者私人)品应该根据消费者个人的偏好来供

第五章 《比较财政分析》

应。对社会品与私人品的区分并不是根据对产品需求的基本特点,而是根据产品的技术特点,即产品产生外部性的程度。现在必须承认,政府供应的产品和服务常常不符合这种情况。事实上[p.12],西方国家的政府常会提供一些似乎只能产生所谓的严格内部收益并且极有可能受消费排他性约束的产品和服务。因此,廉租房得到了补贴,而消费者得到了免费牛奶,但没有领到现金补贴,当然也没有自由选择如何花费现金补贴的权利。在这些例子中,政府用集体选择取代了个人选择,不论是通过(全部或者部分补贴)预算拨款来提供"有益"的产品(供特定消费者消费的产品),还是通过监管手段阻止"有害"产品消费,如禁售危险药品或征收奢侈品税。这些我在其他场合所说的"有益"(或者"有害")需要[1],仍然不适用上文有关社会需要讨论中粗略描述的分析框架。

因此,承认有益需要看来会导致用强加的选择取代个人选择,而且会导致明显偏离消费者选择的基本原则。[2] 有益需要虽然在西方经济体中涉及面有限,但在相当大的范围内得到了承认。补贴"好"产品(如住房)、惩罚"坏"产品(如烈酒)的决策是根据这样一个命题做出的:决策群体能够做出比较高明的判断,因为他们接受了更好的教育、掌握了更多的信息,或者还有其他原因。在这个方面就如同在其他方面,西方经济实际上就是一种大部分而不是全部资源根据消费者的选择来配置的 C_i 和 C_g[3] 的混合体。毕竟,社会形态并不是(至少不是按照布道者的思维)为了反映理论抽象的极端例子设计的[p.13],而是为了能够采取有效的解决方案而设计的,因此也许会被期待能够反映一些混合路径。

类似地,在自由社会主义制度下,虽然主要依赖个人选择的 C_i 路径,但部分资源被用来满足有益需要。并没有合乎逻辑的理由来说明,选择 O_g(生产资料公有制)而不是 O_i(生产资料私有制),就应该更多地依赖 C_g,而不是

---

[1] 请参阅本人的 *Theory of Public Finance*,p.13。

[2] 也许有两种不同的解释。①有人可能会说,明智的选择要求了解备选项;必要的学习过程需要暂时的强制。②X 可能因知道 Y 喝牛奶而感到满足,但并不在乎(或者反对)Y 喝啤酒。因此,看上去是实物补贴,实际上是 X 为了满足自己的偏好而采取的行动。请参阅本人的 "Provision for Social Goods"。

[3] C_i 表示消费者个人选择的消费,C_g 表示决策群体强加的消费。——本文选编者注

C_i。但是,文化传统(包含源于同一思想体系的C_g和O_g)能造就这种可能的情况。

正统的社会主义

如果放弃消费者主权这个假设条件,C_g成为一般规则,那么区分公共需要与私人需要还有什么意义呢?如果需要从一开始就不是基于个人偏好,那么所有的需要都变成了有益需要。同样,由存在区分社会品和私人品的外部性而造成的政策问题也失去了它很大一部分的相关性。然而,从社会主义(C_g)的观点出发,社会品和私人品的区分仍然具有一定的意义(尽管有所变化)。用于满足社会需要的产品仍然会带来可供群体内部全体成员享用的收益。只有用于满足私人需要的产品才允许(在计划制订者希望的任何不平等模式中)赋予个人消费单位以不同的权重。无论是出于动机、政治还是其他什么原因,只有私人品才能被用于差别化。因此,这种区分仍然具有意义,但是在某些不同的意义上。

············

有益需要[p. 81]

关于用于满足有益需要的公共支出相对于国民生产总值的比例为什么应该随着人均收入的增加而增大或减小的问题,并没有明确的定论。既然通过税收—转移支付措施已经达到了适当的分配状态,那么为什么还有人提出更多的理由[p. 82]要对低收入水平的(可能在购买比较漂亮的衣服与购买更多的食品之间)消费选择,而不是对高收入水平的(可能在购买第二辆汽车与购买摩托艇之间)消费选择进行干预呢?

用这种方式来提出这个问题,就是要以否定的方式来回答这个问题。不过,这种提问的方式可能并不是一种正确的方式。实际上,有益需要是与再分配紧密联系在一起的,为穷人花费的廉租房或免费住院治疗公共支出把再分配目标与以强迫选择对消费者自由选择的取代结合在了一起。公共选择的强制推行通常是与"必需品"消费联系在一起的,并且表明了一种基本不同的再分配观。现在举一个极端的例子,我们假设有一种社会观要求,每个社会成员都应该消费一定量的食品、衣服和住房等基本必需品，但并不关心可自由酌情使用的收入的分配问题。这就意味着，基本必需品要通过预算拨款供应给每个社会成员，但由于收入较高的消费者私人购买基本必需品，因此基本必需品的公共供应可能仅局限于低收入者。如果必需品的相关概念按照绝对价值来定义，那么我们的推导就意味着有益需要所占的份额随着人均收入的增加而减小。不管怎样，用于满足有益需要的支出的普遍增加显然会导致对支出变化趋势的解释变得复杂，因为它导致分配目标的落实超越转移支付支出并且延伸到政府采购支出。

虽然以上推导并没有为总支出份额的增加进行任何特别的假设，但对于每个类别的主要支出，还是可以发表一点看法的。我们有理由预期，在发展的早期阶段，公共资本形成占总资本形成的份额相对较大，但以后的变化就较难预测；转移支付（包括用于供应"低收入阶层"有益品的支出[p.83]）的比例随着收入的增加而趋于下降。同样，公共消费与私人消费的比例有可能随着收入的增加而趋向于上升。直觉并不会告诉我们以上三种趋势如何合力导致总公共支出占国内生产总值的比例发生变化。此外，这些趋势的影响不容易证实，因为它们与其他可能同等或更重要的变量同时产生作用。现在我们来谈谈这些其他变量。

············

有益需要[p.308]

上文的推导为我们大致勾勒出一种有效解决财政运作地区问题[p.309]的方法的轮廓。公共服务供给可以根据从国家到地方范围不同的受益区域来安排。级别较高的政府（指管辖较大区域的政府）应该为调整利益或负担溢出效应从中斡旋，因为利益或负担溢出效应会导致某个特定地区做出扭曲的决策。如下文所述，个人间再分配的任务可以由中央政府来负责，这样就能消除对地区间分配不均问题的担心。

这种观点有助于问题的解决，但忽略了财政联邦制这个涉及面更广的问题的一个基本方面。个人虽然是某个特定地区——无论是自治市还是州——的居民，但同样也是一个更大行政单位的公民。正因为如此，他们也许会认为,更大群体的全体成员,不论国内居住地在哪里,都应该能够享受某些最低水平的服务(如基础教育)。为了确保全体成员能够享受到最低水平的服务,中央政府可能会决定提供这样的服务,或者通过补贴的方式(发放专项补贴)诱使较低级别的政府提供这种服务。这样就涉及前文没有考虑到的有关财政联邦制的另一个问题。① 我们可以说,中央政府应该保护全国公民不受地方政府提供地方服务"不足"的影响。从这个意义上讲,中央政府扮演了一种超越前文讨论中描述的赋予联邦政府的纯职能角色的中央集权角色。

---

① 关于这些方法的讨论,请参阅本人的"Approaches to a Fiscal Theory of Political Federalism" in *Public Finances: Needs, Sources and Utilization*, National Bureau of Economic Research, (Princeton: Princeton University Press), 1961, pp. 97—122。

第六章

"市场系统中的社会品供应"[1]

---

[1] Provision for Social Goods in the Market System, pp. 312—315,316,317,318,319 and 320. 原文发表在 *Public Finance/Finances Publiques* 26 (1971)上,在征得作者和《公共财政杂志》(*Public Finance/Finances Publiques*)许可后转引。

编者点评

马斯格雷夫肯定了有益品可以既是私人品又是公共品,从而纠正了他之前一些自相矛盾的表述。他甚至更加明确地把分配与公共品概念联系在一起。

在这篇文章里,马斯格雷夫明确肯定了有益品可以是私人品或者公共品[p.313,318],从而纠正了他本人之前一些自相矛盾的表述。他曾在一篇文献中声称有益品是公共品,而在另一篇文献中又表示有益品是私人品。这一明确的表述也会导致读者把有益品概念作为一个对立或者理想的概念,尽管马斯格雷夫本人没有这样做。

关于非专横强加的选择,马斯格雷夫提出了三种不同的论点。其中有两种是老调重弹:一种是关于临时强制选择的领导—学习论,另一种是效用相互依赖论。第三种也是一种老论点,但他在这篇文章里进行了重新阐释。个人做出最优选择,需要完备的知识,但个人不可能掌握完备的知识。因此,个人在得到帮助或者指导的情况下能做出较优的选择。此外,有瑕疵或者误导性广告会误导消费者。因此,消费者必须在选择的过程中纠偏。马斯格雷夫在这篇文章中表示,"出于自我保护的考虑,消费者可能宁愿委托他人选择"[p.314]。因此,低调但明智的消费者也会做出自己不做选择而是委托被认为更加知情且较少被误导的其他人替自己做选择的理性选择。

马斯格雷夫同样重新提到了再分配在有益品供给中的重要作用。他区分了现金再分配与实物再分配。这两种形式的再分配都可用效用相互依赖论来解释(我也希望别人能穿着体面、吃饱饭;或者说,如果别人能穿着体面、吃饱饭,我也会感觉良好)。如果再分配仅局限于满足由相互依赖的效用催生的需求,那么再分配的目的就在于达到帕累托最优分配状态,因为富人自愿为这种分配状态买单。那些慷慨的富人利用政府,以确保别人也愿意付出的方式来增加他们自己的效用。这种情况类似于政府强迫每个公民根据自己的受益程度为公共品供应买单,从而使每个公民从公共品供应中获得最大效用的情况。此外,如果政府被说服进行实物再分配,那么公民甚至有可能增强付出的意愿

第六章 "市场系统中的社会品供应"

(婴儿奶粉就有这种作用,但啤酒没有)。马斯格雷夫称此为"给予专制"(tyranny of giving)或者"有条件付出"(conditional giving)。马斯格雷夫对有益品再分配维度的思考导致了一些矛盾的想法:再分配既可被解释为与消费者主权传统相符(对于愿意付出的富人来说),又能被解释为对消费者选择的干预(对于领取补贴并且被告知用补贴买什么的穷人来说)。马斯格雷夫关于有益再分配维度的论点可被视为基于主体间效用相互依赖的公共品论,因为这种公共品论要求把再分配局限在由富人自愿付出意愿所决定的水平上。

在这篇文章的结尾部分,马斯格雷夫承认了有益品概念的复杂性。他表示,有益品可被部分解释为一种提高个人选择效率的手段,而且分配也起到作用。尽管如此,完全的强加仍然可能是有意所为,但这可能并不适合个人主义模式[p. 318]。马斯格雷夫宽慰我们,有益品是例外,而不是规律[p. 319]。但本文选的编者再次表示,他这么说是错误的。

※ ※ ※

马斯格雷夫的原始文献

V. 个人偏好与强加的偏好[p. 312]

到目前为止,我的讨论都以资源配置应符合消费者偏好为前提。从技术上讲,社会福利函数被认为是个人主义函数,而社会品和私人品的情况也是如此。这里涉及两个我必须说明的假设。

首先,我假设,消费者个人的偏好谱系包括社会品和私人品。在他们的偏好谱系中,既有到公园休闲,又有到私人游乐场游玩、补牙和公共卫生的需要。有些产品具有外部性,而另一些则没有,不过,这无关紧要。因此,社会品并没有特殊性质[p. 313]。原因就在于,社会品的特殊性质是由集体作为一个单位来体验的,而私人品的特殊性质则是由个人体验的。我的假设是,所有的需要都由个人体验,就像所有需要的个人体验都要受到个人所在的特定环境的影响一样。个人需要之所以会出现差别,是因为有些需要必须由碰巧会产生

033

外部性的产品来满足(或者才能获得最有效的满足),而另一些需要则不必由这种产品来满足。虽然需要只有集体才能体验到的观点有其拥护者,但我发现对此很难解释。也许这是将在讨论中考虑的要点之一。

第二个假设更具争议性,它假定资源应该根据全体消费者的个人偏好,而不是那些能够把自己的选择强加于他人的人的偏好来配置。我们经常说的"消费者主权"应该占据主导地位。这个前提是大多数市场经济理论的基础,而且在像兰格(Lange)模型那样的社会主义理论中也有很好的体现。[1] 与此同时,很明显,社会——无论是市场经济社会还是社会主义社会——的确会干预消费者的选择,并在很大程度上把社会的偏好强加给消费者。

按照社会强加的选择而不是消费者个人做出的选择提供的产品,就是我所说的"有益品"。这个概念不应与社会品的概念相混淆。有益品可以是私人品类产品,也可以是社会品类产品,还可以是强制消费的私人品类产品。因此,财政预算可以为免费牙科诊所或住房这些针对特定病人或租户的福利拨款,或者可以对社会品类产品实施强制性消费。譬如说,财政拨款建造的公屋的供应可能会超过消费者偏好能够支持的消费。此外,有益品的思想也适用于"有害品"。为抑制烈酒或烟草消费而征收惩罚性税收,如同对牛奶进行补贴,两者是一个道理。因此,有益品(强制选择)的特性有可能附属于私人品和社会品,而且能够增加或者减少按自由选择对具体产品的消费。

我们可以从三个方面来解释存在这种现象的原因。首先,社会有可能是在实际并不接受消费者自由选择的标准的规则下运行。传统价值观或由控制欲很强的个人或群体强加的价值观有可能成为优选价值观。在这种情况下,经济问题相对比较简单。现在采用同样的方法决定生产哪些社会品和私人品,因为没有必要显示消费者偏好。决策者只需要知道他自己的偏好。但是,私人品和社会品仍有一处不同:私人品可以分配给特定个人,而社会品则不

---

[1] 我在这里指的是根据消费者个人偏好进行资源配置的广义标准,因此,不同于允许消费者对给定产出竞价的狭义概念,是政府根据其他考虑因素确定的混合概念。请参阅:Oskar Lange,"On the Economic Theory of Socialism," in *On the Economic Theory of Socialism*, by O. Lange and F. M. Taylor, ed. B. E. Lippincott, University of Minnesota Press, Minneapolis 1938。

第六章 "市场系统中的社会品供应"

能。① 分配的影响仍然存在,我很快就会再谈这个问题。

其次,虽然终极理想是根据个人的偏好安排生产,但社会可能会认为某种程度的干预必不可少。这也许缘于各种各样的原因:一方面,消费者可能缺少为做明智的选择所必需的信息。由于消费者无法获得完全的信息,因此需要有人指导才能(根据他们自己的偏好)做出比较令人满意的决策。另一方面,消费者可能被错误和误导性广告所误导。即使没有明显的虚假陈述,有些产品的广告可能也是说服力或诱惑力过大,而另一些产品的广告则没有这么好的效果。② 消费者也许宁愿委托别人选择,而不是自我保护。

此外,消费者可能需要一个学习过程,他们也许没有意识到其他选择可以带来的真正好处。从长远看,如果他们暂时被迫接受某些新的选择,那么就有可能取得更好的结果(他们的领导人就是这么认为的)。教育者应该很熟悉这种观点。由于上述以及其他原因,因此,虽然最终目标是按照个人选择而不是强加的价值观安排生产,但对消费者的选择进行某种程度的干预也许仍是可取的。与此同时,有人会对这种"让我们帮助他们做决定"的观点感到不安,因为这种观点可能很容易被用来以自由选择的名义把偏好强加给别人。

[p.315]现在就剩下造成这种现象的第三种——可能也是最重要的——原因需要解释。事实上,有益品的情况似乎可以反映效用的相互依赖性,而它们的供给本身可能就是一种再分配的工具。在对分配问题进行更加全面的考察后,我现在就回过头来讨论这个问题。

············

[p.316]但是,再分配并不只是一个"索取"的问题,分配状态本身可以被认为是某种具有社会品性质的东西。效用并不像传统福利经济学假设的那样是独立的,而是相互依赖的。A 会因 B 的消费而获得满足,特别是在 B 的收入相对于 A 的收入较低时。因此,A 通过给予 B 而获得满足。如果开始时出现某种高度不平等的收入分配状态(转移支付前),那么随后就会出现基于自

---

① 但是,决策者可能会选择更能讨得某个消费群体喜欢的社会品。请见下文。
② 约翰·肯尼斯·加尔布雷思(John Kenneth Galbraith)根据这种思路认为,私人品相对于社会品而言,通常会被超售。"生产者主权"据称取代了"消费者主权"。请参阅:J. K. Galbraith, *The Affluent Society*, Boston 1958。

愿给予的一定程度的均等化。A 会给予 B 直到后者享受到的消费乐趣等同于他自己享受到的消费乐趣。这种分配调整问题可以在"效率经济学"语境下来讨论，而其结果则可被称为帕累托最优分配状态。① 此外，如果其他人也这样做，那么收入较高的个人就会更愿意做这种转移支付。因此，有必要做出政治决定并强制推行投票决策，就像供应社会品那样。正是从这个意义上讲，分配被认为具有社会品的特性。

[p.317]无论如何，自愿再分配模式是初次分配初始状态的函数，因此只能解释部分分配问题。尽管如此，自愿再分配概念甚至可以说明有益品概念流行的原因。A 也许会反对把自己的收入转移给 B，但如果他能把自己的偏好强加给 B 的话，那么可能会发现调整分配状态并不那么令他反感。A 可能因为 B 的孩子能喝上牛奶，比 B 能喝上啤酒（或伏特加）获得更多的效用。因此，即使无法就现金再分配达成协议，也可以通过实物再分配（"给予专制"）来获得多数人的赞同。这样，A 可以用自愿（或半自愿）但有条件的付出来解释有益品对低收入群体的重要意义。

[p.318]7. 所有这些都说明，资源应该根据个人偏好来配置。有益品供应（可以是私人品或社会品）不易适用这个分析框架。虽然这种现象可以部分被解释为一种使个人选择更加有效的手段，但这种解释并不全面。把偏好强加给他人也许是有意所为，但分配方面的考虑（自愿或半自愿的实物再分配）也会产生影响。

8. 为满足消费者需求而有效配置资源——无论是通过市场化过程（配置私人品）还是通过政治过程（配置社会品）——都需要进行"适当"的收入分配。因此，分配状况调整（主要通过税收和转移支付过程）是市场经济中预算政策的另一重要作用。但是，这并不是否定自愿再分配可以发挥重要的作用，特别是在解释有益品重要性的方面。那么，这样的考虑如何适用于社会主义制度呢？虽然这不属于本文主题的范畴，但我还是要根据上面所说的每个要点，简单说说我认为可能的答案。

---

① 请参阅：H. M. Hochman and J. D. Rogers, "Pareto Optimal Redistribution," *American Economic Review*, LIX (September 1969), 542—555. 关于更深入的讨论，请查阅 1970 年 12 月的同一期刊。

第六章 "市场系统中的社会品供应"

[p.319]7.有益品的问题也出现在这两种情境中。只要社会主义经济承认个人偏好,那么有益品仍会成为例外,而不是规律。

....

[p.320]社会主义环境是更有可能强加偏好还是通过集体或预先确定的渠道来引导个人偏好的问题依然存在。无论如何,我们必须指出,这个问题不应该与区分社会品和私人品的问题相混淆。引导偏好也许与这两类产品都有关系。但不论怎样,有益品和社会品都需要预算拨款或者干预。虽然我看不出这样做有什么合乎逻辑的必要性,但在社会主义背景下,有益品的作用可能会更大。如果真是这样,有益品就会成为预期预算拨款范围是否扩大的另一因素。

第七章

《公共财政理论与实践》

第七章 《公共财政理论与实践》

第一节 《公共财政理论与实践》(第一版)[1]

编者点评

在这本书里,马斯格雷夫及其合著者佩吉·马斯格雷夫(Peggy Musgrave)强调了供应公共品和有益品的不同意图,并且着重指出了有益品概念的多重含义。他们还引入了"中央有益品"的标签。

这两位马斯格雷夫重申,有益品(或有害品)既可以是私人品,也可以是公共品。在这本书里,他们明确区分了公共品和有益品的概念,并且把这两个概念之间的差别说成是基本意图的差别。客观地说,公共品供应也涉及强迫的问题:例如,强迫多数人投票并无视少数人的意见。然而,这种形式的强迫被认为是试图尽量满足个人偏好而产生的不受欢迎的副产品。但不论怎样,有益品就是要这样干预个人偏好[pp. 80—81]。

这两位马斯格雷夫斯还为以前介绍过的一种思想引入了"中央有益品"的标签。中央政府通过干预来影响地方政府提供产品和服务的水平[p. 612]。

这两位马斯格雷夫斯继续认为,有益品概念可以有各种各样的解释。有些解释属于传统的个人主义经济学分析的范畴,如提供消费者信息或采取行动让再分配体现人际效用;而另一些解释则不属于这个传统的经济学分析框架,因为它们认为有益品是"统治集团或决策者把偏好强加给他人"的结果[p. 81]。这两位马斯格雷夫斯提醒我们,指定用途的补贴或实物补贴反映了一种对下层阶级的家长式态度。因此,他们继续坚持对这个概念的多种解释。

※ ※ ※

---

[1] *Public Finance in Theory and Practice*. First edition, pp. 70—71, 80—81, 612. New York: McGraw-Hill Book Company, 1973. Copyright © 1973 by McGraw-Hill, Inc. 在征得麦格劳希尔公司和作者的允许后转引。

两位马斯格雷夫斯的原始文献

强制性再分配[p. 70]

虽然对重新设计最优分配方案进行哲学思考的做法值得关注,而且也很重要,但社会是在不断发展的,关于分配政策的辩论是在现有分配的背景下进行的。实际要解决的是再分配的问题,而不是创建新的分配制度。这一点很重要,因为在创建新的分配制度的情况下,我们可能会抽象地考虑分配状况,但并不知道自己所处的具体位置;而在解决再分配问题的情况下,任何变革都与特定个人的得失直接相关,因此是另一回事。

先假设有人只关心自己的收入,而不关心别人的收入状况。收入处于中下水平 1/3 的人可能会结成联盟,并投票要求对收入处于最高水平 1/3 的群体进行收入再分配。收入处于最高水平的 1/3 群体可能会投票反对,但(假设采取"多数决原则")可能会在投票中败北。于是,非自愿再分配就会实际发生。这种再分配与征用的唯一区别在于,它是通过立宪和民主渠道(即预算过程)付诸实施的。这样的调整是近几十年来导致预算政策结构发生变化(如"福利国家"的兴起)的主要因素。

假设所有在再分配过程中收入有可能减少的人都会反对这样的投票,或者所有在再分配过程中有可能得益的人都会赞成这样的投票,这无论如何都是不正确的。均等的选票分布与高度不平等的收入分配两者并存(再加上财政问题,必须只按"多数决原则"投票解决)就证明了这一点,造成这种情况的原因有很多。收入水平处于下半部分的人也可能认同收入分配不平等,因为他们希望自强。这可能会给面向低收入者的改革造成麻烦,但这也是事实[p. 71]。类似地,收入水平处于上半部分的人也可能会支持采取均等化措施,也许是因为他们认为从长远看这样做可以保护他们的地位,也可能是因为通过改善他人的地位,他们能获得满足感。这样就产生了近年来备受关注的自愿再分配问题。

自愿再分配

如果我们考虑到个人效用的相互依赖性,那么自愿再分配就很容易解释。

人类是一种社会存在,人类的满足感并不会孤立产生。

人际给予

因此,A 不但从自己的消费中获得效用,也能从 B 和 C 的消费中获得效用。在 A 本人的消费达到较高水平后,他把部分收入给予消费水平较低的 B,较之与增加自己的消费,也许能获得更大的满足感。这就是由 A 向 B 自愿再分配的基础,并且确实为慈善捐赠提供了理论依据。

A 的偏好可能是从 B 的消费中获得效用,而与 B 消费什么无关。在这种情况下,他会希望把部分货币收入转移给 B;或者 A 也许能从 B 喝牛奶比 B 喝啤酒中获得更大的满足感。在这种情况下,给予可能会带有某种家长式干预的色彩,而转移支付则以实物形式来完成。无论奉行哪种策略,这样的自愿再分配都可用与在对资源配置的经济学分析中用来确定效率的相同工具来分析。由于捐赠方和受赠方都有所得,因此,这种调整分配的效率要高于在"有人得,无人失"规则下能实现的效率。我们可以在帕累托最优的语境下讨论再分配的问题。①

作为社会品的再分配

这种给予可以在个人对个人的基础上进行,但也可以出现在预算背景下。某个高收入者可能希望在总分配中确保更高水平的平等,但他明白,凭自己的努力,不可能取得显著的进展。但是,如果其他高收入者也做同样的事情,那么他就愿意为收入再分配做出贡献。由此,争取提高平等水平就变成了一个社会品的问题。为了诱导给予者表明他们对争取提高平等水平的价值取向,并通过预算过程来实施必要的转移支付,就有必要建立专门的政治程序。

············

H. "有益品"[p. 80]

我们对社会品的讨论都以消费者主权为前提,即根据消费者个人偏好来决定资源配置,而这个前提应该同样适用于私人品和社会品。不过,我们仍然要考虑一些不适用这个前提的情况。

---

① 请参阅:H. H. Hochman and J. D. Rodgers,"Pareto Optimal Redistribution," *American Economic Review*, September 1969。

在某些情况下,决策者的意图似乎是干预甚至践踏个人偏好。因此,对烈酒征收奢侈品税,因为烈酒消费被认为不可取;或者对廉租房进行补贴,因为穷人的体面住房被认为是受欢迎的。在某些情况下受到惩罚或支持的消费选择涉及我们之前定义的私人品(消费的竞争性)和其他社会品(消费的非竞争性)。因此,目前正在考察的问题不应该与私人品和社会品区分本身相混淆。

这些政策无法按照我们先前用过的社会品理论来解释。虽然我们先前运用的社会品理论要求强制接受投票决策制,并涉及对少数人意见的某种干预,但这种干预不过是为了尽可能满足个人偏好而设计的程序不受欢迎的副产品。在我们现在考察的情况中,这种干预并不是偶然为之,而是公共政策的目的本身[p. 81]。有些产品被认为是有益的(它们被认为是"有益品"),而另一些产品则被认为不受欢迎。

我们可以进行这样一种简单的解释:即便像我们这样的民主国家,也有专制社会的某些方面,精英阶层(无论如何定义,都)认为,应该把自己的偏好强加给别人。这似乎与消费者自由选择完全是背道而驰的。另一种可能的解释是,看似矛盾的东西可被证明是对消费者普遍选择的行为所存在的缺陷的纠正。在消费者信息不完全的情况下,暂时强加消费选择并把这作为学习过程一部分的做法可能是可取的,因为这样就能允许以后做出更加明智的自由选择。此外,个人可能并不知道特定消费选择的后果,因此可能需要指导,儿童就更加需要保护。这些考量虽然对于除了最教条的个人主义者外的所有人来说都是合理的,但如果作为信息工具就有可能容易被滥用,并成为进行极权主义灌输的借口。

然而,对有益品做这样的解释,确实有可能很难说明为什么许多预算项目暗含强加的偏好,如廉租房或学校午餐。这样的有益品供应通常是针对穷人的,并且表明家长作风可以用来解释其中的原因。如果这种补贴仅仅是为了再分配,那么可以通过现金转移来更好地实现它们的目的,允许接受者根据自己的偏好使用现金。但是,这样做并不会使我们回到之前关于再分配动机的讨论。与增加穷人的收入相比,我们更愿意为穷人提供较好的住房做出贡献。① 换句话说,我们愿意做有指定用途的捐赠,而不太愿意在捐赠者无法控制的情况下赠送现金。

那么,应该怎样来理解有益品的概念呢?这个概念似乎有很多不同的解读方式,为了避免混淆,应该对它们进行区分。把用有益品来进行资源配置解读为统治集团或决策者把偏好强加给别人,与这里讨论的社会品理论没有关系。虽然有益品被解读为提供消费者信息的工具、考虑外部效应的手段或人际效用偏好(实物补贴的依据)的表达,但这个概念落入了有效配置最终必然与个人选择有关的传统分析框架。

作为中央有益品的地方支出[p. 612]

中央政府可能希望影响下级政府财政行为的第二个原因是,它可能希望鼓励下级政府安排某些方面的支出,无论是一般支出还是仅某些类别的支出。换句话说,从中央政府的角度看,这些支出被认为可用于"有益品"供应。

总的来说,中央政府补贴下级政府供应社会品,与补贴消费者个人购买私人品两者之间并没有什么区别。正如我们之前所强调的那样,有益品的特点就是没有社会品与私人品之分。② 无论这两种中央政府补贴中的哪种补贴,目的都是要改变消费模式,而且两者都属于供应"有益品"的补贴。但是,在地方一级供应社会品,可能会出现一种特殊情况,即干预消费者(或选民)的选择。如果多数人决定只提供标准水平以下的公共服务,那么中央政府可能希望保护少数人能获得最低水平公共服务的利益。

这些纠偏措施也需要地方配套补贴,才能降低公共服务与私人品之间的比价,从而鼓励地方选民增加地方税收和地方公共品支出。根据补贴的一般水平,配套比例与支出总额或指定特定用途的支出额有关。如 E 节所述,规定地方配套补贴的中央补贴比没有规定地方配套补贴的中央补贴更加有效(即确保地方按中央补贴成本提高自己支出的增幅)。

---

① 请参阅:*Public Finance in Theory and Practice*,p. 71。
② 请参阅:*Public Finance in Theory and Practice*,Chap. 3,p. 80。

第二节 《公共财政理论与实践》(第二版)①

📝 编者点评

理查德·马斯格雷夫和佩吉·马斯格雷夫更加明确地对有害品进行了分析。他们还针对中央有益品提出了一种部分公共品的观点。

这两位马斯格雷夫认为,对烟、酒征收的奢侈品税多半无效,因为对烟、酒的需求相对缺乏弹性[p. 329]。因此,他们认为,把烟、酒视为有害品的政府必然会寻求其他手段来达到减少烟、酒消费的目的。

最后,他们为中央有益品的概念提出了公共品的论据,如提出在不同地区供应不同数量的公共品能产生收益溢出效应的想法。

※　※　※

两位马斯格雷夫的原始文献

F. 需要的基础和有益品的作用[p. 64]

在总结这部分社会品问题的研究时,我们回过头来再次审视社会品的基本性质。这次重点关注这类产品需要的产生途径以及有关"有益品"的更深层问题。

个人评价与集体评价

通常是根据社会品的某些技术特征(如消费的非竞争性和排他性的不适用性)来区分私人品和社会品,而不是根据对这两种产品的心理态度或社会理

---

① *Public Finance in Theory and Practice*, Second edition, pp. 64—66, 328—329, 476—477, 625—626. New York: McGraw-Hill Book Company, 1976. Copyright © 1973, 1976 by McGraw-Hill, Inc. 在征得麦格劳希尔公司和作者的允许后转引。

念的不同来区分。实际上,对这两种产品的分析都是在一个全部需要都由消费者个人体验和评价的框架下完成的。这个框架也适用于分析社会品和私人品供应所产生的效益。换句话说,个人的偏好体系同时包括对社会品和私人品的偏好,不但包括对桔子与苹果的偏好(教科书中典型的私人品偏好例子),还包括对作为私人品的私家庭院的偏好和对作为社会品的公园的偏好。

因此,我们对私人品和社会品的区分,不应与另一种区分个人体验到的需要和集体体验到的需要的方法相混淆。根据后一种区分方法,供应私人品是为了满足个人根据自己的预算为了自己的利益产生的私人需要;而供应社会品是为了满足整个群体为了群体的利益体验到的集体需要。正如下文将要指出的那样,仔细审视就会发现,这种区别是站不住脚的。凡是需要最终都是个人体验到的。① 社会群体整体并不是能体验到需要的实体。

这个命题与"人不能离群索居而必须与他人群居"的观念完全相容。因此,A 的偏好会受到 B 和 C 的偏好的影响。社会的主导品味和文化价值观会影响个人的偏好,反过来又由个人偏好所决定。时尚是塑造品味的一个普遍因素,而且不仅仅局限于服饰方面。因此,说需要要由个人来体验,并不是要否认社会互动的存在。②

此外,我们的命题并不意味着个人偏好仅仅与个人从自己的消费中可获得的满足有关。他人的偏好也会影响个人的价值尺度。如果 A 是一个有社会觉悟的人,他不但能从自己的消费中获得满足感,还会由于 B 有能力消费而获得满足感;或者,如果 A 是个自私的人,那么,倘若 B 不能像他那样消费,他就能更加享受自己的消费。效用具有相互依赖性,而且正如我们将在下文看到的那样,这一事实[p. 65]扩大了社会品经济学分析的适用范围。③ 但不论怎样,这里重要的是 A 和 B 个人最后体验到的满足程度,而不是一个叫"A+B"的第三个神秘实体最终体验到的满足程度。

---

① 请参阅:Public Finance in Theory and Practice,p. 121。
② 也不能说社会品不同于私人品,是因为它们满足了生活中实现更崇高目标的需要。无论是社会品还是私人品,需要满足的欲求有可能是高尚的欲求,也可能是卑贱的欲求;社会品可能具有很高的文化或审美价值,如音乐教育或保护自然美;也可能与日常需要有关,如道路养护和消防。同样,私人品也可以满足文化需要,如羽管键琴唱片;或者满足日常需要,如口香糖。显然,据此不能进行任何区分。
③ 请参阅:Public Finance in Theory and Practice,p. 98。

有益品

以上讨论似乎很有道理,并且允许我们在分析私人品的常规经济学框架下分析社会品。然而,对预算政策的观察表明,在许多情况下,决策者的意图似乎是干预个人偏好,甚至践踏个人偏好。因此,对烈酒课征奢侈品税,是因为受到惩罚的消费选择在某些情况下涉及我们在上文定义的私人品(有消费竞争性),而在另一些情况下则牵涉到社会品(无消费竞争性)。因此,目前正在考察的问题不应与对私人品和社会品的区分本身混为一谈。

这样的政策不能按照我们先前运用的社会品理论来解释。虽然我们先前运用的社会品理论要求强制接受投票决策机制,并涉及对少数人意见的某种干预,但这种干预不过是为了尽可能满足个人偏好而设计的程序不受欢迎的副产品。在目前考虑的这种情况下,这种干预并非偶然为之,而是公共政策目的本身。有些产品被认为是有益的(它们被称为"有益品"),而另一些产品则被认为不受欢迎。

我们确实可以这样解释:即便像我们这样的民主国家,也有专制社会的某些东西,精英阶层(无论如何定义)被认为应该把自己的偏好强加给别人。这似乎与消费者的自由选择完全背道而驰。另一种可能的解释是,看似矛盾的东西可能被证明是对消费者一般选择的行为所存在的缺陷的纠正。在消费者信息不完全的情况下,暂时强加消费选择并将此作为学习过程一部分的做法可能是可取的,因为这样就能允许消费者以后做出更加明智的自由选择。此外,个人可能不知道特定消费选择的后果,因此可能需要指导;儿童特别需要保护。这些考量虽然对于除了最教条的个人主义者外的所有人来说都是合理的,但如果被作为信息工具,就可能容易被滥用,并成为进行极权主义灌输的借口。

然而,对有益品的这种解读很难解释许多具有强加偏好性质的预算项目,比如廉租房或学校午餐。有益品供应常常是针对穷人的,这表明家长式干预可以作为对有益品供应的一种解释。如果这种补贴的目的仅仅是为了再分配,那么可以通过现金转移支付的方式得到更好的实现,让受益人按照自己的意愿使用现金补贴[p. 66]。捐赠人似乎愿意捐赠指定用途的赠品,但不太愿意承担现金捐赠的成本,因为现金捐赠可能在没有捐赠人控制的情况下使用。

因此,有益品的存在与自愿再分配有关。

那么,应该如何界定有益品概念呢?如果把它界定为向消费者提供信息的工具、考虑外部效应的手段或者自愿实物捐赠意愿的表达,那么这个概念就可用资源有效配置最终必然与个人选择有关的传统框架来分析。但是,如果把有益品界定为统治集团或决策者把偏好强加给他人的手段,那么基于有益品概念的资源配置就超出了这里讨论的社会品理论的范畴。但是,无论怎样界定有益品概念,显然,有益品既可用于对私人品(如色情作品)的干预,也能用于被我们界定为社会品的东西。因此,必须对社会品问题与有益品问题进行区分。

....

[p.328]4. 选择税可以用来抑制"有害品"消费。这种观点可以解释为什么体现嘉莉·纳申(Carrie Nation)①精神的烟酒税几乎要占到联邦销售税税收的一半[p.329]。这些税种虽然往往具有高度的累退性,但仍以税收对象"奢侈"为由而得到支持,原因可能是消费这些商品被认为不道德或者不健康。于是,社会决定干预消费者的选择,把这类产品视为有害品。不论这种干预的受欢迎程度如何,总还有效果这个更深层次的问题。只有在需求具有弹性的情况下,这种商品的消费才会减少。由于对烟酒的需求相对缺乏弹性,因此这些税种不太可能对消费产生重大的影响,这一点可以由这些税种创造如此高的税收这一事实来证明。要想让调节税产生效果,就必须大幅削减相关活动,从而把税收收入减少到很少甚至为零。

5. 调节税未来可能会出现的另一个用途就是防止污染。② 为了使某些生产或消费活动产生的外部成本内部化,可以通过征收消费税来纠正资源使用方面的低效率。

6. 还有一种控制目标支持把一些联邦税正式认定为调节税。课征这些包括麻醉品税、混合黄油税和赌博税在内的税收,就是为了促进其他监管的实施或其他税收的征收,并没有直接的收入目的。

---

① 美国历史上一位有名的禁酒主义者,她最出名的事迹就是拿斧头砸酒吧。——译者注
② 请参阅:*Public Finance in Theory and Practice*,p.708。

消除私营部门的扭曲现象[p.476]

在考虑各种税收的扭曲效应时采用的隐含假设是,税收是在一个原本有效的市场上征收的。如果市场已经存在缺陷——当然市场确实存在缺陷,那么对特定税收的评估就会变得更加困难。税收可以作为纠偏手段来发挥纠正其他非税收无效率的作用,而不是用来制造低效率。我们可以毫无困难地提供这方面的例证:

1.我们来考察两种替代产品X和Z,其中X由垄断者生产,Z由竞争市场供给。因此,与有效的解决方案相比,X的产量相对于Z来说太小。虽然这个结果可以通过对Z征收一种选择税来弥补,但在竞争市场上,对X和Z同时征税可能更好。

2.或者,我们假设,在一个原本完美的市场上已经存在一种课征于X的税收,但对Z不征税。如果对Z征税,而不是对两种产品征收一般税,能增加收入,那么就能减轻过重的税负。

3.如果私营部门的生产或消费涉及市场没有考虑到的外部成本(或收益),那么征收选择税(或发放补贴)就可以纠正低效率。稍后我们将说明,征收排污费以使污染成本内部化的做法就属于这种情况。①

由于这些和其他一些原因,必须根据经济系统中已经存在的其他效率低下的情况来评价特定税收造成的潜在低效率[p.477]。这种评价有可能减轻由此产生的过重负担,而且有可能真正提高效率。然而,在缺乏与此相反的具体理由的情况下,审慎的政策最好假设税前价格模式是有效的。

当然,所有这一切都要以有效的资源配置符合个人偏好为前提。如果公共政策的明确目标是纠正消费者的偏好,即消费者对有害品的偏好,那么可以考虑课征选择性消费税;而在涉及"有益品"的情况下,则可以考虑发放选择性补贴。这大概就是对烟、酒征收重税的原因。在这种情况下,通常不再适用基于消费者自由选择的效率论,而私人选择则被社会偏好所取代。②

---

① 请参阅:*Public Finance in Theory and Practice*,p.708。
② 请参阅:*Public Finance in Theory and Practice*,p.65。

第七章 《公共财政理论与实践》

D. 政府间的财政关系[p. 625]

上一节,我们讨论了有效财政体制的设计问题。在有效的财政体制下,稳定和分配职能归属于中央政府,而资源配置职能则由被定义为"受益区"(benefit areas)的地方、地区或国家行政管辖区履行。在这样一种规范制度下,每个行政管辖区在不参与其他辖区财政活动的情况下,(依靠在本辖区境内征收到的税收)履行自己被赋予的职能。各不同行政管辖区[或服务俱乐部(service clubs)]的任何一个居民,都应该在管辖区境内为本管辖区的活动做出贡献。

那么,这样的财政体制能给"政府间财政关系"——各辖区的财政交易和协调安排——留下一些空间吗?答案是肯定的,原因有很多:

1. 可能需要上级政府的干预才能纠正溢出效应;

[p.626]2. 中央政府可把地方公共服务部门视为有益品,并给予它们补贴。

第三节 《公共财政理论与实践》(第四版)[①]

编者点评

在第四版《公共财政理论与实践》中,理查德和佩吉·马斯格雷夫比以前更加认真地审视了共同需要(communal wants)的概念,并把它与类别公平的概念联系起来,从而与哲学产生了短暂的联系。

这两位马斯格雷夫肯定了共同需要的存在,并由此承认传统的"社会品[公共品]理论并不能说明全部问题"[p. 78]。但是,他们仍然认为,不必为个人主义公共财政观表示歉意,因为辖区的利益只涉及公共财政的一小部分。

第四版《公共财政理论与实践》基调的主要变化是,这两位作者尝试对 R. A. 马斯格雷夫把公共品作为有益品原型来展示的部分产品进行了分类。实物补贴(廉租房)被解释为基于人际效用的"赠品"(gifts)。受赠人可以拒绝实物赠品,因此,他们的偏好不会受到干预。同样,赠与人也无法在现金再分配问题上获得多数人的支持。因此,这两位马斯格雷夫认为,不能说取得成功的多数强加了他们的意志。干预是投票程序存在缺陷的结果,而公共品供应的情况也是如此。这两位马斯格雷夫把他们将有益品转化为公共品的策略扩展运用到了把对穷人的实物补贴转化为包括对艺术的补贴在内的全部实物补贴上[p. 79]。

如果相关决策是在"类别公平"[p. 99]的基础上做出的,我们的这两位作者就允许把对穷人的实物补贴称为"有益品"。在这里,类别公平是指再分配应该被限定在最小的产品篮子上,即只包括食品、衣服、住房、基础教育等的产品篮子。

因此,同样的行为(对穷人的实物补贴)可以被认为是公共品或有益品。

[①] *Public Finance in Theory and Practice*. Fourth edition, pp. 76—79, 98—99, 438, 511—512. New York: McGraw-Hill Book Company, 1984. Copyright © 1984, 1980, 1976, 1973 by McGrawHill, Inc. 在征得麦格劳希尔公司和作者本人同意后转引。

如果补贴方式是采用不幸的投票机制——令人遗憾地限制穷人的选择自由——的政治行为的结果,那么对穷人的实物补贴就是公共品;如果发放补贴被认为是基于判断(包括穷人在内的每个人都必须能够消费的最低限量的必需品)的政治行为的结果,那么对穷人的实物补贴就是一种有益品。

这在本书编者看来就是在诡辩。经济学家应该能够在一种必然要强迫个人纳税(强迫为提供公共品出资)但经济上可取的结果与一种经济上不如另一种方案(实物补贴相对于转移支付)、政治上强制推行的决定(如多数决)之间做出区分。我们的这两位马斯格雷夫在此错误地求助于政治制度的局限性,来为一个有可能较差的经济结果申辩。如果一个经济学家希望证明一项让消费者处于较低主观偏好曲线上的政治决策是正确的,那么他只有一个经济学概念可以证明这项决策是正确的,那就是有益品概念。因此,求助于不完善的投票表决机制并不能证明给实物再分配贴上公共品标签的做法是正确的。

※　※　※

两位马斯格雷夫的原始文献

D. 需要与有益品的基础[p. 76]

在结束对社会品问题的考察时,我们再次回过头来探讨社会品的基本性质。这次主要关注对社会品的需要的产生方式以及有关"有益品"的另一个问题。

个人主义评价的前景

我们是根据社会品的某些技术特征(即消费非竞争性和排他性的不适用性)来区分私人品和社会品,而不是根据对这两种产品的不同心理态度和社会理念来对它们进行区分。社会品和私人品所产生的效用只有个体才能体验到,并且包含在个人的偏好体系中。同样的个人主义心理学分析适用于这两种不同类型的产品。

"凡是需要(无论是私人需要还是社会需要)都只有个体才能体验到,而不是群体能体验到"这个前提,与个人不是离群索居而是离不开与他人交往的理念是相融的。人是一种社会动物,A 的偏好会受到 B 和 C 的偏好的影响。占据主导地位的品味和文化价值观会影响个人偏好,并且反过来又由个人偏好决定。时尚是塑造品味的一个一般因素,而且并不只限于服饰。因此,说需要只有个人才能体验到,并不是要否认社会互动的存在;同样,我们也不能说社会品与私人品不同,因为社会品可用来实现更加崇高的生活目标。

此外,需要只有个人才能体验到的命题并不排除利他主义。如果 A 是一个有社会意识的人,那么 A[p.77]不但通过自己的消费,而且也会因 B 的消费而感到满足;或者,B 是个自私的人,可能只顾自己的消费。效用具有相互依赖的性质这一事实扩大了社会品经济学分析的适用范围。但即便如此,这里仍然需要强调的是,满足感最终还是由 A 和 B 个人自己体验到,而不是由一个神秘的名叫"A+B"的第三方实体体验到。

最后,我们认识到不同的需要有可能性质不同。有些人关心生活中比较高档的方面,而另一些人则关心生活中比较基本的方面,但这与私人品和社会品的区别没有关系。想要得到满足的需要可能是高档的,也可能是基本的:社会品可能具有很高的文化或美学价值,如音乐教育或保护自然风光,但也有可能与日常需要有关,如道路养护和消防安全。同样,私人品可用来满足文化需要,如羽管键琴唱片;也可用来满足日常需要,如口香糖。显然,我们不能采用这种方式来区分私人品和社会品。

共同需要

一方面,基于个人需要和偏好的需要前提诉诸一些被广为接受的西方文化价值观,并且允许我们在可进行私人品分析的同一经济学框架内分析公共供应问题。另一方面,共同需要的概念很难解释,并且也不适合这种分析,还带有独断滥用的可怕含义。然而,共同体(community)①的概念在西方文化中也有它悠久的传统——从希腊人到中世纪再到现在,因此至少应该得到简要的考察。

关于共同体,应该考察的中心命题是,存在这样一种共同体利益,也就是

---

① 这个单词有共同体、社区、社团甚至社会等释义。我们在本书中将酌情取其中的释义。——译者注

一种可归属于整个共同体并且不涉及纵向或者横向"单纯"附加个人利益的利益。这种共同体利益会产生共同需要，也就是由整个群体的福利催生并与之相关的需要。这样就产生了两个基本问题：一是向谁和如何表达共同体利益；二是共同体的概念应该应用于多大的需要范围。

有人认为，共同需要可以通过元老院（如柏拉图就这么认为）来表达，或者由政治领袖把自己的思想传达给民众。在经历了最初的强迫期以后，民众开始接受政治领袖的价值观，并把它作为自己的价值观，从而消除私人需要和集体需要之间的差别。这种情况显然不符合我们的民主观，我们也不能通过争辩所有的偏好"最终"都由社会条件决定的方式来为它辩护。当然，社会和环境的影响无处不在，但个人（除非受到压制）仍有相当大的自由对社会和环境的影响做出反应。

一种更有吸引力的解释是，通过持续的交往和相互同情，人们开始形成共同的关切。例如，有一群人曾共同经历过一种他们认同的历史遭遇或文化传统，从而建立了一种共同的关系。我们个人不但会保卫自己的家园，而且会与他人一起保卫我们的领土和领土上的全体居民。这样的共同利益和价值观有可能会催生共同的需要，也就是个人觉得自己作为共同体成员有义务满足的需要。个人作为共同体成员的这种义务可被认为并不属于那种适用于决定是喝茶还是喝咖啡的选择自由。

我们必须谨慎对待共同需要说，因为它可能成为专制政权的便利工具。然而，在团结一致的社会及其历史传统中确实存在共同的关切和价值观。因此，支撑传统社会品理论的个人偏好观并没有讲全整个故事的全部。与此同时，这并不是说，全部甚或大部分资源应该按照共同的利益，而不是个人消费者的偏好来配置。共同需要说适用于社会品和私人品选择。因此，我们无须为基于个人主义的前提来分析公共供应问题而感到歉疚。

有益品

与此同时，有一种务实的财政观，也无法避免许多政策似乎是在干预个人偏好，而不是回应个人偏好的情况。有些产品，如廉租房，由于体面的住房被认为值得鼓励，因此获得了政府的补贴；而酗酒被认为不可取，因此对烈酒征收奢侈品税。值得注意的是，无论是得到支持还是受到惩罚的消费选择，都有可能涉及(具有消费竞争性的)私人品和(无消费竞争性的)社会品。因此,社会赞成或反对的产品与纯粹由私人选择的产品之间的区别,不应与私人品和社会品之间的区别相混淆。强加偏好的问题——即"有益品"的情况——超越了区分私人品与社会品的范畴。因此,我们把有益品定义为社会(由于与消费者个人的偏好不同,因此)希望鼓励其供给的产品,并且把有害品定义为社会希望阻止其供给的产品。经过以上区分和定义,我们可以考虑一些乍看似乎涉及强加的偏好但不符合我们的定义的情形:

(1)干预为指导未成年人和残障人士的选择所必需,但这是一种特殊情况。

(2)在信息扩散后不再继续干预的前提下提供一些服务来传递关于现有选择的信息,可能有它的道理。在确定接受教育需要的适当范围时,就会遇到这个问题。

(3)在消费者根据虚假广告做出选择的情况下,就有必要采取纠正措施。

(4)政府对具有外部性的产品进行补贴,非但不涉及干预个人选择的问题,而且能使个人更加有效地做出选择。

(5)预算的"多数决原则"涉及干预少数人偏好的问题。投票反对提供某种公共服务的少数人也要被迫缴费,因此,他们的偏好受到了干预。但这只是一个旨在实现个人[p. 79]偏好的过程中产生的不受欢迎的副产品。在没有"搭便车"问题的情况下,如果偏好已知,就不会发生这种干预行为。希望提供某种被多数人否决的公共服务的少数人同样也会遇到阻碍。再说一遍,这是一个在更加完善的制度下不会出现的缺陷。如下文所述,向地方政府提供分类财政补贴,可用来保护个人消费者不受此类偶发事件的影响。

家长式给予是一种接近真正有益品的情形。就如我们在后文关于自愿再分配的讨论中将要看到的那样,个人可通过他人的消费获得效用。因此,个人有可能会根据自己的偏好来进行赠与。这种赠与可以采取现金形式,不附加任何使用条件,或者附加使用条件,如必须用于满足住房需要。受赠人很可能更加喜欢现金赠与,但有免费住房总比没有好。此外,如果受赠人并不需要赠与,那么是否就可以说,这样的赠与干预了他或她的偏好呢?同样的推导现在也许可用于预算的确定。我们来考察许多政府为穷人提供特殊服务(如廉租房)的例子。如果这种帮助的目的仅仅是为了再分配,那么采用现金的形式就能更好地达到目的,让受赠人自己决定如何使用赠款。投票支持住房计划的多数人,可以说,通过实物赠与的形式强迫受赠人接受他们的偏好。但是,既然多数人不赞成现金赠与,难道我们就可以说,受赠人的偏好受到了干预?诸如此类的情况可能以再分配为取向,但未必全部如此。因此,多数人可能支持发放艺术补贴,从而使全体有收入的群体都能从中受益。那么,是否可以说,这样做侵犯了音乐会观众的偏好?当然,(投票反对补贴的)少数人的偏好受到了侵犯,但如前所述,这种侵犯只是投票表决程序的一个缺陷。如果信息完备或没有"搭便车"的问题,他们就不会被要求缴费。

这样,我们又应该怎样界定有益品的概念呢?正如我们所看到的那样,许多预算实践初看起来要涉及强制受益人接受他人的偏好,但细看就会发现,它们反映了一种旨在实现个人选择的机制;其他预算实践,如某些预算补贴,则更加接近强迫受益人接受他人的偏好。但是,预算补贴采用实物形式也可以被认为反映了捐赠人(或纳税人)的个人偏好,但由于受赠人(或受益人)并不一定会接受赠与,因此捐赠人的偏好是否应该被认为受到侵犯就值得商榷。然而,并不是所有的预算实践都可以用这种方式来解释。基于共同利益的真正有益品的情况确实存在。这种情况与独裁者或精英强加的滥用不同,因此不应该把它们从规范框架中删除。有时可能会出现这样的情况:共同的关切被作为主导个人选择的因素,为共同体成员所接受。此外,分配正义可以从绝对的角度来看待。① 对社会选择虽然不宜进行传统的效率分析,但仍有一个方面没有被社会品分析所涵盖。

....

[p.98]实物赠与。此外,自愿再分配可能有两种类型。A 可能有这样的偏好:无论 B 消费什么产品和服务,A 都会由于 B 的消费而获得效用。因此,A 愿把自己的部分货币收入转赠给 B;或者 A 可能因为 B 喝牛奶而不是喝啤酒,从而获得更多的满足感。A 的赠与具有一种家长式干预的色彩,并且采用实物的形式,于是就产生了一个与我们的有益品讨论有关的问题,也就是这种

---

① 请参阅:*Public Finance in Theory and Practice*,p. 98。

"家长式干预型赠与"是否应被看作对受赠人选择的干预。

作为社会品的分配。现在考虑这样一种情况:捐赠人不是通过增加给予特定受赠人的福利来获得满足感,而是(以一种更加明智的方式)通过降低整个社会的不平等程度来获得满足感。在这种情况下,潜在捐赠人可能会觉得个人赠与没什么用处。于是,这个问题就变成了类似于社会品供应的问题,因为只有当B和C也出钱做贡献时,A才会认为值得捐赠。但由于他们三人都可能"搭便车",因此,税收就像社会品那样必不可少。

总之,很难说应该在多大程度上从自愿捐赠和社会福利观的视角来审视实际的预算再分配过程,或者应该在多大程度上把预算再分配过程看作一个多数人成功地转移了不情愿的少数人的收入。

类别公平

刚才提到的与自愿捐赠有关的现金赠与和实物赠与之间的区别,也可应用于更加广泛的分配正义问题。那么,分配正义的问题,特别是与保证最低生活水平有关的分配正义问题,应该用(受赠人根据自己的意愿自由花费[p.99]的)收入还是用某个特定的产品篮子(如基本食品、衣服和住房等必需品)来定义呢?这种被称为"类别公平"的观点,把有益品观与分配正义观联系在了一起。因此,类别公平涉及有益品概念固有的全部难题,但也与有益品概念一样有助于解释旨在以实物帮助低收入家庭或补贴他们购买产品的公共政策的适用性。

············

[p.438]4.选择税可以用来抑制"有害品"消费。这种观点可以解释为什么体现嘉莉·纳申精神的烟酒税几乎要占到联邦销售税税收的一半[p.329]。这些税种虽然往往具有高度的累退性,但仍以税收对象"奢侈"为由而得到支持,原因可能是消费这些商品被认为不道德或者不健康。于是,社会决定干预消费者的选择,把这类产品视为有害品。不论这种干预的受欢迎程度如何,总还有效果这个更深层次的问题。只有在需求具有弹性的情况下,这种商品的消费才会减少。由于对烟酒的需求相对缺乏弹性,因此这些税种不太可能对消费产生重大的影响,这一点可以由这些税种创造如此高的税收这一事实来证明。要想让调节税产生效果,就必须大幅削减相关活动,从而把税收

收入减少到很少甚至为零。

5.调节税未来可能会出现的另一个用途就是防止污染。为了使某些生产或消费活动产生的外部成本内部化，可以通过征收消费税来纠正资源使用方面的低效率。

6.还有一种控制目标支持把一些联邦税正式认定为调节税。课征这些包括麻醉品税、混合黄油税和赌博税在内的税收，就是为了促进其他监管措施的实施或其他税收的征收，并没有直接的收入目的。

全国性社会品的供应[p.511]

我们再来谈谈社会品供应以及不同的产品和服务空间收益发生率不同的问题。对于全国性社会品，即在联邦范围内产生收益的社会品，联邦理论显然要求实行集中化供应。由于全国性社会品本身的性质，因此它们产生的收益能惠及全国各地，而且不存在差别供应的问题。无论供应哪种全国性社会品，必须人人都能分享。因此，由联邦成员司法管辖区独立供应有可能造成浪费。

地方性社会品供应

我们来谈谈"地方性"社会品供应的问题。这里，地方性社会品是指其收益惠及范围小于联邦的社会品。我们在A节学到的内容仍然适用，但还需要考虑一些其他因素。之所以这样，是因为联邦成员的资格有可能引起对在联邦各地供应这类社会品不同程度的共同关切。在一种极端的情况下，这种关切有可能完全遭到忽视。地方性社会品的供应被认为是每个联邦成员辖区自己应承担的责任，而不是联邦政府应该关心的问题。或者，国家凝聚力意识有可能会使社会品供应成为全联邦（全国）关注的问题。如果是这样，这种全国性关切既可能是一种适度的关切，也可能是一种强烈的关切，并且可能在表现形式上有所不同。具体而言，全国性关切既可能是为了平衡各联邦成员管辖区供应地方性社会品的条件，也可能是为了确保联邦各成员管辖区的地方性社会品供应达到规定的水平。

平等的供应条件。我们有可能达成全国性的共识：各成员管辖区应该能够以相同的条件来满足自己的公共服务需要。再说一遍，它们可以采用不同的形式：

（1）这个概念或"相同的条件"可被理解为缴纳相同的税金（居民人均税额），应该能够"买到"相同的服务水平。在这种情况下，各成员管辖区收到的补助可以用下式表示：

$$G_j = t_j B_j \left(\frac{C_j}{C_a} - 1 \right)$$

上式中，G_j 是成员管辖区 j 收到的补助，B_j 是成员管辖区 j 的计税基础，而 t_j 则是成员管辖区 j 选择的税率；括号内的项表示需要提供配套资金的比率，[p.512]其中，C_j 是成员管辖区 j 提供给定服务水平的成本，而 C_a 是联邦各成员管辖区提供同样的服务水平的平均成本。C_j 有可能不同于 C_a，不是因为所需资源的成本（如教师工资）不同，就是因为需要较大（相对于管辖区居民人口而言，学生人数较多）。

（2）或者可把"相同条件"定义为需要做出相同的税收努力（或采用相同的税率）才能征收到相同的税收。于是，补助可用下式表示：

$$G_j = t_j B_j \left(\frac{B_j}{B_a} - 1 \right)$$

上式中，B_j 是成员管辖区 j 的人均计税基础，而 B_a 则是联邦各成员管辖区的人均计税基础。括号内的项仍然表示成员管辖区需要提供的配套资金比率。

（3）最后，把以上两式进行调整后合并，以使相同的税收努力或 $t_j B_j$ 产生相同的服务水平。于是，补助就等于：

$$G_j = t_j B_j \left(\frac{B_j}{B_a} - 1 \right) + t_j B_j \left(\frac{B_j}{B_a} - 1 \right) t_j B_j \left(\frac{C_j}{C_a} - 1 \right)$$

上式中，第一项使按给定税率征收到的税收收入相等，第二项使按给定支出提供的服务水平相同。配套资金比率现在包括两个分量，而且第一个分量是第二个分量的一个组成部分。

这些规则可适用于全部地方产品，或者仅适用于所选定的地方产品。选择部分产品可能是因为，从全国角度看，它们被认为具有有益品的性质。例如，儿童保育资助项目就可能具有这种性质。或者，有些项目之所以被选中，是因为它们满足的需要体现了国家政策。因此，考虑到国家移民政策对地方的影响，联邦政府可能要负责面向低收入家庭的资助项目。

第七章 《公共财政理论与实践》

此外,为支持某项服务而提供的资助可能没有规定限额,但也可能规定了"上限",只限于提供一定服务水平的支持,而受助管辖区可以不受限制地动用自己的财力来提供更高水平的服务。

所有这些补贴都属于同一性质,因为它们都会影响地方管辖区提供公共服务的条件,但具体提供多少服务由地方自己决定。由于这个目标的性质,并且规定了具体的目标,因此,即使补贴方案会因补贴政策的特定目标而有所不同,联邦补贴都要求地方承担配套资金。

第八章

"有益品"(《新帕尔格雷夫经济学词典》)[1]

---

[1] "Merit Goods", *The New Palgrave*. 最初发表在 J. Eatwell, M. Milgate and P. Newman, eds., *The New Palgrave: A Dictionary of Economics*, vol. 3 (London: Macmillan, 1987), pp. 452–453(© The Macmillan Press Limited, 1987)上。在征得作者本人和帕尔格雷夫·麦克米伦出版公司(Palgrave Macmillan)的允许后转引。

第八章 "有益品"(《新帕尔格雷夫经济学词典》)

📝 **编者点评**

这个词条对有益品的问题进行了概述。马斯格雷夫明确指出，共同价值观是认定有益品的主要基础。他还首次对哲学传统（基本善，道德上更优的选择）与他的有益品概念进行了扩展比较。

马斯格雷夫再次强调，有益品包括私人品和公共品。然后，他举了一些消费者主权的理想即使得到维护也无法实现的"病例"(pathological cases)。它们是一些关于儿童和智障人士的案例、缺少（正确的）信息的案例，最后是患短视症的病例。由于这些例子的病态性质，因此，最好是说纠正，而不是干预。

一方面，马斯格雷夫排除了时尚作为有益品候选者的影响，因为时尚并不意味着个人意愿和外部权威之间的冲突。另一方面，马斯格雷夫把社会限制外部成本超出其预期表明是合理水平的吸毒和卖淫的偏好作为真正的有益品例子来接受；即使家长式干预型赠与会影响受赠人的选择，马斯格雷夫也并没有把这种赠与视为有益品，原因就在于，捐赠人根据自己的偏好实施赠与，但受赠人可以接受或拒绝赠与。如果再分配被定义为必要的公平分配，而且有些产品被挑出来作为必需品（用哲学家的话来说，是基本善），那么这些产品就有可能被视为有益品。马斯格雷夫之前把这种观点称为"类别公平观"。

最后，马斯格雷夫承认，道德上更优的偏好[这个概念由阿马蒂亚·森、康德(Kant)、亚当·斯密和罗尔斯发展而来]可被称为"有益规范"(meritorious norm)。在此，马斯格雷夫第二次把哲学传统和他的有益品概念联系起来。

马斯格雷夫坦言，他本人更倾向于把有益品的概念局限在约束消费者的共同（体）价值观上。他承认，其他学者把另外两种情况称为"有益品"可能是有道理的："类别再分配"(categorial redistribution)，以及基于道德偏好排序而不是市场偏好排序的政治投票。

※ ※ ※

马斯格雷夫的原始文献

有益品[p. 452]

有益品的概念自30年前提出(Musgrave,1957,1958)以来,已经引发了大量的讨论和不同的解释(有关这方面的概述,请参阅:Head,1966;Andel,1984)。由于这个术语没有专利保护,因此,我们很难给它下一个独一无二的定义。然而,大多数解释与以下情况有关,即不但根据消费者主权的标准,而且按照另一个规范,对产品(的有益性或有害性)进行评价。下面,我们就来考察这样一些不同的情境及其对有益品概念的影响。

1. 有益品、私人品和公共品

虽然有益品的概念是在财政理论的背景下提出的,但这个术语有更大的适用范围,因此不应该与公共品的概念(Musgrave,1957,1959)相混淆。私人品和公共品或社会品之间的区别源于消费这些产品的可受益方式,即前者是竞争方式,而后者则是非竞争方式(见"Public Goods")。因此,私人品和公共品的帕累托最优条件不同,适用的选择机制也不同。然而,无论是通过市场还是政治过程,都是完全根据个人偏好这个前提来进行选择,并对选择结果进行规范性评价。消费者主权被认为适用于通过市场和政治过程来选择的两种情境。有益品(或者相对应的有害品)的概念对个人偏好这个选择前提进行了质疑,超越了私人品和公共品的传统区别,并且提出了一些更加基本的问题。这些问题已经不适用传统的微观理论框架来解决,因为传统的微观理论框架是建立在明确的消费者自由选择观上的。

2."病例"

接下来,我们考虑几种情况,其中消费者主权这个标准仍然是首选的解决方案,但在遵守这一标准的过程中会遇到困难。最极端的情况发生在智障者或儿童身上。在这两个案例中,确实需要对儿童和智障人士进行一些指导,并做出监护选择。但是,这些案例都可被看作例外情况,并不属于基本的有益品问题。同样明显的是,理性选择需要正确的信息,而在信息不完全或具有误导性的情况下,选择的质量就会受到影响。设计教育大纲时有可能出现以下情况:先把选择委托给先验信息较优的其他人,而最终受益人根据自身偏好看重的选择质量得到了提高。这个例子再次证明,个人偏好的实现会受到影响,但它们在规范层面的支配地位并不会受到质疑。

还有一些情况是,疏忽或短视阻碍了理性选择。有些人虽然见多识广,通常有能力做出选择,但在某些问题上可能常常偏离理性选择。因此,未来消费相对于当前消费而言常常遭到忽视(Pigou,1928),但公共服务则可能由于不喜欢征税而被高估。在要承担风险等的情况下,理性选择可能会受到阻碍。因此,有些产品可能会由于造成这些错误判断的原因而出现供应不足或供应过剩的情况,所以有可能需要促进或者限制供应。这些情况再次表明存在偏离理性选择前提的问题,但弥补了在行使消费者主权方面存在的缺陷,而不是把它作为一种规范加以拒绝。

3. 时尚定律

假设个人有明确的偏好结构,但可能会受到干扰,这样就很容易绕过以下事实:个人偏好并不是孤立形成的,而是要受到个人所处的社会环境的影响。从一种有关这种依附性的极端观点来看(Galbraith,1958),独立偏好的存在性可能会遭到否定。个人偏好会成为社会认可或认为可取的时尚的镜像,但这是一种太过极端的观点。虽然社会影响会产生作用,但仍然会遇到个人做出的回应,从而导致实际偏好因人而异。虽然个人的偏好会受到社会环境的影响,但个人自身的偏好也会影响个人对社会环境的反应。因此,把有益品等同于时尚似乎不太恰当。

4. 社会共同偏好

让我们来考察一种不同于时尚定律的情形:个人作为社会成员,即使在自己的个人偏好有可能不同于社会共同偏好的情况下,也要接受社会的某些价值观或者偏好。关心保护历史遗迹、遵守国家有关节假日的规定、爱护环境、尊重知识和艺术等都是这方面很好的例子。个人即使有自己不同的偏好,也要接受社会的共同偏好,这反过来可能影响个人对私人品的选择,或者导致他们赞成在预算上支持公共品供应。出于同样的原因,社会可能拒绝或惩罚某些被视为有害品的活动或产品。把吸毒或者卖淫看作冒犯人的尊严的行为而加以禁止,(除了可能造成昂贵的外部成本外)可被视为符合这一模式。因此,社会的共同价值观也被认为是产生有益品或有害品的原因。认死理的读者可能认为,这种共同价值观只不过是又一可做相应处理的时尚例证,但事实并非如此。即使不求助于"有机共同体"观,我们也能用共同价值观来反映个体间互动,从而导致共同价值观或共同偏好的形成,然后又传承下去这样一个历史过程的结果(Colm,1965)。在本文作者看来,这就是最适合使用有益品或有害品概念的情境,也是消费者主权被一种替代性规范所取代的情境。

5. 分配中的家长式干预

到目前为止,我们在审视个人选择和偏好的问题时都假设个人的选择禀赋是给定的,但仍有必要考虑在分配过程中出现的许多问题。

我们先从自愿捐赠的例子说起(Hochman and Rogers,1969)。捐赠人可能由于捐钱或捐物给受赠人而获得效用,但如果进行实物(如牛奶)而不是现金(用于买啤酒喝)形式的捐赠,捐赠人就能获得更大的效用。这种家长式干预型捐赠影响到了受赠人的偏好。虽然受赠人可能不会受到伤害(因为他或她可以拒绝接受捐赠),但他或她从实物捐赠中可获得的好处要少于从现金捐赠中获得的好处。因此,通过家长式干预型捐赠所做的慈善包括捐赠人强迫受赠人接受他个人的偏好,即强迫受赠人接受捐赠人认为对受赠人有益的东西。与此同时,实物捐赠也尊重捐赠人的消费者主权,因为捐赠人获得的满足取决于受赠人消费的东西。此外,家长式干预型捐赠不会导致受赠人遭受损失,因为他可以拒绝接受捐赠。

在通过贯彻"多数决原则"的政治过程进行再分配[p.453]的情况下,也会出现类似的问题。在再分配的情况下也存在取与给的问题。虽然受赠人更愿意接受现金捐赠,但他们最好还是接受捐赠人喜欢的实物捐赠。因此,根据"多数决原则"进行的再分配也可以采取实物形式。捐赠人仍可能把自己的偏好强加给受赠人,但要受到允许按照"多数决原则"进行干预的社会契约的约束。许多为穷人提供服务的预算项目(如医疗卫生、福利和廉租房)就属于这类项目,而且确实被分类归入有益品(OECD,1985)。

在考察了与再分配有关的有益品以后,仍应该注意有益品对更加基本的初次分配问题的影响。分配正义模型有多种形式,包括洛克(Lock)传统中的受益权利、功利主义标准以及"公平分配"的权利(Vickrey,1952;Harsanyi,1963;Rawls,1971)。我们可以从公平分配收入和财富的视角来审视"公平分享"的权利模型,并把它应用于个人选择;或者从公平分配特定几种产品或者产品束的视角来考察这种模型。于是,有益品在后一种情况下就能发挥自己的作用,而且确实与哲学家所说的"基本善"概念存在某种联系。此外,我们还可以采用不同的方式对这两个视角进行整合。这样,社会可能会认为,通过在实施税收—转移支付方案的同时不按照市场规则安排某些产品和服务(如稀缺的医疗服务)分配的方式来调整收入分配的做法是公平的(Tobin,1970);或者,社会可能希望确保适当的最低生活水平,但要通过供应一定数量的生活必需品的方式,而不是支付等额的最低收入让受益人按照自己的选择去消费。于是,被选中用于非市场分配的产品也许可被认为是有益品。

6. 多重偏好或"更有价值"的偏好

读者也许已经注意到,到目前为止,我们都是在讨论一些涉及以某种形式背离消费者主权原则的情况。不过,我们仍然需要考虑一种在消费者主权语境下审视这个问题的更深层次的观点。这种观点假定偏好可能派生于几组相互冲突的偏好,而且多年来一直受到关注,从亚里士多德的"无自制力"(akrasia)到康德式的"定语命令"(Kantian imperative)和《浮士德》中的"两个灵魂"(two souls),再到亚当·斯密的"公正的旁观者"(impartial observer)(Smith,1759)。后来,海萨尼(Harsyani,1955)在区分主观(subjective)和道德偏好(ethical preferences)时,也表达了同样的思想。最近的例子有罗尔斯的公正选择观(Rawls,1971)和阿马蒂亚·森对承诺的使用(Sen,1977)。于是,"有益品"一词就被用来指称根据海萨尼所说的后一种(道德层次更高的)偏好集合选择的产品。用这种方法选择的产品可以是私人品,也可以是公共品,尽管它们被选中的原因更可能是从分摊税负的角度来看成本较低(Brennan,1983)。

7. 结论

正如前面的讨论所显示的那样,"有益品"一词能够应用于多种情境。在上述"1"项中,我们已经指出,有益品的概念不应与公共品的概念相混淆。在"2"项中,我们已经指出,在需要干预个人选择但又不质疑个人选择作为基本规范的效度的情况下会出现的各种不同情况。在"3"项中,我们承认个人偏好会受社会环境的影响,但不会达到阻止根据个人偏好做出反应的程度。以上"1~3"项中的讨论都没有谈及适用有益品或有害品概念的适当情景。不过,"4"项中考察了作为个人选择约束因素的社会共同价值观,这种情境确实符合有益品模式,而且在我看来,触及有益概念的核心。"5"项中提出了分配语境下的相关问题。自愿捐赠被证明允许捐赠人把自己的偏好强加给受赠人。而且,这种情况也存在于由政治过程决定的再分配中,只是影响较小而已。再分配往往是把那些捐赠人认为有益于受赠人的产品赠送给受赠人。关于初次分配,我们指出,社会可能决定用现金或实物来进行公平分配。选择实物分配时,会考虑分配对受益人有益的产品。只有在"6"项中,我们仍在消费者主权规范的范围内讨论有益品概念的使用问题,现在讨论更高或更低层次的偏好(有益需要或有害需要)。总而言之,似乎很难赋予有益品特殊的含义。如前所述,本文作者更愿意保留有益品在"4"项中讨论的情况下的使用,但是也可以考虑"5"项和"6"项中讨论的情况。

参考资料

Andel, N. 1984. Zurn Konzept der meritorischen Güter. *Finanzarchiv*, New Series 42(3).

Brennan, J. and Lomasky, L. 1983. Institutional Aspects of Merit Goods Analysis; *Finanzarchiv*, New Series 41(2), 183—206.

Colm, G. 1965. National Goals Analysis and Marginal Utility Economics. *Finanzarchiv*, New Series 24, July, 209—224.

Galbraith, K. 1958. *The Affluent Society*. Boston: Houghton Mifflin.

Harsanyi, J. 1955. Cardinal Welfare, Individualistic Ethics, and Interpersonal Comparisons of Utility. *Journal of Political Economy* 63, August, 309—321.

Head, J. C. 1966. On Merit Goods. *Finanzarchiv*, New Series 25(1), March, 1—29.

Hochman, H. H. and Rogers, J. D. 1969. Pareto-optimal Redistribution.

American Economic Review 59(4), September, 542—557.

Musgrave, R. A. 1957. A Multiple Theory of Budget Determination. *Finanzarchiv*, New Series 17(3), 333—343.

Musgrave, R. A. 1958. *The Theory of Public Finance*. New York: McGraw-Hill. OECD. 1985. The Role of the Public Sector. Paris: OCED.

Pigou, A. C. 1928. *A Study in Public Finance*. London: Macmillan.

Rawls, J. 1971. *A Theory of Justice*. Cambridge Mass. : Harvard University Press.

Sen, A. 1977. Rational Fools: A Critique of the Behavioral Foundations of Economic Theory. *Philosophy and Public Affairs* 6(4), 317—344.

Smith, A. 1749. *The Theory of Moral Sentiments*. Reprinted, New York: Liberty, 1969.

Veblen, T. 1899. *The Theory of the Leisure Class*. New York: New American Library.

Vickrey, W. 1960. Utility, Strategy, and Social Decision Rules. *Quarterly Journal of Economics* 74(4), November, 507—535.

第九章

"有益品"(《理性、个人主义和公共政策》)[①]

[①] "Merit Goods" Rationality, Individualism and Public Policy. 最初发表在 G. Brennan & C. Walsh, eds., *Rationality, Individualism and Public Policy* (Canberra: The Australian National University, 1990), pp. 207—210 上。在征得此文作者和杰弗里·布伦南(Geoffrey Brennan)的允许后转引。

第九章 "有益品"(《理性、个人主义和公共政策》)

> **编者点评**

就如同《帕尔格雷夫大词典》中的"有益品"词条,这篇文章对有益品问题进行了反思,显示了它与哲学传统的明确联系。

在关于"有益品"的第二篇综述文章中,马斯格雷夫认为,有益品的概念可在几种不同的情况下应用。他似乎遗憾地承认,这个概念有多重含义。他没有像在前一篇综述文章中所做的那样,明确地为他自己的限制有益品概念适用范围的偏好进行辩护。

马斯格雷夫明确区分了一些有干预消费者偏好问题但并不总是否定个人偏好规范价值的产品。例如,马斯格雷夫称精神疾病患儿或者特殊儿童的选择权受到干预,并将此归因于监护权选择的结果,而没有把它归入有益品问题。在另一个例子中,马斯格雷夫把处理不完全或误导性信息的案例说成纠正个人偏好,而不是质疑个人偏好的规范价值。

疏忽和短视的案例对马斯格雷夫构成了挑战。他认为,纠正这两种行为确实会违背尊重消费者偏好的原则。他写道,这种纠正被证明是合理的,因为它是纠正对有益品或有害品的错误判断。由于要纠偏,因此,马斯格雷夫宁愿不把这两个案例看作关于有益品的例子。马斯格雷夫自己在这篇文章中的表述要比他在任何其他场合的表述都更能说明,有益品的概念有不同的适用程度,并且必须就干预到什么程度才足以把这种干预称为"有益品/有害品干预"这个问题做出决定。

与他在前一篇综述文章中的表现相比,马斯格雷夫在这篇综述中表现得不再那么犹豫不决。他认为,人的偏好(如酒后驾车,但又希望自己不要这么做)的复杂性和矛盾性,有可能会导致一系列重要性不一的(道德)选择。马斯格雷夫表示,亚里士多德、康德、歌德(Goethe)、亚当·斯密、海萨尼、罗尔斯和阿马蒂亚·森都注意到了这种可能性;更高级或更优的偏好集合会驱使我们选择真正是有益的产品。在这篇综述文章里,马斯格雷夫更好地阐明了更优偏好集合的概念如何同时适用于私人品和公共品。

在这篇文章中,就像在上一篇综述文章里一样,马斯格雷夫把与个人偏好相冲突的社会共同价值观的形成看作使用有益品和有害品概念的机会。马斯格雷夫明确排除了作为有益品的社会品味对个人偏好实际观察到的影响。这里所说的社会品味的影响被认为会对个人偏好产生作用,但不会与它们发生冲突。

最后,马斯格雷夫认为,以实物形式进行再分配或对某些特定产品(如医疗卫生服务)进行非市场化分配,就是把有益品概念应用于由公平原则支配的再分配和初次分配。

※　※　※

马斯格雷夫的原始文献

有益品

有益品的概念自 30 年前(Musgrave,195,1958)提出以来,已得到了广泛的讨论和不同的解释(有关有益品的综述,请参阅:Head,1966;Andel,1984)。虽然有益品的概念是在财政理论的语境下提出的,但它的适用范围不只限于财政领域,并且不应该与公共品概念相混淆。私人品和公共品的区别源于通过消费这些产品可受益的方式,即前者是竞争方式,后者是非竞争方式(见"Public Goods")。因此,私人品和公共品的帕累托最优条件不同,适用的选择机制也不同。但是,无论是通过市场还是政治过程做出的选择以及对选择结果的规范性评价都是基于个人偏好这个前提。消费者主权被认为适用于通过市场和政治过程来进行选择的两种情况。有益品(或者相对应的有害品)的概念对个人偏好这个选择前提进行了质疑,超越了对私人品和公共品的传统区别,并且提出了一些更加基本的问题。这些问题已经不宜采用传统的微观理论框架来解决,因为传统的微观理论框架是建立在明确的消费者自由选择观的基础上的。

首先,消费者主权原则显然不能适用于智障人士或儿童。这两个群体都需要他人指导,并且要为他们做出监护选择。但是,这两个群体可被看作例外情况,他们并不属于基本的有益品范畴。同样显而易见的是,理性选择需要准确的信息,而在信息不完全或被误导的情况下,选择质量就会受到影响。因此,有可能出现以下情况:受益人根据自己的偏好看重的选择质量,通过把选择委托给掌握较优信息的其他人来提高。个人偏好的实现再次受到影响,但没有达到质疑它们在规范层面支配地位的程度。

还有一些情况是疏忽或短视阻碍了理性选择。有些人虽然见多识广,通常有能力做出选择,但在某些问题上可能常常偏离理性选择。因此,相对于当前消费而言,未来消费常常遭到忽视(Pigou,1928),而公共服务有可能由于看似免费供应而得到过分重视。在要承担风险等的情况下,理性选择可能会受到阻碍。由于判断失误而导致供应不足或过剩的产品有可能被视为有益品(或有害品),并且采取纠偏措施来解决供应不足或过剩的问题。这些情况明显偏离了理性选择的前提,但似乎不宜使用有益品的标签。

一些与这种背景更加相关的考察提到了偏好结构的复杂性问题,从而使得选择过程比传统的消费者行为模型所考虑的选择过程更加困难。个人偏好可能衍生于一些相互冲突的偏好集,这个问题多年来一直受到关注,从亚里士多德的"无自制力"到康德式的"定语命令"和《浮士德》中的"两个灵魂",再到亚当·斯密的"公正的旁观者"(Smith,1759)。后来,海萨尼在区分主观和道德偏好(Harsyani,1955)时,也表达了同样的思想。最近的例子有罗尔斯的公正选择观(Rawls,1971)和阿马蒂亚·森对承诺的使用(Sen,1977)。于是,"有益品"一词就被用来指称后一种(道德层次更高的)偏好集合选择的产品。这个意义上的"有益"考量可以同时适用于私人品和公共品,但由于博弈理论上的原因,与市场环境相比,可能更适用于政治环境(成本较低)(Brennan and Lomasky,1983)。

其次,我们已经注意到,个人偏好并非孤立形成,而是要受到个人所处的社会环境的影响。从一种有关这种依附性的极端观点来看,独立偏好的存在性有可能会遭到否定。个人偏好会成为社会认可或认为可取的时尚的镜像,但这是一种太过极端的观点。虽然社会影响会产生作用,但仍然会遇到个人做出的回应,从而导致实际偏好因人而异。这样就可以在观察到的一般情况(个人偏好受制于社会环境)与更加具体的情况(社会与个人偏好之间的冲突依然存在)之间做出区分。因此,有益品这个术语可能与后一种情况有关。

因此,我们认为,个人作为社会成员,即使在自己的偏好可能不同于社会共同偏好的情况下,也要接受社会的某些共同价值观或者偏好。关心保护历史遗迹、遵守国家有关节假日的规定、爱护环境、重视学习和艺术等都是很好的例子。个人即使在自己有不同偏好的情况下也要接受社会共同的偏好,这反过来可能影响个人对私人品的选择,或者导致他们赞成在预算上支持公共品供应。出于同样的原因,社会可能拒绝接受甚或惩罚某些被视为有害品的活动或产品。把吸毒或者卖淫看作冒犯人尊严的行为而加以禁止,(除了可能造成昂贵的外部成本外)可被视为符合这个模式。因此,社会共同价值观也被认为是催生有益品或有害品的原因。这也许但未必意味着一种社会有机观。然而,它可被用来反映个体间互动,从而导致共同价值观或偏好的形成,然后又传承下去这样一个历史过程的结果(Colm,1965)。

现在,我们来看看有益品在分配方面的作用。我们先从自愿捐赠的例子说起(Hochman and Rogers,1969)。捐赠人可能由于捐钱或捐物给受赠人而获得效用,但如果进行实物(如牛奶)而不是现金(用于购买啤酒)形式的捐赠,捐赠人就能获得更大的效用。这种家长式干预型捐赠干扰到了受赠人的偏好。虽然受赠人可能不会受到伤害(因为他或她可以拒绝接受捐赠),但他或她从实物捐赠中获得的好处要少于从现金捐赠中获得的好处。因此,通过家长式干预型捐赠所做的慈善包括捐赠人强迫受赠人接受他个人的偏好,即强迫受赠人接受捐赠人认为对受赠人有益的东西。与此同时,实物捐赠也尊重捐赠人的消费者主权,因为捐赠人获得的满足取决于受赠人消费的东西。

如果把捐赠看作一种公共品,就会出现类似的问题。一旦我们认为捐赠人的效用源于受赠人的福祉,而不是他本人的捐赠行为,就会出现这种情况。在这种情况下,捐赠人的捐赠改善了受赠人的境况,而且使其他得益于受赠人境况改善的人从中受益。这些人是以"搭便车"者的身份从中受益的,因此,这种捐赠就变成了一种公共品。为了提高效率,现在需要预算拨款来供应这种公共品。这种"捐赠"可能再次采用实物形式,而且仍会强迫受益人接受("捐赠人"的)偏好,但不会达到捐款人捐款时的水平。

如果只有捐赠人参加投票,情况就会如此。但事实上,受赠人也参加投

第九章 "有益品"(《理性、个人主义和公共政策》)

票。这样,就涉及取与给的问题。虽然受赠人更愿得到现金,但他们最好还是接受捐赠人喜欢的实物捐赠计划。因此,由多数人投票通过的再分配方案可能会采取实物的形式。捐赠人有可能再次把自己的偏好强加给受赠人,但要受到社会契约条款的约束。现在,社会契约允许受赠人通过"多数决原则"来进行干预。许多为穷人提供服务的预算项目(如医疗卫生、福利和廉租房)属于这类项目,而且确实被归类为有益品(OECD,1985)。

在考察了与再分配有关的有益品以后,我们仍有必要注意有益品对更加基本的初次分配问题的影响。分配正义模型有多种形式,包括洛克传统中的受益权利、功利主义的标准以及罗尔斯(1971)的获得"公平份额"的权利。我们可以从公平分配收入和财富的视角来审视"公平分配"的权利模型,并把它应用于个人选择,或者从公平分配特定几种产品或产品束的视角来考察这种模型。于是,有益品在后一种情况下就能发挥自己的作用,而且确实与哲学家所说的"基本善"概念存在某种联系。此外,我们还可以采用不同的方式对这两个视角进行整合。这样,社会可能认为,通过在实施税收—转移支付方案的同时不按照市场规则安排某些产品和服务(如稀缺的医疗服务)分配的方式来调整收入分配的做法是公平的(Tobin,1970);或者,社会可能希望确保适当的最低生活水平,但是通过供应一定的生活必需品,而不是保证适当的最低收入让受益人根据自己的选择消费。这些安排和其他安排可以被视为公平的安排,是在公正的立场上达成的安排(Harsyani,1955;Rawls,1971)。于是,被选中用于非市场化分配的产品,也许可被视为有益品。

从以上简短的综述可以看到,"有益品"概念还没有被普遍接受的唯一定义。我们已经注意到一些消费者主权定律有条件发挥作用,但不是以质疑其基本前提的方式的情况,而且考察了另一些向有益品发起更加基本的挑战并可以说承载着有益品内涵的情况。之所以会出现这样的情况,也许是因为:个人选择的问题比传统模式所假定的更为复杂;个人认识到社会对他们偏好的影响;捐赠采取家长式干预的方式;或者分配正义的概念与特定产品的可得性有关,而与一般收入或财富无关。这些情况都背离了消费者选择的传统前提,但除此之外,它们过于不同,以至于无法用来给"有益品"下可被普遍接受的唯一定义。

参考资料

Andel, N. (1984). Zurn Konzept der meritorischen Güter. *Finanzarchiv*, N. F, 42, 630—648.

Brennan, G., & Lomasky, L. (1983). Institutional Aspects of "Merit Goods" Analysis. *Finanzarchiv*, N. F., 41, 183—206.

Colm, C. (1965). National Goals Analysis and Marginal Utility Economics. *Finanzarchiv*, 24.

Harsanyi, J. C. (1955). Cardinal Welfare, Individualistic Ethics and Interpersonal Comparisons of Utility. *Journal of Political Economy*, 63, 309—321.

Head, J. G. (1966, March). On Merit Goods. *Finanzarchiv*, N. F., pp. 1—29 (Also published in Head, John. *Public Goods and Public Welfare*, 1974, 214—247).

Hochman, H., & Rodgers J. (1969). Pareto Optimal Redistribution. *American Economic Review*, 59, 542—557.

Musgrave, R. A. (1957). Principles of Budget Determination. In Joint Economic Committee (Ed.), *Federal Expenditure Policy for Economic Growth and Stability* (pp. 108—115). Washington, D. C.: Government Printing Office.

Musgrave, R. A. (1959). *The Theory of Public Finance* [Musgrave at Harvard University]. New York: McGraw-Hill Book Company.

OECD. (1985). The Role of the Public Sector. Paris: Organization for Economic Co-operation and Development.

Pigou, A. C. (1928). *A Study in Public Finance*. London: Macmillan.

Rawls, J. (1971). *A Theory of Justice*. Cambridge, MA: Harvard University Press.

Sen, A. (1977). Rational Fools: A Critique of the Behavioral Foundations of Economic Theory. *Philosophy and Public Affairs*, 6, 317—344.

Smith, A. (1759). *The Theory of Moral Sentiments* (I). London.

第十章

"跨越不同的传统"[1]

---

[1] Crossing Tradition, pp. 73—79. 最初发表在 H. Hagemann, ed., *Zur deutschsprachigen wirtschaftlichen Emigration nach 1933* (Marburg: Metropolis, 1997)上。在征得作者允许后转引。

有益品文选

> **编者点评**
>
> 马斯格雷夫把他的有益品概念与德国的财政学传统联系在了一起。
>
> 在这些自传式的评论中,马斯格雷夫反对强调社会需要的德国财政学传统以及提出个人主义评价要求的英美和斯堪的纳维亚传统。马斯格雷夫放弃了他年轻时掌握的财政学研究方法,从而能够把公共品理论融入资源有效配置理论。然而,德国的公共财政学传统让马斯格雷夫认识到,社会生活中有比利己交换更多的东西。马斯格雷夫声称,这是他的有益品概念的知识基础。

※ ※ ※

马斯格雷夫的原始文献

公共财政学(Finanzwissenschaft)与一般财政学

[p.73]最后,简要回顾一下我先后在德国和美国的早年学习期间接触到的不同财政学传统以及它们引起我思考和重视的过程。传统上,公共财政学在德国享有令人羡慕的崇高地位,甚至在经济学各分支学科中占据着优先地位。这种情况可追溯到19世纪初,经济学当时分为理论、经济政策和财政三个学科,而公共财政学是唯一一个应用学科,并且单立了一个教授席位。我的德国同行们今天仍享有这种特殊地位,这也反映了德国人把公共财政学看作一门基于官房经济学传统并超越一般经济学局限的特殊学科的认知。虽然在19世纪上半叶,公共财政学文献分为官房经济学传统和斯密模式两种,但从劳(Lau,1850)开始,出现了明显的转向更加积极看待政府经济作用的观点。在这种观点的引导下,被德国历史学家称为"德国公共财政学三巨头"(das Dreigestirn[①]of German public finance)的冯·斯坦(von Stein,1856)、沙夫勒(Schäffle,1867)和瓦格纳(Wagner,1880)发表了自己的著作(Beckerath,1952)。1872年社会政治学会(Sozial-

---

[①] "三巨头"(the three heads)的意思。——本文选编者注。

politische Verein)的创立,就是上述认知产生作用的具体表现。

这是一个很多地方值得称道的伟大学术传统。财政系统的作用、财政体制和绩效被认为在不断变化的历史背景下,与其他经济、社会和政治制度相互作用并做出回应。冯·斯坦和沙夫勒的阶段理论(Stufentheorien)[1]以及熊彼特后来(1919年)关于税收国家的著名论文,都对这种不断变化的模式——一种导致财政在第一次世界大战前的国家(Bürgerstaat)[p. 74]发挥作用的财政发展理论——进行了追述。公共财政学跨越经济学、社会学和国家哲学等学科,渴望创建一门独立的学科或者一门属于自己的学科。当时,公共财政学甚至被(或许过于热情地)冠之以"德国精神的特点"(eine Eigenart des Deutschen Geistes)[2](Meisel,1925)。

随着认知的加深(Teschemacher,1928;Gerloff,1945;Neumark,1964),而且与此并非没有关系的是,一种以私人需要为基础的公共品理论遭到了拒绝,取而代之的是一种需要的共同或政府决定观。根据国家理论,财政的职能往往被认为是满足"Gemeinschaftsbedüfnisse"或者共同需要,而共同需要不同于可在市场上得到满足的个人利己的私人需要。亚当·穆勒(Adam Müller,1809)一开始就假设社会或礼俗社会(Gemeinschaft)的先在性。斯坦因(Stein)的黑格尔国家观认为,个人在市场上互动是不平等的,但在国家中却扮演着平等的角色。沙夫勒和瓦格纳承认,个人是公共服务的基本受益者,但并不认为应该根据个人偏好来提供公共服务,而是仍然认为提供公共服务要受制于国家的强制力,属于"统制经济"(Zwangswirtschaft)[3]的范畴:尽管萨克斯(Sax)最早的相关论文是用德语写的,而且只有极少数例外(Cassel,1925),但是,基于个人偏好的相关理论阐述并没有在相关的德语文献中扎下根来。贝克拉特(Beckerath)仍然用批判的眼光看待这种观点(1952),而纽马克(Neumark,1962)则坚持认为它注定会失败。

在英国的传统中,财政遭遇了比较冷静、不那么热情的待遇。由于自然规律和市场赋予个人以自由,因此,经济学作为一门以私人偏好为基础研究市场

---

[1] "阶段理论"(the stage theories)的意思。——本文选编者注
[2] "德国精神的特点"(a peculiarity of the German mind)的意思。——本文选编者注
[3] "统制经济"(a peculiarity of the German mind)的意思。——本文选编者注

077

效率的学科脱颖而出。这种观点认为公共部门往往是一种反常现象，只是不情愿地承认公共部门是一种为纠正某些市场失灵所必需的不可避免的"邪恶"。税收归宿分析受到欢迎，因为这种分析被作为一种检验价格理论基础的便利手段，而边际学派的理论则被用来最大限度地降低总税负。英国传统也考虑过预算中的税收问题，但如前所述，是与支出分开处理的。亚当·斯密作为榜样并没有人跟进，庇古也没有提出公共品理论。公共品理论从我 1939 年发表的文章和 H. R. 鲍恩(H. R. Bowen, 1948)的论文开始，直到萨缪尔森运用效率条件(1954)才成为核心关切，后来又恢复了维克塞尔—林达尔(Wicksell-Lindahl)传统，尤其是在我(1958)和詹姆斯·布坎南(James Buchanan, 1968)的研究[p. 75]中。公共部门经济学的特殊性最终得到了承认，并被置于一般经济学理论的背景下。德国学派拒绝了公共部门经济学的个人需要基础观，转而青睐一种共同观，而相关的英语文献虽然姗姗来迟，但开始认为个人需要基础观是一种适当的提法。

对公共部门经济学进行如此宽泛的描述难免会夸大其词，而且总有例外情况。英国的伯克(Burke)是德国浪漫主义(Romantik)的崇拜者，而马尔萨斯(Malthus)则看到了公共支出的生产性作用。在德国，康德的个人权利和"最小国家"观[①](Nachtwächterstaat)与洛克的观点接近，而 19 世纪上半叶德国的财政作家大多信奉个人主义传统。奥地利经济学家萨克斯(1887)是把边际效用分析应用于公共品研究的第一人(Musgrave and Peacock, 1958)，而冯·米塞斯(von Mises)和后来的哈耶克在对国家进行自由主义批判方面都没有被超越。但不管怎样，对于财政学来说，这些都是例外情况而不是规律，并且在这两种传统中留下了显著不同的东西。

我在海德堡(Heidelberg)逗留的那几年里，共同需要一直是个悬而未决的问题，正如里希尔(Ritschl)、弗莱德勒(Pfleiderer)和科尔姆在当时的著述中说明的那样。为了适应当时的政治气候，里希尔(1931)重新奉行亚当·穆勒(1809)的浪漫主义观点。他的共同经济(Gemeinwirtschaft)主题并不是旨在满足个人消费者基于自身利益的需要，而是要满足国家的共同需要。虽然个人作为社会成

---

① 文中 Nachtwächterstaat 的意思是"最低限度的国家"，直译为"守夜人国家"。——本文选编者注

员都能感觉到这些需要，但它们被视为"客观地"赋予个人的共同体验，并且没有包括在他们的个人偏好模式中。随之而来的是不祥的预兆，"在社会内部，我们使用同样的货币；在共同体内部，我们身上流淌着同样的血液"①。科尔姆(1927)和弗莱德勒(1930)的论述中没有这种异象，但仍偏离了个人主义模式。继瓦格纳之后，并且在马克斯·韦伯提出的各种范畴的有力影响下，学者们主要开始关注不同的私人和公共行为主体模式。在私人行为主体模式中，企业为满足市场需求组织生产；而在公共行为主体模式中，公共部门机构按照上级主管机关(Instanz)的指令开展工作。无论是企业还是公共部门机构都要讲究效率，因此都被视为经济行为主体。但在进行了这一区分之后，对公共部门机构如何决策只做了相当粗略的考察。公共部门机构在进行决策时被认为要考虑很多因素，包括不顾私人偏好推行强制消费以及提供虽然个人需要但市场无法提供的服务等因素在内。在这种背景下，有人提到了受益非排他性和共同消费的问题，但没有把它们作为公共供应的关键因素单列出来，而是把重点放在了上级主管机关的决策权上。为了实施公共供应，上级主管机关必须推行强制性税收财政，因此没有对个人的偏好体系和表达偏好的民主过程进行整合，却由于公共部门的性质而保留了浓郁的公共或命令元素。考虑到凯恩(Cairn)和弗莱德勒秉持的自由民主立场，这证明了早期德国传统的持久力。

我这个移民把这些思想和见解都装进了我来美国时的行李箱里，那么，我应该保留哪些思想和洞见，又应该抛弃哪些思想和见解呢？

我认为，最重要的是，应该保留一种对公共部门的积极看法，也就是说，认为公共部门与市场一样，是经济系统的重要组成部分，而分配则是财政应该关心的问题；还应该保留一种规范模型的思想，用韦伯的话来说，就是一种确定公共部门如何履行其职能的"理想类型"(Idealtyp)。可以肯定的是，现实会偏离理想类型，我们只能找到次优的解决方法。但如果没有最优结果标准，也就可能无法对次优选项进行排序。正如我在1958年的著作中指出的那样，选择理论对于争取最优应该大有用武之地，但不幸的是，它受到了我所说的反公共部门偏见的影响(Musgrave,1981)。我把公共机构分为三个部门，最终，这种区分法可被

---

① 文中"In der Gesellschaft, rollt das gleiche Geld, in der Gemeinschaft aber das gleiche Blut"意思是，"在社会内部，我们使用同样的货币；在共同体内部，我们身上流淌着同样的血液"。——本文选编者注

用来反映一种典型的分类趋势——按照纽马克(1961)的说法,一种财政学德国观的趋势。也许是这样,但不只是这样。公共机构三部门并不是一种方便的目录表,尽管它们本身已得到广泛的使用,但它们反映了各种预算职能部门各自的存在理由。

我对理想类型最严重的偏离,就是接受维克塞尔—林达尔的公共品理论的个人主义观,一种认为资源配置部门为满足私人需要必须提供那些由于其消费非竞争性特点而无法通过市场来供应的产品的观点。无论我们在内心深处是否关心社会和国家的个人主义和社群特征,这种关心与相当呆板地区分公共品和私人品毫无关系。安装交通信号灯和处理垃圾等完全世俗的服务[p.77]可能具有非竞争性消费的特征,而其他具有竞争性消费特点的项目——如供个人使用的课本的内容——有可能引起潜在的共同关切并具有潜在的共同价值。不能区分这两个问题,就会阻碍把公共品经济学分析纳入一个有效利用资源的统一框架。这是德国传统的致命缺陷,而我已经发现并准备抛弃这个致命的缺陷。

虽然非竞争性消费是公共品问题的核心,但这并不意味着利己交换(通过市场或投票)是唯一有意义的社会互动形式。诚然,共同关切很难定义,而且胸怀共同关切是危险的,但从柏拉图开始,共同关切就一直是一个受到关注的焦点问题,而我的有益品观(同样适用于私人品和社会品)能为共同关切发挥作用提供有限的机会(Musgrave,1958 and 1987)。行政部门恪尽职守仍然是一种建设性观念,就如负责任的公共领导人观念。虽然这两种二选一的模式现在常常遭到嘲笑,但是,它们对于民主发挥作用至关重要。权利和分配正义的问题都不能简约为交换原则,它们是必须先得到解决才能使选中的模式发挥作用的问题。德国传统基础广泛,并且与国家理论和财政社会学有联系(Musgrave,1980),因此有助于认识这些问题,并且可以与公共品的私人需要基础理论一起来做到这一点。

毋庸赘言,我在这里所说的关于财政学传统的情况是指我离开德国时的情况,现在已经是将近60年前的事了。如今,德国的公共财政学正变得与一般财政学几乎没有什么不同,它的传统特征,如果有的话,哪些会保留、哪些会恢复,这一切都还有待观察。但这无关紧要,我的任务是要显示德国、英国、美国和斯堪的纳维亚学者的思想如何合力影响我本人对财政学这门学科的看法——可以说,这为研究知识迁徙提供了一个案例。幸运之神允许我以一种有望是建设性的方式把这些思绪连接起来。当然,如果没有美国这个"新家"热情地收留我、没有我的妻子和同事们提供帮助,这一切都是不可能的。

[p. 78]参考资料

E. v. Beckerath, (1952): Die neuere Geschichte der Deutsch en Finanzwissenschaft(seit 1800), in: *Handbuch der Finanzwissenschaft*, 2nd edition, Vol. I, Tübingen, pp. 416—468.

Buchanan, J. (1968): The Demand and Supply of Public Goods, Chicago.

Colm, G. (1927): Volkswirtschaftliche Theorie der Staatsausgaben. Ein Beitrag zur Finanztheorie, Tübingen.

Gerloff, W. (1952): Grundlegung der Finanzwissenschaft, in: *Handbuch der Finanzwissenschaft*, 2nd edition, Vol. I, Tübingen, pp. 1—65.

Meisel, F. (1925): Geschichte der deutschen Finanzwissenschaft im 19. Jahrhundert bis zur Gegenwart, in: *Handbuch der Finanzwissenschaft*, 1st edition, Vol. I., Tübingen, pp. 245—290.

Mulier, A. (1809): Elemente der Staatskunst, Jena.

Musgrave, R. (1939): Voluntary Exchange Theory of Public Economy, in: *Quarterly Journal of Economics*, Vol. 53, pp. 213—237.

Musgrave, R. (1958): The Theory of Public Finance, New York.

Musgrave, R. (1980): Theories of Fiscal Crisis, in: H. Aaron(ed.), *The Economics of Taxation*, Washington, D. C., pp. 361—390.

Musgrave, R. (1987): Merit Goods, in: J. Eatwell, M. Milgate, P. Newmann (eds.), *The New Palgrave: A Dictionary of Economics*, Vol. 3, London, pp. 452—453.

Musgrave, R/Peacock, A. (eds.)(1985): Classics in the Theory of Public Finance, London.

Neumark, F. (1961): Nationale Typen der Finanzwirtschaft, in: F. Neumark, *Wirtschafts-und Finanzprobleme des Interventionsstaates*, Tübingen, pp. 81—95.

Pfleiderer, O. (1930): Die Staatswirtschaft und das Sozialprodukt, Jena.

Pigou, A. C. (1926): The Economics of Welfare, London.

Pigou, A. C. (1927): A Study in Public Finance, London.

[p. 79] Rau, K. H. (1850): Lehrbuch der politischen Ökonomie. Vol. 3. Grundsätze der Finanzwissenschaft, 3rd edition, Heidelberg.

Ritschl, H. (1931): Gemeinwirtschaft und Kapitalistische Marktwirtschaft, Tübingen.

Samuelson, P. A. (1954): The Pure Theory of Public Expenditure, in: *Review of Economics and Statistics*, Vol. 36, pp. 387—389.

Sax, E. (1887): Grundlegung der theoretischen Staatswissenschaft, Wien.

Schäffle, A. (1867): Das gesellschaftliche System der menschlichen Wirtschaft. Ein Lehrund Handbuch der Nationalökonomie, 2nd edition, Tübingen.

Teschemacher, H. (1928): Über den traditionellen Problemkreis der deutschen Finanzwissenschaft, in: H. Teschemacher (ed.), *Festgabe für Georg von Schanz*, Tübingen, pp. 422—441.

Wagner, A. (1880): Finanzwissenschaft, Leipzig.

第十一章

"公共财政与公共财政学传统比较"[1]

---

[1] Public Finance and Finanzwissenschaft Traditions Compared, pp. 186—187. 最初发表在 *Finanzarchiv*, N. S. ,53(2)(1996)上。在征得作者允许后转引。

编者点评

在这篇令人印象深刻的文章中，马斯格雷夫对英国和德国传统的公共财政学发展史进行了概述。在本文选的这篇文摘中，马斯格雷夫讲述了英国传统的公共财政学如何被迫研究公共品现象，并且把个人利益纳入其公共品研究范畴的故事。德国传统的公共财政学同时考察个人愿望和共同愿望（communal wishes），但没有看到公共品可以与个人愿望联系起来；而英国传统的公共财政学并不像德国传统那样把公共品与严格意义上的共同愿望区分开来。马斯格雷夫接着指出，有益需要和类别公平概念的引入弥补了英国传统公共财政学中的这个空白。马斯格雷夫承认，对共同愿望或共同需要概念的处理还不能令人满意。

※ ※ ※

马斯格雷夫的原始文献

公共财政学

[p.186]"公共财政学"并不是公共财政得以发展的国家哲学。在这里，国家是社会结构的一个组成部分。被人格化的国家本身在极端形式下是作为凌驾于其公民私人偏好之上的需要主体出现的。在国家较为温和的表现形式下，只有个人才能体验到需要，但个人的私人需要和共同需要之间仍有区别：个人是根据自利的原则来满足前一种需要的，而对后一种需要的满足则关系到对整个社会的义务。

对区分私人需要和共同需要的关注转移了对区分私人品和公共品的关注。19世纪80年代和90年代提出的边际主义观由于不切实际以及在精神上过于个人主义而遭到忽视或拒绝。在这个过程中，公共财政学错误地把动机（自利和对社会的义务）上的区别与私人品和公共品的区别联系起来，但没

第十一章 "公共财政与公共财政学传统比较"

能看到个人需要,即对私利的追求有时也需要公共品来满足,就如同满足它们就是义务的共同需要有时也需要私人品来满足一样。由于公共财政学未能把欲求或需要与产品问题分离开来,因此忽视了更直接的公共品问题,从而放弃了在公共财政学中发现的与经济学的密切联系。

共同关切(communal concerns)在公共财政学传统中显然无时不在,但仍然难以捉摸,对于瓦格纳来说,尤其如此。有时,共同义务(communal obligation)似乎减少到了接受为解决在公共品供应方面"搭便车"问题所需的强制性税收的程度。这种接受可能是出于自利[p. 187],旨在避免遭遇霍布斯丛林①造成的后果。但是,这并不是共同关切的全部内容。社会成员的身份还意味着超越自利的价值观和义务。

共同需要和义务显然无法像公共品那样,通过经济学家的现有研究来加以修正。然而,这并不意味着公共财政学理论在提出共同关切和超越自利动机的问题上犯了错误。公共财政学可能采取了一种太过狭义的观点,只关注自利行为。虽然国家或社会"本身"不能成为需要的主体,但不能轻易否定个人的私人关切与共同关切之间的区别。共同关切作用的问题也不可能在功利主义框架下通过考虑人际效用的相互依赖性来解决,因为它仍让人有一种缺少些什么的不舒服感觉。有益需要(Musgrave and Peacock, 1958; Musgrave, 1987)和类别公平(Tobin, 1970)的概念能解决这种缺少些什么的不舒服感觉,但仍要做许多工作才能以令人满意的方式解决共同需要的问题。情况就是这样,但共同体的概念,从经济学角度看可能会令人不安,并且如果被滥用的话,就会变得危险。

参考资料

Musgrave, Richard A. "Merit Goods." In J. Eatwell M. Milgate and P. Newman(eds.), *The New Palgrave: A Dictionary of Economics*, vol. 3. London: Macmillan, 1987.

---

① "霍布斯丛林"(Hobbesian jungle)由社会学家托马斯·霍布斯(Thomas Hobbes)提出,是指每个社会成员都生活贫困的一种原初状态。——译者注

Musgrave, Richard A., and Alan T. Peacock, Editors. *Classics in the Theory of Public Finance*. New York: St. Martin's Press, 1967.

Tobin, J. "On Limiting the Domain of Inequality," *Journal of Law and Economics* 13 (1970), pp. 263—277.

第二部分

二次文献

第十二章

拒不接受有益品概念

第一节 有益需要:一只规范空盒子[①]

小查尔斯·E.麦克罗

小查尔斯·E.麦克罗(Charles E. Mclure, Jr.)通过否定有益品的规范有效性,解决了这个新概念的悖论。麦克罗没有采纳海德(Head)提出的解决方法,因为海德声称有益品是对被扭曲的偏好的纠正,从而弱化了这个新概念的定义的有效性。麦克罗引用马斯格雷夫的原著,证明了有益品概念意味着"对消费者偏好的干预"。

麦克罗表示,有益品的例子大部分可被作为公共品来看待;其余的例子,如(强制性)经验学习和非理性决策,在以满足个人偏好是唯一衡量标准为假设的经济学规范理论中没有任何立足之地。在本文作者看来,有益品的这些其余例子应该属于那些现代经济学按照规范可以只字不提的问题。令人遗憾的是,有益品的这些其余例子都是现实世界中的经济事实。因此,麦克罗是想让经济学落下内容不全的名声。

※ ※ ※

一、引 言

约翰·海德(John Head)在他最近发表的题为《论有益品》(On Merit Goods)[②]的文章中表示,"就应该在'社会需要'(social wants)和'有益需要'(merit wants)这两个主导马斯格雷夫讨论资源配置部门的概念中,寻找他在

[①] 本文在征得作者本人允许后转引自:Charles E. McClure, Jr., "Merit Wants: A Normatively Empty Box," *Finanzarchiv* 27, N. S. (June 1968):474—483. 本文作者是美国莱斯大学(Rice University)的助理教授,他要借此机会向斯坦利·贝森(Stanley Besen)、理查德·马斯格雷夫,以及罗伯特·弗洛伊德(Robert Floyd)、洛弗尔·S.贾维斯(Lovell S. Jarvis)和艾德·奥尔森(Ed Olsen)教授表示感谢,感谢他们为本文早期的草稿提出了有益的评论意见。

[②] John G. Head: On Merit Goods "*Finanzarchiv*", N. F., vol. 25, 1966, pp. 1—29.

预算决定的多重理论中做出的主要贡献"①。海德希望纠正"有益需要被相对忽视"的状况——他坚持认为,这种状况并非由"有益品的相对简单性或非重要性或者马斯格雷夫论述的完整性"②造成,因此,对他想象的有益需要问题进行了最令人兴奋的讨论。

本文有两个目的:一是指出海德误解了马斯格雷夫的有益需要概念,因为他把重点放在了不完善的信息上,而不是放在导致有益需要的根本原因对个人偏好的干预上;二是指出马斯格雷夫定义的有益需要在基于个人偏好的公众家庭(public household)规范理论中没有立足之地。但不可否认,海德做出了重要的贡献,他说明了信息不完善在"复合市场失灵"(compound market failure)中起到的作用。但有人认为,他的论述没有涉及最初定义的有益需要。所以,他不适当地使用了马斯格雷夫所用的术语,因此只能导致混乱。③

然后,我们可以在他的论述中看到,大多数基于马斯格雷夫提出的所谓有益需要的公共政策例子并不需要对个人偏好进行干预。对于这些例子来说,有益需要就是一个多余的术语,因为它们可被纳入马斯格雷夫的资源配置或者分配部门的框架。根据定义,有益需要倒是可用在那些涉及侵犯消费者主权的例子中。但同样是根据定义,这样的行为在基于消费者偏好的规范理论中毫无立足之地。最后,现实世界中有一些传统福利经济学的基本假设并不适用的事例。在这些事例中,如果我们只能以现有的福利经济学理论体系作为指导,那么就不可能进行任何的规范性表述。马斯格雷夫本人也明确认可这些观点④,但是,他在把有益需要运用于他的重要论述以后,使得这个概念受到了令人遗憾——或许是意外——的限制。因此,我们很难赞同海德认为

---

① John G. Head:On Merit Goods "*Finanzarchiv*",N. F.,vol. 25,1966,p. 1. The multiple theory to which Head refers is,of course,that developed in Richard A. Musgrave:*The Theory of Public Finance*,McGraw-Hill Book Co.,Inc.,New York 1959.

② Head,loc. cit.,p. 2.

③ 海德的误解非常可以理解,因为,正如海德自己指出的那样,马斯格雷夫关于有益需要的讨论意思很不明确。它给人的感觉是,造成这种意思不明确的原因在于,马斯格雷夫想要阐述一种关于有益需要的规范理论,同时又意识到有益需要按照理论定义在他的理论体系中没有位置。海德注意到,马斯格雷夫在他的思想中显然很晚才形成有益品的概念。Ibid.,p. 1.

④ *Musgrave*,loc. cit.,pp. 13—14,and "Provision for Social Goods,"presented to the International Economic Association,Biarritz,September 1966,paragraph 43—45.

在马斯格雷夫的预算决定的多重理论中有益需要与社会需要同等重要的观点。事实上,有益需要没有任何规范重要性。

二、马斯格雷夫与海德的有益需要定义比较

马斯格雷夫认为,"社会需要是一些它们的满足应该受制于消费者主权原则的需要。基本原则是:资源应该根据消费者的有效需求来配置,而消费者的有效需求则取决于他们的个人偏好和最普遍的分配状态"①。但是,有益需要"由受制于排他原则②的服务机构来应对,并由市场在有效需求的范围内加以满足。如果有益需要被认为非常有益,因此,除了通过市场外还要通过公共预算来加以满足,那么这些有益需要就变成了公共需要……对有益需要的满足,就其本质而言,必然会引发对消费者偏好的干预"③。

于是,马斯格雷夫制作了一张矩阵表④,根据社会收益所占的份额和消费者主权原则的适用程度对需要进行分类:

消费者主权适用的程度	外部性水平或社会收益占比		
	百分之百	部分	零
完全适用	1	2	3
部分适用	4	5	6
完全不适用	7	8	9

虽然马斯格雷夫明确表示,情形 3 表示纯私人品,而情形 1 代表纯社会品,但几乎不用怀疑,马斯格雷夫想用表中既关系到私人收益又涉及对消费者

---

① Musgrave, op. cit., p. 13. 虽然萨缪尔森在他的《纯粹的公共支出理论》("The Pure Theory of Public Expenditures," *Review of Economics and Statistics*, November 1954, pp. 387—389)中已经表明,不可能把配置部门和分配部门分开,但下面的讨论似乎可以像马斯格雷夫(ibid., pp. 84—86)想做的那样,把配置部门和分配部门分开。

② 关于市场失灵原因的非专属性和共享性的精彩讨论,请参阅:J. G. Head: "Public Goods and Public Policy," *Public Finance*, 1962, pp. 197—219;同样还可参阅:F. M. Bator: "The Anatomy of Market Failure," *Quarterly Journal of Economics*, August 1958, pp. 351—379。

③ Musgrave, loc. cit.

④ 在后来出版的《公共财政理论》(*The Theory of Public Finance*, p. 89)中,引入了这张矩阵表。

偏好干预的情形 9 来表示纯粹的有益需要。① 因此,在马斯格雷夫对有益需要的论述中,最令人满意的解释似乎就是,把对消费者主权的干预作为有益需要的本质特征。

令人遗憾的是,马斯格雷夫没能对消费者偏好的干预进行定义。不过,以下这段文字似乎就是对马斯格雷夫想给他提出的有益需要概念下定义的最精确表述:

> 当一种有益品(或者有害品)的消费受制于通常表现为不平等的制度约束时,就发生了对消费者偏好的干预。因此,个人福利最大化受制于这种约束和常规收入约束。如果制度约束对任何人都没有约束力,就没有发生任何对消费者偏好的干预;如果制度约束具有约束力,就发生了对消费者偏好的干预,而相关产品就是有益品或有害品。

然而,海德把马斯格雷夫的论述理解为,"在有益需要的情况下,个人的偏好图谱就不再被视为既定,而是受到严格的审查。这方面的公共政策被纠正个人偏好的必要性证明了它的正当性"②。他还表示,"有益品可被定义为个人由于信息不充分而选择的消费很少的产品"。此外,他还表示,"从马斯格雷夫的论述中可以看出,偏好被扭曲就是有益品问题的实质所在;个人会觉得特难评价能从有益品中获得的收益"③。

然后,海德考察了由信息不充分造成的市场失灵,并且颇具煽动性地解释

---

① 这是上文(ibid.,p.13)表达的意思。然而,马斯格雷夫在与本文作者的私下对话中指出,纯粹的有益需要应该包括矩阵表最后一行所表示的三种情况。这就更加清楚地表明,马斯格雷夫认为,干预个人偏好是有益需要的本质。无论有益品从技术上讲是否适用排他原则,都会发生对个人偏好干预的问题。

以上援引的"社会品供应"(Provision for Social Good)中的那段话,对马斯格雷夫干预消费者主权是有益需要的本质这个论点提供了进一步的支持。在"社会品供应"中,他在讨论有益需要时使用了诸如"应该强加偏好""对消费者偏好进行干预"和"强制选择理论"等措辞。此外,他写道,"我们把要消费者放弃选择的需要称为有益需要"。我们应该注意,这句话的其余部分是,"并认为它们仍然不属于规范模型的范畴"。我们将在下一节继续讨论这个问题。

② Head, On Merit Goods, p. 2.

③ Ibid.,p.3.海德曾经表示,"由此看来,有益品提出了三个概念上截然不同、相互独立的问题,即个人评价问题、分配问题和公共品问题"(ibid.,p.9)。但在他的整篇文章里,他强调了信息不充分、评价困难和偏好扭曲等问题。海德并没有一以贯之地使用被扭曲的偏好和不确定性等术语,也并不总是把可保风险、不确定性和非理性作为不同的现象。

了公共政策如何并为何在信息不充分的情况下为实现社会福利最大化所必需。想要通过竞争市场来实现社会福利最大化的一个必要条件,就是能够无成本地掌握准确的信息,或者至少风险可通过保险来防范。在信息不充分且缺少适当的保险计划的情况下,除非运气使然,否则就没有任何理由认为竞争经济能使社会福利最大化。海德认为,如果想要在这样一个世界上找到帕累托最优解,就必须采取公共行动,因为信息和保险具有公共性的一面。① 此外,海德还解释了认知不足如何与被他称之为"复合市场失灵"的其他导致采取公共行动的原因一起产生作用的问题。

然而,尽管认知不足也许会导致采取公共行动的必要性,但是,纠正信息不充分并非一定要侵犯消费者主权。② 同样,即使信息充分,专制政府也可能干预消费者偏好。因此,信息不充分和侵犯消费者主权是两个完全不同的现象。然后,海德宣称认知不足是有益需要的本质所在,因而严重误解了马斯格雷夫的有益需要观。海德虽然做出了重要的贡献,但他采取的方式是详细说明信息不足在导致市场失灵方面扮演的角色③,而不是论述有益需要。实际上,海德只是把他这篇文章的很小一部分篇幅用于论述马斯格雷夫定义的有益需要。④

三、经济学的规范空盒子

现在,我们可以回过头来论述我们的第二个论点:马斯格雷夫提出的有益需要概念在基于个人偏好满足的公众家庭规范理论中没有任何立足之地。如

---

① 关于这个问题的煽动性讨论,请参阅:Kenneth J. Arrow, "Economic Welfare and the Allocation of Resources for Invention,"in *The Rate and Direction of Inventive Activity*, Princeton, University Press, Princeton, New Jersey, 1962, pp. 609—625。

② 事实上,准确的信息对于任何意义上的消费者主权概念都至关重要。当然,也可能存在信息无法改善、风险不能投保的情况。此外,我们忽略了在一个获取和传播信息并非无成本的世界上掌握多少信息为最佳这个至关重要的问题。

③ 海德在其文章中第4部分(pp. 10—19)的讨论特别值得关注,但他几乎没有谈到侵犯消费者主权的问题。

④ 值得注意的是,海德强调信息、保险或监管服务的公共供应有助于满足消费者偏好(op. cit., p. 5);而马斯格雷夫则关注背离消费者偏好的产品和服务供应。同样,在上面这段引文中,海德提到了"需要纠正个人偏好",而马斯格雷夫则提到了"干预消费者偏好"。

果我们能够证明我们的第二个论点，那么就能把有益需要从基于这种道德标准的规范讨论中排斥出去。[1] 虽然马斯格雷夫明显表示了赞同[2]，但他以在自己的论著中讨论有益需要问题的方式，赋予有益需要和它内含的消费者偏好干预一种令人遗憾、不受欢迎的正当性光环。

马斯格雷夫所说的有益需要大多与社会需要有关，或者涉及分配目标，但未必涉及对消费者偏好的干预。因此，没有必要创造新的术语来描述这些需要。那些会导致侵犯消费者主权的需要并不符合支持马斯格雷夫有益需要理论体系的规范，因此在这个理论体系中没有任何立足之地。就其没能满足福利经济学的基本假设这一点而言，这个理论体系无助于制定基于这个规范的公共政策。

（一）社会需要问题

我们很难否认，在私人需要与社会需要的边界上（或者谱系中）存在一些重要的实例。[3] 但是，也没有必要创造新词来描述这样的实例。某些个人的消费产生了无论是心理还是客观上可测量的外部性，这仅仅说明，如果想要消

---

[1] 雷夫·约翰森（Leif Johansen）在他的《公共经济学》（*Public Economics*，Rand McNally and Co.，Chicago，1965，p. 128）中使用了一个除了个人效用指数外还包括政府支出规模的社会福利函数。他之所以这样做，是因为"……可能很容易发生这样的情况：一个国家的行政当局认为共同使用产品和服务的价值超过了个人偏好量表所显示的价值"。社会福利函数无论是否采取这种形式，基本上都有意识形态的色彩，正如马斯格雷夫在《公共财政理论》（*The Theory of Public Finance*，pp. 11, 87）中论述的那样。为了现在的用途，我们把马斯格雷夫的评判标准视为既定。

虽然下面的讨论只涉及有益品，但它可以比照应用于消费以侵犯消费者偏好的方式受到限制的有害品。

[2] *Musgrave*，ibid.，p. 14，尤其是 *Provision for Social Goods*，loc. cit. 海德认为，干预个人偏好本质上就是独裁和不民主（"*On Merit Goods*，"pp. 6, 12—13），但拒绝不加批判地把"个人的"真实偏好"作为"公共财政理论中真正充分且全面的福利框架"来接受。我们并不清楚海德这样做的原因。

[3] *Musgrave*，ibid.，p. 13，and *Provision for Social Goods*，loc. cit.；Head，*On Merit Goods*，pp. 8—9. 海德对马斯格雷夫的"看似有益的需要可能包含大量社会需要的基本元素"做了解释，说这句话的意思是社会需要的有些方面会使有益需要的某些方面造成的问题复杂化。我认为，马斯格雷夫这句话的意思是，社会需要的有些方面为采取公共行动提供了另一种解释，因为在海德的这段引文中，马斯格雷夫还说，"所出现的情况似乎涉及有益需要，但仔细审视就会发现，实际涉及的是社会需要"。

费达到最优水平,就有必要执行补偿方案或者采取公共行动。① 这就意味着,"除了通过市场并由私人买主购买的供给以外",还需要其他供给,但并非"干预消费者偏好"。确切地说,这正是"根据有效需求配置资源"②所要求的。因此,这些实例并不需要新的术语,有"外部性"这个术语就足够了。③

"有益需要"这个术语可留给为诱发溢出效应没有实际提供任何补偿的情况,我们可以通过强制手段来达到某个选定的生产水平。如果没有人受到劳动力流向新职位所产生的负面影响,就不适用马斯格雷夫对有益需要所下的定义。④ 如果有人受到了劳动力流动的不利影响,就可采用马斯格雷夫对有益需要所下的定义。但是,马斯格雷夫采纳的新福利经济学道德标准会阻止这种劳动力流动。如果那些希望得益于上述溢出效应的人不愿补偿那些因消费而产生溢出效应的人,那么我们就不能说这种劳动力变化会明确无误地增加福利。⑤ 如果我们实际上已经确定公共福利比个人福利重要,就如某些社会成员被迫产生或者接受其他成员所希望的溢出效应所证明的那样,那么就要进行事实上的人际效用比较,因为我们无法用其他方法来证明这种劳动力

---

① 马斯格雷夫在 *Provision for Social Goods*(paragraph 45)中给出了个人 A 的效用函数,这个函数包括一个表示个人 B 消费某产品 Y 的变量。
海德也指出(ibid., pp. 15—16),个人的偏好函数可以包含他人的偏好函数变量,从而使对消费者偏好的明显干预与个人主义传统相调和。原文中的表述假设,外部性属于帕累托相关型外部性。请参阅:James M. Buchanan and William Craig Stubblebine:Externality,*Economica*,November 1962,pp. 371—384.

② 我们在这里忽略了至关重要的发现真实偏好的问题,而真实偏好不太可能自愿表露出来。这段话引自:Musgrave,*The Theory of Public Finance*,p. 13.

③ 有人可能希望限制这个术语的适用范围,即只能用于那些其他私人品仅以外部性的形式实现的社会效益(如公民教育的外部性)的情况,但似乎没有什么结果,因为这些例子并不一定涉及干预个人偏好的问题。虽然他们这样做了,但正如我们看到的那样,这种行为在马斯格雷夫的理论体系中没有立足之地。

④ 在上述对马斯格雷夫提出的概念的解释中,制度约束不起作用;而在下一个例子中,制度约束产生了作用。

⑤ 对于目前的用途,我们不需要探讨补偿标准的问题。关于这个方面文献的精彩综述,请参阅:Head,"The Welfare Foundations of Public Finance Theory,"*Rivista di Diritto Finanziario e Scienza delle Finanze*,1965,pp. 3—52.

流动是否可取。① 不过,我们已经走出了马斯格雷夫的规范框架。②

(二)分配问题

虽然马斯格雷夫只是顺便提到了这个问题,但海德用一定的篇幅讨论了如果用特定产品而不是用一般购买力来确定分配目标就会产生的有益需要。③ 以这种方式确定的分配目标概念不但有用,而且也可能比较现实。④ 我们没有理由让这样的分配目标只在概念上以显示一般购买力期望分布的洛伦兹曲线的形式存在,它们也可以很容易地包括社会确定的某些商品的最低消费量。因此,为贫困儿童提供的牛奶并不需要被称为"有益需要",分配目标可能要求向全体儿童提供最低消费量的牛奶。但同以前一样,就是从这个角度看,"有益需要"这个术语也显得多余。

不过,更加仔细考察就不难发现,就连这种实物赠与形式的公共供应依据也令人怀疑。如果目标仅仅是确保大家消费某些产品的水平能达到最低限度,那么这样的赠与是能够做到的。但是,如果允许转售赠品,那么实物再分配只是重新分配一般购买力的一种烦琐方式,而税收—补贴组合将是一种更加有效的再分配手段。由于没有对消费者偏好进行干预,因此我们所讨论的产品很难被称为有益品。

此外,如果有关产品免费供应,并且禁止转售或不可转售,但也不能自由处置(或拒绝),那么显然不存在干预消费者偏好的问题,因为消费者可以根据自己的偏好自由选择接受或者拒绝。捐赠人通过捐赠物品让他人消费来满足

---

① 当然,也可规定,那些因劳动力流动而受到不利影响的人并不是社会成员。这种方法通常因为假设社会福利对任何个人福利的偏导数都是正值而被认为不合理。

② "有益需要"可用在正面陈述中,表示对少数人偏好的干预。但是,这个术语本身在不小的程度上是因为马斯格雷夫的论述而带有这样的含义,即这种干预行为应该得到宽恕,尽管马斯格雷夫可能从未有过这样的意图。因此,最好不要使用这个术语。

③ Musgrave, *The Theory of Public Finance*, pp. 21 and 49, and Head, *On Merit Wants*, pp. 7—8. 还可参阅: Musgrave, *Provision for Social Goods*, paragraph 45。

④ 马斯格雷夫甚至表示:"西方社会的社会理念似乎是这样的:有容忍奢侈品消费和储蓄分布不平等的自由,但要以发放确保必需品消费平等的专项补贴为代价来换取"(*Provision for Social Goods*, ibid.)。

自己的利他心①，由于并没有干预个人偏好，因此也就没有所谓的有益需要。②

如果政策目标是对有关产品至少最低数量的实际消费，那么有两种选择。支持我们讨论的个人主义准则要求那些看重每个人最低消费量的人去贿赂那些否则就会减少消费的人，求他们至少消费所要求的最低数量，从而为他们产生溢出效应。但是，正确理解的话，这种溢出效应只是一种特殊的外部性，而且配置部门会通盘考虑。

反之，如果全体社会成员的最低消费是通过强迫来实现的，那么根据定义，偏好就明显受到了干预。③ 虽然涉及强制消费的分配目标在实践和观念上都可能存在，但它们与马斯格雷夫的三部门体系的规范基础是格格不入的。因此，看起来像有益需要的需要，要么由马斯格雷夫理论体系的配置或分配部门负责满足，要么在这个体系中根本就没有容身之地。

（三）偏好问题

最后，我们再回到上一节（即海德对马斯格雷夫观点的解读）讨论的所谓"有益需要"的不同方面，这些不同方面涉及信息不完全、经验学习和非理性问题。对第一个问题的处理，可采取比解决后两个问题更加直接的方法。

如果知识不完全，或者偏好被误导性广告所扭曲，那么消费者就有可能做出次优决策，并根据完整的信息和没有被扭曲的偏好来进行判断。在这种情况下，对于政府来说，妥善的解决方法是提供（或鼓励私营企业提供）准确的信息，并且防止扭曲偏好的错误信息传播扩散。如果政府这样做的话，就能使社会福利最大化的解决方案在没有其他导致市场失灵的原因的情况下惠及消费者。政府的解决方案并不是在违背消费者基于手头信息形成的偏好的情况下满足"有益需要"，而不论消费者手头掌握的信息有多么不完全或者多么容易

---

① 马斯格雷夫认识到（ibid.），消费必要最低限度的某些必需品可能会对社会较富裕成员产生溢出效应。

② 这个问题常被以下说法所混淆：由于信息不完全，因此，人们的偏好被扭曲，行为不理性，或者通过体验来学习。下面将讨论这些不同的问题。更麻烦的是，为儿童做消费决策的人往往对相关儿童的福利给予（按照某种定义）不充分的关注。这个问题，就像刚才前面提到的最后两个问题一样，是基于福利经济学不现实的基本假设，因此，这个理论体系没有任何的政策指导意义。

③ 如果考虑到强制性"赠与"有可能对受赠人产生负效用，那么，这种实物再分配对偏好的干预就变得非常明显。

第十二章 拒不接受有益品概念

误导人,也不论偏好有多么扭曲。我们完全没有理由相信,政府即使掌握了个人无法获得的信息,也能比消费者本人更好地满足自己的"真正"需要。在这种情况下,公共政策根本就没有指导作用。① 但更重要的是,辩称政府知道什么对不知情或被误导的公民是最好的,就会招致家长式干预和威权政治。② 这种方法在马斯格雷夫的理论体系中当然没有立足之地。

有两个关于"有益需要"的论点较难处理。一个论点认为,个人可能因为经验而比较喜欢最初以违背他们偏好的方式提供的东西;另一个论点则认为,精神病患者和儿童缺乏理性,需要政府实施家长式干预。之所以说这两个论点较难处理,主要是因为福利经济学的一般假设没有考虑品味变化和非理性行为。我们很难说政府某个违背明显偏好的行为不恰当,因为政府可以辩称违背现有偏好的行为是为了创造新的偏好,从而证明这种行为的正当性。③ 另外,我们永远也无法先验地知道某一行为能否产生可证明其自身正当性的偏好。因此,至少在对偏好的形成有更多了解之前,与其以改变消费者偏好的名义批准对它们进行干预,还不如把关于有益需要的争论归类为福利经济学无法解决的问题。

类似的问题也出现在对非理性者的家长式关怀的争论中。如果个人不能按可满足自己偏好的方式行事,那么可能就必须得到关照。但是,由于我们并不知道非理性者的真实偏好,因此,谁又能说,对于他们,什么才是真正最好的呢?更重要的是,应该由谁来决定谁是非理性者?我们几乎无须强调,允许国家关照非理性者,对于个人福利可能是极其危险的。现在的问题也是,福利经济学理论没有充分论述造成市场失灵的原因,即造成非理性的原因;个人的行为被认为是使自己的福利最大化。最好的解决方法似乎是把这个问题与经验

---

① 当然,这就是加尔布雷思在《丰裕社会》(*The Affluent Society*)中主张增加公共品招致批评的原因。加尔布雷思提供的关于公共品供应不足的证据大部分并非表明应该提供更多的公共品,而是表明应该提供关于公共品的价值的更完善的信息,并防止关于私人品价值的错误信息扩散。虽然有人可能会赞同加尔布雷思的观点,认为确实存在某种社会不平衡,但是,他很难明确指出到底需要多少公共品供给。

② 一般认为,相信政府能提供完全不带偏见的信息有可能非常危险,就像相信政府能在一个信息不完全的世界上提供数量"适中"的产品和服务。

③ 在静态的世界上,干预偏好的必要性会随着时间的推移而消失;但在一个有新产品和新人口进入的动态世界上,情况就可能不同。

改变偏好的问题归入一类。这两个问题反映的可能都是重要的现象,这一点没人会否认。但有人认为,基于这两个问题中的任何一个认可有益需要,都不是对公众家庭规范理论富有成效的贡献。

四、结论

这篇短文有双重任务。首先,说明海德严重误解了马斯格雷夫提出的有益需要的概念。其次,马斯格雷夫这个概念的本质是对个人偏好的干预,而海德则把这归因于信息不完全。因此,虽然海德对知识不完善导致市场失灵的敏锐观察很有价值,但与有益需要并没有什么关系。

满足许多所谓的有益需要的职责可以很容易地交给配置部门或者分配部门。譬如说,配置部门有充分的能力来处理公共品和信息问题造成的市场失灵。因此,有益需要这个术语在很大程度上是多余的。但也许更重要的是,马斯格雷夫关于有益需要的整个概念在以个人偏好为基础的公众家庭规范理论中根本没有立足之地。他把有益需要说成对消费者偏好的干预,本身就清楚地表明了这一点。最后,"有益需要"的某些方面并不能很好地适用经济学理论的框架,如关于经验学习和非理性问题的经济学理论框架。因此,与其让有益需要在规范经济学理论体系中占据一席之地,还不如把它归入无法提供规范性结论的边缘范畴。

这种对消费者主权的干预几乎无须用文献来证明,而是一个需要实证表述的问题。马斯格雷夫的这种理论体系不可能对这种干预进行任何规范性论证,但这并不是要否认,经济学的其他规范理论体系也没有有益需要容身的任何位置。例如,国家有机论能轻而易举地涵盖国家对某些产品的偏好超过对其公民想要物品的偏好这方面的内容。然而,这些理论截然不同于马斯格雷夫全部论述所依据的理论。因此,我们只能得出这样的结论:虽然可能存在有益需要,但它在马斯格雷夫的规范理论体系中没有容身之地。因此,马斯格雷夫本人被迫写下以下这段话就不足为奇了:"满足有益需要仍然是一项危险的任务。之所以有可能发生干预消费者选择的事情,仅仅是因为统治集团认为他们那一套道德规范更好,并希望把它们强加给别人。这种需要决定方式是建立在威权政治的基础上的,我们民主社会的规范模式无法容忍这种需要决定方式。"①不幸的是,马斯格雷夫除了对社会需要进行规范分析之外,还把对有益需要的讨论也包括在规范研究中,并且通过这种方式认为,有益需要和它所隐含的对个人偏好的干预值得它们并不配的规范研究的尊敬。

---

① Musgrave, *The Theory of Public Finance*, p. 14.

第二节 机会成本与有益需要[①]

亚伦·威尔达弗斯基

亚伦·威尔达弗斯基(Aaron Wildavsky)在他的文章中强调指出,经济学理论是一种关于如何利用稀缺资源的理论。市场发现的价格发出产品相对重要性的信号,而价格是许多不断比较他们可能想买的商品和其他购买机会的个体相互作用的结果。如果消费者更加看重替代机会,那么就会在理性的自利动机的假设下选择利用这些替代机会。这样的共同商议有助于资源的明智配置。此外,公共品供应计划试图纠正市场失灵,但公共品供应计划也有成本,一项公共品供应计划的成本就是其他被放弃的公共品供应计划。市场价格可以用来比较可供选择的不同公共品供应计划。有益品的概念始于这样一种信念,即存在不良偏好,但有人明白什么是好的偏好,他们有利他的动机去做对他人有利的事情。这种态度削弱了机会成本概念的基础,因为它植根于价格由社会确定,并用精英的主观思想取代经济计算。因此,威尔达弗斯基认为,引入有益品概念,有可能导致放弃经济计算。

※ ※ ※

任何行动的成本只能用由于采取这项行动而失去的机会的价值来衡量,这种思想既平常又深刻。

——瓦尔特·尼克尔森(Walter Nicholson)《微观经济学理论》

如果说机会成本与白菜有关,那么有益需要就与哲学王有关。这些对立的学说可以用经济学的语言来表述,但背后的操纵之手却是政治。重要的问

[①] 本文在征得 Transaction 出版公司的允许后转引自: Aaron Wildavsky, "Opportunity Costs and Merit Wants," chapter 7 of *Speaking Truth to Power: The Art and Craft of Policy Analysis*, pp. 155—183 (New Brunswick, N. J.: Transaction Publishers, 1987). Copyright © 1987 by Transaction Publishers.

题是:应该由谁来统治?他们应该怎样治理国家?由谁来控制统治者?主观偏好如何转化为集体理性?简而言之,决策是应该通过许多人集思广益和社会互动来做出,还是应该实际由精英凭借自己的智慧来做出,本文将运用不同的理论来阐述这个问题。为了更好地理解机会成本,我们将通过分解并从历史沿革的视角来分析机会成本,因为通过这些看似简单、平常的成本和价值(有益性)的概念,我们就能剥去披在它们身上的层层意识形态外衣。如果我们的"经济洋葱"催下的不只是几滴眼泪,那么我们只能说,因为茫然地剔除公共政策中的经济学内容,与其实际上感到遗憾,还不如理论上感到悲哀。

如果用深思来取代互动,那么会发生什么情况呢?用机会成本进行论证的经济学,就其本身而言,由理论和"民间传说"组成,这种经济学的理论基础虽然有限,但很实在。"有益需要"同时抽象掉了经济学的实在性和理论基础,而且没有用一种通俗易懂的政治学取而代之。这就是我们这个故事的寓意:有缺陷的经济学也要好于臆造的政治学。

两种学说

那么,一种学说能否深深根植于相关学科,如此完整地融入它的本质,以至于实际操作者很少明确认识到这一点呢?机会成本说的情况似乎也是如此。机会成本的概念可定义为,某次行动的成本只能用为采取这次行动而必须放弃的最佳替代行动的价值来衡量。或许正是因为机会成本无处不在,所以,我们忽略了对它的研究。我们之所以回避对机会成本的研究,可能是因为机会成本说接近一套理论体系旨在保护的核心价值,即其理性外围(未经检验)的非理性核心。也许,机会成本说在揭示赞成互动而不是深思这个深层次上的假设时,很容易受到与它对立的有益需要理论的抨击。

虽然机会成本对于经济学,就像党派竞争对于民主制度的正常运行那样至关重要,但对近期经济学文献的回顾发现,很少有专门针对这个主题的[除了詹姆斯·布坎南(James Buchanan)的著作外]研究文献。实际工作者可能回应说,对机会成本的理解已经内在化,被假定存在于所有的经济学分析中,因此没有必要再进行讨论。然而,如果是这样,经济学可能把机会成本说视为意义深远(因此无所不能);或者,当我们回到有益需要时又把它看作微不足道(因此毫无用处),从而限制了它在政治经济学这个更大的领域为政策分析做出潜在的贡献。

我们回顾机会成本说的历史,试图再次强调这种学说在经济学中的核心地位。这是因为,如果没有这种学说,我们就会相信,几乎任何其他人——道德哲学家、政治家、公民甚至(擅长表现,也很可笑的)占星师——都比经济学家有咨询的价值。如果价值(有益性)存在于意愿之中,那么应该是有这种意愿的人才会获胜。

成本与价值(有益性)或者互动与改头换面的深思

在考察机会成本时,有很多原因会导致区分价值或有益性、效用、价格和成本难的问题。当某人被问及某物值多少钱时,他会因为采取个人观或社会观(这件物品对他个人还是对所有其他人来说所值的钱)、主观观或客观观(他给出的价格还是别人给他出的价格)、单一观或比较观(内在价值或替代价值)而给出不同的价格。

我们来考察一个离群索居的人。这个人的价值观可能源于他对某物内在有益性的感知。他甚至可以根据不同物品对他而言的重要性(他通常比较喜欢身边有鸟而不是乌龟)来对它们排序。但不管怎样,这其中有明显的实际考量:他可能接受有用性(经济学家所说的效用),因为他认为有用性更能反映价值,而这种观点可能导致现在他对不同物品的排序截然不同于他之前对它们的排序。例如,如果他的食物储存濒临枯竭,他可能被迫去寻找肉食。不过,他宁愿去捕食乌龟而不愿捕食鸟类,因为后者更难捕捉也更难吃,尤其是在他不想扯掉鸟身上羽毛的情况下。

机会成本

现在,我们用"市场人"来取代这个离群索居的人。在社会关系的包围下,我们这个曾经的离群索居者找到了一个有与他的产品类似的产品交易的市场。兑换率(或者我们平常所说的价格)使他改变了以前的价值概念:他了解到 1 只鸟能换 10 只乌龟,这也是重新评估产品价值的理由。社会上其他人对产品的估价已经成了他评估产品价格需要考虑的一个因素。随着他对产品的估价变得更趋社会化,产品也变得更有可比性,从而对产品的估价至少在一定程度上变得比较客观(从获得广泛认同的意义上讲)。

根据产品的内在有益性来评价它们的价值纯粹是个人的问题,在主观性至上的情况下,个人运用任何价值评价尺度都是正确的。交换价值可能只在微不足道的意义上出错,比如,我们在说"价格有错"时,是指把不正确的价格标签贴在了衣服上这样的事情,从社会角度看,"价格正确"是指人们在市场上进行互动时愿意放弃任何其他价格来完成交换的情形。

价格是外在的,而价格体系则是不稳定的。价格由人确定(并发现),但机会成本是由经济学家构建的。就像物理学家曾经相信以太的存在(现在有人推荐夸克),尽管这些实体是看不见的,只能根据它们在其他物质上留下的痕迹来推断它们的存在。同样,经济学家也创造了一种关系——它唯一的存在证据就是它对经济的间接影响,这种关系被称为"机会成本"。

对经济学家来说,一种产品的价值等于因为生产这种产品而必须放弃的最佳替代产品的价值(经济学家称之为"它的成本")。如果经济系统运行良好,那么,无论谁来评估产品的价值,产品都将得到最充分的利用,而有些资源则因优质劣用而转移到其他用途。成功就意味着国民生产总值的增加,而失败则就意味着国民生产总值的减少。假设这是一个井然有序的世界,信号明显、清晰、明确无误。

决策者没有错误的观念,就无法从自己的行为中吸取教训。在知识分子强加了某个通用概念后,比如"最佳替代性用途"(被定义为通过重新配置资源提高回报率的方式来增加国民收入),错误就会变得严重,失败就可能发生。正如莱纳斯(Linus)在《花生漫画》(*Peanuts*)一书中所说的那样,失败就是资源流失。机会成本说允许经济学对公共政策做出的主要贡献,就是用资源的替代性用途来估计产品或服务的价值。

正如天下没有免费的午餐一样,任何学说(或这方面的学科)在任何情况下都不可能无懈可击。机会成本具有一定的主观性,无法完全克服历史性,而它的适用范围取决于可比性。机会成本表示一些有可能存在的东西,也就是对存在的东西或者可能存在的东西进行替代性估值。然而,历史排除了某个时间、地点和环境中不止一种可选方案的可能性。因此,机会成本的客观性取决于带有一些主观色彩的能力,用以理智地评估那些在历史上没有尝试过、因其性质也不可能尝试过的可选方案可能得出的结果。此外,就像确立政府的垄断地位一样,一旦确立就有可能无法取消,并且会通过消除本可被证明是可行的备选方案来影响未来的所有选择。关于事物如何形成的任何历史解释都不能避免一个默认的假设,即在其他情况下会是怎样。即使没有明确提到与历史事实相反的备选方案,实验的逻辑也是假定的,而且必然是假定的。我们接受思维实验(心理或想象的练习)的用途,但我们也认识到它们在用途方面的不足之处。

市场越多、范围越广、交易经验越丰富,克服机会成本分析内在局限性的能力就越强;而可替代方案越少,就越能估计它们的成本(因为经历过它们的可能性越大),对相对价值的推测就会变得越训练有素。即使已经明确,医疗和教育不适合通过市场来定价,我们也仍可与其他国家的私营供应商或本国的各种成本要素进行比较。但是,市场越少,价格之间的可比性就越小,价格的主观性就越大,直到最后行政管理取代经济核算。如果机会成本不仅在少数领域,而且在大多数或全部领域都遭到拒绝,如果认为放弃其他选择是错误之举,那么,经济学就没有立足之地,更糟糕的是,在没有其他可选方案的情况下,就没有政策分析的空间。

有益需要

然而,在越来越多的领域——环境、安全、医疗卫生——考虑机会成本问题,已经被作为邪恶、令人厌恶和不道德的东西而拒之门外。什么样的人会给人类生命贴上价格标签,或因为预后差、成本高而不动用医疗资源?或者认为,预防一次意外事故要花费100万美元,实在是代价太大?但毕竟,有些可选方案应该放弃,而有些代价则永远也不应该付出。我们并不总是清楚,到底是在把这些考虑因素货币化时,还是只在考虑可选方案时才存在邪恶。无论是什么原因,经济学家都没有意外陷入通过否认道德成本来肯定道德的愿望。社会互动的麻烦在于它几乎可以导致任何事情。过去,作为经济行动基础的正常价值观遭到了忽视；如今，它们已经成为一种新经济学的基石，而这种新经济学说来也奇怪，它的特点是使需要有益化。

我们怀疑，一种人造的经济学会导致纯粹的政治问题。理性思考被判定为道德的唯一保证，是由理性思考者来进行判定。在研究了经济学分析的难题（有人说是"十字架"）机会成本的历史之后，我们来看看一些强加的解决方案有益需要的经济表现，并且说明我们是怎样偏离所放弃可选方案的主旨的。在有益需要的讨论中，一些经济学家走出了传统公共政策的"死胡同"——竞相提出不同的主张，允许他们用"不那么看不见的手"为棘手的问题提供"无伤痕"解决方案。别忘了，即便有些需要是有益需要，而其他需要都不是，选择的问题也可在不必求助于那种旧观念——即你想要的东西与你为了得到它而不得不放弃的东西之间具有某种关系——的情况下得到解决。

经济学中的成本

《国际社会科学百科全书》(*International Encyclopedia of the Social Sciences*)把经济学定义为"研究在无限且相互竞争的用途中配置稀缺资源的学科"[1]。这种对稀缺性的关注使得经济学被说成是"悲观科学"(dismal science)，这也反映在经济学入门教科书的定义中。保罗·萨缪尔森写道：

> 经济学是研究人和社会——无论是否使用货币——如何选择利用可能有其他用途的稀缺生产性资源来生产各种不同的产品，并于现在和将来在社会的各种人和群体中分配产品用于消费的学科。[2]

而瓦尔特·尼克尔森强调了经济学固有的规范地位："由于资源稀缺，因此，我们必须明智地把它们配置到可供选择（相互竞争）的用途中。"[3]

因此，经济学最广泛地涉及社会可利用——在满足广泛需求方面具有潜

---

[1] Amen Aichain, "Cost," *International Encyclopedia of the Social Sciences*, Vol. 4 (1958), p. 472.

[2] Paul Samuelson, *Economics* (New York: McGraw-Hill, 1976), p. 5.

[3] Walter Nicholson, *Microeconomic Theory* (Hinsdale, Illinois: Dryden. Press, 1972), p. 5.

在的替代用途——的资源的利用问题。社会任何部门的有效生产都要求以这样一种方式来组合资源:最大限度地降低产出的成本,用最少的投入来生产给定的产出。一种更加广义的效率观被称为帕累托最优:只有在任何行动都会使某人的境况变好,而同时又不会使其他人的境况变坏的情况下才能实现效率。但是,正如萨缪尔森所说的那样,有时,经济决策是在不使用货币的情况下做出的,那么这时的"成本"到底是指什么呢?

成本的概念是经济学的核心。阿曼·阿尔钦(Armen Alchian)写道:

> 出于某些目的,一种投入品的成本可以通过它的市场价格来充分体现。出于另一些目的,我们必须求助于更加基本的概念机会成本或替代成本(alternative cost)。机会成本是指,在任何生产活动中使用一单位生产要素的成本时,由于未可把该单位的生产要素用于它最佳替代用途而损失的产出。①

由于每一项行动都会引起反应,因此,任何涉及资源使用的决策都有成本——把这些资源用于另一种产能的能力。纯粹的经济学家从他的效率观出发,希望所采取的行动能创造的价值大于被放弃的替代性行动能创造的价值,目的就是要实现经济增长。对经济的贡献,无论如何分配,都要大于它的机会成本。

阿曼·阿尔钦举例说明了把城市郊区的土地从农业用地改为住宅用地的经济成本,并且指出,改变土地用途的成本表现为土地作为耕地的价值,而耕地的价值则取决于其对农业总产出的贡献。但是,"如果有几个住宅开发或工业发展计划,其中每项计划用地创造的价值都超过农业用地,那么其中任何一项计划的土地使用成本都是土地通过其他任何用途能创造的最高价值"。②机会成本说要求列举和评估必须放弃的最优——最具生产力的——可选方案的成本。弗兰克·奈特(Frank Knight)完全扭转了这种观点,并且无可挑剔地强调了机会成本在经济学中的关键作用:"在某种给定经历没有任何替代方

---

① Armen Alchian, op. cit. , p. 477.
② Ibid.

案,也就是没有任何选择的情况下,就没有经济问题,而成本也就没有任何意义。"①

成本(cost)的概念不同于通常理解的"费用"(expense)、"支出"(outlay)或"购置成本"(cost of acquisition)。② 这些专业术语是指投放一定数量的资金。实际上,机会成本说强调的是社会承担的使用资源的成本——社会成本。阿尔钦指出:"如果以低于最能体现资源价值的方式利用资源,那么就无法收回资源的成本,而两者的差额就是经济损失。"③熊彼特把机会成本说成是一种"对成本的基本社会意义的解释"④;而阿尔钦和艾伦(Allen)则表示,"一项行动的成本是总财富的相关减少"⑤。所有这些论述再次表明:经济学家持有的成本观是社会成本观,而不是个体成本观。举例来说,把一家老餐馆改造成一家新餐馆并不涉及任何经济成本,因为社会没有放弃以前的任何可选替代方案,只不过是发生了财富转移。相关个人是失去了机会,但整个社会的机会没有减少。机会成本在可能的情况下,可以用对社会净产值的贡献来衡量,因此被认为是客观的成本。⑥ 但是,为了给后面的讨论做铺垫,我们也许要问:某些对于社会来说是客观的东西(这毕竟可以具体化,具体到人或者事),会不会对可能会受到它们不同影响并对国民收入发生的变化有不同感受的社会任一成员来说并非如此?

机会成本的概念在脱离社会背景的情况下,直观上看很容易理解,或许是因为它最初可能是以警示——"鱼与熊掌不可兼得"——的形式出现的。

如果我们选择去看一场电影,对我们来说,成本就是3美元的门票,而把这3美花在其他用途上,加上看电影的时间——也许是悠闲地吃一顿午餐。个人进行实际分析的深度因情境而异,但我们在选择做任何事情的时候,无论

---

① Frank Knight, "Notes on Utility and Cost," mimeograph, University of Chicago, 1935, p. 18, cited in James Buchanan, *Cost and Choice*, Chicago: Markham, 1969.

② 下文将做进一步的区分。

③ *International Encyclopedia*, Vol. 3, p. 406.

④ Joseph Schumpeter, *History of Economic Analysis* (New York: Oxford University Press, 1964), p. 917.

⑤ Armen Alchian and William Allen, *Exchange and Production Theory in Use* (New York: Wadsworth, 1977), p. 228.

⑥ 关于另一种"凡是成本都主观"的观点的讨论,请参阅布坎南(Buchanan, op. cit.)。

自己是否意识到,都是在拒绝做其他事情,起码在同一时间里通常会做出至少是隐含的关于我们个人如何通过放弃某些其他东西来珍视这些东西的决定。对于那些关心经济正当性——经济价值增长而不是经济价值分配——的人来说,对整个社会生产性产出的影响才是最重要的。

机会成本的研究历史

虽然"机会成本"这个术语的历史相对较短,首次提出是在1894年[①],但它的基本思想已经明显出现在亚当·斯密以后的经济思想家的著作中,而且成为这些著作的基本内容。[②] 价值问题长期以来是经济学理论的主要兴趣所在,而斯密是许多认为价值是生产成本的函数的经济学家中的第一人,但没有对有益性问题进行更加哲学的讨论。就这样,斯密在1776年含蓄地接受了机会成本的思想:"如果在一个狩猎民族的国度里……通常捕杀一只海狸的劳动成本是捕杀一只鹿的劳动成本的2倍,一只海狸自然应该可以交换或者值2只鹿。"[③]猎人可以安排时间去捕杀鹿,这样就要承担失去捕杀海狸的机会的成本。[④]

李嘉图(1814)在论述租金和资本存量(作为过去劳动的产出)问题时,进一步接受了这种以隐含机会成本为基础的生产成本函数价值观。就连其理论基于劳动成本价值观的马克思也接受了这种生产成本函数价值观。[⑤] 虽然这种生产成本观永远也无法解决固定供给(因为它的用户并不认为这种需求会产生影响)的问题或著名的"水—钻石悖论"(water-diamond paradox)(两者不同的价值显然不是生产成本的函数),但大约在1870年前,这种生产成本观

---

① David I. Green,"Pain Cost and Opportunity Cost," *Quarterly Journal of Economics*, Vol. 8 (January 1894), pp. 218—229.

② 这里的综述内容大部分转引自尼克尔森(Nicholson, op. cit.)、熊彼特(Schumpeter, op. cit)和马克·布劳格(Mark Blaug, *Economic Theory in Retrospect*)(Homewood, Ill: Richard D. Irwin, 1962)。

③ Adam Smith, *The Wealth of Nations*, Andrew Skinner, ed. (Harmondsworth, Middlesex Eng.: Pelican, 1970), p. 47.

④ David Ricardo, *Principles of Political Economy and Taxation* (New York: Dutton, Everyman Press, 1933), chapter 1, section 1.

⑤ Karl Marx, *Capital* (Newark: International, 1967), Vol. 1, chapter 1.

在经济思想领域一直占据着一定的地位。

经济思想领域主要出现了杰文斯(Jevons)、门格尔(Menger)、瓦尔拉斯(Walras)等学者,并且开始了"边际革命"(1850—1880年)。一种产品的价值或效用就是任何人愿意为最后一单位这种产品支付的价格,这就是边际价值理论。从消费者偏好的角度看,价值由边际需求决定。由于钻石十分稀缺,因此,多出几枚钻石就显得非常珍贵;而多出一点水,由于水相对比较丰裕,因此就没有什么价值。价值观从最初的内在价值观到生产成本价值观再到市场决定价值观的根本转变,凸显了对交换价值的重视。我们的某种产品值多少钱,不是由它的重要性或者它的生产成本,而是由别人愿意付给我们多少钱决定的。

由于边际学派强调需求和供给在经济学分析中的重要性,因此,必须澄清和拓宽成本的概念,而奥地利学派就承担了这一任务。[①] 约瑟夫·熊彼特表示,通过把生产要素的可替代性与边际效用联系起来,"奥地利学派形成了所谓的成本的替代用途或者机会理论——一种可用以下格言来表述成本现象的理论:一件物品真正使我们付出的代价是,我们牺牲了本可以用生产这件物品的资源生产出的其他物品能够带来的效用"[②]。

正如布劳格(Blaug)一再强调的那样,奥地利学派的替代成本理论"通过追溯所放弃效用的全部成本的方式,使得需求和供给都取决于效用"[③]。生产成本取决于所放弃的价值,就如同对一件物品的需求意味着不能用同一资源同时获得另一件物品。如果投入生产的要素或资源可以被视为替代品,那么对产品和服务的需求也同样如此。

虽然成本就是所放弃的收益的思想内在于亚当·斯密的模型中,但是,是奥地利学派的明确分析促成了一种被罗尔(Roll)说成"似乎使整个边际效用分析……无所不包、条理清晰的非常优雅的理论"[④]的诞生。熊彼特甚至指

[①] 如可参阅:Frederick Von Wieser, *Natural Value*, William Smart and Christian A. Mallock, eds., reprint of 1893 ed. (New York: Kelly Press), Book V, chapters 1 and 2, especially pp. 171—176.

[②] Schumpeter, op. cit., p. 917.

[③] Blaug, op. cit., p. 492. He suggests reading Wicksteed's *Common Sense of Political Economy* (London: G. Routledge, 1933, 1910), pp. 391 ff.

[④] Eric Roll, *History of Economic Thought* (Chicago: Richard D, Irwin, 1974), p. 404.

出,"截至1914年的这个时期的巨大贡献确实是机会成本理论……"①。

以前,经济学理论侧重于供给或需求的某一方面。在马歇尔提出需求和供给同时决定价格的综合理论以后,经济学理论获得了发展,从而使得对市场交换的系统阐述更具动态性。不再假设只有一个变量,而是认为两个变量相互作用。② 虽然马歇尔的分析从未与机会成本原理有明显的矛盾,但是,由于他主要对考察价格形成问题感兴趣,因此,美国经济学家弗兰克·奈特(Frank Knight)感觉到了新古典学派对机会成本论述的歧义性,并且试图重申标准的奥地利学派立场。③ 同时,他强调指出,机会成本的概念是唯一用替代品或替代产品单位来衡量的客观成本概念,并进一步指出,不要把机会成本与个人体验到的"痛苦"或者其他不受欢迎的生产属性相混淆。虽然理论经济学大多已经转向了其他问题,但这种对机会成本的基本理解仍然没变。从斯密对资本主义的兴趣到马克思的社会主义理论,再到奥地利学派的社会主义倾向,机会成本这一概念显示出独立于政治分歧的效度。

经济学教科书中的私人部门机会成本

那么,现代经济学文献是如何论述机会成本的呢?除了下文要讨论的成本效益分析外,有关私人部门的经济学文献对机会成本的论述(起初)少得惊人。④ 在保罗·萨缪尔森《经济学》这本也许使用最广泛的经济学教科书中,作者在令人惊讶地取名为"隐性和机会成本元素:一个题外话"(Implicit-and Opportunity-Cost Elements: A Digression)的一个章节(第23章、第443页)

---

① Schumpeter, op. cit., p. 1044.
② Alfred Marshall, *Principes d'Economique Politique*, 2 vols. (Gordon 1971).
③ 尤其请参阅:Frank Knight,"A Suggestion for Simplifying the Statement of the General Theory of Price," *Journal of Political Economy*, Vol. 36 (June 1928), 353—370。
④ 关于所评论原著的清单,请参阅本书的参考书目。事实上,很难找到任何奈特以后发表的关于机会成本及其理论或历史的综述文章。美国经济学协会(American Economic Association)的索引罗列了1887年至今的有关文献,社会科学(Social Science)的索引罗列了1947年以来的相关文献,结果都是微乎其微。詹姆斯·布坎南在他的《成本和选择》(*Cost and Choice*)一书中有相当全面的论述,但他是从一个比较专业的角度写这本书的。

中,第一次讨论了机会成本的问题。① 他的简短讨论在经济学教科书中具有相当强的代表性,准确地表达了机会成本就是"做一件事的成本是牺牲掉做其他事情的机会"的观点。大多数这样的机会成本定义是在企业理论的讨论中提出来的。企业理论试图解释和预测生产和定价决策,因此区分作为机会成本的成本和"费用"或会计概念中作为支出的成本。然后,关于私人部门机会成本的文献通常继续(或者像在萨缪尔森的《经济学》中所做的那样,先)分析诸如固定成本与可变成本、短期成本与长期成本、沉没成本和边际成本等问题以及其他一些问题,在大多数情况下是准确使用会计学所说的"费用"或"支出"来表示(获得资源或支付价款的)成本。布坎南(Buchanan)也提到了相关文献中出现的这一趋势:"机会成本往往以可接受的方式来定义,但这一概念的逻辑通常不被允许用于并指导后续的分析应用。"② 在一些文献中也有一个例外,那就是关于租金和资本理论的讨论,其中替代用途说(所有者在核算成本时必须把如果将资本或租金用在其他地方可能获得的收益考虑进去)得到了更充分的考虑。

那么,经济学家怎么会对这种不完整的表述方式感到放心呢?有两个原因似乎比较可信。其中的一个就是,私营部门成本即机会成本的思想从未受到过质疑(在过去的一个世纪里没有发生过巨大的变化);而经济学家可能认为,有一个机会成本说的定义足以应对有关机会成本的全部阐述。不过,第二个原因可能更为根本:正如市场被假定在为社会做配置稀缺资源的工作一样,它们似乎也取代了经济学家的思想。正如阿尔钦和艾伦所指出的,"某一特定产出的成本被定义为所放弃的替代机会能创造的最大价值。这种成本的衡量标准是被放弃产品的市场交换价值"③。因此,市场被假定为在为经济学家和我们工作:生产中使用的资源的价格被假定为能充分反映资源价值的机会成本。这种解释值得更加深入的讨论,因为如果市场不能反映机会成本,那么经济学的内部密室就可能会最终变空或者——甚至更糟——产生反作用。这就是我们为什么必须先深入探究"成本"到底是什么,然后再探究经济学家心目

---

① Samuelson,op. cit. ,p. 443.
② Buchanan,op. cit. ,p. ix.
③ Alchian and Allen,op. cit. ,p. 234.

中的"机会"是什么的原因。

四种价值概念

当我们谈论价值(worth)时,通常会混淆四个概念:作为内在价值的有益性(merit)、作为使用价值的有用性或效用、作为价格或交换价值的兑换率,以及作为机会成本的最佳替代价值。这四个价值概念中的任何一个都可以在"价值到底是什么"这个问题的答案中得到反映。由于大部分经济学文献在它们陈述的不同部分讨论这些概念,因此我们就在这里进行明确而直接的比较似乎是有益的。如果不深入研究每个概念的确切理论来源,我们怎么能对它们进行区别呢?

有益性(价值)

有益性或内在价值的概念可能是最古老的价值概念,但也是目前最被经济学家忽视的价值概念。它涉及完全个体和主观的评价。基于一种不考虑产品本身或交换用途的价值观,对相似物品的个人评价可能会大相径庭。一个简单的例子,就是我们对一张全家福照片或类似一双传统的古铜色婴儿鞋这样的其他祖传遗物的感觉。

效用(有用性)

对于经济学家来说,效用就意味着"一件物品的特性使得这件物品被认为必不可少或值得拥有"。任何事件、活动、购买行为等的效用,都是由个人权衡它们好和坏的结果以及它们可取和不可取的特征来决定的。

那么,这也是一种主观的价值观,是从个体的视角,而不是社会交换的角度来看待其他人愿意给予什么。我们想要强调的是,从社会视角理解的效用与我们前面讨论的有益性之间的差别在于,效用的情况在某种程度上更具可比性——个人对价值的估计落在特定区间内的可能性更大,因为它们不只是基于个人的情绪。

试图确定个人为什么重视某些事物,就像试图解释为什么有些人喜欢香草冰淇淋,而另一些人只吃巧克力冰淇淋。尼克尔森写道,由于这种看似不可简约的个人偏好元素(显然是对内在价值的回归),经济学家很早就"把注意力转向了交换价值,而把使用价值留给了哲学家处理"①。毫无疑问,这种放弃哲学战场的做法——就好像用行动表达的偏好回答了人们关于偏好来自哪里或如何变化的问题——已经对经济学造成了危害。然而,一台风车对于客户和我们来说,现在只有它与价格的关系才是重要的。

价格(兑换率)

兑换率意味着社会互动,涉及不同可选方案之间的明确比较,并且具有某种程度上的客观性(价值衡量意义上的客观性——落入某个区间的得到广泛认同的估计量)。价格反映了对任何产品主观评价的集体化。兑换率源自交换,或者正如乔治·斯蒂格勒(George Stigler)所说的那样,"产品的价格仅仅是获得产品的条件"②。当然,没有什么比价格更加重要和简单的了。

价格与边际效用有关,而边际效用是指追加一单位的某种产品会对消费者产生的价值。在区分价格(边际效用)和总效用(使用价值)时,稀缺性是最重要的概念。面包便宜,是因为货源丰富;而玉石昂贵,是因为比较稀缺。显然,价格并不能表示这两种产品的总效用。如果有人必须在没有面包或玉石的生活之间做出选择,那么肯定会选择继续有主食供应的生活。

最佳替代用途的成本

如果存在经济人,那么他们就会按照最佳替代用途的成本或机会成本的概念(把一单位生产要素用于任何活动的成本,就是没能把该单位的生产要素用于任何最佳替代活动而损失的产出)来行事。

我再次强调,这里所理解的机会成本反映了一个与效用观或价值观非常不同的观念。

在谈到是否要修建游泳池的决定时,阿尔钦和艾伦表示:

[修建游泳池]能带来游泳和保持凉爽的乐趣,但它也会招来

---

① Nicholson, op. cit., p. 7.
② George J. Stigler, *The Theory of Price*, 3rd ed. (New York: Macmillan, 1966), p. 22.

邻居的孩子把水溅满全院的不良后果。个人在评价时只考虑可取的和不可取的因素,而不会考虑修建游泳池的成本。①

机会成本并没有被定义为某些行为造成的不受欢迎或痛苦的后果,因为这些后果不会影响替代性机会(价值最高的被放弃的选项依然相同)。这样的后果可能会降低修建游泳池的价值,但不会增加修建游泳池的机会成本。"这样对某些事件所固有的不可取属性与为完成该事件必须放弃的价值最高的选项之间进行的区别具有非常重要的意义,因为只有后者才是经济学中使用的成本。"②

然而,这种被放弃的价值最高或最佳替代选项是个令人讨厌的概念,正如我们所说的那样,因为它难以理解。由于受到一个过去的最佳替代选项和多个未来最佳替代选项的限制,决策者个人除了采用主观的方式外,还能采用其他方式来决定自己的机会成本吗? 让我们来看看,机会成本如果只是一个意见不同的问题,那么到底是个什么样的问题。

机会成本的构成要素

由于对替代方案的估计存在于未来,而对某特定的个人来说,这将是永远无法实现的方案,因此,譬如说,詹姆斯·布坎南(James Buchanan)曾认为,个人的机会成本纯粹是一种主观成本,只能反映本人对自己因采取任何行动而放弃的满意度的评价。为了了解这种观点是否站得住脚,我们认为有必要把机会成本分解为它的构成要素:替代方案、竞争、评价标准、失败的可能性以及最佳方案的确定、重复和预测。首先,我们从决策者个人的角度来分析机会成本的七个要素,讨论机会成本的主观观(即机会成本由个人决定)与客观观(机会成本获得广泛认同)。举例来说,我们考察某人 X 要做出的决策,即用一笔遗产购买哪些物品。

确定机会成本的第一个也是最基本的构成要素,是确认可选择的替代方案,即一项行动对另一项行动的可替代性。如果没有可供选择的替代方案,那么就没有选择要做,因此就没有行动的机会成本。个人必须首先确定可供自己选择的替代方案。由于可供个人选择的方案可能有无穷多,而且个人需要

---

① Alchian and Allen, op. cit. , p. 22.
② *International Encyclopedia*, Vol. 3, p. 404.

第十二章 拒不接受有益品概念

做出很大的努力才能搜集到是否存在可选方案的信息,因此,个人很可能会选择立刻考虑为数很小的项目:建造一个游泳池,购买一辆汽车,或者周游世界。机会成本的第二个构成要素是不同可选方案之间的竞争,而不是,譬如说,选定决策者脑海里出现的第一个可选方案。要评判这样的竞争,我们就需要考虑机会成本的第三个构成要素,即是否存在一种标准,或者说,是否存在一种允许进行一定规模、有意义的比较的评价标准,比如个人可在多长时间里享受自己选择的方案。

有了判断竞争性可选方案的标准以后,自然就引出了机会成本的第四个构成要素,即失败可能性。如果考虑中的一些可选方案与其他可选方案相比不太合适,那么就有可能会落选。对于我们的这位遗产继承人来说,周游世界这个可选项目因为享受的时间太短而被淘汰。

有了评价标准,又引出了机会成本的第五个构成要素,那就是确定最佳可选方案,也就是确定最符合评价标准的可选方案。这个遗产继承人最终可能会选择建造游泳池作为最持久的投资项目。这里,在决定最坏和最好的可选方案时完全采用主观评价,个人可能很难说清自己是如何具体进行评价的(有人可能会认为,周游世界能留下最持久的回忆)。机会成本分析的第六个构成要素是重复,它适用于个体需要进行不止一次的评价和决策,即需要连续进行且结果经常变化的评价和决策这种可能情况。最后,通过机会成本的第七个构成要素预测来强调评估可选方案的难度。因被拒绝(或忽略)而遭到放弃的可选方案可能不会付诸实施。个人根据自己关于游泳池、汽车和旅行的经验(以及关于每个项目持续时间的预测)来评价遭淘汰和被选中的项目。最后,只有实际选择的行动才会被体验到。

采用机会成本的这些构成要素显然是一种主观行为,除了对决策者自己以外,对其他任何人都没有什么用处。不同的人可能会对相同的可选方案采用不同的评价标准,如与他人共享项目的能力。此外,个人很容易忽略其他可选方案,如购买山间小屋。那么,机会成本说难道注定只有如此有限的适用性?

机会成本与市场

我们说,经济学教科书虽然完全忽略了内在有益性,却简单且随意地用价格代替了成本的概念。效用似乎也被交换所取代,就像一篇经济学课文所说的那样,"就我们的目的而言,产品对我们来说,它的价值就是兑换率"。替代并不是新鲜的东西。冯·威泽(Von Wieser)在1914年写道:

> 在日常交往中,经济交换价值完全盖过了个人交换价值和效用价值。当人们谈到纯粹的价值时,就是指这种价值。当有人问某些产品值多少钱时,就是想知道这些产品的市场价值。[1]

在经济学分析中,当然是市场提供了用成本代替价值,又用价值代替价格的魔幻机制;而市场是一种在已知的不同条件下促成商品买卖的机制。那么,市场究竟是真有魔力,还是市场魔力只是一种花招?

作为机会成本指标的市场价格

由于多个原因,大多数经济学家在经济学分析的一般性讨论中使用价格(市场对交换的反映)。冯·威泽早在1888年就给出其中的第一个原因:"交换价值……毫无疑问,是最重要的价值形式,因为它支配着经济的最大领域——整个产业经济。"[2]威泽在其他场合写道,随着社会生产力的提高,交换数量急剧增加,而交换价值也随之表现为真正的经济价值。[3] 当然,市场显然是经济活动的最大领域,因此,它的估值作用不可忽视。

使用产品或生产要素市场价格的另一个原因是容易计算。我们来看看冯·威泽对市场所做的分析:

> 这个对于所有相关人士来说统一的价值(尺度),按照一般的说法,应该是盖过了所有个人的估价。这一点很容易理解。社会

---

[1] Friedrich Von Wieser, *Social Economics*, 1914, p. 234.
[2] Von Wieser, *Natural Value*, 1893, p. 53. ftn.
[3] Von Wieser, *Social Economics*, op. cit., A. F. Hinricks, trans., reprint of 1927 ed. (New York:Kelly Press, 1967).

对这种价值及其清晰、明确的数值表达方式达成了协议。与这种价值的表达方式相比,所有其他价值的表达方式都有受个人情绪影响的问题,它们的评判标准都是个人经验性,但又不容易进行准确的解释。①

在一个人们动机混杂、行为随便的世界上,清晰和一致是两种很容易被接受的价值观。但是,说没有更好的机制,并不是说我们可以接受价格作为私营部门价值的体现。还有一个更合适的问题:市场用价格替代成本的做法是否正确,或者至少是否恰当?

那么,我们为什么应该接受用价格来表征机会成本呢?按照阿尔钦的说法,根本原因是:

如果使用某些生产性资源的产出低于它们用在最有价值的替代用途上可实现的产出或"机会价值",那么这样的资源使用方式肯定无法收回成本。增加财富的动机会促使资源转向能实现资源更大价值的用途,直到资源成本至少能与当前生产的产品的价值相称。②

为什么我们有完整的神学——人类动机(增加财富的动机)的理论和"应许之地"的愿景(可实现的最有价值的可选方案),唯独缺少神灵的引导呢?不过,布劳格已经以永恒平衡的名义进行了弥补。

生产一种产品的成本只反映其他生产者关于生产这种产品所用要素的竞争性报价,并且还表示为把生产要素从回报第二高的用途中吸引过来必须支付的报酬。在均衡状态下,资源各种用途的边际生产率同为生产任何商品的增量而放弃的其他机会的生产率是相等的。③

换句话说,如果有标准的竞争条件可利用,那么市场往往会使价格和成本趋向于均衡。如果一种商品的价格低于成本,那么用于生产这种商品的生产要素就会转移到生产率较高的用途上;而如果价格高于成本,利润将为这些资

---

① Ibid., p. 234.
② *International Encyclopedia*, Vol. 3, p. 405.
③ Blaug, op. cit., p. 492.

源的后续使用提供资金。在均衡状态下不受人为因素影响的市场价格似乎能够充分代表机会成本,也就是最好(意思是"生产率最高")的替代用途。

市场与机会成本要素

把以上分析的机会成本七要素用于市场,就可以进行更具实际意义的解释。市场的存在就意味着可选替代品的存在;如果没有可选替代品存在,就不可能有交换;而如果没有交换可能性,那么就不需要市场。很多人能够对资源进行多次且往往是巧妙的(替代性)利用;并且,由于各种各样的(可选)资源可用于任何想从事的生产活动,因此,市场上可供选择的资源非常多,而且在不断变化。但是,资源是有限的,这就把机会成本的第二个要素竞争引入了市场。代表不同替代用途的资源竞购必然会导致相互竞争,从而意味着必然无法垄断产权。

虽然我们假设市场上个体在报价时考虑了追加1单位所需资源对他们的价值,但市场作为一个系统,在评判可选替代性用途时只遵循一个标准:接受最高的出价或者报价。因此,那些报价低于最高报价的替代性用途就无法获得资源,而报价最高的替代性用途当然代表机会成本的第五个要素,即最佳替代方案。然而,这种分析似乎又一次要求我们进行主观预测——由相互竞争的个人对有关资源的使用和随后的价值进行预测,这与我们前面所举的例子没有太大的区别。至此,审视的关于机会成本计算的唯一一个涉及面较大或更具有社会性的方面是,通过市场机制,而不是通过个人的深思熟虑,可能有更多的资源替代用途变为已知。

但是,以这种方式分析市场,会忽略市场被认为有时会为所欲为这个事实。个人通常要在有限的时间里评估可选方案并做出决策,而市场往往会重复评估可选方案,因为市场参与者会为了回应别人的报价对自己的出价进行调整和再调整。虽然评价标准永远不会改变,但最高的报价显然可能会变化。我们来考虑某人为竞购一种资源发出最高报价的情况。如果他高估这种资源对他的价值,因此他用竞价购得的资源生产的产品不能创造为持续经营(进行进一步的交换;用金钱换取劳动力,或者成功地与其他竞购某种劳动力的对手展开竞争)所需的资金流,那么他就会破产。然后,市场的"最佳观"可能会由于新的比较谨慎的报价而下调,并且反映这样一个事实:以前的最佳报价太高,无法成功地把资源转化为继续交换所需的利润。于是,个人会接收到市场活动发出的信号。

市场是否接受某个可选方案为最佳方案,被认为取决于这个可选方案从长远看是否代表有关资源最高效的用途。个人对一种资源的出价越高,就必须越高效地利用资源才能收回成本。因此,这里的"最佳"具有系统意义,是在一段时间里经过评价的许多互动的结果,而互动往往使个人的计算符合资源源于经验的最高价值。以这种系统观来看,资源在竞价使对它们的利用达到最高(最具生产率)水平时就达到了均衡状态。因此,成功竞购到的某种资源的数量或价格,在长期往往等于竞购资源的机会成本或者资源最佳替代用途能创造的价值。因此,这种系统观是理性的,而参与这个系统的个人则不一定理性。

回过头来看机会成本的第七个要素,我们发现,通过观察市场做出的预测具有更加广泛的意义。可选替代方案的排序是在经过了大量试验后完成的:这种排序是客观的,因为常常是在市场交易者达成广泛一致后完成的。这种一致是基于以下事实达成的:市场价格就是交易价格,个人也许不愿把市场价格作为他们的预期价格或者理想价格来接受,但市场价格是据以获得资源的条件。有了这种广泛达成的一致,经济学家就有可能预测被任何生产决策取代的产品——预测其他地方因以任何特定的方式使用资源而导致的产量减少。为获得所需资源而出的第二高价格,当然是衡量被放弃的最佳替代方案的尺度。因此,虽然成本的概念不一定与市场有关,但这种衡量本身通常与市场有关,因为我们要利用对它们的解释达成更广泛一致的数据。

市场价格和其他价值概念

市场价格能有效反映价值(无论是作为效用还是内在有益性的价值)的观点都是相似的。在市场上,如果某种产品的价格跌破这种产品在某些人心目中的价值,那么,那些看高这种产品价值的人想必会提高报价购买这种产品。最终,他们会把这种产品价格推到更高的水平。如果产品的价格对于其他人来说高于它的价值,那么,这种产品的消费(从理论上讲)就会减少,直到价格重新上涨到更符合消费者估价的水平。冯·威泽再次提出了一个关于为什么价格等于价值的哲学观点。他介绍了这样一种情况：某人对一种产品的估价高于这种产品的市场价格，因此把它留下来自己使用。这里似乎有一个无可反驳的反例：如果产品具有内在（只有不敏感的人才会说受情绪影响的）价值，那么均衡就不会起作用，市场就无法出清，因此也无法实现国民收入最大化，而经济则会遭到破坏。我们不用担心，冯·威泽能胜任这项任务。我们只需设想这样一种情况（一种不幸的情况，却是一种反映真实生活的情况）：金融灾难导致这个从前多愁善感的人恢复了作为经济人的潜在的真实自我。价格，或者作为交换价格的价值，就像死亡和税收一样：从长远来看都是难以避免的。①

虽然总使用价值确实与市场价格相符，但个人并不一定要进入市场销售产品，因此，往往会隐含地按高于市场的价格为产品估值。在交易达成时，只有任何对某产品估值低于其市场价格而仍持有该产品的人才是不理性的。

可以肯定的是，在经济中，当价值得不到维持时，经济损失就会随之而来。因此，市场价格可以被视为对个人计算的一种帮助，因为它为个人提供了一种明确的选择（一种万一失败当然可以自由拒绝的选择）来替代他对一种产品有价值的使用，以符合他的个人估价。当然，到底有多自由，这取决于个人的总体资源状况。就如我们将要看到的那样，这是市场经济理论家在涉足社会范畴之前很少关心的个人因素。

作为最佳价值尺度的机会成本

现在看来，被放弃的可选替代方案的价值是一个至关重要的概念。与价格一样，这种价值关涉一种互动型分析方式，也是一种竞争型分析方式（所以允许考虑失败的可能性），因此，与更具主观性，因而更具自我保护性的有益性或效用概念相比，这种分析方式的评价涵盖面更大、内容也更加丰富。机会成本也是一个涵盖面比价格更大的概念，这是因为，虽然我们可以在不考虑价格的情况下谈论被放弃的可选替代方案（我想，我会去游泳而不是小睡），但我们

---

① Von Wieser, *Social Economics*, p. 232.

真的不能在不考虑可选替代方案的情况下考虑价格(价格源自市场上的可选替代报价)。

随着个人开始把市场信号用于主观评价(在发现音像制品很贵之前,个人可能知道自己想买),我们开始从一种更加客观或更具社会性的意义上理解可选替代方案的概念,并考虑如何进行更具广泛认同性的评价。只要坚持这个方向,我们就能实现经济学作为一门不受任何决策者影响的社会学科的主要价值。经济学研究并评价由任何生产决策决定放弃的资源最佳可选替代用途。虽然有计算方面的困难,但原则必须坚持。就连布坎南也赞同这种观点,他评论道:"在任何真正涉及预测的理论中,成本都是客观的。"①

一般来说,对任何活动的评价最好通过多重、外部、独立、重复的分析来完成,而通过市场互动来控制资源的机会成本符合这些要求,因为在市场互动过程中,(多个)个体(独立)对市场交换产生的(外部)价格重复做出反应。有了这一定论,就不难理解,经济学家为什么试图保护市场活动范围——市场允许"个人集体评价的可选替代方案越多,就能产生越多的信息"。

公共部门的成本

根据以上这种看似成功的方法,我们很容易把市场价格作为确定任何活动机会成本的模型。

然而,市场有可能忽略市场报价没有反映的影响(如污染)。我们只要承认"市场由于目标(即效率)简单,因此能够取得成功",就能认识到把评价的市场模式移植到其他决策领域也许不会取得成功。

认识到私人成本与公共成本之间的这种差别,可能会对价格与机会成本的对应关系提出疑问。因此,埃德温·曼斯菲尔德(Edwin Mansfield)表示:

生产某种给定产品的社会成本并不总是等于生产这种产品的私人成本。这里的私人成本被定义为生产商个人的成本。例如,钢铁厂可能会把污水排放到工厂附近的河流中。对钢铁厂来说,

---

① Buchanan, op. cit., p. ix.

处理污水的成本就是把污水排放到河里所花的费用。但是,如果河流被污染,它的娱乐用途被破坏,水变得不宜饮用,那么其他人就要承担额外的成本。私人成本与社会成本之间经常出现这种差别。[1]

这些社会成本通常被称为"外部性"(对消费者本人以外的个人产生影响),不能在市场上交易,因此可能会被忽视。显然,如果我们必须接受这些结果,就应该把这些社会成本重新纳入市场考虑的范畴。

同样,市场在认识源自效率以外的价值方面的困难是有限的。正如弗兰克·奈特所观察到的那样,在私营部门,"价格'趋向于'与价值一致,但价值的概念也包含一项在某些理想条件下价格会遵守的规范"[2]。市场很少具备完美运作所需的必要条件,信息不足、补贴和贸易限制等影响因素会导致价格不能完全反映价值。[3]

认为市场更擅长配置而不是估值的观点,隐含地把价格等同于机会成本而不是价值。[4] 菲利普·克莱因(Phillip Klein)强调,企业权力集中可能会扭曲偏好;产品可能会流向其最具效率的用途,但生产决策被视为源自被广告操纵的消费者偏好。如果偏好被操纵,或者市场并非处于理想状态,就需要做两件事:一是对市场进行改革,使它们更好地完成形成偏好的工作;二是更好地操纵市场,社会需要说谋求完善的市场,而有益需要说则像我们将要看到的那样试图操纵市场。

更令人担忧的是,市场没能欣然接受除效率外的所有问题,如收入分配,从而提出了一个涉及面更广的问题:如果市场结果不属于社会成员个人的,那么我们是否能宣称市场结果对社会来说是客观的结果?经济理性并不总能揭

---

[1] Edwin Mansfield, *Microeconomics: Theory and Applications* (New York: Norton, 1975) 1970, pp. 157—158.

[2] Frank Knight, *The Ethics of Competition* (Chicago: University of Chicago Press, 1935), p. 245.

[3] 如可参阅:Roland McKeon's piece on "The Use of Shadow Prices" in Samuel Chase, Jr., ed. *Problems in Public Expenditure Analysis*, Washington, D. C., Brookings Institution National Committee on Government Finance, Studies in Government Finance, 1968。

[4] Phillip A. Klein, "Economics: Allocation or Valuation," *Journal of Economic Issues*, Vol. 8, No. 4 (December 1974).

示最优可选替代方案,譬如说,处决全部刑事罪犯比监禁全部刑事罪犯可能更有效率,但这种政策的道德影响远远超过了严格意义上的经济考量。虽然保持理性绝不会错,但是,如果有另一种更加适当的理性,坚持这样一种理性可能是危险的。

在试图把机会成本原理移植到公共部门时,我们遇到了更大的阻力。正如我们所注意到的那样,在私营部门,产品的成本通常被认为是在市场交换中为产品支付的价格(而且几乎总是用这种价格来衡量)。但是,政府生产的产品(公共品)并不在市场上交易,它们的供应由政治决定。我们需要一些市场无法提供的产品或服务,或者市场供应量小于最优数量的产品和服务,于是,政府就会动用权力来决定转移生产这些产品或服务所需的资源。在这种情况下,既没有市场配置机制帮助我们达到有效率的生产水平,也没有市场配置机制赋予产品客观的(集体)价值。虽然我们经常可以为我们用来提供公共品的投入品定价,但这样制定的价格显然不同于所创造收益的价值,因为投入并不一定会产生结果。支付给教师的工资并不一定能表明教师的教书能力,当然也不能表明学生接受教育的能力的提高。

显然,公共支出的概念要求对成本有更广义的理解;也就是说,比经济学家在私营部门分析中已经接受的成本概念有更广义的理解。自由、平等等社会价值观往往被认为比任何具体的美元支出更加重要。而且,当两者发生冲突时,一方的增加可能就意味着另一方的减少。那么,在这个复杂的社会框架下,经济学家如何利用机会成本来进行政策分析呢?

可选替代方案的存在和确认有助于评价任何公共或私人决策。考虑可选替代方案,就是允许竞争、失败,因此也就是允许学习和重生。

机会成本说为把机会成本概念应用于公共部门的分析规定了两个明确的原则。首先,如果存在私人市场价格,即使它只适用于部分生产公共品所需的资源,也必须承认它至少是一个低于其他价格或成本的最低成本。因此,警民关系项目的成本可能要大于警察的工资(刑事犯罪和私人财产损失造成的成本可能大于因增加警力、减少斗殴而避免的损失),但我们必须首先承认并接受我们评估社区关系得到改善的价值至少超过新增警察100万美元的工资。由于不仅难以衡量,甚至难以确定可选替代方案,因此我们应该尽可能利用无论多么有限的市场信息,因为市场信息中包含被广泛认可的替代成本——价格这个衡量标准。其次,不论是否存在相关价格,成本作为替代衡量标准的逻辑要求我们认识到,由于我们受到预算约束的限制,因此,任何政府项目的成本都是由于资源使用问题而放弃的其他项目。职业学校增加教师的成本可能是选择把这笔钱用于购买新教材可买到的教材数量,也可能是这所职业学校毕业生在私营部门找到的两份工作——两份因为把税收资源留给私营经济而创造的工作。梅毒根除项目的成本可能就是淋病根除项目,也可能是修建一个新的公共网球场。这种方法显然涉及复杂的概念化和计算问题,因为市场不太可能提供现成的替代项目,但这正是分析人士更有理由关心政策所涉及资源的替代性用途(如权衡舍弃经济增长还是收入再分配)的原因。我们与曼瑟尔·奥尔森(Mancur Olson)都同意微观经济学理论在这里变得"更加接近于研究理性行为的理论,而不是一种关于物质产品生产的理论"[①]。

公共部门问题的经济学思考:公共品和有益需要

经济学家已经运用许多方法研究公共政策问题,通常从预测法(如果这么做,会发生什么)转向规范法(政府应该这么做)。理查德·马斯格雷夫在他经典的财政著作的名为"公众家庭的多重理论"(A Multiple Theory of the public Household)一章中,对政府应该关心社会需要(或供应公共品)和有益需要这样两项建议进行了讨论。其他一些经济学家也认同马斯格雷夫的观点。我们现在转向这两个"经济"方面的考虑,以解释它们背后究竟有多少经济寓意;也就是说,"我们要弄明白,这些概念在多大程度上与市场和成本原则(即被放弃替代方案说)密切相关"。

社会需要(公共品)

理查德·马斯格雷夫在讨论政府的配置作用时,把"社会需要"定义为:"那些必须由以下全体相关者等量消费的服务来满足的需要:他们既不承担服

[①] Mancur Olson, Jr., "Economics, Sociology, and the Best of All Possible Worlds," *Public Interest* (Summer 1968), pp. 96—118.

第十二章 拒不接受有益品概念

务费用,也不能被排斥对政府服务所创造的福利的分享。结果,由于他们不能被排斥对政府服务所创造的福利的分享,因此不会自愿付费。所以,市场无法满足这样的需要。如果要完全满足这样的需要,那么就必须提供预算经费。"[①]

消费非竞争性产品(一个人消费这种产品,并不会减少其他人对这种产品的消费)和受益非排他性产品(那种很难阻止其他人免费消费所供应的全部或部分产品),具有能满足纯社会需要的特点。但是,就像马斯格雷夫所指出的那样,私人需要和社会需要之间的区别通常并不是一种绝对的区别。从本质上讲,这种区别涉及某些活动的成本或收益影响直接"消费者"以外其他人的程度。譬如说,史密斯接受的教育能帮助他找到工作;而且由于他有能力找到工作,我不必通过收入转移计划来资助他:他受教育对于我的好处部分体现为,我可以少缴税。

当一种需要的满足能为社会其他成员产生巨大的溢出效应时,那些只看重自身利益的社会成员往往不会充分表达这种需要。由于社会全体成员无论是否付费,都有共同的需要,因此缺乏支付全部成本的动力。受益于这种溢出效应的社会成员可能不会表达他们对相关服务的真实偏好,并且担心自己要被迫为此承担更多的费用。曼瑟尔·奥尔森把这种情况称为"搭便车"问题——一种弱者经常利用强者的情形:知道其他人必须承担某项活动的费用,他们可以在不支付自己应承担的那份费用的情况下不受惩罚。工会总是谋求企业只雇用工会会员,这在一定程度上就是为了让这些"搭便车"的人获得报酬。导致低效率问题的原因是,受益不能与成本挂钩。问题并不是个人受到了社会的剥削,或者他们不能正确计算自己可获得的收益;而且,由于对自己可获得的收益了解得太透彻,他们在不为自己的私人获益买单的情况下分享公共品。经济学家们建议,在这种情况下,如果要提供最优数量——个人必须付费才能获得——的公共品,政府就必须介入。

就如马斯格雷夫明确地讲述了他对替代方案的感受一样,机会成本对于本讨论也很有意义:"公共支出理论的核心问题,就是如何确定适当的公共服

[①] Richard Musgrave, *The Theory of Public Finance* (New York: McGraw-Hill, 1969), p. 8.

务水平和方式,这个问题实际上也是公共财政理论的核心问题。换句话说,这个问题就是,应该如何配置可利用资源来满足'私人'和'社会'需要。"①马斯格雷夫想解决低效率的问题,即如果公共品仅仅局限在私人领域,就有可能造成的潜在损失。

下面,我们就用机会成本来进行分析。公共品规范理论从一开始就认为,消费者在市场互动中形成并表达自己的偏好,并且接受社会成员所选择的替代方案。由于存在竞争,因此,许多可选替代方案无法被接受。最初,评估可选替代方案是否可以接受的标准是,社会成员是否愿意为任何数量的根据预测确定为价值被个人低估的产品付钱。这种预测就是估算由于有人愿意为这种产品付钱而有多少收益会溢出,并且还要在一定程度上观察市场上的理性行为——尽可能少付或者不付钱。

根据可选替代方案反映在市场运行中的思想,对公共品的社会需要可以说是一个经济学概念。市场并不完美,但也并非不讲道德。消费者有权选择自己的偏好。虽然经济学家通常不会声称能提供关于某种公共品政府应该供应多少的准确信息,但他们可能会辩称,必须采取纠偏政策,才能确保(至少是假设)根据消费者偏好来配置资源。现实的市场正在让位于想象的市场,但在概念上,它们仍然是市场。下一个诱惑是用理智的想象来取代市场互动。

有益需要

在有市场的情况下,社会需要能反映真实的偏好;但在没有市场的情况下,就会让位于有益需要。在马斯格雷夫看来,有益需要之所以有益,就是因为人们的偏好并不更加可取。

> 当公共政策的目标是配置资源,但资源配置偏离了消费者主权所反映的需要时,就需要一种不同类型的干预。换句话说,由于消费者选择把自己的钱花在其他东西上,因此,本可以通过市场得到满足的需要没有得到满足。在这种情况下,采取预算行动的原因并不是因为大家都消费某些服务而造成的技术困难。个人消费

---

① Musgrave, "Public Expenditures," in *International Encyclopedia of the Social Sciences* (1968), Vol. 13, p. 156.

可能数量不同,因此,采取预算行动是为了纠正个人选择。在这些条件下得到满足的需要构成了第二类公共需要,并且被称为"有益需要"。①

简而言之,有益需要"如果被认为非常有益,以至于要由公共预算拨款而不是由私人买单并通过市场来满足,就会变成公共需要"②。有益需要试图塑造消费者偏好,而不是迎合消费者偏好。马斯格雷夫列举了公立学校提供的免费午餐、廉租房补贴和免费教育作为政府旨在满足有益需要提供服务的例子,并且举了对烈酒征收惩罚性税收作为政府阻止不受欢迎的("有害")需要的例子。

按照这样的定义,我们可甄别出有益需要的五个要素:偏好扭曲,随后的有益品生产不足或过剩,了解正确或更加有益的偏好,利他性消费,可证明正当性的偏好干预。下面,我们更详细地考察有益需要的五个要素。

偏好扭曲

约翰·海德在对反映有益品思想的经济学文献进行首次重要回顾时强调指出,在马斯格雷夫的研究中,"个人的偏好图谱不再被视为既定,而是要受到严格审查"③。

因此,有益需要分析无视市场上的消费者偏好,原因就是,这种偏好在某些情况下被不完整或不准确的信息(消费者不清楚自己的想法)所扭曲,或者更糟糕的是,被非理性(人们不知道什么对自己有益)所扭曲。④ 马斯格雷夫认为,"在现代经济中,消费者受到广告的影响;广告通过大众传播媒体对消费者进行'狂轰滥炸'并左右消费者的选择,而不是向消费者提供完整的信息"⑤。由于后续的一切都取决于被扭曲的偏好,因此,被扭曲的偏好的存在是有益需要的基本要素。

我们注意到,在讨论特定有益需要时,通常涉及收入再分配的问题。偏好的扭曲可能不是由产品的直接消费者造成的,而是由提供产品的纳税人造成

---

① Ibid. ,p. 9.
② Ibid. ,p. 13.
③ John G. Head,"On Merit Goods," *Finanzarchiv*,Vol. 25,No. 1 (1966),p. 2.
④ Ibid. ,p. 4.
⑤ Musgrave,*The Theory of Public Finance*,op. cit. ,p. 14.

的。穷人可能想买房子,但缺少资源,因此可以获得政府补贴。当有人说偏好被扭曲时,这种说法可能被理解为穷人想要他们买不起的东西,但如果他们有较多的钱,就能得到他们想要的东西。

有益品生产不足或者过剩

由于消费者的偏好被扭曲,市场没有能力提供有益品,而且也缺少为做出正确反应所需的信号。产品有可能供应不足(有益品),但也有可能供应过多(有害品)。于是,有人开始讨论产品供应水平的问题,或者在某些情况下干脆就是讨论有些产品是否应该供应的问题。

了解正确或者更加有益的偏好

有些人肯定知道什么样的偏好是正确的偏好,怎样才能发现其他偏好也被扭曲了。那么,哪些人可能知道正确的偏好呢?他们如何使自己的主张合法化呢?这可能就是最值得注意的有益需要问题。

利他性消费

一个人或一群人想要干预他人的偏好模式,这就要求他们这样做会有所收获,而且他们相信这是为了他人的利益。普尔斯菲(Pulsipher)认为,有益品就像社会品具有外部性,但都是"精神外部性"[1]。这是一个经济学家所说的"效用相互依赖"的例子,"效用相互依赖"的意思是,干预他人偏好的个人会因他人消费有益品而获得满足感。这种精神消费必须是利他的,否则就与通过压迫来实施遏制没有区别。由于有些人知道什么最有益,而且也想做对他人最有益的事情,因此,这些人对他人偏好的干预是合理的。在这里,深思熟虑再次取代了互动。

偏好干预

以利沙·帕泽纳(Elisha Pazner)写道:"这些需要的满足,在某种程度上涉及把个人本来不会做出的选择强加给他们。"[2]这种强加于人的做法旨在提高或降低某种产品的消费量。因此,必须有某种制度力量来鼓励或限制消费。

---

[1] Allan G. Pulsipher,"The Properties and Relevancy of Merit Goods,"*Finanzarchiv*,Vol. 30,No. 2 (1971),p. 276.

[2] Elisha Pazner,"Merit Wants and the Theory of Taxation,"*Public Finance*,Vol. 27,No. 4 (1972),p. 461.

第十二章 拒不接受有益品概念

那么,有益需要与机会成本的关系有多密切呢?可以这么说,我们认为两者之间有多么密切的关系,它们就有多么密切的关系。

那么,如何来解决满足有益需要的资源短缺的问题呢?这个问题不用解决。如果产品本质上是有益的,它们就应该由政府来提供。那么,由谁来确定可选替代方案呢?由那些比我们更了解情况的人。那么,怎样来评判某种产品是不是有益品?由政府评判取代市场评判。如何确认和纠正政府失灵的问题没有得到任何讨论。我们现在所做的必然会遭遇失败,因为它没有促成有益品和服务的供应。当有人告诉你某样东西对你有益时,你就会想知道其中的原因。但是,目前还没有通用的准则可用来判断哪些偏好是扭曲的、哪些偏好是有益的。总而言之,如果我们被告知把这一切都交给政治来解决,那么我们为什么还需要经济呢?

那么,怎样才算成功满足了有益需要呢?马斯格雷夫提到的一种情况——"对家庭偏好模式的干预可能是为了保护未成年人的利益"——是有问题的:如果没有评判标准,怎么知道什么能符合"未成年人的利益"呢?我们必须考虑鲍莫尔(Baumol)的抱怨[与穆勒(Mill)的遥相呼应]:"我非常希望得到保护,以免受到那些坚信他们比我更了解什么对我真正有益的人的伤害,我也希望其他人得到类似的保护。"[1]

如果人们知道什么对自己有益,就可能会做出正确的选择。因此,如果没有经验,就很难说如果他们知道更多将会做什么。如果有人被迫去经历一些与他们偏好相反的东西,他们可能会学着去喜欢它们。在马斯格雷夫斯的著作中也有类似的暗示,譬如说,"在消费者信息不完全的情况下,姑且把强加消费选择作为学习过程的一部分,也许是可取的:这样就可以允许以后进行比较明智的自由选择"[2]。

于是,建立在偏好基础上的机会成本预测部分,让位于一种不同的考量:如果人们还不了解机会成本,那么会有怎样的偏好呢?这种强制性的学习驱使库莱耶(Culyer)考虑并拒绝了由被迫接受有益品的个人做出的"事后"评

---

[1] Peggy and Richard Musgrave, *Public Finance in Theory and Practice* (New York: McGraw-Hill, 1973), p. 81.

[2] Ibid.

价,因为个人被迫对过去的事件和感觉进行复杂的估算——由于时间和距离的原因,个人不太可能做出正确的复杂估算。[1] 当然,过去的政策影响未来的偏好,新的经历确实很重要,这些肯定不会有错。那么,应该由谁来决定我们现在认为自己不喜欢的哪种经历可能对我们是有益的呢? 人们会愿意通过被迫获得自由来扩大自己的视野吗?

可考虑采用两种方法,通过把比较清晰的可选替代方案概念注入有益需要来纠正这种被扭曲的偏好。查尔斯·麦克罗(Charles McLure)提到过其中的一种方法:如果信息不完全是问题所在,那么为什么不提供更多的信息来取代有益品呢?[2] 教育消费者的成本可能低于政府供应有益品的成本,并进而导致考虑更多的替代方案和日后完善有关产品的想法。如果缺乏资源是造成问题的部分原因(如低收入者住房),就可以在提供相关信息的同时发放补贴。

我们可以用另一种方法把替代方案的想法注入有关有益需要的思考。如果在供应有益品方面存在明显的效用相互依赖现象(如果某人把偏好强加给他人,能让他产生良好的感觉),那么不供应有益品的成本对于社会来说是一个不幸的因素。有益变成了一种出钱收买不满者的手段。在有益品供应涉及再分配问题的情况下,有人可能会争辩称,有益品供应的替代方案就是社会变得不那么稳定。再回到政治,也就是回到作为集体而不是个体存在的人。总而言之,由于有益需要的概念忽略了成本,拒不承认消费者偏好,而且没有评判适用性的标准,因此,我们应该弄明白由谁来确定有益需要,因为我们不想遗留任何其他问题。

有益需要:由谁来确定?

我们应该如何分配强制权? 马斯格雷夫考察了这个问题的两方面。在讨论社会需要时,他总是清楚地表达自己对政治系统的依赖:"必须用政治过程来代替市场机制,必须让个体遵守群体决策规则。"[3]"社会品的预算拨款确实

---

[1] A. Culyer,"Merit Goods and the Welfare Economics of Coercion," *Public Finance*, Vol. 26, No. 4 (1971), p. 565.

[2] Charles E. McLure, Jr., "Merit Wants: A Normatively Empty Box," *Finanzarchiv*, Vol. 27, No. 3 (1968), p. 481.

[3] Musgrave, *The Theory of Public Finance*, op. cit., pp. 10—11.

意味着,这些物品的供应及其成本的分摊必须通过政府的税收支出程序来确定。"①"因此,还得掌握能够建立偏好决定和税收评估机制的政治'艺术'。"②

但在讨论有益需要的来源时,马斯格雷夫并没有明确提到政府的工作程序,而似乎是表示"投票赞成者"可能来自一个与政府重叠的(但不一定是与政府同时存在的)群体,只要他们是一个原本就是民主的社会的领袖人物。马斯格雷夫写道:"虽然消费者主权是一项普遍原则,但在民主社会的背景下可能会出现这样的情况:一个知情的群体有权把自己的决定强加于他人。"③为了寻求可接受的政治原则,马斯格雷夫把社会品确定与"多数决原则"联系在一起,并补充说:"在有益需要的情况下,目的本身可能就是一些人(想必是多数人)干预其他人的需要模式。"如果说,这听起来像是一名最高法院大法官并不想过分扩大某项权利,那么两位马斯格雷夫的原著证实了仲裁者的逃避行为:"即使像我们这样的民主国家也有一些专制社会的问题,如精英(无论如何定义,都)应该把自己的偏好强加给他人,被认为是天经地义的事情。"④

虽然马斯格雷夫没有确切表示应该由谁来做出有益品供应的决定,但其他学者从他的研究中推断出一些想法。海德花了大量的时间分析政治精英(政党领袖和其他人)很少做出正确决定的原因(如为赢得选举而忙得不亦乐乎);⑤卡勒讽刺地指出,精英"具有一些与众不同的特点(如高智商、有甄别力、有同情心、属于某个党派、代表某个种族),应该可以把自己的偏好强加给他人"⑥;而帕兹纳(Pazner)则认为,最好假设"有消息灵通的精英承担社会政策的责任"⑦,再进行分析。因此,在没有超越柏拉图(Plato)(或者实际做得没有柏拉图那样好,因为柏拉图远比我们更加清楚地认识到,社会精英有可能为了自身利益来统治国家)的情况下,就把两千多年前的政治理论给抛弃了。

特维(Turvey)的推理虽然涉及社会贴现率,而不是有益需要的主题,但

---

① Musgrave,"Public Expenditures,"op. cit. ,p. 159.
② Ibid.
③ Musgrave,The Theory of Public Finance,op. cit,,p. 14.
④ Musgrave and Musgrave,op. cit. ,p. 81.
⑤ Head,op. cit;,pp. 23,27.
⑥ Culyer,op. cit. pp. 546—547.
⑦ Pazner,op. cit. ,p. 462.

显示了其中的危险：

> 我个人的感觉是，(经济学家对贴现率的)价值判断总体上要好于非经济学家。我对价值判断的论断并不像看上去那么傲慢。首先，它只适用于涉及公共投资决策的价值判断，即便在这一领域也不是适用于所有的投资决策……道理很简单，那些有系统思考问题经验的人通常是那些能对问题做出最佳判断的人。因此，大多数人无论喜欢哪种美学理论，在实践中都准备接受艺术评论家对一幅画的优点的评价。[1]

我们来看看现代博物馆的情况，把选择权交给专家的结果已经足够清楚。但是，特维即便不是要给经济学，至少也要为经济学家找到一席之地。

除了观察到的事实——政客们很少让经济学家为他们做决定——以外，为什么有人会认为，应该把判断资金成本——考验我们如何通过与现在比较来评价未来的利率——的权利交给那些不代表人民的教授呢？必须有一种更好的方式来划定适用范围。这样，经济学就不会以马斯格雷夫式的方式变成政治学，或者以特维式的方式成为政治学的替代品。

政策分析结论

我们认为，最好通过经济学坚持运用机会成本的程度来判断经济学对政策分析做出的贡献。经济学至少提供了关于从私人领域撤走资源的替代方案一个方面——价格——的信息。经济学可以对某些价格进行调整，并通过代理变量推导出其他价格，从而能更好地反映某些政府活动的成本，但是，这种始于价格(市场活动的直接结果)的分析越深入，就会变得越不准确。就像施泰纳(Steiner)所说的那样，应该向在公共部门辛勤工作的经济学家们发出一项普遍适用的警示："我宁愿只衡量我有信心且有一定准确性的东西，而把'不可比较的东西'留给明确的选择来决定。"凡是不存在价格，或者几乎不可能达

---

[1] Ralph Turvey, "Present Values Versus Internal Rate of Return—An Essay in the Theory of the Third Best," *Economic Journal* (March 1963), pp. 93—98. 请注意，马斯格雷夫后来确实承认，满足有益需要仍然是"一项危险的任务"；不允许采取专制的决定方式。Musgrave, *The Theory of Public Finance*, op. cit.

成一致推导出价格的地方,除了成本即被放弃的替代方案的原则———一项促使决策者认识到使任何价值(如再分配)最大化的成本可能会使其他价值(稳定性)最小化的原则——之外,经济学对政策分析的贡献微乎其微。价格可能只有经济性,而可选替代方案才是理性的本质。如果没有可选替代方案,那么认识错误就无关紧要,因为没有纠正错误的手段。不承认消费者偏好,有益需要分析就失去了它的科学基础——依序纠错,而这种分析对消费外部性和效用相互依赖性的强调仅仅反映了一种用术语对政治学的描述。然而,有些需要比另一些需要更加有益,作为政治学命题,既没有理论基础,也没有实践意义。

那么,我们如何才能在何为有益的问题上达成一致呢？最好是问问民众,他们认为什么才是正确的。最好通过市场上的社会互动来创建民意的表达机制,我们觉得最好是依靠政治谈判,而不是计划,因为如果通过有智慧的思考,我们可以想象民众应该需要什么以及如何满足他们的需要。赋予棘手的问题以技术光环,并不能解决问题,正如我们在研究影响环境政策的社会结构差异时所看到的那样,这只不过是推迟"被刺痛"的时间罢了。

第十三章

有益品概念的定义及其特点

第一节　论有益需要：对一个有争议的财政学概念的沿革、规范地位和政策相关性的思考[①]

约翰·G. 海德

本文是约翰·G. 海德（John G. Head）撰写的第三篇论述有益品的重要文章。在这篇文章中，海德重申，有益品问题的本质就是对有缺陷的消费者偏好的纠正。他注意到，经济学界关于公共品的辩论比有益品的辩论达成了更强的一致性。海德在这篇文章中更加明确地把亚里士多德的"无自制力"作为造成消费者偏好缺陷的一个原因来论述。本文的主体部分旨在通过探讨多重偏好排序、效用相互依赖和偏好内生等问题，把消费者主权的概念作为问题提出，并丰富了这个概念的内涵。海德通过这篇文章得出了以下结论：有益品这个概念是令人满意的经济学分析的核心问题，但 30 年来关于这个概念的讨论"只对阐明这个神秘的概念或者提高对这个神秘概念的理解程度或它的可接受性做出了相对较小的贡献"（1983,35）。在所有评论马斯格雷夫的有益品概念的文章中，海德的有益品评论文章最有理论抱负。他试图把有益品的概念与庇古、凯恩斯和后凯恩斯学派的公共政策理论联系起来。他在他第一篇论述有益品的文章中对此做了最为广泛的阐述。

※　※　※

[①] 本文在征得作者允许后转引自：John G. Head, "On Merit Wants: Reflections on the Evolution, Normative Status and Policy Relevance of a Controversial Public Finance Concept," *Finanzarchiv* 46, N. S. (1988):1—37.

一、引 言

正如诺伯特·安德尔(Norbert Andel)最近指出的那样,马斯格雷夫在他的早期论文《预算决定的多重理论》中首次提到的"有益需要"的概念,在去年迎来了它的第 30 个生日。① 自从最初马斯格雷夫在他 1959 年出版的《公共财政理论》②中详细阐述有益需要和自此其他作者进行了多次分析以来,我们也许可以认为,到了 1987 年,有益需要概念可能正在显示一个经济学概念在其演化过程中应有的全部常见的成熟轨迹。因此,简单的定义或阐释问题早就应该得到解决,通常也会就规范地位和政策相关性的基本分析问题达成广泛的共识。标准教科书对这一概念的处理现在已成为常规,并且高度统一。对于有益需要名气更响的"孪生兄弟"社会需要或公共品来说,这个熟悉的过程确实已经发生,而且看起来早就已经基本结束。

但是,与社会需要概念相比,有益需要概念提出了从方法论的角度看更难解决并且更有争议的问题;而这些问题对于财政学文献来说,实际上意味着一代又一代不同政治倾向的经济学家关于消费者主权原则的终极规范权威所表达的许多怀疑和保留态度。在这些问题上,经济学家似乎历来秉持截然不同的观点。像布坎南这样的广义自由学派的经济学家坚决拒绝把超越个人的明显偏好作为规范评价的基础,而其他像西托夫斯基(Scitovsky)和加尔布雷思这样的经济学家则直接针对既有需要观基础进行了严重质疑。③ 通常,我们可能会希望相关分支学科能提供指导,而对于有益需要概念,我们希望福利经济学能提供指导。然而,20 世纪 50 年代的新福利经济学文献故意忽视了这些问题,或者采用一种纯形式主义的方式来处理这些问题,因为新福利经济学

---

① 请参阅:N. Andel, "Zurn Konzept der meritorischen Güter," *Finanzarchiv*, N. F., vol. 42, 1984, p. 630; and R. A. Musgrave, "A Multiple Theory of Budget Determination," *Finanzarchiv*, N. F., vol. 17, 1956/57, p. 341。

② 具体请参阅:R. A. Musgrave, *The Theory of Public Finance* (New York: McGraw-Hill, 1959), pp. 13—14。

③ 例如,可参阅:J. M. Buchanan, "The Theory of Public Finance," *Southern Economic Journal*, vol. 26, 1960, pp. 234—238; J. K. Galbraith, *The Affluent Societky* (Boston: Houghton-Mifflin, 1958); and T. Scitovsky, *Paperson Welfare and Growth* (London: Allen and Unwin, 1964), pt. C。

第十三章 有益品概念的定义及其特点

文献过分关注回避庇古福利理论中有争议的价值判断和人际比较问题。① 事实上,这些文献的主要特点就是,采用基于显示性偏好或明显偏好的帕累托最优概念的形式详细阐述了一种简单的消费者主权理想,并且把它作为现代福利学理论无可争议的内核。一些关系到显示性偏好规范相关性的有争议的问题,如收入分配问题,被置于一种所接受理论毫无建树的政策边缘状态。马斯格雷夫试图为财政理论构建一个能反映现实的规范大框架,因此非常关心为重要的现实世界政策问题(包括收入再分配和有益需要问题在内,尽管这些问题超出了消费者主权或者帕累托最优原则的范畴)在他自己的多部门预算理论中找到一席之地。

在过去的 30 年里,许多学者,尤其是在财政领域工作的经济学家,为了扩大简单的消费者主权原则的适用范围以回击一些态度比较鲜明的批评意见做出了巨大的努力。由于这些发展,一些比较有争议的政策问题,包括一些方面的分配问题,现在经常被放在一个更大的不是基于明显偏好而是个人价值观的个人主义框架下进行分析。当我在 20 世纪 60 年代中期第一次评论有益需要的概念时,这些发展相对还处在"幼年"阶段。② 自从我 1966 年的论文[以及 1969 年答复查尔斯·麦克罗的一些评论③的文章]发表以来,涌现出了大量论述这些问题和相关问题的文献。马斯格雷夫本人已经对有益需要的概念进行了多次阐述,而且常有重大的变化④,而我本人对这个概念的解释也成了

---

① 例如,可参阅:I. M. D. Little, *A Critique of Welfare Economics* (Oxford:Clarendon Press, 1950); and J. de V. Graaff, *Theoretical Welfare Economics* (Cambridge:Cambridge University Press, 1957)。

② 请参阅:J. G. Head,"On Merit Goods,"*Finanzarchiv*,N. F.,vol. 25,1966,pp. 1—29。

③ 请参阅:C. E. McLure,Jr. ,"Merit Wants:A Normatively Empty Box,"*Finanzarchiv*,N. F.,vol. 27,1968,pp. 474—483; and J. G. Head,"Merit Goods Revisited,"*Finanzarchiv*,N. F.,vol. 28,1969,pp. 214—225。

④ 关于马斯格雷夫对其有益需要概念按时间顺序进行的回顾,请参阅:N. Andel,"Zurn Konzept der meritorischen Güter,"loc. cit. ,pp. 631—637。

一些深刻辩论的主题。① 因此,大约在相隔 20 年后,根据所有这些发展对有益需要概念的沿革、规范地位和政策相关性进行一次全面的重新评估,可以说是正当其时。②

我们先在第二部分,采用介绍的方式重新评估马斯格雷夫最初在《公共财政理论》中提出的有益需要概念。我们将在第三部分简要检讨有益需要概念在后续文献中遭到相对忽视和未被接受的原因。在第四和第五部分,我们试图根据一些更加直接相关的学科和子学科更早和较近期的文献,比较深入、严谨地探究有益需要概念的偏好集中纠正机制的特点。第六部分将做一些总结性反思。

二、马斯格雷夫的有益需要概念

就如我们已经指出的那样,马斯格雷夫最初是在他的预算决定多重理论的框架内提出有益需要概念的,目的是要描述各种似乎超出基于明显偏好或

---

① 例如,请参阅:N. Andel, "Zur Diskussion fiber Musgraves Begriff der 'merit wants'," *Finanzarchiv*, N. F., vol. 28, 1969, pp. 209—213; K. Schmidt, "Kollektivbedürfnisse und Staatstätigkeit," in H. Haller et al. (eds.), *Theorie und Praxis des finanzpolitischen interventionismus*, Fritz Neumark zum 70. Geburtstag (Tübingen: J. C. B. Mohr [Paul Siebeck], 1970), pp. 3—27; D. A. L. Auld and P. C. Bing, "Merit Wants: A Further Analysis," *Finanzarchiv*, N. F., vol. 30, 1971/72, pp. 257—265; A. G. Pulsipher, "The Properties and Relevancy of Merit Goods," *Finanzarchiv*, N. F., vol. 30, 1971/72, pp. 266—286; A. Culyer, "Merit Goods and the Welfare Economics of Coercion," *Public Finance*, vol. 25, 1971, pp. 546—572; E. A. Pazner, "Merit Wants and the Theory of Taxation," *Public Finance*, vol. 27, 1972, pp. 460—472; J. G. B, "Merit Goods, Information, and Corrected Preferences," *Finanzarchiv*, N. F., vol. 31, 1972/73, pp. 298—306; M. Braulke, "Merit Goods: Einige zusätzliche Anmerkungen," *Finanzarchiv*, N. F., vol. 31, 1972/73, pp. 307—309; F. Buttler, "Explikative und Normative Theorie der meritorischen Güter - eine Problemanalyse —," *Zeitschrift für Wirtschafts und Sozialwissenschaften*, vol. 93, 1973, pp. 129—146; C. Folkers, "Meritorische Güter als Probleme der normativen Theorie offentlicher Ausgaben," *Jahrbuch für Sozialwissenschaft*, vol. 25, 1974, pp. 1—29; K. W. Roskamp, "Public Goods, Merit Goods, Private Goods, Pareto Optimum, and Social Optimum," *Public Finance*, vol. 30, 1975, pp. 61—69; K. Basu, "Retrospective Choice and Merit Goods," *Finanzarchiv*, N. F., vol. 34, 1975/76, pp. 220—225; S. Charles and T. Westaway, "Ignorance and Merit Wants," *Finanzarchiv*, N. F., vol. 39, 1981, pp. 74—78; D. H. Wenzel and W. Wiegard, "Merit Goods and Second-best Taxation," *Public Finance*, vol. 36, 1981, pp. 125—139; G. Brennan and L. Lomasky, "Institutional Aspects of 'Merit Goods' Analysis," *Finanzarchiv*, N. F., vol. 41, 1983, pp. 183—206; N. Andel, "Zurn Konzept der meritorischen Güter," *Finanzarchiv*, N. F., vol. 42, 1984, pp. 630—648。

② 请参阅:J. M. Buchanan, "The Theory of Public Finance," loc. cit., pp. 235—236。

显示性偏好的狭义消费者主权或者帕累托效率概念范畴的重要现实政策问题。马斯格雷夫在多部门框架的背景下,通过在财政部门内部设立分立的部门来处理这些被忽视的问题,从而弥补了这个时期新福利经济学理论一些比较明显的不足。因此,一个独立的分配部门被赋予了有争议的收入再分配职能,而对较新的稳定政策的关心似乎又导致了相当独立的问题,因此,把这些政策问题交给负责稳定的部门去解决。就像布坎南在早期评论马斯格雷夫的著作时指出的那样,至少有些迹象表明,个人偏好可能在这些职能部门履行自己职能的过程中起不了决定性作用。

(一)偏好纠正的特点

不论怎样,即使在配置部门内部也会出现狭义的消费者主权原则看似不适用的情况。先从马斯格雷夫清楚认识到的情况说起,市场价格往往不能反映特定生产或消费活动的全部社会成本和效益。在这种情况下,预算干预可能只是为影响个人偏好所需。马斯格雷夫认为,社会需要的概念是对公共供应的需要派生于相关供应技术(供应的联合性和/或不可排他性)方面的配置部门具有这一特点的问题的集中反映。[①] 然而,除此之外,还有一些马斯格雷夫用有益需要来描述其特点(即预算政策的目的似乎就是纠正个人偏好)的重要情况。因此,必须明确区分"需要采取纠偏政策以确保资源配置符合消费者偏好"的社会需要与"出于……原因,预算行动是为了纠正个人选择的有益需要"[②]。正如我在 1966 年的评论文章中所指出的那样,看似很明显,偏好扭曲问题构成了有益需要概念的本质。[③]

马斯格雷夫在《公共财政理论》的最初阐述中,同时也非常关注证明有益需要概念在"基于民主社会个人偏好的公共经济规范理论中"[④]的地位。例如,他认为,"对狭义的消费者主权的干预,可能衍生于民主社会的领导角色"[⑤]。因此,可能会出现这样的情况——"知情者群体有理由把自己的决定

[①] 尤其请参阅:R. A. Musgrave, *The Theory of Public Finance*, pp. 9—12。
[②] Ibid., p. 9.
[③] 请参阅:J. G. Head, "On Merit Goods," loc. cit., p. 3。
[④] R. A. Musgrave, *The Theory of Public Finance*, p. 13.
[⑤] Ibid., p. 14.

强加于他人"①。他表示,卫生、教育、药品销售、未成年人保护和反歧视政策等领域的公共干预,在这个总标题下可以说明它的部分正当性。同样,由于误导性广告的影响,所以"有可能会导致偏好结构的扭曲,必须采取措施加以纠正。消费者主权的理想与消费者在高压市场上进行选择的现实可能是完全不同的事情"②。因此,有人明确设想对有益需要与多少被扩大了的消费者主权的概念进行一定程度的调和。而马斯格雷夫则不无担心地强调,偏好纠正观有威权政治的色彩,因此无法与传统的消费者主权调和。③ 在其1969年的论文④中,他极大地凸显了偏好体系的个人观或主观论与强加观或集体观之间的隐含反差,但又再次提出了对有益需要概念与个人选择的前提进行部分调和的可能性。

(二)分配的特点

虽然纠正个人偏好显然是马斯格雷夫"有益需要"概念的核心所在,但有益需要概念也有不可忽视的分配方面的重要内容。这一点在他1957年的论文中已经一览无遗。在这篇论文中,马斯格雷夫是在分析实物补贴时首次提到有益需要概念的。在马斯格雷夫看来,实物补贴代表了一种重要的情况:配置或服务部门的职能与分配部门的职能不能严格分离开来。⑤ 相同的分析基本上也出现在了《公共财政理论》一书中。在这本书里,廉租房的亏损运作被说成由以下两个因素合并造成:"①一种有利于低收入者的分配调整政策,因为这种政策只涉及廉租房;②承认住房是一种有益需要,因为分配调整没有采用现金……"⑥"因此,这样的项目具有双重性质。它们既可被看作配置部门为满足有益需要采取的行动,也可被看作分配部门采取的收入再分配行动。"⑦但是,应该强调指出,有益需要概念分配方面的内容虽然很重要,但马

---

① Idem.
② Idem.
③ Idem.
④ 请参阅:R. A. Musgrave,"Provision for Social Goods,"in J. Margolis and H. Guitton (eds.), *Public Economics* (London:Macmillan,1969),pp. 143—144。
⑤ R. A. Musgrave,"A Multiple Theory of Budget Determination,"loc. cit. ,p. 341.
⑥ R. A. Musgrave,*The Theory of Public Finance*,p. 49.
⑦ Ibid. ,p. 21.

斯格雷夫并没有认为这是有益需要概念的一个必要或基本特点。他只是简单地指出，"对有益需要的满足常常与分配方面的考量联系在一起"①。虽然有益需要和分配考量之间的关系只是一个重要的经验相关性问题，而不是严格定义的问题，但是，对于马斯格雷夫来说，实物补贴这个再分配例子清楚地代表了有益需要政策的一个典型例子。他在后来重述有益需要概念时，反复采用这个例子。②

（三）社会需要的特点

在早期版本的《公共财政理论》中，马斯格雷夫在有益需要扭曲偏好的特点与公共品或社会需要概念之间可能存在关系的问题上，给人留下了概念相当混乱的印象。一方面，也许是为了对有益需要与社会需要进行更加明确的区别，他在说到"有益需要由服从排他原则的服务来满足，并且在有效需求的范围内由市场来满足"③时，似乎把这两个概念完全区分了开来；另一方面，马斯格雷夫随后对免费提供医疗和教育服务例子的观察表明，两者之间有更加密切的联系——"看似是有益需要的需要可能包含大量的社会需要元素"④。然而，马斯格雷夫在后来再版的《公共财政理论》中基本阐明了他的观点。在后来再版的《公共财政理论》的一张分类表中，马斯格雷夫非常清楚地指出，有益需要纠正偏好的问题同样可能与纯粹的私人品、纯粹的社会品或私人性和社会性不同程度地混合在一起的产品有关。⑤ 因此，就如分配方面的情况那样，这方面可以再次合理地得出这样的结论：有益需要的问题经常与社会品或

---

① Idem. 还请参阅：R. A. Musgrave, "A Multiple Theory of Budget Determination," loc. cit., p. 341。

② 例如，可参阅：R. A. Musgrave, "Provision for Social Goods," loc. cit., pp. 143−144；R. A. Musgrave and P. B. Musgrave, *Public Finance in Theory and Practice* (4th ed., New York: McGraw-Hill, 1984), p. 79; and R. A. Musgrave, "Merit Goods," in J. Eatwell, M. Milgate and P. Newman (eds.), *The New Palgrave: A Dictionary of Economics*, vol. 3 (London: Macmillan, 1987), pp. 452−453。

③ R. A. Musgrave, *The Theory of Public Finance*, p. 13。

④ Idem。

⑤ Ibid. (5th printing), p. 89. 还请参阅：R. A. Musgrave, *Fiscal Systems* (New Haven: Yale University Press, 1969), p. 20。

公共品的问题有关,就像我在1966年的论文①中辩称的那样。医疗和教育服务显然是这方面的重要例子。在提交给比亚里茨(Biarritz)会议的论文中,马斯格雷夫试图对具有再分配性质的实物补贴("满足某些私人需要")的有益需要例子与纳入源于具有分配战略意义的大宗商品(如住房)消费的精神外部性或效用相互依赖性的经过拓宽的消费者主权框架进行调和。马斯格雷夫的这一努力显示了有益需要问题与社会品或公共品问题之间更加紧密的相关性。② 我们将在下面的内容中再讨论效用相互依赖的问题。但不管怎样,问题的关键仍然是,马斯格雷夫并不认为社会需要具有必不可少或基本的特征。

因此,笔者认为,我们没有理由背离我在1966年得出的结论,即有益需要或有益品概念可能会提出三个概念上截然不同和独立的问题,即个人评价问题、分配问题和公共品问题。虽然有益需要的这三个维度或特点之间没有必然的联系,但这个概念对于集中关注具有经验显著性的以下巧合情况极其有用:造成最难解决的偏好形成问题的产品往往表现出明显的公共品特征,并且有可能同时涉及特殊且特别重要的分配问题。③ 然而,由于有益需要的三个特点原则上各不相同,有时甚至实际上也是各不相同,因此,出于某些目的,有必要在"纠正品"(corrective goods)、"必需品"和"社会品"(这三种产品中的每一种都集中体现经常能在马斯格雷夫所说的有益品或有益需要的情况下同时发现的三种属性中的一种)之间进行更加明确的概念区分。④

三、有益需要概念的后续演化

随着社会需要和有益需要这两个孪生概念地位的确立,并且成为反映配置部门市场失灵的主要概念,马斯格雷夫已经为关注这两个概念解释和政策

---

① 请参阅:J. G. Head,"On Merit Goods,"loc. cit.,pp. 8—9。
② 请参阅:R. A. Musgrave,"Provision for Social Goods,"loc. cit.,pp. 143—144。
③ 请参阅:J. G. Head,"On Merit Goods,"loc. cit.,pp. 9—10。
④ 请参阅:J. G. Head,"Merit Goods Revisited,"loc. cit.,p. 218。Tiebout 和 Houston 第一次提出短语"必需品"(necessity goods)。C. M. Tiebout and D. B. Houston,"Metropolitan Finance Reconsidered:Budget Functions and Multi-Level Government,"*Review of Economics and Statistics*,vol. 44,1962,p. 415。

相关性的财政学文献中大量的深入分析和辩论奠定了基础。虽然他在最初的表述中没有强调,但似乎有一点很清楚:类似的社会需要和(或)有益需要特点的问题也必然对分配和稳定部门的市场失灵负有责任。在随后的辩论中也讨论了这些问题。

为了了解有益需要概念的后续沿革情况,特别是对有益需要概念被相对忽视和接受不足的情况,有必要在随后的讨论中区分两条主线。在这两条主线中,第一条也是取得更大成功的主线试图在鲍莫尔(Baumol)早期研究的基础上,对社会需要概念进行一般化,并且在这个过程中证明分配部门、稳定部门和一个有可能设立的致力于实现增长目标的第四部门的广义外部性或社会需要问题的重要性。布坎南在其1960年评论马斯格雷夫的论著中,强调了在多职能部门框架①和后续研究[包括本文作者早期的有关论文以及布坎南、霍奇曼(Hochman)和罗杰斯(Rodgers)和其他学者用来证明个人主权原则与范畴比之前认为的更大的公共问题相关性的后续论文②]中始终如一地统一运用个人主义基本原则的必要性。但是,由于学者们已经做出了以上这些努力,现在看来似乎不太需要用更有争议的有益需要概念来支持公共政策参与在以前看来超出消费者主权范围的事务。公共财政专家最初对有益需要概念的兴趣也随之减退,因此,公平地说,这些更有争议的问题已经越来越多地被看作最多是外围或第二顺序的问题,并没有成为标准财政学文献中更加严肃或得到详细分析的主题。

在过去的20年里,在我1966年发表的论文③的启发下,《财政文献》(Finanzarchiv)陆续刊发了一些质量参差不齐的文章。我们可以根据这些文章来判断当时的财政学文献开展了哪些方面的讨论。我在自己1966年发表的那篇论文和后来1969年发表的继续讨论相同问题的论文中指出,仍有一些重

---

① 请参阅:J. M. Buchanan,"The Theory of Public Finance,"loc. cit.,p. 236。

② 关于鲍莫尔的开创性贡献,请参阅:W. J. Baumol,*Welfare Economics and the Theory of the State* (Cambridge,Mass.:Harvard University Press,1952)。从其后文献可见,例如,J. G. Head,"Public Goods and Public Policy," *Public Finance*, vol. 17, 1962, pp. 197—221; J. G. Head, "On Merit Goods," loc. cit.; J. M. Buchanan, "What Kind of Redistribution Do We Want?" *Economica*, vol. 35, 1968, pp. 185—190; H. M. Hochman and J. D. Rodgers, "Pareto Optimal Redistribution," *American Economic Review*, vol. 59, 1969, pp. 542—557。

③ 关于文献,请参阅本文第8个脚注。

要的公共政策问题超出了狭义的消费者主权原则的范畴,甚至超出了经过鲍莫尔、布坎南、霍奇曼、罗杰斯和其他学者扩展后的消费者主权原则的范畴;只有把这些问题纳入我们的研究范畴,我们才能全方位地考虑广义外部性的现象;其中最突出的问题是在资源配置部门影响个人偏好的无知和不理性问题。此外,似乎很明显,广义的外部性概念只提供了一个非常有限且不能令人满意的处理"分配部门重要政策问题"的手段。类似的跨期偏好扭曲问题和代际公平问题似乎也远远超出了标准的消费者主权分析的范围。与此同时,我的两篇论文的中心议题是,在这些后续问题中,至少有一些问题可以用更加丰富、复杂的个人主权概念的框架来解决。正如马斯格雷夫从一开始就强调的那样,有益需要概念由此与广义的消费者主权概念并非完全不可调和。但在我的分析中,似乎仍然存在一些重要和合法的公共政策问题甚至超出了广义的消费者主权原则的范围。

　　查尔斯·麦克罗对我 1966 年的论文做出了回应,并发表了不同的观点。他认为,有益需要的概念与基于消费者偏好或个人价值观的规范性政策框架是完全不可调和的。[1] 其他学者也表达了类似的观点。在某种程度上,这种意见分歧可追溯到继续困扰这个领域公共财政辩论的解释和语义问题。麦克罗把马斯格雷夫的有益需要概念说成具有无可挽回的威权政治性质。马斯格雷夫教授所说的有益需要概念的"真正含义"无可否认仍有争议,而且他的立场在过去几年里似乎在某种程度上发生了变化和波动。[2] 麦克罗后来确实又指出,我本人、马斯格雷夫和其他学者援引的一些例子可以用外部性或社会需要来解释。他继续正确地指出,这些例子显然不需要有益需要的概念。其他一些重要的例子,有关信息不完全、经验学习和某些类型非理性行为的例子,他认为,提出了一些超出传统福利经济学范畴并应该被归入无法得出规范性结论的问题的问题。当时,麦克罗的观点在公共财政专家中很有代表性,而且在此后的 20 年里一直如此。

　　不论怎样,我至今仍然相信,有益需要作为一个试图集中反映一系列超出

---

[1] 请参阅:C. E. Mclure, Jr., "Merit Wants: A Normatively Empty Box," loc. cit., pp. 474—477。
[2] 关于这些变化的有用综述,请参阅: N. Andel, "Zurn Konzept der meritorischen Güter," loc. cit., pp. 631—637。

基于消费者主权和广义外部性的标准福利经济学分析范畴的问题的概念,仍有很多问题需要解决。与麦克罗的观点相比,我认为,如果传统福利经济学的标准假设不切实际,并且无法解决公共政策的重要问题,那么,可能的话,就应该扩展标准研究的框架。关于这一概念的相关财政学文献,除了令人困惑以外,几乎没有得出什么结论,这一事实只能说明受过传统训练的经济学家在这个模糊地带处于相对劣势。我们几乎不能指望这样的分析除了粗略地考察几个启发性的例子外,还能取得其他什么结果。但是,那些具有不同专业素养的学者,包括道德哲学家、政治学家以及专攻公共选择、社会选择和福利理论的经济学家,有可能做出更大的贡献。因此,在本文接下来的章节中,我将根据这些相关领域的专家早期和近期的一些贡献,对有益需要概念中的核心问题纠正偏好的特点进行更加深入和严谨的研究。我的目的是在一个更大、更严谨的分析框架内重新考察传统公共财政学研究有益需要问题取得的成果,并且用这种方式来考察一些取自公共财政学文献的例子,并进一步澄清和阐明一些更加重要的区别。

四、偏好纠正与消费者主权概念

正如我们已经观察到的那样,在 20 世纪 50 年代后期马斯格雷夫首次提出有益需要概念时,新福利经济学文献中常用的规范分析框架几乎没有给对有益需要分析进行基本区分留出空间。社会福利函数通常采用以下形式来表示:

$$W = (U^1, U^2, \cdots, U^i, \cdots, U^n) \tag{1}$$

在这个社会福利函数表达式中,U^i 常被用来表示显示性偏好理论的效用指标。[①] 虽然效用相互依赖的可能性大致得到了承认,但这些和其他复杂的问题在更加详细的分析中通常被完全忽视。因为,这样的分析相应局限于采用基于明显或显示性偏好的帕累托最优概念的方式,详细阐述一种非常简单的消费者主权理想。

---

① 例如,可参阅本文第 4 个脚注中引用的 I. M. D. Little 和 J. de V. Graaff 那个时期的标准研究成果。他们着重强调了行为的作用。

不论怎样，分析有益需要所需的基本概念与庇古早期进行功利主义福利经济学分析所用的基本概念非常相似。庇古在他的分析中，对个人欲望、满足和福利做出了明确的区分。① 如果我们把这些概念从由公共品或外部性现象造成的外来术语复杂性中抽象出来，那么，"欲望"（或"事前"偏好）的概念显然符合明显或显示性偏好的标准概念，而"满足"的概念在基于显示性偏好的实际选择和个人的真实偏好或满足（事后）之间留下了有可能出现偏差的空间。满足或真实偏好反过来与个人的"福利"或"实际利益"这个更深层次的概念有所区别。在这项内容较为丰富的分析中，我们可以据此列出上述社会福利函数(1)的三个替代表达式，即：

$$W = W(I^1, I^2, \cdots, I^i, \cdots, I^n) \tag{1a}$$

$$W = W(P^1, P^2, \cdots, P^i, \cdots, P^n) \tag{1b}$$

$$W = W(W^1, W^2, \cdots, W^i, \cdots, W^n) \tag{1c}$$

在社会福利函数表达式的这三个变体中，I^i 表示显示性偏好的标准（事前）效用指标，P^i 表示真实偏好的相应（事后）指标，而 W^i 则表示我们所说的道德偏好或与福利有关的偏好的终极基准概念。② 当然，更加广义的社会福利函数表达式并不排除某些个人的 I^i、P^i 和 W^i 相同的可能性，也不排除式(1b)和式(1c)可能完全落入式(1a)的极端可能性，就像20世纪50年代新福利经济学分析得出的结论那样。更一般地，我们可以预期，在更多的选择情境中，大多数个人的 I^i、P^i 和 W^i 是相同的。不论怎样，我们建议采用的社会福利函数表达式应该有助于确保涉及个人偏好评价的政策相关问题不会遭到忽视或完全被排斥在外。我们并不主张采用这个基于式(1a)的独特而又简单的消费者主权概念，而是主张采用两个分别基于式(1b)和式(1c)的比较宽泛的

---

① 请参阅：A. C. Piguo, *A Study in Public Finance* (1st ed., London: Macmillan, 1928), pt. 2, ch. 8, sec. 4; and *The Economics of Welfare* (London: Macmillan, 1920), pt. l, ch. 2.

② 柏格森[A. Bergson, *Essays in Normative Economics* (Cambridge, Mass.: Harvard University Press, 1966), ch. 3]特别强调了这些庇古式区分在发展更加广泛、相关的福利经济学框架中的可能作用。同样，对主观偏好和道德偏好(J. C. Harsanyi, "Cardinal Welfare, Individualistic Ethics and Interpersonal Comparisons of Utility," *Journal of Political Economy*, vol. 63, 1955, pp. 309—321)、"承诺"观和偏好排序观(A. Sen, "Rational Fools: A Critique of the Behavioural Foundations of Economic Theory," *Philosophy and Public Affairs*, vol. 6, 1977, pp. 317—344)以及"原初状态"基准观(J. Rawls, *A Theory of Justice*)之间的区别进行了比较(Cambridge, Mass.: Harvard University Press, 1971).

概念。①

新福利经济学的文献传统上也假设,个人偏好既是独立的,又是外生决定的。然而,特定偏好的存在,并不意味着个人无论是从利他的角度还是在其他方面都不能关心他人的福利或消费模式。② 因此,我们也要根据我们讨论的三个庇古式偏好概念,明确解决由效用相互依赖提出的更深层的问题,并且必须在基于消费者偏好、标准的狭义消费者主权概念与允许把他人福利或消费作为变量纳入个人效用函数的比较广义的个人主权概念之间做出选择。因此,我们可以从两个截然不同的方面拓宽个人主权概念的内涵,首先是对欲望、满足和福利进行庇古式的区分,其次是承认效用相互依赖。下面,我们将相应地分别审视这两方面的问题。

不论怎样,个人偏好在社会互动的过程中可能不但相互依赖,而且内生决定。当然,传统上,我们认为,偏好内生性会使任何有关个人主权的规范性权威概念变得根本不可能。但是,构建一个适用范畴更大、切合实际的规范框架,显然要求正视由偏好内生这个重要现实现象所造成的问题。③ 因此,最终必须在偏好内生的背景下重新考察庇古式偏好概念和效用相互依赖现象。如果要对有益需要概念进行适当的分析,那么这就是个人主权概念必须拓宽的第三个方面。

(一)庇古式偏好概念

根据传统的庇古区分法,建议对消费者主权概念进行拓宽,很快就会产生几乎无法解决的问题,并明确提出对"价值批判"的需要。当然,长期以来,按照自由民主传统写作的经济学家和哲学家一直认为,个人通常最了解自己的

---

① 之前在把精神外部性抽象掉的同时,通过把独立产品变量和个人效用一起纳入式(1a)这个社会福利函数的努力,并没有被证明特有启发性,因为需要假设有完全知情的精英。因此,分析被简化为一种相当空洞的专业练习,很难以任何有意义的方式进行解释。关于这种方法的例子,请参阅:E. A. Pazner. "Merit Wants and the Theory of Taxation," loc. cit. ; K. W. Roskamp, "Public Goods, Merit Goods, Private Goods, Pareto Optimum, and Social Optimum," loc. cit. ; and D. H. Wenzel and W. Wiegard, "Merit Goods and Second-best Taxation," loc. cit.

② 正如马斯格雷夫指出的,我们不必假设人是"自私的怪物"。请参阅:R. A. Musgrave. *The Theory of Public Finance*. p. 11。

③ Idem.

偏好,而假设存在"更了解情况"的"外部观察者"的做法,在自由民主的背景下,受到了方法论个体观倡导者的严厉批评。①

但是,有许多社会根本就不适合执行自由民主的原则,而强加的选择的概念更加接近于经济生活重要阶段实际发生的情况。② 可以肯定的是,在某些情况下,一些适用的"价值观"虽然有可能盛行数十年不衰,但在某种规范框架下却有可能仅仅被作为某些军事独裁者的个人冲动和偏见而遭到摈弃;而在其他情况下,相关的价值观虽然可能与自由民主的价值观发生激烈的冲突,而且有可能主要局限在精英统治阶层,但仍有可能反映某些宗教、哲学或意识形态信仰替代体系的影响。即使在自由民主国家,价值体系也各不相同,不能轻易假定方法论个人主义理想会得到广泛接受。

就像伯格森(Bergson)着重强调的那样,福利经济学的终极目标是建言献策,而福利经济学家倘若要让自己的建议对政策有效或者与政策相关③,那么,在充当特定职业团体或利益集团或者不同国家政党或政府的咨询顾问时,通常必须接受其客户既有的价值体系。而这些价值体系也许意味着在一系列不同类型的经济决策中有一定程度的强制选择的成分。伯格森—萨缪尔森社会福利函数的原始表达式,确实被明确用来适应各种可能会影响个人变量(I、P 或 W)选择和/或它们权重的不同伦理观。④ 相应地,在反映不同政治、哲学和宗教信仰的替代性伦理体系下,有益需要概念有一个可能非常重要而且我认为合理的政策角色。即使在一个广泛民主的社会的框架下,情况也可能如此。

诚然,在自由民主的框架下,尤其是在接受方法论个人主义的情况下,很难要求进行那种为支持"有益需要"概念所必需的价值批判。不论怎样,在诉

---

① 例如,可参阅:J. M. Buchanan, "The Theory of Public Finance," loc. cit.; and "The Relevance of Pareto Optimality," *Journal of Conflict Resolution*, 1962, pp. 341—54。

② 事实上,马斯格雷夫在他的以下文献中十分清楚地介绍了这种区别:Musgrave's own analysis of merit wants. 尤其请参阅:R. A. Musgrave, "Provision for Social Goods," loc. cit., pp. 143—144。

③ 尤其请参阅:A. Bergson, *Essays in Normative Economics*, ch. 3. 还请参阅:J. G. Head, "Welfare Methodology and the Multi-Branch Budget," *Public Finance*, vol. 23, 1968, pp. 405—428。

④ 请参阅:A. Bergson, "A Reformulation of Certain Aspects of Welfare Economics," *Quarterly Journal of Economics*, vol. 52, 1937—38, pp. 310—334; and P. A. Samuelson, *Foundations of Economic Analysis* (Cambridge, Mass.: Harvard University Press. 1947), ch. 8。

第十三章 有益品概念的定义及其特点

诸上文多少有点威权政治色彩的观点的情况下,有益需要分析的一个显著依据似乎就是备选偏好集 I、P 和 W。这些偏好集是按照传统的个人主义福利理论专门为每个个体构建的,但只适用于适度不同的制度条件。在这个框架下,个人的明显偏好 I,正如在普通市场环境中所显示的那样,只能根据自己排序"较高"的偏好 P 或 W 来纠正。①

例如,偏好集 I 和偏好集 P 之间的差异,即欲望和满足之间的差异,或者事前偏好和事后偏好之间的差异,可能与考虑不周或冲动的选择和考虑周密或经过深思熟虑后的选择之间的明显区别有关。当然,在诱导性广告的影响下,个人有可能做出冲动或考虑不周的市场选择。更一般地,这样的选择可能反映"无自制力"名下的问题。② 在庇古援引的一个重要例子中,关于欲望和满足之间的重大差别出现在跨期的当前和未来消费选择的背景下,而且似乎涉及冲动或无自制力的问题。③ 其他的主要例子包括直接"削弱意志"的成瘾药物的重要例子。在这个例子中,个人可能会理性地选择通过强制性(包括政府强加的)措施来约束或抑制自己的低级欲望或明显的偏好。尤利西斯和塞壬的例子,当然是两个经典的例子。④ 在医疗、教育和社会保障领域,这种自我家长式治理观显然会对面向未来的决策产生一定的影响。

认为欲望和满足之间的差别可追溯到冲动或无自制力的案例研究,似乎要预设个人有完全或充分的信息。由于选择常常是根据不完全或不充分的信息做出的,造成事前和事后偏好出现差异的深层次重要原因似乎就是信息短缺。⑤ 这种观点虽然看起来很有说服力,但有一个明显的问题:由于获取信息的成本通常很高,因此,即使在理性行为的情况下,也可预期相当程度的无知。

---

① 请参阅本文第 38 个脚注中引用的文献。

② 关于对"无自制力"敏锐的分析,请参阅:J. Elster, *Ulysses and the Sirens* (rev. ed., Cambridge:Cambridge University Press, 1984), ch. 2; 以及同作者,"Weakness of Will and the Free-Rider Problem," *Economics and Philosophy*, vol. I, 1985, pp. 231—166。

③ 请参阅:A. C. Pigou, *A Study in Public Finance*, pt. 2, ch. 8, sec. 4, and *The Economics of Welfare*, pp. 24—25。

④ 关于跨期背景下采取自我家长式治理政策应对无自制力问题的作用有穿透力的跨学科研究,请参阅:J. Elster, *Ulysses and the Sirens*, ch. 2。

⑤ 在我的原始论文和给麦克罗的回复中,我都特别强调了有可能成为实施有益需要政策基本原因的信息短缺的重要性。请参阅:J. G. Head, "On Merit Goods," loc. cit., pp. 4—5; and "Merit Goods Revisited," loc. cit., pp. 215—216, 219—220。

然而,信息供应可能具有显著的公共性特点,因此,为促进知情的选择,公共干预可能有它的正当性。虽然为确立和扩展信息产权的概念而制定了大量且日益增多的立法,但信息具有外部性,似乎确实是经济生活中的一个极其重要的事实。因此,与庇古所说的情况不同,我们似乎可以清楚地看到,由于信息不完备或不充分,在更大、更重要类别的案例中,事前偏好和事后偏好可能会出现显著的差异。因此,为了促进知情的选择并减少虚假或误导性信息的传播,有益需要政策可被证明它的正当性。或许还应该强调,在这些案例中,有关的政策工具不应局限于提供或补充信息本身。在任何实际情况下,我们必须从各种备选方案中选择成本—效益比最高的方案,其中可能包括课征产品税和发放补贴以及其他针对消费者或供应商的税收或强制措施。① 但有可能,这类基于信息外部性的有益需要政策,从概念上讲,显然不太会引起争议;而且确切地说,可以与旨在在式(1a)表示的狭义消费者主权原则框架内实现个人偏好的公共品政策相提并论。

即使在实施了所有旨在内化信息外部性的帕累托最优相关策略以后,仍然会有相当程度的无知和不确定性困扰个人选择的情况。因此,就有了"从个人真实偏好的角度看,对明显偏好的任何进一步干预是否合理"的问题。不论怎样,一项在完全知情的情况下做出的选择表示一个难以达到的基准,因此,基于这种高阶偏好的进一步干预不可能持续。但是,个人在无知和不确定的情况下决策的问题确实提出了一些与有益需要具有一定相关性的问题。经济学家已经在决策理论文献中,对定义风险和不确定性条件下的理性行为所涉及的困难进行了一些深入、详细的分析,我们在此不再赘述。② 在个人和社会心理学的文献中也有相当多的证据表明,在非常不确定的情况下会出现强烈的非理性行为倾向。毋庸赘言,在有许多涉及这种复杂性的决策的情况下,把决策权交给政府可能是简化复杂选择和减少风险和不确定性的有用方式。我

---

① 关于有益需要文献中之前有关这个问题的讨论和辩论,请参阅:J. G. Head, "On Merit Goods," loc. cit., p. 5; C. E. Mclure, Jr., "Merit Wants: A Normatively Empty Box," loc. cit., p. 481; J. G. Head, "Merit Goods Revisited," loc. cit., pp. 219 – 220; D. A. L. Auld and P. C. Bing, "Merit Wants: A Further Analysis," loc. cit.; J. G. Ballentine, "Merit Goods, Information, and Corrected Preferences," loc. cit.; and S. Charles and T. Westaway, "Ignorance and Merit Wants," loc. cit.

② 关于最近进行的讨论,请参阅:J. Elster, *Ulysses and the Sirens*, ch. 3。

第十三章　有益品概念的定义及其特点

们无疑可以这样来解释在医疗、教育和养老等领域推行的相对简单、统一的公共供应策略获得出乎意料的有力、广泛的支持的原因。①

从前面的讨论似乎可以清楚地知道，有很多情况需要实施有益需要政策，根据真实偏好（P）来纠正他的明显或显示性偏好（I）。在这方面，至少偏好纠正概念不会引起争议，并且可以很容易地应用于非常狭义的消费者主权传统。个人在信息充分的条件下形成的偏好或真实偏好 P 与他的反映道德偏好或真正利益的 W 偏好的终极基准之间更深层次的区别，通过比较似乎会引出更大的挑战。确实有人怀疑，一旦消费者偏好由冲动或信息短缺造成的扭曲得到纠正，如果不诉诸"外部观察者"的威权手段，是否还有可能进行更加深入的价值批判。

然而，有一些相当明显和重要的例子，特别是关于心理失常和不成熟偏好的例子。在这些例子中，信息供应充分，至少从传统意义上讲是这样的，但显然不足以保证实际的选择有利于个人实现自己的真正利益。确实有一些临界个案，知情选择或者考虑周全的选择概念几乎就是自相矛盾。在保护儿童这个涉及面广且重要的领域实施有益需要政策，包括可能对医疗和教育等领域进行干预，由于上一节分析的信息不充分和选择冲动的原因，因此基本上都可被证明它们的正当性。如此看来，似乎没有必要进一步大幅度拓宽消费者主权概念的内涵，也不需要求助于任何外部规范。

当我们认识到即使信息充分、考虑周全的市场偏好也可能与个人的价值体系发生冲突时，就会发现其他满足和福利之间存在差异的例子。对于那些具有特定宗教、哲学或意识形态信仰的人来说，某些类型的市场决策可能会造成真正的道德问题。在医疗手段和保健领域，这方面的熟悉例子包括堕胎、输血、体外受精和安乐死，而卖淫、色情和种族或性别歧视则是这方面的另一些例子。在所有这些和许多其他类型的市场选择中，个人可能会遇到自己的品味和道德价值观发生冲突的问题。在这种情况下，似乎没有理由认为，应该根据个人的高阶偏好或道德价值观来纠正个人的低阶市场偏好。②

---

① 关于社会保障领域的相关情况，请参阅：P. A. Diamond, "A Framework for Social Security Analysis," *Journal of Public Economics*, vol. 8, 1977, pp. 275-298。

② 请参阅本文第 38 个脚注中引用的文献。

乍一看，对冲突性偏好排序的问题，似乎必须由个人自己通过内心斗争来解决。在既不存在任何形式的效用相互依赖，也没有"外部观察者"帮助的情况下，很难看到这种内心斗争的结果如何变成价值批判的主题，或者为实施有益需要政策奠定任何可能的基础。不论怎样，在这些个人道德问题与前面讨论的"无自制力"问题之间可以进行非常接近的类比。有可能在无自制力的常规情况下被证明正当性的相同预先承诺和家长式自我管理策略，也同样可被个人看作一种确保自己的高阶偏好或"更好的自我"享有适当优先权的手段。① 然而，这种观点也会造成一些问题，因为政府采取具有有益需要特点的措施，如立法禁止，通常必须是通用的和非歧视性的措施。由于那些有相关宗教、哲学或意识形态信仰的人经常想把自己的道德价值观强加给社区其他成员，就像他们希望实现家长式自我管理的好处，因此，这个问题就变得更加复杂。除非大家广泛持有相关的道德价值观，就像在一个同质和联系紧密的共同体里，否则，这种有益需要政策有可能引起高度争议，不但会与自由民主价值观发生激烈的冲突，而且也不可能与更加广义的消费者主权概念调和。不过，在自由民主的框架下，家长式自我管理型有益需要政策也许可以在各种各样的俱乐部内和志愿者协会内部推行，也可以由较低级别的政府在更加同质的社区里推行。

（二）效用相互依赖

不论怎样，还有人甚至试图通过承认效用相互依赖来拓宽个人主义或基于消费者主权的研究框架，从而接纳更加明确的精英主义和权威主义有益需要观。正如我们已经指出的那样，既有偏好的存在并不意味着个人不能关心他人的福利或消费模式。效用相互依赖，无疑也实际反映了个人偏好的内生性或社会决定性。但就目前的目的而言，我们可以方便地消除由偏好内生性引入的更深层的复杂性。

我们一旦承认效用相互依赖，就能解释和证明某些个体和群体由于无私

---

① 请参阅：J. Elster, *Ulysses and the Sirens*, ch. 2; 以及同作者, "Weakness of Will and the Free-Rider Problem." loc. cit. 关于"多重自我"的概念，请参阅：J. Elster (ed.), *The Multiple Self* (Cambridge: Cambridge University Press, 1986), Introduction.

关怀他人福利或道德健康或者因他人不道德的行为遭遇了负效用而把自己的道德价值观强加给社会的愿望的正当性。[1] 即使在传统的社会需要特点完全没有实际外部相互依赖的情况下，这种精神外部性的存在也可能由此为强加的选择奠定个人主义基础。[2] 在这个比较广义的个人主义框架下，就连诸如堕胎、卖淫和色情等方面最具争议的有益需要问题也可以在某种程度上，从精神外部性的角度来分析，而且不需要像上一部分内容那样，完全被作为个人良知的问题来处理。

然而，这种试图把一些有关有益需要的更难解决的道德问题纳入个人主义或消费者主权框架的努力又提出一些重要的问题。例如，森（Sen）已经指出，基于这种爱管闲事的偏好的干预主义策略有可能与传统的自由主义价值观发生冲突。[3] 在自由民主国家，民众确实有可能普遍同意：应该干脆把爱管闲事的偏好——无论意图有多么好——排除在外；这种市场行为应该完全是个人良心的问题。此外，许多爱管闲事的偏好的例子可能会非常严肃地质疑从纯粹的利他主义这个极端到恶毒或残酷的另一个极端的动机。[4] 即便是那些通常出于善意而毫不犹豫地承认效用相互依赖的人，也可能希望与嫉妒、施虐和幸灾乐祸划清界限。如果把效用相互依赖纳入福利框架，那么因此就可能需要对相关偏好函数进行一定程度的"清洗"。[5]

效用相互依赖概念的引入同样表明，有益需要特点中其他有争议的功能，特别是再分配功能，可能有它们的个人主义基础。马斯格雷夫已经通过单立

---

[1] 包括阿罗和布坎南（Arrow and Buchanan）在内的众多作者都承认这种可能性。例如，可参阅：K. J. Arrow, *Social Choice and Individual Values* (New York: Wiley, 1951); and J. M. Buchanan, "What Kind of Redistribution Do We Want?" loc. cit.

[2] 蒂布特和休斯顿（C. M. Tiebout and D. B. Houston）在早期的论文"Metropolitan Finance Reconsidered: Budget Functions and Multilevel Government," loc. cit. 中，强调了精神外部性在分析有益需要概念方面可能发挥的重要作用。还请参阅：J. G. Head, "On Merit Goods," loc. cit., pp. 15—16。

[3] 尤其请参阅 A. 森的原著："The Impossibility of a Paretian Liberal," *Journal of Political Economy*, vol. 78, 1970, pp. 152—157。

[4] 例如，可参阅：A. Sen, "Liberty, Unanimity and Rights," *Economica*, vol. 43, 1976, pp. 217—245; 以及同作者的"Personal Utilities and Public Judgements: or What's Wrong with Welfare Economics?" *Economic Journal*, vol. 89, 1979, pp. 537—558。

[5] 关于"清洗"偏好的一般性讨论，请参阅：R. E. Goodin, "Laundering Preferences," in J. Elster and A. Hylland (eds.), *Foundations of Social Choice Theory* (Cambridge: Cambridge University Press, 1986)。

的"部门"来解决有益需要特点再分配功能的问题,这至少隐含地意味着,个人偏好对于这个部门可能并无决定性意义。

总效用相互依赖

因此,随着霍奇曼和罗杰斯的开创性论文在1969年的发表,以下这种情况就变得非常清楚:如果富人无私关怀穷人的福祉或效用,那么收入再分配可以在个人主义框架内证明它的正当性。在总效用相互依赖的情况下,A的效用是B的收入Y^B(Y^B是B的效用的代理变量)的函数。于是,我们有:$U^A = U^A(Y^A, Y^B)$。如果效用相互依赖度足够高,以至于效用可能性边界曲线上出现向上倾斜的线段,那么在不求助于有争议的有益需要特点来进行价值判断的情况下,就可以根据标准的效率标准来证明收入再分配的正当性。例如,如果有很多中高收入者关心生活在贫困线以下的人的福利,那么再分配就会变成一种公共品,而私人慈善行为则无法提供令人满意的解决方案。只要满足适当的条件,总效用相互依赖的现象就可被用来证明具有最低收入保障性质的公共再分配计划的正当性,并且有助于解释战后时期西方工业化国家普遍接受的意义深远的福利国家措施。重要的是应该指出,在总效用相互依赖的条件下,现金转移支付显然是首选的帕累托最优再分配形式,因为受益人B更愿意接受现金转移支付,而且用Y^B表示的B的福利或效用也被纳入了A的效用函数。在这样的情况下,实物再分配只能是次优方案。

特定商品的效用相互依赖

不过,另一部分帕累托最优再分配文献与"特定商品的效用相互依赖"现象有关,这部分的帕累托最优再分配文献始于奥尔森(Olsen)和布坎南在20世纪60年代末发表的原创性论文。奥尔森和布坎南在这篇论文中,把实物再分配作为一种最优解来介绍。[①] 在特定商品效用相互依赖的关系下,富人的效用并不取决于穷人的福祉或效用,而是取决于他们对具有特殊分配意义的商品的消费,特别是取决于诸如医疗、教育和住房这种马斯格雷夫笔下的有益品。因此,A的效用可以写成$U^A = U^A(Y^A, X^B)$。式中,X^B表示B对一种有益品的消费。在这种情况下,一种适用于有益品的标准庇古式实物补贴不仅

---

① 尤其请参阅:J. M. Buchanan,"What Kind of Redistribution Do We Want?"loc. cit.; and E. O. Olsen,"A Normative Theory of Transfers,"*Public Choice*, vol. 6, 1969, pp. 30—57.

可用来实现负责纵向再分配的分配部门的目标,而且可以通过内化所涉及的精神外部性来实现配置部门的效率目标。因此,马斯格雷夫的再分配性实物补贴有益需要似乎很容易与个人主义或消费者主权框架相调和。马斯格雷夫在他提交给1969年比亚里茨(Biarritz)会议的论文以及随后发表的论文[1]中,都着重强调过这个问题。这些策略并不比外部性或公共品的标准案例经常提倡的实物补贴或免费供应策略更具"家长式干预"的色彩。

然而,最近的特定商品效用相互依赖模型分析清楚地显示,通常都不能以这种方式证明收入再分配——无论是采取现金还是实物形式——的正当性,因为 B 消费有益品所涉及的精神外部性,能够在无须给 B 带来任何再分配收益的情况下完全被内化。[2] 实际上,在简单的两种商品情境下,很容易看出,想要实现配置部门的目标,既可以通过对 B 消费的烈酒征税,从而降低他的效用,也可以通过补贴他对某种有益品(如住房)的消费。我们最多可以说,在同时存在两种——总效用和特定商品效用——相互依赖的情况下,具有再分配性质的实物补贴可被作为合并分立的配置部门和分配部门职能的一揽子措施,而任何再分配分量都可被证明它的正当性,但仅仅是从总效用相互依赖的角度来审视。[3]

初次再分配和"无知之幕"

当然,总效用相互依赖现象的性质和程度是一个基本尚未得到探索的经验问题。任何社会都很可能只有很少的再分配能以这种方式证明它的正当性。分配部门从规范的角度看是适当的目标,可能由此需要接受更加严格的、更具精英或有益需要性质的价值评判。马斯格雷夫在评论霍奇曼—罗杰斯的原创论文时进行了明确的区分,用他的原话来说,可能需要进行"初次"和"二

---

[1] 请参阅:R. A. Musgrave, "Provision for Social Goods," loc. cit., pp. 143−144;以及同作者,"Merit Goods," loc. cit.

[2] 请参阅:G. Brennan and C. Walsh, "Pareto Desirable Redistribution-in-Kind: An Impossibility Theorem," *American Economic Review*, vol. 67, 1977, pp. 987−990; also G. Brennan, "Pareto Optimal Redistribution: A Perspective," loc. cit., pp. 248−50。

[3] 请参阅:G. Brennan and C. Walsh, "Pareto Desirable Redistribution-in-Kind: An Impossibility Theorem," loc. cit., p. 989; and G. Brennan, "Pareto Optimal Redistribution: A Perspective," loc. cit., pp. 249−250。

次"(或者帕累托最优式的)再分配。① 关于有益需要概念的基本偏好纠正特征,价值评判是指在偏好有可能因偏见和自利等原因而被扭曲的富人的效用函数中赋予穷人的收入多大的权重。

不论怎样,有学者在调和更具威权政治色彩的"初次再分配"概念和为了纳入与道德有关的 W 型偏好[见上文的社会福利函数式(1c)]而适当重新表述的个人主义框架方面做出了重要贡献。因此,布坎南、图洛克(Tullock)和约翰·罗尔斯在他们的开创性论文中,试图使用"无知之幕"这个构念对受到嫉妒、偏见和自利等因素影响的个人偏好进行纠正,并根据纠正过的个人偏好来确定分配部门的目标。② 按照罗尔斯的说法,通过要求个人在进行具有名副其实的宪法或准宪法性质的决策时表现得好像并不知道任何特殊的个人因素或特征可能决定他们在市场机制下的收入或"既得利益"的方式,来构建一种与道德相关的个人主义框架。关于分配问题,他们主要强调,如果人人都厌恶风险,那么很可能通过一致同意的方式来设定很高的收入分配下限。③ 不过,还应该强调,即使在完全没人厌恶风险的情况下,"无知之幕"这个构念也允许效用相互依赖或个人道德观对适当的收入分配形式的影响不受有可能反映个人既得利益现状的偏见的约束。

在效用相互依赖的情况下,现金转移制或最低收入保证计划显然是在"无知之幕"下进行"初次"再分配的工具。但与此同时,运用罗尔斯的"基本善"概念(其内涵远远超出了收入和财富禀赋,还涉及医疗和教育等领域的各种具体权利和机会),也能证明某种程度的实物再分配的正当性。④ 因此,在"无知之幕"下,从宪法或准宪法的视角出发,以机会平等为由特别强调某些马斯格雷

---

① 请参阅:R. A. Musgrave, "Pareto-Optimal Redistribution: Comment," *American Economic Review*, vol. 60, 1970, pp. 991—993。

② 请参阅:J. M. Buchanan and G. Tullock, *The Calculus of Consent* (Ann Arbor: University of Michigan Press, 1962); and J. Rawls, *A Theory of Justice*。

③ 去除可能的抑制效应,并假设人人都厌恶风险,就能在完全平等的收入分配这个问题上达成一致。这个观察结果可以追溯到 P. A. 萨缪尔森的"A. P. Lerner at Sixty," *Review of Economic Studies*, vol. 31, 1963/64, pp. 169—178。最近的研究主要关注罗尔斯的小中取大原则,并把它作为权衡"公平"和激励方面的依据。请参阅:J. Rawls, *A Theory of Justice*。

④ 关于基本善的定义,请参阅:ibid., p. 62。关于教育的具体案例,请参阅:ibid., pp. 101, 107, 275。

夫式的有益品的分配，可能是适当的。在他最近的讨论中，马斯格雷夫本人也越来越强调这种类别公平论。而且，这种公平论似乎不太容易受到上述针对特定商品效用相互依赖背景下以实物进行二次再分配论点的反对。①

跨期和代际维度

分配部门的核心问题是给社会福利函数中的个人效用或福利指标确定适当的权重。这个问题显然具有极其重要的跨期和代际维度，而对有益需要具有很大相似性质的考量则出现在这些更深层次的维度上。

某个特定个体的偏好因时而变，就是这方面一个非常恰当的重要例子。当然，从某种程度上说，这样的偏好变化无疑反映了下一部分要考察的涉及偏好内生的学习和相关的社会现象。但与此同时，偏好的显著变化也仅仅是生物发展的结果，从这个意义上说，所提出的问题可以在有益需要的框架内得到妥善的考虑。举例来说，我们已经在上述不成熟偏好的例子中提到过有益需要的问题，把经过深思熟虑并在知情条件下形成的偏好的适当个人主义基准应用于广泛的选择，就要求充分重视个人的成熟偏好或未来自我。这个结果实际上是通过父母做出监护选择，并约束父母保护子女不受严重虐待且不疏于行使这种强制性监护权取得的。

在庇古的个人自我调节能力有缺陷、个人偏好有可能再次表现出跨期不一致性和/或非理性的例子中，同样的问题也出现在成熟成年人的身上。② 在这里，必须再次确定应该把哪些偏好包括在内。但实际上，问题就是，即使在成熟成年人的情况下，个人的当下和未来自我之间的跨期效用相互依赖是否总能用来得出令人满意的结果？或者，是否应该对当下个人作为未来自我监护人的强制力施加一定的限制？虽然支持成熟成年人自由选择的推定显然依旧是强推定，但我们之前认为，在无自制力总名义下的考量为推行具有家长式

---

① 例如，请参阅：R. A. Musgrave and P. B. Musgrave, *Public Finance in Theory and Practice*, 4th ed., pp. 79, 99—100; and R. A. Musgrave, "Merit Goods," loc. cit. 关于早期的有益需要文献，尤其请参阅：J. G. Head, "On Merit Goods," loc. cit., pp. 7—8。

② J. 埃尔斯特(J. Elster)根据斯特罗瑟(R. Strotz)的开创性论文(Myopia and Inconsistency in Dynamic Utility Maximisation, *Review of Economic Studies*, vol. 23, 1955/56, pp. 165—180)，很好地区分了由跨期不一致偏好造成的问题与由纯时间偏好造成的基本的庇古非理性问题。他还论证了减少或消除个体选择跨期不一致性的策略可能有助于也可能无助于降低非理性的程度。请参阅：J. Elster, *Ulysses and the Sirens*. ch. 2, sec. 5。在以下讨论中，我们只关心非理性问题。

自我管理特点的有益需要政策奠定了合理的基础,而推行有益需要政策就涉及把部分未来取向的决策权交给政府。因此,有一点似乎是清楚的,那就是有益需要政策会导致赋予当前和未来自我偏好的权重发生一定程度的变化,但未必会导致对广义的个人主权框架的任何偏离。

然而,同样的问题也会出现在代际平等的背景下,而且更具挑战性,这一代人的当下选择可能不但会对未来的自我,而且会对未来几代人产生重要的影响。即使我们不直接引用庇古关于政府必须充当未来几代人的监护人的精英政治或威权政治论断,相关文献长期以来也一直认为,如果当代人无私地关心未来几代人的福利,那么从某种意义上说,政府可能就是依据效用的相互依赖性扮演监护人的角色。在这里,我们再说一遍,个人"无自制力"为推行有代际维度的家长式自我管理型有益需要政策提供了依据,但有一点似乎很明显,那就是如果这种观点能让我们看得更远,未来取向的利他主义就必须远远超越父母对直系后代的关心。由于对于任何一个特定的社会来说,这种面向未来的利他主义力量可能会遇到严重的问题,因此,一个从规范角度来看足以能站住脚的代际平等概念,通常必须求助于更具精英政治和威权政治色彩的论点。按照基本偏好纠正观,这一代人在自己的效用函数中只赋予未来几代人的福利很小的权重,这可再次被视为自利、短视或漠不关心等扭曲性影响因素造成的结果。

但是,所有这些困难,包括这个论点明显的家长式作风特点,至少从原则上说,都可以通过罗尔斯的"无知之幕"这个被适当表达为包括代际维度的构念来克服。在这个构念的表达式中,这一代的个体被要求就好像自己不知道实际属于这一代或者未来哪一代那样行为。[①] 可以肯定的是,在这个过程中,概念规范和任何实际或可行的近似之间的可信度差距会以惊人的方式扩大。但不论怎样,实际执行的问题必然与伦理或规范的问题截然不同,我们将在第五部分从一般和比较具体两个方面来考虑执行的问题。

---

① P. 达斯古普塔(P. Dasgupta)在他的论文("On Some Alternative Criteria for Justice between Generations," *Journal of Public Economics*, vol. 3, 1974, pp. 405—423)中,深入探讨了具体说明适当的罗尔斯储蓄规则的问题。

第十三章 有益品概念的定义及其特点

(三)偏好的内生性

虽然效用相互依赖性的存在未必就意味着偏好的内生性,因而大致与个人需要既定并外生决定的传统福利框架相容,但很明显,人显然是一种社会动物,个人偏好严重受制于社会环境。因此,举例来说,在明显偏好、欲望或爱好排序"最靠后"的级别 I 级上,个人需要明显受到他人的行为和意见的影响。的确,时尚的影响在于,就很多消费选择的重要方面而言,决策即便不是实际听命于相关选择方面的"专家""领袖人物""权威"和"舆论制造者",也是委托他们做出的。可以理解的是,那些对幼稚的消费者主权观持批评态度的人,尤其是加尔布雷思和西托夫斯基[1],对这方面的观察结果做了很多评论。当然,我们的确可以通过这种方式来证明旨在保护个人——特别是在广告方面——不受一些明显不可接受的故意为之的偏好操纵的影响而推行的有益需要政策的正当性。不论怎样,这些政策很容易与更加广义、复杂的消费者主权框架调和。除此之外,I 级或 I 型偏好的社会决定,甚或 P 型偏好的社会决定,似乎与有关规范问题的个人主义和主观主义方法十分相容。在很大的范围内,个人的偏好可能会在无意中受到社会互动的影响,但不会对基于广义的消费者主权的规范框架产生任何性质的问题。

就像 I 型偏好和 P 型偏好,个人的 W 型偏好虽然反映了个人的伦理观或道德价值观,但同样受到社会环境的有力制约。个人的观点在这方面可能比在其他任何方面都受到包括父母、老师和与他个人可能有联系的世俗或宗教社团组织的领袖在内的"有关权威"的严重影响。同样,很多重要选择的决定权可能真正交给了有关权威,甚或很多重要的选择都听命于有关权威。宗教领袖对堕胎、避孕、卖淫和色情等重要的个人和社会问题的看法会产生社会影响,这方面不乏历史和当代的例子。对于任何一种个人主义的福利框架而言,由于存在强迫或强制命令接受相关 W 型偏好的社团组织,因此有可能造成明显的问题。可以肯定的是,在某些情况下,也许可以说,确实有真正的授权,一种主要源于某些宗教、哲学或意识形态信仰性质的授权。举例来说,最高的道

---

[1] 尤其请参阅:J. K. Galbraith, *The Affluent Society*, and T. Scitovsky, *Papers on Welfare and Growth*, pt. C.

德权威可能被认为衍生于一些由当前的领导阶层或某些僧侣阶层解释的基本文本或经文。不过,显然也会出现以下这种情况:当前的领导层可能试图把自己对当前道德问题的看法强加给别人,然后令人信服地辩称,根本就不应该执行他们的命令。在个人主义规范框架的背景下或者在自由民主社会,有益需要政策由此可能被证明对于保护各类组织的成员不受其领导人在社会经济道德问题上的强制性偏好操纵来说是合理的,因为有关信仰自由的基本个人主义理想被认为是危险的。例如,这些政策措施可能包括限制国家对宗教组织经营的教育机构的援助。

在偏好内生性的背景下,可以适当强调历史在个人及社群偏好和价值观的演变方面所起的关键作用。一般来说,只有根据某一特定社会的历史遭遇,才能充分解释在某一特定时间点主导很多社会和经济问题的规范或价值观。无论这些价值观是否以某种正式的方式或许"根植于"某个具有法律或道德权威的书面文本或宪法,有关重要社会问题的看法在特定社会的历史环境下出现,并在家庭内部以及通过学校和各种其他社团组织更加正规的教育过程得到传播或巩固。马斯格雷夫最近在《新帕尔格雷夫词典》中重新阐述了有益需要概念,特别强调了这些"社团价值观"作为保护重要历史遗迹、尊重国家法定假日、关心环境以及尊重知识和艺术等方面有益需要政策基础的作用。[①] 马斯格雷夫正确地强调指出了这些根植于社会历史的政策的保守主义和保护主义特征,并且认为,即使那些不认同这些政策所反映的价值观的人士,也很可能毫无疑问地接受这些政策。在这方面,归根结底,最重要的是,保护或保留确定社会经济关系并决定其意义、稳定性和有用性的作为共同文化的公共资本,包括体现或反映在政治和法律体系中的基本制度和相关价值体系、共同的语言或共同的宗教传统。[②] 旨在巩固或保护共同文化的重要方面并防止这一

[①] 请参阅:R. A. Musgrave,"Merit Goods,"loc. cit. 在马斯格雷夫关于有益需要概念的观点中,R. A. 马斯格雷夫和 P. B. 马斯格雷夫首先是在《财政理论与实践》(R. A. Musgrave and P. B. Musgrave, *Public Finance in Theory and Practice*, 3rd ed., 1980, pp. 83—87)中的"共同需要"(communal wants)名下讨论了这类特殊的有益需要,并且带有更加浓郁的"有机"味道。这一重要发展似乎在 N. 安德尔(N. Andel)进行的本应值得称道的"集注"分析("variorum" analysis)(N. Andel, "Zurn Konzept der meritorischen Güter," loc. cit.)中遭到了忽视。

[②] 例如,可参阅:J. M. Buchanan, *The Limits of Liberty* (Chicago: Chicago University Press, 1975), ch. 7。

第十三章　有益品概念的定义及其特点

代人做出包括多数人决策在内的考虑不周或短视行为的政策,有可能在无须求助于社团"有机"观的适当准宪法视角下得到几乎一致的支持。

然而,同样重要的是,应该认识到,环境在历史进程中可能发生巨大的变化。社团价值观和当前的有益需要政策保守的历史性质,虽然对社会和经济关系的稳定性和可预测性做出了重要的贡献,但结果可能会对社会当前的需要极为不利。在一个迅速变化的世界里,随着知识的进步和教育的普及,我们普遍能够注意到,适合较早历史时期的规范和政策有可能变得完全不合时宜、失去作用。因此,当前基于过去某个时期——或许遥远的过去,"社会偏好"的有益需要政策可能会变得不易接受,而会遭到那些在特殊社会或经济道德问题上不认同传统智慧的社会成员的强烈反对。在有关堕胎、避孕和卖淫等问题的共同宗教"遗产"中很容易找到这样的例子,由政治动荡或大规模移民建立或改变的多元文化社会,遇到了语言政策以及种族、性别和宗教歧视等方面的困难和分裂问题。技术进步造成的生物伦理方面颇具挑战性的问题,如体外受精研究,提供了更多的例子。有争议的有益需要问题显然不能通过过分强调稳定性和连续性的方法来得到解决,更不用说得到永久性的解决了。因此,如果要适当应对变化和技术进步的挑战,就需要适当动态地改变社会的共同偏好和有益需要政策。

不论怎样,认识到变化的必然性和不可预测性——也许还有社会规范和态度发生松散关联变化和波动的可能性,确实至少在一个非常重要的方面大大强化了马斯格雷夫提出的那种自然资源保护政策的主张。举例来说,阿罗和费雪(Fisher)已经根据维斯布罗德(Weisbrod)早期发表的关于"期权价值"(value of the option)的论文证明,自然资源保护者有充分的理由主张对会给自然环境、历史遗迹等造成不可逆转的影响的投资决策进行管制,因为基于期望值的决策必然会忽略在技术、产品需求和社会态度不可预测的变化的影响下未来时期可能需要的"增加发展"或"减少发展"调节成本之间的极端不对称性。① 遗产法、历史遗迹保护和污染防治措施在过去都可以被作为这个名义下的有益需要政策证明其正当性,而同样的论点显然也可以更加广泛地适用于保护共同文化更重要特征的政策。

(四)作为泛化有益需要的社会需要

到目前为止,除了马斯格雷夫关于某些标准有益品例子(如医疗和教育,显示了社会品的特点,并且提出了偏好被扭曲的问题)的评论外,我们还没有直接质疑在概念上对社会需要和有益需要之间所做的传统区分。正如布坎南和其他学者所强调的那样,随着效用相互依赖概念的引入,我们可以在一个广义的社会需要框架内讨论很多偏好纠正的问题。这也适用于信息外部性和我的原创性论文讨论的各种与不确定性相关的非专有性问题。从这个意义上说,似乎很明显,有益需要的问题可以简单地作为广义的社会需要来处理。

本文的"新意"在于,在结合冲动或无自制力(即经典的亚里士多德"无自制力"问题)对偏好进行排序分层的基础上,提出了偏好纠正问题这个深层次的范畴。在适当的制度视角下,个体可以主动采取预先承诺、家长式自我管理或委托选择等策略来提高自己的偏好排序或实现更好的自我。不过,在这类问题的一些比较重要的例子中,包括代际公平问题和马斯格雷夫提出的"社群价值观",似乎显然同时涉及一个重要的社会需要维度。因此,比方说,我们已经把"共同价值观",包括共同的语言,说成是作为公共资本的重要分量构成了共同文化。因此,我们正在讨论的问题,在很大程度上是一个社会需要问题。而且,从这个意义上说,在践行道德价值观和提高偏好排序的过程中涉及的、我们用冲动或无自制力来刻画其特点的问题,可以简单地被认同为公共品研究中的标准"搭便车"问题。

我们的基本观察结果确实是:"社群价值观"或"道德偏好",包括正义和公平观,在社会互动的历史过程中,(即便不是很大一部分,至少也是)部分演变

---

① 请查阅:B. Weisbrod,"Collective-Consumption Services of Individual-Consumption Goods," *Quarterly Journal of Economics*, vol. 78,1964,pp. 471—477; C. J. Cicchetti and A. M. Freeman,"Option Demand and Consumer Surplus: Further Comment," *Quarterly Journal of Economics*, vol. 85, 1971,pp. 528—539; K. J. Arrow and A. C. Fisher,"Environmental Preservation, Uncertainty and Irreversibility," *Quarterly Journal of Economics*, vol. 88,1974,pp. 312—319。

成了理性的社群对泛化的"搭便车"问题做出的回应。① 从这个意义上讲,共同文化的主要特征的确可以被恰当地描述为公共资本———一种社会为满足社会需要所需的重要投入品。根据现代公共品文献,我们显然可以从囚徒困境博弈重复过程中出现的"合作"或"对社会负责"的行为中找到共同价值观和道德行为的历史演化范式。② 公共品研究对少量和大量互动之间所做的基本区分在这些实验中显然具有非常直接的相关性,因为"搭便车"(也就是不负责任的行为)的倾向或诱惑在大量互动的情况下会变得更加明显或强烈,而且更有可能在反复尝试或重复博弈的经历中存续下来。③ 不过,这条完整的论证思路也清楚地表明,从某种基本意义上讲,所有的社会需要问题都可以被看作结合冲动或无自制力"提高"或"降低"偏好排序层次的泛化有益需要问题。因此,多重偏好观创立了一种能够涵盖从有益需要到一般社会需要全部问题的个人主义规范理论。

五、政策执行问题

由以上讨论可知,道德或福利相关型偏好的终极规范基准,显然是要求相当苛刻。那些 W 型偏好必然是考虑周全、内涵深邃的偏好,无论是静态还是动态地看,都是通过关注历史和未来获得充分信息以后形成的偏好。不过,定义这种偏好是一回事,而具体说明这种偏好能够得到尽可能充分表达的制度环境和社会决策机制则是另一回事。

财政学文献传统上是根据 I 型偏好提供的朴素的消费者主权基准所存在的缺陷来界定有益需要的概念,而 I 型偏好被用最简单的行为学术语表述为在市场机制下显示出来的偏好。然而,通过(比如说)民主政治过程能否实际

---

① 例如,可参阅:A. Schotter, *The Economic Theory of Social Institutions* (Cambridge:Cambridge University Press,1981); and R. Sugden, *The Economics of Rights, Co-operation and Welfare* (Oxford:Blackwell,1986).

② 例如,可参阅:A. Sen,"Choice,Orderings and Morality,"in S. Körner (ed.), *Practical Reason* (Oxford:Blackwell,1974);特别是可参阅 R. M. Axelrod, *The Evolution of Cooperation* (New York:Basic Books,1984).

③ 例如,可参阅:J. M. Buchanan,"Ethical Rules,Expected Values,and Large Numbers,"*Ethics*, vol. 76,1965,pp. 1—13.

完成重大改进,仍然是一个有待认真考证的问题。布伦南和洛马斯基在他们最近发表的重要论文[①]中,严厉批评了我之前分析这个问题的尝试,但我认为他们的批评是正确的。我在1966年的论文中运用了唐斯(Downs)模型,但没有发现任何有关有益需要通过政治过程比通过市场更有可能得到表达的推论[②],而布伦南和洛马斯基则发现一个关于有益需要可以通过政治过程来满足的推论。

布伦南和洛马斯基的研究从解构中间选民模型入手。几十年来,中间选民模型一直被视为包括唐斯模型在内的直接和间接或代议民主模型需求驱动理论中的佼佼者。总的来说,这些模型为通过民主政治方式供应社会品的前景进行兼具理论和经验性质、相当乐观的实证和规范分析提供了工具。布伦南和洛马斯基的这项研究可以被合理地称为现代公共选择运动的"原力光明面"(light side of the force),与以官僚政治的作用和寻租或收入最大化动机的重要性为基础的供给驱动理论所代表的"原力黑暗面"(dark side of the force)形成了鲜明的对照。

布伦南和洛马斯基根据布伦南和布坎南(Brennan and Buchanan)的开创性论文[③],对中间选民模型进行了批评。他们的批评基于这样一个观察结果:在大量的多数决模型中,任何一个选民具有决定性并由此影响实际政治结果的可能性极小。当然,这个观察结果为著名的"投票悖论"奠定了基础,但是,布伦南和洛马斯基,就像布伦南和布坎南一样,要超越投票行为来追寻如何投票这个核心问题背后的逻辑。由于影响政治结果的可能性可以忽略不计,因此,必须从履行公民义务和/或表达对某些受欢迎的候选人、政党或意识形态立场的支持——就如同为本地足球队助威呐喊——可获得直接消费利益的角度来说明如何投票和为何投票。[④] 就像在涉及社会需要的情况下,个人会通过政治过程,以投票表达自己观点的方式来满足自己的政治或者V型偏好,

---

① 请参阅:J. G. Head,"On Merit Goods,"loc. cit. . sec. 6; G. Brennan and L. Lomasky,"Institutional Aspects of 'Merit Goods' Analysis,"loc. cit.

② 请参阅:A. Downs,*An Economic Theory of Democracy* (New York:Harper and Row,1957)。

③ 请参阅:G. Brennan and J. M. Buchanan,"Voter Choice:Evaluating Political Alternatives,"*The American Behavioural Scientist*,vol. 28,1984,pp. 185—201。最早的论文出现于1982年。

④ 请参阅:G. Brennan and L. Lomasky,"Institutional Aspects of 'Merit Goods' Analysis,"loc. cit. ,p. 188.

第十三章　有益品概念的定义及其特点

而不是试图通过工具性投票来更好地满足自己的Ⅰ型或市场偏好。

这样就会出现关于这些政治或Ⅴ型偏好性质的重要问题。例如，它们能否令人信服地与道德或与福利相关的W型偏好的终极规范基准相提并论？当然，无论是传统还是现代有关选民行为和动机的政治学文献都有关于这种观点的内容，而这种观点显然为所谓的"公共利益"政治理论奠定了基础。当然，这是一个"天真"的假设，一种关于政治的现代经济学理论想要用更加现实的政客选票最大化假设，而不是"福利"最大化假设取而代之的假设！[1]

布伦南和洛马斯基认为，确实有这样一种强推定：通过投票表达的偏好包括一些福利相关型基准偏好，因为行为有操守的个人由于没有满足自己的市场或Ⅰ型偏好而须付出的代价，就如它们所显示的那样，因政治过程的特殊性而大幅度下降。因此，在民主政治过程中极有可能出现满足有益需要这种反映个人考虑更加周全、经过深思熟虑或更有见地的偏好的行为。[2] 显然，Ⅴ型偏好可能也要求提供像医疗、教育和国防等具有重大社会需要特征的服务。社会需要由此可以通过政治过程来得到满足，尽管在某些情况下，这只是满足有益需要或其他直接消费利益（如"支持"某个受欢迎的候选人或政党）的副产品。也许更一般地，平心而论，社会需要就如同有益需要，基本上不太可能通过政治过程来得到满足。事实上，我们已经在前文讨论过类似的问题。

不论怎样，我们是否能够确保只要是从相关的W型偏好的角度证明具有正当性的政策就能付诸实施，这才是在通过政治过程执行政策方面的关键问题。[3] 从这个角度看，布伦南和洛马斯基的研究很不让人放心。虽然，不但在

---

[1] 请参阅：A. Downs, *An Economic Theory of Democracy*. 在科尔姆和唐斯之间，进行了值得关注的交换。还请参阅：G. Colm, "In Defense of the Public Interest," *Social Research*, vol. 27, 1960, pp. 295—307; and A. Downs, "The Public Interest: Its Meaning in a Democracy," *Social Research*, vol. 29, 1962, pp. 1—36.

[2] 请参阅：G. Brennan and L. Lomasky, "Institutional Aspects of 'Merit Goods' Analysis," loc. cit., pp. 203—204. 在传统的财政学文献中，格哈德·科尔姆很能代表一种非常相似的观点。除了上面提到的他与唐斯的对话以外，尤其请参阅：G. Colm, "National Goals Analysis and Marginal Utility Economics," *Finanzarchiv*, N. F., vol. 24, 1965, pp. 209—224. 科尔姆写这篇论文的灵感来自我对林达尔用边际效用概念重新阐述受益理论的肯定评论。请参阅：J. G. Head, "Lindahl's Theory of the Budget," *Finanzarchiv*, N. F., vol. 23, 1963/64, pp. 421—454.

[3] 请参阅：J. G. Head, "Welfare Methodology and the Multi-Branch Budget," loc. cit., pp. 412—413.

民主政治的神话中,而且在民主政治的现实中,重要的社会和道德问题确实常常是有意义的讨论和思考的主题,但是,把民主政治过程的喧嚣等同于理想化的制度环境是一种愚蠢的做法,因为理想化的制度环境要求除了与伦理相关的 W 型偏好外不能表达任何观点。正如布伦南和洛马斯基认识到的那样,投票过程同样可以成为表达种族主义、仇外、偏执、(前向和后向双向)短视和考虑极不周全的偏好的工具。① 在民主竞选活动的高潮中,选民的偏好可能会受到几乎每一种可以想象得到的形式的操纵,就像市场环境中最糟糕的广告泛滥那样。因此,必须承认,选举过程有可能无法让选民表达 W 型偏好,而可能导致选民表达反映不纯洁情绪(如可能很大程度上被个人在市场过程中对自身经济利益的关注所抑制的怨恨和嫉妒)的 B 型偏好。废除作为表达个人市场偏好或 I 型偏好的工具的中间选民模型,非但不能为满足有益需要的福利政治奠定基础,反而使我们基本倒退到传统政治学的悖论和含糊不清上来。

虽然一些令人印象深刻的理论架构仍然牢固地建立在个人主义方法论的基础上,却主张通过提升决策过程而非具体结果的质量来克服所有这些和其他困难,从而成为最高的规范性权威。在公共财政/公共选择文献中,詹姆斯·布坎南的现代契约论研究就代表了这种观点。② 布坎南在他的研究中试图明确推导出最有可能让与福利有关的偏好得到表达的适当制度框架。布坎南的理论架构牢固地建立在帕累托标准的基础上,在政治执行层面代表了维克塞尔全体一致同意观。但与维克塞尔的一致同意观不同,布坎南的共识要求以传统契约的方式适用于宪法或准宪法层面,却不适合当期决策。在这个框架中,W 型偏好可望在一个个人确切的经济地位和既得利益即使并非完全不可预测,也可以被认为在不那么明确的扩展时间序列里选择个人偏好和行为约束规则的宪法和准宪法决策中找到自己的表达机会。有些有益需要政策,包括再分配政策,有可能在最初的立宪决策过程中得到选择和巩固。

但更一般地说,有益需要问题可能必须在后立宪阶段,根据"多数决原则"

---

① 请参阅:G. Brennan and L. Lomasky,"Institutional Aspects of 'Merit Goods' Analysis,"loc. cit.,pp. 203—204。

② 尤其请参阅:J. M. Buchanan and G. Tullock,*The Calculus of Consent*;J. M. Buchanan,*The Limits of Liberty*。

来确定,而这些规则有可能在宪法层面通过一致同意的方式来选定。正如我们刚才已经看到的,对"多数决原则"的研究充其量只能提供有限的理由让我们对有益需要政策的执行前景感到乐观,而通过求助于后立宪阶段一致同意的要求,情况绝不可能得到改善。① 由于这些决策通常有跨期性质,明确旨在一段时间里约束或制约社会,因此必然有一些适合这种选择情境的切实可行的"无知之幕"的特征。但很明显,这在很大程度上取决于相关问题的准立宪法特征得到充分广泛承认的民主成熟度以及选民个人采取的适当的反思态度。因此,在一个根据布坎南模型构建的真正崇尚个人主义的社会里,通过民主政治过程来执行有益需要和社会需要政策,有可能远远达不到任何概念性和明确规范性的罗尔斯式的理想。② 显然,仅仅通过适当地选择政治决策过程是无法保证取得令人满意的结果的。因此,重要的是,应该坚持对基于相关道德或 W 型偏好的规范基准与一套像布坎南契约主义政治理想那样的决策过程进行明确的概念区别。即使最终可以证明,基于契约原则的政治制度为崇尚个人主义的社会提供了可行的最佳实践框架,而且相关的道德偏好有可能在这个框架里得到满足,但情况仍然明显如此。

六、总结性思考

30 年前,马斯格雷夫提出了有益需要的概念。自那以来,这个概念基本上被用来描述各种个人欲望或事前偏好——就如它们可能会在一种朴素的市场环境(没有公共品或外部性问题)中显示的那样——可能需要纠正的情境。因此,有益需要概念显然对消费者主权原则的终极规范性权威提出了一些疑问。但公平地说,在过去 30 年里,财政学文献有关有益需要的讨论和辩论在阐明这个神秘概念或者推进对这个神秘概念的理解或接受方面只做出了较小

---

① 除了在布坎南和图洛克的原创性研究强调的维克塞尔式一致同意规则下要付出大得多的决策成本之外,布伦南和洛马斯基在最近的一篇论文中强调指出,还有一个更大的困难,即由于在行使否决权方面的囚徒困境问题,因此还存在一种类似的投票表达自己观点,而不是进行工具性投票的动机。请参阅:G. Brennan and L. Lomasky,"Inefficient Unanimity," *Journal of Applied Philosophy*, vol. 1, 1984, pp. 151—163。

② 请参阅:J. Rawls, *A Theory of Justice*。

的贡献。

不过,一些更加直接相关的学科和子学科在阐明有益需要概念或者推进对这个概念的理解或接受方面取得了重大的进步。在福利经济学中,包括在社会选择和公共选择的相关领域,有学者为了拓宽有益需要研究的分析框架,至少为了以初步的方式解决一些更具挑战性但以前被忽视的问题,已经进行了认真的尝试;而且,这些尝试又得到了社会哲学等相邻学科做出的贡献的有益补充。因此,本文的主要目的是试图对有关有益需要概念的传统财政学研究以及这些有关领域的一些看似更加重要的洞见进行全面的重述和整合。虽然我们很难说取得了全面和权威性的结论,但我相信它确实有助于阐明一些与有益需要概念的规范地位和政策相关性这个核心问题有关的问题。

因此,不难理解,关于有益需要概念的规范地位,如何区分有益需要概念和个人主权概念相容与不相容的情况以及把区分这两种情况的界限划在哪里的问题,是我们的基本关切。为此,显然有必要,譬如说,对"家长式自我管理"和"自愿委托他人选择"与"强迫他人选择"和"强制性偏好操纵"进行区分。就像本文已经指出的那样,个人偏好排序分级,就如庇古、海萨尼、森、罗尔斯和其他学者认为的那样,结合埃尔斯特详细阐述的"无自制力"概念,显然有可能运用"预先承诺""家长式自我管理"或"委托选择"等概念为一些否则明显具有强制性的政策奠定非常宽广的个人主义理论基础。结果就是创立了一种关于有益品的统一的个人主义规范理论,这种规范理论的渗透力和适用范围可与阿罗、布坎南、霍奇曼和罗杰斯等学者为接受精神外部性而对标准外部性分析进行的更为熟悉的扩展媲美。事实上,多重偏好理论可用来表明一般外部性理论存在一些重要的局限性,并可用来证明"清洗偏好"性质的各种制约条件的正当性。的确,如前文所表明的那样,多重偏好理论奠定了一种能够涵盖全部有益需要和广义社会需要问题的个人主义规范理论。

我在1966年的论文中一上来就尽可能对有益需要的概念进行概括和扩展,并且强调了我引用的案例的相似性和共同特征。我们能够理解,随着讨论的深入,看问题的视角和所关注的重点会发生变化。在回顾1987年马斯格雷夫为《新帕尔格雷夫词典》写的词条文章时,谈到了马斯格雷夫本人着重强调了所举例子的差异性和多样性。在大约六种主要的类别中,他对消费者主权

第十三章 有益品概念的定义及其特点

规则受到限制但没有质疑其基本前提的例子与那些对消费者主权规则构成更基本挑战(但没有强加于人的选择)的例子做了非常宽泛的区分。按照马斯格雷夫目前的观点,只有后一种例子才可被视为体现了社群价值观、多重偏好、家长式给予和类别公平,并且具有真正的有益需要内涵。

我在本文中所做的分析表明,情况恰恰相反,而且我相信,它坚定了关于有一条主线贯穿所引用的大多数例子(如果不是全部例子的话)的看法。举例来说,我们觉得无自制力为庇古的短视例子中的家长式自我管理政策和强制推行道德偏好奠定了共同的基础;而对于马斯格雷夫来说,只有后者现在才有资格列入"有益需要"的名下。我们显然可以同样的方式,在无须诉诸任何社群"有机"观的情况下,证明以"社群价值观"为基础、旨在保护共同文化并防止当代社会成员采取考虑不周或短视行为的政策的正当性。同样,在特定商品效用相互依赖的背景下,要在标准的外部性问题和马斯格雷夫的典型有益需要的"家长式给予"例子之间做出有意义的区分并不容易。在这两种情况下,实物补贴似乎都与个人主权相容。在我看来,马斯格雷夫的区分由此不成立。但按照马斯格雷夫的观点进行基本的概念区分,也许仍然是可能和有用的,因为,无可否认,在真正的家长式自我管理或真正的自愿委托选择与强制性选择或强加于人的选择这两个极端之间,有一个不同程度地介于两者之间的情况的连续统。埃尔斯特对自愿选择与"说服""诱惑"和强迫(按与个人主义基准不相容程度的升序排列)进行的区别,似乎就是在这种背景下才具有启发性。[①] 当然,任何这样的区分,如果不进行概念界定,都是极其困难的。

现在,我们终于可以谈谈政策相关性的问题了。在规范层面证明有一个相当明确且有意义的根据偏好纠正特征来定义的有益需要概念之后,当然仍有必要证明这个概念是否具有任何政策相关性。根据布伦南和洛马斯基最近完成的研究,我们必然可以明确得出以下结论:一些有益需要政策很可能在政治层面得到了实施。事实上,有益需要政策在政治层面实施的可能性并不小于社会需要政策在政治层面的实施。但是,这并不等于说,对作为观察员的政策分析人士来说,确定或诊断是否存在有益需要政策是一件简单甚至可行的

---

① 请参阅:J. Elster, *Ulysses and the Sirens*, pp. 81—83。

事情。事实上,标准的有益或有害需要例子(如医疗、教育或药物滥用)的多维度特性,使得直接诊断是否存在有益需要政策几乎是不可能的。例如,在基础教育的情况下,监护选择、社群价值观、类别公平和社会需要或(物质和精神)外部性等须考虑的重要因素都不可分割地交织在一起。当然,对主要有益品的多维特性的强调是马斯格雷夫最初讨论这个概念的研究的一个重要特点,也是我本人1966年研究的一个特点。

查尔斯·麦克罗在对我的研究的早期评论中,把有益需要的概念说成一只规范空匣子;而我在自己的论文中坚持认为,即使在麦克罗所假设的个人主义框架下,情况也并非如此。不过,从我在1966年的论文中分析唐斯模型的情况来看,我(反常识地)认为,这个概念,无论是它的个人主义还是强制形式,往往是一只实证空匣子。但根据本研究,我将不可避免地得出以下结论:有益需要这只匣子虽然依旧有点"黑",但我们可以说,无论是从规范还是从实证的角度看,它都是一只装得很满的匣子。如果要避免使用"蠕虫罐头"[①](can of worms)这个平淡无奇的替代标签,就必须开展跨学科的深入研究和详细分析。我本人的观点是,由有益需要概念提出的问题是令人满意的经济或社会政策分析的核心,而不是边缘问题。

---

① 有"一团糟"或"棘手的问题"的意思。——译者注

第二节　有益品的属性和相关性[①]

艾伦·G.普尔斯菲

艾伦·G.普尔斯菲(Allan G. Pulsipher)表示，有益品的概念有两个区别于私人品和公共品概念的必要特点。第一个特点——有外部性存在——把有益品与私人品的概念区别开来，而第二个特点——有被扭曲的偏好存在——则把有益品与公共品的概念区分开来。普尔斯菲赞同马斯格雷夫关于民主程序有能力干预市场过程。不过，普尔斯菲认为，经济学家应该分析和评估对市场经济进行政治干预的原因。这样做又会导致对公共预算进行更加相关的分析。

本文将致力于讨论和批评马斯格雷夫最初提出的"有益品"概念以及其他学者后来对有益品概念所做的阐述。本文的目的是：①讨论有益品概念的不同要点；②建议对有益品和社会品之间的关系做出一致的解释；③提出一个说明内在于有益品概念分析问题的几何模型。

※　※　※

马斯格雷夫对有益品的讨论

马斯格雷夫在1957年发表的《公众家庭的多重理论》(Multiple Theory of the Public Household)[②]的初步设想中只是简单提到了"有益品"的概念，

[①] 本文在征得作者允许后转引自：Allan G. Pulsipher,"The Properties and Relevancy of Merit Goods," *Finanzarchiv* 30 (1971—1972):266—268。艾伦·G.普尔斯菲是南伊利诺伊大学卡本代尔分校(Southern Illinois University at Carbondale)经济学系的教师，也是该校商业研究所的代理所长。他要感谢商业研究所在他准备这篇论文期间给予的帮助。他还要感谢纽约城市大学亨特学院(Hunter College, City University of New York)的赫伯特·盖尔(Herbert Geyer)教授和杜兰大学(Tulane University)的理查德·E.瓦格纳(Richard E. Wagner)教授对本文早期草稿进行了有益的评论。

[②] Richard A. Musgrave: "A Multiple Theory of Budget Determination," *Finanzarchiv*, Vol. XVII, No. 3 (September, 1956), pp. 333—343.

并在他更重要的论著《公共财政理论》中对这个概念进行了阐释。但与这本书的其他部分相比,这方面的阐释就显得不那么用心。

马斯格雷夫写道,用有益品来满足的需要"用受排他原则支配的服务来满足,而在有效需求的范围内则由市场来满足"[1]。如果社会的政治系统认为这些需要"如此有益,以至于要通过公共预算拨款来满足,而不是由市场来满足,并由私人买家付费"[2],那么,这些需要就变成了"有益需要",即用有益品来满足的需要。马斯格雷夫还建议把有益品的对应产品称为"有害品"[3]。在有害品的情况下,国家会动用它的权力来确保有害品的产出小于自由市场能提供的产出。

马斯格雷夫列举的有益品或有害品例子包括政府补贴的学校午餐、政府补贴的廉租房、免费教育和对烈酒征收的奢侈品税。在这每个例子中,这些项目的产出显然不是大于就是小于没有政府具体参与时的产出。因此,从这个意义上说,政府"干预"了社会成员个人的偏好。

马斯格雷夫设问道:"在一种与民主体制社会相关的规范理论的前提下,这种'干预'怎么能被认为是合法的呢?"马斯格雷夫指出,他所称的"极端个人主义"立场显然会阻碍对这种干预是否合法的评判。[4] 不过,他又认为,极端个人主义并不是一种"明智的观点"[5]。

他提出了国家正当干预个人偏好的两个理由。他提出的第一个理由是,"看似有益需要的需要有可能包含大量的社会需要元素"[6]。马斯格雷夫以教育为例指出,市场的产出将取决于个人对自己根据收入消费教育服务所获得收益的评价;但是,当社会部分成员在消费教育服务时,其他成员也能从中受益。除其他结果以外,教育消费增加能够取得的一个结果就是,培养效率更高

---

[1] *Theory of Public Finance*, p. 13.

[2] Ibid.

[3] Charles M. Tiebout and David B. Houston, "Metropolitan Finance Reconsidered: Budget Functions and Multi-Level Governments," *Review of Economics and Statistics*, Vol. XLIV, No. 4 (November, 1962), pp. 412—417.

[4] *Theory of Public Finance*, p. 13.

[5] Ibid.

[6] Ibid.

第十三章　有益品概念的定义及其特点

的劳动力,更有识别能力的选民,而且按照传统观念,还能结识更有吸引力的伙伴。但是,这种辩护具有误导性,它不能证明通过供应有益品来干预个人偏好的正当性,但能证明供应社会品的正当性。当市场没有按照个人偏好生产产品时,就需要政府供应社会品。就教育而言,市场只对直接消费教育服务的个人可获得的收益做出反应。由于一般社会成员的收益不会在市场配置过程中得到反映,因此,政府有理由确保教育服务的供应量大于市场供应量。不过,这可不是对个人偏好的干预,而是试图调整社会产出,从而使它更加符合社会全体成员的个人偏好。

关于通过供应有益品来干预个人偏好的正当性,马斯格雷夫提出的第二个理由涉及他所说的"学习和领导的问题,而学习和领导则是合理定义民主社会的重要元素"[①]。他认为,个人偏好神圣不可侵犯的前提是"建立在完全了解和理性评价市场的假设之上的"[②]。当然,这个前提几乎没有被解释为,未成年人、智障者或罪犯的偏好也应被尊为神圣不可侵犯。但是,马斯格雷夫又对他提出的第二个理由进行了引申,除了不能合理指望经济中这些群体拥有足够的信息以使他们的偏好得到尊重之外,还有一些产品会给消费者造成评价方面的特殊问题,而教育就是这样一种产品。马斯格雷夫认为,"知情者(受过教育的人)比不知情者(没有受过教育的人)更能明显地感受到教育的好处"[③]。换句话说,教育就是一种它的价值一直要到教育服务被实际消费后才能容易评估的产品。这是一个大多数经济学家熟悉的论点,而且在约翰·斯图亚特·穆勒(John Stuart Mill)的《政治经济学原理》(*Principles of Political Economy*)和其他经济学家的著作中都有相当详细的论述。[④] 但是,马斯格雷夫暗示,与对以往的经济学家相比,这个论点对当代经济学家可能更有意

---

① Ibid.
② Ibid.
③ Ibid.
④ (London:Longman,Green and Co. ,1909.)穆勒认为,有许多种类的产品没有得到市场有效需求的"适当"评价。然而,与当前的主题更具相关性的是,他认为,市场需求在反映"那些主要有助于提高人类素质的东西"对个人的价值方面显得特别力不从心(ibid. ,p.953)。在这一点上,他说得很清楚。他写道:"未受过教育的人没有能力评判教育的价值。最需要变得比较聪明、比较优秀的人通常最不希望这样;即使他们想要改变自己,也无法通过自己的方式找到改变自己的途径。在自愿的情况下,如果目的不是想要的,那么根本就不会寻找达到目的的手段,这种情况将会不断发生"(ibid.)。

义。他写道：

> 在现代经济中,消费者受到广告的影响;广告通过大众传播媒介来刺激消费者,试图左右消费者的选择,而不是向消费者提供完整的信息,从而有可能扭曲消费者的偏好结构,因此必须设法予以纠正。①

如果能确定个人偏好被如此扭曲,那么政府以不同于这些被扭曲的偏好所指示的方式配置资源,就是合理的。

这虽然看起来很简单,却是马斯格雷夫讨论有益品使用的基本架构。除了提醒"满足有益需要是一个危险的任务"②(因为难以区分极权式干预和民主干预)外,马斯格雷夫没有更详细地讨论诸如偏好如何被"扭曲"、如何确定偏好是否实际被扭曲或者应该如何确定有益品的最优产量等问题。

约翰·G.海德、查尔斯·麦克罗和诺伯特·安德尔最近在这本杂志上发表文章,试图详细阐述或评价马斯格雷夫提出的有益品概念。③

有益品的特点

海德在他第一篇论述有益品的文章中,把有益品定义为"个人因知识不完善而选择消费过少的产品",并且又补充说,"对称地,'有害'品可被定义为个人由于知识不完善而会选择消费过多的产品"。海德区分了三类他认为内在

---

① *Theory of Public Finance*, p. 14.
② Ibid.
③ 海德的两篇文章分别是:"On Merit Goods," *Finanzarchiv*, Vol. XXV, No. I (March, 1966), pp. 1—29; "Merit Goods Revisited," *Finanzarchiv*, Vol. XXVIII, No. 2 (March, 1969), pp. 214—225。其中,后一篇文章是为了回复查尔斯·麦克罗的文章[Merit Wants, "A Normatively Empty Box," *Finanzarchiv*, Vol. XX. VII, No. 2 (June, 1968), pp. 474—483]而写的;诺伯特·安德尔写"Zur Diskussion über Musgrave's Begriff der 'Merit Wants'," *Finanzarchiv*, Vol. XXVIII, No. 2 (March, 1900), pp. 209—211"这篇文章也是如此。卡尔·S.舒普(Carl S. Shoup)在他的新书《公共财政》(*Public Finance*, Chicago: Aldine Publishing Company, 1969)中也提出了一个有趣和刺激的替代方案,来讨论许多与有益品概念相关的问题。本文最初只讨论马斯格雷夫的书和海德的第一篇文章,然后在麦克罗的文章发表后进行了修改,并且在海德的第二篇文章和安德尔的文章发表后又做了进一步修改。对原始论文的修改相对较小——特别是关于这篇原始论文与海德第二篇文章和安德尔的观点的关系。有人认为,如果充分论述本文与后两篇文章之间的相似和不同之处,就会导致本文远远超出合理的限度,就像充分论述舒普的新书一样。

于有益品或有害品的问题：①由个人偏好"扭曲"造成的问题；②由个人收入分配的性质造成的问题；③由有益品和社会品之间关系的性质造成的问题。海德认为，虽然有益品通常同时表现出这三个特点，但这三个特点是"不同且独立的特点"，而且"它们之间没有任何必然的联系"。① 下面的论证将考虑有益品与其中每一种特点之间的关系，并且得出以下与海德不同的结论：按照一贯的定义，有益品总是同时表现出上述第一和第三个特点，即由个人偏好扭曲造成的问题以及由有益品与社会品之间关系的性质造成的问题。

海德还认为，有益品的概念是马斯格雷夫的论著②的两个"核心贡献"之一。查尔斯·麦克罗对这种评价提出了疑问。他认为，有益品"在基于个人偏好的公众家庭规范理论中没有立足之地"③。此外，麦克罗认为，海德严重误解了有益品概念，因为他认为，是不完全信息，而不是对个人偏好的干预，才是有益品概念的必要条件。下面的论证试图证明麦克罗的论点是正确的，即海德对有益品的解释与马斯格雷夫对这个概念的最初表述不一。但是，他认为有益品概念是"一只规范空匣子"，这在很大程度上是一种同义反复，原因就在于，他对"基于"个人偏好的规范理论所做的正统但过于严格的定义。我们无意赘述这后一个问题，因为海德和安德尔已经对它进行了广泛而又深入的论述。④

偏好扭曲问题

海德讨论了两个造成偏好扭曲的原因：不确定性和非理性。他给不确定性下的定义比经济学理论通常采用的不确定性定义要宽泛得多，他把不确定性等同于个人信息的不完全或不准确。这个定义对于解释海德或者马斯格雷夫所说的被扭曲的偏好并不是很有用。正如海德承认的那样，获取信息的成本很高，因此，理性的个人即便不是绝不也很少把自己的偏好建立在完全和准

---

① *Finanzarchiv*, Vol. XXV, No. 1, p. 28.
② Ibid., p. 1.
③ *Finanzarchiv*, Vol. XXVII, No. 2, p. 14.
④ *Finanzarchiv*, Vol. XXVIII, No. 2, pp. 209—225.

确的信息的基础上。①

这意味着,如果海德把被扭曲的偏好与并非基于完全和准确的信息上的偏好等同起来,那么所有理性的个体都会有想必需要纠正的被扭曲的偏好。进行传统的边际分析,就能计算出"理性"的无知程度,并可把被扭曲的偏好定义为基于超出理性的无知程度的偏好。但是,这样做不仅会把被扭曲的偏好等同于非理性行为(这是海德和马斯格雷夫二人都不愿做的事情),而且会使有益品的概念失去很多直观吸引力。我们来举一个极端的例子,一个仅能维持生计的佃农对其后代受教育的偏好所依据的"理性"无知程度可能相当高,但很少有人会争辩说,这种"未被扭曲的"偏好应该被视为神圣不可侵犯。

海德讨论的第二个扭曲偏好的原因就是非理性本身,他认为,"即使信息是完全和准确的,被扭曲的偏好的概念仍然有可能成立……可以想象,个人即使掌握了全部的相关信息,也仍有可能做出错误的选择"②。海德将心理失常和不成熟行为作为这种情况的例子,海德承认,即使在这些"明显的例子"中,也"很难从不完全和不正确的信息中把明显的非理性从被扭曲的偏好的来源中分离出来"③。的确,很难把儿童或智障人士定义为完全知情者。正因为讨论这种非理性但完全知情的行为组合如此困难,所以这个案例似乎没有足够的现实意义,因此与经济理论家没有任何关系。

正如海德所强调的那样,偏好扭曲的问题的确是马斯格雷夫关于有益品概念的讨论的实质所在。但是,他和马斯格雷夫似乎都没能非常精确地定义何为被扭曲的偏好,或者精确地确定造成偏好扭曲的可能原因。

麦克罗对海德关于不完全信息导致的问题的讨论进行了批评,并且把批评的矛头直接指向海德的明确结论:信息不完全就是干预个人偏好排序的理由。麦克罗认为:"虽然公共行动由于个人知识不完全而可能是可取的,但纠

---

① Ibid., p. 4. 为了谨慎起见,应该补充说明,信息成本必须追加信息增量回报递减的假设,才能合理得出从理性行为中可推导出无知的结论。对于任何个人来说,信息都要受到回报递减规律的影响——这是大多数经济学家熟悉的论点。关于信息回报递减的形式推论,请参阅:Anthony Dow 的 *An Economic Theory of Democracy*, New York: Harper & Brothers, 1957, pp. 238—259。

② *Finanzarchiv*, Vol. XXV, No. r, p. 6.

③ Ibid., p. 6.

正信息不完全并不一定就要侵犯消费者主权。"①麦克罗的这一论断显然是基于信息是免费产品的假设,因为在附于这段话后面的解释性脚注中,麦克罗补充道:"我们忽略了一个至关重要的问题,即在一个获取和传播信息并非无成本的世界上,掌握多少信息才算是最佳水平呢?"②如果信息不是无成本的,那么麦克罗的论断就不能成立。知道自己掌握的信息少于最佳信息量的个人,也许会赞同旨在向他提供补充信息的公共行动。然而,知道自己知道得不够多,通常就意味着知道得很多。难就难在,让那些没有意识到自己缺少信息的人明白自己缺少信息。如果那些"没有意识到自己缺少信息"的人知道旨在向他们提供补充信息的公共行动成本很高,他们要承担其中的部分费用,那么我们就没有理由相信他们会默许这种行动。因此,这样的行动可能会涉及干预他们的偏好。

收入分配问题

海德认为,与有益品有关的第二大类问题是由收入分配造成的。海德指出,马斯格雷夫在他的有益品讨论中援引了廉租房和学校免费午餐的例子,并且认为,由于只有廉租房而不是一般住房被认为是有益品,因此,"在一些重要的情况下,有益品会造成一种相当特殊的分配问题;在这些情况下,分配的目标部分是按照这些特定产品的分配,而不仅仅是按照收入来确定的"③。

重要的是,应该记住,而且海德也是明确这么做了,马斯格雷夫关于预算旨在满足社会和有益需要的资源配置职能的讨论是基于以下这个假设的:预算的"收入分配职能部门"同时调整实际收入分配,使实际收入分配符合按伦理标准制定"预期"或"适当"的收入分配方案。在这种适当的收入分配方案既定的情况下,政府为什么要通过改变市场生成的选择状况(如在廉租房的例子中),或者通过强制消费某些产品(如教育)来干预个人的偏好呢?在适当的收入分配方案既定的情况下,政府似乎只有在担心有些消费者会在自由市场条件下可选替代方案既定的情况下做出"不正确"的选择时才应该进行干预。一

---

① *Finanzarchiv*, Vol. XX. VII, No. 2, p. 477.
② Ibid., note 2.
③ *Finanzarchiv*, Vol. XXV, No. 1, p. 7.

且实际收入分配达到"适当"分配的状态,政府对个人偏好进行有益品型干预的唯一理由就是出现了"偏好被扭曲"的问题。

这个结论与海德得出的结论正好相反。他曾反问道:"那么,被扭曲的偏好和适用于特定产品的分配目标之间是否存在任何必然的联系?"①他的回答是:"原则上,两者在概念上截然不同,而且不需要任何发生关系的方式。"②

海德似乎混淆了政府在"现实世界"中的行动方式和马斯格雷夫为政府应该如何行动开出的处方背后的逻辑。在"现实世界"中,政府确实会以实物形式把收入转移支付给低收入的个人。美国的剩余产品和食品券计划以及英国的医疗保健计划就是明显的例子。但是,除非涉及偏好"扭曲"的问题,否则,进行这种实物形式的收入转移,只不过是一种政治上的权宜之计。那些纯粹出于分配动机而希望把收入转移支付给低收入个人的政治决策者,只有与那些认为低收入群体普遍存在偏好"扭曲"问题的政治决策者结盟才能取得成功。无论如何,我们似乎都不可能同意海德的观点,即内在于马斯格雷夫有益品概念中的偏好扭曲问题和收入分配问题在概念上是两个截然不同且毫无关系的问题。③

麦克罗还讨论了实物形式收入再分配与有益品之间的关系,他再次把重点放在这种再分配是否必然导致对个人偏好的干预这个问题上。麦克罗根据政府想要实现的目标,描述了三种涉及实物收入再分配的情况。麦克罗认为,如果政府的目标是尽可能保证全体个人消费某种产品的最低水平,而且技术上可能,法律允许转售转移支付的实物,那么这种转移支付只不过是一种"麻烦的一般购买力再分配方式"④,但没有涉及对个人偏好的干预。但是,如果交易成本并非低到可以忽略不计,那么实物转移支付的价值就会小于同等原始成本的货币转移支付。因此,对于那些选择转售转移支付实物的个人来说,根据定义还是发生了偏好干预。

麦克罗同样认为,在从技术上讲不能并且法律也不允许转售,但可以拒绝

---

① Ibid., p.8.
② Ibid.
③ Andel 看上去认可这一观点。
④ *Finanzarchiv*, Vol. XXVII, No.2, p.480.

接受转移支付实物的情况下,这种转移支付并不存在干预个人偏好的问题。但是,如果这种转移支付的费用由大家一起分摊的话,那么,那些拒绝实物形式转移支付的人的偏好,再次根据定义,仍然会遭到干预。麦克罗认为,如果政府的目标是确保个人确实消费转移支付的实物,那么唯一可行的做法就是向那些不愿消费转移支付实物的人行贿。麦克罗认为,强迫消费显然会干预个人偏好,因此,虽然这种强制"可能在实践和理念上都存在"[①],但它与构成马斯格雷夫分析基础的规范性前提相悖。

查尔斯·蒂布特(Charles Tiebout)和大卫·休斯顿(David Houston)以不同的方式探讨了有益品与收入分配之间的关系。[②] 他们为实物形式的收入转移单列了一个不同于有益品的产品类别,并把它称为"必需品"。他们认为,廉租房不应该被看作有益品,因为在收入分配更加平等的情况下,廉租房可能不再被视为"有益",即有可能不再需要政府补贴。这种必需品的概念在本质上把有益品仅限于那些被认为是"有益"的产品,而不论收入分配情况如何。这个概念作为一种分类方法可能是有价值的,而且实际上可能与马斯格雷夫原来的"有益品"概念一样有用,因为它更适用于收入分配不"适当"的情况。然而,在一个基于从伦理上看是正确的收入分配的规范理论中,如马斯格雷夫的理论,政府通过补贴或直接强制干预个人偏好,就意味着存在"被扭曲的"偏好和由此产生的"不正确的"选择。

社会品问题

海德认为,内在于马斯格雷夫有益品概念的第三类问题,涉及一些有益品与社会品共有的特点。虽然海德或马斯格雷夫没有对这类问题进行广泛的讨论,但是,它们在公共预算决定理论中具有根本的分析重要性。基于有益品和社会品间的关系所提出的问题,不但涉及马斯格雷夫希望在这两个概念之间做出区分的核心问题,更重要的是,还涉及公共品理论据以创立的分析前提的核心问题。为了讨论有益品与社会品之间的关系,我们不妨看看以下这张转

[①] Ibid., p.481.
[②] *Review of Economics and Statistics*, Vol. XLIV, No.4, pp.495—516.

引自马斯格雷夫原著并被他用来区分私人需要、有益需要和社会需要的表格。①

表 13—2—1　马斯格雷夫对私人需要、有益需要和社会需要的分类

消费者主权适用程度	外部性水平或社会收益占比		
	百分之百	部分	零
完全适用	1	2	3
部分适用	4	5	6
完全不适用	7	8	9

我们将按数字顺序逐一讨论表中各不相同的情形。

情形 1：纯社会需要

这种极端外部性与消费者主权原则完全适用性的组合，即由神圣不可侵犯的个人偏好表和收入决定的产出，对应于用纯社会品满足纯社会需要。如果个人对此类产品的偏好已知，且社会福利函数既定，就能确定此类产品的最优产量。

正如马斯格雷夫和其他学者认为的那样，从可引用的完全符合这个案例定义的标准的政府活动相对较少这个意义上说，这种情形是一种"极端情形"，具有分析和探索意义，但描述的意义非常有限。②

情形 2：社会—私人需要混合

与情形 1 所描述的需要相比，这类需要要用更加典型地反映政府实际活动的产品来满足。这类产品为直接消费它们的个人带来了私人或可专享的收益，而且为全社会的其他成员也带来了收益。如果个人对这类产品的偏好是

---

①　Musgrave, *Theory of Public Finance*, p. 89. 虽然这本书初版的序言和其他章节都没有提到这张表和转引页上的讨论，但它们出现在了这本书第五版及其后的版本中。

②　Musgrave, *Theory of Public Finance*, p. 8; Stephen Enke, "More on the Misuse of Mathematics in Economics," *Review of Economics and Statistics*, Vol. XXXVII, No. 2 (May, 1955); and Julius Margolis, "A Comment on the Pure Theory of Public Expenditure," *Review of Economics and Statistics*, Vol. XXXVII, No. 4 (May, 1955), pp. 347—349.

已知的,就可以确定这类混合社会—私人品的理论最优产量。① 确定这种产品最优产量的标准与情形 1 相同——个人的偏好和收入。任何有益品项下的个人偏好干预都不会内在于涉及这种产品的情形。

情形 3：纯私人需要

满足这类需要的产品不会产生任何外部性。个人对这类产品的消费既不会给社会其他成员带来任何好处,也不会把任何成本强加给他们。属于这个类别的产品历来受到经济学家的广泛关注。

一旦涉及表中第一行的任一情形,就会遇到有益品问题。对第一行三种情形进行考察,就能清楚地显示有益品概念的难点和模糊的地方以及与它相关的问题。

情形 4：社会—有益混合需要

这种只有部分"消费者主权"原则适用性的极端外部性情形,意味着需要一种可被贴上"社会—有益混合产品"标签的产品来满足这种需要。这个组合表示一种个人对纯社会品的偏好被"扭曲"的情形。这类产品可能具有相当大的相关性。社会品规范理论采用帕累托标准来定义社会品的最优产量,对这种理论的一个比较常见的批评基于以下论点：个人极难评估许多社会品产生的收益,因此,把个人偏好作为确定社会品最优产量的依据具有误导性。② 情形 4 也让人想起约翰·肯尼斯·加尔布雷思在《丰裕社会》(*The Affluent Society*)③中提出的有关公共品偏见具有说服力的论点。

---

① 例如,可参阅：Musgrave, *Theory of Public Finance*, p. 89, footnote number 2; Milton Kafoglis, "Highway Policies and External Economies," *National Tax Journal*, Vol. XXVI, No. 1 (March, 1963), pp. 68—78; or M. V. Pauly, "Mixed Public and Private Financing of Education," *American Economic Review*, Vol. LVII, No. 1 (March, 1967), pp. 120—130。

② 格哈德·科尔姆在其文章["Comments on Richard A. Musgrave's 'A Multiple Theory of Budget Determination'," *Finanzarchiv*, Vol. 18, No. 1 (March, 1957), pp. 52—55]中更全面地阐述了这种观点。关于比较私人和社会品评价困难的一般性讨论,请参阅：Musgrave, *Theory of Public Finance*, pp. 11—12 and pp. 86—88; James M. Buchanan, "Individual Choice in Voting and the Market," *Journal of Political Economy*, Vol. LXII, No. 4 (August, 1954), pp. 334—343。关于个人偏好有可能被扭曲的社会品的具体种类以及导致个人偏好被扭曲的原因的值得关注的讨论,请参阅：Anthony Down's, "Why the Government Budget is Too Small in a Democracy," *World Politics*, Vol. XII, No. 3 (July, 1960), pp. 541—563。

③ Boston：Houghton Mifflin Co., 1958. 特别是第 10、11 和 18 章。

情形 5：社会—有益—私人混合需要

满足这类需要的产品能产生个人专享的特殊收益，也能创造大家共享的一般收益，但个人对这类产品的偏好是"扭曲的"。就像在上一种情形中那样，财政学文献表明，这类产品可能也有相当大的相关性。马斯格雷夫和海德都表示，大多数有益品属于这类产品；但海德似乎把这类产品与第二种情形中用于满足社会—私人混合需要的产品混淆在了一起。海德在他第一篇论述有益品的文章中表示，在偏好扭曲问题和社会品问题之间"没有必然的联系"[1]。这话倒是没有说错，但是，如果对产品的偏好没有"扭曲"，那么就没有理由采用不只是根据这些偏好来决定最优产量的方式来干预这些偏好。换句话说，除非偏好被"扭曲"，否则这种产品就不是有益品。

情形 6：有益—私人混合需要

没有任何外部性而只有部分消费者主权原则适用性的组合提出了一个颇有启发性的问题。简单地说，这个问题就是：是否应该合理地认为有这种产品存在？也就是说，如果个人对某种产品的消费不会产生任何外部性，那么，为什么就不能适用消费者主权原则，或者像在本情形中那样，只能"部分"适用消费者主权原则？有人可能会争辩说，个人能够并且可能确实对私人品有扭曲的偏好。但是，如果反映某人扭曲偏好的选择以任何方式影响到另一个人，那么似乎就有外部性存在。有人可能会证明并非不存在这类产品，可采用的一种方法就是蒂布特和休斯顿试图对有益品与社会品表现出来的不同外部性进行的区分。他们曾写道：

> 有益品与社会品一样具有外部性，但这种外部性本质上是精神外部性。这种观点承认这样一个事实，即个人的效用函数包括其他人对有益品和有害品的消费。有益品和社会品的区别在于社会动机不同。宣称某种产品有益的公民相信这种产品对个人"有益"，因此他们鼓励消费这种产品。这种产品的外部性表现为公民的"精神收益"(psychic income)；社会品的外部性比较客观，供应社会品的动机就是要让全体公民享受如果他们各行其是就会丧失

---

[1] *Finanzarchiv*, Vol. XXV, No. 1, pp. 8—10.

的外部性。①

蒂布特和休斯顿对有益品与社会品表现出来的不同外部性进行的区分具有一定的直观吸引力,当然与马斯格雷夫论证的主旨和使用的术语相容。这种区分法的缺点在于,它的核心概念"精神收益"还没有被证明对分析非常有用。这个概念虽然不新,但一直没有正式的定义。因此,它是否能成为一种非常有鉴别力的分类工具值得怀疑。关于收益"客观性"的提法,情况也是如此。与低收入家庭的孩子因政府为他们上学的学校提供免费午餐而获得的收益相比,个人因政府建造军舰或登月火箭而获得的收益似乎就不那么"客观"。这样看来,如果我们并不希望根据"精神收益"或收益的"客观性"来进行区分,则不存在满足情形6的产品。如果我们接受上述推理,则可以得出一个关于有益品的重要结论:就像偏好扭曲问题内在于有益品概念,社会品的问题也同样如此。

这种观点似乎与保罗·萨缪尔森(Paul Samuelson)在他专门论述社会品理论的第二篇文章中提出的观点相似。② 萨缪尔森在这篇文章的结论部分写道:

> 有人甚至斗胆试探性地怀疑,应该仔细审查政府的毫无已确定公共品痕迹(也毫无先前所说的相关特点)的任何职能,以确定它们是否真的是政府的合法职能。③

情形7:社会—有益混合需要

就像情形4一样,这类需要要用社会—有益品来满足,情形4和情形7之间的区别在于,消费者主权原则"部分适用"于情形4的产品,但"根本就不适用"于情形7的产品。这两种情形表明一种马斯格雷夫和海德都没有讨论过的区别。政府可以对有益品或有害品的情形做出两种截然不同的反应。政府可以利用自己的强制力来改变个人做出选择的条件,如提供免费或低收费教育,或通过征收高额税收来提高致醉饮料的市场价格;或者,政府可以迫使个

---

① *Review of Economics and Statistics*, Vol. XLIV, No. 4, p. 414.
② *Review of Economics and Statistics*, Vol. XXXVII, No. 4, pp. 350—356.
③ Ibid., p. 356,强调重点。萨缪尔森用"公共品"这个术语来表示马斯格雷夫和本研究所说的"社会品"。

人以某种方式行事,也就是说,政府可以强制个人上学或禁止他们饮酒。换句话说,情形4可被概念化为一类要用以下产品来满足的需要:具有完整外部性、产量不只取决于个人的偏好和收入,而且个人能自由决定愿意消费多少就消费多少的产品;而能够满足情形7中需要的产品,可被概念化为具有同样特点但个人不能自由决定是否消费的产品。①

情形8:社会—有益—私人混合需要

满足这类需要的产品是社会—有益—私人混合品,具有与满足情形5中需要的产品相同的特点。两者的区别在于:在情形5中,个人可以行使自由裁量权;而在情形8中,个人必须行使自由裁量权,而义务基础教育就是这类产品的一个例子。

情形9:有益—私人混合需要

我们在情形6中所做的论证同样适用于这类需要。如果不诉诸"精神收益"或收益"客观性"的概念,这种情形就无法与公共预算决定理论所依据的基本、规范和民主假设相调和;换句话说,就不存在满足这种需要的产品。

马斯格雷夫把社会需要、有益需要和私人需要分成九种混合组合情形,我们对这九种情形进行了建议性解释。图13-2-1根据以下三个特点之间的关系对我们的解释进行了图示。

(1)向某人提供某种产品与外在于这个人的收益或成本的相关程度。极端情形是这样一种纯社会品的情形:只向社会某个成员提供这种产品,会对社会其他每个成员产生相同的收益或成本。

(2)向某人提供某种产品与这个人特有的收益或成本的相关程度。极端

---

① 这种区分与约翰·斯图亚特·穆勒关于政府干预类型的区分非常相似。穆勒写道:"我们必须从区分政府的两种干预开始。政府这两种干预在性质和结果两个方面大相径庭,而且由于干预的理由不同,因此需要迫切程度截然不同的动机。政府的干预可能扩展到对个人自由行动的控制。政府可以禁止所有人做某些事情,或者禁止他们在未经授权的情况下做这些事情,也可以要求他们做某些事情……这是政府的命令式干预。政府还可以进行另一种非命令式干预:例如,政府不是发号施令并通过诉诸处罚手段来强制执行自己的命令,而是采取它很少采用的主要旨在提出建议和披露信息的方法;或者,让个人自由动用自己的手段来追求任何大家都感兴趣的目标,政府不干预个人,但也不把这种目标完全交给个人去实现,而是与在允许个人有自己的安排同时建立政府自己的机构来达到同样的目的……政府自己办中小学或者大学教育就是一个例子,而规定任何人未经政府许可不得担任青少年的教师则是另一个例子。政府可能还会创建不掌握任何不利于私人银行和制造业的垄断权的国家银行或政府工厂。"(*Principles of Political Economy*, p. 942.)

情形是这样一种纯私人品的情形:向某人提供这种纯私人品,不会对任何其他人带来收益或产生成本。

(3)供应某种产品涉及干预个人偏好的程度。对个人偏好的干预可分为两种类型。一种干预就是,以比按严格遵守个人偏好规定的原则构建的私人、社会或私人—社会混合模型下的最优条件更加便宜或者较贵的价格,供应数量更大或者较小的产品。实际上,这种非强制性干预会改变可供个人选择的替代方案的环境,但允许个人在"受约束"或"被改变"的替代方案中进行"自由选择"。另一种干预就是,利用国家的强制力强迫个人消费或不消费某些产品。

图13—2—1旨在强调马斯格雷夫在其讨论中没有说清的一个问题。马斯格雷夫在提出有益品概念时曾暗示,有益品与私人品,而不是与社会品,比较相似。他曾写道,用有益品满足的需要"要用受排他原则支配的服务来满足,而在有效需求的范围内则由市场来满足"①。

只要决定这些需要"非常有益,因此通过公共预算拨款来满足,而不是通过市场由私人买家自己付费来满足"②,就会出现对个人偏好的干预。后来,马斯格雷夫承认,"看似像有益需要的需要有可能包含实质性的社会需要元素"③,但他的这个论点旨在让读者产生有益需要与私人需要的关系比与社会需要的关系更加密切的印象。麦克罗的以下论述证明了这一点:"毫无疑问,马斯格雷夫希望情形9包含私人收益,但干预了消费者偏好,因此是纯粹的有益需要。"④但在这段引文的脚注中,麦克罗补充说,马斯格雷夫在私下谈话中表示,他认为表13—2—1最下面一行的所有情形都可被视为纯粹的有益需要。⑤

因此,图13—2—1建议的对有益需要的解释明显不同于马斯格雷夫最初的表述。图13—2—1表明,有益品的问题能够与社会品的问题一起出现。实际上,在前面讨论马斯格雷夫提出的九种情形时,我们认为,除非涉及社会品

---

① R. Musgrave, *Theory of Public Finance*, p. 13.
② Ibid.
③ Ibid.
④ *Finanzarchiv*, Vol. XXVII, No. 2, p. 476.
⑤ Ibid., note 1.

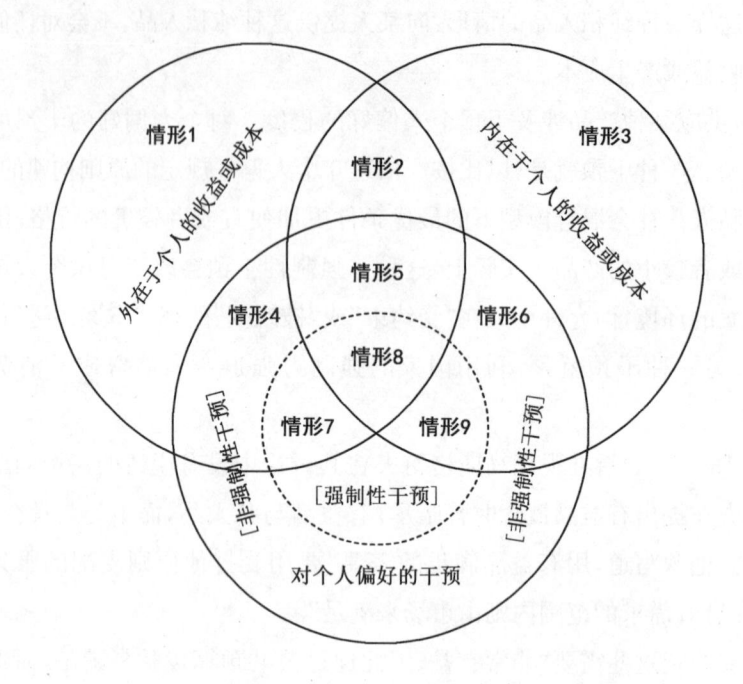

图 13－2－1　社会品、私人品与有益品之间的关系

问题,否则就很难对个人偏好的干预与民主社会的基本规范假设进行调和。如图 13－2－1 所示,马斯格雷夫的讨论只涉及情形 5、6、8、9,并没提及情形 4 和 7。图 13－2－1 所示的解释是,情形 4、7 与情形 5、8 同等相关,而情形 6、9 与预算决定规范理论的前提不相容。

这种区分很重要,因为公共预算决定规范理论几乎只关注社会品问题,并在"个人偏好"至高无上的语境下讨论这些问题。因此,如果政府活动属于情形 4、5、7、8 所描述的范畴,那么公共预算决定规范理论的恰当性和有用性就会减弱。

在结束前还有一个核心问题需要讨论,那就是,如何确定是可干预的个人偏好,还是神圣不可侵犯的个人偏好?这是一个难以解决的问题,但显然是一个决定有益品概念恰当性的问题。

这里的讨论表明,干预个人偏好有两个先决条件:一是偏好已被扭曲,二是存在外在于个人的收益或成本。必须是满足这两个条件的干预,才可被认为是合理的干预。但是,这并没有回答上述问题,而只是在更基本的层面重申了问题。那么,如何确定个人偏好是否已经被扭曲,或者收益和成本外在于个人呢?在试图回答这个问题之前,最好牢牢记住内在于有益品概念的分析关系,而通过考虑以下有益—社会品模型——一个只是改变保罗·萨缪尔森关于公共品理论的图解表述的模型——有可能做到这一点。①

有益—社会品模型

图 13—2—2、图 13—2—3、图 13—2—4 和图 13—2—5 所示的模型是根据萨缪尔森在图解如何确定社会品最优产量时使用的相同假设和关系构建的。图 13—2—2 和图 13—2—3 是表示 A 和 B 两人对产品 X 和 Y 的无差异曲线图。图 13—2—4 是社会的有益—社会品与私人品转换图,而图 13—2—5 则是效用边界图。用实线表示的关系表示初始均衡状态的位置。在初始均衡状态下,个人 A 的幸福水平对应于无差异曲线 I'_a,而个人 B 的幸福水平则对应于无差异曲线 I'_b。帕累托最优位于个人 B 的无差异曲线 I'_b 与表示产品 X 和 Y 各种组合的边界线 MM 的相切点上。产品 X 和 Y 的转换表说明,社会能够产生多于个人 A 在无差异曲线 I'_a 上保持的所需产品 X 和 Y 的组合。这个相切点也能用来定义社会品 Y 的最优产量 OY_1。A 和 B 两人共同消费 OY_1 量的 Y 产品;个人 A 消费 OG 量的私人品 X,而个人 B 则消费 OH 量的私人品 X。如图 13—2—4 所示,$OG+OH$ 等于私人品 X 的总产量,也就是 OX_1。这个特殊的在 A 和 B 之间所做的产品 X 和 Y 的帕累托最优配置被定义为均衡配置,因为社会福利曲线 $U_1U'_1$ 与效用边界线 $F_1F'_1$ 在点 I'_a、I'_b 上相切,从而表示,对应于 I'_a 和 I'_b 的幸福水平就是社会福利函数的伦理参数所表示的适当水平。

现在,我们假设社会通过运用政治决策系统做出以下决定:个人 A 对产品 X 和 Y 的偏好已经被"扭曲"。更准确地说,假设社会认定个人 A 相对于他能从私人品 X 获得的收益而言,低估了他能从社会品 Y 获得的收益。根据上述计划,社会的这项决定意味着现在产品 Y 被确定为"有益—社会品"。因

---

① *Review of Economics and Statistics*, Vol. XXXVII, No. 4, pp. 350—356.

此,按照传统方式和 A 的已被"扭曲"的偏好确定的 Y "最优"产量太小。为了给有益—社会品确定一个"正确"的最优产量,社会必须针对个人 A 的"真实"偏好做出第二项决定。现在,我们再假设政治决策系统规定无差异曲线 I_a'' 是 A 的"真实"偏好。根据这一规定,图 13—2—3 中的边界线 NN' 就变成了与前面分析中的边界线 MM' 类似的相关边界线。当这条边界线与无差异曲线 I_a'' 相切时,即可获得帕累托最优,而这个切点也就被定义为有益—社会品增加后的新产量 OY_2。个人 A 和 B 共同消费 OY_2 量的产品 Y,并且分别消费 OD 和 OJ 量的产品 X。

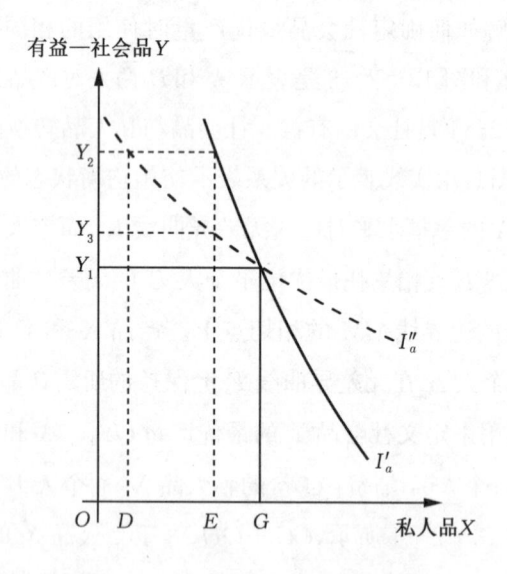

图 13—2—2 个人 A 的无差异曲线

由于社会认定 I_a' 是 A 被"扭曲"的偏好,而 I_a'' 是 A 的"真实"偏好,因此,这两条无差异曲线实际上可被定义为对应于同一幸福水平,从而就意味着,如图 13—2—5 所示,由于产品 Y 的产量从 OY_1 增加到了 OY_2,因此,效用边界就从 F_1F_1' 外移到了 F_2F_2'。如果社会福利函数的道德参数规定,个人 A 的幸福一直保持在对应于 $I_a'I_a''$ 的水平上,而 B 的幸福水平则如图 13—2—5 所示,提高到了 I_b'',那么,有益—社会品的新产量 OY_2 就变成了新的最优产量。但是,社会福利函数有可能表明,由效用边界外移所表示的效用"增量"会由 A 和 B 共享。换句话说,社会福利边界和新的效用边界的切点可能落在图

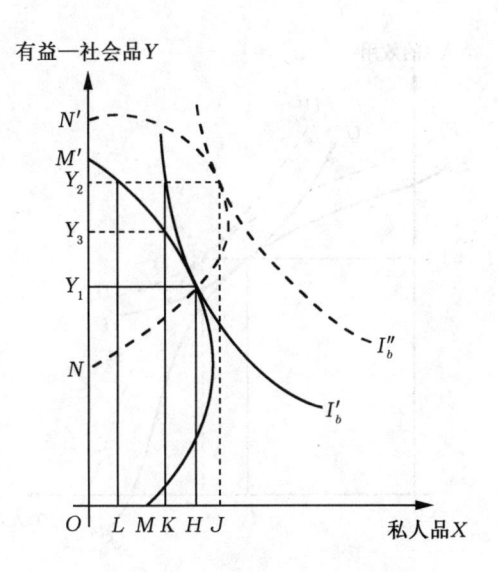

图 13－2－3　个人 B 的无差异曲线

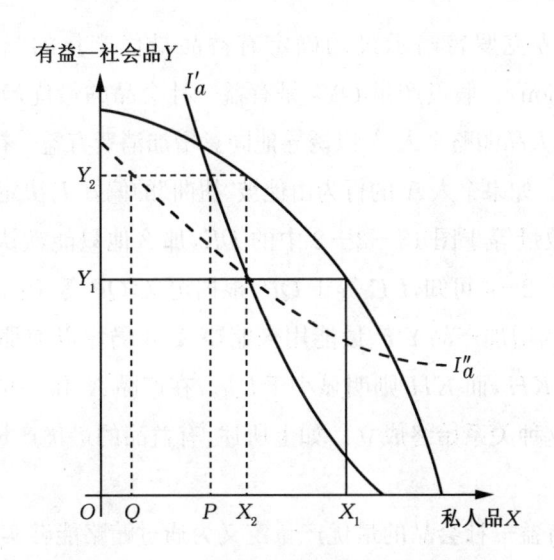

图 13－2－4　有益—社会品与私人品转换

13－2－5 所示的点的左边。在这种情况下，有益—社会品的最优产量就会小于 OY_2。

除了更加精确地描述内在于有益品问题的分析关系，这项简单的分析还

191

有益品文选

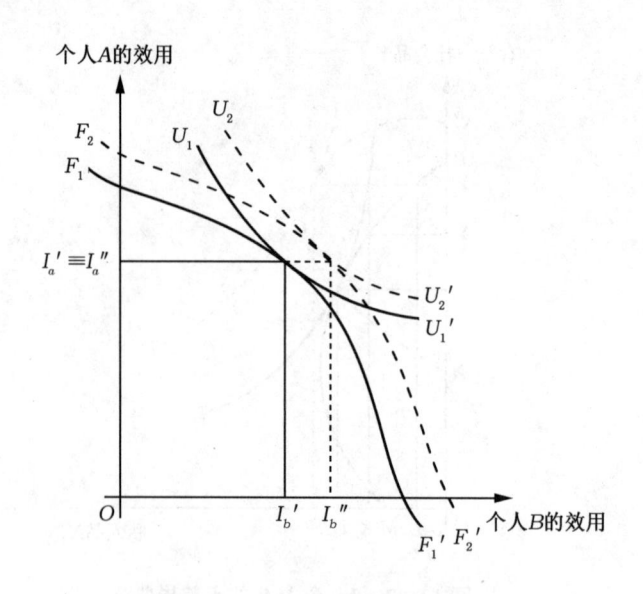

图 13—2—5　效用边界

允许我们探讨麦克罗曾暗示过的确定有益品最优产量的"行贿解决方案"（bribery solution）。假设产量 OY_2 是有益—社会品的最优产量，显然无法通过个人 B 用私人品贿赂个人 A 以诱导他同意增加消费有益—社会品的方式来实现这个产量。如果个人 A 的行为由他被"扭曲"的偏好 I'_a 决定，而且收买他的私人品 X 的数量等于图 13—2—2 中的 DE，那么他只能默认产品 Y 的产量 OY_2。由图 13—2—4 可知，DE 等于 QP，根据定义，QP 等于图 13—2—3 中的 LJ。然而，B 为增加产品 Y 产量能用来贿赂 A 并仍像以前那样远低于 KIL 的最大数量是 KH，而 KH 则明显小于 LJ。在产品 X 和 Y 的边际替代率递减的条件下，这种关系始终成立。如上所述，有益品的最优产量不能通过贿赂来实现。

此外，把有益—社会品的最优产量定义为通过贿赂能够实现的产量，这是荒谬的。考虑到转换表的约束，产量 OY 是个人 B 在个人 A 的行为事先根据他被"扭曲"的偏好 I'_a 决定的情况下能够争取到的最优产量。如果个人 B 为贿赂个人 A 要提供的最大私人品数量是 KH，那么从技术上讲，就能够把产品 Y 的产量增加到 OY_3。但如果个人 B 这样做，从而消费了 OY_3 量的产品 Y 和 OK 量的产品 X，那么他就会把自己的无差异曲线移到 I'_b 的左边，这显然

192

并不是他愿意做的事情。

对有益品的评价

以上分析表明，区分有益品与私人品和社会品的两个标准是：偏好被"扭曲"和存在外部性。按照一贯的定义，有益品必须同时具有这两个属性。但是，正如有益—社会品模型所表明的那样，有益品的问题涉及两个基本且难以做出的决定。首先，必须确定个人偏好是否被"扭曲"；其次，必须确定"真实"偏好是什么。那么，怎样进行这两项决定呢？

在对社会品和有益品进行比较后，马斯格雷夫相当不认真地用一句话回答了上述问题。他在谈到如何确定社会品的产量时写道："多数决原则是接近预期结果的必要之恶，但不是令人向往的原则。"①不过，他又接着说："然而，在有益需要的情况下，目的可能就是那种有些人（想必是大多数人）干预他人的需要模式。"②换句话说，偏好被扭曲和存在外部性是由社会的政治决策系统在操作层面上确定的，并且不能由经济理论家先验地推导出来。③

马斯格雷夫的这个论点暗示有益品的最优产量被定义为最优政治决策系统运作决定的产量。这种最优政治决策系统的运行规则显然涉及政治和法律的规范理论以及哲学的复杂问题。而且，许多经济学家会认为，这是一项不属于通常规定用来界定经济学学科边界这个范畴的任务。尽管如此，仍有一些经济学家还是非常愿意把传统的经济学分析工具应用于政治系统的实证和规

---

① *Theory of Public Finance*, p. 14.
② Ibid. 重点强调。
③ 不过，约翰·海德似乎不同意这种观点。他在提到偏好扭曲的问题时写道："这个问题显然不能通过迎合大多数人的品味来回避，而是要把一个知情群体或道德观察者作为仲裁者才能避免，因为多数人的偏好通常（而且相当正确）是这种观点的实践者最关心的批评对象。"(*Finanzarchiv*, Vol. XXV, No. 1, p. 6.)海德并没有继续论述这个观点。关于这个观点，似乎可以得出的唯一结论是，他所说的"这种观点的实践者"正在追求一种基于其他假设的方法，而不是大多数财政理论家赖以开展研究的"民主"假设。

范研究。①

　　本文作者认为，"有益品"概念是向着更具相关性的公共预算决定规范理论迈出的一步。但是，其他经济学家是否广泛认同这种观点，仍值得商榷。大多数经济学家不愿放弃个人偏好神圣不可侵犯这个前提。除了无可否认的重要方法论动机外，这种不情愿也许是可以理解地依恋功利主义信条中较为经久不衰且又吸引人的原则——本人通常比任何其他人都更清楚什么对自己最好——的结果。但是，这种狂热的依恋，有时已经导致他们的研究被谴责为异端。例如，威廉·鲍莫尔（William Baumol）对一系列致力于对"消费者主权"概念的适当性进行批判性分析的论文做出以下回应：

　　　　我坚持认为，（消费者主权）是一个重要且有效的概念，它的重要性只能通过比较它在多大程度上缺失的情形来判定。我们当中有谁会很高兴地听到，现代绘画不是为我们服务的，因为只有无产阶级的现实主义才是真正的艺术？我们会很高兴地听到那些蓝鼻子告诉我们不能喝酒，甚或听到国家酒类管理局告诉我们只能从他们选定的酒类中选择我们想喝的酒？我迫切希望得到保护，以免受到那些深信他们比我更了解如何做对我自己真正有好处的人的伤害，我也想让其他人得到类似的保护。②

　　当然，大多数经济学家和鲍莫尔一样希望得到"保护"。但是，在本文作者看来，实现这种"保护"的方法不是把对个人偏好的干预看作一个类似于童贞问题的"非此即彼"问题，而是一个类似于美德程度的问题。如果对个人偏好的干预内在于民主社会的运行过程中，那么，保护个体尊严和自由的理性方式不是忽视个人偏好干预的发生，而是发展能够评估个人偏好干预效果的分析框架。麦克罗不同意这个观点，事实上，他甚至反对这个术语的使用。他

---

　　① 其中更加雄心勃勃的尝试包括肯尼斯·阿罗（Kenneth Arrow）的著名著作《社会选择与个人价值》(*Social Choice and Individual Values*)、邓肯·布莱克（Duncan Black）的《委员会与选举理论》(*The Theory of Committees and Elections*)、安东尼·唐（Anthony Down）的《一种关于民主的经济学理论》(*An Economic Theory of Democracy*)，以及詹姆斯·布坎南和戈登·图洛克（James Buchanan and Gordon Tullock）的《同意的计算》(*The Calculus of Consent*)。

　　② "The Doctrine of Consumer Sovereignty — Discussion," *American Economic Review*, LII (May, 1962), p. 289.

写道：

> "有益需要"可以用在实证论述中表示对少数群体偏好的侵犯。但这个术语本身,在很大程度上由于马斯格雷夫的讨论而带有这样一种约定,即这种侵犯行为是可以宽恕的,尽管马斯格雷夫本人可能从来没有这么想过。因此,最好不要使用这个术语。①

麦克罗对"有益品"概念的主要反对意见是,它违反了他曾暗示道德中性的"新福利经济学"的传统方法论程序,而他却选择使用这个术语来支持自己的论点,这多少有点自相矛盾。正如大多数经济学家所解释的那样,使用实际上把个人偏好定义为神圣不可侵犯的约束的方法论程序,绝不意味着实际的经济政策也应该把个人偏好视为神圣不可侵犯的约束。

有些经济学家在推荐经济政策时,非常愿意使用一种实质上是有益品式的基本原理。例如,莱斯特·C. 瑟罗(Lester C. Thurow)在为美国国会联合经济委员会(Joint Economic Committee)准备的一份声明中写道:

> 实现所希望的收入分配目标并不能解决所有的分配问题。许多产品在市场上通常没有供应,如警察的保护,这些公共品仍然需要分配。此外,社会对一些特定产品的分配可能比一般产品更加强调平等的思想。决定医疗保健服务分配应该比汽车和电视机分配更加公平,这并没有什么不合理的地方。对收入进行分配,可能是为了实现所希望的汽车和电视机分配,但其他非市场化安排可能为实现社会所希望的医疗服务分配所必需。因此,收入分配并不是社会必须做出的唯一分配决策,但它肯定是最重要的分配决策之一。②

因此,如果经济学家(即使只是隐含地)运用有益品理论来提出政策建议,那么尽可能明确、清楚、一致地阐明这一理论才是重要、合理的做法,否则就是不负责任。

---

① *Finanzarchiv*, Vol. XXVII, No. 2, p. 479, note 6.
② U. S. Congress, Joint Economic Committee: *Hearings, Employment and Manpower Problems in the Cities: Implications of the Report of the National Advisory Commission on Civil Disorders*, 90th Congress 2d Sess., 1968, p. 142.

第三节　有益品与对强制权的福利经济学分析[①]

A.J.库莱耶[②]

A.J.库莱耶(A.J.Culyer)认为,公共品与有益品有很大的相似性:这两种产品的供应都基于强制权。公共品供应要采取一种有限的强制形式:它需要税收强制权来确保增益(即达到帕累托最优)机会的实现(获得资金)。关于这种强制形式的理论,在经济思想史上被称为"税收自愿理论"(voluntary theory of taxation)。库莱耶认为,这是"一种为了能够获得原本无法通过交易获得的增益而屈从于强制权的自愿社会契约"。有益品供应需要动用一种比较强式的强制权,但财产权却由此可能丧失。库莱耶介绍了两种在有益品供应中动用的不同强制权。动用第一种强制权的情形是,B有权决定A消费某种产品的水平,但B必须为这种产品的消费买单。库莱耶把这种情形称为"强制权动用者相关型有益外部性"(meritorious externality that is coercer-relevant)。动用第二种强制权的情形是,B仍有权决定A消费某产品的水平,但A可能被迫为自己被迫消费的产品买单。库莱耶把这第二种情形称为"强式强制权动用者相关型有益外部性"(meritorious externality as strongly coercer-relevant)。库莱耶认为,对于第一种强制权形式,考虑B的强制权可以交换,对A和B双方都有利。然后,按照外部性文献提出的思路,就有可能找到帕累托最优解。然而,在引入强制权之前和之后的福利变化都不是帕累托最优。更重要的是,强式强制权动用者相关型有益外部性的变化,即第二种形式的有益外部性的变化,也不是帕累托最优。库莱耶运用数学和几何方法

[①] 本文在征得作者和《公共财政》(Public Finance/Finances Publiques)编辑部允许后转引自:A. J. Culyer, "Merit Goods and the Welfare Economics of Coercion," Public Finance/Finances Publiques,26(4):546—572。本文作者要感谢约翰·布莱克(John Black)、吉安路易吉·加莱奥蒂(Gianluigi Galeotti)、莱斯利·戈弗雷(Leslie Godfrey)、艾伦·梅纳德(Alan Maynard)、艾伦·皮科克(Alan Peacock)、埃德温·韦斯特(Edwin West)和杰克·威斯曼(Jack Wiseman)对本文所做的令人鼓舞的评论,但必须免除他们对本文遗留谬误的责任。

[②] 本文作者是英国黑斯林顿约克大学(University of York,Heslington)社会与经济研究所(Institute of Social and Economic Research)助理主任。

阐明了他的论点。库莱耶认为,在选择会产生长期影响、个人可被认为无知或缺乏判断力的情况(如教育、退休养老金)下,可以证明这种强制权的正当性。

※　※　※

一、引　言

按照马斯格雷夫教授的定义,有益品是指那些对其消费被认为如此有益,以至于公共部门的供应量超过了个人在市场上自愿选择的消费量的经济品。① 但是,在这类重要事件被引入经济学理论后的相关讨论中,有人一直对这个问题将信将疑。他们认为,要想满足有益需要,就必须在一定程度上放弃消费者自愿选择的原则(而且同样有可能要放弃生产商自愿选择的原则,尽管现有相关文献还没有讨论类似于消费者问题的生产商问题)。通常,有学者认为,应该根据与帕累托最优配置标准不同甚至很可能不相容的价值标准来评判有益品的"最优"消费水平。比方说,有人可能会认为"公众"品味低下,而具有某些与众不同的特征(如高智商、有识别能力、有同情心、属于某个党派或某个种族)的精英应该把自己的偏好强加给公众。正如海德在一个恰当的例子中辩称的那样,这种干预不是部分个人"不理性",就是不确定性和缺乏充分的信息做出真正符合他们偏好的选择的具体结果。② 麦克罗根据一个更加宽泛的定义认为:"如果一种制度约束,通常以不平等的方式强制要求消费某种产品,那么就发生了对消费者偏好的干预……如果这种支付约束具有强制力,那么就有……干预,而相关产品就是有益品。"③这些都是应景例子,一旦压在心头的怀疑迸发出来,明确的阐述就有可能导致有益需要评价在可以用帕累托标准来评判行为的领域无立足之地。但是,有学者在马斯格雷夫本人关于这个问题的著述中徒劳地寻找这样的明确阐述。例如,1969年,我们一方面认

---

① R. A. Musgrave, *The Theory of Public Finance*, London, 1959, p. 13.
② J. G. Head, "On Merit Goods," *Finanzachiv*, N. F., Band 25, 1966, pp. 1—29.
③ C. E. McClure, "Merit Wants: A Normatively Empty Box," *Finanzarchiv*, N. F., Band 27, 1968, pp. 474—483.

为,有限的信息可获得性和/或相互依赖效用的函数可能在某些情况下导致"强加"的选择实际上(从长期来看)是帕累托最优选择①;而同年出版的《比较财政分析》(*Fiscal Systems*)的作者则表示,"对有益需要的认可……似乎导致……对消费者选择基本原则的严重背离",并且导致有益需要被排斥在分析社会需要的受益框架之外。②

在这篇论文中,本文作者认为,有益需要不同于此前有关它的陈述,并且没有完全超出使用熟悉的帕累托标准的分析范畴。事实上,本文作者希望表明,即使采用常见的分析方法,也能发现一些值得关注的东西。此外,本文作者不敢苟同马斯格雷夫最近的阐述③,并且坚持认为,有益品必须也是社会品,至少从产生"强加"选择反应的行为必须是外部性催生的行为这个意义上说应该如此。因此,明确区分普通的外部性与有益(或有害)品,具有一定的重要性,因为现在仍有人怀疑,满足有益需要有违资源最优配置原则,但大家都知道,只要适当控制或取代市场,外部性未必就会成为实现效率的障碍。

我本人对这个问题的困惑,至少可部分归因于一些令人困惑的术语。我们很难找到一个经济学家会认可业主把烟雾缭绕的篝火造成的外部不经济性强加给其他邻居④,而且也不会滥用术语把这种行为说成"有害"。这两个术语都意味着社会不赞同(social disapprobation)。⑤ 此外,诸如廉租房这样的有益品标准例子,同样可被看作外部性的例子——一个可以说是无家可归者把外部性强加给那些为了内化外部性而有可能会发起廉租房计划的有房者的例子。但是,外部(不)经济性和有益(害)需要在相关文献中显然没有被作为同义词使用。就如笔者想在本文中阐明的那样,有益(害)需要必然会导致外部性关系混乱。但是,导致这种关系混淆的真正关键在于,考虑到相反的情况并非如此——外部性未必涉及有益(害)需要。造成这个问题的原因就是,虽

---

① R. A. Musgrave,"Provision for Social Goods,"*Public Economics* ed. J. Margolis & H. Guitton,London,1969,p. 143.

② *Fiscal Systems*,London,1969,Ch. 1.

③ R. A. Musgrave,"Provision for Social Goods in the Market System,"*Public Finance/Finances Publiques*,Vol. XXVI,1971,No. 2,pp. 304—320.

④ 当然,有人可能质疑它的相关性,认为这是一种边际外部不经济性。

⑤ 这可能是错误的,因为即便是这样一个老套的不经济性例子,也可能隐匿着一些好处,尤其是,如果烟雾可以帮助邻居驱赶蚊子的话。

第十三章 有益品概念的定义及其特点

然有益(害)需要具有与外部性相同的技术特点,但政策反应却不同。有益需要是否位于分析社会需要的传统框架之外,这个问题的核心在于与控制这些产品的消费相关的强制因素。换句话说,这种区别不是分析性的,而是描述性的,它描述了社会对外部性存在的反应方式,特别是那种涉及其接受过程中公共性的外部性。但在这个问题上,我们必须小心行事,因为"强制"是否真的包含一种强加于人的选择并不总是清楚。举例来说,我们可以把强制性税收视为一种理性(效用最大化)的个人对为社会支出筹集资金的囚徒困境做出的回应——作为一种为了能获得原本无法通过交易获得的收益而屈从于"强制"的自愿"社会契约"。同样,对"开车违反交规"处以罚款的做法也可"解释"为每个人都要为从他人行为符合需求第一定律而变得更安全的道路交通中获益而承担费用(可能是以支付罚款的形式,或者以驾车变得更加小心的形式)。最近,通过货币转移支付进行的收入再分配也正用这种方式来"解释",但迄今为止,它可能被视为强加于(比如说)相对富有者的一个相当明显的"选择"例子。[①]

我们在这里对有益需要和外部性做了区分,目的是要表明有益需要不允许增加交易,因为部分个人在没有获得补偿的情况下选择却受到了限制(如征收酒税限制了他们对酒类消费的选择),或者因为就连他们被局限在比较有限的选择范围内的选择权,在某些情况下(如父母无权选择自己的孩子是否应该接受学校教育)也完全被剥夺了。[②] 为了方便后续分析,我们把强制定义为某人(B)决定另一个人(A)的消费水平;在不存在强制的情况下,A就自己决定自己对某种商品的消费水平;而在有强制的情况下,B就有决定A的消费水平的权利。下面,我们在以下两个假设条件下分析问题:首先,在证明达到帕累托最优与谁有权决定A的消费无关(即无论是A还是B有权决定)时,我们假定一切都是完全确定的,但决定权的最初授予不能在帕累托最优的框架内决定,因为这个决定过程等同于沿着福利边界的移动。其次,引入环境不确定

---

① 请参阅:H. M. Hochman and J. D. Rogers,"Pareto Optimal Redistribution," *American Economic Review*, Vol. LIX, September 1969, pp. 542—555。

② 事实上,在这个例子中,缺乏模糊性的情况比实际还要明显。这是因为,在政治层面,可能存在某种交换或者相互推诿,所有的父母都因被剥夺了自由而获得了补偿。因此,这种区分虽然从概念上看十分重要,但可能不会出现在任何现实社会中。

性,并考察可谈论决定权合理分配问题的情形。本文的目的既不是为19世纪的道德法律化讨论做出现代贡献,也不是为疲惫焦虑的父母提供对付他们崇尚自由的子女的适当手段,而是以纯理论练习的方式进一步推动有益品研究,澄清含糊不清的问题,并解决一些明显的悖论——例如,为什么有人可能不希望增加交易?正如前面所说的那样,应用本研究的结论具有一定的风险,因为某个明显的有益需要,经过更加仔细的审视,往往就可能成为一种被内化的外部性。事实上,我们可能很难说,有人怀疑,有益需要作为一个不同于外部性的概念是否具有很多操作层面的内容。

二、确定性条件下的有益品和外部性

有益品概念的基础是某人或某些人的消费等行为直接影响到其他人的福利。在经济学理论中,似乎只有一种方式(即效用函数的相互依赖性)可以表达这种直接的相互依赖关系。其实,我们没有必要问(事实上,经济学也没有办法回答)为什么某人赞成或反对另一个人,或者想要强迫或不强迫另一个人做某事。按照效用理论,我们只需根据个人这样的行为(或意见表达)推断个人的效用是否受到他人行为的影响。为了保持尽可能大的一般性,我们应该确定被纳入效用函数的参数包含具有任何影响效用的"实体";也就是说,我们不应把分析局限于某些情形,譬如说,仅局限于能按货币价格购买的消费品。

如果说这种解释是正确的(很难看出是否还有其他可能的解释),那么很明显,我们必须根据外部性理论来进行有益需要分析。为了简便起见,我们假设世界上只有两个人,于是,我们立刻就能列出:

$$U^A = U^A(x_1^A, x_2^A, x_3^A, \cdots, x_n^A) \tag{1}$$

$$U^B = U^B(x_1^B, x_2^B, x_3^B, \cdots, x_n^B; x_1^A) \tag{2}$$

上述两式中,上标表示个人,下标表示效用函数中的实体。A 的活动 x 会影响 B 的效用,因此,我们有相互依赖的效用函数。这种关系很可能是相互的,不过,为了清楚起见,我们在这里排除了这种可能性。现在,现代主流外部性理论可能已经取得了实质性的进展,因为有益品理论的大部内容包含在外部性理论中。然而,一旦超过一定的限度,正如我们将要看到的那样,这两种理

第十三章 有益品概念的定义及其特点

论就会出现很大的差别。

个人 A 在他的效用函数中各实体可具备的条件下,使自己的效用最大化时必须满足以下必要条件:

$$(\partial U^A/\partial x_1^A)/(\partial U^A/\partial x_2^A) = \int x_1^A / \int x_2^A \tag{3}$$

式(3)中,等号右边这一项表示 x_1 和 x_2 的转换率,而 x_2 则被选作计价标准。因此,个人 A 的最优消费量是 x_1;然后,A 把 x_1 介绍给 B,从而根据先前的假设对 B 的效用产生影响。然而,这并不意味着:

$$(\partial U^A/\partial x_1^A)/(\partial U^A/\partial x_2^A) = (\partial U^B/\partial x_1^A)/(\partial U^B/\partial x_2^B)$$

甚至也不意味着这两个比率符号相同。

根据布坎南和斯塔布尔宾(Buchanan and Stubblebine)的观点[①],当存在如式(4)所示的条件时,我们就能确定有一个边际外部性存在:

$$\partial U^B/\partial x_1^A \neq 0 \tag{4}$$

当存在如式(5)所示的条件时,我们就能确定有一个潜在相关的边际外部性:

$$(\partial U^B/\partial x_1^A)_{x_1^A = x_1^{A*}} \neq 0 \tag{5}$$

式(5)中,x_1^{A*} 表示 A 消费由必要条件(3)决定的 x_1 能产生的最大效用。式(5)的定义是:在 A 偏好的活动 x_1 水平上,B 对 A 的这种行为有或多或少的需求;也就是说,B 有动机以自己偏好的方式改变 A 的这种行为。

如果存在式(6)所示的条件,那么就有帕累托相关型边际外部性存在,而且是边际外部收益:

$$(\partial U^B/\partial x_1^A)/(\partial U^B/\partial x_2^B) > -\left[(\partial U^A/\partial x_1^A)/(\partial U^A/\partial x_2^A) - \int x_1^A/\int x_2^A\right]_{x_1^A = x_1^{A*}} \tag{6}$$

或者如果存在式(7)所示的条件,那么就有边际外部负效用存在:

$$-(\partial U^B/\partial x_1^A)/(\partial U^B/\partial x_2^B) > \left[(\partial U^A/\partial x_1^A)/(\partial U^A/\partial x_2^A) - \int x_1^A/\int x_2^A\right]_{x_1^A = x_1^{A*}} \tag{7}$$

---

① J. M. Buchanan and W. C. Stubblebine, "Externality," *Economica*, N. S. No. 29, November 1962, pp. 371—384.

如果有式(8)所示的条件存在,那么我们就把任意实体定义为"边际有益":

$$\partial U^B/\partial x_1^A > 0 \tag{8}$$

如果有式(9)所示的条件存在,那么我们就把任意实体定义为"边际有害":

$$\partial U^B/\partial x_1^A < 0 \tag{9}$$

于是,我们就有边际有益实体和边际外部经济性以及边际外部有害实体和边际外部负效用之间的恒等关系。这种对称性是依靠潜在相关性来保证的。我们可以根据式(10)来确定某个实体是潜在相关并边际有益还是潜在相关并边际有害:

$$(\partial U^B/\partial x_1^A)_{x_1^A = x_1^{A*}} \gtreqless 0 \tag{10}$$

但这时,对有益实体和有害实体的分析就不同于对外部性的分析。当条件(6)或(7)成立时,就有帕累托相关型边际外部性存在,这就意味着 B 不但希望,而且有能力通过给予 A 一些补偿来改变 A 的行为。通过某种形式的"交易",原则上有可能消除双方从交易中获得的边际收益。在如式(11)所示的条件下就能达成帕累托均衡:

$$(\partial U^B/\partial x_1^A)/(\partial U^B/\partial x_2^B) = -\left[(\partial U^A/\partial x_1^A)/(\partial U^A/\partial x_2^A) - \int x_1^A / \int x_2^A\right]_{x_1^A} = x_1^{A*} \tag{11}$$

对于有益品,只需适当置换 x_1 是有害品的情况下的符号。只要这个条件成立,就没有任何帕累托相关型边际外部性存在,同样也没有任何帕累托相关型边际有益或有害外部性存在。因此,到目前为止,帕累托最优与满足有益需要或消除有害需要(正如 A 在行动中表达的那样)之间没有任何冲突。但是,如果 $(\partial U^B/\partial x_1^A)_{x_1^A = x_1^{A*}} \gtreqless 0$,那么,我们也许仍会有边际有益或边际有害的实体 x_1。因此,在完全的帕累托均衡状态下,仍然存在有益或有害实体。

我们现在来定义一个新的概念。如果式(12)这个条件能够成立,那么,边际有益外部性就是一种强制权动用者相关型边际有益外部性:

$$(\partial U^B/\partial x_1^A)_{x_1^A = x_1^{A*}} < 0 \tag{12}$$

且

第十三章 有益品概念的定义及其特点

$$U^B(x_2^B, x_1^A)_{x_1^A=x_1^{A*}} < U^B(x_2^B, x_1^A)_{x_1^A=x_1^{A**}}$$

式中,x_1^{A**}表示B在自己必须出钱让A消费x_1的情况下所希望的A对x_1的消费水平,该消费水平由条件(13)确定:

$$(\partial U^B/\partial x_1^A)/(\partial U^B/\partial x_2^B) = \int x_1^B / \int x_2^B \tag{13}$$

因此,如果我们假设B能获得用计价标准x_2表示的x_1的条件与A的交易条件相同,那么完全的帕累托均衡状态就意味着存在强制权动用者相关型外部性。同样,如果式(14)能够成立,那么就存在强制权动用者相关型边际有害外部性:

$$(\partial U^B/\partial x_1^A)_{x_1^A=x_1^{A*}} > 0 \tag{14}$$

且

$$U^B(x_2^B, x_1^A)_{x_1^A=x_1^{A*}} < U^B(x_2^B, x_1^A)_{x_1^A=x_1^{A**}}$$

只有在如式(11)中存在帕累托均衡,并且式(15)成立的情况下:

$$U^B(x_2^B, x_1^A) \geqslant U^B(x_2^B, x_1^A)_{x_1^A=x_1^{A**}} \tag{15}$$

也就是说,只有在A和B发现自己处于完全的帕累托均衡状态,B对待A的x_1消费就像对待私人品消费(因为他对x_1拥有独家控制权或权威)的情况下,强制权动用者相关型边际外部性才会消失。当然,B对A动用强制权,就意味着他拥有这样的控制权。然而,如果B处于式(13)所描述的"个人"均衡状态,那么就必须具备条件(6)或(7),才能表明通过适当的"交换",可以利用交易产生的共同收益。因此,双方各自的效用最大化行为可以表明,式(13)所描述的B所处的均衡状态并不是稳定均衡。双方还会继续讨价还价,直到达成帕累托均衡。因此,考虑只适用于相互效用最大化的边际条件就能发现,动用强制权不符合任何一方的利益,因此,双方都希望B手中的强制权是一种可交换的权利(经济品)。这个结果与在外部性文献中已经确立地位的研究结果完全相同;也就是说,帕累托最优的实现并不取决于产权的初始配置状态,而只取决于使交易成为可能的产权的可交换性。[1]

另一种规定强制权的方法会产生一种不同的相关性。如果:

---

[1] R. H. Coase, "The Problem of Social Cost," *Journal of Law and Economics*, Vol. III, October 1960, pp. 1—44.

$$(\partial U^B/\partial x_1^A)_{x_1^A=x_1^{A*}} > 0 \qquad (16)$$

且

$$U^B(x_2^B,x_1^A)_{x_1^A=x_1^{A*}} < U^B(x_2^B,x_1^A)_{x_1^A=x_1^{A***}}$$

(式中,x_1^{A***} 表示:如果 A 自己买单,它就是 B 所偏好的 A 对 x_1 的消费水平。)那么,我们就能把边际有益外部性定义为强式强制权动用者相关型边际有益外部性。x_1^{A***} 由式(17)确定:

$$(\partial U^B/\partial x_1^A)/(\partial U^B/\partial x_2^B) = 0 \qquad (17)$$

相反,如果:

$$(\partial U^B/\partial x_1^A)_{x_1^A=x_1^{A*}} < 0 \qquad (18)$$

且

$$U^B(x_2^B,x_1^A)_{x_1^A=x_1^{A*}} < U^B(x_2^B,x_1^A)_{x_1^A=x_1^{A***}}$$

那么就有强式强制权动用者相关型边际有害外部性存在。

如果具备条件(11)和以下条件:

$$U^B(x_2^B,x_1^A) \geq U^B(x_2^B,x_1^A)_{x_1^A=x_1^{A***}} \qquad (19)$$

那么,强式强制权动用者相关型边际外部性就会消失。

按照社会基本制度框架,在被迫接受强加于他的外部性的 B 负责为外部性创造活动买单的情况下,就存在强制权动用者相关型边际外部性。而在 B 被授予决定 A 的 x_1 消费水平的权利,并且 A 必须为自己的消费买单的情况下,就会存在强式强制权动用者相关型边际外部性。

1. 马歇尔式强制权的几何表达法

我们可以用马歇尔几何表达法来表示上节所述的边际条件及其结果,这样就能更加直观地理解上一节的内容。为此,我们需要做一些方便说明的假设,但必须在下一部分对这些假设进行修改。我们之所以把这一部分介绍的几何方法说成"马歇尔式几何表达法",是因为引用了马歇尔的"不重要"假设。具体来说,我们首先假设,活动 x_1 对于双方来说都不重要,因此,如果 x_1 恒定不变,那么,$(\partial U^B/\partial x_1^A)/(\partial U^B/\partial x_2^B)$ 和 $(\partial U^A/\partial x_1^A)/(\partial U^A/\partial x_2^A)$ 也恒定不变,而且只有 x_2 发生变化(也就是说,"货币的边际效用"恒定不变)。然后,我们假设,每个个体对于整个经济都不重要,因此,$\int x_1^B/\int x_2^B = \int x_1^A/\int x_2^A$ 恒定不变(即用 x_2 表示的 x_1 的边际生产成本恒定不变,而且双方的情况相同——它们都是价格接受者)。

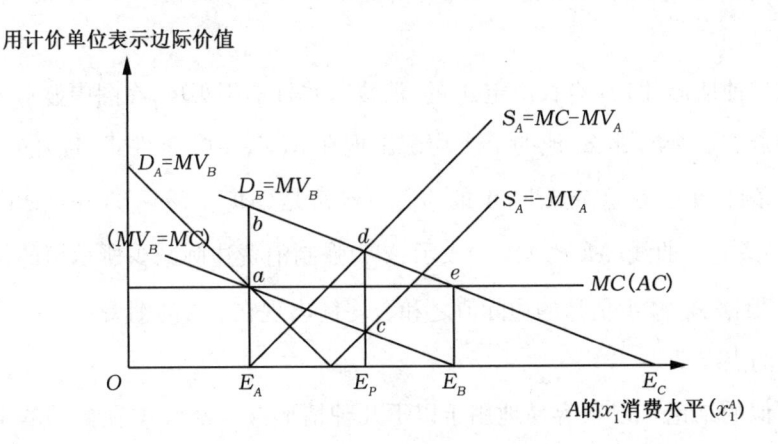

图 13-3-1

现在,我们可以通过图 13-3-1 证明各种均衡(和讨价还价的机会)都是有益品。我们假设 A 有权选择他偏好的 x_1 的消费量,并且必须自己买单。他的个人均衡位于点 E_A。在这个点上,A 对 x_1 的边际估价(马歇尔需求)等于他购买 x_1 的边际成本,而 B 对 A 的消费的边际估价高于 B 的净边际收益,而且有未被利用的交易收益——存在帕累托相关型边际外部性。如果 A 因承担边际"超额负担"$(MC-MV_A)$ 而获得补偿,那么就会受诱惑"消费"更多的 x_1。A 据以同意增加消费的条件由曲线 $(MC-MV_A)$ 表示,而这条曲线对于 B 来说就是表示 x_1 的供给价格上涨。交易均衡出现于点 E_p:在这个点上,$MV_B=MC-MV_A$。当然,这个等式是条件式(11)的马歇尔等价条件。但在这个帕累托最优点上,存在强制权动用者相关型边际外部性,因为 $MV_B>0$,并且 e 优于 b[条件式(12)的马歇尔等价条件]。

如果(可交换)权利的初始配置赋予 B 选择 A 的消费水平的权利,那么,由于 B 要买单,因此,B 会选择 $MV_B=MC$[条件式(13)的马歇尔等价条件]的点 E_B。但在这个"消费"水平 x_1^A 上,就能获得帕累托相关型边际外部性,

因为 $MV_B-MC>-MV_A$，而 $-MV_A$ 则是条件式(7)的马歇尔等价条件。这样仍可能有共同收益。如果 B 沿着曲线(MV_B-MC)获得补偿，那么就会受诱惑越来越少地"强迫"A 消费；而 A 的边际损失的减少由给出 A 准备付的钱的曲线$-MV_A$ 来表示。这样，均衡出现在 $MV_B-MC=-MV_A$ 的点 E_p 上。

第三种情形，即 B 有权决定 A 的"消费"，并且不用买单，在图中显示为 B 立刻向点 E_c 移动，那么，他的个人均衡出现在 $MV_B=0$ [条件式(17)的马歇尔等价条件]上。在这个点上，A 的边际不经济是($MC-MV_A$)，并且还需要条件(7)成立。曲线($MC-MV_A$)表示 A 为强制消费边际减少所承担的代价以及 B 根据 x_1^A 减少估计的边际值之和。均衡出现在 x_1^A 的消费再次是帕累托最优的点 d 上。

类似的结论可以很容易地用于以下几种情形：x_n 表示 A 在自己的全部消费和非消费活动水平上不想做的活动以及有害活动。在每种情形下，A 和 B 双方都希望权利（无论是不是强制权）完全可以交换，而且最终的均衡是帕累托最优均衡。但是，就如我们将要看到的那样，这个最优的唯一性是这种几何表达法马歇尔假设的作用所在。此外，最初选择的权利结构也会影响作为计价标准的产品的最终分配。因此，在本研究的现阶段，我们有两个理由认为 B 能取得对 A 的强制权。首先，因为 B 较之 E_A 更喜欢 E_B 和 E_c，所以，即使他的强制权不能交换，他也能获益。其次，因为如果 B 获得的强制权可以交换，那么，它（对 A 而言）具有交换价值，因此，B 掌握这种权利就能增加他的财富。

因此，这里的分析提出了一个悖论：一方面，效用最大化的行为意味着强制权总是可以交换，但通常在现实世界里并非如此；另一方面，这种行为又表明（可交换的）强制权的获得与帕累托最优的达成之间不存在冲突。要想发现一种能够解决这种经验悖论的理论，就必须放弃关于完全确定性的假设。但是，在解决这个问题之前，似乎最好通过假设一个无差异曲线并非垂直平行、边际成本和要素收益也不是恒定不变的世界来概括马歇尔结论。也就是说，一般均衡分析必须取代本节的部分均衡分析，这样才能取得更大的一般性。

2. 一般均衡条件下的有益品几何学分析

当然,放松马歇尔几何学分析的限制条件,就能再现上一节的主要结论,同时又可以更加明确地显示 A 和 B 双方讨价还价的动机。为了方便起见,我们仍保留只有两个个体和一种外部性产生活动的假设。我们暂且仍然假设 A 和 B 消费的基准(作为计价标准)(私人)产品 x_2 份额保持不变。我们还假设,x_1 和 x_2 的生产函数是非收益递增函数,从而保证不同要素密集度的凸性转换曲线,但 A 和 B 从用于生产的各种投入品中获得的收入比例相同。稍后,我们将放弃这个假设。

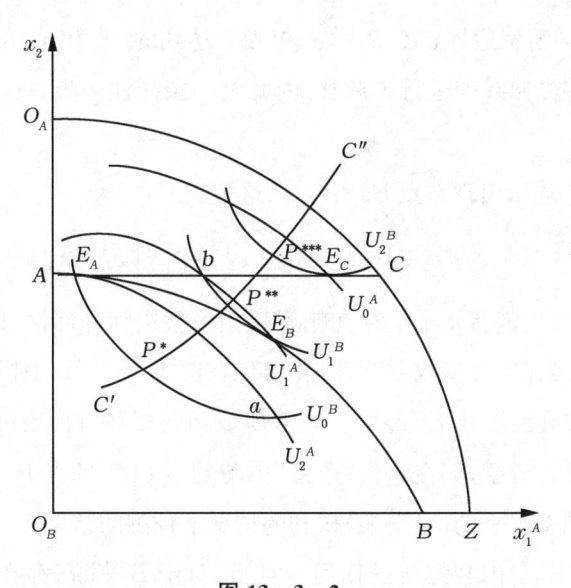

图 13-3-2

图 13-3-2 显示了如曲线 O_AZ 所示的 x_1 和 x_2 的社会生产可能性边界,这是一种由柴田(Shibata)开发、适用于分析涉及一种公共品交易的埃奇沃思盒状图(Edgeworth Box)。[①] O_B 是 B 的原点,O_BA 是他的基准产品"禀

[①] H. Shibata,"A Bargaining Model of the Pure Theory of Public Expenditure",*Journal of Political Economy*,Vol. 79,No. 1,1971,pp. 1—29;还请参阅"Production Externality versus Consumption Externality"(forthcoming)。这两篇文章采用了 F. T. 多贝尔(F. T. Dolbear)在其文章("On the Theory of Optimal Externality,"*American Economic Review*,Vol. L VII,No. 1,March 1967,pp. 90—103)中使用的类似方法,但采用一种不同的方式发展了这种方法,并且大大扩大了它的影响。

赋",而 AB 则表示 B 能把基准商品 x_2^B 转换成有益品 x_1^A 的条件(这个条件由垂直下移的 O_AZ 决定)。图中,B 的无差异曲线是 U_0^B、U_1^B 等。把 A 引入图中,情况就要变得复杂很多。首先,我们可用常规方法来绘制 A 的无差异曲线图。然后,把 A 的每个组合 x_1^A 和 x_2^A 的边际转换率曲线添加到他的边际替代率曲线上。最后,把这张经过调整的无差异曲线图倒置过来,放在 B 的无差异曲线图的上面。这样,A 的基准产品"禀赋"与图 13-3-2 中的 A 重合。因此,在图 13-3-2 中,O_BO_A 表示社会的 x_2"禀赋",而在曲线三角形 O_BO_AZ 中的任意一点都表示 A 和 B 同样"可用"的有益品 x_1^A 的产量(尽管直接被 A 消费)以及 x_2 在 A 和 B 之间的分配。就像 AB 表示 B 可独立达到的 x_1^A 和 x_2 的消费边界,AC 表示 A 可独立达到的 x_1^A 和 x_2 的消费边界——由于他的无差异曲线图进行了调整,因此是一条线性边界(O_AC 表示 A 调整后的 x_1^A 轴)。

A 的个人均衡出现在点 E_A 上。在这个点上:

$$-(\partial U^A/\partial x_1^A)/(\partial U^A/\partial x_2^A)(+)\left[\int x_1^A / \int x_2^A\right] = -\int x_1^A / \int x_2^A (+) \left[\int x_1^A / \int x_2^A\right]$$

但是,在这个消费水平上存在帕累托相关型边际外部性,即条件式(6)成立。因此,有潜在的交易收益存在,并出现在图 13-3-2 中以由无差异曲线 $U_0^B U_2^A$ 围成的透镜形线 E_Aa 上。A 和 B 成功的相互讨价还价应该能使双方实现帕累托最优分配,如在这个"透镜"内契约线 $C'C''$ 的点 P^* 上。这是在 A 有决定自己消费水平的(可交换)权利的情况下预测的结果。

然而,在 E_Aa 内契约线的任何一点上,对于 B 来说,存在强制权动用者相关型边际外部性。如果他被授予决定 A 的消费水平的权利,那么这种外部性就可能消失。然后,B 就会移向满足条件(13)的 E_B。但在 E_B 这个点上存在帕累托相关型边际外部性,并通过讨价还价过程导致 E_B 移向由无差异曲线 $U_1^B U_1^A$ 围成的 E_Bb"透镜"内契约线上的某个点,如 P^{**}。显然,在这样一个均衡点上,B 的境况要好于他在 A 有权选择自己消费水平且条件(11)和(15)都得到满足的情形。

然而,在 P^{**} 上,由于满足条件(16),因此存在强式强制权动用者相关型边际外部性。如果 B 有权决定 A 的消费水平,而且又无须为 A 的消费买单,那么他就会移到满足条件(17)的 E_O 上,然后移到 P^{***},即满足条件(11)和(19)的强制权动用者的某个"极乐点"(bliss point)。此外,如果在 P^{***} 上,$U^B(x_2^B,x_1^A)=U^B(x_2^B,x_1^A)_{x_1^A=x_1^{A***}}$,那么就不存在任何边际外部性。只有在这个 E_O 落在契约曲线上这一非常特殊的情况下,帕累托最优外部性才等于0。

放松马歇尔几何分析法中的假设,我们就能假设,在一般均衡状态下,消费有益品会产生正的收入效应,从而产生正斜率的契约曲线(马歇尔构造当然隐含垂直的契约线)①以及根据财产权初始配置格局进行的不同的"福利"分配。但不管怎样,只要 A 选择自己偏好的 x_1 消费水平的权利和 B 决定 A"消费"的权利可以交换,那么就会再次出现达到帕累托最优水平的外部性,而且有利于双方确保社会权利结构能让他们依法就 x_1^A 的消费量进行讨价还价和交换。不过,图 13-3-2 清楚地显示了马歇尔几何学分析中仅仅是隐含的东西,即从非强制权到强制权的制度变化,或者从强制权到非强制权的制度变化,不能用帕累托标准来评估;也就是说,社会消费权利的不同配置对于个人来说并非无差异。这样,我们就有了另一个版本的著名的阿罗次优定理(Second Optimality Theorem of Arrow):只要满足资源最优配置一般条件,每种最优分配都对应于某种消费活动产权的初始配置。

在现实世界中,授予强制权会造成经济产出组合发生变化,这显然有可能对社会成员所占的总要素收益相对份额产生影响。如果把这种可能性纳入理论框架,那么就能找出为什么有些人希望拥有强制力的其他原因。这是因为,那些拥有相对较多用于生产 x_1 的要素的社会成员,随着 x_1 的产量增加,就会以牺牲社会其他成员的利益为代价增加自己的收入。因此,我们假设,B 拥有相对较多的用于生产 x_1 的要素;扩大 x_1 的生产,就能增加 B 在国民收入中占有的份额。

从图 13-3-2 的几何图形来看,如果收入再分配效应充分大,那么 B 的消费可能性边界曲线 AB 就在除点 A 外的全部位于其原始位置以上的点上;而 A 的消费可能性边界曲线 AC 会出现负斜率;而且,如果再分配效应充分

---

① 当然,马歇尔的几何学分析法并没有消除收入效应,而只是假设收入效应不会对 A 或 B 偏好的 x_1^A 消费产生影响。

大,整条曲线可能都低于 AB。收入再分配效应无论有多大,都会明显增强 B 争取(可交换的)强制权的动机;而且,如果收入再分配效应大到足以逆转 A 和 B 的机会曲线,那么就意味着,B 宁可要强制权并为 A 消费 x_1 买单,也不愿像以前那样拥有强制权并让 A 为自己的消费买单。但像以前一样,这个点上的无差异曲线不太可能有相同的斜率,而对双方有利的讨价还价机会一直存在,直到达到契约曲线上的某个点。图解这种情形的技术基本上与图 13—3—2 中使用的技术相同,读者可自行绘制适当的消费可能性边界曲线。①

三、偏好"扭曲"条件下的有益品与帕累托最优

到目前为止,本文都是在个人理性和完全确定性的通常假设下进行分析。我们在这里所说的理性,具体是指符合效用理论公理的行为。理性这个词更宽泛的意思可能是指符合他人偏好的行为,不过,我们可以说,这个词的意思已经在前面关于外部性的讨论中体现出来。可以肯定的是,外部性关系仍然是有动机对个人选择进行干预的一个必要条件,但在不确定条件下,从规范的角度证明干预个人选择的正当性,还要求"受胁迫的"个人也表现出与假设不符的非理性,如不可传递的偏好。② 非理性和不确定性这两个条件,是海德的有益品和有害品研究的核心内容。在这两个条件下,帕累托最优的核心问题发生了变化。在前面的分析中,我们觉得无法按照帕累托标准来评估社会权利结构的变化,但可以证明,在任何给定的权利结构下,有原则上可达到的帕累托最优存在。本节的分析或许更加接近把有益品和有害品纳入福利经济学分析的核心问题,因为我们现在要寻找可以证明 A 和 B 之间特定消费权配置正当性的条件。

在本部分,我们主要讨论不确定性的问题,但有必要先简要谈谈非理性的

---

① 由于篇幅关系,此处省略。有兴趣的读者可以在柴田的文章("A Bargaining Model...", op. cit.)中找到完整的论述内容。

② 不可传递偏好的例子被 A. A. 韦恩斯坦(A. A. Weinstein)在他的文章("Transitivity of Preferences: A Comparison Among Age Groups," *Journal of Political Economy*, Vol. 76, No. 2, March/April 1968, pp. 307—331)中作为强制权的例子援引。但是,如果这个例子被用作通过政治过程的强制选择来取代市场化自愿选择的一般例子,那么,"理想的"强制权动用者是如何(合理)当选的呢?

问题。

1. 非理性

首先,有必要根据本文的需要来确定非理性行为的类型,以消除否则就有可能在相关文献中永久存在的误区。例如,海德赞许地引用了庇古或柏姆—巴维克(Bohm-Bawerkian)关于正的时间偏好即使在不存在不确定性的情况下也是非理性的论断。但是,根据这个定义,正的时间偏好并不是非理性的。事实上,根据更加可取的效用理论的基本公理,时间偏好的缺失才是非理性的。仅仅在将来才能使用的资源不如现在可以使用的资源可取,因为现在可用资源的可能用途必然多于未来可用资源的可能用途。如果有权获得一定数量的未来资源,则无法利用在这期间使用这些资源的选择权;而如果现在有权积累同样数量的资源,则会产生未来所有时期都可获得的选择权。不用说,A可能认为,B应该有零或负的时间偏好,但这仅仅说明,A的行动把外部性强加给了B,因为A认为,譬如说,未来几代人受到的照顾应该好于他认为适当的照顾。

在存在非专有性和囚徒困境的情况下,就会出现另一些问题,个人可能为了自己的利益而屈服于强制权。例如,个人为了谋求宏观经济稳定,有可能屈从于税收(在了解到其他人也会按照某些预先安排的规则纳税的基础上)。但是,这些问题并不属于有益品经济学研究的范畴,并且可以很容易地用平常的现代公共品理论来解释。在现代公共品理论中,个人可能自愿缴纳"强制性"税收,但前提是,知道其他人也会受到这样的"强迫",从而能够通过集体行动来获取集体收益。

因此,这里论述的非理性并不是仅仅受到别人赞同或反对的行为,而是不符合效用理论假设的行为。显然,这种形式的严格非理性要求我们与麦克罗一起把这种现象扔进帕累托福利经济学无话可说的"迷失域",因为关于福利变化的命题是建立在否定这种非理性存在的公理之上的。

2. 偏好变化

大部分福利经济学的讨论,当然包括本文第二节的讨论,是建立在信息是一种每个决策者都可以免费取用的物品这样一个不切实际的假设之上的。一旦这个假设不成立,个人必须根据信息的获取成本以及自己做出错误选择的可能性来选择自己想要的信息量。这是因为,在通常情况下,个人不可能掌握全部有关今天的决策对未来影响的信息。这种不确定性的情况为干预个人选择提供了一个经典案例。在这一部分,我们将假设,如果 B 通过动用强制权,而不是选择 A 的效用函数中的某些参数来干预 A 的选择,那么,B 的福利就会明显增加。因此,现在的问题是,是否存在 A 的福利会增加的情况。在前面的分析中,我们已经知道,B 获得了很大的对 A 的强制权,必然会导致 A 的福利由于消费权的再分配而减少。但就如我们将要看到的那样,在不确定的条件下,这个结果不再能成立。

这里讨论的情况是,A 无法确定自己未来的效用函数的形状,而 B 干预 A 的利益的理由是他了解这些偏好的概率比 A 大。不幸的是,为了得出任何结果,现在必须引入基数法来度量个人效用。当然,我们也可以更进一步,进行人际效用比较,但我们会像往常一样,不采取如此大胆的举动。明确地说,这种指数效用函数现在被认为是一种加性函数,具体而言,它是一种时间加性函数。因此,譬如说,个人 A 可尝试评估个人 B 的累积效用流,而 B 被假定寻求自己的期望效用流现值最大化。这种情况显然是与效用理论中常见的弱假设不同,但经验表明,那些强迫他人做某些事的人经常会有这样的想法:"现在应该强迫他们为养老基金缴费,以后他们就会认识到,这样做是通情达理的。"因此,似乎有必要对这种想法进行深入分析,看看它会在多大程度上付诸实施。

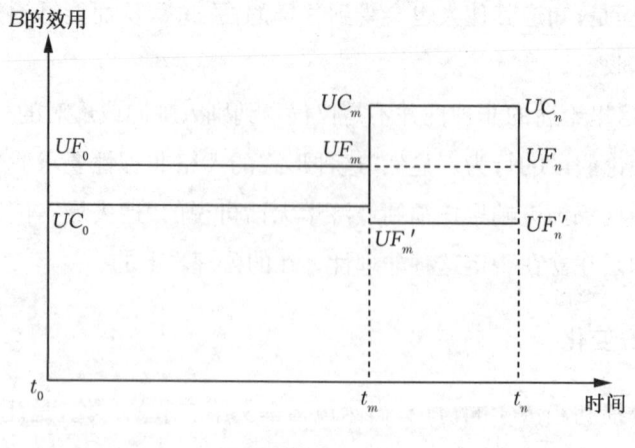

图 13—3—3

第十三章 有益品概念的定义及其特点

利用图 13-3-3 可以帮助我们了解 B 的问题的直观性质。我们假设，B 在 t_o 做出选择，试图让自己的效用流一直持续到 t_n。在没有 A 强迫的情况下，效用流（假定是个常数）用比率 UF_o 来表示。正是根据对这个效用流的预期，B 自由做出了自己的理性选择。然而，未来是不确定的。具体而言，B 的偏好可能在 t_m 发生变化，他要重新评估效用流，并且与初始选择相比调低自己的效用期望值。因此，过了 t_m 以后，B 的效用流就变成了 UF'_m。现在，如果强制意味着，从 t_m 开始，效用流的水平超过了 UF'_m，那么 B 现在的效用现值大于他自由选择时的效用现值，而他在 t_o 的个人福利因 A 的强迫而有所增加。[①] 不论怎样，只要 A 的强制行为在任何时候都不产生抑制效用流的作用，那么 B 的效用流就肯定会增加。如果，譬如说，被强迫的个人由于被迫在从 t_o 到 t_m 期间消费与他的偏好不符的实体而明确感受到了与强迫有关的负效用，那么这个结论并不一定能够成立，因为在从 t_o 到 t_m 期间，效用会有所

---

① 为了简化问题，虽然我们承认 B 在未来效用流的问题上有可能犯错，但我们并没有因此而假定他在边际时间偏好率上也会出错。更明确地说，这个假设基于以下推理：从概念上讲，个人的边际时间偏好率由他的跨期无差异曲线和跨期消费可能性边界决定，因此，可以进行跨期替代。如果我们假定个人的边际时间偏好率估计是正确的，那么，个人对未来产品间边际替代率的估计也一定是正确的。但是，如果个人对未来产品间边际替代率的估计是错的，难道就不能肯定，他的边际时间偏好率也是错的？为了解决这个难题，同时又保留时间偏好不变这一简化假设，我们假定可以采取强制行动的活动在个人总消费中所占的比例"微不足道"。下图可能有助于明确这个问题的含义：

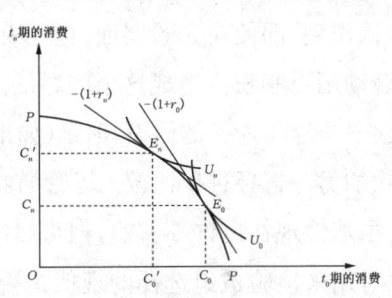

为简便起见，我们使用一个两期模型，个人最初在自己的消费可能性边界曲线 PP 上选择 E_0，并且在 t_o 消费 C_0，在 t_n 消费 C_n，从而意味着他的边际时间偏好率是 r_0。随后，他的偏好发生变化，如无差异曲线所示，U_0 变成了 U_n。那么，应该用 r_0 还是 r_n 作为时间折现率比较合适呢？我们假设 C'_0 和 C_0 非常接近，因此，PP 在 E_0 和 E_n 上的斜率之差可以小到忽略不计，这样就可以简化分析。鉴于曲线 PP 是凹形曲线，因此，这条曲线上各点的斜率的趋近速度快于 C'_0 和 C_0。请注意，当 E_n 趋近于 E_0 时，用 U_n 表示的效用并不一定趋近于 U_0。因此，在极端情况下，边际时间偏好率可能相同，但效用水平却大相径庭。

减少。适合这种情况的一个实际例子是大学本科生:从 t_0 到 t_m 表示他们在校学习时期,而从 t_m 到 t_n 则表示他们本科毕业后的职业生涯。我们可以假设,如果本科生能够自由选择课程和课程的内容,他们在校期间的效用流是 UF_0,毕业后的效用流是 UF'_m,而他们毕业后的预期效用流则是 UF_m。在被迫接受学校安排的课程和内容的情况下,他们无法完成他们想在毕业前完成的课程,因此,他们的效用流会减少到 UC_0,尽管这可能因毕业后效用流速度提高($UC_m > UF'_m$)而得到补偿(也可能得不到补偿)。现在变得清晰的是,选择错误必然意味着:相对于初始选择而言的效用损失(如果确实有的话)会得到后来由强迫产生的收益的补偿而有余,于是,个人效用的现值可能会有所增加。

因此,采用效用基数表示法似乎能够表明,为了 B 的利益,有可能存在动用强制权的先验理由。当然,困难在于判断哪些是能在实践中证明动用强制权具有正当性的情形,而最基本的一个困难是,个人可能要在考虑自己的选择时估计自己可能改变选择的概率,也许仅仅是因为个人知道自己以后会变老,或者可能是因为个人知道一些消费过程(如接受教育)实际上或多或少涉及自己品味变化("自己变得成熟了"或者"有教养了")的正式过程。但是,如果个人已经考虑到明天自己可能对今天的选择感到后悔的概率,那么就会导致动用强制权变得极其困难。

更重要的是,应该认识到,即使在先验层面,也没有"客观的"检验标准可用来确定哪种情况适合动用强制权。造成这个问题的原因是,虽然个人选择了自己目前喜欢的东西——这是通常的假设,但是(如果无法验证的话),他就无法与他可能更加喜欢的另一选择进行比较。尽管如此,我们还是假设,有可能存在某种替代选项,虽然他现在也许不喜欢,但可以增加他的实际效用"存量"。似乎有一种方法可用来检验被迫选择的现值是否实际上高于自由选择的现值,那就是等个体(如在 t_m)做出自由选择后问他是否愿意在 t_0 接受被迫的选择。虽然这个建议表面上看起来很有吸引力,但事后检验关于被迫选择在福利方面更优的假设,会遇到以下几个困难:

第一,个人可能会把 $t_0 \sim t_m$ 期的效用流视为次要的效用流。在这种情况下,被迫的选择更有可能受到青睐,因为被迫选择的效用抑制效应并没有被认为与强制权有关。在这种情况下,检验会高估动用强制权所产生的收益。

第二,个人可以根据自己在 t_m 的偏好,重新评估 $t_o \sim t_m$ 期的效用,这(可能)意味着他对早期的效用流的评价低于他在 t_o 时的效用流;同样还意味着动用强制权所产生的收益会被高估,并且在 t_o 进行选择时对相关决策变量的看法是错误的。

第三,即使个体没有像在前面的两个例子中那样做出反应,由于他从 t_m 时的角度考虑在 t_o 做出的选择,并用这种方式对效用流进行重估,因此也可能造成另一种扭曲。请设想一下,个人在 t_o 做出初始选择,在 t_2 和 t_5(这里下标表示年份;为方便起见,我们假设效用在所标年份年底一次性累计)感受到选择所产生的效用,并在 t_4 被要求重估他在 t_o 做出的选择。我们进一步假设边际时间偏好率为 10%,在 t_o 预期的未来收益将以 0.826(第 2 年)和 0.621(第 5 年)因子折现。从第 4 年的角度看,他将用 0.909(而不是 0.621)的因子对第 5 年的收益进行折现,并将遇到难以对第 2 年(对于第 4 年来说,已经过去 2 年)采用某个折现率的困难。如果我们假设他采用对称的方法来处理折现率的问题,因此赋予从 t_o 或 t_m 考察的两个年份相同的相对权重,那么他就可把折现因子 $(1+0.1)^2 = 1.210$(而不是 0.826)应用于第 2 年的收益。然而,这就要求个人做相当多的事情,这是因为,为了采用一种"意见"法,我们已经偏离了行为主义的行动轨迹,而现在还在询问个人对一个完全假设的问题的看法。个人实际上会如何对待这个问题,还完全不清楚。另一种可能性是,个人可能试图回溯到 t_o,并使用适合这段时间的折现因子。遗憾的是,我们没有证据能够证明个人究竟做了什么,也无从知道个人做得有多成功,因此我们也无法知道这个试验是否有效。

第四,采用这种方法的第四个主要难点关系到投资决策其他方面不确定性的问题,也就是强制权动用者正确的概率并不比被强迫者正确的概率大的问题。关于这种类型的不确定性(在 t_o 有与 $t_o \sim t_m$ 期结果相关的正风险),在 t_m 上,关于这个时期($t_o \sim t_m$)的不确定性为 0,而关于 $t_m \sim t_n$ 期的不确定性也可能比从远至 t_o 的观察要低。因此,在回溯性决策中,被试个体有必要把两个时期结果的正确概率——也就是在 t_o 上赋予的概率——与那些强制决定并不会且也许不能被认为有任何优越性的不确定性维度联系起来。这似乎又是一个严苛的要求,而且,我们也很难想出能发现个人是否真的正确调整了结果概率的方法。

第五,需要指出的是,回溯性检测延迟的时间越长,就越有可能遇到以上每一个难点。

从以上这些主要的反对意见看,这条攻击路线似乎对实际应用没有意义。但是,我们可以从这种特殊的检验中积累一些经验,因为我们似乎有理由认为,每种偏见都有可能在某个方面产生作用或明确支持采用强制个人选择的解决方法。如果真是这样,追溯性检验就有一定的效度,因为如果检验否定了动用强制权合法的假设,那么就应该明确拒绝这个假设;而如果回溯性检验的结果与动用强制权可取的假设相一致,那么就不能认为应该拒绝这个假设。但考虑到对动用强制权的纯粹偏见,回溯性检验不能被认为是一种很有效的检验方法,而且在操作层面几乎没有什么用途。

如果有人想证明动用强制权的正当性,那么他们很可能经常会想到事后或回溯性检验。他们可能会争辩说,经验表明,许多人在晚年经常为自己没有被迫去做一些自己决定不做的事情而感到遗憾。由于这些人现在相信,如果他们在 t_0 时受到强迫的话,那么在当时就能感受到更大的效用,因此,今天,这被我们用来证明强迫他人做我们让他们做的事情的正当性。现在,把前一些个人的偏好应用于后一些个人的行为,在理论上显然存在困难。不过,即使我们以(比如说)任何现实世界的政策必然差强人意为由拒绝接受这些情形,也不必过分担心理论的精妙。我觉得,我们已经证明,这种对强制权的辩护是站不住脚的。虽然这种辩护在某些方面,特别是在谋求检验强制权的可取性方面颇有吸引力,但只有为了排斥强制权(而不是为了保证强制权)而付诸实施的检验才是有用的检验。因此,我们不得不放弃作为强制权正当性证明手段的回溯性检验。

除非接受人际比较,否则似乎不太可能找到任何可靠的检验方法来检验可证明其正当性的强制权或者(所谓同样的事情)错误的决策。但不论怎样,我们可以设计一些定性的指导方针。

为了简便起见,我们保留在两个时期内效用流不变的假设。我们现在有两种选择。在自由选择的情况下,效用总值包括 $X(t_0 \sim t_m$ 期间的累计效用流)和 $Y(t_m \sim t_n$ 期间的累计效用),在强制选择的情况下,$t_o \sim t_m$ 期间的效用流是 aX,其中,a 是一个表示期望效用因强制选择而减少的常数,并且 $a \leqslant 1$。在 $t_m \sim t_n$ 期间,效用流为 bY(其中,b 是一个反映强制力提高未来效用的常数,并且 $b \geqslant 1$)。因此,现在的问题是具体规定一个 b,使它能因 a 的影响而补偿个人以产生在强制选择下大于自由选择下的 U^B(效用现值)而有余。于是,社会有以下两种选择:

在自由选择的情况下:

$$U_f^B = \int_0^m Xe^{-rt}\mathrm{d}t + \int_n^m Ye^{-rt}\mathrm{d}t \tag{20}$$

或者在强制选择的情况下:

$$U_c^B = \int_0^m aXe^{-rt}\mathrm{d}t + \int_n^m bYe^{-rt}\mathrm{d}t \tag{21}$$

强制选择的最小正当性位于 $U_f^B = U_c^B$,也就是"无差异"(虽然从行为上看,个人在 t_o 上"宁可"要 U_f^B);而在 $U_f^B < U_c^B$ 的情况下,强制选择明显更加可取。倘若使用这个框架,我们可以提出许多命题。

现在定义一个表示 B 自由选择成本的净损失函数:

$$L = \beta \int_m^n e^{-rt}\mathrm{d}t - \alpha \int_n^m e^{-rt}\mathrm{d}t \tag{22}$$

式中,L 是在自由选择而不是强制选择情况下用现值表示的效用损失,α 是因强制选择在之前没有抑制效用而产生的收益,而 β 则是因强制选择后来没有增加效用而造成的损失。经过整合,我们有:

$$L = \beta(e^{-rm} - e^{-rn})/r + \alpha(e^{-rm} - 1)/r \tag{23}$$

对式(23)求导,就可推导出一些定性类的命题:

【命题1】 对于给定的 r 和 a,b 越大,也就是强制选择越能增加未来的效用,那么根据帕累托标准,强制选择优于自由选择的可能性就越大。

对式(23)就 β 求导,就可得到:

$$\partial L/\partial \beta = e^{-rm}/r - e^{-rn}/r > 0 \tag{24}$$

【命题2】 对于给定的 r 和 b,a 越小,也就是预期抑制早期效用流的强制程度越低,强制选择比自由选择可取的概率就越大。

对式(23)就 α 求导,便可得到:
$$\partial L/\partial \alpha = e^{-rm}/r - 1/r < 0 \tag{25}$$

【命题3】 对于给定的 r、a 和 b,m 对于任意的 n 相隔时间越短,也就是相对于当前偏好状态而言,未来偏好的周期越长,就越能有信心预期:根据帕累托标准,强制选择比自由选择可取。

对式(23)就 m 和 n 求导,便可得到:
$$\partial L/\partial m = -e^{-rm}(\alpha + \beta) < 0 \tag{26}$$
和
$$\partial L/\partial n = \beta e^{-rn} > 0 \tag{27}$$

【命题4】 边际时间偏好率越高,强制个人选择就越不可取,因为强制选择的早期损失与未来收益之比会上升。

通过定义一个新指数,就能很方便地证明这一命题:
$$R = \alpha \int_0^m e^{-rt} dt / \beta \int_m^n e^{-rt} dt = \alpha(1-e^{-rm})/\beta(e^{-rm}-e^{-rn}) \tag{28}$$

假设 α 和 β 是常数,并对 R 就 r 求导,便可得到:
$$\partial R/\partial r = \frac{(n-m)e^{-r(n+m)} + me^{-rn} - ne^{-rm}}{(e^{-rm}-e^{-rn})^2} > 0^① \tag{29}$$

以上每一个命题在平时证明强制选择正当性方面都有它的逆命题,而这些证明被认为都是从被强制者 B 的利益出发的。更加严格地考察强制选择正当性的证明有两方面的价值。首先可证明,即使用基数效用代替序数效用,但不包括效用流量(或存量)的人际比较,关于强制导致帕累托最优的可能性只能进行概率定性陈述。我们不可能像在后来自愿交换中那样,取得确定任何权利配置最优性的明确结果。其次可证明,相反的陈述——强制选择并非最优——不一定成立,尽管似乎无法导出帕累托最优权利配置的充分条件。

---

① 要证明这个复杂的表达式显然为正,只需证明分子为正即可。把分子乘以 $e^{r(n+m)}$ 并合并各项,就可得到:
$$n(1-e^{-rm}) - m(1-e^{-rn}) = 式(29)的分子 \tag{29a}$$
展开指数序列就可得到:
$$n(-rm - r^2m^2/2! - r^3m^3/3! - \cdots) - m(-rm - r^2n^2/2! - r^3n^3/3! - \cdots) = 分子 \tag{29b}$$
由式(29b)可得:
$$e^2 mn(n-m)/2! + r^3 mn(n^2-m^2)/3! + \cdots > 0 \tag{29c}$$

此外，我们已经证明，我们还可以做更多的事情，而不是仅仅把所有的强制行为都归入可以说没有任何帕累托规范基础的"迷失域"。

四、结 论

本文试图通过更加严谨地证明强制选择对福利经济学的意义来对有益品进行定义。采用完全静态、完全确定的传统模式进行的分析得出了以下这些主要结论：虽然被强制者在有强制行为的最终均衡状态下感受到的效用水平低于在无强制行为均衡状态下感受到的效用水平，但是，只要强制权可以交换，就不会阻碍帕累托最优的实现。根据这种分析，只有关于谁有权选择的决定并不能用帕累托标准来评价。

想要就权利的分配说点什么，就必须使用基数效用。我们不可能检验任何强制行为是否具有帕累托最优性，除非假设强制权动用者只有在他自己从中获益时才会动用强制权。相关分析为了推导出一些定性的指导性命题，主要关注被强制者在强制选择下能比自愿选择下处于更有利位置的情形。这些指导性命题表明，在通常奉行自由原则的社会里，个人选择很可能被那些自称"更了解"选择——也就是关于教育、退休养老金、妻子或职业选择，而不是有关吃什么食品或看哪部电影的选择——在哪些方面会产生长期消费影响的人所主导。因此，有这样一种可能：许多（譬如说）受法律约束的行为与帕累托理想的差别可能比常规静态分析有时显示的要小，因为自愿显示的偏好在很大程度上可能并不是一个充分的指导性命题。最后，静态分析无法解释为什么强制权就像在现实世界中那样通常不可交换。不论怎样，基数效用分析提供了一种说明这个问题的方法，因为如果 B 的干预依据正好是，A 的交易偏好是错误的偏好，那么 B 就不会与 A 交易。

【简要总结】 有益品与对强制权的福利经济学分析：是否有可能把有益需要分析纳入广义的帕累托最优分析？与外部性文献的一些贡献者的观点相反，本文认为，他们在某种程度上能够做到这一点。本文根据标准的外部性理论对有益（或有害）需要进行了定义，并使用与布坎南和斯塔布尔宾相似的方法对有益需要进行了分类。然后,本文根据完全确定的假设,证明帕累托式分析框架可用来规定任何有益或有害活动——也称为"强制"活动——的最优水平,但无法规定初始权利配置,而权利的不可交换性与效用最大化假设不符。本文采用数学方法以及马歇尔理论和一般均衡几何学表达方法进行分析。在不确定的条件下,倒是有可能规定一些一般标准来证明用帕累托式分析框架决定强制权配置应具备的条件。不过,这些只是定性条件,通常是不可检验的。

第四节 有益需要:更加深入的分析[①]

D. A. L. 奥尔德 P. C. 宾

D. A. L. 奥尔德和 P. C. 宾(D. A. L. Auld and P. C. Bing)二人都认为,信息不足是有益品的一个主要特征。他们建议更详细地分析这个问题,并且区分了特征信息和价格信息。特征信息是指有关产品特征的信息,这种信息告诉消费者消费某种产品可获得的效用或负效用。价格信息通常被定义为增加消费者可进行的选择的信息,如关于新产品和低价替代品的信息(如耐用性和服务成本)。本文的作者假设,有些人(如吸毒者和酗酒者)不能理性地处理产品的特征信息,但能理性地对价格信息(如不同型号空调的能效)做出反应。然后,本文作者用数学方法证明了税收和/或补贴政策优于旨在解决特征信息不足问题的政策以及适当的信息政策优于旨在解决价格信息不足问题的政策等问题,而这些政策都是有益品政策。

※　※　※

1959 年,理查德·马斯格雷夫在他的《公共财政理论》中,为财政学学者提出了"有益需要"的术语。[②] 向消费者提供信息,就成了这方面辩论的核心议题之一。我们认为,信息问题没有得到足够的重视,而本论文的目的就是以一种严谨、数学的方法来考察信息问题。在进行我们自己的分析之前,有必要简要回顾一下最近的有关辩论。

马斯格雷夫以下列方式区分了有益需要和社会需要:由于市场行为没有显示消费者对必须消费或至少人人都能以同等数量获得的产品的真实偏好,因此出现了满足公众需要或供应公共品方面的困难。规范理论关注的是,在

[①] 本文在征得 D. A. L. 奥尔德和 P. C. 宾的允许后转引自:D. A. L. Auld and P. C. Bing,"Merit Wants:A Further Analysis," *Finanzarchiv* 30(2)(1971—72):257—265。本文作者要感谢 S. 温特劳布、E. 格兰特和米斯·M. 斯蒂尔(S. Weintraub,E. Grant and Miss M. Steele),感谢他们对本文早期的草稿进行了审阅,并提出了评论意见。文中仍有的差错由作者本人负责。

[②] Musgrave,R. A. *The Theory of Public Finance*,McGraw Hill,N. Y.,1959.

已知消费者真实偏好的情况下供应最优数量公共品的问题。与此相反,满足有益需要有可能要干预消费者的偏好,以鼓励或阻止对特定产品或服务的消费。在马斯格雷夫看来,这样的干预可能必不可少,因为:①有益品可能具有公共品的特征;②有益品消费通常会涉及学习的维度,知情群体可能会认为把自己的观点强加给他人具有正当性;③通过私人市场向消费者提供的信息往往不完整,并有可能导致偏好扭曲。许多广告的例子可以用来说明后一种情况。

直到约翰·海德和查尔斯·麦克罗最近在《财政文献》[①]上撰文开展辩论之前,"有益需要"在财政学文献中仍很少引起关注。在这场辩论的最早论文中,海德教授开始(尤其是)阐明马斯格雷夫对有益需要下的定义,并且指出,有益需要包括:①个人评价问题(马斯格雷夫所说的"被扭曲的偏好");②公共品或社会需要问题;③与马斯格雷夫教授认识到的类似的分配问题。此外,海德还认为有益需要的概念具有普遍重要性,对它进行了相当详细的考察,并且把有益需要与一般的市场失灵理论以及比较近期的福利经济学和福利政治学问题联系在一起。海德的一个重要贡献,就是强调了与具体产品有关的分配问题。他可能认为,这个分配问题很可能是偏好扭曲或个人评价问题的结果。

在评论海德教授的论文时,麦克罗(1968)认为,海德误解了马斯格雷夫。麦克罗指出,虽然马斯格雷夫的有益需要关系到"对消费者偏好的干预"[②],但海德表示,满足有益需要就必须纠正偏好。此外,麦克罗把马斯格雷夫的"干预消费者偏好"解释为通过(譬如说)定量配给等方式把有益需要或有害需要直接分配给消费者。通过征收销售税来干预消费模式,显然不能被归类为干预消费者主权。麦克罗认为,马斯格雷夫最初定义(海德又重述)的有益品只涉及个人评价的问题,因此,这样定义的有益品"在以民主社会个人偏好为前提的公共经济规范理论中没有立足之处"[③]。

海德(1969)在回答麦克罗的文章中,对干预和纠正之间的区别做了最小

[①] Head, J. G., "On Merit Wants, *Finanzarchiv*," N. F., Band 25, March, 1966. McLure, C. M., "Merit Wants: A Normatively Empty Box, *Finanzarchiv*," N. F., Band 27, June 1968. Head, J. G., "Merit Goods Revisited," *Finanzarchiv*, N. F., Band 28, March 1969.

[②] Musgrave, p. 13.

[③] McLure, p. 474.

第十三章　有益品概念的定义及其特点

化处理,并且指出:"……不论怎样,这种干预的规范目的显然是改善或纠正消费者的选择……"①

马斯格雷夫、海德和麦克罗都同意,在纯公共品和纯私人需要的极端例子中都有有益成分。马斯格雷夫把它们称为"有益需要",或许有用词不当之嫌,因为有益品或有害品似乎都包括具有消费外部效应的产品,可能还有公共品的其他方面。当然,面对不完全信息、非理性或不完全的预见,这样的外部性可能确实只影响到个人消费单位。海德在回答麦克罗时集中关注了外部性只影响消费者个人的有益需要。麦克罗的观点是:这种类型的有益需要并不能证明干预消费者选择的正当性;只有在涉及与有益需要相关的公共品常规方面的情况下才需要公共干预。这似乎是一个目前还不能简单回答的哲学问题。

海德和麦克罗之间的观点分歧由于他们对有益需要情况下的信息陈述而变得更加复杂。麦克罗认为,应该提供所有相关信息,而且这是完全必要的;而海德则认为,公共干预可能就是提供相关信息,从而意味着会导致个人偏好图谱发生变化,从现在的偏好图谱变成反映真实偏好的图谱。此外,可以通过征税或发放补贴的方式来进行干预。正如海德指出的那样,"应该根据它们的相对效率来选择这些可供选择的替代技术"②。因此,信息似乎是一个关于有益需要的关键概念。虽然我们已经认识到这个问题,但在有关辩论中却很少关注或密切注视这个问题。

考虑到这一背景,我们希望考察两个在有益品辩论中提出的实质性问题。首先,考察信息的概念。其次,根据海德的信息供给陈述,我们要自问:如果消费会产生副作用,那么怎样的方式才是改变消费模式的最有效方式? 我们将在消费者选择标准理论的语境下分析这两个问题。

信　息

现在,我们应该明白信息可以通过两种不同的方式影响消费者的行为。

---

① Head (1969), p. 215.
② Head, ibid., p. 220.

对于可获得产品的属性或者由产品产生的效用或负效用的信息,我们建议把它们称为特征信息。如果边际替代率发生变化,那么消费者行为就会受到影响。得到普遍公认的有益需要或有害需要大多可以作为特征信息的例子来援引。

有些新的知识也可以拓宽消费者的选择范围,我们建议把这样的新知识称为价格信息。向消费者介绍新产品、了解低价替代品、了解许多产品的耐用性和服务成本,这些都可以作为价格信息的例证。

对于消费者来说,这两类信息都不是无成本的。

传统的福利经济学只字未提信息的问题。福利(帕累托)最优的条件假设,信息都是免费的,不仅对于消费者个人,而且对于整个经济都是如此。收集替代品的信息——如价格、服务属性、(外部)收益或有害的副作用等信息——的成本常被忽略,供应商介绍其产品和宣传其品牌产生的费用也同样被忽略。

最近,有学者,特别是 G. 斯蒂格勒和 P. 尼尔森(G. Stigler and P. Nelson)[1],试图根据知识稀缺这个更为现实的假设重建消费者理论。然而,由于信息往往具有公共品的性质[2],因此,以上问题会对福利产生比较迟缓的影响。我们来考察消费方面的情况:个人搜寻廉价商品(价格信息)的成本很高,特别是在时间、运输成本以及沮丧和失望等心理因素方面,政府或私营企业可以通过在传播媒介上提供价格信息来降低个人的信息搜寻成本。而且,很少有消费者能够获得全部的相关特征信息,正是由于这个原因,才有了有益需要或者有害需要。

即使在完全竞争的世界上,同样的考虑也适用于供给侧。完整的产品价格信息不仅有利于卖方的潜在客户,而且也有利于他们的竞争对手。此外,企业几乎没有动机提供消费者难以理解的信息。正如制药业的情况所表明的那

---

[1] 斯蒂格勒和尼尔森分别在文章"The Economics of Information," *Journal of Political Economy*, vol. 69, # 2 和文章"Information and Consumer Behavior," *Journal of Political Economy*, vol. 78, # 2 中推导出了个体决策单位收集信息的最优条件。不论怎样,斯蒂格勒已经明白,信息可能具有公共品的性质(*Journal of Political Economy*, vol. 69, p. 224)。

[2] 兰开斯特教授在他的论文(K. Lancaster's paper, "Change and Innovation in the Technology of Consumption," *American Economic Review*, Paper and Proceedings 1966, pp. 18—19)中,支持这种观点。

样,企业往往并不掌握全部的相关特征信息。

上述所有因素都适用于任何竞争环境。在不完全竞争的世界上,广告又使情况变得更加复杂。

由于信息具有公共品的特性,因此显然需要一种信息供应最优理论。根据帕累托最优假设,产品和信息的消费边际替代率应该等于边际转换率。但在特征信息的情况下,很难推导出得出这个结论的严格条件。通过公布所有的相关特征信息来规定有益需要或有害需要的前提是消费者理性,但是,譬如说,在有吸毒者、未成年人或酗酒者的情况下,社会是不愿承认具备这个前提条件的,于是就产生了消费者主权的问题——究竟应该提供哪些信息?这样,特征信息本身就成了一种有益品。由于在提供价格信息时不会出现这种复杂情况,因此,与发展最优特征信息理论相比,似乎比较容易发展最优价格信息理论。我们将在本文的其余部分说明,我们只需要最优价格信息理论,而不一定需要特征信息理论。我们还将证明,税收(或补贴)政策在特征信息情况下优于信息政策,而在价格信息的情况下则次于信息政策。

消费者行为模型

我们假设,个人的行为目的是,在预算约束下使序数效用函数最大化。为了简便起见,我们考察一个单期静态模型,并假设价格已知,税前货币收入也已知。与更加标准的消费者选择理论不同,我们假设消费者容易被说服改变自己的消费模式。

消费者从各种各样的来源获取信息,而同样的信息来源,如报纸、政府出版物、广告,可能会提供有关许多商品的信息。

为了表明消费者的购买行为依赖其知识状态的程度,我们把消费者看作使以下序数效用函数最大化的行为主体:

$$U=U(X_1,X_2,\cdots,X_n;g_1,g_2,\cdots,g_m)$$

并且受到以下预算约束的制约:

$$\sum_{i=1}^{n}P_iX_i+\sum_{j=1}^{m}d_jg_j=M$$

式中，P_i 是产品 X_i 的价格，d_j 是消费者消费 1 单位信息 g_j 的边际成本。

如果我们这样看待消费者的选择，那么效用最大化的一个条件就是信息参数的最优选择。[①] 但就我们的目的而言，只需确定 g 的水平就可以了。

这种表达方式允许我们把特征信息和价格信息区分开来。消费者收到的信息可以通过信息变量（g_j）的变化或预算约束的变化来改变他们的购买行为。在香烟单价不变的情况下，反对吸烟的广告运动必须通过改变 g 来改变人们的行为。在消费者意识到价格下跌的情况下，关于产品价格的信息会通过预算约束的变化来影响他们的行为。[②]

由于我们在这篇论文中主要关注有益需要或有害需要的概念，因此，我们现在的任务是，为旨在解决信息不完备问题的公共政策制定标准。我们将证明，如果目标是使消费者效用最大化，那么旨在解决价格信息提供问题的政策应该与解决特征信息问题的政策有所不同。

首先，让我们来考察特征信息不足的情形。

在没有政府干预的情况下，消费者通过私人市场获得信息，我们用 $\bar{g_j}$ 来表示这些信息的广度。因此，消费者要在 $\sum_{i=1}^{n} P_i X_i + \sum_{j=1}^{m} d_j \bar{g_j} = M$ 的约束下，使 $U(X_1, \cdots X_n; \bar{g_i}, \cdots, \bar{g_m})$ 最大化。

为了便于图解，我们假设有一个消费者可以购买两种产品 X_n 和 Y 的世界。在这样一个分析框架下，Y 可被视为购买除 X_n 外的所有其他产品的支出。假设 X_n 是一种有害品，对它的消费由于这样或那样的原因而应该减少。在私人市场提供的信息水平已知的情况下，图 13-4-1 中的消费者预算线是 AB，消费者的无差异曲线是 I_1'、I_2'、I_3'。为了使自己的效用最大化，消费者会购买 $\bar{X_n}$ 量的产品 X_n。现在假设政府采取一项为消费者提供最优信息量（无论怎么定义）的政策。由于政府提供信息，消费者的 X_n 与 Y 边际替代率会发

---

① 这种成本并不一定是向消费者提供信息的边际社会成本。例如，如果 g_1 表示报纸，那么，d_1 就是消费者购买报纸的价格（再加上花在看报上的时间）。社会成本可能还包括企业的广告支出。我们忽视的正是后者，就像我们忽视工作与闲暇的选择一样。

② 如果我们考虑耐用品，那么这两类信息的区别就更加复杂。在这里，信息可能会改变消费者预期的使用寿命和/或预期服务成本，而两者都会影响服务流的预期价值。

生变化,因此,消费者现在有了由无差异曲线 $I'_1,I'_2\cdots$ 表示的新的无差异图。政府通过征收所得税为提供信息筹集资金,因此会改变消费者的预算线,使它从 AB 移到 DE。为了使自己的效用最大化,消费者现在购买 X_n^0 量的 X_n 产品,并处于点 W 的位置。

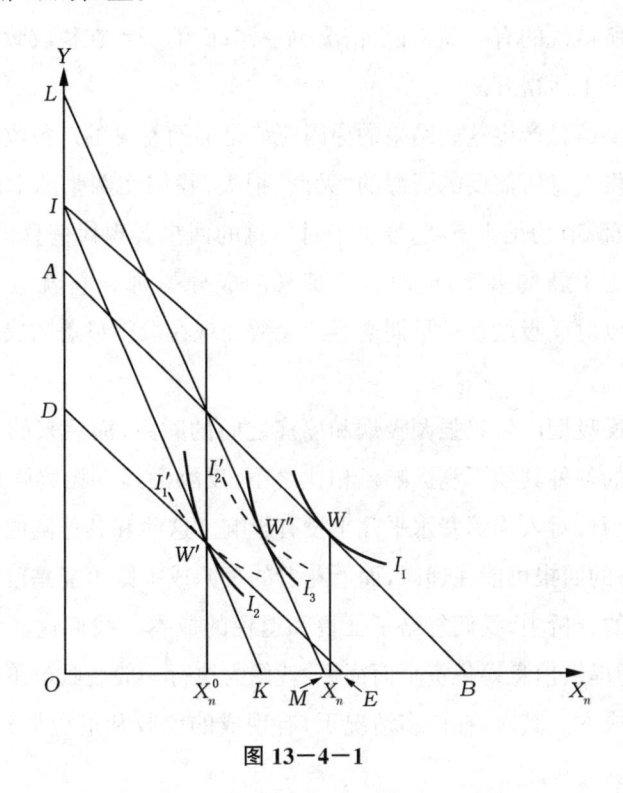

图 13-4-1

信息政策可以通过对 X_n 征收消费税和所得税退税相结合的方式来等量减少 X_n 的购买量。这样,新的预算线 JK 与原来的无差异曲线在 W' 上相切。在这样的政策下,如图 13-4-1 所示,消费税征收为 JD,其中 AJ 作为所得税退税退还给了消费者的税金,政府的净收入是 AD。如果政府把这笔收入也退还给消费者(为了保持预算结果不变),那么消费者对 X_n 的最终消费量就位于 W'' 上,而 W'' 位于比 W' 更高的无差异曲线上,在新、旧两条无差异曲线的下方(Y 是劣质品的情况除外)。因此,消费者在税收政策下的境况要好于在信息政策下的境况。

还有一种可能的情况,即政府必须同时征收消费税和所得税,以使消费者在税收政策下与在信息政策下购买相同数量的 X_n。这种情况如图 13—4—2 所示。同样，如果政府把在推行税收政策的情况下征收到的全部税收以减少所得税的形式返还给消费者，那么消费者在政府推行税收政策时的无差异曲线位于政府执行信息政策时的无差异曲线上面。对于需要补贴而不是同时课征消费税和所得税的有益品来说，情况也一样；而消费者在税收政策下也要比在信息政策下生活得好。

导致提供信息产生这些结果的原因应该是显而易见的。税收政策可避免向消费者提供信息所需要的资源的"无谓"损失，我们在两张图中假设它等于 AD。这种资源节约是否重要，取决于对信息的回报。现代信息论认为，如果一条消息披露了新的事实，同时包含惊喜的成分[①]，那么它就是有信息价值的。我们可以对反吸烟运动早期遭遇的失败和现在取得显著的成功做如下解释：

早期的反吸烟广告只强调吸烟和癌症之间的联系，而后来的反吸烟宣传则强调吸烟的各种其他不利影响。相比之下，反酗酒运动始终强调相同的主题，从时间上看，对人均消费水平几乎没有影响。这些和其他随便可举的例子表明，对信息的回报可能在递减，而所花费的资源成本则可能是巨大的。

在前面的分析中，我们忽略了征税和退税的成本。我们这样做有两个原因。首先，为提供信息筹集资金而征税，就像为执行一般税收政策收税和退税一样会发生成本。其次，在许多情况下，有现成的税收和退税框架，因此不需要追加资源。

虽然我们已经证明税收政策比信息政策更加有效，但如果我们研究提供价格信息——关于改变消费者预算约束的现实世界的真实信息——的最优政府政策，那么就必须推翻这个结论。如图 13—4—3 所示，AB 是初始价格线，而 W 是消费者福利最大化点。消费者现在能以比较便宜的价格买到产品 X_n，因此，价格线就变成了 AB_1，最大福利出现在点 W' 上。如果公共部门提供这个信息，而通过征收所得税筹措资金支付的信息提供成本等于 AA' 或 B_1B_2，那么最大福利的新位置就变成了点 W^*。

[①] Cf. R. C. Gallager: *Information Theory and Reliable Communications*, N. Y., 1968, J. Wiley and Sons.

第十三章 有益品概念的定义及其特点

图 13—4—2

图 13—4—3

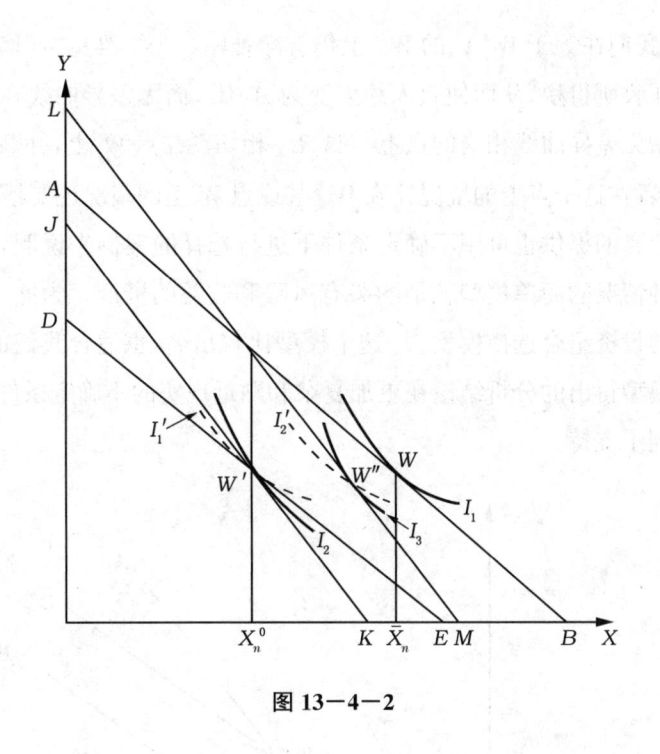

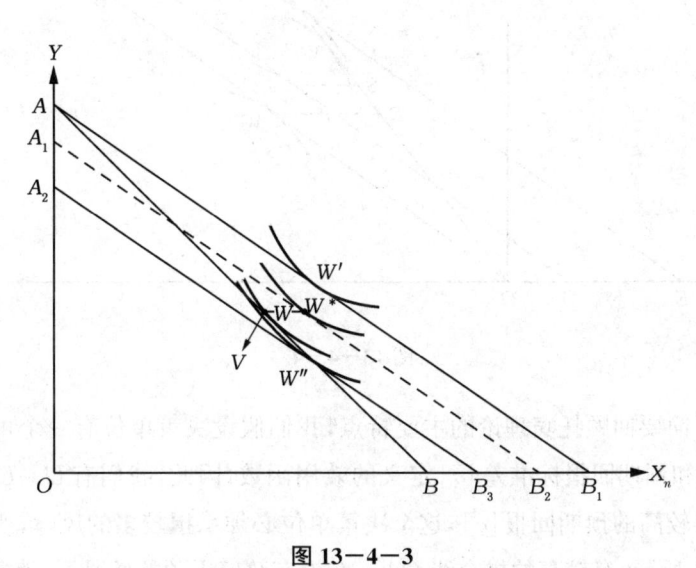

政府可以通过把发放消费 X_n 的补贴与征收所得税结合起来的方式,而不是通过提供有关 X_n 的信息的方式,来达到 W^* 这个最大福利点。但在这

229

种安排下，我们在等于 W^*V 的 W^* 上仍有净补贴。为了维持"均衡预算"，政府还必须征收所得税，从而使收入约束变为 A_2B_3，而无差异曲线在新收入约束线与初始无差异曲线相交的点上与 A_2B_3 相切。在点 W'' 上，补贴等于所得税，但消费者在这个点上的境况比在 W^* 甚或点 W 上的境况还要糟糕得多。

价格信息的提供也可用不确定条件下进行选择的案例来说明，一个可用来说明这种情况的简单模型就是购买有风险和收益的资产。为此，我们可以运用托宾的投资组合选择模型。[①] 这个模型比较出名，也适合我们的分析，而且用这个模型得出的分析结论在更加复杂和贴近现实的不确定条件下的行为模型中得到了支持。

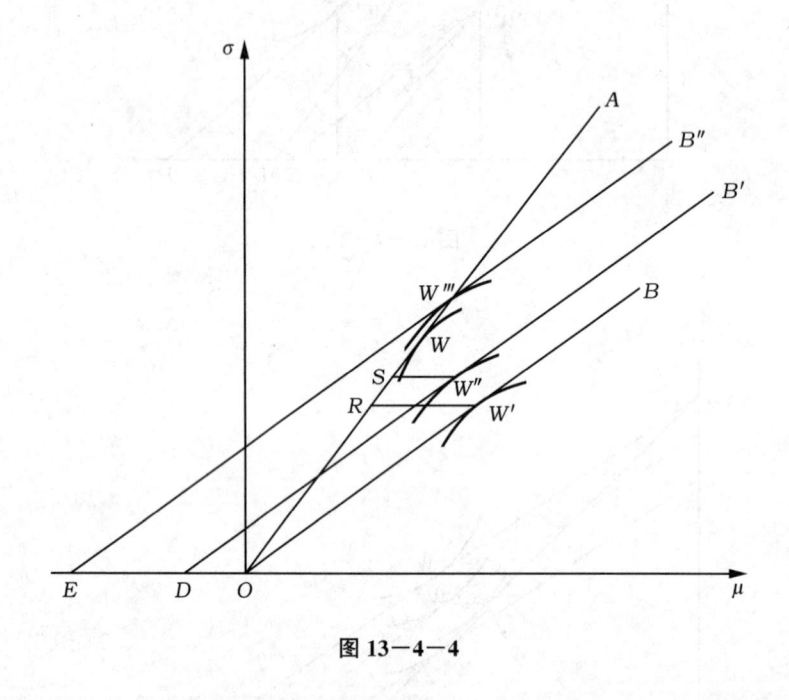

图 13—4—4

为了简要回顾托宾理论的主要特点，我们假设决策单位有一个可用预期回报 $[\mu]$ 和预期回报标准差 $[\sigma]$ 定义的效用函数，因此，我们有 $U=U(\mu,\sigma)$。为了获得较高的预期回报 $[\sigma]$，这个决策单位必须承担较多的风险，所以如图 13—4—4 所示，有较高的机会线 OA。在没有政府干预的情况下，消费者还是

---

① J. Tobin, "Liquidity Preference as Behaviour Toward Risk," *Review of Economic Studies*, 1957, pp. 65—86.

在点 W 上达到均衡。这里重要是，σ 是消费者的主观评价风险。向消费者披露真实信息（如预期资产收益率），就会使机会线由 OA 变为 OB，而消费者就能在点 W' 上使自己的效用最大化。

不论怎样，根据冒险程度发放比例补贴，并同时征收所得税，就能使消费者达到这个使自己效用最大化的点。发放补贴会改变机会线的位置，使机会线由 OA 移到 OB（因此，补贴额为 RW'）。征收所得税会使机会线移到 DB，而消费者则在点 W'' 上能使自己的效用最大化。消费者在曲线 SW'' 的点 W'' 上能获得补贴。为了保证预算结果保持不变，补贴必须通过征收所得税来抵消。如果对消费者征收的所得税是 ED，那么就会出现这种情况，而消费者就能达到 W'' 这个点。在这个点上，补贴额等于所得税征收额，预算结果保持不变，但是，消费者却处于较低的无差异曲线上。

总之，我们认为，当市场不能提供最优信息时，公共部门有理由进行干预。我们已经在有益品的背景下分析了可选的替代性信息政策，因为对有益品的消费会影响他人的福利，而个人消费模式则可以通过税收政策或提供特征信息来改变。在税收政策或特征信息提供政策进行比较的例子中，我们已经证明，税收政策更加有效；而在价格信息提供政策与税收政策进行比较的例子中，我们已经证明税收政策效率较低。由于在提供特征信息的情况下，税收政策优于信息提供政策，因此不存在提供最佳信息量的问题。

第五节　有益品、信息和偏好纠正[①]

J. 格雷戈里·巴兰坦

J. 格雷戈里·巴兰坦(J. Gregory Ballentine)对奥尔德和宾(Auld & Bing)的论文以及普尔斯菲(Pulsipher)的论文进行了详细的评论。他批评奥尔德和宾对有益品概念下了一个不恰当的定义。他们把有益品这个新概念定义为一种兼具私人品和公共品性质的产品,而马斯格雷夫把有益品定义为一种侵犯消费者主权的产品。巴兰坦批评奥尔德和宾以及普尔斯菲的论文忽视了在消费者获得新信息的情况下分析福利的一个重要结果。巴兰坦着重强调,这两篇论文的作者在他们的数学论证中错误地假设,新的(特征)信息不会改变消费者的满意水平。巴兰坦认为,消费者在获得关于吃西兰花的有益影响或吸烟危害的新信息后,必然会改变对包括西兰花或香烟在内的产品束与不包括这两种产品的产品束的效用或负效用的评价。

本文旨在评论两篇发表在最近一期《财政文献》上的论述有益品的论文:D. A. L. 奥尔德和 P. C. 宾的《有益需要:更加深入的分析》(Merit Wants: A Further Analysis)[②],以及 A. G. 普尔斯菲的《有益品的属性与相关性》(The Properties and Relevancy of Merit Goods)[③]。我们先证明奥尔德和宾介绍了一个模糊不清的有益品概念,然后说明他们认为税收政策总比提供产品特征信息更为可取的结论并没有得到正当性证明的支持。我们还要证明普尔斯菲犯了一个与奥尔德和宾的非常相似的错误,从而导致他的社会—有益品模型只能适用于非常有限的情况。

[①] 本文在征得作者 J. 格雷戈里·巴兰坦的允许后转引自:"Merit Goods, Information, and Corrected Preferences," *Finanzarchiv* 31 (1972—73): 298—306。本文作者要感谢莱斯大学(Rice University)的查尔斯·麦克罗(Charles Mclure)教授,感谢他提出了宝贵的评论意见。文中难免仍有谬误,但都由作者自负。

[②] D. A. L. Auld and P. C. Bing, "Ment Wants: A Further Analysis," *Finanzarchiv*, N. F., Band 30, Heft 2.

[③] Allan G. Pulsipher, "The Properties and Relevancy of Merit Goods," *Finanzarchiv*, N. F., Band 30, Heft 2.

第十三章 有益品概念的定义及其特点

※ ※ ※

一

奥尔德和宾的文章首先回顾了关于理查德·马斯格雷夫在他的公众家庭规范理论中提出的有益品概念的性质和作用的争论①,结果对马斯格雷夫(并且间接地对约翰·海德和查尔斯·麦克罗)产生了误解。他们认为,马斯格雷夫把有益品说成"满足介于纯公共需要和纯私人需要两种极端情况之间的需要的产品"②。我们可以通过考察他在我们引用的《公共财政理论》③中提出的分类来证明,这并不是马斯格雷夫的意思。

消费者主权适用程度	外部性水平或社会收益占比		
	百分之百	部分	零
完全适用	1	2	3
部分适用	4	5	6
完全不适用	7	8	9

如上表所示,马斯格雷夫认为,"我们把目光移到第一行以下,就能看到有益需要现象"。④ 因此,他用消费者主权的不适用性,而不是兼具公共品和私人品的某些性质,来明确表示有益需要。

对马斯格雷夫的这种误解,与这两位作者后来对有益品的性质的表述不相吻合。具体而言,他们指出,如果消费者无法获得有关产品的全部相关特征信息,那么这种产品就是有益品或有害品。⑤ 虽然我们并不清楚,奥尔德和宾是否认为消费者受误导消费的产品是有益品还是非有益品,但他们确实认为

---

① R. A. Musgrave, *The Theory of Public Finance* (New York: McGraw Hill, 1959).
② J. G. Head, "On Merit Wants," *Finanzarchiv*, N. F., Band 25, Heft 1; O. M. McLure, "Merit Wants: A Normatively Empty Box," *Finanzarchiv*, N. F., Band 28, Heft 3; J. G. Head: Merit Goods Revisited, "*Finanzarchiv*," N. F., Band 28, Heft 2.
③ Musgrave, p. 89.
④ Ibid.
⑤ Auld and Bing, p. 260.

提供信息是有益的。他们认为信息是有益品,因为"出现了消费者主权的问题——究竟应该提供怎样的信息?"因此,信息本身就成了有益品。①

关于外部性在有益品现象中的作用,他们的有益品概念就显得更加含糊不清。奥尔德和宾在他们的总结中表示,某种产品之所以有可能是"有益品或者有害品,是因为对它的消费会影响他人的福利"②。因此,无论他们使用怎样的有益品定义,这个定义显然要涵盖具有消费者外部性的产品(从他们的表述来看,无论是帕累托相关型外部性还是非帕累托相关型外部性,都能导致某种产品成为有益品)。③ 虽然麦克罗之前认为没有必要为讨论外部性问题而造新词,但是,奥尔德和宾并没有证明他们把这个有益品术语扩展运用到外部性现象的正当性。④

因此,从他们的讨论来看,我们并不清楚,他们是否考虑有益品就是:①全部含有公共和私人性质的产品;②具有消费者会被误导的特征的产品;或者③供应会侵犯消费者主权的产品(它们的特征信息本身就是一个例子)。当然,这三种有益品的定义并不等价,因为消费者有可能掌握某种纯公共品或纯私人品的错误信息,也可能掌握兼具公共品和私人品某些方面的产品的正确信息,或者,无论是公共品还是私人品,都会强迫他们侵犯消费者主权。

这两位作者没有阐明他们对有益品性质的看法,不过也没有严重影响他们关于提供特征信息的讨论。现在,我们来讨论这个问题。他们假设了一个以下形式的效用函数:

$$U=U(x_1,x_2,\cdots x_n;g_1,g_2,\cdots g_m)$$

上式中,x_1 表示产品,g_1 表示"信息单位"。为了简化图解,他们假设只有两种产品 x 和 y。在图 13-5-1 中,信息参数由市场以某种非规定的非最优方式设定,从以上这个效用函数可导出图中用实线表示的无差异曲线。图中,点 W 表示价格和收入由市场决定的原始效用最大值。然后,这两位作者假设,

---

① Ibid.
② Ibid.
③ 请参阅:J. M. Buchanan and W. Craig Stubblebins,"Externality,"*Economica*,Vol. XXIX,116 (Nov. 1962).
④ McLure,p. 478.

政府"向消费者提供最优(无论如何定义)量的信息"[①],从而导致无差异曲线位移,新的无差异曲线在图中用 I_1' 和 I_2' 来表示。为提供这个量的信息筹集资金,需要对消费者征税,从而导致消费者的收入约束线从 AB 移到 DE。于是,消费者的最大效用出现在点 W' 上。

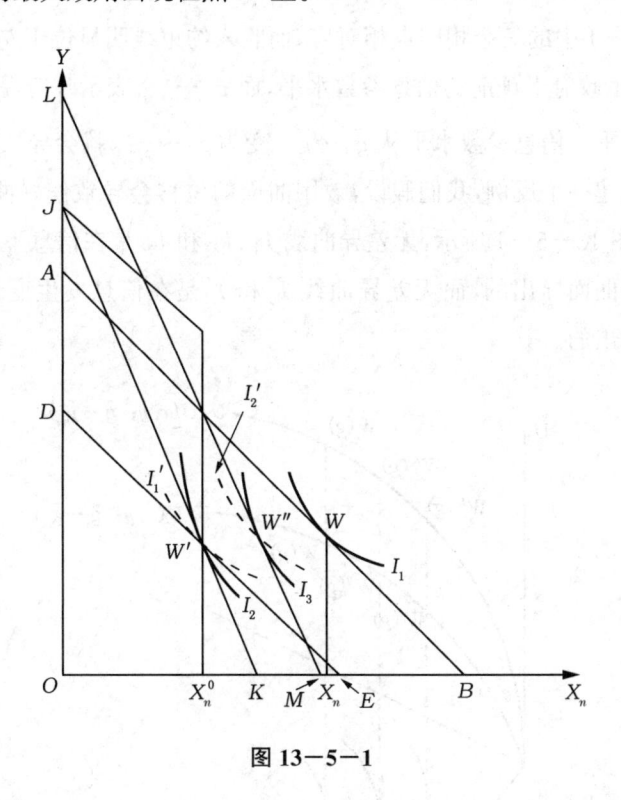

图 13—5—1

奥尔德和宾表明,如果对 x 征收消费税,并给予所得税退税,因此有收入约束 JK,那么我们就能达到同一个点 W'。但是,由于这项税收政策产生了净收入增量 AD,并且通过把所增加的净收入返还给消费者,因此,消费者可以消费在点 W'' 上的产品束,而(在信息水平不变的情况下)消费者在点 W'' 上有高于在 W' 点上的无差异曲线。

这两位作者得出结论认为,由于经过点 W'' 的两条无差异曲线位于经过点 W' 的两条无差异曲线的右边,因此,消费者的境况在实行税收政策的情况下

---

① Auld and Bing, p. 261.

要好于在实行信息政策的情况下。这个结论与他们绘制的图不符,因为新、老两条无差异曲线所对应的效用水平在平面XY上没有可比性。通过认真查看图13-5-2,我们就能更加清楚地认识到这个问题。我们让X轴和Y轴与图13-5-1一样,而U轴表示序数效用。在图13-5-2中,点W、W'和W''与图13-5-1中的三个相同点相对应,而收入约束线明显位于左边。我们用$\bar{g}_1\cdots\bar{g}_m$表示政府干预前的信息参数水平,而$\hat{g}_1\cdots\hat{g}_m$表示政府提供信息后的信息参数水平。信息参数水平从$\bar{g}_1\cdots\bar{g}_m$变为$\hat{g}_1\cdots\hat{g}_m$,就会导致效用曲面位移。为了构建一个反例,我们假设,效用曲面的位移会导致偏好曲面从U_1移到U_2。如图13-5-1所示,无差异曲线I_1、I_2和I_3是在信息不变(U_1)的情况下由偏好曲面导出的,而无差异曲线I_1'和I_2'是在信息发生变化(U_2)后由偏好曲面导出的。

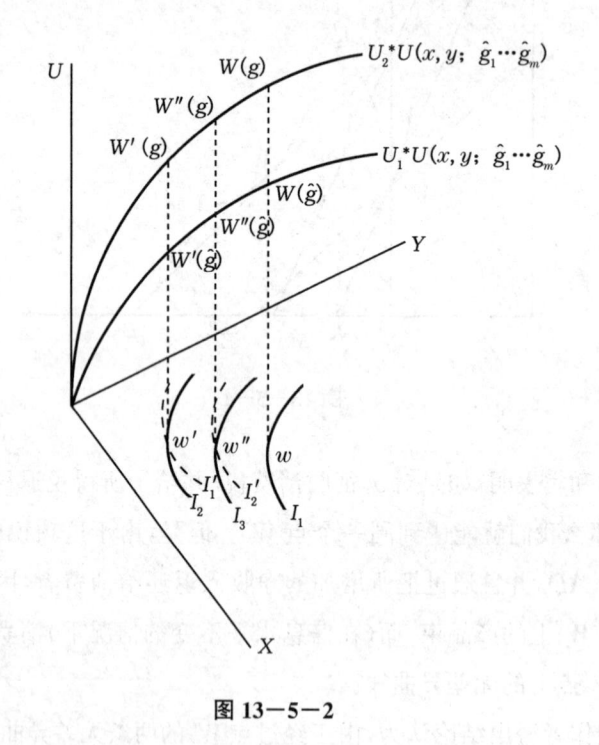

图13-5-2

为了对税收政策和信息政策进行比较,有必要对从在点W'上的产品束(xy)和信息参数$\hat{g}_1\cdots\hat{g}_m$(执行信息政策)导出的效用水平与从在点W''上的产品束(xy)和信息参数 $\bar{g}_1\cdots\bar{g}_m$（执行税收政策）导出的效用水平进行比较。在平面 XY 上无法进行这种比较。图 13-5-2 是一个三维面，它允许我们进行这样的比较。就如我们构建的例子所示，信息政策比税收政策可取［即 $W'\hat{g}$ 比 $W''\bar{g}$ 可取］，尽管 I'_1 在平面 XY 上位于 I_3 的左边。

虽然我们构建的反例足以证明奥尔德和宾的结论是错误的，但值得注意的是，我们构建的例子有可能是唯一与他们的问题相关的例子，因为他们假设，政府把信息参数设在了"无论怎么定义"都是最优的水平上。如果最优水平是根据消费者效用确定的［如伯格森(Bergson)的社会福利函数］，这就是他们在错误地认为税收政策比信息政策可取时采用的标准①，那么，假设 $\hat{g}_1\cdots\hat{g}_m$ 为最优，就意味着消费者认为 $W'(\hat{g})$ 比 $W(\bar{g})$（政府在进行任何干预之前达到的点）可取。但是，由于 $W(\bar{g})$ 比 $W''(\bar{g})$ 可取，因此，$W'(\hat{g})$ 比 $W''(\bar{g})$ 可取，而我们构建的反例是一个与他们的问题相关的例子。

因此，我们先证明了奥尔德和宾没有就有益品性质提出一个明确的概念，然后证明了他们关于税收政策优于特征信息政策的结论是错误的。

二

艾伦·G.普尔斯菲根据他的社会—有益品模型，在分析特征信息时犯了一个与奥尔德和宾类似的错误。普尔斯菲认为，有益品具有公共品的性质，他使用萨缪尔森(Samuelson)确定公共品最优产量的图解法来确定社会—有益

---

① 奥尔德和宾并没有一以贯之地采用相同的方法来确定最优产量。就如我们已经指出的那样，他们在讨论税收和信息政策时，试图只根据采取图 13-5-1 考察其行为的消费者的效用来判断这两种二取一的政策。他们最初认为，X 的消费量"应该会由于这种或那种原因而有所减少"[p.261]。这种原因必然涉及与 X 有关且发生在某个非特定个人身上的负外部性。如果能注意到奥尔德和宾的结论意味着 W'' 比 W 可取，那么就能发现这个问题。但是，我们要通过征收具有扭曲效应的税收才能达到 W'' 点；征税必然导致违背通常的福利最优条件，而且会减少 X 和 Y 的消费量。这种具有扭曲效应的税收的可取性，意味着 X 会产生负外部性。但是，在基于图 13-5-1 的分析中忽视了这种外部性。如果我们把这外部性考虑在内，那么这种分析就不会像我们在上文指出的那样有用。因为，我们甚至可以赞同奥尔德和宾的已被我们证明并不一定正确的观点"图 13-5-1 考察的消费者认为在没有追加信息的情况下获得的 W'' 优于在有追加信息的情况下获得的 W'"，并且仍无法得出结论"由于在 W'' 上要比在 W' 上消费更多的产品 X，因此税收政策比较可取，从而想必（但未必）会增加负外部性"。

品的最优产量。① 现在,我们已经很熟悉这种方法,因此,下面只概述(与普尔斯菲论文中图 2、3、4 和 5 相同的)图 13—5—3、13—5—4、13—5—6 背后隐含的推导。为了确定社会—有益品 Y 和私人品 X 的最优产量,我们设定个人 A 的效用在由 I'_a 决定的水平上保持不变,并且确定个人 B 可达到的最高效用水平。我们可以通过从图 13—5—5 所示的变换函数中减去 A 沿着 I'_a 消费的产品 X 来确定 B 可达到的最高效用水平。这样,我们就能得到如图 13—5—4 所示的 B 的消费可能性边界曲线 MM'。我们可在 MM' 和 I'_b 相切的点上获得 B 的最高效用水平。使用 A 的不同效用水平重复执行以上操作,就能得到如图 13—5—6 所示的效用可能性边界 $F_1F'_1$。普尔斯菲证明了一条社会无差异曲线 $U_1U'_1$,为 A 和 B 选择了 A 在无差异曲线 I'_a 上的最优效用水平和 B 在无差异曲线 I'_b 上的最优效用水平。因此,如图 13—5—3 和图 13—5—4 所示,A 的产品束 (Y_1, G) 消费和 B 的产品束 (Y_1, H) 消费表示最优福利水平。

接着,普尔斯菲又假设,政治决策认定:"个人 A 相对于他对从私人品 X 中获得的收益的评价而言,低估了他从社会品 Y 中获得的收益。"②个人 A "纠偏后"的偏好在图 13—5—3 中用 I''_a 来表示。普尔斯菲把无差异曲线图上的这一位移表述为,"由于政治决策认定 I'_a 是一种被扭曲的偏好,而 I''_a 是真实的偏好,因此,A 和 B 的无差异曲线实际上被定义为对应于相同的福利水平"。于是,普尔斯菲就下结论认为,纠正被扭曲的偏好的结果就是福利增加。③ 我们也许要顺便指出,鉴于普尔斯菲所下的定义是 I'_a 和 I''_a 对应的收益水平,因此,他的结论完全取决于 A 对源于社会—有益品的收益的低估程度。如果 A 高估源于社会—有益品的收益,那么,I'_a 有可能反映真实的偏好,而 I''_a 则有可能反映被扭曲的偏好,于是,纠正偏好,通过颠倒普尔斯菲的推导,就能得出福

---

① Pulsipher, p. 280. 请参阅:P. A. Samuelson, "Diagammetic Exposition of a Theory of Public Expenditure," *The Review of Economices and Statistics*, Vol. XXXVII (November, 1965)。

② Pulsipher p. 280.

③ 最后,普尔斯菲得出了以下结论:图 13—5—6 中的整条效用可能性边界 $F_1F'_1$ 会外移到 $F_2F'_2$。不过,他证明了 $F_2F'_2$ 上有一个点位于 $F_1F'_1$ 的右边,这个点是与 A 的 I''_a 相关的点。为了证明 $F_2F'_2$ 处处都位于 $F_1F'_1$ 的上方,普尔斯菲必须确定 A 能从与 $F_1F'_1$ 上某点相关的每个产品束中获得的效用水平,以便这些产品束的效用水平在偏好纠正前后保持不变,就像对与 I'_a 相关的产品束所做的那样。

第十三章 有益品概念的定义及其特点

利损失的结论。① 因此,在普尔斯菲的模型中,只有在社会—有益品能产生的收益被低估的情况下才应该纠正消费者的偏好,而绝不可在社会—有益品能产生的收益被高估的情况下纠正消费者的偏好。

不过,我并不关心 A 是低估还是高估他能从社会—有益品的消费中获得的收益,而是关心普尔斯菲关于"I'_a 和 I''_a 被定义为对应于相同福利"的观点。我们现在还不清楚,普尔斯菲在上面的引文中真是这么定义的,还是指在他的那篇文章没有提到的其他定义。无论这个定义出自何处,使用这个定义肯定会得出令人惊讶的结论,因为它告诉我们:由于 A 低估消费产品 Y 相对于消费产品 X 能获得的收益,因此,A 在偏好被"纠正"之前和之后能从产品束 (Y_1,G) 获得相同水平的福利。首先,任何产品束 (X,Y) 未必能在偏好纠正之前和之后提供相同水平的收益。例如,纠正偏好可以采取告诉 A 产品 Y 可用于比他之前知道的更多的不同用途的方式。这样也完全可能导致 A 能从消费任何一种产品束 (X,Y) 中获得比知道这个信息之前多的收益。其次,即使有些产品束得到相同的评价,某个在偏好纠正之前是福利最优的特定产品束 (Y_1,G),也没有道理应该被评价为在偏好纠正前后提供相同水平的收益。

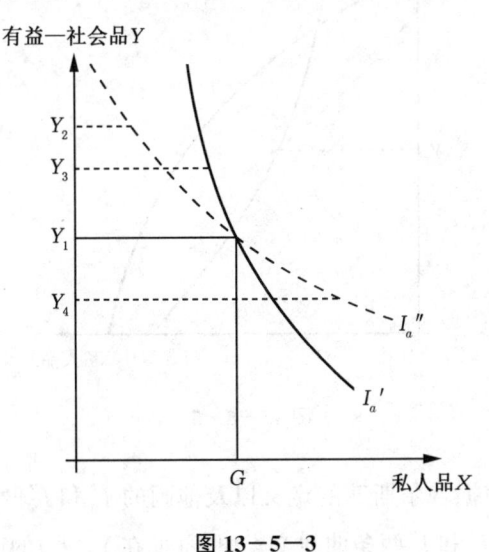

图 13-5-3

---

① 我可以指出,如果 I''_a 是原始曲线,那么,I'_a 就是偏好纠正后的曲线,这样就能把 B 的消费可能性边界从 NN 缩小到 MM'。这样,在 A 的效用水平保持在 I'_a 上的情况下,就必须降低 B 可达到的最高效用水平。

239

图 13—5—4

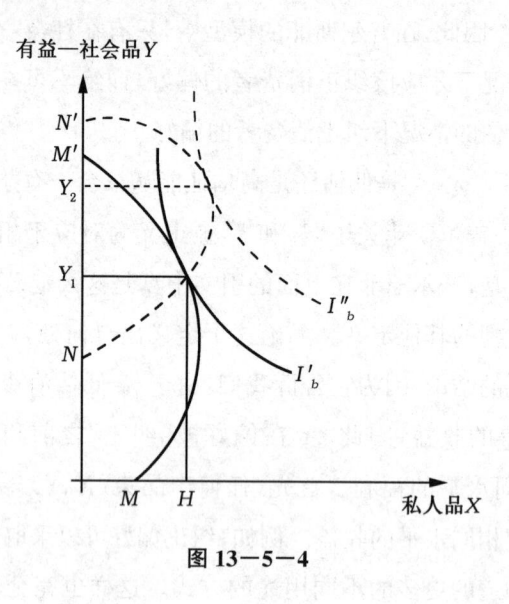

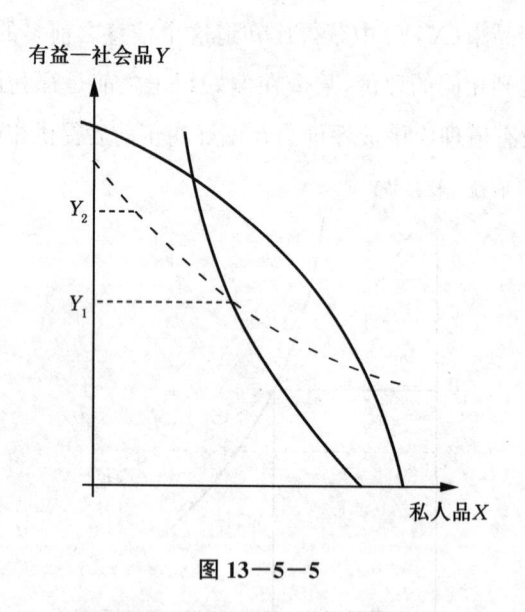

图 13—5—5

我们也可以根据普尔斯菲的定义以及他画的 I'_a 和 I''_a 两条曲线相交的事实指出,对于位于 I'_a 和 I''_a 两条曲线交点以下(如在 Y_4 上)的产品束,我们必然会高估,而不是低估产品 Y 的收益。这样,就能进一步表明普尔斯菲讨论的针对低估进行非常特殊的纠正的必要性。

第十三章 有益品概念的定义及其特点

图 13-5-6

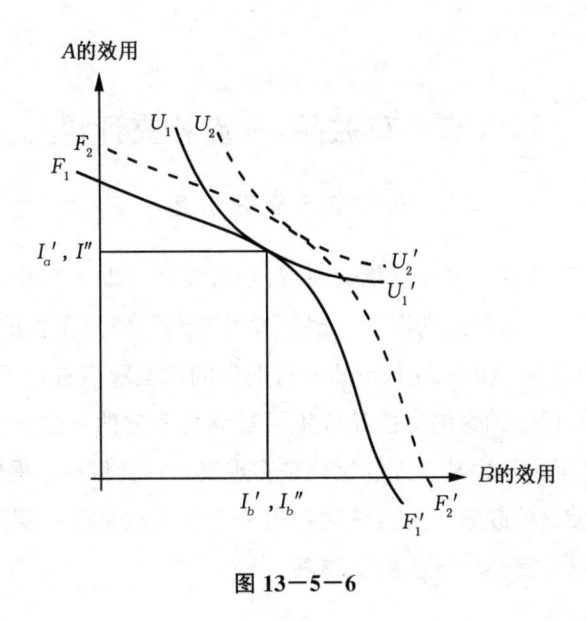

因此，通过把 I_a' 定义为对应于和 I_a'' 同一水平的福利，普尔斯菲的模型就被严格局限在只能处理非常特殊的偏好纠正情形。他只论述了不会改变个人 A 在没有纠正偏好的情况下产生最优福利的产品束消费收益的偏好纠正问题。他的模型由于被局限于这个范围内，因此用途有限。但仍有必要指出，如果普尔斯菲的模型允许使用更加广义的偏好纠正概念，那么我们根据他的模型得出的"只有在社会—有益品能带来的收益被低估的情况下才应该纠正偏好"的结论就不再成立。

普尔斯菲以及奥尔德和宾似乎犯了相同的错误，因为他们既没有进行偏好纠正分析，也没有提供考虑这样的行为可能会影响个人对产品束评价的信息。分析通过提供特征或其他任何信息来纠正偏好，就意味着必须考虑个人从产品束可获得的收益的变化，而不是武断地认为某种特定产品束能带来的收益恒定不变。同样，这样的分析必然不能依赖于仅仅根据某产品束的产品数量在实施偏好纠正之前和之后对不同产品束进行的比较，而不考虑纠正偏好会改变每个产品束可能产出的收益。

第六节　有益品：一点补充评论[①]

迈克尔·布劳尔克

奥尔德和宾主张应该在提供信息或征税/发放补贴的有益品政策之间进行选择，并且认为，在某些情况下，征税/发放补贴可能是更优的有益品政策。迈克尔·布劳尔克（Michael Braulke）对他们的这些观点进行了尖锐的批评。布劳尔克认为，民主国家的有益品政策可被认为有它的充分正当性。有益品政策旨在通过至少干预某些人的偏好来实现某个社会目标。提供解释社会政策的信息，是使这些政策民主合法化不可分割的组成部分。解释也有可能减少不满情绪，从而提高全社会的幸福感。

※　※　※

1959年，理查德·马斯格雷夫提出了有益需要的概念。奥尔德和宾于1971年在《财政文献》上发表评论文章，参与关于"有益需要"概念的激烈辩论。奥尔德和宾在1971年发表的文章中表示，以下问题在之前的争论中没有得到充分考虑：①向消费者提供信息的问题；特别是②确定如何看待"有益品"和"有害品"的问题——是选择有公共资金资助的信息宣传活动，还是采取纯粹的财政手段来影响消费决策。[②] 我们在寻找奥德尔和宾试图解决这个问题的尝试一定会失败并且实际遭遇失败的原因时清楚地发现，现有相关文献中存在这方面的欠缺。以下评论将表明：①"信息政策或排他性的财政操纵"这种严格二选一的观点并没有抓住问题的复杂性本质。②奥尔德和宾关于纯粹的财政干预优于通过适当信息政策来纠正偏好的论证之所以能取得"成功"，

[①] 本文由威尔弗莱德·维尔·埃克译自迈克尔·布劳尔克的文章"Merit Goods: Einige Zusätzliche Amnerkungen," *Finanzarchiv* 31（1972—73）：307—309，并且在征得作者的同意后转引。威尔弗莱德·维尔·埃克在翻译这篇文章的过程中得到了戴安·巴斯廷（承担了文章的初译工作）和斯图亚特·布罗兹（提出了改进译文可读性和风格的建议）的帮助。迈克尔·布劳尔克博士提出了具有重要意义的建议。

[②] D. A. L. Auld, and P. C. Bing, "Merit Wants: A Further Analysis," *Finanzarchiv*, New series, vol. 30, no. 2 (1971), 257.

仅仅是因为他们不正确地使用了帕累托标准。就在我们想要纠正他们的模型中的错误时,这两位作者实际上已经证明,纯粹的财政干预并无优越性可言。③奥尔德和宾的论证是建立在"只有个人偏好在解决这个问题的过程中起作用"的假设上的,但殊不知,社会偏好也会产生作用。

1. 无论是有益品还是有害品,就它们本身而言,无所谓"有益"或"有害";也就是说,把一种产品归入有益品或有害品,必须有合理的依据。如果我们只考虑民主国家的政府(这是基本假设),那么政治权力的发展不能完全独立于个人的价值认知。因此,政府当局总是在一定的压力下推动支持或反对特定产品消费的决策。因此,在没有政府解释的情况下,纠正私人的消费决策是不可想象的事情。此外,如果我们假设没有任何先验的东西会反对某种"政策组合"的有效性,并且(更加积极地)假设同时使用财政和信息政策措施也能取得成功,那么,就像奥尔德和宾所做的那样,用一种严格二选一的方案来解决这些问题缺乏说服力。

2. 即使我们仅限于考察这种二选一的方案,奥尔德和宾认为,通过纯粹的财政手段来纠正消费者偏好的做法较优的观点也不可能得到支持。相反,我们可以证明,按照奥尔德和宾的方法,纯粹的财政干预在任何情况下都不会成为最优的政策选择。巴兰坦(Ballentine)在他之前评论奥尔德和宾的模型的文章中,详细说明了他们的论证就是在不允许使用帕累托标准的条件下比较两种没有可比性的情形。① 在没有另外了解偏好排序的情况下,我们无法确定具有代表性的个人在点 W'' 上的信息水平(即政府仅进行财政干预)上会有好于或者坏于他在点 W'(政府提供的)信息水平上的感觉。但是,如果这个具有代表性的人更加喜欢情形 W'',而不是不能排斥的情形 W',并且一上来就支持政府实施财政政策,那么根据帕累托标准,他或她就应该会觉得初始情形 W' 比情形 W'' 可取。若想保证正确,奥尔德和宾一定要得出以下结论:政府要么完全不采取任何行动,要么只选择信息政策,但如果政府想要以这两位作者所设想的最佳方式行事,那么就绝不应该只采取财政措施。即使我们认为,

---

① 因此,请比较奥尔德和宾的观点(Op. Cit., pp. 259—262),或者简单地比较一下格雷戈里·J.巴兰坦在文献"Merit Goods, Information, and Corrected Preferences, p. 298 ff"中对奥尔德和宾的模型的表述和评论。后面技术性更强的评论,奥尔德、宾和巴兰坦分别都参考了图 13—5—1。

(与奥尔德和宾的观点截然不同,)政府在点 W'' 上因有害品 X_n 而收到的税收多于政府支付给消费者的转移支付,因此无法保证"预算结果不变",奥尔德和宾不得不得出的结论也仍不会改变。① 如果政府决定退还它因有害品而征到的全部税收,那么,点 W''——如同点 W——就必然位于原始预算线上;更具体地说,就在线段 AW 的某个点上。

3.奥尔德和宾的方法虽然只根据个人偏好排序来评价政府二选一的政策,因此完全没有区分某人对某种"有害品"X_n 的消费和他或她对其他产品的消费,却反映了一种把政府的每项活动(由于有效而导致市场机制发生变化)解释为干预和扭曲的态度。奥尔德和宾只是忽略了如下事实:产品 X_n 是一种"有害品",对它的消费由于特定原因而必须受到限制,但减少对这种产品的消费即使不是衡量政府活动是否成功的主要标准,也必须被看作一个重要的标准。显然,我们没有现成的方法可用来正确评估有可能或者在某些情况下实际导致个人偏好与社会偏好发生冲突的政策,但可以肯定的是,我们不能通过简单地忽视公共利益来解决这个问题。

---

① Auld and Bing,op. cit. ,262.

第七节　有益需要与税收理论[1]

以利沙·A. 帕泽纳[2]

以利沙·A. 帕泽纳（Elisha A. Pazner）正确地注意到,财政理论也可应用于一个不切实际的社会福利概念。帕泽纳提出了一个基于个人偏好的社会福利数学模型。除了外部性以外,他把有益（害）品的概念也纳入这个模型。帕泽纳把有益品定义为,消费者只对它们掌握不完全的信息,而掌握它们完全信息的精英拥有为制定公共政策所必需的知识的产品。他为自己的模型区分了消费者缺乏关于自身选择对自身福利影响的知识和缺乏关于其他消费者——虽然有爱心,但缺乏关于自己行为会对他人福利产生影响的知识——出于自身利益所做选择的知识。帕泽纳的结论是,不完善的知识以及有益（有害）品概念,是另一种在考虑最佳社会福利时必须考虑的市场失灵。

※　※　※

一、引　言

现代福利经济学的核心问题是,如何基于个人偏好来实现社会最优？规范经济学定义了一个抽象的社会福利函数,把它作为进行社会选择的标准；通常根据民主思想,采用一种据称尊重个人偏好的方式来表达这个社会福利函数。但是,诸如禁用某些药物、对烟酒征税、推行义务教育等现象,（如果说也

---

[1] 本文在征得以利沙·A. 帕泽纳允许后转引自："Merit Wants and the Theory of Taxation," *Public Finance/Finances Publiques*, 27 (1972):460—472. 本文是在作者由理查德·A. 马斯格雷夫和斯蒂芬·马格林（Stephen Marglin）的激励指导下完成的哈佛大学 1971 年博士论文《最优资源配置与分配：公共部门的作用》(Optimal Resource Allocation and Distribution: The Role of the Public Sector)第一章的基础上于 1970 年 5 月写成的。作者要感谢艾伯拉姆·伯格森（Abram Bergson）、彼得·戴蒙德（Peter Diamond）、马丁·费尔德斯坦（Martin Feldstein）、列昂尼德·赫维奇（Leonid Hurwicz）和马克·罗伯茨（Marc Roberts）参与了有关本文内容的讨论,并提出了有益的建议。

[2] 本文作者是特拉维夫大学（Tel-Aviv University）经济系的成员。

是这样的话)确实也只是部分根据个人对这些不同形式消费的结果来进行评价。也就是说,有些政策措施旨在相当明确地干预对消费者需求的满足,其原因并不是消费中存在外部效应,而且与收入分配目标没有关系。有时,选择本身也是别人强加的。

虽然最优经济政策语境下强制选择的概念绝不是什么新的东西,而且在财政、发展和增长以及比较经济体制等不同领域的经济学研究文献中常被提到[1],但迄今为止,还没人尝试用数学模型来分析这个问题。特别值得一提的是,到目前为止,还没有人运用现代福利经济学的标准数学工具来讨论有益需要的问题,而这正是本文的目的所在。本文的内容具体安排如下:

第二部分专门阐述本文所说的有益需要的确切含义;第三部分对考虑有益需要的社会福利函数进行重构;第四部分运用第三部分中稍具专业化的社会福利函数,来建立和求解优化模型;第五部分阐述第四部分提出的模型的政策含义;第六部分用第三部分更具一般性的公式对第四和第五两部分的分析进行概括,并且把本文的有益需要分析与外部性分析联系起来;第七部分对本文进行总结,并对本文贡献的性质做了一些一般性的评论。

二、问题的性质

有益需要的存在意味着,在社会计算中,个人偏好不是被完全忽略,就是由其他考虑因素来补充。换句话说,满足这种需要,在某种程度上要强迫个人做出在其他情况下他们不会做出的选择。因此,在本文中,"有益需要"和"强加的选择"这两个概念可交替互换使用。

在威权政治下,强制选择无疑是规律,而不是例外。因此,强制选择的"规范"模型,在现实世界中当然没有它的对应物,而这种考虑本身就可以证明对这个主题进行研究的合理性。虽然本文所采用的方法可以直接应用于分析所

---

[1] 请参阅:R. A. Musgrave, *The Theory of Public Finance*, 1959, pp. 13—14; A. C. Pigou, *The Economics of Welfare*, 4th ed., pp. 23—30(本文引用了这篇文献中的术语"有益需要"); A. C. Pigou, *The Economics of Welfare*, 4th ed., pp. 23—30(庇古主张政府以众所周知的个人缺乏"自我调节能力"的理由在跨期资源配置领域进行"威权"干预); O. Lange, *On the Economic Theory of Socialism*, pp. 90—98(该文献讨论了"计划者偏好"的含义)。

第十三章 有益品概念的定义及其特点

谓的"集权经济学理论"(economic theory of dictatorship),但这并不是本文的目的。我希望把讨论局限在基于民主制的社会秩序的范畴里,因此有必要在某种程度上更明确地解释这里所说的有益需要的含义。

在个人主义的背景下,把有益需要纳入规范模型的唯一可能理由,必然是无论什么原因①造成的社会成员对某些行为结果只有不完全的信息。这种不完全信息的福利含义就是,不能任由个人自己判断什么对他"有益"或对他"有害"。我们通过假设由一个完全知情的精英承担制定社会政策的责任,来回避有谁能比他本人更加了解自己这个棘手的问题。

由于我们经常看到一种把有益需要解释为某种"无法解释的外部性",因此有必要在此区分两种有益需要。首先,有益需要之所以会出现,是因为个人关于自身行为对自己的福利造成的结果只掌握不完全的信息。② 其次,有益需要之所以会出现,可能是因为个人关于他人行为对其自身福利(或者,如果个人"关心"社会其他成员的话,那么就是个人采取的行动对他人福利)的影响只掌握不完全的信息。只有第二种有益需要涉及无法解释的外部性。不过,就其政策含义而言,有益需要和外部性密切相关,由于在阅读了接下来的三个部分以后就能更好地全面理解这一点,因此,我们推迟到本文第六部分才更加详细地讨论这个问题。

最后,应该指出,我们的这种有益需要绝不是相互排斥的。下面的例子可以很好地说明这一点。我们举例说明这种有益需要的目的,也是要更加具体地说明到目前为止有些抽象的"有益需要"概念的含义。

我们来看看吸毒成瘾的问题。吸毒成瘾涉及的有益需要基本上可以分为两类:一类是出于对吸毒者自身健康的关心;另一类是出于对吸毒者吸毒对社会其他成员可能产生影响的担心。如果吸毒成瘾者没有意识到吸毒可能对他们自身的健康产生有害的影响和/或社会其他成员没有意识到吸食毒品与吸毒者的反社会行为之间可能存在的相关性,那么无所不知的精英就会以本文

---

① 例如,误导性广告、不完善的教育(在现实社会中存在的教育质量参差不齐的问题,强烈表明了这样一个事实,即有些人比其他人更加"知情")、先天不足,等等。

② 关于与这个问题直接相关的值得关注的讨论,请参阅:A. Bergson, *Essays in Normative Economics*, 1966, pp. 51—57。

所理解的有益需要为由实施干预。

三、社会福利函数的重构

本文将使用以下符号：x_j^h 表示由个人 h 消费的商品 j ($h=1,\cdots,H; j=1,\cdots,n$) 的数量；$x^h=(x_1^h,\cdots,x_n^h)$，表示个人 h 的消费向量；U^h 表示个人 h 的效用；$X=\sum_{h=1}^{H}x^h=(X_1,\cdots,X_n)$，表示商品总向量；$p_j$ 表示商品 j 的生产者价格；q_j 表示商品 j 的消费者价格；t_{ij} 表示课征于商品 j 的消费税；W、V 是社会福利函数标志；SWF 表示社会福利函数；$F(\dot{X})=0$，表示（隐含）经济的转换函数。（注：产出用正号表示，投入用负号表示。）

规范经济学的标准文献中没有强制选择的元素，这一点将反映在作为本文分析基础的社会福利函数的类型中。通常使用的社会福利函数属于个人主义或帕累托式的社会福利函数，这类社会福利函数的共同属性就是可以写成 $W=W(U^1,\cdots,U^H)$。其中，W 在它的每个 U^h 变量上严格递增。

因此，描述在社会选择过程中有强制元素存在的自然方式似乎就是否定这种属性，这就是本文所采用的方法。否定社会福利函数帕累托属性的自由度基本上有两种，由体现在上面 W 中的两种不同表述所决定：第一种表述就是我口头强调过的，即 W 是每个 U^h 的递增函数；第二种同样重要的表述就是，W 只是 U^h 的函数。为了能把我们的分析与标准分析联系起来，并且相信第一种表述所表达的价值能充分广泛地共享，我们应当在下面只考虑（在其他条件不变的情况下）与每个 U^h 正相关的 W 值。我们也要让我们的分析不同于标准分析，允许 W 明显依赖除变量 U^h 外的其他变量。此外，我们还想增加一些参数，以便与经济变量发生关系，因为对于经济学家来说，一些与经济变量毫无关系的参数扮演着固定参数的角色，因此总可以假定会反映在 W 的函数形状中。①

与上面讨论的想法相符的社会福利函数的最一般重构形式，似乎就是 $W=W(U^1,\cdots,U^H; x_1^1,\cdots,x_j^h,\cdots,x_n^H)$。式中，$W$ 在每个 U^h 上递增，并且关于它的

---

① 用柏格森的话来说，W 是经济学意义上的社会福利函数。

某些 x_j^h 并非平坦。应该指出,虽然 x_j^h 看似"直接"自变量,但这并不排除它们通过相互间某些更加基本的函数关系对社会福利产生额外的影响。实际上,这似乎是使把它们纳入函数式有理化的更一般方式,正如在社会福利函数的标准表达式中,它们对社会福利的影响基本上是通过它们对每个 U^h 的影响来确定的。例如,酒类和毒品的(过度)消费(教科书上有害品的范例)引起了有益需要式的思考,主要是因为这些产品的(过度)消费可能与反社会行为高度相关。同样地,我们在以信息不完全和个人对自己的行为(选择)结果了解不够为由主张干预消费者主权时,目的就是要通过强制消费者消费各种"教育""健康"和"信息"产品,并且使这些产品的消费量超过消费者在自行进行消费—选择决策的情况下自由选择的数量,从而相当明确地改变各个 U^h。根据上述解释,无所不知的政府被假定知道个人的"真实"偏好(而不是那些在市场上表现出来的偏好),现在,以在长期内促进理智的自由选择为由,使得强制干预消费选择的正当性得到"证明"。请注意,在这种情况下,即使各个函数 U^h 成为优化过程的内生变量,无所不知的决策者知道各个"真实"的 U^h 函数是(或应该是)什么的假设,能让我们以常规的方式提出最优性问题。由于我们用 U^* 表示"真实"(或最优)效用函数,并用 $V(U^{*1}, \cdots, U^{*h}, \cdots, U^{*H})$ 表示(对应的)真实社会福利函数,因此,对于所有的 $x_j^h(h=1,\cdots,H;j=1,\cdots,n)$,我们就可以设 $W(U^1, \cdots, U^h, \cdots, U^H; x_1^1, \cdots, x_j^h, \cdots, x_n^H) \equiv V(U^{*1},\cdots,U^{*h},\cdots,U^{*H})$。① 在下一部分用公式表达的最大化问题中,我们采用 W 的表达公式(而不是 V 的表达公式),因为偏离帕累托最优(定义为"未纠偏"的 U^h 集合)的政策含义会很清晰地显现出来。这里之所以要提到 V 的表达公式,是因为它能以最具启发性的方式说明,在我们讨论的情况下,强制选择从根本上说是"个人主义"性质的。

最后,虽然上述 W 的表达式很具一般性,但从其政策含义的角度看,这并不是最值得关注的表达式。本文的主体部分——接下来的两部分——将关注一个重新为 W 量身定制的表达式,从而轻而易举地对 W 进行直观的解读。我们将在第六部分回过头来简要解释在以下部分中重构的 W 的一般表达式,

---

① 请记住,只有 U^h 的自变量是 x_j^h 的自变量,因此,我们在 x_j^h 中确实有恒等关系。

从中推导出政策含义,并把全文的分析与外部性分析联系起来。

四、最优化模型

现在假设,对某些产品进行有益需要考虑,但不管个人(人们)是否正在消费这些产品。例如,社会的饮酒、在校教育或医疗保健水平——而不是在消费者之间的分布——会以一种超个人的方式影响社会福利。在这样一种情况下,重构的社会福利函数表达式就变成了 $W = W(U^1; U^H; X_1, \cdots, X_n)^6$,式中,$X_j = \sum_{h=1}^{H} x_j^h$。由于 X_j 在均衡状态下表示(从初始禀赋中减去的)产品 j 的产量和消费量,这个公式可以解释为,处理由一般环境问题考虑所产生的有益需要。按照我们这个时代的精神,我们可以在目前的框架内解决某些环境污染和恶化的问题。①

下面,我们假设一个无所不知的计划制订者在经济资源稀缺的约束下寻求社会福利最大化——这是规范经济学的标准做法。虽然我们会提到次优型考量的问题,但它被明确表述为只有稀缺性约束属于纯技术性约束的世界最优型问题。换句话说,我们能够以无成本、不受数量限制的方式使用所有可以想到的政策工具(特别是包括一次性税收和转移支付)。此外,我们在这里假设消费和生产都不会产生直接外部性,并且假设消费和生产函数都是凸性函数。在下文(第六部分),我们将放松关于不存在外部性的假设,但我们将在全文保留生产和消费函数凸性的假设,因为我们希望使用价格机制来说明是否具备最优条件。

现在,我们求助于最优化模型,我们这位无所不知的计划制订者要解决以下最大化问题:

Max:

---

① 在苏联经济背景下,这种公式似乎相当好地反映了对"战略"产品生产水平进行"层级制"计划的做法,而产品在消费者之间的分配基本上交给市场来完成。在这样的"命令系统"中,由于资源在使用者之间的配置并不(必然)符合消费者的偏好,因此侵犯了消费者主权。但是,消费者的选择受到了尊重,因为消费者可以自由按照他们认为合适的方式使用自己的预算。有关这两种消费者需求概念的讨论,请参阅:Franklyn D. Holzman, *Soviet Taxation*, 1955, pp. 69—72。我们模型的政策含义也适用于苏联的税收制度(见本文第 10 个脚注)。

$$W(U^1(x^1),\cdots,(x^h),\cdots,U^H(x^H);X_1,\cdots,X_j,\cdots,X_n)|x_1^1,\cdots,x_j^h,\cdots,x_n^H$$

受约束于(可行生产集):

$$F(X_1,\cdots,X_j,\cdots,X_n)\leqslant 0$$

式中,$X_j = \sum_{h=1}^{H} x_j^h$ $j=1,\cdots,n$。

由于我们希望能通过所谓的"价格非集权化"(price decentralization)措施来推行最优的生产计划,因此下面假设生产可能性关系式 F 由等式而不是不等式来满足。这个假设的意思是,无论个人消费项目的最佳配置(x_j^h)是什么,我们都知道生产处在经济体的生产可能性边界上。要真正做到这一点,我们必须假设社会福利函数在商品总空间中有某种表现。为了确保 $F=0$ 时生产达到最优,必须具备一个关于 W 的充分条件,这个条件就是社会福利函数(至少)在它的一个 X_j 上递增。这是一个很弱的假设,譬如说,如果至少有一种产品(如茶叶)不受有益需要考量的约束,即对于至少一个 j,$\partial W/\partial X_j = 0$,那么这个假设就能得到满足。这是因为,根据我们的符号约定,W 在它的每一个自变量 x_j^h 上都是递增。类似地,至少有一种有益品(如国旗等)存在,即 $\dfrac{\partial W}{\partial X_j} > 0$ 的产品,就是确保在 $F=0$ 时生产达到最优的充分条件。

根据这个假设,我们现在可以导出(内部)①最优的 nH 一阶条件:

$$\frac{\partial W}{\partial U^h} \cdot \frac{\partial U^h}{\partial x_j^h} + \frac{\partial W}{\partial X_j} - \lambda \frac{\partial F}{\partial X_j} = 0 \quad h=1,\cdots,H; j=1,\cdots,n \tag{1}$$

式(1)中,λ 是附加在约束条件 $F=0$ 上的朗格拉日乘数。由式(1)可得,对于任何 h 以及任何 i 和 j,我们都有:

$$\frac{\partial W}{\partial U^h} \cdot \frac{\partial U^h}{\partial x_j^h} \Big/ \frac{\partial W}{\partial U^h} \cdot \frac{\partial U^h}{\partial x_i^h} = \left(\lambda \frac{\partial F}{\partial X_j} - \frac{\partial W}{\partial X_j}\right) \Big/ \left(\lambda \frac{\partial F}{\partial X_i} - \frac{\partial W}{\partial X_i}\right) \tag{2}$$

如果我们假设产品 i 满足 $\dfrac{\partial W}{\partial X_i} = 0$,式(2)就可以简化为:

$$MRS_{ij}^h = MRT_{ij} - \frac{\dfrac{\partial W}{\partial X_j}}{\lambda \dfrac{\partial F}{\partial X_i}} = MRT_{ij} + t_{ij} \tag{3}$$

---

① 隅角条件很容易具备,而二阶条件假定得到满足。

式(3)中，$MRS_{ij}^h = \frac{\partial U^h}{\partial x_j^h} / \frac{\partial U^h}{\partial x_i^h}$，$MRT_{ij} = \frac{\partial F}{\partial X_j} / \frac{\partial F}{\partial X_i}$ 且 $t_{ij} = -\frac{\partial W}{\partial X_j} / \lambda \frac{\partial F}{\partial X_i}$。

关于式(3)[和式(2)]，有一个重要问题需要指出，方程式的右边与 h 无关，而左边必须对所有 h 都能成立。在下一部分，一阶条件的这个属性将被用来推导一个简单的税收政策处方。最后，由式(1)可知，对于任何的 j 以及 h 和 h'，我们都有：

$$\frac{\partial W}{\partial U^h} \cdot \frac{\partial U^h}{\partial x_j^h} = \frac{\partial W}{\partial U^{h'}} \cdot \frac{\partial U^{h'}}{\partial x_j^{h'}} \tag{4}$$

众所周知，方程式(4)意味着全体（效用最大化和接受价格的）消费者的收入的社会边际效用在最优状态下相等。因此，我们据以把对强制选择的考量纳入社会福利函数的特殊方式，导致我们在一个充斥私人品的世界里达到了一般帕累托社会福利函数模型中我认为是卓越的个人最优条件。

最后，我们把产品 i（对于产品 i，$\frac{\partial W}{\partial X_i} = 0$）作为计价标准，并用 β 来表示最优状态下的收入社会边际效用。于是，对于任何 h，我们由式(1)可以获得：

$$\beta = \frac{\partial W}{\partial U^h} \cdot \frac{\partial U^h}{\partial x_i^h} = \lambda \frac{\partial F}{\partial X_i}$$

因此，用 β 替代式(3)中的 $\lambda \frac{\partial F}{\partial X_i}$，我们就有 $t_{ij} = -\beta^{-1} \frac{\partial W}{\partial X_j}$。下一部分从税收的角度对 t_{ij} 进行阐释时，我们就能看到，在最优状态下对产品 j 征收的消费税，等于用收入的社会边际效用评估的 j 所产生的边际有益需要。

为了偏好用几何图形进行解析的读者，我们以介绍与最优化模型对应的图解方法来结束这一部分。① 在图 13-7-1 中，F 表示 X_1 和 X_2 之间的转换曲线；W 表示社会能在商品总空间中达到的最高无差异曲线，并在最优生产点 A 上与 F 相切；S 表示西托夫斯基无差异曲线边界，对应于在点 A 上生产的产品在个人 1 和个人 2 之间的最优分配；而 M 表示在点 A 生产的产品在最优状态下的最优分配。由图 13-7-1 可知，$S(=MRS^1=MRS^2)$ 在点 A 上的斜率不同于 W 和 $F(=MRT)$ 斜率的公共值，这两个斜率的差就是前

---

① 为了简化这个陈述，我们考虑两个人和两种（可生产）产品的世界。在 Hx_n 的情况下，同样的图表法也可"成对地"应用于所有未在最优值图上标示的变量。

面提到的消费税。在图 13－7－2 中，UPF 表示经济体的效用可能性边界；AA 表示对应于点 A 的交换轨迹(即契约曲线 OA 在效用空间上的映像)；而 W'' 表示可在效用空间上达到的最高社会效用水平。图 13－7－2 中的最优用 A' 表示。请注意，这两张图等效地反映解的非帕累托最优性质。在图 13－7－1 中，这个性质用最优状态下 $MRS \neq MRT$ 来反映；而在图 13－7－2 中，则用 A' 不在 UPF 上来反映。这种对帕累托最优的偏离，当然是存在有益需要时的最优解的核心特征。

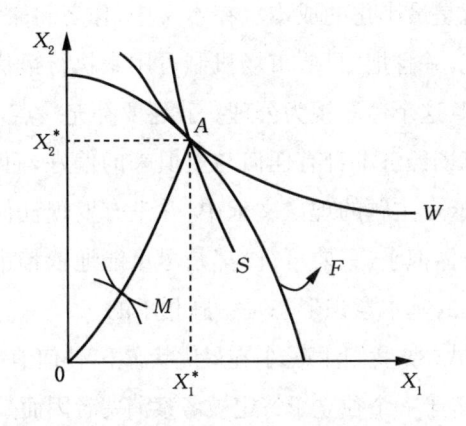

注：W 实际上可以是任何形状，但在点 A 附近必须向下倾斜。

图 13－7－1

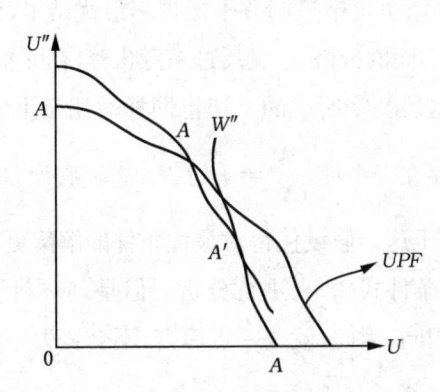

注：W'' 和 AA 在点 A' 上相切(在本例中)，表明收入的社会边际效用相等。

图 13－7－2

253

五、政策含义

上一节条件式(1)由 nH 个方程式组成。这些方程式在求解无所不知的计划制订者(x_j^h)的 nH 个"控制"变量时,能以完整的方式表征社会最优。我们的计划制订者所关心的实际政策问题,是如何确保"正确的"个人确实获得"正确"数量的每个最优的 x_j^h 以及实施最优条件所采用的配置—分配机制在某种意义上本身就是最小化的成本。在本文中,作者将秉承经济学理论中一个历史悠久的传统,并且把"只要市场机制可用来执行最优条件,那么就应该尽可能地加以利用"这个命题视为公理。我还要补充一点,选择这种机制并不说明本文作者对市场经济本身有任何与生俱来的偏好,而是反映了两个经验事实:一是在关于这个主题的理论文献中,并没有发现任何更好的机制;二是现实世界中的经济体似乎(只要可行)都是尽可能地依赖市场机制,因为这种市场机制与其政权的基本意识形态是一脉相承的。

通过观察条件式(3),我们注意到,在最优状态下,任何消费者对任何一对产品的边际替代率必然等于一个独立于特定被考察消费者因而是所有消费者共有实体的替代率。这样,我们立即就能表明,把右边的表达式作为对全体消费者都相同的价格水平来处理。此外,把这种价格型表达式表示为边际转化率差的做法表明,不受约束地依赖竞争价格机制并不能带来最优结果,而消费者和生产者应该以某种方式面对不同的价格;这又反过来意味着,有可能需要一种消费税制。

请注意,以上这段文字所说的一切也同样适用于上一部分的条件式(2)。实际上,由于至少存在一个使 $\frac{\partial W}{\partial X_i}=0$ 的 X_i 这一假设是很弱的假设,而且足以确保 $F=0$,又由于这个假设使得对最优条件的解读更加直观,因此,本文作者从现在开始根据条件式(3)来进行分析。但是,应当强调,整个分析与使用式(2)的分析基本相同,因此,就这一点而言,不会丧失一般性。

现在把(一个)$\frac{\partial W}{\partial X_i}=0$ 的 X_i 作为计价标准,并把它视同出现在式(3)中的 X_i。我们看到,使用 $(n-1)$ 个生产者价格、$(n-1)$ 个消费者价格和最优状态所隐含的收入合理分配,就能达到最优。也就是说,设 MRT_{ij}

($j=1,\cdots,n;j\neq i$)为产品 j 的生产者价格,MRS_{ij} 为产品 j 的消费者价格,并且通过一次性征税或转移支付确保收入得到最优分配的方式,使计划制订者能够实现最优,当然前提是,要进行前面提到的均衡分析标准假设。此外:

$$t_{ij}=-\frac{\frac{\partial W}{\partial X_j}}{\lambda \frac{\partial F}{\partial X_i}}=-\beta^{-1}\frac{\partial W}{\partial X_j}$$

可被解读为一种消费税、一种对产品 j 课征(发放)的从量税(补贴)。[我们也可以在解释式(3)时,说课征的是从价税(补贴)。整个分析完全独立于我们是选择从价税(补贴)还是从量税(补贴)。]由于根据我们的假设,$\beta>0$,因此,就像预期的那样,我们可以看到,如果产品 j 是一种有害品($\frac{\partial W}{\partial X_j}<0$),$t_{ij}$ 就是税收;如果产品 j 是一种有益品($\frac{\partial W}{\partial X_j}>0$),那么,$t_{ij}$ 就是补贴;而如果产品 j 碰巧与产品 i 一样,是我们的计划制订者不喜欢的产品($\frac{\partial W}{\partial X_j}=0$),那么,$t_{ij}$ 就等于零。

虽然这个过程本质上是同步的,但用马斯格雷夫所说的配置和分配部门来分析是否具备了最优条件可能很有意思。我们的模型中配置部门的任务本质上就是为生产者制定最优定价政策。为了保证资源在用户之间得到最优配置,配置部门只需设定最优生产者价格(MRT_{ij})。在适当的技术条件下,追求最大化利润并接受市场价格的私人生产者和(或)政府生产管理者(按指令生产到边际成本等于价格为止),会在适当的技术条件下把自己的价格调整到这组价格的水平,从而确保资源的正确配置。因此,消费税制可用来保证消费者价格位于能让全部市场在生产部门调整自己价格生产的上述(总)产量上出清的水平,前提是,分配部门能保证收入在消费者之间得到最优分配。这种"首先"报出生产者价格,然后确定消费者价格让市场出清(每个消费者被赋予自己的最优"购买力")的做法,符合兰格—勒纳(Lange-Lerner)式"竞争性社会主义"机制[1]的精神。在他们对"资本主义"或"自由企业"的解释中,执行机制

---

[1] 关于这一点,请注意,用我们的模型可以很好地解释苏联严重依赖商品税的原因。请参阅本文第 7 个脚注。就西方经济体而言,我们的模型可为对烟酒等有害品征税提供理论依据。

可以包括宣布消费税(而不是直接报出生产者和消费者价格),而分配部门则被认为负责最优的收入转移,然后是保证唯一性和稳定性,市场的"自由"运行就能导致最优解的产生。

六、一般性例子:对有益需要和外部性的比较

现在,我们回过头来看第三部分中为社会福利函数重构的一般表达式,并简要浏览本例中最优条件的一般性特征。这样做不仅仅是为了本文自身关注的问题,更多是因为,可为比较本文的全部有益需要分析与传统的外部性分析开个好头。

我们用与第四部分相同的方法来求解最大化问题,但现在是用目标函数 $W[U^1(x^1),\cdots,U^h(x^h),\cdots,U^H(x^H);x_1^1,\cdots,x_j^h,\cdots,x_n^H]$,并继续假设(至少)存在一种"非有益"品 X_i(即,对于所有的 h,$\frac{\partial W}{\partial X_i}=0$),因此,生产约束的等式得到了保证(即 $F=0$)。于是,我们就有以下求解(内部)最大值的必要条件[①]:

$$\frac{\partial W}{\partial U^h}\cdot\frac{\partial U^h}{\partial x_j^h}+\frac{\partial W}{\partial x_j^h}=\lambda\frac{\partial F}{\partial X_j} \quad h=1,\cdots,H;j-1,\cdots,n \tag{i}$$

现在,把 X_i 作为计价标准,我们就可以用下式来表示任何 h 的一阶条件:

$$MRS_{ij}^h=MRT_{ij}+t_{ij}^h \quad h=1,\cdots,H \tag{ii}$$

式(ii)中,$MRS_{ij}^h=\frac{\partial U^h}{\partial x_j^h}/\frac{\partial U^h}{\partial x_i^h}$,$MRT_{ij}=\frac{\partial F}{\partial X_j}/\frac{\partial F}{\partial X_i}$,$t_{ij}^h=-\frac{\frac{\partial W}{\partial x_i^h}}{\frac{\partial F}{\partial X_i}}=-\beta^{-1}\frac{\partial W}{\partial x_j^h}$。

其中,β 与前面一样,是收入的社会边际效用(由于我们假设,对于所有的 h,$\frac{\partial W}{\partial x_j^h}=0$,因此,$\beta$ 再次各人相同)。[②]

由式(ii)可清楚地看到,上一节的政策含义现在适用于个人,而不是统一

---

① 请参阅本文第 8 个脚注。
② 用公式表示的话,关于产品 i,对于所有的 h,我们都有 $\frac{\partial W}{\partial U^h}\cdot\frac{\partial U^h}{\partial x_j^h}=\beta=\lambda\frac{\partial F}{\partial X_j}$(第一个等式成立,因为产品 i 也被作为计价标准)。

第十三章 有益品概念的定义及其特点

适用于全体消费者。也就是说,式(ii)中的 t_{ij}^h 现在是对个人 h 消费产品 j 课征的消费税(或者发放的补贴),一般因人而异。当然,这个结果并不令人惊讶,因为现在 W 的表达式中包括有益需要方面的评判,而在上一节中关于有益需要的评价是根据市场总量来确定的,因此具有分配中性的特点。与前面一样,消费税是用(边际)有益需要来解释的,而源于个人 h 对产品 j 的边际消费的(边际)有益需要则是用收入的社会边际效用来评估的。简而言之,除了我们现在通常有 nH 个消费者价格(有些价格可能相等),而不是 n 个消费者价格以外,前面所说的一切现在都适用。这个结果很容易让人联想到大多数外部性例子所要求的个体定价方式。就连我们在上一部分论述的"非个人"定价方式,在某些值得关注的外部性分析例子[如阿罗(Arrow)和戴蒙德(Diamond)的外部性分析例子]中也有自己的对应实例。[①] 那就是外部效应并不令人惊讶地在市场总量层面出现的情况。在这样的外部效应情况下,个体在采取市场行为时,只考虑自身行为对自己的影响,而不会关心个体的市场行为会对市场总量产生什么影响。道路拥堵常被作为这种外部性的典型例子来引用。用函数式来表达,在这个例子中的个人效用函数就变成了 $U^h = U^h(x^h; X)[X=(X_1,\cdots,X_n)]$。我们选择 x^h(个人的控制变量)以使 U^h 最大化,并假设个人 h 无视 x^h 对 X 的影响(也就是说,他不顾自己对影响他的外部性的贡献)。

我们想在本节中指出的是,我们用公式对"有益需要"进行的表述所得出的政策含义,与最近的外部性研究所得出的政策含义非常相似。其实,这一点并不令人惊讶,因为这两种研究有一个共同的基本特点,那就是,个人消费项目对社会福利的影响超过了它们对特定消费者个体效用的影响。这直接就意味着社会收益和私人收益(后者由"未经修正的"市场价格来表示)之间存在差异。当然,有益需要的例子不同于外部性例子的明显区别在于,对社会福利的额外影响并不是由(直接)相互依赖的个人效用造成的。可以肯定的是,这一事实在有益需要例子的最优条件中得到了反映。在有益需要的例子中,边际

---

① 请参阅:K. J. Arrow, "Political and Economic Evaluation of Social Effects and Externalities," mimeo, 1969。我们同样也能在彼得·戴蒙德未发表的关于财政经济学的课堂讲稿中,看到更详细的讨论(M. I. T., Fall 1969)。

转换率不再等于边际转换率的总和。但是，有益需要和外部性的基本共同特点是，尽管它们一般来说都存在分配问题，但我们不能仅仅通过纯粹的再分配手段来解决这种分配问题（不能直接把最优消费篮子分配给个人，即完全排斥市场机制），而是需要明确的补充性定价政策。①

七、总结性评论

有益需要与税收理论：现代福利经济学的核心问题是实现由个人偏好导出的社会最优。

规范经济学把抽象的社会福利函数作为社会选择的标准，社会福利函数符合民主思想，通常被用一种据称尊重个人偏好的方式来表达。但是，像禁用某些药物、征收烟酒税、普及义务教育这样的现象，肯定是由仅仅部分（如果有这样做的话）根据个人对消费品和服务的评价结果制定政策而造成的。也就是说，有些政策措施的目的相当明确，就是出于某些原因（除了消费产生明显的外部效应以及与收入分配目标有关的原因外）要干预消费者满足某些需要的行为。有时，选择本身受到强迫，从而表明存在有益需要。通过对社会福利函数进行适当的重构，本文试图把有益需要的概念纳入现代规范经济学的标准模型，并从政策含义的角度把有益需要分析扩展到消费税收理论的范畴。②本文在最优环境③下还证明了，有益品及其消费外部性在纠偏性消费税和补贴在最优状态下扮演的明确角色的作用下，明显不同于纯私人品及其消费外部性。从这个意义上讲，有益需要可被看作又一个导致市场无法实现社会目标的复杂因素。

---

① 应该指出，在同时存在消费外部性和有益需要的最一般情况下，解决方案的定性性质（对消费者进行差别化定价）仍保持不变。

② 或者公用事业定价理论，情况也一样。

③ 在次优环境下，即便是在只有纯私人品的世界里全面征收商品税，总体也是最优，这种区别就不复存在了。也就是说，只要由于政策手段的限制而不能充分实现分配目标，就有必要以此为由征收消费税。关于对这个一般性问题的全面论述，请参阅：P. Diamond and J. Mirrlees, "Optimal Taxation and Public Production," Parts I and II, *American Economic Review*, Vol. 61 (1971)。

第十四章

对有益品概念的正当性证明

第一节　关于马斯格雷夫的有益需要概念的讨论[①]

诺伯特·安德尔

诺伯特·安德尔（Norbert Andel）在其文章中指出了经济学理论领域出现的令人尴尬的局面：有些作者极力为有益品这个概念辩护（如 Head），而另一些作者则狭隘地断然否定这个概念的正当性（如 Mclure）。安德尔提出了一些颇有见地的观点，批判了这两种对待有益品概念的极端立场。然后，他指出，经济学理论已经接受了公共品概念的正当性，经济学理论在谈论这类产品时，通常会论及对消费者的干预（即使有补偿，农民仍反对用他们的土地修建高速公路）。安德尔接着又指出，有益品也牵涉到干预消费者偏好的问题，并且过分强调了这两个概念之间的相似性，认为由于个人评估的原因，政府的这种干预有它的正当性。因此，安德尔模糊了公共品与有益品之间的区别。马斯格雷夫本人一直强调公共品与有益品之间的区别，甚至把两者之间的区别说成本质性区别。

不论怎样，值得称道的是，安德尔意识到了关于有益品这个新概念的讨论给经济学界造成了尴尬。

※　※　※

一、引 言

海德和麦克罗之前发表在本刊[②]上的两个研究成果，唤起了经济学界对

[①] 本文在征得作者的允许后转引，由维尔·埃克根据诺伯特·安德尔的文章（"Zur Diskussion über Musgraves Begriff der 'Merit Wants'," *Finanzarchiv* 28, N. S. ,1968—69:209—213）翻译。在维尔·埃克的翻译过程中，戴安·巴斯廷提供了初稿，斯图亚特·布罗兹对于文章的可读性和风格提了建议，诺伯特·安德尔（Norbert Andel）博士给出了一些最终意见。

[②] 请参阅：J. G. Head: "On Merit Goods," *Finanzarchiv*, N. F. , Vol. 25, lff; and Ch. E. McLure, Jr. :"Merit Wants: A Normatively Empty Box," *Finanzarchiv*, N. F. , Vol. 27, 474ff.

马斯格雷夫提出的有益需要(有益品)这个内涵不明确的概念的注意。这两篇论文为我们更加清楚地理解所谓的公共财政多重理论(multiple theory of public finance)的部分内容做出了极大的贡献。但是,细品这两篇文章,会有这样的印象:解释并不总能令人信服,观点并没有初读时感觉的那样分歧巨大,这个理论的一些特征仍然需要说明。下面的评论与海德对有益需要的解释有关,正如在他的被引用文章第 2—10 页中所说的那样,与麦克罗的指责——有益需要与马斯格雷夫的规范性假设不相容——有关,归根结底,是与干预消费者偏好的观念格格不入。为此,我将站在马斯格雷夫在其《公共财政理论》中阐述的观点的立场上来观察问题。① 我还没有看到他为国际经济学协会比亚里茨会议准备但尚未发表、题名为《社会品供应》(Provision for Social Goods)的论文②。

二、对有益需要的解释

海德认为,马斯格雷夫的有益需要(有益品)的概念涉及三个问题,即个人评价问题、分配问题和公共品问题。③

1. 公共品问题

就公共品问题而言,我并不认为海德正确地解读了马斯格雷夫的观点。从所引用的段落来看,"情况似乎出现在涉及有益需要的问题上,但更加细致地观察,就会发现与社会需要有关",而"看似有益需要的需要有可能涉及实质

---

① R. A. Musgrave, *The Theory of Public Finance: A Study in Public Economy*, New York-Toronto-London 1959. Edition III.

② 首先更正一下,海德认为马斯格雷夫没有在他于 1957 年发表在《财政文献》杂志上论述公共经济多重理论的文章"预算决定的多重理论"(A Multiple Theory of Budget Determination)中提到有益需要的概念,这是他搞错了。其实,马斯格雷夫明确提到了这个概念,他写道:"只要有干预个人偏好的欲望,我们就必须对我们的模型进行扩展。这种需要——由于找不到更加贴切的名称,我暂且称它为'有益需要'——可被认为由一个单设的部门来满足。"请参阅:R. A. Musgrave, "A Multiple Theory of Budget Determination," *Finanzarchiv*, N. F., Vol. 17, 341. —J. G. Head, op. cit., 1, footnote 4. 显然,马斯格雷夫当时并不十分清楚如何把这个概念融入他的理论体系。

③ J. G. Head, op. cit., 9.

性的社会需要元素"①,我们必然会认为,马斯格雷夫并不打算把这些特征赋予有益需要,而是想把有益需要排斥在外。但是,从所举的例子("免费教育服务""免费医疗卫生措施")来看,令人惊讶的是,他指的是社会需要,而不是像有些人希望的那样,是指我所说的"他的第一组马歇尔—庇古式干预"的外部效应(马斯格雷夫没有为其取一个统一的名称)。②

2. 分配问题

海德进一步认为,分配政策是有益品理论的一个重要方面。分配方面的考虑对于决定费用当然会起到相当大的作用,马斯格雷夫引用了这方面的例子(政府免费供应学生午餐、补贴廉租房、提供免费教育服务)。但似乎由于以下原因,无法证明把分配效应作为有益需要(有益品)基本特征的正当性:

(1)首先,也是最重要的是,马斯格雷夫在他的有益需要讨论(pp. 13 ff.)中根本没有提到分配问题。

(2)海德和麦克罗曾提到马斯格雷夫被引文中第21页的内容——马斯格雷夫提到过一些[政府]措施的双重特征(即它们具有分配和配置功能),但这并不能被看作反驳。实际上,单个部门采取的措施最终也肯定与几个预算部门有关,但这并不妨碍做出旨在把配置部门的任务分为几大子类的努力。

(3)因此,我们不能用上述例子来回答马斯格雷夫是否认为分配问题对有益需要的概念至关重要。所有这些例子的性质都很复杂,并可被解释为由分配和配置政策所推动。

3. 个人评价问题

在我看来,海德提出的第三个问题,即个人难以估计以使用收入的某种方式能带来的收益,似乎代表了马斯格雷夫提出的有益品概念的实质。此外,海德的解释与麦克罗的解释并没有太大的区别,后者只不过是强调干预个人偏好的问题。③

---

① R. A. Musgrave, op. cit. ,13.
② McLure, op. cit. ,479.
③ Ch. E. McLure, op. cit. ,474.

鉴于马斯格雷夫的表述含糊不清甚至自相矛盾,这些观点分歧并不非常令人惊讶。一方面,他写道:"满足有益需要,就其本质而言,要涉及对消费者偏好的干预。"①这似乎与麦克罗的阐释如出一辙。另一方面,关于信息不完善以及并非旨在提供信息的广告泛滥的讨论,都为海德的论点提供了有力的支撑。

最后,马斯格雷夫表示:"之所以有可能发生对消费者选择的干预,仅仅是因为统治集团认为他们那一套道德规范更胜一筹,并希望把它们强加给他人。需要的这种确定方式是建立在威权政治基础上的,而以我们民主社会为依据的规范模式是不允许这样做的。"②

麦克罗应该是对马斯格雷夫的这段话进行了更加深入的分析。结果似乎表明,马斯格雷夫在讨论有益需要时,并没有放弃他的规范方法所施加的限制。

为了确定麦克罗的阐释是否正确以及他的阐释是否(或在何种程度上)与海德对个人评价问题的强调相容,我们必须认真思考"干预消费者偏好"的含义。

三、关于"干预消费者偏好"的思考

马斯格雷夫并没有明确交待他所说的"干预消费者选择"或"干预消费者偏好"的确切含义。他的部分自相矛盾或者至少看似自相矛盾的陈述③让我们产生了以下印象:他认为这种干预可以与规范的个人主义观相容,因为它们只能弥补信息失真、有偏见的广告、预见有误等。在这些情况下,我们或许可以指望得到当事人的事后认可——如果可以这样解释"学习和领导"隐喻的话。因此,就是在这方面,海德和麦克罗的立场并不相互排斥。举例来说,根据麦克罗的定义,强制保险必然会被认为是对消费者主权的干预,但在海德的理论中也可被看作解决评价问题的一个实例。

不过,现在的问题是,在这些例子中,适当的纠正是否会导致低估价格较低的产品而高估价格较高的产品?还是按照麦克罗青睐的个人主义观④,是

---

① R. A. Musgrave, op. cit., 13.
② R. A. Musgrave, op. cit., 14.
③ R. A. Musgrave, op. cit., especially 14.
④ Ch. E. McLure, op. cit., 481.

一种让政府提供信息的较优方法?

本文作者认为,用这种方式来解释有益需要(有益品)的概念,在理论上可以与消费者主权的基本理念相容。当然,麦克罗认为,从个人主义视角看,并不存在考量有益需要的实用标准。他的这个观点本质上是正确的。[①] 事实上,也许我们无法为当事人具体划定善意干预与威权政治无情压制之间的界限。但在我看来,在严格的个人主义模式下,有效供应特定公共品的情况也往往如此。这是因为,在这种情况下,实际偏好由于一些熟悉的原因,(实际上)是无法知道的,所以我们无法证明需要多大程度的干预才能纠正个人的消费者偏好(在购买力分布既定的情况下)以及这种干预到了什么程度就会变成"武断"和专制的决定。马斯格雷夫关于有益需要的说法也适用于特定的公共需要[②],而满足这样的需要仍是一项危险的任务。

麦克罗把干预消费者偏好的概念表述为:

> 只要某种制度约束,通常采取不平等的形式,强加于某种(有益或有害)产品的消费时,就发生了对消费者偏好的干预。因此,个人福利最大化既受制于这种制度约束,也受制于普通的收入约束。如果制度约束对任何人都没有约束力,那么消费者偏好就不会受到干预;如果制度约束有约束力,那么就存在对消费者偏好的干预,而有关产品就是有益品或有害品。

麦克罗的定义与他本人的观点不同,很难"准确地概括马斯格雷夫想包含在有益需要概念里的元素"[③]。除了没有作为"约束"因素提到价格外,政府免费提供的学校午餐、政府补贴的廉租房、政府提供的免费教育、政府实施的免费医疗措施和药品销售管制等例子[④]都表明,对马斯格雷夫来说,这类约束绝对不是必要条件。

本文作者认为,麦克罗给有益需要(有益品)下的定义太过狭隘。根据他的定义,所有旨在影响消费的措施,从不考虑成本的定价(如通过补贴)到免费

---

① "There is Simply No Guide for Public Policy in Such Cases." Ch. E. McLure, ibid.
② "The Satisfaction of Merit Wants Remains a Precarious Case." R. A. Musgrave, op. cit., 14.
③ 请参阅:Ch. E. Mclure, op. cit., 476。
④ 请参阅:R. A. Musgrave, op. cit., 13。

提供产品,都可以与消费者主权的个人主义模式相容[原文如此][1]。麦克罗这样做,可能不是权宜之计,而且也不符合马斯格雷夫的意图。

四、结 论

本文作者认为,最近有关有益需要的讨论再次表明,更有希望的做法是,通过研究[市场失灵的]原因构建公共财政体系及其议程。我们先从一个被最新的福利理论作为基础的严格意义上的个人主义模型开始我们的论证。根据海德的建议[2],我们能从以下事实发现优化财政行动的理由:如果没有干预,就不可能实现从经济次优状态到最佳状态(或在任何情况下到更好状态)的过渡,因为对私营经济主体来说,私营成本的增量超过他或她能分享的社会收益增量。

这是以下三组市场失灵案例的共同特征,其中包括经典的马歇尔—庇古式干预和马斯格雷夫的特定公共品。

(1)市场力量导致转换率和替代率之间出现差异,这方面的例子有卖方垄断和买方垄断。

(2)基于边际成本的价格政策会造成损失,但社会收益会超过社会成本。"成本递减的产业"就是这样的例子,但如果考虑因使用公共设施的经济主体增加且公共设施既定不变而造成的成本,那么特定的公共品也可能是这方面的例子。

(3)享受福利不可能(或者没有政府的帮助,无论如何都不可能)依靠付费买单。这方面的例子包括技术方面的外部效应以及马斯格雷夫所说的典型特定公共品。本文作者想更进一步,我和海德[3]都认为应该包括稳定,甚至再分配。我认为,在某些情况下,再分配应该被认为能创造极其重要的外部效应。

最后,我们认为,马斯格雷夫关于资源配置问题的评论对稳定和再分配问题也很重要。

---

[1] 根据译者的理解,应该是不相容(W. V. E.)。作者诺伯特·安德尔在信(2003年9月,但没有注明具体日期)中为他的观点辩护说:"由于产品补贴和免费供应本身并不意味着使用强制手段,因此,我认为,这些例子可以与麦克罗的定义调和。"

[2] J. G. Head,"Public Goods and Public Policy,"*Public Finance*,Vol. 17,1962,216—218.

[3] 请参阅:J. G. Head,op. cit.。

第二节　有益品：马斯格雷夫的有关思想及其影响[1]

克劳斯·麦克沙伊特

克劳斯·麦克沙伊特(Klaus Mackscheidt)清楚地看到了有益品这个新概念的有用性和证明它正当性的困难所在。他把这篇文章局限于解决用具体案例来证明这个新概念正当性的问题。在这些案例中，消费者明白：(1)他们没有掌握可用于决定采取什么替代方法来实现自己选定的目标的信息；(2)自己收集信息的成本高于把这个任务委托给自己推选的代表来完成的成本。因此，麦克沙伊特仅限于分析不涉及目标选择，而只涉及已定目标实现手段选择的案例。显然，并非所有的有益品都适用这种性质的案例。他在后来发表的一篇论文中考察了为证明这一概念的正当性所做的不同尝试，并且证明了它们失败的原因。

※　※　※

马斯格雷夫的公共财政理论具有非常明确地区分不同类别支出的特点。他利用排他原则的(相对)有效性对政府经济活动与市场经济活动进行了区分。政府主要有三个单位或部门(资源配置、收入分配和稳定经济)负责经济活动，这三个部门之间存在着看似合理并可证明其正当性的分工，而且每个部门都有自己的职责。个人通过自己的偏好，在政府预算程序的约束下决定政府经济活动的规模和结构；而相关的指导性规范原则是，凡是个人表达出来的偏好原则上同等有效。

---

[1] 本文在征得作者的允许后转引，并由维尔·埃克根据麦克沙伊特的文章["Meritorische Güter: Musgraves Idee und Deren Konsequenzen," *WISU-Das Wirtschaftsstudiwn* 3 (1974): 237—241]翻译。为了确保译文的准确性，本文先由戴安·巴斯廷翻译，然后由维尔·埃克校对。斯图亚特·布罗兹为提高译文的可读性和完善译文的风格提出了建议。译文的最终质量由维尔·埃克负责。

一、马斯格雷夫的困境

为了解释某种选择政府取向和市场取向的需要满足方式的决定过程,马斯格雷夫创造了"有益需要"这个术语,并对它做了如下定义:

> 它们[有益需要]由市场在有效需求规定的限制范围内予以满足。但是,一旦这种需要被认为非常重要,以至于除了市场配置资源和私人消费者付费以外,还要用公共预算来加以满足时,它们就属于公共需要的范畴。

无论马斯格雷夫的有益品思想可能获得多么有力的支持,从而把通常凭经验观察的决策过程提升为财政理论的一个基本概念,但是,在马斯格雷夫提出有益品概念之后的一段时间里,有一点已经变得非常清楚,那就是对[有益品概念的]归纳基础的扩展既令人不安又麻烦不断。马斯格雷夫本人和他的财政理论的许多信奉者,在发展他的理论以及根据这个理论提出各种假设的过程中都忽略有益品的属性,从而掩盖了马斯格雷夫有益品思想的这个不足之处。直到1966年海德在《财政文献》杂志上发表了一篇有关有益品的论文,才真正引发了一场关于有益品概念属性的辩论。

1. 作为资源配置决策的目标和衡量标准的个人偏好

当有人对政府经济活动的决策程序与市场经济活动的决策程序进行比较,并进一步阐述有益需要的作用时,确定这种公共品所引发的令人不安的因素立刻就变得清晰可见。每个人根据自己的偏好和资源,独立于他人(在理想化的模型中)决定自己消费私人品的程度。市场机制允许个人配置自己的资源,只要市场机制不失灵,资源配置的任务就应该交给市场机制去完成。

在公共品的情况下,资源的集体配置需要集体决策:公共品供给水平集体决策的正常程序是政治投票。由于全体个人原则上都有平等的投票权,因此,每个人(还是在理想化的模型中)都有平等的机会来满足自己的偏好。

2. 有益需要的内在矛盾

这种双重考量的第一个矛盾就是:某些通常可以通过市场安排得到满足

的需要，由于政府的经济干预而被纠正，从而也意味着消费者的偏好被否决。第二个矛盾衍生于[第一个矛盾]：对消费者主权的干预并不是通过全民投票来获得它的正当性的，而是由一个领导人精英群体实施的。违背消费者主权原则有可能造成不可估量的影响，因为领导人从未被赋予干预有关公民的责任。如果对这种需要的偏好是通过政治投票程序，而不是通过操纵市场经济决策过程来确定的，那么结果就可能会遭到拒绝。马斯格雷夫必须为这种明显偏离规范决策的行为提供依据，因为规范决策只允许确保个人尽可能多地参与的程序。他认为，在公共财政决策过程中可以检测到具有有益性的决策，他的这个论点颇有说服力，并且得到了实例的支持。或许有人也会对他的以下说法感到满意：有益品可用来处置"关于学习和领导的问题，这是以适当方式理解（任何）民主活动的重要内容"。

但是，这一切更有可能掩盖经济学基本理论概念所要求的规范标准，而不是有助于这个矛盾的解决。因此，不能把有益品概念纳入财政规范理论的说法似乎有它的正当性。

问题1：为什么有益品会如此明显地违背消费者主权原则呢？

二、海德的正当性证明尝试

在海德试图证明有益品概念的正当性以后，这种观点第一次发生了变化。海德提出了三个论点，试图让怀疑者相信有益品确实可以与财政规范理论相容。

1. 有益品作为纠正被扭曲的偏好的尝试

由信息不全导致的偏好扭曲

偏好会因为信息缺失或者信息有误而被扭曲。有信息优势者由此获得权利，通过干预信息劣势者消费者主权的方式来帮助后者。信息优势者，也就是知情者，在发现有很大一部分人低估某种产品的价值并且这种产品与其他产品相比需求太少时，就会降低这种产品的价格，直到这种产品的消费达到适当的水平为止。当然，必须向这种产品的生产者支付相应的补贴，这样，这种产品的生产者才能保持盈利。这种补贴要像其他政府支出一样，用一般税收收入来支付。一旦消费者了解到这种产品的好处，他们就会追溯性地允许领导人干预他们的偏好。

弹性条件

需求的价格弹性越大，这种措施取得成功的可能性就越大。价格小幅下降，通常就足以使需求按预期的方式扩大。但是，如果需求无弹性，那么有益品的工具作用就会消失，这时就必须用其他监管手段来取代价格干预。

非理性的消费者行为

海德认为，在消费者完全知情但明显倾向于不按对自己有利的方式行事的情况下，也应该允许对消费者偏好进行干预。如果不人为提高酒精含量高的饮料的价格，那么有些人就可能会不计后果，过多地消费这类饮料。因此，我们也能证明开征从量消费税对这种饮料进行"去益化"(de-meritization)处理的正当性：让知情但行为不理智的消费者得到保护。

2. 有益品是一种可以单独使用的收入分配政策工具

为收入分配政策服务的"有益化"(meritization)

除了上述特点外，有益品还可以被视为一种可单独使用的旨在实现分配目标的支出政策工具，因为某个人群的相对收入状况不但取决于他们的净收入状况（即他们的个人税后收入），而且取决于他们是否能够获得公共品。在以前只有高收入者消费的产品变成有益品以后，在比例税特别是累进税的作用下，就会产生有利于低收入者的收入再分配效应。由于这些产品的消费者现在对这些产品的消费即使超过他们原先的水平，也至少要为自己的消费承担部分费用，因此，经济政策通过按比例减少公共支出，就可以朝着实现收入再分配目标迈进一大步（德国的社会房项目就是这方面的一个很好例子）。

3. 有益品是连接私人品和公共品不可分割的纽带

联合生产(joint production)

我们还可以通过以下事实来证明有益品的正当性：私人品常常与公共品有着不可分割的联系。有人认为，个人不但会对私人品的好处表达扭曲的偏好,而且会明显错误地理解公共品的好处。接种疫苗的例子就可以说明这一点。接种疫苗对接种者本人有增强对某种疾病免疫力的好处,而人群中有一定数量的个体接种疫苗后就会产生另一种好处:普遍保护人群免受相关流行病感染的"公共利益"。由于公民低估私人品的好处会导致精英阶层实施"有益化"(第一个论点),因此,他们对公共利益的错误评估,让海德得出了一个合乎逻辑的结论:精英阶层必须以同样的方式进行干预,这样才能使疫苗接种者达到足够的人数。

问题2:海德试图拿什么论据来证明精英阶层干预消费者主权的正当性呢?

三、反 驳

1. 偏好被扭曲了?

缺乏正当性

如果我们严格遵守规范性前提,那么就很容易驳倒海德的论点。如果消费者知情,但行为不理性,那么任何人都无权对他们进行干预,因为每个人都有自己的理性观。因此,干预缺乏正当性。海德举的例子看似很有道理,但是,有谁能分清帮助性干预和利用性干预呢?

应该"提供信息",而不是进行"有益化"

同样的反驳也适用于基于信息优势的干预。我们怎样才能客观地评价谁具有信息优势呢?虽然我们肯定能够理直气壮地驳倒证明纠正被扭曲偏好正当性的第二个论据,但麦克罗认为应该向消费者提供他们需要的信息,而不是干预他们的偏好。这样既不违反规范原则,又能够达到目的。另外,不知情的消费者最后也会追溯性地赞同对这种干预的质疑:

譬如说,按照K.施密特(K. Schmidt)的说法:"此外,我们并不知道干预事后是否真的能得到受干预影响的人的赞同。即使能够得到他们的赞同,问题仍然是,究竟是受干预影响的人的'真实'偏好导致他们表示赞同,还是因为受了一种可能与政府干预有关的'洗脑'而表示赞同?"

2. 是分配政策的效率？

缺少使用财产的自由

这些基本的反对意见当然也适用于由收入分配政策引发的消费者主权干预问题。虽然收入分配政策可能非常有效，但它会降低财产使用的自由度。现在，经济学理论认为，如果受让人能够自由处置财产，就能获得更高的收益（用他们自己的偏好来衡量）。这里，目的也不能证明手段的正当性，而领导决策权的正当性和控制问题仍然没有得到解决。

3. 主权缺失是一个可以被孤立的特征？

消费者主权缺失并不是有益品的一个特征

第三个据以试图证明有益品正当性的论据之所以站不住脚，是因为海德的论点不是很清楚，却增加了一种基于海德的假设的基本反对意见。消费者在购买公共品时往往没有主权可言，因此需要有人领导。如果这种反对意见是正确的，而且根据经验，我们宁愿接受而不是拒绝这种意见，那么对消费者偏好的干预本身就不是一个可以证明不同类别产品差异化正当性的特殊特征。消费者主权的缺失与各种私人品和公共品有关，从而证明马斯格雷夫试图对经济品进行分类的做法是不恰当的。但是，我们观察到的——可能有些夸张——是一个个人偏好面临各个层次的永久性干预并且有人规划和指导[即消费者选择]的世界。按照规范思想，消费者选择应该是[经济]规划和指导的标准。因此，"有益"这个标签实际上也不适合充当差异化标准。

问题3：为什么对消费者主权的干预并不是不同类别产品的差异化标准？

四、决策授权

是联合生产，而不是决策主权

即使把主权缺失排除在标准之外，马斯格雷夫的概念也并非完全无用。这些产品的第二个典型特征就是市场经济调控和政府经济调控的结合。那么，维系这两种不同调控程序的结合，对于满足个人需要是否有意义呢？下面举几个例子来对这个问题做出肯定的回答。

首先,不管怎样,重新思考麦克罗反对海德试图证明纠正被扭曲的偏好的方法是否合理的观点可能有益。麦克罗通常支持海德关于理论纯洁性的观点。

信息吸收能力

"当然,当麦克罗声称偏好扭曲并不一定会导致政府干预时,我们必然会同意他的观点。但是,针对改善信息传递的建议,有人可能会表示反对,并且认为这么做就是用一种价值判断来取代一种价值判断。那么,为什么统治者决定的信息改进要被说成是一种好于直接纠正偏好、替代个人主义原则的方案呢?支持这种主张的或许是这样一种观点:实现目标后就只保留消费者主权。对于个人的学习过程来说,真正了解产品的好处可能要有效得多。至少,我们不能先验地明白为什么不应该先于纯粹的信息改进而去考虑满足有益需要,如果不能考虑完全满足,起码可以考虑部分满足。"

在信息处理能力发展的某个特定阶段,仅仅获得更多的信息可能对个人并没有什么好处。但必须承认,纠正偏好并不会自动产生那种会与这些产品建立某种可靠关系的学习过程。

1. 信息处理能力的极限

信息处理能力

在这些例子没有传递大多数缺乏主见的人与少数有见识的人之间存在隐含对立的信息时,关键问题就会更加清楚地显现出来。即使在一个决策者能力相同的世界上,虽然有人要求全部决策都应该由社会全体成员共同做出,但个人判断许多有关消费者利益的特殊事件的能力很快就会接近极限,而对决策所需的信息排序并进行评判的能力就会显得不够。因此,必须进行分工才能确保理性的行为,[从而使]专家和授权获得发展,而专家和授权的发展适用于要通过集体来满足的许多个人需要。在政治领域,授权是一种得到公认的决策方法。先验地看,在对待部分可以由个人自己来满足、部分要依靠集体来满足的需要时,使用这种方法不会有错。只有那些相信信息可免费取用并随时进行处理且无须花费大量个人支出的人才会认为,混合需要在任何情况下都必须依靠个人自己来满足。

决策授权

我们相信,以下选择常常是切实可行的:"个人为了实现某个特定的政治目的,通过自己自由、独立的投票来使政治领导人合法化。就政治目的的内容而言,这样做确实能达成共识,但由于选民缺少信息,因此,选民与政治领导人之间以这种方式不可能达成共识。由于详细说明所有的手段和可能采取的措施对于消费者(选民)来说太过枯燥、乏味,因此,选民出于实用的考虑,把自己的部分权限交给他们的政治领导人。但在理想状态下,这部分权限是主权消费者不可剥夺的权利。这些实用的考虑当然是成本和收益计算的结果。"

"信息不足"和"有目的的消费者偏好干预"的特点,只是从表面上看,可被认为是有违规范原则。它们应该被看作在成本核算的压力下做出的务实让步,因此是不完美的解决方案中最不完美的方案。无论如何,问题仍然是个人的决策授权在多大程度上可被视为一种自主、有限的行为。下面的例子也应该能够解决这个问题。

2. 配置成本相同原则

接受接种疫苗的人在获得"防止传染病"的个人收益的同时,也为取得"预防疾病流行"的集体收益做出了贡献。在有一定数量的人(如占人口80%)接种疫苗后,就能预防流行病暴发的危险;而对于还没接种疫苗的人来说,不接种疫苗不再有很大的风险。这个例子表明,通过共同消费,个人和集体都能满足自己的需要。如果需要只能通过市场机制来满足,那么就会出现下列情况:①有可能达不到接受预防接种的目标人数(这对各相关方来说都是一个不利的因素);②只有少数人仅仅是由于他们碰巧更加偏好"保护自己不受疾病伤害"的私利而承担了为别人对集体利益做贡献的成本。在以上两种情况下,都可以通过政府的转移支付来降低私人品的价格,从而缓解冲突。政府对疫苗接种实施全面管制并不有利:对少数人来说,增加了不得不忍受更加严重违背个人偏好的风险。因此,它符合享有同等权利和同等实力的参与者接受市场和政府决策机制的混合程序的理性计算。同样,对于不知情者来说,有可能出现一种忽视各有关个人表达利益的决策方法,但这些人明白,接受这种决策方法,他们只是放弃了尽可能少的主权。

问题4:哪些成本会在政府干预消费者偏好的决策中产生作用?为什么它们能使政府干预合法化?

经过以上讨论,我们已经能够确定,就有益品的概念把它的定义局限于"由于偏好的原因而向私人品提供它们应得的帮助"这一点而言,马斯格雷夫提出的这个概念应该说是有缺陷的,因为个人对公共品的偏好也需要这样的帮助,但是,如果我们能为一个由市场和政府决策规则组合构成的决策过程寻找经济正当性,那么即便调控机制的集体成分超过了个人成分,我们也能成功并按照规范为马斯格雷夫的有益品概念进行辩护。

五、马斯格雷夫的目的

在这篇文章里,我们针对马斯格雷夫在他的财政理论中提出"有益品"概念的事实(如果不是针对他提出这个概念的意图)提出了一种解决方案。与此同时,我们的解决方案并不涉及违反经济学理论的规范原则。政府采取干预措施频度和意义的问题并不重要。我们甚至认为,根据我们在前一部分中辩护的理性计算,为政府和市场混合调控机制取一个新名称,也并不重要。

接受马斯格雷夫对财政理论的最初贡献或许更为重要,也就是说,认真考虑以下问题也许更加重要:领导人做出的决策能产生什么作用?在哪些条件下必须接受领导人做出的决策?领导人经常在哪些方面做出决策?

本文作者推荐阅读的文献

Head, F. G. : "On merit goods," *Finanzarchiv*, vol. 25 (1966), pp. 1—29.

McLure, Ch. E. : "Merit Wants: A Normatively Empty Box," *Finanzarchiv*, vol. 27 (1968), pp. 474—483.

Mackscheidt, K. : *Zur Theorie des optimalen Budgets*, Tübingen 1973, par. 13.

Musgrave, R. A.: *Finanztheorie*, 2nd edition, Tübingen 1969, 13 ff.

Schmidt, K.: "Kollectivbedürfnisse und Staatstätigkeit," *Theorie und Praxis des finanzpolitischen Interventionismus, Festschrift für F. Neumark*, Tübingen 1970, pp. 3—28.

第三节　有益品：一个公共支出规范理论的问题[①]

凯·福尔克斯

凯·福尔克斯(Cay Folkers)明确把个人偏好和其他评判标准之间不可避免的冲突作为提出有益品概念的依据。他强调了阐明这个概念的必要性，并且在一种表达某种民主过程伦理共识的社会偏好中看到了另一种替代性规范。他找到了这种在存在精神效用相互依赖的情况下达成社会伦理共识的基础。具体而言，他发现了我们在知道他人在消费某些即使在纯市场条件占主导地位的情况下也不会选择消费的产品（如义务教育、强制性疫苗接种、学校免费午餐）时幸福感增强的感觉。

※　※　※

"……如果经济学家（哪怕只是隐含地）运用有益品理论来提出政策建议，那么就应该尽可能明确清晰、始终如一地阐明这个理论，否则就是不负责任。"

——艾伦·G.普尔斯菲[②]

一

马斯格雷夫试图把有益需要的概念引入他关于政府经济职能、内容广泛的论述中，但他在这样做的时候显然有些犹豫，而且论述也相当粗糙。[③] 有益需要不能直接归结为个人偏好这个事实引起了一些学者对公共品理论（因为没有任何其他陈述）某些基本但至今仍未得到解决的问题的关注。从那时起，

[①] 本文在征得作者允许后转引自：Cay Folkers,"Meritorische Güter als Problem der normativen Theorie Öffentlicher Ausgaben," *Jahrbuch für Sozialwissenschaft* 25 (1974):1—29. 本文由戴安·巴斯廷翻译初稿，然后由维尔·埃克校对。斯图亚特·布罗兹又为提高译文的可读性和完善译文的风格提出了建议。凯·福尔克斯教授提出了一些决定性的建议。

[②] A. G. Pulsipher,"The Properties and Relevancy of Merit Goods," *Finanzarchiv*,1971,286.

[③] R. A. Musgrave,*The Theory of Public Finance*,New York etc.,1959,13ff.

有关这个概念的讨论,一方面,夸大了对政府支出理论重要洞见的期待;另一方面,为不相信政府无所不能提供了潜在的借口。要评价这个问题,似乎首先有必要重新思考有益需要这个概念赖以立足的基础,因为针对单个方面的批判性评论并不能令人信服地为我们澄清观点分歧。

下面,我们将提出一种适用于马斯格雷夫的有益需要概念所涉及的各种情况的构想。我们这样做不但是为了对马斯格雷夫的相关著述进行权威的解释,而且要进一步推动关于这个主题的讨论。本文将对当前相关讨论所反映的各种观点[1]进行评价(但不详细展开[2]),还要特别强调民主国家存在的社会关系影响。当然,马斯格雷夫也谈到了这个问题,但缺乏深度,因为这种影响恰恰反映了政府资源配置理论和私人交易经济学之间的本质区别。本文作者将以这种方式来强调有益需要概念对财政政策的重要意义,并借此强调为"有益"政策制定更加明确的标准的必要性。更一般地,我们必须从定量和定性两个方面来确定有益需要的影响和结果,并把它们纳入关于政府支出确定问题的讨论。

二

自从海德发表他的第一篇论述有益需要的论文[3]和麦克罗发表评论海德论文的文章[4]以来,基本上两种不同的观点主导了有益需要的讨论。其中一种观点试图通过分析可能使偏离个人偏好成为必要的原因来推导出评判有益

---

[1] J. G. Head, "On Merit Goods," *Finanzarchiv*, Vol. 25, 1966, 1—29; Ch. E. McLure, "Merit Wants: A Normatively Empty Box," *Finanzarchiv*. Vol. 27, 1968, 474—483; N. Andel, "Zur Diskussion über Musgraves Begriff der Merit Wants," *Finanzarchiv*, Vol. 28 1969, 209—213; J. G. Head, "Merit Goods Revisited," *Finanzarchiv*, Vol. 28, 1969, 214—225; D. A. L. Auld, P. C. Bing, "Merit Wants: A Further Analysis," *Finanzarchiv*, Vol. 30, 1971, 257—265; A. G. Pulsipher, "The Properties and Relevancy of Merit Goods," *Finanzarchiv*, Vol. 30, 1971, 266—286; J. G. Ballentine, "Merit Goods, Information, and Corrected Preferences," *Finanzarchiv*, Vol. 31, 1972, 298—306; and M. Braulke, "Merit Goods: Einige zusätzliche Anmerkungen," *Finanzarchiv*, Vol. 31, 1972, 307—309.

[2] 请查阅奥尔德和宾、普尔斯菲以及 K. 施密特提到的文献:"Kollektivbedürfnisse und Staatstätigkeit," H. Haller, et al., eds., *Theorie und Praxis des finanzpolitischen Interventionismus*, *FritzNeumarkzum 70. Geburtstag*, Tübingen, 1970, 3—27.

[3] J. G. Head, "On Merit Goods."

[4] Ch. E. McLure, "Merit Wants: a Normatively Empty Box."

品生产的标准;而另一种观点不但认为单列一个有益品类别在某种程度上是多余的,而且认为在一定程度上与主流理论的基本前提不符,因此拒不接受这种把有益品单列为一个产品类别的做法。多余论基于这样一种认识:我们熟悉的个人主义公共品理论足以解释有益品的某些性质;而有益品的其他问题,包括政府干预,与当代经济学的基本理论前提不符,因此,应该不能通过从规范视角进行的正当性证明。

关于第一种观点,海德区分了三种独立存在的能证明有益需要正当性的不同依据,即由无知或非理性造成的偏好扭曲、收入分配问题和社会品的某些性质。① 普尔斯菲最近发表的关于这方面讨论的文章,除了巴兰坦发表了一篇短评②外,至今还没有引起普遍的关注。普尔斯菲在他的这篇文章中提出了一种截然不同的观点:有益品不能单独包含上述三种元素中的任何一种,但必须基本上同时包括偏好扭曲和社会品的问题,然而,收入分配问题单独并不足以证明有益品概念的正当性。③ 在普尔斯菲看来,从规范的角度看,政府干预个人偏好并没有正当的理由,因为偏好扭曲只关系到萨缪尔森在他的共同消费理论中所说的无社会品特征的纯私人品。④ 此外,对于不存在偏好扭曲问题的共同消费,政府也没有干预偏好的理由。⑤ 因此,有益品必须具有这两个特征同时出现的特点。马斯格雷夫最初关于有益需要"由受排他原则约束的服务来满足,并在有效需求的范围内由市场来满足"⑥的说法被认为是与民主社会的基本准则格格不入的。⑦ 此外,普尔斯菲还表示,在偏好未被扭曲的情况下,分配目标只能包括收入转移,而不能涵盖实物再分配。⑧ 因此,海德关于区分不同因素的观点并不适合这种情况。

普尔斯菲和海德这两位作者的表述虽然性质截然不同,但都需要批评。普尔斯菲通过强调偏好扭曲与公共品问题之间的关系提出了一种虽然有时以

---

① J. G. Head,"On Merit Goods," 3.
② J. G. Ballentine,302—306.
③ A. G. Pulsipher,302—306.
④ Ibid. ,279.
⑤ Ibid. ,275.
⑥ Musgrave,13.
⑦ A. G. Pulsipher,279.
⑧ Ibid. ,272.

不同的形式表现出来，但能反映整个有益品概念核心意义的观点——个人之间特定的依赖关系可以用来证明政府资源配置措施的正当性。

马斯格雷夫在他的《公共财政理论》①中，虽然没有进行充分的解释，但早就表示，在某些情况下，有些有益需要介于私人需要与社会需要之间。马斯格雷夫在提交给1966年比亚里茨国际会议的论文中援引了一个经典的有益需要例子——一种含有私人和公共分量的混合需要②。在这个混合需要的例子中，个人 A 的效用取决于他消费私人品 X_A 和"非纯公共品"③的数量，以及另一个人 B 消费后一种产品的数量：

$$U_A=U_A(X_A,Y_A,Y_B) \tag{1}$$

通常，Y_A 的影响不同于 Y_B 的影响。B 消费的外部效应并不能直接替代他本人的消费。马斯格雷夫在他所举的例子中提到了食品、住房、医疗等具体的最低需要。在马斯格雷夫看来，这些例子与许多其他有益品类的现象一样，可以运用效用相互依赖理论来解释。根据这个理论，他总结道，有相当一部分的有益需要可以根据个人偏好理论，运用混合例子模型来解释。因此，我们可以设想"有益品帕累托最优供应"可能性，一个类似于"帕累托最优再分配"④的概念。

在比较纯公共品例子和新的效用依赖例子时，我们必须注意外部效应在消费领域的不同之处：

（1）萨缪尔森笔下的产品具有共同供给的特点。"纯粹"的萨缪尔森产品由全体消费者同质、同量地消费，而"非纯粹"萨缪尔森产品因消费数量和（或）质量方面的差别而不同于"纯粹的萨缪尔森产品"，但全体消费者共同消费这一点保持不变。

（2）一个人的消费活动对另一个人产生的外部效应是完全不同的情况。

情况（1）中的外部关系独立于他人的实际消费，而在情况（2）中并不存在

---

① R. A. Musgrave,13.

② Ibid. ,"Provision for Social Goods," J. Margolis, H. Guitton,eds. ,*Public Economics*,*International Economic Association*,London,etc. ,1969,143.

③ 这个概念由 J. D. 布坎南在以下文献中提出：J. M. Buchanan,*The Demand and Supply of Public Goods*,Chicago,1968,66.

④ 请参阅：H. M. Hochman, J. D. Rodgers,"Pareto-Optimal Redistribution," *The American Economic Review*,vol. 59,1969,542—557.

共同供给的特征,但重要的是还有其他人消费这种产品。①

这里必须区分两种外部性,它们可被称为"物质外部性"(physical externalities)和"精神外部性"(Psychic externalities):

(a)在物质外部性的情况下,外部关系基于这样一个事实:某人消费的服务为另一个人生产了可用物质单位元素(physical unities)来定义的特定服务。布坎南②分析了这种情况,而这类产品的例子有医疗和教育服务。

(b)精神外部性发生在我们无法指出某人自己进行的可确认物质消费的情况下,更确切地说,是指其他人的消费或潜在消费(不管他们是否觉得这种消费有用)——有人已经把这种消费的效用记入自己的效用表——所产生的外部性。这样的消费无论是已经实际发生或者只是想象,都会有人把它的效用记入自己的效用表。

消费者活动的外部性可从效用相互依赖的一般情况中分离出一个子类。物质外部性在子类中占据特殊的位置(但我们需要承认,很难用公式表达物质外部性与精神外部性的明确差异)。物质外部性占据特殊位置的原因在于,我们可以把效用赋予可客观识别的服务。剩下的其他各种效用相互依赖的情况(与传统效用表现形式截然不同)只指向依赖个人之间的社会关系,而不依赖任何可测量的物质产出的影响效应。

除了与刚才描述的产品消费有关的外部性之外,还有两种形式的效用相互依赖情况可以界定。在第一种情况中,特定个人的效用水平(或它的变化)是其他个人效用函数的组成部分,但与之前的情况不同,选定的消费品构成没有相关性。在第二种情况中,某人的消费水平是他人效用函数的分量,但后者"对前者从消费中获得的效用不感兴趣"。③ 个人效用(消极)依赖于他人消费水平的典型情况是,消费水平往往表明个人在同一社会阶层中的社会地位。

---

① 马斯格雷夫在他的混合例子研究中,把这种依赖性称为"不可替代的外部性",并由此特别强调了这样一种说法,即这种效用与个人消费同一产品所产生的效用不同。请参阅:R. A. Musgrave, *Provision...*,138。

② J. M. Buchanan,68.

③ 柏格森明确地提到了这个例子。他在关于效用相互依赖性的研究中,介绍了消费者活动的精神外部性取决于消费结构,而不是消费水平的例子。请参阅:A. Bergson, "On Social Welfare Once More," *Essays in Normative Economics*,Cambridge,Mass.,1966,56。

第十四章　对有益品概念的正当性证明

以上两种效用相互依赖的情况,对于有益品问题来说,都没有直接的意义,但每种情况都包含分配关系的个人表征,而这种分配关系的个体表征则被作为效用相互依赖的"经典"例子,在经济学理论中被视为决定社会公正收入(或社会公正的产品分配)的基础。不过,它们与有益品问题有着间接的关联,因为它们与消费活动的结果呈相互依存的关系。明确区分特定类型的相互依赖关系,通常没有实际可能性。

在本文作者看来,从海德到普尔斯菲的研究至少有一个重大的遗漏,因为他们在分析消费者主权干预时都没有对效用相互依赖问题进行系统的考察,而是或明或暗地接受独立个体效用函数的常用前提,并且只考虑自萨缪尔森模型发表以来就众所周知的共同消费现象。[①] 此外,如果我们接受消费活动存在外部效应的观点,那么普尔斯菲认为有益需要不能与私人品发生关系的论点就会变得站不住脚。在消费外部性的假设下,没有什么能够阻止我们在有益品理论的框架下为私人品主张与其他性质的产品相同的正当性。[②] 另外,有益供应的概念基本上源自需求范畴(即偏好范畴),而不是具体产品的特征。因此,关于社会品的具体问题对于有益需要问题没有意义。

作为深入分析的起点,本文就有益需要问题提出了以下一些看法。有益需要的一种基本现象是消费活动精神外部性的具体效用相互依赖形式。有益需要可以纯粹的效用相互依赖形式出现,也可以与其他形式的效用相互依赖一起出现。反之,如果只存在这些其他形式的效用相互依赖,那么我们面临的就不是有益供应的问题,而是收入再分配的问题。这两个问题有一个共同的基础,即效用相互依赖,并且在受效用相互依赖的影响的方式上彼此不同。

在他的《社会产品供应》(*Provision for Social Goods*)中,马斯格雷夫既没有确切表明他拿什么来区分基于效用相互依赖的有益品和"具有非替代外部性的社会品",也没有提出可用来区分他明确提到的这些和其他类型的有益

[①] 请与普尔斯菲的图形模型分析进行比较。

[②] 对于这一陈述,我们既不需要参考之前提到的例子中的精神外部性特征,也不需要参考普尔斯菲批评的蒂布特和休斯顿(Tiebout and Houston)的"精神收入"(psychic income)概念。请参阅:C. M. Tiebout, D. B. Houston, "Metropolitan Finance Reconsidered: Budget Functions and Multi-Level Governments," *Review of Economics and Statistics*, vol. 44, 1962, 414。还请参阅:A. G. Pulsipher, 276。

品的标准。① 马斯格雷夫同意上述论点,因为他关于有益品问题的陈述只包含效用相互依赖现象起实质性作用的主张。但是,从这一主张可推导出的结论与他后来的阐述相矛盾。

上述论点是通过考察消费活动物质外部性的例子提出的。对于个体 A,效用函数(1)关于我们考察的变量存在三个大于 0 的一阶偏导数。对于个体 B,我们假设 Y 是一种产品,即 $\partial U_B/\partial Y_B > 0$。在这种情况下,通过与萨缪尔森模型进行类比,就能达到帕累托最优状态。② 如果我们把个人 B 消费产品 Y 定义为一种单列的公共品,那么随着 Y_B 的消费,就会出现共同供给,而帕累托最优的必要条件是(A 和 B 的)合并边际替代率等于边际转换率:

$$\left(\frac{\partial U_A}{\partial Y_A} \Big/ \frac{\partial U_A}{\partial X_A}\right) + \left(\frac{\partial U_B}{\partial Y_B} \Big/ \frac{\partial U_B}{\partial X_B}\right) = \left(\frac{\partial F}{\partial Y} \Big/ \frac{\partial F}{\partial X}\right) \qquad (2)$$

这里没有出现特定于有益需要的问题。确切地说,在政府通过税收和价格补贴制度保证具备这些条件的情况下,也就是在 A 是一群通过消费 Y_B 获得效用,但没有作为利他主义者通过支付自己的补贴同时达到满足的群体的情况下,就会出现如萨缪尔森模型所讨论的偏好显示问题。在 B 作为私人用户披露自己的偏好时,群体 A 的成员就会出现"搭便车"的问题。为了满足公式的最优条件:

$$\sum_{a \in A}\left(\frac{\partial U_a}{\partial Y_B} \Big/ \frac{\partial U_a}{\partial X_a}\right) + \left(\frac{\partial U_B}{\partial Y_B} \Big/ \frac{\partial U_B}{\partial X_B}\right) = \left(\frac{\partial F}{\partial Y} \Big/ \frac{\partial F}{\partial X}\right) \qquad (2a)$$

我们必须按照马斯格雷夫的设想,建立一种被认为是显示偏好所必需的"必要之恶"(necessary evil),而不是"目标"本身的政治程序。③

自马斯格雷夫明确把这些例子转用到有益需要领域以来,有作者得出结论认为,具体的有益需要概念和观点是多余的。④ 刚刚考察的关系实际上并

---

① 请参阅:R. A. Musgrave,*Provision...*,144。
② 还请参阅 R. G. 马斯格雷夫关于"非替代外部性"的研究(*Provision...*,138ff),尤其是布坎南(J. M. Buchanan,65—74)明确谈论精神外部性的研究。
③ 马斯格雷夫关于他非常重要的"二次再分配"情况的陈述,尤其适用于与消费结构相关的效用相互依赖例子。请参阅:R. A. Musgrave,"Pareto Optimal Redistribution-Comment," *The American Economic Review*,Vol. 60,1970,1001。
④ 如请参阅:M. V. Pauly,"Efficiency in the Provision of Consumption Subsidies," *Kyklos*,Vol. 23,1970,34; or H. M. Hochman,J. D. Rodgers,"Pareto Optimal Redistribution:Reply," *The American Economic Review*,Vol. 60,1970,1 001。

不会导致与社会品在理论上的根本区别。不过,这并不意味着要放弃整个有益品供应的观点,至少在其他类型的效用依赖没有得到分析的情况下就是如此。然而,我们根据前面提到的基本论点可以得出结论:在这种情况下,我们不用讨论有益需要问题,因为我们认为,作为一种针对特定不同类型的公共需要的必要评判标准,适用于有益需要的资源配置规则应该有别于"通常"的社会品的资源配置规则。

当 Y_B 至少在某些数量上不能代表一种共同消费全体参与者消费的产品时,就会出现一些特殊的问题。例如,对于某个受限域,$\partial U_B/\partial Y_B < 0$ 能够成立。有时,向低收入人群提供普通教育就被认为是这样:相对较小的产出赋予 B 正的边际效用;随着供给的增加,边际效用下降;在供给达到 A 所希望的水平时,边际效用就会变成负值。① 在这种情况下,Y_B 就丧失了它的社会品特征,因为此后 A 和 B 的共同消费就不复存在,反而变成了一种对于 A 来说纯粹的私人品,而 B 的"消费"变成了一种必须结合这种产品的实际生产加以鼓励的"生产要素"。当我们把条件式(2)写成以下形式时,这一点就会变得更加清楚:②

$$\left(\frac{\partial U_A}{\partial Y_B}\bigg/\frac{\partial U_A}{\partial X_A}\right) = \left(\frac{\partial F}{\partial Y}\bigg/\frac{\partial F}{\partial X}\right) - \left(\frac{\partial U_B}{\partial Y_B}\bigg/\frac{\partial U_B}{\partial X_B}\right) \tag{2b}$$

韦斯特(West)分析了这样一个介于有益品和社会品之间的临界例子,结果产生了一种干预和补偿互补的情形。③ 如图 14-3-1 所示,这种情形的特点是,对一种产品进行完全的价格补贴,确实会导致 B 自愿消费这种产品的数量增加,但不会增加到 A 所希望的水平,因为这种产品的供给增加到某一点,B 的边际效用就会变成负值。如果我们从 B 不会改变他距离效用水平

---

① 例如,韦斯特(E. G. West)指出了这个例子及其对福利分析的影响:"Subsidized but Compulsory Consumption Goods: Some Special Welfare Cases," *Kyklos*, vol. 24, 1971, 534—545。对这样一条曲线的解释是,例如,迫使 B 接受太高的普通教育,可能意味着损失太多的收入;或者,因此,对 B 来说,损失有用的专业培训机会。但是,强迫接受普通教育,对 A 来说可能是最优。请参阅:E. G. West, 536ff。

② 由于前面关于 $\frac{\partial U_B}{\partial Y_B}$ 的假设,这个方程式等号的右边有两个正项。

③ 请参阅:E. G. West, 536—539。据称,一种并不存在有益品问题的情况,因为没有一个消费者从一开始就有扭曲的偏好。不过,这又进一步表明,不能排除有益品供应的可能性,因为我们明确关心保护"'社会向往的外部性创造型产品'的既定最低消费量"(534)。

$Y_B^{(1)}$——B 在市场调控需求的情况下能达到的效用水平——的位置这个假设开始推导,就有可能通过政府干预迫使 B 增加消费,从而减少由原来的价格补贴增加的效用。我们假设 A 所希望达到的供给水平 Y_B^* 是如此之高,以至于迫使 B 移到较低的无差异曲线,那么,除了强迫增加对 Y_B 的消费外,A 还必须把部分收入转移给 B,直到后者重新回到原来的无差异曲线。

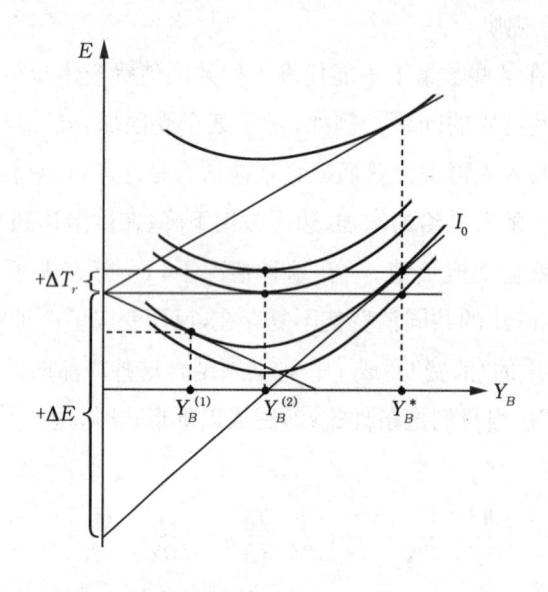

图 14—3—1

这些干预措施包括提供价格补贴(采用以低于成本的价格供应产品的形式)、动用强制权以及进行转移支付,显然会侵犯消费者主权。如果 A 想要通过自愿交换来达到目标产量 Y_B^*,那么必须对 B 消费的每单位 Y 给予奖励,即 A 必须设置负价格,从而导致 A 本人的成本增加,但导致 B 的效用水平提升。如果我们接受麦克罗的主张,即对消费者主权的干预构成有益品定义一个要素[①],那么 Y_B 显然是一种有益品。但是,就如下面的讨论所显示的那样,事实未必如此。

刚才描述的情况就是一种帕累托最优状态。如果 B 的初始收入低于原先的收入,并且随后为 Y_B 设定一个负价格,从而导致对 Y_B 的"自愿"消费达

---

① Ch. E. McLure,476.

到所希望的数量,那么就是不实行强制消费也能达到这种帕累托最优状态。因此,在进行充分大幅度的收入再分配以后,可以通过自愿交换来获得与原先相同的结果。在这种(有有益品供应的)情况下,对消费者主权进行干预,产生一种类似于同消费者自由选择结合在一起的再分配行为的结果。在政府下令实行再分配的情况下,强制也会发生——有谁会怀疑这一点呢? 此外,原则上,这种强制造成的扭曲不亚于对产品消费的干预造成的扭曲。如果是这样,根据资源配置和收入分配之间的严格区别对干预措施(无论是接受还是拒绝个人偏好)进行分类,就会变得毫无意义。选择怎样的政府干预方式只不过是一个政治可行性问题而已。因此,认为政府活动属于有益品的范畴并不是很有意义,原因就在于:在有益品的最佳供应标准与其他几种"非有益品"没有什么区别时,就存在强制消费者选择的问题。

只有在以下的必要假设能够成立的情况下,本文作者的结论才具有一般有效性:

$$\left|\frac{\partial U_A}{\partial Y_B}\bigg/\frac{\partial U_A}{\partial X_A}\right| > \left|\frac{\partial U_B}{\partial Y_B}\bigg/\frac{\partial U_B}{\partial X_B}\right| \tag{2c}$$

即 A 对 Y_B 的正估值的绝对值大于 B 对 Y_B 的负估值的绝对值,B 把自己对 Y_B 的负估值看作成本。我们必须强调,虽然在图 14-3-1 的部分标示中没有显示这一点,但 A 所希望的 Y_B 的供给量在当前的讨论中并不是一个固定量。确切地说,公式(2b)允许我们同时定义 Y_B 的消费量和必要的帕累托最优补贴。如果条件式(2c)无效,那么由于 A 所希望的 Y_B 的消费量是 0,因此,供应产品 Y_B 也没用。这个例子也没有显示有益品的特殊方面,但更确切地肯定了效率原则,即不应该生产成本超过收益的产品。

然而,以条件式(2c)无效为特征的情形提供了与有益品的接触点。想想韦斯特在没有提到式(2c)的情况下曾主张,应该利用他宣传的政策来确保"社会需要"的最低消费。[1] 但是,这样一种论点又给分析增加了新的限制条件。事实上,除了关于 A 和 B 的个人偏好和收入分配原则的假设以外,还有关于"生产"Y_B 的必要条件。然而,我们无法在增加某人效用函数的产品自由交换的愿望中找到这种主张的正当性,因为式(2c)的无效性迫使 A 或 B 或两

---

[1] E. G. West, id. 534.

者——取决于分摊 Y_B 的成本的情况——接受损失。从根本上说,这样的最小剂量处方不应该会干扰帕累托最优,但在基于自由意志实现的消费量不会大于/等于所要求的最小消费量的情况下就有可能造成扭曲。如果是这样,我们必须谈论有益品,但这并不意味着有绝对消费量的要求,而是有由产品能产生的个人效用所决定的消费量的要求。这种情况有可能发生在消费活动——就像所有其他类别产品的消费一样——产生物质外部性的情况下。但是,这一事实并不允许我们得出以下结论:我们这里有一个特殊的有益品例子——没有理由以违反"互易"(do ut des.)原则的方式供应这种产品。只有在所考虑的相互依赖(即物质上的相互依赖)之外还存在相互依赖时,事情才会变得更加复杂。

考虑到本文作者之前提出的论点,这种关系必须被视为一种由旨在追求某种超越产品纯效用的东西(即社会依赖性)的消费活动产生的精神外部性,而确定再分配目标的情况也是如此。只有这样,才可能解决我们的例子中 A 和 B 之间的利益冲突,而有益品问题的本质就在于此。马斯格雷夫不加思考地把有益需要描述为"非替代外部性",从而掩盖了这个核心现象及其影响。

选择教育作为混合社会品的例子以及选择对穷人的生活保障作为有益需要的例子(并在社会—哲学的基础上进行辩护),隐含地表明,虽然有很多形式上的相似性,但就连马斯格雷夫的论证也表明存在差别。[①] 虽然社会品问题是通过税收和补贴机制来解决的,但具有基本相同的偏好曲线的有益品自然就意味着供应这种产品会导致再分配。[②] 显然,这个结果只能在除了效用相互依赖外还存在其他某种与 Y_B 的消费量有关的东西(即 A 要把 B 的分配或福利指标纳入自己效用函数的意愿)的情况下才会出现。在这方面,马斯格雷夫的意图就是,试图确定"帕累托最优再分配"。[③] 他试图把再分配措施与慈善意愿结合起来,这样就没有必要对效用进行人际比较。在这种情况下,B

---

① 马斯格雷夫在把非替代外部性作为消费活动的纯物质外部性的例子解释时,把它归结为利他动机。他在解释过程中出现了一个系统误差,但似乎不是一个严重的系统误差,因为其他论据足以完全支持对它们的解释。请参阅:R. A. Musgrave,*Provision*...,138。

② 在这个例子中,他表示:"在预算中安排有益品供应,实际上反映了用实物进行的二次再分配。"请参阅:R. A. Musgrave,*Allocation*...,42。

③ 请参阅:H. M. Hochman, J. D. Rodgers,"Pareto-Optimal Redistribution," *The American Economic Review*,vol. 59,1969,542—557。

的收入就成了 A 的效用函数的一个分量,并且假设 A 的 $\partial U_B/\partial Y_B>0$,因此,通过自愿的收入转移,就能实现帕累托最优分配。

马斯格雷夫的例子提到了一种消费活动的物质外部性和与消费水平相关的效用依赖结合的情况,根据上述论点,这种情况是有益需要的基础。然而,这种情况与马斯格雷夫的观点截然不同,如果不做进一步的解释,就不可能用个人主义模型来证明它的正当性。基于道德信仰或嫉妒情绪的社会状况的可取性必须以一种根本不同于由消费产生的个人效用的方式来判断,即使在联合供给的情况下也是如此。由消费产生的个人效用就其性质而言存在于个人间关系的评价,它们超越了个体关系,并且不能用经济交换理论的原理来处理。因此,通过免费补偿来处理这些影响,这种没有创意的尝试是没有作用的。另外,根据历史经验和理论分析,慈善家的例子应该作为例外而不是普遍规律来对待,因此并不是一个反例。如果并不是以物质产品交换为基础的关系也要用经济学理论——至少似乎必须用财政理论——来考察,那么也必须考虑帕累托传统的反例——在我们的例子中也就是由 A 的活动和态度给 B 造成的负效应,希望这也能引起对有关接受不平等经济交换的博爱情怀的假设的思考。

从根本上讲,有两个原因造成这些现象的具体问题与物质产品个人效用截然不同。一般来说,精神效用相互依赖与分配理论这种一般福利标准有着不可分割的联系。事实上,正如马斯格雷夫的例子已经证明的那样,它们与社会正义和特定个人的适当行为的理念有关,因而无法通过自愿支付补偿的方式来实现资源的最优配置。原因就在于,评价也要考虑分配目标。资源配置和收入分配两者相互依存,因此不能被作为分离的现象来对待,两者都是我们进行社会评价的依据。

但是,应该指出,不同的个人在这种相互依存的情况下必然会以不同的方式构想消费偏好结构,就像对待纯粹的分配问题那样。因此,就提出了谁的构想应该占最大权重以及应该用什么尺度来衡量等问题,因为每个人不可能同时完成自己的构想。经济学理论确实隐含地接受了以下这项基本的社会规则:只要有公平的个人补偿,就可以接受产品转让或物质外部性享受。但是,以上考察的[有益品]例子都没有坚持基本的补偿原则。因此,本文作者认为,每种政治制度都有自己的共识,即某些东西不应该存在,某些愿望的实现不应该交给经济交易来决定。此外,这种福利观通常不会寻求以一种服务来换取另一种服务,而是旨在推行某些与经济规范不符的东西,即个人在社会中相对地位的变化。关于其中一些建议是否正确的决策,就像关于分配问题的决策一样,必须诉诸民主社会的基本准则,当然不能采用类似于经济学原理的准则。在这方面,个人主义的资源配置原则必须辅之以社会明确表达的偏好。与此同时,接受这个事实会导致政府配置理论和私营部门理论之间的重大分野,而有益需要这个具体概念的形成就是这种情况的结果。因此,这个概念的本质不在于确定个人基本上不应单独决策的情景,而在于指出个人要求和社会要求之间存在的冲突,并把对这种冲突的评价明确作为财政理论的研究对象。

关于马斯格雷夫的有益需要例子,我们还必须指出,在社会价值评估之外确定有益需要有可能产生的部分影响的尝试必然会遭遇失败。这种对他人的影响只有在受到影响的人和没有受到影响的人都认为社会可以接受,并且不与其他社会相互依存观发生冲突时才可以想象。无论如何,我们不能声称在这里找到了一个需要用个人主义原则来解决的有益品例子。只要考虑效用的相对水平,我们就能证明,除100%的价格补贴以外,任何其他类型的补贴都是合理的。同样,对某些产品的强制消费,目的也可能是对既定个人收入进行再分配。在这种极端情况下,只要 B 的效用不包括对 A 的依赖产生的效用,而 A 由于感受到效用增加而超额补偿 B 的效用损失,我们就能做到减小 B 的效用在社会效用函数中的权重。类似的可能性也存在于有害品的情况,而对有害品的消费应该有所减少,减少到低于个人效用最大化的水平。但是,削减有害品的消费,既应该符合完全补偿原则,又要符合有针对性的效用限制准则以及介于两者之间的许多规则。最后,我们还要关注一些向公众供应的产品的特殊情况:这些产品通常没有被纳入个人偏好函数,因为信息成本过高,个人没有形成对它们的偏好;或者,由于这些产品的特殊性,个人无法获得有关它们的信息。这些不时被用来批评决定政府支出的个人主义模式的例子[1],必须被作为有益品的例子来阐释,并且只能通过具有社会正当性的效用相互依赖来证明它们的正当性。

刚才提到的效用相互依赖可在不被纳入个人主义理论的情况下作为有益需要的个人基础,而通过考察各种效用相互依赖的情况,我们必然会超越个人偏好,对社会偏好进行分析。因此,我们可以在不完全放弃个人主义立场的情况下,拆除个人主义模式的一个基本支柱。只要能就这样的关系在公共财政的规范经济学理论中占有一席之地这一事实达成共识,那么,我们所说的这一切都是有效的。然而,这正是个人主义理论的一些代表争论的问题。他们认为,经济学理论可以并且应该把个人纯粹看作产品的消费者。这样一来,他们有意识地把自己限制在一种人的欲望之中,而他们又把所有的"经济外"关系(如社会伦理偏好)全部排斥在人的欲望之外。

与此同时,即使在分析"产品的效用"时,也不能否认社会关系在很大程度上会影响经济偏好这一事实。在不断变化的社会环境中,同样的经济事实往往会得到不同的判断。的确,在许多领域,个人偏好的形成受到这种"外部经济"因素结构的影响,比受到具体个人消费结构的影响更大。公共活动,也就是那些以某种形式关注或应该关系到某些个人的活动,情况尤其如此。如果忽略了这一点,那么对于真正意义上的经济领域来说,就无法做出有效的决定,因为被认为是唯一基本理论实体的"个人主义"个人偏好在很大程度上是不确定的。即使在通常不考虑这些问题的正式福利经济学分析中,似乎也不可避免地要把它们包含在任何旨在确定社会最优的评级体系中。[2]

求助于一个显然为(即使在萨缪尔森的纯个人主义模型中)确定唯一最优点所必需的社会福利函数,就能清楚地表明,进行规范性经济评价,不但需要个人偏好,而且需要(虽然是一种非常特殊形式的)社会偏好。这种情况是矛盾的,因为我们找不到充分的理由来解释为什么在配置资源时只考虑个人偏好,而同时又采用另一种偏好来确定部分与资源配置问题有着不可分割的联系的收入分配问题。[3] 前面提到的由于物质外部性而具有社会性的社会品的

---

[1] 譬如说,与 K. 施密特(K. Schmidt, "Kollectivbedürfnisse...," 25.)援引的例子进行比较。
[2] 这种说法与柏格森在文献(A. Bergson, *On Social Welfare Once More*, 60)中的说法一致。
[3] 这种观点与普尔斯菲(p. 285)的说法相符。

例子就说明了这一点。我们很难理解为什么纯粹的个人主义拥护者们宣称仅仅有益需要可以被放入一只"规范空盒子"①,因此不敢苟同这种观点,但他们又不反对把由外部决定的收入分配纳入他们的规范模型。② 最终,关于收入分配的社会偏好在某种程度上取决于一些基本上与有益品观性质相同且常常表现出很强的相互依赖性的个人观。如果我们不想把收入分配问题的决定权完全交给个人,那么先验地把对有益需要的考虑排斥在一种规范经济学理论之外的做法就不会很有说服力。

因此,我们必须相应地把接受与消费结构有关的效用相互依赖,说成对决定政府支出的规范模型进行一般化,而不是构建完全不同的模型。由于效用相互依赖有自己的具体特点,因此,我们不能直接把它纳入个人偏好函数,正如我们不能把收入分配纳入效用相互依赖函数一样,但必须在构建社会福利函数时把它纳入其中。在效用空间中,我们只能反映产品消费的内部和外部影响,其中包括消费活动的物质外部性。但不论怎样,社会评价公式的形式和内容会因实际偏好而异。

"个人主义"的社会福利函数中:

$$W = W(U_1, U_2, \cdots, U_n) \quad (3)$$

只有个人效用水平被作为自变量。在伯格森(Bergson)的公式③中,这个社会福利函数具有福利指数关于每个消费者效用水平的一阶导数严格为正的特点:

$$\frac{\partial W}{\partial U_i} > 0 (i = 1, \cdots, n) \quad (4)$$

社会福利函数的个人主义特征源于这样一个事实:个人效用被认为是一种"善",而且只评估效用水平,而不评估感受到效用的消费者的决策。构建这种社会福利函数的目的是要进行一种人际效用比较,一种通常局限于帕累托最优状态下的人际效用比较。然而,这种局限似乎绝不是源于这个问题本身的逻辑。我们在这里其实在进行循环论证:首先,我们以一种特定的方式构造

---

① Ch. E. McLure,477,482.
② 我们把布坎南的观点看作这种说法的一个例外。
③ A. Bergson,"A Reformulation of Certain Aspects of Welfare Economics," 1938,printed in A. Bergson,*Essays in Normative Economics*,Cambridge,Mass.,1966,23.

第十四章 对有益品概念的正当性证明

一个函数,然后由这个函数推导出"每个社会最优事实上也必然是帕累托最优"的结论。

如果某个社会福利函数被认为完全是合理的,那么我们就不应该先验地排除考虑某些产品消费水平的可取性或者接受获得个人效用非正估值的可能性。与主流观点认为的截然相反,这种估值并不一定要依赖社会有机观,而是基于个人效用相互依赖描述有益品思想的影响。从理论上讲,运用以下这种复杂的社会福利函数①可以做到这一点:

$$W=W(U_1,\cdots,U_n;X_1,\cdots,X_m) \qquad (5)$$

或者,通过对获得个人效用规定附加限制也能够做到。在这些条件下,不再能够保证每个福利最大值都是通常意义上的帕累托最优。不过,这种可能性并没有被先验地排除。我们并不据此就把未经修改的纯福利经济学理论作为政府决策的规范理论。② 政府决策的规范理论被认为只不过是一种确定公共政策评价参照点的讲究方法的程序。

最后,我们可以通过分析社会过程来回答如何表达社会偏好的问题,就像回答收入分配问题那样。在回答如何表达社会偏好的问题时,我们应该关注有关确定公众需要的投票表决规则以及据以确定这些规则的立宪规范的问题。在立宪层面,我们可以根据(相对)一致原则③,对基本的可采纳性(admissibility)问题做出决定。此外,由于效用相互依赖已被证明会产生影响④,因此,根据宪法制定并用于日常决策的投票程序规则必须遵循"多数决原则"。⑤ 当然,在这种语境下,我们似乎没有必要分析关于建立在社会偏好基

---

① L. 约翰森(L. Johansen)在他的《公共经济学》[L. Johansen, *Public Economics*, (Amsterdam, 1965), 128]中,提到了一种与公共资源配置理论有关的适当福利函数。当然,这种福利函数在这本书中被说成是基于有机观的福利函数。

② 这种观点与普尔斯菲(p. 285)的说法相符。

③ 关于这个问题,请参阅:J. M. Buchanan, G. Tullock,, *The Calculus of Consent* (Ann Arbor, 1962), 14ff。

④ 关于布坎南和图洛克提出的立宪领域一致通过原则的问题,请参阅 M. 法伯尔(M. Faber)最近发表的论文:M. Faber,"Einstimmigkeitsregel und Einkommensverteilung"(Unanimity rules and income distribution),*Kyklos*, Vol. 26, 1973, 36—57。

⑤ 马斯格雷夫明确强调,"有益需要的确定和社会需要的确定是在相同的投票过程中完成的",并且据此提醒我们,要特别注意两者在性质上没有区别。请参阅:R. A. Musgrave, *The Theory...*, 135。

础上的机制的规范问题,就像个人偏好的形成对于福利经济学模型来说并不是问题,尽管"个人"偏好只有一小部分是传承来的,大部分决定于社会过程。不论怎样,应该没人会怀疑个人偏好和源于个人偏好的最优状态之间存在相互作用的关系。此外,个人和社会最优之间以及个人偏好之间都存在相互作用的关系。同时,如果我们把外生给定的偏好作为分析工具,那么就有必要同时把那种指向社会关系的偏好和个人主义偏好作为已知的偏好来考虑。只有这样,我们才能正确地思考最优公共支出确定的问题。即使我们分析了全部的个人意愿,也不能为在财政规范模型中仅依赖其中一种偏好进行辩护。

三

在论述有益需要的论文中,(据我所知)普尔斯菲的文章与众不同,因为他在其文章中率先尝试创建有益品最优供给的分析模型。本文作者把对这篇文章的批判性评论作为评价当前有益需要讨论中的一些基本论点的起点。

普尔斯菲运用萨缪尔森模型[①]中的图示,考察了"有益—社会"产品的例子。在这个例子中,普尔斯菲是通过政治决策过程确定某个人 A 的偏好已被"扭曲"的方式把有益品引入分析的。同样的政治决策过程也可用于确定 A 的"真实"偏好。这个模型既没有考虑做出这些决策的正当性,也只字未提做出这些决策的方法;相反,由于这些问题与政治制度有关,而与经济学理论无关,因此被视为外生因素。但不论怎样,普尔斯菲并没有深入探讨这些问题。[②] 他关心的是对萨缪尔森在个人偏好既定情况下的最优解与考虑"真实"偏好后得到的解进行比较。实际偏好和"真实"偏好无差异曲线之间的区别在于,后者的斜率较大,以至于要赋予公共品("社会—有益品")更大的权重。

普尔斯菲主要是根据他自己提出的假设完成了进一步的论证,他的假设就是那条相交于表示初始最优状态的曲线的"真实"偏好无差异曲线上的效用水平,根据定义就是相交的无差异曲线上的效用水平。根据这个假设,与初始

[①] P. A. Samuelson, "Diagrammatic Exposition of a Theory of Public Expenditure," *Review of Economics and Statistics*, Vol. 37, 1955, 350—356。

[②] A. G. Pulsipher, 284.

第十四章　对有益品概念的正当性证明

最优状态相比发生了明显的再分配:与萨缪尔森解给出的效用水平相比,A 的效用水平有所下降,B 的效用水平有所提高,而福利水平则因此而得到提升,具体表现为初始效用边界外移和社会福利函数中的指数值相应增大。①

巴兰坦②用两种观点对普尔斯菲的论证进行了批评。在他看来,我们不能假定偏好纠正后,任何一揽子产品都有与以前一样的效用水平。但其实,由于引致偏好纠正的信息供给也会使 A 认识到每种产品组合都有增加效用的可能性,因此,每个篮子产品的效用水平会有所增加。③ 在本文作者看来,这种批评意见并没有否定普尔斯菲论证的起点,因为至少在普尔斯菲的形式模型中,后者并没有假设 A 的偏好会实际发生变化。但他坚持认为,政府会认为这样的变化对 A 有利,但并不认为 A 也必然会意识到这一点。新的解决方案并非源于自由的消费选择,而是源于政府决定的假设最优方案。巴兰坦似乎把奥尔德和宾修正无差异曲线分析的方法转用到一个描述完全不同问题的例子中。奥尔德和宾研究了驱使消费者选择其他篮子产品的信息所引发的个人偏好变化④,所以巴兰坦提出的批评也适用于他们二人的例子。

巴兰坦提出的第二个批评意见就是,没有说明为什么迄今最优的一篮子产品本身在修正后的效用函数中应该始终保持其一般效用水平的确切原因。⑤ 这确实是一种完全是武断假设的非常特殊的偏好纠正形式,因此势必会大大限制模型的运行效果。

除了这个批评意见外,巴兰坦还对普尔斯菲的论点提出了根本性的疑问。在普尔斯菲看来,帕累托优化是在用效用边界的函数形式表现的最初和修改后的情况下推导出来的。如果在有关个人 A 的无差异曲线图中,我们对 A 自由消费选择达到的点与在干预的情况下强迫 A 达到的点进行比较,那么我们就能看到,在 A 看来,他遭遇了效用损失:图中新的点现在位于较低的无差异曲线上,由于"修正"后的无差异曲线斜率发生了变化,因此新的点不在切线上。根据实际偏好,新的效用边界不包含帕累托最优组合,因此不做进一步说

---

① Ibid. ,283.
② J. G. Ballentine,302—306.
③ Ibid. ,306.
④ D. A. L. Auld and P. C. Bing,262.
⑤ J. G. Ballentine.

明,就不可能与原始曲线进行比较,因为两条曲线的"最优性"基于不同的标准。

如果经济主体的实际效用用 $U_i(i=1,\cdots,n)$ 来表示,那么我们就有一个由所有符合"真实"偏好的帕累托最优点定义的几何空间来表示的效用水平:

$$\Phi_1 = \Phi_1(U_1, U_2, \cdots, U_n) \tag{6}$$

如果我们用伯格森式社会福利函数:

$$W_1 = W_1(U_1, U_2, \cdots, U_n) \tag{7}$$

那么,就有根据表示为 U_i 的个人效用空间确定的福利最大值。如果我们能确定所有符合个人"真实"效用指数 $V_i(i=1,\cdots,n)$ 的帕累托最优点,那么就有效用边界曲线:

$$\Phi_2 = \Phi_2(V_1, V_2, \cdots, V_n) \tag{8}$$

式(8)对应以下社会福利函数:

$$W_2 = W_2(V_1, V_2, \cdots, V_n) \tag{9}$$

Φ_2 的 V_i 组合在它们的正区间内的数值大于沿着 Φ_1 的 U_i 组合的数值这一事实,并没有表现出任何性质的优越性。同样地,我们也不能假定函数 W_1 和 W_2 具有相同的形态,因为在普尔斯菲看来,"实际"偏好和"真实"偏好从社会的角度看价值不同。

普尔斯菲坚信假定的干预会导致社会福利增加的依据在于,他总是根据从规范的角度看优于实际偏好的真实偏好来考虑资源配置问题。如果仅仅由于这个原因就能要求供应某种有益品,那么那些不能完全实现自己愿望的个人感觉到的负效用,与通过纠正偏好实现的社会收益相比总是被低估。但在相反的情况下,即使大家都相信效用水平并不能准确反映当事人的"真实"兴趣,效用水平 Φ_1 仍然是可取的(这也是可以想象的)。这种从个人主义的角度来看不可完全忽视的反映,提出了一个典型的效用相互依赖问题:即使一些特定个人认为干预是可取的,并且确信干预会改善他人的境况,多数人仍然会认为,这种干预是多余的或者是不受欢迎的,从而使得把上述偏好扭曲观(即相对于社会偏好的个人偏好扭曲)作为有益品核心论点的立场相对化。

此外,谈论"真实"偏好甚至显得危险和令人困惑。即使有一个群体掌握了关于一些具体产品可观特征的全部信息,它的成员也仍无法了解其他成员的真实偏好,因为偏好只有根据附加的主观态度才能形成自己的具体形式:信息是一回事,而个人的判断则是另一回事。我们永远不能用真实偏好来代替虚假偏好。在权衡了结果之后,我们最多可以优先考虑社会需要,而不是私人需求。即便是海德强调的非理性,我们也不能通过设置"正确"的偏好来克服,而只能通过推行其他非个人主义的规范来加以克服。"真实"偏好充其量只能表达社会主流观点,但我们无法想象这些观点与任何个人福利标准之间的关系。如果真是这样,我们就不能仅仅从被"扭曲的"偏好推导出干预的正当性,因此有必要求助于社会决策来赋予具体干预以正当性。

如果我们反对一种总能知道全体民众真实爱好的无所不知的制度,那么,海德和普尔斯菲的论点的内核就可归结为效用相互依赖的现象。那么,为了有关民众的爱好而纠正他们的决定,就必然被认为既不是有益干预的充分条件,也不是它的必要条件。我们可能只想取得一些实现起来需要干预"真实"偏好的社会目标,但为了取得预期的结果,就不得不接受这种干预。这里我们要面对的不是一种偶然的现象,而是一种根据萨缪尔森—普尔斯菲模型进行的帕累托最优分析无法解释的政府干预的基本特征。

普尔斯菲并没有按照他的主张对"关于有益品问题的典型关系进行任何的精确描述"[1]。当然,我们并不能通过以下方式来精确描述有益品问题的典型关系:在一个否则就不会发生变化的优化模型中,在没有充分讨论这种变化的影响的情况下,就用任意的偏好排序来取代既定的个人偏好排序。与其用公式来表示产品组合全集完全确定的"真实"偏好排序(并不像普尔斯菲认为的那么容易),还不如(比方说)把原来根据实际效用定义的福利函数 W_1 改为使用社会效用概念的福利函数来得简单。结果可能是,普尔斯菲解的所谓单一性会受到质疑,而社会决策的必要性则会得到适当的关注。把解固定在政治确定的效用边界 Φ_2 的一个点上,实际上就是对可接受解的一种限制,一种不能先验地证明其正当性的限制。因此,譬如说,当社会在社会需要和个人关于社会现实的看法之间寻求折中的解决方法时,就有可能接受既不是位于个人效用边界 Φ_1 上也不是位于个人效用边界 Φ_2 上的解。

---

[1] A. G. Pulsipher, 283.

上述考虑也得到了以下事实的支持：在政治表决过程中，我们很少讨论他人的真实偏好，而是讨论大多数人所希望的政府行动的结果。我们不能在普遍认为——比方说——产品 Y 供给太少时，假设证明政府干预的正当性，需要有可选择的无差异曲线的知识。我们也无法合理解释，为什么对个人偏好的干预要通过模拟一个采用非个人主义偏好手段才能使个人效用最大化的程序来证明它的正当性。相反，我们应该寻找对个人行动自由施加的政治限制和个人欲望之间的差别，并在两者之间的张力中寻找解决方案。

如果我们以这种方式进行推导，就无须决定是否要干预某种个人偏好，但要对支持怎样的社会观念做出决定，而这些社会观念的付诸实施会在事后干预个人偏好。这就是本文作者的分析与海德和普尔斯菲需要绝对正当性标准的分析的关键区别所在。在本文作者看来，规范理论[1]不能先验地否决任何可能干扰个人经济考量的有益需要，而社会所希望的结果在某些情况下会干扰基于有益考量的个人偏好。

四

麦克罗在批评海德的评论文章中，不但认为海德错误地阐释了公共品问题的观点，而且始终认为不可能运用规范理论来考虑有益品问题，因为他显然把新福利经济学视同政府行为的规范理论。[2] 虽然他的这种观点就像海德[3]、安德尔[4]和普尔斯菲[5]的观点一样，受到本文的质疑，但令人惊讶的是，在后来的讨论中，没人继续朝着这个方向对麦克罗提出的问题进行理论研究或批判性分析。在麦克罗看来，在制度约束以与收入约束紧密相关且已经用于求个人效用最大值的不等式的形式出现，并且影响到已经实现的最优时，就会存在有益品。[6]

---

[1] 最近，布劳尔克(Braulke)也表达了一种类似的观点，请查阅 M. Braulke(p. 307)。
[2] C. E. McLure, 474.
[3] J. G. Head, Merit Goods Revisited, 225.
[4] N. Andel, 212.
[5] A. G. Pulsipher, 285.
[6] C. E. McLure, 476.

第十四章 对有益品概念的正当性证明

只有安德尔对麦克罗的这种说法做过简短的评论。安德尔指出,这种说法不符合马斯格雷夫的意图。① 不过,安德尔并没有为他的主张做详细的解释,而且他提出的论点似乎也没有多少启发性。究其原因,首先,他的论证包含一个必然包括产品价格的"普通收入约束"——安德尔似乎忽略了这一事实;其次,安德尔作为反例所举的例子并不是无条件地与麦克罗的表述相矛盾。虽然本文作者对有益品这个概念的解释不同于麦克罗的解释,但在我看来,他对具体附加约束的暗示似乎是讨论这个问题的一个富有成效的起点。

下面,本文作者要在之前讨论的基础上,运用一个广义的资源配置模型来分析有益品。这个广义的资源配置模型不同于纯福利经济学模型,因为这个模型在社会福利函数和/或附加福利约束中纳入了社会对于某些产品的偏好。即使供应某种有益品,这样一个约束体系确定的社会最优,在它的生产条件下就不是帕累托最优。此外,根据这个扩展的约束体系,这个解有可能是帕累托最优解。由于与纯福利模型截然不同,因此,重要的不是谈论"这个"帕累托标准,而是要始终注意所采用的基本标准。这样一个概念纯粹是形式概念,而且如果不加具体说明,那么就毫无意义;这就如同一个多变量函数的偏导数概念,如果我们不提这个函数可微的变量,那么就毫无意义。②

有时,我们会把社会优化系统受到的约束因素分为两类:一类是强制性约束因素,因为它们在技术上由自然法则确定;另一类是可选约束因素,因为它们源于人类思想。③ 这种区分法强调以下事实:后一类约束因素只能被认为是问题的解决办法,而不是既定的约束因素。因此,有必要说明,首先,这两种约束因素之间并没有固定不变的界限,因为包括强制性约束因素在内的经济产能转换功能既是个人决策和(既往)社会偏好(如平均每周工作时间等)的一种表达方式,又是自然和技术条件的结果。这一事实导致采用纯粹个人主义的方法解决资源配置问题的希望至少看似值得怀疑,因为有可能违反个人主义原则。同样,我们必须先要承认,政府的支出决策也必须被视为社会互动

---

① N. Andel,212.
② 这一比较转引自 R. Frisch,"On Welfare Theory and Pareto Regions," *Memorandum from Institute of Economics*, University of Oslo 1953, mimeographed, 8。
③ 如可参阅:R. Frisch,"On Welfare Theory...," 2。

必不可少的约束因素的结果,而在个人主义的经济交往模型中,这一点是无法理解的。因此,对描述数据和系统内生变量的标准的要求变得很有问题。这个问题通常因为要确定狭义且几乎不现实的生产可能性边界而被掩盖。

如果在扩展的偏好体系中有一个点是帕累托最优,那么在没有有益品供应的情况下,这个点也是其生产条件下的帕累托最优。为了把一些产品视为有益品,我们需要把这些产品与相关个人的所有其他产品以及所有不相关个人对所有产品的需求进行比较。只要生产条件相同,那些最优条件下的交换率不同于帕累托最优状态下交换率的产品就是有益品。所有其他产品和所有其他个人之间的关系不会发生变化,因为有益需要以结构性影响效应为目标,而这种结构性影响效应只适用于明确指定的个人和/或产品。结果是进一步扭曲经典的最优条件下的政府干预,就不应该被称为有益资源配置。

并不是每一种有益需要都会导致有某种有益品供应。如果作为约束因素发挥作用的社会偏好导致不平等,那么在个人和社会需要量相等的情况下,我们就不需要"有益品"。如果这种约束因素导致不平等,并且社会需要得到满足甚至超额满足,那么我们就可以说,政府有干预意愿,但实际并不真正需要政府干预;也就是说,我们在个人决策过程中面临一种较弱的干预形式。两种偏好最终都有可能在福利函数中得到表达。

为了分析一些特殊的关系,我们来考虑一个只有 2 个人 A 和 B 以及 4 种产品——2 种私人品 X_1、X_2 和 2 种特定公共品 Y_1、Y_2——的经济体。这些简化并不会导致我们的结论失去任何一般性,这一点可以用 n 个人和包括混合产品在内的 m 种产品的例子来证明。下面是 A 和 B 的个人效用函数:

$$U^A = U^A(X_1^A, X_2^A, Y_1, Y_2) \tag{10a}$$

$$U^B = U^B(X_1^B, X_2^B, Y_1, Y_2) \tag{10b}$$

在以上两式中,任何给定时点私人品 X_1 和 X_2 的上标 A 和 B 分别表示消费者 A 和 B;二人都以相同的数量消费公共品 Y_1 和 Y_2。这个经济体的生产函数将以比较特别的形式表示为:

$$F(X_1, X_2, Y_1, Y_2) = 0 \tag{11}$$

如果我们假设,A 消费产品 X_2 具有特殊的社会意义,并且可用以下社会福利函数来分析和理解:

$$W = W[U^A(X_1^A, X_2^A, Y_1, Y_2), U^B(X_1^B, X_2^B, Y_1, Y_2), X_2^A] \tag{12}$$

在这个例子中,私人品和公共品的最优配置可以用拉格朗日表达式来定义:

$$L = W[U^A(X_1^A, X_2^A, Y_1, Y_2), U^B(X_1^B, X_2^B, Y_1, Y_2), X_2^A]$$
$$+ \lambda [F(X_1, X_2, Y_1, Y_2)]$$
$$= \text{Max}! \tag{13}$$

求最大值的必要条件是:

$$\frac{\partial L}{\partial X_1^A} = \frac{\partial W}{\partial U^A} \frac{\partial U^A}{\partial X_1^A} + \lambda \frac{\partial F}{\partial X_1} = 0 \tag{a}$$

$$\frac{\partial L}{\partial X_1^B} = \frac{\partial W}{\partial U^B} \frac{\partial U^B}{\partial X_1^B} + \lambda \frac{\partial F}{\partial X_1} = 0 \tag{b}$$

$$\frac{\partial L}{\partial X_2^A} = \frac{\partial W}{\partial U^A} \frac{\partial U^A}{\partial X_2^A} + \lambda \frac{\partial W}{\partial X_2^A} + \lambda \frac{\partial F}{\partial X_2} = 0 \tag{c}$$

$$\frac{\partial L}{\partial X_2^B} = \frac{\partial W}{\partial U^B} \frac{\partial U^B}{\partial X_2^B} + \lambda \frac{\partial F}{\partial X_2} = 0 \tag{d}$$

$$\frac{\partial L}{\partial Y_1} = \frac{\partial W}{\partial U^A} \frac{\partial U^A}{\partial Y_1} + \frac{\partial W}{\partial U^B} \frac{\partial U^B}{\partial Y_1} + \lambda \frac{\partial F}{\partial Y_1} = 0 \tag{e}$$

$$\frac{\partial L}{\partial Y_2} = \frac{\partial W}{\partial U^A} \frac{\partial U^A}{\partial Y_2} + \frac{\partial W}{\partial U^B} \frac{\partial U^B}{\partial Y_2} + \lambda \frac{\partial F}{\partial Y_2} = 0 \tag{f}$$

$$\frac{\partial L}{\partial \lambda} = F(X_1, X_2, Y_1, Y_2) = 0 \tag{g}$$

这里推导出的最优条件与萨缪尔森模型中的已知条件的区别仅在于,它们适用于 A 对产品 X 的消费。我们应该只考察这些与有益品有关的关系式。

从上面的式(c)和式(d)可推导出:

$$\frac{\partial W}{\partial X_1^A} = \frac{\partial W}{\partial U^B} \frac{\partial U^B}{\partial X_2^B} = \frac{\partial W}{\partial U^A} \frac{\partial U^A}{\partial X_2^A}$$

例如:

$$\left(\frac{\partial W}{\partial U^A} \frac{\partial U^A}{\partial X_2^A} + \frac{\partial W}{\partial X_2^A} \right) \bigg/ \frac{\partial W}{\partial U^B} \frac{\partial U^B}{\partial X_2^B} = 1 \tag{I}$$

这个关系式中,$\partial U^A / \partial X_2^A$ 的值表示 A 在最优解中消费 X_2 可产生的社会效用,而且是除 A 的个人偏好外需要考虑的因素。我们在这个关系式中纳入了一个值可能为 0 的变量。例如,可以想象,X_2^A 会随着 $\partial U^A/\partial X_2^A$ 值的递减而递增,因此,当 X_2^A 递增到某个水平,$\partial U^A/\partial X_2^A$ 值就会等于 0。因此,X_2 只有在 X_2^A 的期望值不是 A 自愿消费达到的情况下才是有益品。利用前面的表达式,就可以把第二个众所周知的最优条件改写为:

$$\left(\frac{\partial U^A}{\partial X_2^A}+\frac{\partial W/\partial X_2^A}{\partial W/\partial U^A}\right)\bigg/\frac{\partial U^A}{\partial X_1^A}=\frac{\partial F}{\partial X_2}\bigg/\frac{\partial F}{\partial X_1} \qquad (\text{II})$$

同样,关于个人 A 消费 X_2 的量,调整幅度可表示为 A 的个人效用估计值与社会所希望的 A 的 X_2 消费量之间的社会交换率:在本例中,它是一个表达保证个人愿望实现的社会要求与否决个人愿望必要性之间的悖论的式子。在本例中,当 $\partial U^A/\partial X_2^A=0$ 为正时,这个表达式确实可以改写为众所周知的公式。

第三个最优条件式适用于公共品。如果 X_1 能充当价值标准——必须这么假设,那么我们就有萨缪尔森条件式:

$$\frac{\partial U^A}{\partial Y_1}\bigg/\frac{\partial U^A}{\partial X_1^A}+\frac{\partial U^B}{\partial Y_1}\bigg/\frac{\partial U^B}{\partial X_1^B}=\frac{\partial F}{\partial Y_1}\bigg/\frac{\partial F}{\partial X_1} \qquad (\text{III})$$

反之,如果是 X_2 被宣布为价值标准,那么第一个分数的分母就应该被式(Ⅱ)左边的分子取代。这再次向我们表明,只有 X_2^A 与全部产品和全体消费者的交换率不同于萨缪尔森例子中的交换率,而所有其他最优条件仍保持不变。

现在我们来考察政府要求特定数量 X_2^A(A 对 X_2 的消费量)的情况,作为这个模型的一个特例。这可以通过在一个只依赖个体效用水平的社会福利函数中加入一个偏好约束因素来实现:

$$\begin{aligned}L=&W[U^A(X_1^A,X_2^A,Y_1,Y_2),U^B(X_1^B,X_2^B,Y_1,Y_2)]\\&+\lambda[F(X_1,X_2,Y_1,Y_2)]+\mu(X_2^A-\overline{X}_2^A)\\=&\text{Max}!\end{aligned} \qquad (14)$$

如果各最优条件保持不变,那么,式(c)可以改写为:

$$\frac{\partial L}{\partial X_2^A}=\frac{\partial W}{\partial U^A}\frac{\partial U^A}{\partial X_2^A}+\lambda\frac{\partial F}{\partial X_2}+\mu=0 \qquad (c')$$

因此,我们只需在关系式(Ⅰ)—(Ⅲ)中,令 $\partial U^A/\partial X_2^A=\mu$。当福利最大值 $X_2^A=\overline{X}_2^A$ 在没有附加约束因素的情况下有效时,拉格朗日乘数 μ 作为偏好约束因素的影子价格恰好变为 0,并且表示通过改变固定的必要条件 $\overline{X}_2^A$ 会导致福利函数水平发生怎样的变化。

这种表达社会偏好的方式与以前的方法有以下区别,但有可能出现一致性问题,因为每个必要条件并不总是有可接受的解。此外,在扩展后的福利函数表达式(12)中,我们可能只会质疑解的唯一性。区别就在于"边际约束"决定必须满足的条件,而福利函数从允许的点中选择使其价值最大化的点。因此,我们必须把在任何情况下都要求某个特定数量或某个最小量的必要条件作为约束因素纳入函数式。如果这种必要条件以不等式的形式出现,那么在预设的最低水平上,福利函数的权重系数就会开始发挥作用。从根本上讲,我们可以证明,如何在传统福利函数或福利约束条件中表现社会偏好,只是一个形式问题,而不是原则问题。

上文讨论的马斯格雷夫的有益品例子提出了资源配置干预与收入再分配效应相结合的问题。如果一定要让 A 消费的产品 X_2 多于他自己选择的消费量,那么为了构建福利函数表达式(14),我们必须赋予个体效用水平不同的权重。因此,我们可以得出以下结论:福利函数并不独立于用边际约束表示的有益需要。只有两者相结合,才能绘就社会偏好的完整图景。如果用数学式来表达,那么,比方说,我们可以把式(14)改写成:

$$L = \Omega[U^A(X_1^A, X_2^A, Y_1, Y_2), U^B(X_1^A, X_2^A, Y_1, Y_2)]$$
$$+ \lambda[F(X_1, X_2, Y_1, Y_2)] + \mu(X_2^A - \overline{X_2^A})$$
$$= \text{Max}! \tag{15}$$

在这个表达式中,函数系数 Ω 就在刚才介绍的方面不同于 W。福利函数与边际约束之间的这种相互依赖关系可以证明,收入分配措施往往只有在与资源配置活动相关时才显得有意义。因此,有益需要常常实质上与收入分配目标有关。

为了完善至此一直讨论的全部最优条件式,我们假设有益政策着眼于供应公共品 Y。我们已知 $\partial U^A/\partial X_2^A = 0$,所以,条件式(Ⅰ)和(Ⅱ)采用常见的形式。不过,现在公共品 Y_2 供应的最优条件变为:

$$\frac{\frac{\partial U^A}{\partial Y_2}}{\frac{\partial U^A}{\partial X_1^A}} + \frac{\frac{\partial U^B}{\partial Y_2}}{\frac{\partial U^B}{\partial X_1^B}} + \frac{\frac{\partial W}{\partial Y_2}}{\frac{\partial W}{\partial U^A} \frac{\partial U^A}{\partial X_1^A}} = \frac{\frac{\partial F}{\partial Y_2}}{\frac{\partial F}{\partial X_1}} \tag{Ⅳ}$$

除了公共品和私人品之间的个人替换率外,这个公式还考虑了公共品 Y_2 与 X_1 的个人消费量之间的社会替换率。也就是说,由于且根据社会偏好,公共品能以超越个人偏好总和、由式(Ⅳ)定义的数量增加。例如,即使为了活着的这代人的利益并不需要修正个人主义规范,我们也可以这么做,因为社会一致认为,我们要关心后代的利益。

我们不应该忽略一种可能性,那就是几种产品一起构成了一个有益品束,这些产品彼此之间有正常的联系,但它们与所有其他产品的兑换率被"扭曲"了。这与我们到目前为止研究的只考虑单一有益品的观点不同。这种情况的一个例子是普尔斯菲研究的案例。普尔斯菲在他研究的案例中预设了一条被称为"真实"的期望无差异曲线 $\partial Y_2 = g(\partial X_2^A)$。在这条无差异曲线上,两种产品与所有其他产品的交换率没有变化,我们只需关注这两种产品之间的关系。当我们把这个条件纳入扩展后的福利函数以后,这个表达式就变成:

$$\frac{\frac{\partial U^A}{\partial Y_2}+\frac{\partial W/\partial Y_2}{\partial W/\partial U^A}}{\frac{\partial U^A}{\partial X_1^A}+\frac{\partial W/\partial X_2^A}{\partial W/\partial U^A}}+\frac{\frac{\partial U^B}{\partial Y_2}}{\frac{\partial U^B}{\partial X_2^A}}=\frac{\frac{\partial F}{\partial Y_2}}{\frac{\partial F}{\partial X_2}} \quad (\text{V})$$

如果我们考虑边际约束条件 $G(Y_2, X_2^A)=0$ 而不是这个公式,那么以下表达式就能成立:

$$\frac{\partial W}{\partial Y_2}=v\frac{\partial G}{\partial Y_2}$$

$$\frac{\partial W}{\partial X_2^A}=v\frac{\partial W}{\partial X_2^A}$$

式中,v 表示适当的拉格朗日乘数。

由此,我们找到了一个与普尔斯菲的想法相吻合的表达式,这个表达式明确表达了普尔斯菲阐述的各种可能关系中的一个特例。此外,普尔斯菲在他的"真实"偏好定义中并没有掩饰"个人"和"社会"需要之间的差异,而是明确考虑了个人评价和社会目标之间的差异。但是,这并不意味着社会评价的替代率可以容易甚至精确确定。在这一点上,它们就像个人偏好排序。不过,有一点必须清楚,那就是在有益品的概念中必须考虑这样的社会关系。与"通常"的公共品理论不同,只有当社会评价及其影响明确以后,有益需要的问题才变得显而易见。

以上给出的各个最优条件实现的问题,不应在给定上下文中分别针对每个条件进行处理。综上所述,本文作者的思考显示,有必要改变我们审视由(本文定义的)福利增加和某些个人效用损失一起造成的负担过重问题的方式。最后,通过政府的信息政策来改变个人偏好这一经常推荐的策略,只有在某些特定情况下才会产生效果——通常是无法精确控制的效果;如果通过政府的信息政策来改变个人偏好的策略能取得成功,那么适当的福利约束就变得多余,而传统的最优条件就能恢复作用。在这里,我们要面对一个应该与有益需要消失无关的"有益"政策的问题。正如与所有的有益品供应一样,"有益"政策也必须符合多数人的意愿。因此,在达到自动消除有益需要之前,我们可能要采取补充措施,因为社会不愿把实现自己目标的时间推迟到无限期的将来。

五

集体消费品具有与个人消费品不同的最优条件,而有益品作为第三类产品,则要根据是否对符合生产约束的帕累托最优条件进行特定的干预来界定。这些干预并不是个人偏好的直接表达,而且就这一点而言,是应对传统收入分配问题的一种手段。但从另一方面看,即从影响资源最优配置结构的角度看,因有益品而进行的干预不同于为解决收入分配问题而进行的干预。因此,有益品干预的一种特例就是只影响有益品自身的最优条件,但不会改变与其他任何产品和个人之间的关系。

本文作者提出以上观点的依据是,只有在把社会评价的表达作为一种规范来接受(传统的福利理论没有做到这一点)的情况下,才可能发展一种没有内在矛盾的有益品理论,而经典福利理论则并非如此。虽然这些社会规范从某种意义上讲是建立在个人偏好的基础上的,但它们——就如收入分配思想那样——是通过政治过程来证明偏离群体某些成员个人偏好的正当性的。因有益品而进行的干预,可用一种特殊的效用相互依赖性来证明它的正当性。尊重这种效用相互依赖性,就会提出"纯粹的"个人主义方法是否有效的问题,必须摒弃旧的社会福利函数思想[只考虑个人效用函数,而不考虑有益品消费水平]。

第四节 "高效"定价与政府干预[①]

保罗·巴罗斯

保罗·巴罗斯(Paul Burrows)先列举了许多通常被用来为有益品供应辩护的理由,如信息不足、判断错误和无自制力。然后,作者讨论了政府改善个人选择应该具备的条件。巴罗斯这篇文章的独创性在于,他介绍了各种反对利用现金转移来达到再分配目的的观点。这样的政策需要确定需要帮助的人——这样做的成本很高,而且要求需要帮助的人证明自己的身份。证明自己需要帮助有时很丢人,有些穷人自尊心很强,他们会极力拒绝证明自己需要帮助。接着,巴罗斯表示,政府有理由寻找具有许多特定特点的产品:这种产品(如免费提供的牛奶和教育)必须有利于美好生活,它们在穷人预算中占的比例必须高于在其他消费者预算中占的比例。政府供应这种产品可以说是实施再分配政策的良方。巴罗斯建议政府为这种产品提供补贴,有选择地(如向儿童或孕妇)提供这种产品,并在实施时提供(免费学校午餐)。巴罗斯指出,与现金转移政策相比,这样的有益品政策在富人中会遇到较小的阻力。

※ ※ ※

一、引 言

有特殊哲学倾向的经济学家发表了很多著述,阐述了把定价作为在公共和私人部门配置稀缺资源的手段的意义。[②] 基于个人偏好理性行为表达和理

[①] 本文在征得作者和剑桥大学出版社允许后转引自:"'Efficient' Pricing and Government Interference," in Michael Posner (ed.), *Public Expenditure: Allocation between Competing Ends*, 81—93 (Cambridge and New York: Cambridge University Press, 1977). 本文作者要感谢出席皇家经济学会(Royal Economic Society)会议的各位代表,感谢他们对本文提出了评论意见。虽然本文作者已经在文章中采纳了他们的一些建议,但文章仍存在的任何错误当然都由作者本人负责。

[②] 例如,可参阅:The Institute of Economic Affairs Hobart Papers and Occasional Papers。

想的收入分配机制的自由市场,被认为提供了一种判断政府是否应该干预定价机制的基准。传统的保守主义和自由主义观点在这个问题上一致支持市场体系的自由运行,而政府的边际介入只能用来保证法律得到遵守、秩序得到维护,并提供比较极端类型的公共品。[1]

支持定价机制的理由基于一般效率论,即如果实现了理想的收入分配,那么价格就等于能使社会福利最大化的边际(机会)成本。建议采用边际成本定价法的依据是收入分配达到理想程度以及社会福利只是个人福利的聚合这两个假设。不过,本文的中心论点是,追寻福利经济学中常见的狭义效率外的其他目标,可能导致政府对私人和公共部门的有效定价进行干预。关于现实世界价格机制运行的问题,还有一种重要的不同观点(本文不予考虑):由于市场普遍存在缺陷,因此,价格无法呈现纯竞争性定价的最优特征。

本文第一部分旨在列举按低于成本的价格[2]提供产品和服务可能比自由市场(或在公共部门模拟市场分配)更好地实现社会目标的各种情况。第二部分集中介绍一些可在经济学文献中找到的零散论点,目的是要引用一个按低于成本的价格提供产品或服务的例子。第三部分试图对按低于成本的价格提供产品的结果与用自由市场解决配置问题的结果进行比较。第四部分考察了政府相对于在市场上作为决策者的个人可能具有的优越性。

二、按低于成本的价格提供产品的原因

似乎有四种主要的论点支持通过让消费者以低于市场价格获得产品和服务的方式来改变市场[3],它们与实物收入再分配、特定(有益)产品的消费目标、公共品问题以及定价的信息需求有关。

1. 收入再分配

通过货币转移或以低于成本的价格提供产品,即实物再分配,可以改变把

---

[1] 皮科克和罗利(Peacock and Rowley,1972)对"自由主义"的观点进行了概述。
[2] 这里的"低于成本"是指低于包括利润在内的市场价格。
[3] 按低于成本的价格供应产品的做法可能有公共生产相伴,或者也可能没有公共生产相伴。本文没有考虑公共生产和私人生产的相对效率问题。

产品分配给社会成员的方式。传统的(自由主义)福利观认为,货币转移是一种比实物转移更有效的分配工具,因为接受者在接受收入补贴的情况下可以到达比在必须接受等成本产品的选择约束下更高的无差异曲线。[1] 然而,即使政府并没有试图提高某一特定产品的消费水平(见下文内容),实物再分配也有一些作为购买力再分配手段的好处。笔者首先考虑最近关于实物再分配的辩论的影响。[2]

福尔德斯(Foldes)曾指出,政府在追求其分配目标时,往往会关心(包括作为价值尺度的基准产品在内的)全部产品(实物)分配的具体状况,而不是只关心基准产品——一般购买力——的具体分配状况。他继续表示,在有些情况下,仅靠政府对购买力进行再分配,无法实现实物分配的目标。简单地说,首先,以下这样的边缘情况就是仅靠政府的购买力再分配无法实现实物分配目标的情况:没有唯一的价格线通过目标优化来确定只有通过货币转移才能达到最优的交易前状况。其次,以下这种情况也属于仅靠政府的购买力再分配无法实现实物分配目标的情况:契约曲线的位置存在不确定性,因此目标优化也存在不确定性,而货币和其他产品的特定初始禀赋集合可能是保证实现所希望的交易后最优的唯一途径。

布坎南通过假设一系列的货币转移支付和随后完成的交易最终能实现所希望的实物分配这个迭代过程,对第一种情况——边缘情况——做出了回应,而福尔德斯正确地提出了完成这个迭代过程必须具备的严格条件(如没有投机,有大量的信息可用)。布坎南并没有真正提出第二种情况中的问题——不确定性问题——的解决方案,但确实建议对福尔德斯的观点进行更加深入的批评。也就是说,他不赞同福尔德斯的假设,认为社会福利函数可以把购买力再分配作为目标,并把接下来的实物分配交给随后完成的交易来决定。福尔德斯的回答是,用货币来确定分配标准,就意味着社会并不关心不同的实物分配。福尔德斯的这一论断由于两个关于货币转移支付对产品实物分配的影响模糊不清的原因而得到了证实。但是,要反驳布坎南的论点就需要进行解释,而福尔德斯在他分析为什么社会可能不会对两种派生于既定货币分配结果的

---

[1] 例如,可参阅:Peacock and Rowley (1972),p. 485。
[2] 福尔德斯(Foldes,1967 and 1968)以及布坎南(Buchanan,1968)与本文的以下讨论特别相关。

可选产品实物分配漠不关心时,并没有进行任何解释。那么,为什么社会要关心重新分配的收入是如何花销的呢?福尔德斯关于实物再分配的主张似乎必须基于前文所讨论的假设,即某些产品不是"生来"就是有益品,只不过是能在消费过程中产生外部收益。

因此,相关辩论并没有解释使用按低于成本的价格供应产品作为纯粹的再分配机制的理由,但提出了其他支持以实物再分配达到这个目的的论据。这些论据派生于一些与货币转移工具有关的问题。首先,实施反贫困政策最棘手的一个困难,就是确定需要帮助的人并(在某些情况下)说服他们接受,要通过经济状况审查才能进行货币转移支付。如果在知道生活必需品占低收入者支出的比例高于占富人支出的比例的情况下,按低于成本的价格供应生活必需品(作为政策执行手段),那么确保向穷人进行有效的再分配就可能比较容易。当然,我们也可以仅限于对穷人有选择地发放生活必需品的价格补贴,但穷人只有通过隐含的经济状况调查才能获得补贴的做法可能具有自我否定性,因为发放价格补贴的一个目的,就是避免货币转移支付要求的对申请者进行的经济状况调查。除非有关产品具有负收入弹性,否则认为货币转移支付比任何产品(等成本)补贴更可取的观点值得商榷,因为穷人能从转移支付中获得相对较多的收益。但问题仍然存在,因为收入转移需要对那些没有进入税收系统并有可能不在选举人名册上的家庭进行身份认定。

其次,政府政策的一个目标可能是保护家庭特定成员不受家庭收入领取者支配支出的决定的影响。虽然按低于成本的价格供应产品,在这种背景下可能是一种相当直白的做法,但它可能是很少几种减轻上述支配影响的可行手段之一。

最后,用纯粹的货币转移支付方式解决贫困问题可能会受到政治因素的制约。许多不同的再分配手段在政治上可能更加可行,而且如果社会(纳税人)能对附带条件的援助式再分配变得更加慷慨,那么就能提高采取不同再分配手段的可能性。但是,可以想见的附带条件就是购买某些类别的产品,这就让我们重新回到有益品和消费外部性的问题上。

2. 消费目标

低于成本的产品供应可以用来追求两个消费目标:

(1)提高某些产品的消费水平,使它高于自由市场条件下的消费水平。

(2)改变产品消费的分布,通常是提高穷人相对于富人的消费水平。这个目标可以通过实现第一个目标来实现,但未必隐含在第一个目标中,因为我们可以想象,对于某些产品,政府的意图可能是提高它们的平均消费水平(如鼓励"消费"艺术作品),但并不会考虑它们的消费分布。

我们来考虑追求目标(1)的可能理由。与公共品理论截然不同,有益品理论并不先假设最优状态可用个人的私人偏好图谱来确定。更确切地说,有一种内在于有益品概念的信念:在某些情况下,社会福利可以通过不顾个人对某种具体产品是否有益的看法来实现最大化。用一些社会决定的规范来衡量,个人偏好被认为是"扭曲"的。具体而言,有人认为,个人会低估有益品作为提升个人自身福利的手段的价值。以下就是几种个人低估有益品价值的情况:在当前和未来可选方案信息不足的情况下做出选择;消费者短视;消费者缺乏理性(从进行非过渡性选择的意义上讲)。[1] 由于上述任何原因,消费者可能会发现很难评估某种产品(现在和未来)能带来的收益,或者一旦对收益进行评估,就很难推导出理性选择的影响。这方面的困难可能会使消费者选择某种产品的可能性,小于他们在根据符合社会规范的偏好集合进行选择时选择这种产品的可能性。

那么,从偏好扭曲的角度来定义有益品的概念会产生什么影响呢?其中的一个影响就是,无法通过帕累托最优分析来制定资源配置决策的标准,因为帕累托最优分析所需的一个基本价值判断标准(即个人偏好应该决定一切决策)被否定。[2] 显然,确定有益品的供应水平,需要一定程度的社会判断,因此,我们不应该因为有益品供应的成败只能事后通过判断有益品供应对整个社会和受益的个人的影响是否可取来检验而感到奇怪。所以,仅根据个人的事后偏好来进行事后检验的做法肯定是不恰当的。[3] 例如,在试图判断按低于成本的价格提供义务教育是否可取时,只询问那些(当时或后来)退学者的

---

[1] 关于这些情况的详细说明,请参阅:Head(1966),pp. 4—6。

[2] 但是,只有像库莱耶(Culyer,1971,p. 561)所做的那样坚持按照帕累托最优,才能判断不属于帕累托最优框架的决策处于"不确定状态"。

[3] Cf. Culyer (1971), p. 565.

第十四章　对有益品概念的正当性证明

意见肯定是不够的。社会可能会认为,所谓的专家意见可以比个人自己更好地判断教育的影响。

有益品的最终意义是,以低于成本的价格供应可能是达到社会所希望的消费水平的必要条件,但不是充分条件。如果在引入补贴后自由选择的消费水平仍有可能低于预期水平,那么就有理由以最低的规定消费水平(如5~16岁孩子的义务教育)的形式强制(强迫)(如5~16岁孩子)接受学校教育。

另一种替代偏好扭曲和有益品法的方案可作为使目标(1)合理化的手段,也就是假设存在社会其他成员可享受的外部收益。社会并不认为,个人没有能力为自己的利益做出决策;但社会确实认为,使个人福利最大化的决策并不会使社会福利最大化。与有益品概念相比,外部收益更加接近货真价实的帕累托公设的内核,它不像有益品那样需要认为,社会其他成员可能会认为个人消费产品不会给社会其他成员带来任何(外部)收益。因此,我们发现,帕累托论者或者认为,只有能带来消费外部性的产品才是有益品[1];或者认为,只有在富人看到穷人的困境感到心痛时,才能证明实物再分配的正当性。[2]

我们可以简要概括外部性对公共部门定价的意义。外部性会阻止个人消费最优量的产品:个人因为自己消费某种产品获得的收益而低估了消费这种产品能给社会带来的收益。因此,社会被证明有理由对这种产品供应进行大致相当于外部收益的补贴,结果就是,能实现帕累托最优的实物再分配;但重要的是,应该注意到,再分配必须与会产生外部性的产品的消费联系起来。

我们现在来看目标(2)。正如福尔德斯所指出的那样,追求目标(2)就意味着分配政策关注的是实物分配,而不是购买力分配。一旦承认了这一点,福尔德斯式的反对为了再分配而进行货币转移支付的观点提高了按低于成本的价格供应产品的正当性。然而,福尔德斯关于补贴产品(或折价券)适销性的假设是否现实仍值得怀疑。如果预期的产品实物分配——包括有益品或会产生外部性的产品的实物分配——是已知的,那么非适销的实物转移就能实现预期的产品实物分配。此外,如果富人准备从穷人那里购买有补贴的产品,那么不受限制的(可销售)实物转移,与作为实现各种产品消费的具体分配手段

---

[1] Culyer (1971), p. 550.
[2] Buchanan (1968), pp. 189—190.

的货币转移支付有着同样的不足。

3. 公共品和公害品

就公共品而言,确定受益人和强制付费的成本很高,因此就不可能设计出一种受益税(指按受益原则课征的税收)与全额成本定价双管齐下的筹资方法。在萨缪尔森的公共品极端案例中,如果能证明公共品供应的正当性,那么就应该免费向受益人供应。纳税人同意承担自己那份成本,只要其他纳税人自愿或被迫这样做,社会就能收获集体回报,但不能保证所有的受益人都纳税,也不能保证所有的纳税人都是受益人,或者那些作为受益人的纳税人以任何与他们受益相关的方式做出了纳税贡献。换句话说,公共部门模拟的市场定价方法都是不可行的。

同样,对于公害品(public bads),如影响到很多人的污染,不可能给"有害品"(negative product)定价并向受害者支付赔偿。[1]

4. 为有害品定价的必要信息条件

众所周知,建立可被视为"有害品"的外部成本的市场会遇到很多困难。有学者提出一些不同的税收制度,作为在公共部门模拟市场把外部性内部化的手段。[2] 这些税收制度通常把减少污染的某一目标水平作为既定目标,并规定了许多污染税,旨在发现能使企业做出减少污染反应的税收水平。但是,这种类似于给污染定价的税收必须与另一种确定最高污染控制水平的非定价替代方法进行比较。有两个可用来比较这两种方法的一般依据:首先是每种方法的信息和执行成本。有学者在其他场合称,"有理由认为监管的信息和执行成本要低于定价(或税收)的信息和执行成本"[3]。其次,我们可以比较企业对这两种方法的反应。我们将在下文指出,监管的效果在某些方面可能优于定价。

因此,一般来说,我们在考察政府参与纠正由外部成本造成的市场配置不

---

[1] 巴罗斯(Burrows,1974a)对作为减少污染手段的定价和监管进行了一般性比较。
[2] 例如,可参阅:Baumol (1972)。
[3] Burrows (1974h).

当时,根本不清楚,将公共部门作为外部成本内部化的工具并与理想化的市场定价机制进行比较的做法是否可取。

三、修改全成本定价法的意义

我们在第二部分已经指出,在一些不同的情况下,社会可能希望修改价格机制,以追求按低于成本的价格供应——无论是补贴市场供应还是补贴政府供应——产品才是最优实现方式的目标。本部分的任务是,首先考虑按低于成本的价格供应产品的做法对受益人和纳税的非受益人的影响,然后总结旨在降低污染的定价和非定价(监管)工具对企业的预期影响。

1. 按低于成本的价格供应产品的影响

我们假设一个典型的消费者必须在两种产品(X 和 Y)之间做选择,而社会认为 Y 是有益品;又进一步假设,政府决定增加对 Y 的消费,并把对 Y 的消费提高到高于 Y 由市场定价时消费者自由选择的水平。有两种可能的方法可用来实现目标消费水平:一是任由市场来决定产品 Y 的价格,并立法规定最低消费水平;二是直接免费供应产品 Y,并由受益和/或非受益的纳税人缴税为免费供应产品 Y 筹资。[①] 那么,消费者个人和社会更喜欢其中的哪种方法呢?

图 14-4-1 中,无差异曲线 I_1 和 I_2 等表示个人(被扭曲)的偏好排序。在产品 Y 采用全成本定价法和自由选择消费水平的情况下,个人选择在无差异曲线 I_2 上由 E_1 表示的 X 和 Y 组合。由此产生的 S_1、S_2 等社会无差异曲线比个人的各无差异曲线更加陡峭,因为社会比个人更不愿意用产品 X 代替有益品 Y。个人自由选择的 E_1 位于社会无差异曲线 SI_1 上。

现在假设,政府把个人在产品 Y 价格为 0 时会选择的消费水平作为产品

[①] 显然,存在一些中间选项,如收取低于成本但大于零的价格,但我们仅把注意力局限在极端情况上。

有益品文选

[图 14-4-1: 以产品X为纵轴、产品Y为横轴的坐标图,显示预算线AB、AN,无差异曲线 I_1、I_2、I_3 和社会无差异曲线 SI_1、SI_2、SI_3,均衡点 E_1、E_2、E_3 及点P、M、T、N、C,其中AC=AB]

图 14—4—1

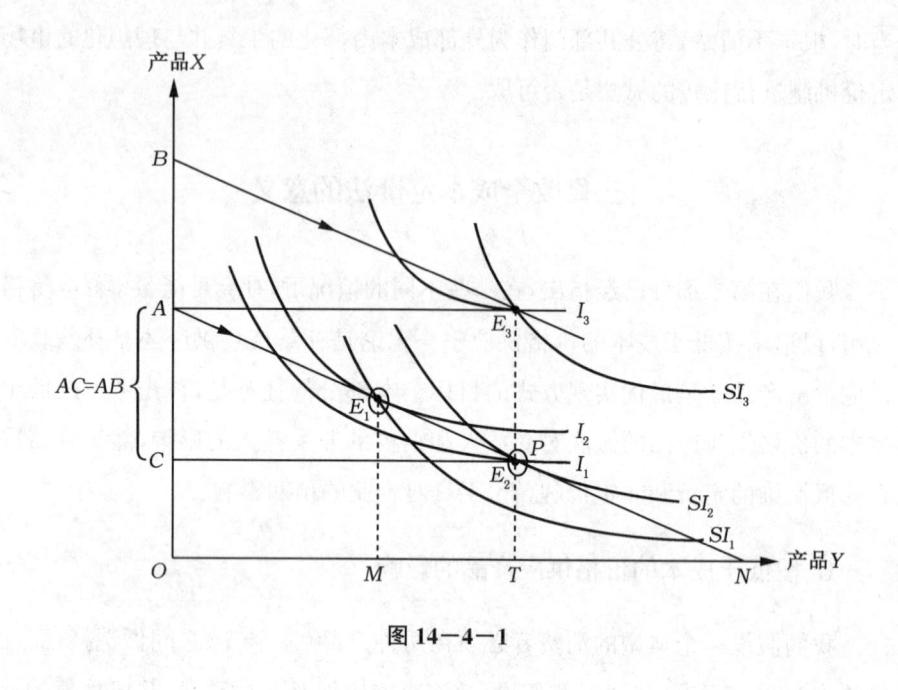

Y 的目标消费水平。① 把由市场定价、政府立法规定的 OT 作为最低消费水平,因此,在个人预算 $AO=ON$ 的给定条件下,个人的消费组合被限制在图中的 TPN 区域内。受到约束的选择导致消费者的均衡状态 E_2 位于 I_1 上(P 点)。就个人自己的偏好模式而言,E_2 不如 E_1,但与 E_1 相比,社会更喜欢 E_2,因为 $SI_2 > SI_1$。

如果引入 Y 的免费供应,只要免费供应的费用由他人承担,那么消费者就会面临在 OA 上的水平预算线。只要对产品 Y 的收入效应非负(图中为 0),那么选择位于 E_3 的 Y 的消费水平,就能满足目标消费水平 OT;如果不考虑 E_1 和 E_2 的供应成本,那么个人和社会都宁可选择位于 E_3 的 X 和 Y 组合。那么在个人有义务缴税承担部分费用时,情况会怎样呢?在产品 Y 的价格为 0 的情况下,供应量为 OT 的 Y 产品的成本,是用 X 产品表示的 AB。②

---

① 我们可以在分析几乎没有变化的情况下,假设一个等于在低于成本供应项下选择的水平但定价非零的目标。

② 也就是说,如果产品 Y 按全成本定价,那么,为了达到 E_3,通过点 B 的预算线就必须与 AN 平行,由此就需要增加收入 AB。

第十四章 对有益品概念的正当性证明

如果个人必须一次性支付全部费用,那么就要受到预算线 CP 的约束,并选择 E_2。在目标消费水平 OT 给定的情况下,由用户出资的非定价供应与选择受到约束的在 E_2 上的定价供应受到同等程度的青睐。但是,如果有任何程度的补贴把预算线推高到 GP 以上,那么消费者就偏好非定价供应。如果补贴足以使个人的消费量增加到 I_2 以上,那么消费者就会优先选择非定价补贴供应,而不是自由选择市价供应(E_1)。请注意,任何程度的补贴都会使社会消费超过 SI_2,因此,社会必然认为,个人的有补贴消费模式比无论是否有购买 Y 约束的全成本定价消费模式更加可取。

那么,如何筹措用于补贴的资金呢?显然,比较 E_1 和 E_2 的位置就能明确:社会宁可选择 E_2,而且对非使用者来说没有影响决策的成本。但是,在零价格预算线高于 OC 的情况下,只有当从缴税的非使用者向不缴税的使用者的隐性再分配本身被认为可取时,才能最后明确按低于成本的价格供应 Y 对社会的净收益。在这种情况下,根据个人对两种产品选择的变化以及个人相对于社会其他成员的总消费水平,像 E_3 这样的点位对于社会来说要优于 E_2(E_1)。如果认为再分配不可取,那么纳税的非使用者的成本作为成本纳入追求有益品 Y 消费增加目标的成本效益评价。

2. 旨在减少污染的定价和监管

如前文所述,在外部性文献中,自由主义者和保守主义者对产品定价的偏好延伸到了支持外部成本(或税收模拟)定价。这里的定价依据与以下一般论点有关:在一个没有成本的信息和交易的世界里,把价格定在等于外部性价值的水平上,能使每家企业在防止污染方面达到最优状态。因此,能以社会最低的代价达到减少污染的目的。

然而,一旦我们离开这个完美的世界,并且不知道最低污染水平,那么就必须比较定价和监管作为实现某个预定的(可能并非最优的)减少污染目标的替代手段的效果。用一种实证比较静态分析法可以表明[①],监管(在降低污染程度给定的情况下)可能收到诸如产出增加和就业水平提高等的效果;而在社

---

① 请参阅 Burrows (1974a)。

会看来,这些效果比定价能收到的效果更加可取。在监管条件下,之所以有可能增加产出,是因为在监管条件下,低于目标水平的污染不定价,从而使企业的边际成本低于定价的情况。本文没有详细讨论这个问题,只想指出,根据福利标准定价的吸引力可能会掩盖现实世界中监管的理想效果。

四、偏好扭曲:政府能做得更好?

在前文中,本文作者已经指出,有益品概念基于个人选择的个人和社会偏好排序不同。那么,我们是否能够合理地假设社会(尤其是政府)所表达的偏好就是"真实"偏好呢?社会(尤其是政府)的偏好就不会同样被非理性和不确定性所扭曲?下面的讨论虽然势必是推测性的,但反映了本文作者自己对政府决策效率的乐观态度[1],并且也会思考政府决策的非理性和不确定性问题。

虽然有学者怀疑一种既强调政府执法和维护秩序的作用(这需要强政府)又对权力本身表示恐惧的理念的内在一致性,但本文作者在考察民主政府(理性地)奉行社会福利最大化政策的可能性时,并不会考虑传统的自由主义者对任何形式的权力集中的担心。我们可以区分社会一小部分成员的偏好被扭曲的情况和社会很多成员表达了偏离"真实"偏好的偏好的情况。显然,如果"真实"偏好只能通过多数投票来表达并作为社会规范被接受,那么大数情况就不再值得关注,因为多数人的行为已经变成了规范。但是,这样就否定了领导和专家意见在民主社会中的作用,并且否定了作为选民的民众可能愿意支持与他们作为消费者进行自由选择相冲突的政策。在实践中,选民往往准备好以某种有点精神分裂的方式接受领导并按专家的意见投票支持有效限制他们自己和其他消费者选择自由(如不让孩子上学的自由,以及不系安全带或酒后驾车的自由)的立法。这种精神分裂并不是非理性,而是能反映这样一个事实:个人对于某种活动可能有两种偏好,一种排序较高,而另一种则排序较低。排序较高的偏好可能与个人有客观、超然(结果分离性)的心态联系在一起,而排序较低的偏好则与个人面临某种诱惑(如开车回家前先泡会儿酒吧)有关。作为

---

[1] 可在海德(Head,1966:section 6)的论文中看到一种反政府观点。

投票人的个体可能会根据排序较高的偏好行事,以努力保护自己不受自己可能按照排序较低的偏好采取行动的影响。因此,个人会投票赞成酒精含量测试,以此激励自己忽略排序较低的偏好。两种不同排序的偏好之间的差别或许还能反映选民作为不了解某些消费行为后果的消费者(客观、超然)的认知。

即使选民已经准备好这样做,也很难理解为什么任何谋求获得尽可能多的选票的政府都不能提供这样的领导力和专家意见。这是在没有直接多数的选民投票支持纠正这种偏好扭曲的情况下会出现的唯一问题,因此,政府必须依靠对长期投票的预期——对政策有益性的事后认知,或者通过把谋求领导地位作为目的以争取尽可能多的选票的行为,来奉行偏好纠正政策。当然,许多付诸实施的政策并没有吸引选票(或失去选票)的明显特征,这一事实表明,政府对追求社会目标的观点并非直接派生于消费者的个人偏好。

我们即使不能构建政府决策理论,也仍有可能相信,如能同时谋求获得尽可能多的选票和提高领导素质,那么即使在很多消费者表现出扭曲偏好的情况下,也能导致政府采取社会福利最大化政策。这一论点似乎更加适用于只有很少消费者表现出扭曲偏好的情况。

关于不确定性,我们可能会问,即使政府希望通过做出比自由市场"更好"的决策来使社会福利最大化,消费者偏好和政策效果的不确定性难道不会阻止福利最大化政策的实施吗?

答案肯定取决于私人和公共决策的不确定性程度。政府在收集信息方面可能比个人处于更有利的位置,而信息本身可能具有公共品的特征,因而可以降低不确定性。例如,个人不能指望评价某些产品(如药品和杀虫剂)的使用对使用者和环境的影响。因此,政府在监督市场、防止危险产品上市方面具有明确的作用,而这种监管角色就相当于有益品供应。如果政府认为消费某种产品的风险太大,不能让消费者自己决定买或不买,那么这实际上就是认为,这种产品短缺本身就是"有益品"。政府几乎不用扩大自己的作用范围,就能从被证明是正当的监管角色转变为按低于成本的价格供应有益品的角色,因为政府能相对确定地做出集体(更加知情的)决策。有必要指出,对于集权化决策的批评者来说,政府确实是在缺乏信息的情况下做出决策的证据,并不能作为反对政府干预的充分理由。反对政府干预还需要更加有力的证据,证明私人决策理应在掌握更多信息以后做出。

有学者不无争议地认为,由于政府可以聘请专家对产品及其消费影响进行评价,所以可以减少与消费有关的不确定性。因此,政府的判断可以减少造成个人偏好和"真实"偏好之间分歧的根本原因。但是,政府对个人偏好的了解不如个人对自己偏好的了解,因此,我们可以认为,在没有证据证明私人决策的不正当性或不确定性,以及没有分配或公共利益因素能证明低于成本的供应是合理的情况下,价格机制提供了一种有效的配置手段。但是,不受约束的定价领域可能被证明是例外而不是规则,这种观点与保守/自由主义的定价规范信念形成了鲜明的对照,干预是规则中很少被接受的例外。

参考资料

Baumol, W. J. , "On Taxation and the Control of Externalities," *American Economic Review*, June 1972.

Buchanan, J. M. , "What Kind of Redistribution do we Want?" *Economica*, May 1968.

Burrows, P. , "Protecting the Environment in a World of Variable Production Processes" (mimeo, 1974a).

——"Pricing Versus Regulation for Environmental Protection," in A. J. Culyer(ed.), *York Economic Essays in Social Policy*, Martin Robertson, 1974b.

Culyer, A. J. , "Merit Goods and the Welfare Economics of Coercion," *Public Finance*, no. 4, 1971.

Foldes, L. , "Income Redistribution in Money and in Kind," *Economica*, February 1967.

——"Redistribution: A Reply," *Economica*, May 1968.

Head, J. G. , "on Merit Goods," *Finanzarchiv*, 1966.

Peacock, A. T. and Rowley, C. K. , "Pareto Optimality, and the Political Economy of Liberalism," *Journal of Political Economy*, May/June 1972.

第五节 "有益品"分析的制度维度[①]

杰弗里·布伦南 洛伦·洛马斯基

杰弗里·布伦南和洛伦·洛马斯基(Loren Lomasky)试图在个人主义的框架内证明有益品的正当性,而且是试图从一般意义上来证明,而不是像麦克沙伊特那样仅仅把证明局限在有益品的一个子类别内。本文的两位作者在关于证明有益品正当性的争论中提出了一种新的观点,并且指出,个人根据自己表达偏好的环境或制度安排显示不同的偏好,每个人至少会表现出三种不同的偏好。有在市场上表达的各种偏好(m-preferences,又称"m 型偏好")。这种偏好在很大程度上受制于选择所产生的成本。因此,不准酒后驾车的决定会使违反者付出沉重的代价,但很多人不计后果,仍酒后驾车。个人也会表现出被布伦南和洛马斯基称为"反思性偏好"(reflective preferences, r-preferences,又称"r 型偏好")的"早上起床后偏好"或"晨后偏好"(morning-after preferences)。在酒后驾车的第二天早上,许多人就会表达这样的愿望:如果要开车的话,就不应该喝酒;或者喝酒后就应该寻找其他回家的途径,而不是自己开车回家。"晨后偏好"是在没有偏好附带成本的情况下表达的偏好。布伦南和洛马斯基指出,在这种情况下,偏好的表达更有可能是一种理性或道德愿望的表达。由于在上述两种情况下决策的成本不同,我们会很自然地注意到在这两种不同情况下做出的选择之间的差别。本文作者认为,在政治背景下进行选择(即投票)(p-preferences,又称"p 型偏好")的成本比较接近于 r 型偏好,而不是 m 型偏好,因为一个投票支持立法惩罚酒后驾车者的选民几乎总是只能表达 r 型偏好。只有当所有其他选民的选票打成平手时,这个选民的选票才会产生影响,并且会为他的 p 型偏好付出代价。因此,个人的 p 型偏好有可能不同于 m 型偏好。当 p 偏好和 m 型偏好不同时,我们就认为政治偏好可以凌驾于市场偏好之上,这就是有益品的定义。由于这两种偏好都是

[①] 本文在征得作者允许后转引自:Geoffrey Brennan and Loren Lomasky, "Institutional Aspects of 'Merit Goods' Analysis," *Finanzarchiv* 41 (1983):183—206。

个人表达的偏好,因此,布伦南和洛马斯基声称,他们已经找到了一种在个人主义框架内证明有益品正当性的方法。在文章的最后,这两位作者提出了一项至关重要的警告:p型偏好可以表达道德选择;而在市场上,由于市场选择有成本,因此无法表达道德选择。此外,布伦南和洛马斯基还指出,p型偏好可能会促使个人表达由于在市场上表达要承担潜在成本而不愿表达的令人讨厌的意愿[如歧视、杀人或试图歧视少数族裔(非裔美国人、犹太人、同性恋者)]。因此,我想强调,布伦南和洛马斯基并没有消除对p型偏好正当性做出判断的必要性。实际上,民主国家通过立宪对p型偏好的表达进行限制,但本文的作者没有讨论这个问题。

※ ※ ※

一、引 言

在过去的20年里,本刊刊登了大多数致力于分析有益品概念①的文章。这些文章旨在发展一种基于个人主权问题、与一种发展良好的基于可归因于公共品问题的市场失灵理论呈互补关系的"公众家庭规范理论"(normative theory of the public household,马斯格雷夫的话)②。因此,虽然有关个人主

---

① 例如,可参阅:John G. Head, "On Merit Goods," *Finanzarchiv*, N. F., vol. 25, No. I, March 1966, pp. 1−29; Charles E. McLure, "Merit Wants: A Normatively Empty Box," *Finanzarchiv*, N. F., vol. 27, No. 3, June 1968, pp. 474−483; J. G. Head, "Merit Goods Revisited," *Finanzarchiv*, N. F., vol. 28, No. 2, March 1969, pp. 214−225; A. G. Pulsipher, "The Properties and Relevance of Merit Goods," *Finanzarchiv*, N. F., vol. 30, No. 2, 1971/72, pp. 266−286; K. Basu, "Retrospective Choice and Merit Goods," *Finanzarchiv*, N. F., vol. 35, No. 2, 1976/77, pp. 220−225; Susan Charles and T. Westaway, "Ignorance and Merit Wants," *Finanzarchiv*, N. F., vol. 39, No. I, 1981, pp. 74−78.

② 请参阅:Richard A. Musgrave, *The Theory of Public Finance*, New York: McGraw Hill, 1959, Chapter 1.

权的问题得到了比较广泛的讨论①,但有益品背景下有关"公共财政"取向问题的讨论颇有特点,并且一直是《财政文献》的一种特色。

本文的讨论涉及两个问题。首先,个人在多大程度上真的不能按照自己的"最佳利益"来做出选择?其次,如果从某种意义上讲,个人做出了错误的选择,那么在多大程度上可被作为政府干预自由市场过程的理由呢?显然,从财政的角度看,第二个问题至关重要。认为个人不是自身利益的完美评判者是一回事,而认为个人不是自身利益最佳评判者则完全是另一回事。此外,即使在有些人(如母亲、心理分析师、牧师、山顶大师甚至公正的旁观者)比当事人本人更加了解什么对他有益的情况下,还有一个重要步骤是认为通过政治程序可以做出"更好"的选择。如果不增加这个步骤,那么,无论有益品的规范地位如何,它在制度维度上仍然是空洞的,而基于有益品概念从观念上证明政府干预正当性的整个事业则完全是失败的。

令人感到奇怪的是,经济学文献中许多有关有益品的讨论集中在纯粹的概念层面。马斯格雷夫最初对有益品的论述②,就像他对"社会需要"(公共品)的论述,基本上就是为他的理论奠定规范基础,而且完全没有讨论有益品概念的制度维度。我们这么说,毫无批评的意思。重要的是,由经济学家——且为经济学家——追寻有关个人显示性偏好的规范权威的问题。现代福利经济学带有强烈的行为主义取向,更倾向于消除这些问题。个人的"利益"除了观察到的选择之外,被认为没有任何其他意义。因此,关于"即使在纯私人品市场上,选择和偏好(或者'效用'和'真正的福利')之间可能也存在显著的区

---

① 例如,在经济学文献中,有一小部分讨论上瘾问题的文章(例如,Gordon Winston, "Addiction and Backsliding," *Journal of Economic Behavior and Organization*, vol. 1, No. 3, 1980, pp. 295—324; Richard Thaler and H. M. Shefrin, "An Economic Theory of Self-Control," *Journal of Political Economy*, vol. 89, No. 2, 1981, pp. 392—406),也有一些讨论内源性味觉变化的文章(Christian Von Weizacker, "Notes on Endogenous Changes of tastes," *Journal of Economic Theory*, vol. 3, No. 3, Dec. 1971, pp. 345—372; R. A. Pollak, "Habit Formation and Dynamic Demand Functions," *Journal of Political Economy*, vol. 78, July/Aug. 1970),以及很多关于动态效应最大化的"经典"文献(尤其是 Robert Strotz, "Myopia and Inconsistency in Dynamic Utility Maximization," *Review of Economic Studies*, vol. 23, 1955—1956, pp. 165—180)。关于许多相关问题的精彩讨论,请参阅:Jon Elster, *Ulysses and the Sirens*, Cambridge: Cambridge University Press, 1979。

② 总共只有几页篇幅的高度提示性的内容。请参阅:Richard A. Musgrave, *The Theory of Public Finance*, op. cit, pp. 13—14。

别"的主张,可能会令现代福利经济学家感到惊讶不已,甚至可能提出不同的观点。① 有关有益品的纯规范性讨论,至少提醒我们,这类主张有它的重要意义。

但至少既重要又肯定的是,应该充分阐明这些主张对于在分散化(市场化)过程和集中化(政治)过程之间进行选择的意义,因为后者从经济政策的角度来看至关重要。正如公共品理论认为的那样,仅仅展示市场的"不完美"并不能证明政府干预的正当性:我们需要证明,可以合理地期待通过政治过程来"完善"市场。这几乎肯定要比较两种不完美的机制,并仔细权衡手头每个案例中的机制的具体优点和缺点。

海德是有益品文献中唯一在有益品分析中明确论述政治过程的作者②——从这个意义上讲,他早期的有益品论文在概念上具有一定的完整性,而随后的很多有益品文献并不是这样。海德在这方面的结论值得比较详细地引用。他的基本主张是,"我们有充分的理由假设,有益品的不正当性和不确定性特征给政治机制带来的问题要比那些与纯粹的非专用性(non-appropriability)相关的问题(即公共品问题)棘手得多"③。"由于受利他欲望的激励而期待出现一个集权政府来纠正非理性偏好的想法显然是天真的,又由于民主过程(就如唐斯设想的那种)显然无法履行这种职能,因此,从根本上讲,有益需要理论的这个方面完全没有这种可操作性"④。

海德曾考虑那种认为在政治和市场环境中出现的偏好可能在与有益品问题相关的任何方面都存在系统性差别的观点,但又拒绝接受这种观点。他声称,理解这种差别需要"真正的精神分裂"——而且,他认为,根据现代公共选择理论,这种制度上的分裂是不可能的事情。"即使政府专家或党派精英能以某种方式确定个人的真实偏好,有益品政治也会导致选举灾难"⑤。因此,"底线"的字面意思就是,"改善市场表现的政治问题在有有益品的情况下,可能要

---

① 例如,它们就是这样令麦克罗感到惊讶不已。
② 尤其是约翰·G. 海德的论文:"On Merit Goods,"op. cit.,Section 6。
③ Ibid.,Section 6.2。
④ Ibid.,Section 6.2.1。
⑤ Ibid.,Section 6.2.2。

第十四章 对有益品概念的正当性证明

比在纯公共品的情况下更加棘手"①。事实上,海德论证的逻辑是,几乎没人会假设政治过程能够改善市场提供有益品的表现(不像公共品的情况),因此,任何认为可以从规范的角度证明政府有益品活动正当性的想法都是不现实的。

海德利用由唐斯、布莱克(Black)和其他学者提出的简单的选举多数决竞争模型来推导结论。这些模型的一个典型特征就是假设选民是"理性的",而它们的作者提出这个假设的意思就是暗示,政治选择(投票在候选人之间进行选择)可以说,在本质上与市场选择一样,就是"显示"公民个人的偏好。如果某人在市场上采取行动是为了取得某个预期的结果,那么这个事实本身就构成了一个决定性证据:这个人偏好这个预期结果,而不是他本可以选择但没有选择的其他结果。我们熟悉的理性选民模型也同样假设,当某人投票支持某项具体政策时,那么他投票这个事实本身就构成(撇开策略性投票不谈)了决定性的证据:这个人偏好强制执行这项政策,而不是强制执行任何其他本可以投票支持的替代性政策。我们认为,这样的假设基本上不合乎逻辑。也就是说,我们认为并且试图在这里表明,在政治选择和市场选择的背景下存在一些至关重要的差异,这就意味着在这两种机制背景下显示出来的偏好各不相同,并且从认识论的角度来看没有可比性。具体来说,同一个在市场上对两种产品做出选择的人,未必就会在简单多数的选举中投票支持选择同一种"产品"。这是一个重要的命题,对很多财政和政治问题具有广泛的意义,其中一些问题,我们曾在其他场合试图阐明过。② 与有益品讨论相关的意义有以下几个方面:首先,必须拒绝海德关于供应有益品必然会导致"选举灾难"的观点。似乎很明显,至少有些有益品可能出现在政治均衡中。但是,这个相当弱势的命题可能变得比较强势。我们的目的是要表明,多数决政治是鼓励政治供应有益品的政治:选民很可能投票赞成供应有益品,而在类似的市场环境下,他们就不会选择以可比数量消费这些产品。

---

① Ibid. ,p. 29.

② 例如,可参阅:Geoffrey Brennan and James Buchanan,"Voter Choice and the Evaluation of Political Alternatives"[mimeo]; Geoffrey Brennan and Loren Lomasky,"Large Numbers, Small Costs:The Uneasy Foundations of Democratic Order"[mimeo]; Geoffrey Brennan and Loren Lomasky,"Inefficient Unanimity"[mimeo]。

其次,由于在政治和市场背景下表达的偏好彼此不同,因此,如果不事先确定是政治背景下表达的偏好还是市场背景下表达的偏好起到了决定性作用,那么就不可能进行有效的机制比较。具体而言,仅仅求助于定义似乎已经明确的"个人主权"是不够的。个人主权可能是指在市场环境下通常理解的"消费者主权"、在选举环境下所说的"选民主权",或者是指涵盖面更大且排序高于其他可能偏好集的偏好(即个人自己的元偏好规范)的"反思性主权"(reflective sovereignty)。如果个人想成为这个意义上的反思性主权拥有者,那么就必须有能力根据在不同机制下表达的偏好,在不同的机制中做出选择。一旦认识到个人的主观决策本身具有机制依赖性,规范经济学就不可能把所有的价值问题都让主观决策本身来决定——我们需要详细考察哪组偏好更加可取。

最后,必须重新评价认为应该把决策交给更加传统的"公共品"式政治过程的论点。正如我们试图要说明的那样,用政治选择来取代存在外部性的市场选择,与其说能"解决"囚徒困境问题,还不如说能用一组完全不同的可能的囚徒困境问题来取代另一组可能的囚徒困境问题。

从某种程度上说,我们在这里进行的论证可以被解释成至少是在为一种传统——一种历史悠久、海德[1]本人提到过的公共财政学传统——的一个方面奠定分析基础。最近,格哈德·科尔姆[2]非常有说服力地阐述了这个传统的典型特征,也就是根据个人在公共和私人部门扮演的角色的区别,坚持相应地区分公共决策和私人决策之间的根本差别。正如科尔姆所指出的那样,"由于两个个体的偏好量表之间没有严格的可比性,同一个体作为经济人和政治人的偏好量表之间也不存在令人信服的联系"。当然,观察这种差别并不意味着,我们会认为作为政治人的个体就必然比作为经济人的个体更有"公共精神"。个体作为政治人和作为经济人,会有不同的偏好和行为表现,但未必作为政治人的偏好和行为表现就比作为经济人的偏好和行为表现更好。

在下文的讨论中,我们将明确区分"有益品"和"公共品"的问题。显然,可

---

[1] 请参阅:John G. Head,"On Merit Goods,"op. cit. ,footnote 10。

[2] 请参阅:Gerhard Colm,"National Goals Analysis and Marginal Utility Economics,"*Finanzarchiv. N. F.*. 1965,vol. 24,p. 213。

归因于不确定性和/或信息不足的市场选择问题,可能是由信息作为产品的属性中的不可专有元素造成的。也就是说,如果信息本身是一种公共品,那么就能提高政府干预的正当性,而且本质上与国防由政府负责是一个道理。但在这种情况下,政府干预的理由就不是偏好扭曲本身,而是我们相当熟悉的"搭便车"问题。因此,我们把有益品的概念限制在只包括那些提供信息的各种相关外部性已被内化的情形。这样,有益品就应该被定义为个人认为自己在帕累托最优价格下消费不足的产品。这个定义把注意力集中在对似乎是有益品概念内核的消费者主权的批评上。在此基础上,我们将阐述我们的主要论点。第二部分将阐明这个论点的核心分析内容,第三部分将探讨这个论点对于有益品供应的意义,而第四部分则进行简要的总结。

二、选民选择与市场选择

长期以来,公共选择理论认为,不能完全从手段的角度来解释公民个人的投票决策。如果,譬如说,激励个人的唯一因素是财富最大化,那么个人就不会不辞辛劳地去现场投票(除非预期投票率非常低)。个人不辞辛劳地参加投票的原因,就是个人投票对政治结果不会产生任何影响,除非出现极其罕见的情况,即所有其他选民在投票中正好打成平手。出现这种情况的概率最多是:

$$h=\frac{1}{\sqrt{\pi n}} \tag{1}$$

式(1)中,n 表示投票群体的一半人数。[①]

在人数众多的选举中,h 会变得非常小,而且需要不同候选人和/或政策获胜对选民收入产生巨大的不同影响,才能让选民忍受诸多不便而前往投票站投票。

上述情况并不意味着参加投票的个人是任何传统经济学家所说的"非理性者",恰恰相反,而是意味着,投票不仅是一种旨在提高投票人偏好的结果获

[①] 纳撒尼尔·贝克(Nathanial Beck)在他的文章("A Note on the Probability of a Tied Election," *Public Choice*, vol. XVIII, Fall 1975, pp. 75—80)中,对相关计算做了说明。关于比较详细的分析,请参阅:Geoffrey Brennan and James Buchanan, "Voter Choice and the Evaluation of Political Alternatives," op. cit. 。

胜概率的手段,而且能为投票人个人带来直接的消费收益。此外,投票产生的收益与投票对政治结果产生的影响没有关系。

这样的直接消费收益有不同的形式,而个人则可从尽责公民的行为中获得满足,个人可能喜欢参与政治,就像喜欢参加辩论或室内游戏一样;还可以通过表达对自己心仪的候选人、党派或思想立场的支持来获得乐趣——就像支持本地足球队一样。毫无疑问,还有其他可能性。这个问题的真相是,借助经济学还不能很好地分析特定消费活动所产生的消费收益的性质:"经济人"的概念从心理学的角度看还不够(丰满),不足以让我们解读单个消费者的思想和动机。而对于大部分经济学分支来说,这样的解读完全没有必要。但在这里,我们必须按照这样的思路做一些推测,因为它们既与关于个人主权的论点有关,也与解释选举政治运作有关。关于选举政治运作的问题,我们只需要提出两个具有一般意义的主张:首先,在投票不产生直接消费收益的情况下,非常高的实际投票率就意味着选民完全没有理性;其次,在高投票率既定的情况下,我们无法从能带来个人有利可图的结果的角度来说明个人投票的方向。

虽然公共选择问题专家已经承认(有时是相当勉强地承认)以上这些实际问题,但没有承认它们的全部意义。[1] 公共选择问题专家似乎默认以下假设:无论从投票行为中能获得怎样的内在消费收益,我们只能通过投票来获得它们;一旦选民到投票站对政治选项做出"选择",就可被假定为由于经济原因行使的投票权。换句话说,在投票站对政治选项做出的选择完全类似于在市场上对商品做出的选择,基本上可以认为,重要的考虑因素是相同的。具体而言,当且仅当选民在候选人/政策/选项 a 胜选的情况下获得的效用大于在任何其他候选人/政策/选项胜选的情况下获得的效用时,选民才会把自己的选票投给候选人/政策/选项 a。

我们并不准备质疑基本的效用最大化假设。恰恰相反,我们确实非常认真地对待这个假设,这一点会变得很清楚。有争议的是,市场选择与投票选择

---

[1] 就如安东尼·唐斯在他的著作(Anthony Downs, *An Economic Theory of Democracy*, New York: Harper & Row, 1957)中承认的以及海德曾提到的那样,选民个人会在获取候选人或政策选项信息方面"理性地"投资不足。但这似乎意味着,无论是否因为不了解情况而保持沉默,同样的考虑因素在选民和消费者的考量中同等重要。这是我们有争议的地方。

的基本等价性。我们认为,正如经济学家不能用纯粹的手段论来令人满意地解释个人为何投票一样,他们也不能运用手段论来令人满意地解释个人如何投票。即使全体选民一起投票支持某个结果,投票的行为和投票的性质都不能被理解为仅仅是为了确保获得某个特定的结果。我们认为,从这个意义上讲,市场选择和政治选择之间存在关键的区别。

这种区别可以通过认识到市场和选举环境中的选择对象是截然不同的来体现。在 a 和 b 两个选项之间进行选择的市场选择中,选择的对象就是这两个选项本身:选择 a,不选择 b 的机会成本就是放弃 b。然后,我们可以合理地得出这样的结论:理性的个体只有在他偏好 a 而不是 b(或者对 a 和 b 的偏好无差异)的情况下,才会选择 a。

但在一次要投票表决的选项是 a 和 b 的选举中,投票选择的对象并不是 a 和 b,而是投给 a 和 b 的选票。投票给 a 的机会成本通常不是放弃 b,因为具体某个选民的选票通常并不是决定性的一票,投票给 a 的机会成本仅仅是把票投给 a 而放弃的 b。一般来说,a 或 b 是否能够成为选举结果,并不取决于我们任意选择的某个公民把票投给哪个选项,而是取决于其他每个选民把票投给哪个选项。在绝大多数情况下,个人在根本不会影响投票结果的情况下,决定把票投给谁。根据定义,在市场环境下,个人的选择具有决定性意义。因此,我们不能指望理性的个人会像对待具有类似市场选择特征的个人利益那样认真地对待选举投票。个人到投票站投票的行为并不是能直接决定政治结果的行为。在这方面,个人的投票行为完全不同于个人确实能为自己带来选择结果的私人行为。通常把市场上的个人选择与社会总体选择区分开来的经济学家,也应该把同样的区分应用于政治产生的结果,从而保持方法上的一致性。1983 年所有选择购买一定数量苹果的消费者,共同决定了 1983 年社会消费苹果的总量。但是,这并不是说,消费这个数量苹果的"社会决策"并不是任何一个购买苹果的消费者有意或有动机做出的任何特别消费决策。同样,集体决定选择哪位候选人、哪项政策或哪个选项的投票,不应被认为个人投票就意味着能让哪个候选人、政策或选项胜出。①

我们的论证要点也许可以通过一个简单的矩阵例子来加以说明。在这个例子中,我们描述一些随机挑选的选民个人的考量。我们假设有两个候选人竞争一个职位的竞选方案,这两个候选人代表具有一定决定性意义的政策主张。我们用 A 和 B 来表示这两个候选人。

选民个人在决定如何行使自己的投票权时自然会认识到,政治结果并不仅取决于自己的投票行为,也不取决于其他选民的投票行为。我们可以区分以下三种情况:①大多数其他选民投票支持 A;②大多数其他选民投票支持 B;③其他选民支持 A 和 B 的人数持平。

为简便起见,我们假设选民总人数是奇数。这样,所有其他选民投票支持两个候选人的人数有可能持平。顺便说一句,这就意味着,如果多数其他选民把票投给 A(或 B),那么,这个"多数"必须至少多出 2 票。因此,任何一个选民的选票都不能改变选举结果。

矩阵 1 的各列描述三种可能的投票情况。投票人选择合适的行。矩阵中各方格里的数字表示我们考察的这个选民在六种可能出现的选举结果中可获得的不同收益(他和大多数其他选民一样投票支持 A 的结果;他投票支持 B,而多数选民则把选票投给 A 的结果;等等)。假设我们考察的这个选民是理性的,因为他选择了使自己的净收益最大化的投票策略。

矩阵 1

我们所考察选民的投票	Ⅰ 多数选民投票给 A	Ⅱ 多数选民投票给 B	Ⅲ 投票给 A 和 B 的人数持平
	其他选民的投票行为		
投票给 A	5	105	5
投票给 B	0	100	100

---

① 我们并非提出以下这种心理学要求:选民的投票行为几乎没有受到取得有利选举结果的预期的驱使。确切地说,我们提出的是方法论上的要求;理性选民模型不应该诱使选民朝着某个特定方向投票,也就是朝着在一张选票起决定性作用的概率小到投票的预期收益可忽略不计的情况下只考虑投票预期收益的特定方向。

在这个例子中,我们考察的这个选民把票投给 A 可获得 5 个单位的净消费收益,而且不论其他选民把票投给哪个候选人,结果都是如此。这反映了:这个选民在没有对选举结果施加影响(列Ⅰ和列Ⅱ)的情况下把选票投给 A,就能获得至少 5 个单位的消费收益。但是,他更偏爱 B 获胜的结果;如果 B 获胜,他就能获得多于 A 获胜的消费收益(也就是能获得 100 单位的消费收益)。沿着行比较列Ⅰ和列Ⅱ的数值,就能看到这个结果。很明显,如果我们考察的这个选民把票投给 B 而不是 A,那么他的选票投给谁就有决定性的意义,正如列Ⅲ的数值所表明的那样。

在这种互动中,没有单个占优策略。换句话说,我们考察的这个选民的最优投票行为并不独立于他对其他选民投票行为的预期。不过,我们可以假设,这个选民会选择能产生较大预期收益的策略。在这个例子中,他把票投给 A 的预期回报是:

$$5(1-h)-95h=5-100h \tag{2}$$

式(2)中,h 是这个选民的选票起决定性作用的概率。更一般地,他的投票起决定性作用时的净收益是:

$$A_i+h \cdot Y_A^i \tag{3}$$

式(3)中,A_i 表示这个选民把票投给 A 而不是 B 所能获得的内在消费收益(可能是正值,但也可能是负值),而 Y_A^i 是 A 胜选(而 B 败选)给 i 带来的收益(可能是正值,也可能是负值)。

显然,如果两个候选人得票数持平的概率非常小(投票人数很多时,情况就是如此),那么,式(3)中 Y_A^i 的影响就可以忽略不计;即使投票人数很少,并且 h 不可忽略,A_i 这一项仍有可能对选民的考量产生重大影响。Y_A^i 的大幅下降可能符合选民继续投票支持 A 的情况。譬如说,如果候选人得票数持平的概率在我们的矩阵示例中是 1%,那么我们的这个理性选民不但会把选票投给 A;而且,如果他因 B 胜选而获得的收益从 100 单位增加到 400 单位,那么他可能会继续这样做。

在本例中,如果所有其他选民在两个候选人之间平分选票的概率足够小的话,那么即使我们考察的这个选民希望 B 能胜选,也会理性地把选票投给 A。我们应该注意到,如果在市场环境下要在 A 和 B 之间做出选择,那么这个选民就会选择 B。但在选举背景下,他会选择把选票投给 A,就像其他所有面临类似选择的选民一样。因此,如果这个选民具有典型意义,那么选举结果就是 A 获得全票胜出——尽管每个选民都希望取得 B 胜选而不是 A 胜选的结果。显然,即使有选民预见到,这种考量会导致部分或所有其他选民投票支持 A,而这种认识并不会诱使这些选民把自己的票投给 B。无论选举是否会产生矩阵 1 中列Ⅰ和列Ⅲ的结果,A 的得票都会占优:只有选举会产生第三列的结果,这个选民才会把选票投给 B。

当然,极其低效的政策并不是选举决定的必然结果。我们设计上面的矩阵是专门为了展示投票和结果偏好之间的显著差别。我们可以把列Ⅰ和列Ⅱ中的收益倒过来构建这个矩阵:这样的话,列Ⅲ就会显示,把选票投给 A 的收益是 105 个单位,而把选票投给 B 的收益则是 0。

政治过程未必就会产生没人想要的结果——但确实有可能产生这样的结果,因为对政治结果的偏好对理性个人投票的影响很小(有时完全可以忽略不计)。个人确实按照自己的偏好投票,但由此"显示"的偏好并不能照例适用于政治结果。①

让我们对这个问题进行总结。我们可以合理地推测,个人能从自己的投票行为中获得纯内在的满足感;并且同样合理地假设,把选票投给某个方向而不是另一方向,会产生内在收益。根据一种非正式的经验论,选民似乎会对自己的投票方向赋予情感涉入,而且至少会赋予与参加投票一样强烈的情感涉入。当然,内在收益并不只存在于政治情景中,也会出现在所有的选择行为中;但在市场上,内在收益却不能与选择对象相分离。在市场上,我们不能"支持"一款汽车,而不承受选择它的后果。就矩阵 1 的例子而言,市场选择涉及一种只有列Ⅲ中的收益才适用的情景;而在选举过程中,我们可以"表示支持"某种结果,而无须为此承担任何重大成本。成本与选择的分离意味着,表达偏好的纯粹内在因素变得相对比较重要,并且在许多情况下至关重要。唐斯/霍特林(Downs/Hotelling)式的政治竞争往往迫使各参选党派采取不太能反映

---

① 请注意,这并不是一种林达尔—维克塞尔在公共品供应"自愿交换"模型中提出的"策略"性混合偏好表示法。通常认为,策略性行为包括个人影响他人行为的能力。这里提出"偏好显示"问题,恰恰是因为选民个人,相对而言,没有影响力。

选民偏好的结果(如列Ⅲ中的结果),但能反映那些促使选民即使在不能发挥决定性作用的情况下也会把选票投在特定方向的"内在"考量因素(列Ⅰ和列Ⅱ中与投票方向有关的收益)的立场。

在第三部分,我们将推测其中的某些内在考量因素可能会是什么。关于这个问题,只需强调,没有任何假设认为驱使投票的偏好与对选择结果的偏好相同,而假设只存在一种谋求所谓的"个人主权"的偏好,显然有过度简化之嫌。这个事实的一个重要含义是:如果不对有关市场和政治机制的偏好进行评价,就无法对这两种社会决策的备选机制做出选择。福利经济学中常见的关于"市场失灵"环境和程度的论点仍然有其影响力,就如同现代公共选择理论引起我们注意的有关政治安排的考量因素,如投票循环、议程操纵、互投赞成票问题等。① 但是,我们必须通过偏好比较或偏好评估的方式,对这些有关市场/政策选择的比较传统的维度进行补充,而这正是那类有益品文献设法解决的问题。因此,我们现在来讨论"政治"偏好的地位,以及是否有假设认为有益品可通过政治机制来供应这个更加具体的问题。

三、p 型偏好、m 型偏好和有益品

对大多数经济学家来说,上述矩阵 1 的分析就是在讲述一个熟悉的故事。这个故事的基本特征是,个人被引导为一个他们都不希望出现的结果投票。政治过程被认为是一种在公共品研究文献中常见的本质上无法与囚徒困境问题相区别的互动。当然,矩阵 1 中具体的收益配置是人为设定的;但这个例子清楚地表明,那些驱使选民投票的偏好,即 p 型偏好,通常不同于选民对结果的偏好。由于对结果的偏好在市场环境中表现突出,因此,我们把这种偏好称为"m 型偏好"。由于 p 型偏好不同于 m 型偏好,因此,制度性决策程序引发的 p 型偏好通常会导致"错误"的结果——从 m 型偏好的角度看是错误的结果。在上一部分,我们把对 A 的政治选择定性为"低效",因为这种选择没能使选民收益最大化。但是,这种收益本身反映了 m 型偏好:对低效的评判基

---

① 关于相关文献的精彩综述,请参阅:Dennis Mueller, *Public Choice*, Cambridge: Cambridge University Press, 1979。

于根据 m 型偏好来定义低效的默认前提。① 现在,我们来详细考察这个前提是否适当。

首先,我们应该认识到,如果表示对有益品概念的任何认同,那么必然是在某种有意义的程度上认为,个人的 m 型偏好有可能是"错误"的。我们将进一步探讨"有意义的程度"到底意味着什么。不论怎样,关于这个问题,我们应该注意,允许这么做,并不意味着我们有理由认为 p 型偏好就比 m 型偏好少犯错。例如,在公共品背景下常见的囚徒困境博弈中,我们通常不会假设市场结果从规范的角度看有可能优于观念上的帕累托理想,因为个人的偏好有可能是"错误"的:一般来说,我们似乎没有理由怀疑集体消费性和/或非专有性造成的纯技术问题会与个人的"非理性"相关。② 那么,我们凭什么应该认为,我们在政治选择中遇到的类似"囚徒困境"的困境,有可能在某种程度上与"有益品"的考量有关呢?本文的这一部分旨在解决这个问题。

主张应该用个人的主观偏好来解释价值归属问题的方法论主观主义者,往往会对有益品概念不屑一顾。他们坚持认为,从认识论的角度看,认定某种可据以确定"个人偏好会低估某些产品的价值,从而导致个人选择小于最佳消费量的消费"的外部观点,是不可靠的做法。我们完全同意主观主义者的这种认识论立场。也就是说,我们拒绝政治威权主义的规范权威。但是,我们这样做并不意味着有益品是一个空洞的概念。我们不需要一个外部无所不知的评价者来评价消费者的偏好和发现不足的地方。确切地说,个人可能并且确实会评价自己的偏好。一个人即使得到了一切基于自己的 m 型偏好想要的东西,仍可能希望有多种完全不同的 m 型偏好。③ 例如,一个可能想要香烟的吸

---

① 当然,我们可以简单地用 m 型偏好来定义"效率"。这样,毋庸赘言,就不能充分反映个人 m 型偏好的结果都是低效的结果。但是,根据 m 型偏好的效率增强性质来明确肯定这种偏好的规范优越性,完全是在回避正题。

② 这样做并不是要否认在某些特殊情况下,情况会是这样。例如,某些规范理论学家认为,各国政府的大量国防支出本质上是"非理性"的——也许理由是国家受困于一种更大的囚徒困境的情境,或者好战的态度反映了内在的"非理性"激情——并且很可能会得出"由市场供应国防服务更加可取"的结论,原因正是:对于整个国家来说,无法取得狭义的"有效"结果。但是,一般而言,即使在消费者主权受到限制的情况下,某种产品或服务的不可专有和集体消费属性,从规范的角度看,也是与市场"失灵"相关的有力的推定证据。

③ 请参阅:Harry Frankfurt,"Freedom of the Will and the Concept of a Person," *Journal of Philosophy*, vol. 68, 1971, pp. 5—20。

烟者可能得到了他所希望的数量的香烟,但又迫切希望摆脱导致他吸烟的 m 型偏好。这里"有效"的结果,就是吸烟者的 m 型偏好完全奏效的结果,但从规范的角度看,是否是更优的结果,确实仍值得商榷。然而,从某些自称"道德专家"的人的角度看,这个问题并不是非常值得商榷,但更重要的是,应该从这个吸烟者自身的角度来看。我们无须否定主观主义,就可以得出这样的结论:吸烟者可能有很好的理由希望自己的 m 型偏好得不到满足;而且,从规范的角度看,这种"得不到满足"对吸烟者来说可能就是最优结果。具体而言,他可能有理由投票支持那些会阻挠和/或消除他的吸烟欲望的政策。如果他这样做了,就不应该因为行为不理性而受到批评。

伦理学有一种古老而又著名的传统,这种传统认为,m 型偏好并不起决定性作用,个人可能在他们的这种偏好上犯错,并且知道自己搞错了,因此会表达与他们自己的 m 型偏好相悖的偏好。这就是亚里士多德论述过的"无自制力"问题。[1] 无自制力的人能够辨别什么是正确的行动,并且在某种意志层面上更希望这种能力在行动中奏效。尽管如此,这种人还是会做自己认为不应该做的事。圣保罗(St. Paul)的罪恶论与此相似:罪人能分辨善恶,但由于堕落的本性而无法做出相应的行为。圣保罗曾略带忧伤地表示,"我没有做自己想做的事情,却做了自己不想做的事情"[2]。

伊曼努尔·康德(Immanuel Kant)区分了动机的两个不同来源:"倾向"和"理性"。他在《道德形而上学探本》(*Grundlegung*)[3]中论证说,任何可被恰当地描述为道德行为的行为,从逻辑上讲,都必须由理性的考量因素(它的先验综合形式就是绝对命令),而不是由倾向所产生的全部拉力和牵引力所驱动。虽然在康德的理论中,理性和倾向并不总是对立的,但通常是对立的;而实践理性的任务就是评估个人发现自己所倾向的 m 型偏好。或者,让我们来看看一位在专业上距离我们较近的作者亚当·斯密。斯密在他的《道德情操论》(*Theory of Moral Sentiments*)中描述了那些凭借因动机而感觉到的同情

---

[1] *Nicomachean Ethics*, Book VII, especially 1146b7—1148b15.
[2] *Epistle to the Romans*, Chapter 7, verse 19.
[3] Immanuel Kant, *Grundlegung zur Metaphysik der Sitten*, in: Kants Gesammelte Schriften, Berlin: Preussische Akademie der Wissenschaften, 1913, vol. 4, especially pp. 412—413.

心或者"公正的旁观者"行为驱使个人进行道德评判的心理——"情感"。通过在内心扮演旁观者的角色,我们就能反思地把本人与自己的偏好分离开来,并把自己的偏好置于道德审视之下。

我们这段短暂的2 000年的哲学思想之旅目的就是要证明,有一种重要的——或许是占主导地位的——思想认为,偏好本身就是评价主体;这个评价过程会产生元偏好,也就是包括其他偏好的偏好。虽然我们援引的这些思想家几乎都没有形成任何思想流派,但在他们的不同论述中却贯穿着一条共同的主线。我们大家都会同意,我们个人有时会做自己明白或至少认为是错误的事情。[①] 当一个人表现出无自制力时,可能会被理解为行为错误,因为采取正确的行动成本太高。如果采取正确行为的成本降低或者完全消失,那么无自制力的人就会采取不同的行为。这样,他们的m型偏好就会与他们关于自己最喜欢什么的看法相一致。

如果我们并非马上就要采取行动,而是有时间冷静地思考,因此不用立刻付诸行动,那么行动的成本通常会下降或者完全消失。那个静思自己在前一天晚宴上表现的贪食者,可能真诚地后悔自己吃了三份巧克力慕斯;事后回想起来,他宁愿自己没有这样做。但第二天早上满足这样的偏好,并不意味着要放弃任何东西;如果他前一天晚上这样做,机会成本就是放弃吃第三份巧克力慕斯。当时,他显然不愿承担这个成本。但现在,经过反思判断,他可能认为,如果他当时愿意承担这个成本,也就是说,如果他有不同的m型偏好,那么,情况就会变得比较好。

我们把包括其他不会立即付诸行动的偏好称为"反思性偏好"。这种偏好有一个显著的特征,那就是它们的表达不像m型偏好的表达那样高成本。由于反思性偏好不会激励个体为取得结果而采取行动,从而放弃其他偏好,因此,这种偏好导致结果的机会成本可忽略不计。此外,我们无法通过知道获得反思性偏好导致结果的成本和收益来了解反思性偏好;或者说,我们即使知道获得反思性偏好导致结果的成本和收益,也无法了解反思性偏好。

很明显,p型偏好与以上定义的反思性偏好密切相关。我们个人通常在

[①] 所谓的"苏格拉底悖论"(Socratic Paradoxes),有一半内容是对"个人有时故意做错事情"这一命题的最著名否定。

自己的选票不太可能起决定性作用的情况下,可以自由地把它投给自己因 p 型偏好而喜欢的候选人、政策或选项,而且不会由此增加与强加由自己的 p 型偏好导致的结果有关的收益或负担。多数投票决策法的约束条件以不同的方式有利于与 m 型偏好有关的 p 型偏好的表达。如果我们有理由相信个人的反思性偏好确实优于个人的 m 型偏好,那么就有理由促进用政治决定机制取代市场决定机制的制度设计。①

p 型偏好无法穷尽反思性偏好。哀叹自己没有表现得更好、决心在新的一年里要表现得更好,这些都是在表达反思性偏好。就本文的目的而言,反思性偏好与 p 型偏好的关键区别在于,后者聚合后确实会产生结果。从政治结果确实能忠实地反映 p 型偏好的角度讲,政治过程倾向于以大于市场供应量的数量供应那些总体而言高 p 型偏好、低 m 型偏好的产品。同样,总体而言,m 型偏好较高而 p 型偏好含量不那么高的产品,相对于 m 型偏好而言,通过政治过程来决定其供应往往会造成"供应不足"。因此,规范经济学无法回避对 p 型偏好和 m 型偏好的相对重要性进行评估的必要性。无论我们主张什么样的制度设计,制度都会不同程度地有利于某种偏好,而不利于其他偏好。

绝大多数经济学家认为,在个人主权的名下,m 型偏好应该在选择不同的制度设计方案时起决定性作用。他们没有认识到 p 型偏好不同于 m 型偏好,因此个人主权的概念模糊不清。个人主权同时包括消费者主权(获得因 m 型偏好而喜欢的东西)和反思性主权(获得因反思性偏好而喜欢的东西)。只有那些 m 型偏好得到满足且因 m 型偏好而喜欢自己想要的东西的个人,才是拥有以上两种不同个人主权的例证。只要 m 型偏好与反思性偏好存在差异,那么在消费者主权和反思性主权之间,哪种主权更值得重视,就是一个值得探讨的规范性问题。

之前引用的伦理学传统似乎非常倾向于做出有利于反思性偏好的评判。亚里士多德所说的无自制力显然是一种性格缺陷,而无自制力的人恰恰是那

---

① 当然,也可能有相反的原因要求我们评判市场决定机制是否较优,公共选择研究文献已经广泛地探讨过这些原因。因此,有初步证据证明,应该构建 p 型偏好占据主导地位的政治决定机制;另有初步证据证明,也可以构建 m 型偏好能发挥决定性作用的决定机制。我们的论点是要进行真正的规范选择,不能通过敦促尊重个人"已表达的偏好"来回避这个问题,就好像这些偏好都是那种可直接衡量的偏好似的。

些按照与自己的反思性偏好不一致的 m 型偏好行事的人。康德也同样认为，那些为了促进倾向而违背理性的人，就会由此做出错误的行为。最近，约翰·罗尔斯(John Rawls)在其影响深远的《正义论》(*A Theory of Justice*)[①]中指出，道德上公正的制度是那些在以下这种"原初状态"下被选中的制度：人们不知道自己的特殊利益(即 m 型偏好)，因此无法采取行动推进自己的特殊利益——反思完全是在知情(知道某种类似于"反思性偏好"的东西)的情况下进行的。

根据这种哲学理论化构建，我们可以推测，选举"选择"的特殊情况会使选民倾向于采用一种比在市场上更加"道德"的方式表达自己的偏好。例如，我们来看看一个选民如何根据候选人承诺的将实施有利于穷人的再分配政策，来选择候选人。这个选民认识到帮助穷人的道德责任，但他在市场上履行这种道德责任的成本相当高：他每资助穷人 1 美元，自己就得少消费 1 美元。这么高的捐助成本可能会使他分文不捐。不过，他在投票时很可能会支持一项征税 100 美元并把这 100 美元全部转移支付给穷人的政策。他通过投票支持这项政策，践行自己奉行的道德准则，但也认识到自己的行为对结果的影响可以忽略不计，他几乎也没有为自己的行为付出任何代价。[②] 根据上文的矩阵 1，我们可以推导出矩阵 2。由于其他选民投给不同候选人的选票数量相同的概率真的可能很小，因此，这个选民和其他像他一样的选民都投票支持这项转移支付政策。除了几乎不相关的第三列所示的情况外，这个选民能通过投票支持转移支付政策来使自己的收益最大化。不过，他有可能更希望这些政策最后不会获得通过。

[①] John Rawls, *A Theory of Justice*, Cambridge, Massachusetts: Harvard University Press, 1971.

[②] 戈登·图洛克在他的论文(Gordon Tullock,"The Charity of the Uncharitable,"*Western Economic Journal*, vol. 9, Dec. 1971, pp. 379—392)中，简要讨论过这个推理思路。

第十四章 对有益品概念的正当性证明

矩阵 2

我们所考察选民的投票	其他选民的投票		
	Ⅰ 多数选民支持	Ⅱ 多数选民反对	Ⅲ 支持和反对人数各占一半
支持转移支付政策	2	102	2
反对转移支付政策	0	100	100

现在,收入再分配可能具有公共品的特征。毕竟,只转移支付100美元并不能像让某个特定群体(比方说某个收入阶层)的每个成员得到100美元那样确保同样的收入分配结果。因此,虽然这个缴费群体没人会实际单方面支付100美元[①],但它的全体成员都会投票赞成政府的这项转移支付计划。在这种情况下,矩阵2中的收益就会按照矩阵2′所示的方式发生变化。

矩阵 2′

我们所考察选民的投票	其他选民的投票		
	Ⅰ 多数选民支持	Ⅱ 多数选民反对	Ⅲ 支持和反对人数各占一半
支持转移支付政策	122(62)	102	122(62)
反对转移支付政策	120(60)	100	100

现在,这位选民投票赞成转移支付政策,并偏好公共转移支付计划获得通过(122单位的收益大于100单位的收益);或者,如果选民都关心分配结果,但没有充分使转移支付计划成为帕累托理想计划,那么相关的收益就是矩阵2′的列Ⅰ和列Ⅲ括号中数字所示的那些收益。

这里的要点并不是公共转移支付计划不可能是帕累托理想计划,而是无论它们是不是帕累托理想计划,都与它们的政治可行性无关。对政治可行性至关重要的是,我们所考察的选民从一种方式而不是另一种方式的投票中获得非常可观的收益。考虑到选民个人很可能从符合自己道德准则的投票中获得可观的收益,因此,政治结果就会在他们广泛共享的意义上反映这种道德

[①] 请参阅:Geoffrey Brennan, "Pareto Optimal Redistribution: A Perspective," *Finanzarchiv*, N.F., vol. 33, 1974/75, pp. 234—271。

准则。

在这个基础上,我们可以从制度的角度,把"有益品"定义为那些个人承认应该供应但由于无自制力、道德败坏或放纵而在放弃"自私的享受"成本太高的市场上无法充分供应的产品。有了这样一个有益品定义,我们就能认可海德把收入再分配归入"有益品"的做法;而不必坚持认为,这意味着彻底背离个人的道德观念,更没有背离"多数人的偏好"[1]。

同样,我们也能考虑立法控制某些有害品消费的问题。在我们看来,从传统的经济学意义上讲,无论是消费市场上供应的某些商品(如烈酒或色情文学作品),还是投票支持禁止销售这类商品,都是完全"理性"的行为——原因并不在于消费这些商品会产生外部性或者关心"弱势同胞",而是因为道德准则在政治背景下更具相关性。

沿用我们的矩阵例示法,我们可以构建一个类似于矩阵3的矩阵。我们考察的这位选民必须投票支持或反对某种产品的禁售令;即便是,如果他知道自己的选票具有决定性作用,就会选择反对这项禁售令,收益结构仍有利于投票赞成禁售令。在这个例子中,p型偏好至关重要。[2]

矩阵3

我们所考察选民的投票	其他选民的投票		
	I 多数选民支持	II 多数选民反对	III 支持和反对人数各占一半
支持禁售令	2	102	2
反对禁售令	0	100	100

关于矩阵3中的各种情况,我们能说的是,采取符合道德准则的行为的"成本",也就是按照个人抽象的道德准则行事的"成本",在投票站要比在市场上低。从我们熟悉的经济学命题出发,可以预期,这种相对价格效应意味着政治和市场结果会有所不同,而在前一种情况下,道德考量更加重要。因此,结果不但是有益品有可能通过政治方式来供应,而且可以假设,凡是多数选民出

---

[1] 请参阅:John G. Head,"On Merit Goods,"op. cit.,Section 4.1.2。
[2] 由于类似的原因,征收奢侈品税也具有p型偏好所反映的有益品特征。

第十四章 对有益品概念的正当性证明

于反思性偏好喜欢的产品,无论选民的 m 型偏好如何,都有可能通过投票被选中。选民是否会投票赞成供应公共品的问题,远比选民是否会投票赞成供应有益品的问题更加值得怀疑。

请注意,这里有两个截然不同的命题。其中的一个命题由海德提出,这个命题认为,供应有益品就意味着政治自杀。事实证明,这个命题是错误的。不能供应有益品,倒可能会导致政治自杀。第二个命题是,作为投票依据的 p 型偏好本身就是道德规范的表达;而且,从伦理的角度看,p 型偏好作为投票依据要优于 m 型偏好,因为它们没有被反映市场偏好的狭隘的自利心所"玷污"。那么,我们是否能够在某种程度上恢复政治"公益"理论("public interest" theory of politics)的名誉呢?[①] 换句话说,我们是否能够根据政治偏好的规范优势,从规范的角度具有说服力地证明政治机制优于市场机制呢?似乎有几个考虑因素不利于这样的结论。首先,传统的公共选择命题认为,政治均衡可能无法反映选民的偏好。多数决原则下的"投票循环"和"螺旋上升"问题是多数决原则的基本特征,在非常广泛的个人偏好条件下产生。我们可以想象,有一些假设认为,个人之间的"利益"差别大于个人之间的道德准则差别;个体间冲突的根源在于,个人对占有更大份额私人品这种结果的 m 型偏好;而在无须个人做出选择的情况下,就不存在个人间冲突的根源。但是,我们几乎没有理由相信,个人之间的 p 型偏好会充分相似,以至于,比方说,可以假设"单峰偏好",从而完全排除投票循环的问题。因此,即使公民的投票行为比他们的市场行为更加"道德",我们也不能得出政治结果比市场结果更加"道德"的结论,因为政治结果未必能准确反映公民的选举偏好。

其次,政治结果即使确实能反映选民的偏好,从反思性偏好的角度看,也未必比市场结果更加可取。我们根本不能假定选民有相同的 p 型偏好,或者假定我们遵守共同的可作为反思性偏好基础的抽象原则。因此,即使政治结果可以反映在各种情况下都是经过反思后表达的偏好的总和,从反思性偏好的角度看,仍有可能不如市场结果,因为政治结果通常强制要求统一供应。

举一个简单的例子就能说明这个问题。图 14—5—1 中,D_A、D_B 和 D_C

[①] 如果能够恢复,那么就有点讽刺意味。我们本可以公共选择为由,证明现代公共选择理论极力想排斥的政府理论的正当性!

有益品文选

图 14—5—1

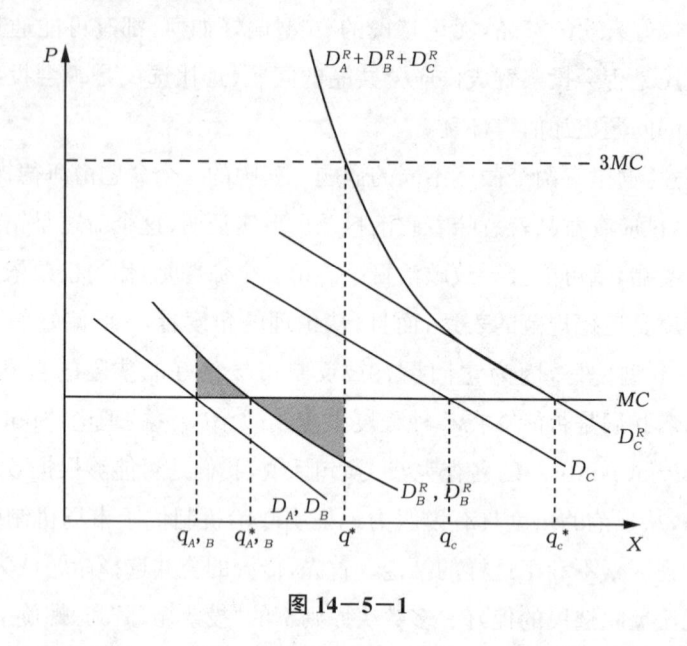

分别是个人对某种技术性私人品 X（教育或者住宅可能是合适的例子）的需求曲线。在市场价格 p 上，市场的消费量是 q_A、q_B 和 q_C。我们设 D_A^R、D_B^R 和 D_C^R 是源于个人对产品 X 的反思性偏好的对 X 的需求曲线。个人都认为自己"应该"消费比实际消费更多的产品 X。因此，无论是从总体还是个体来看，产品 X 都是一种"有益品"。现在假设，最终通过的政治结果反映了由反思性偏好决定的需求曲线的萨缪尔森条件 D：直接地说，这个政治结果是由反思性偏好确定的政治理想。它发端于 q^*，即 D 的垂直并与直线 $3MC$ 相交的点（由于由政治机制供应产品 X，因此，根据假设，$3MC$ 等于供每个个人消费 X 的量）。但请注意，从反思性偏好的角度来看，q^* 对所有个人来说都不如市场安排：C 得到的 X 少于他在市场供应条件下购买的 X，而 A 和 B 得到的 X 远多于他们由反思性偏好确定的消费量 q_A 和 q_B（即位于 D_A^R 和 D_B^R 下面、q_A^* 和 q_B^* 左面的阴影区域小于位于其右面的阴影区域）。这个结果是靠公共供应的技术获得的。政治结果虽然基于可以说更优的偏好，但相对于这些偏好而言，并不优于在分散化市场机制下取得的结果。

这里提出的观点非常重要，值得特别强调。在这里所举的例子中，我们只是简单地假设：有益品的概念完全有意义并有效；从伦理的角度看，p 型偏好是一种理想的偏好;从个人都认识到自己在自由市场上消费 X 太少的意义上讲,产品 X 对于所有个人来说都是"有益"品。这组假设看起来非常适合用来证明政治过程的正当性,而市场结果从 p 型偏好的角度看,对于个人来说比政治结果可取。因此,根据假设,从规范的角度看,要想优于政治结果,市场结果在一个产品 X 对于部分人是有益品而对其他人并不是有益品这种不那么慷慨的条件下,似乎不太可能不被至少部分个人出于 p 型偏好所喜欢。显然,只从规范角度看 p 型偏好优于 m 型偏好是不够的:市场结果仍有可能在伦理上占优。

第三,关于作为反思性偏好和 p 型偏好基础的完全抽象原则的规范权威,可能存在正当性问题。这些偏好有一个典型的特征,即它们无关紧要:选民个人投票给谁的决定无关紧要。同样,道德主体的纯粹抽象反思也没有什么意义,除非这种反思影响到他们的行为。至少,真正的道德选择需要某种严肃性——一种可以说只有在替代性选择的结果以某种方式直接影响选择者时才能算是不折不扣的严肃性。从这个意义上讲,选举行为被一种可以说不利于道德评判的方式去场景化。有人可能会问,决策者在不必考虑自己的决策会产生什么结果的情况下,即便竭尽全力去想象自己的决策会产生怎样的结果,并努力用这些牢记心头的结果拷问自己的道德情感,一项决策又怎么可能具有道德权威性呢?

最后,我们似乎没有特别的理由假设选民会为了道德而投票。如果投票的核心事实是,个人投票没有任何明显的结果,那么我们为什么要假设投票可以让选民满足自己的道德偏好呢?同样,我们为什么不假设选民会出于其他的考虑投票,如果他们私下里这么做,有可能要付出代价?为什么选民不会"开玩笑地""异想天开地"或"恶意地"投票?难道我们就不能把政治说成是个人表达自己"激情"——包括但不仅限于道德激情——的场合?我们有什么理由假设道德激情会明确占优?

事实上,似乎至少有些论证证明了相反的观点。我们来考察一些恶意行为的具体实例。我们是否有理由相信,比方说,利他倾向会在选民投票时压倒恶意倾向?或者说,我们是否有理由以有关的制度方式提出这个问题:我们是否有理由相信,从市场过程到政治过程的转变降低恶意行为成本的幅度比降低利他行为成本的幅度更大？很明显，这两种行为对个人来说都是成本很高的行为：说利他行为成本高，是因为我们必须放弃自己的消费才能把消费权利让给别人；而说恶意行为成本高，则是因为对他人造成的具体伤害通常要付出很大的代价。雇用一个效率较低的白人，而不是雇用一个效率较高的黑人，会令公司付出利润下降的代价；宁愿光顾较远的商店，也不愿去附近犹太人经营的商店，就要承担不便的代价；拳打讨厌的邻居的鼻子，有可能招来报复；等等。但是，同情是一种"得到认可的"情操。公正的旁观者也会同情利他者，我们会称赞利他者的慷慨。个人做出利他行为，可以在威望、受尊重和情操方面获得实质性的正收益；而做出恶意行为，则通常会获得负收益。因此，虽然政治过程能降低利他行为的成本，但也会减少收益。投票支持利他政策的人都是匿名投票，即使被指认出来，也不会对政策结果负责。那么，这些选民中有谁会成为公众尊重的对象呢？相比之下，政治机制的匿名性，会实际鼓励恶意投票：我们能表达自己的恶意，而不必承受受害者或外部观察者的指责。因此，有人可能会推测，政治过程倾向于鼓励本来处于休眠状态的恶意的表达，并且更有可能"扬恶抑善"，因为利他的善行更有可能在市场环境中得到表达。

在这个连接点上，有必要回到我们把收入再分配作为"有益品"的讨论上来。我们的感觉是，支持再分配的政治意识形态说辞作为一个非正式的经验论问题，至少以唤起人们的"仇富"情绪和对穷人的同情为取向。换句话说，据我们推测，本文的矩阵4能比矩阵2更好地揭示隐藏在再分配背后的动机取向。矩阵4能产生相似的结果。富人要承担转移支付，因为投票支持对富人征税，对于适用矩阵4的全部选民个人来说是占优策略。当然，矩阵2和矩阵4之间的差异具有一些政策意义。如果恶意是主要动机，那么我们就可以预期，再分配政策将被执行到超过穷人有望受益的点：例如，累进所得税的最高税率将被提高到远远超过税收收入最大化的水平；"提供特殊待遇"的钱袋子完全被掏空，全然不顾任何能证明提供这种"特殊待遇"对穷人有害的证据；等等。在这个例子中，再分配在政治均衡的条件下进行，但并非源自"有益品"概念本身，而是选民表达恶意情绪和嫉妒的"意外结果"。关注相对收入（而不是，比方说，关注最贫困者的处境），是目前许多政策文献论述分配目标的特点，部分原因可能是，把嫉妒/恶意的政治相关性默认为动机。

第十四章 对有益品概念的正当性证明

矩阵 4

我们所考察选民的投票	其他选民投票		
	Ⅰ 多数选民支持	Ⅱ 多数选民反对	Ⅲ 支持和反对人数各占一半
支持向富人课重税	2	102	2
反对向富人课重税	0	100	100

在这个具体的例子中，由政治过程激发的令人讨厌的动机，可以说造成了并非完全令人不快的结果。我们似乎找不出任何特别的原因可以解释为什么会经常出现这种情况。例如，我们可以推测，一般而言，种族和性别歧视更有可能出现在政治行动而不是个人行为中。

更一般地，我们似乎没有特别的理由认为，选举过程的特点就是把偏好与结果分离，应该会导致 p 型偏好比它所对应的 m 型偏好更加"道德"。确实有一些有力的论据似乎在暗示相反的观点。虽然我们无意在这里明确讨论这些论据，但我们至少已经介绍过这些论据。我们必须认识到的最重要问题或许是，这样的争论是必要的。如果不承认基本偏好在性质上的差异，就对政治机制和市场机制进行评价，这样做根本无法令人满意。当然，激进的消费者主权支持者可能立刻就会躲在坚持那些"理想市场"上表达的偏好的权威性背后寻找庇护。对于他们来说，p 型偏好系统偏离在类似的市场环境下表达的偏好，这一事实表明了一种依赖市场机制的理由，但与正统的公共选择理论中常见的反对多数决政治过程的论点完全不同。虽然我们对这一立场有些同情，但不能谎称它完全无可非议。本部分的目的就是探讨"政治偏好"的一些利弊，并具体考察是否可以推测"有益品"理应通过政治机制来保证它们的系统供应。我们要说的是，这类抽象的行为准则虽然似乎有可能被个人用作认定自己在市场上表达的偏好是"错误的"的依据，但在选举环境下往往能得到更广泛的认可——从这个意义上说，政治过程有利于有益品供应。此外，政治过程也与各种病态的选举表现有关，因此，我们有理由担心后一种偏倚会占主导地位。

四、总结与结论

为了把有益品作为一个与政府干预市场过程的规范理论有关的概念来对待,需要进行以下两方面的论证:从某种意义上讲,个人的市场偏好有可能是"错误"或"被扭曲"的偏好;我们可以在某种程度上合理地预期,政治过程能"纠正"这样错误的偏好。这两个方面的论证都至关重要。一旦认识到它们的必要性,我们就能从现有文献中得出以下这个唯一的结论:政府行动的有益品论是站不住脚的。有益品概念要么就像麦克罗所说的那样是一只规范空匣子;要么如海德所言,从它认为消费者偏好"会出错"的角度看,是一个有意义的概念,但政治过程不可能纠正这样的偏好错误。

本文的目的是要考察麦克罗和海德关于有益品的主张,我们的出发点是证明选民在大规模多数当选制选举中表达的偏好与消费者在完美市场上表达的偏好有本质的区别。在市场上,个人是在选择结果;而在选举中,选民个人并不是在选择结果。这是因为,在选举中,并没有结果可供选民个人以同样的方式选择。由于这个原因,即使政治过程能够反映某些中间选民(或其他有代表性选民)的选举偏好,也不能指望政治结果能反映公民对结果的偏好。因此,市场上的消费者选择不能产生适当水平的有益品供应,并不意味着选举选择就不会产生这种情况。在此基础上,我们可以拒绝海德认为政治过程绝不可能产生有益品的命题。

但在我们看来,似乎可以提出更加有力的主张——我们认为可以明确假设,有益品可以通过政治过程来供应。为了证明这个假设的合理性,我们需要进行几方面的论证。首先,我们甚至可以从彻底主观论的角度来证明有益品概念可以被赋予内容。个人可以表达 m 型偏好和 p 型偏好,具体取决于选择场合。我们可以假定个人能评估这些偏好——事实上,如果不对偏好进行评估,个人就无法做出制度选择。我们把对偏好的偏好称为"反思性偏好",并且认为,至少在某些情况下,个体会表达一些经过反思以后宁可不要的 m 型偏好。个人在反思以后愿意消费更多的产品是"有益品"。其次,我们证明了反思性偏好在一个重要方面很像 p 型偏好;也就是说,这两种偏好都没有选项的

第十四章 对有益品概念的正当性证明

即时性和个人利益的主要相关性这两个 m 型偏好的特征。选举背景下表达与反思性偏好相关的原则的成本比市场背景下要低。基于这些理由,我们得出以下结论:p 型偏好有可能以有益品供应为取向。

在谈论这么多内容以后,请允许我们提醒读者诸君。在某些情况下,p 型偏好和反思性偏好也可能大相径庭。有时,是一些恶意、轻浮或者病态的动机促成了政治支持,因为这类情绪通过政治渠道来表达成本相对较低。毕竟,反思性偏好应该比 m 型偏好具有决定性意义这一点可能并不非常清楚,或许,反思性偏好也可能是"错误"的偏好。在我们看来,我们有很充分的理由把个人在"完美市场"上表达的偏好(通常优于个人在投票站表达的偏好)作为一种概念规范。然而,这个理由肯定会遭到质疑。这个问题并不是仅仅依靠求助于"严格意义上的个人主权"就能解决的问题,因为一旦我们认识到偏好具有情境依赖性,那么个人主权的概念就没有明确的定义。

由于这个原因,有益品概念及其涉及的偏好评估问题,绝非什么规范空匣子,实际上对于证明政府干预市场过程的理由至关重要:如果没有元偏好规范,就根本不可能对市场机制和政治制度进行比较。一旦有关有益品的考虑因素的制度相关性得到承认,它们的规范相关性也就变得显而易见。基于这些理由,在我们看来,有益品辩论所涉及的整个偏好评估问题,要远远比专业人士迄今认识到的更加重要。

第十五章

新概念的适用范围

第一节　关于大都市财政问题的再思考：预算职能和多级政府[①]

查尔斯·M. 蒂布特　大卫·B. 休斯顿

　　查尔斯·M. 蒂布特和大卫·B. 休斯顿(Charles M. Tiebout and David B. Houston)认为，由于某些产品的消费会产生精神外部性，因此，社会会做出政治决定来宣布某种产品是有益品或有害品。由于联邦和地方政府都可能要确定某种产品是有益品或有害品，而且要通过确定有益品的理想消费水平或有害品的可容忍消费水平来允许他人或排斥他人分享，因此需要解决一些棘手的问题。作者撰写本文的目的就在于讨论这些问题。最后，本文的作者认为，有必要对有益品和必需品概念进行区分。本文的两位作者以艺术为例表示，无论收入分配如何，真正的有益品都应该得到补贴。他们还以住房、医疗和类似的服务为例指出，必需品只能在实现更加公平的分配之前才应该得到补贴，并且认为，更加公平的分配会使对这类产品的补贴变得多余。按照蒂布特和休斯顿的说法，这两类产品都应该得到补贴，但原因不同。必需品之所以应该得到补贴，是因为有人买不起他们客观需要的商品；而像艺术品这样的有益品应该得到补贴，是因为一些与支付能力无关的文化考量。本文的两位作者认为，对必需品的补贴应该止于收入分配变得更加公平之时，但并没有考虑何时结束像艺术品这样的真正有益品的补贴。在蒂布特和休斯顿看来，必需品并不属于所谓的有益品的范畴。

※　※　※

　　两组不同的问题造成了当前大都市财政的"混乱"状况。第一组被我们称

[①] 本文在征得麻省理工学院出版社允许后转引自：Charles M. Tiebout and David B. Houston, "Metropolitan Finance Reconsidered: Budget Functions and Multi-level Governments," *The Review of Economics and Statistics* 44(4) (November 1962): 412—417. Copyright © 1962 by the President and Fellows of Harvard College.

为"传统"的问题,主要有所谓的"不断增长的服务需求""税基太小""税制陈旧""缺乏规划"以及其他常见的问题。在不质疑这些问题严重并需要注意的情况下,我们希望考察被忽视的第二组问题。

把政府的预算职能置于新发展起来的公共财政理论①的背景下审视,我们就能发现第二组问题。我们在这里把政府看作履行某些总体预算职能——提供产品和服务、负责收入再分配和稳定经济——的机构。但是,除了提供社会品这样的产品和服务外,很少有人关注把新的财政理论应用于较低级别的政府所涉及的预算问题以及随之而来的财政联邦制问题。我们认为,大都市财政的许多"混乱"状况是由对大都市财政要履行的预算职能的误解造成的。就如我们要指出的那样,问题的核心在于政府单位之间的垂直关系。在财政联邦制下,由于未能解决纵向关系的问题,因此,政府单位之间存在一些横向冲突。虽然我们的讨论普遍适用于较低级别的政府,但我们主要关注问题更为突出的大都市地区。

本文将围绕政府所执行的各种预算职能展开讨论,先简要讨论社会品供应的问题,然后考察一些政府干预消费者主权(有益品)的问题,最后再考虑政府进行再分配时涉及的问题。② 对于政府的每种职能,我们都假设一套垂直规则来安排政府之间的关系,而这样的安排有助于我们阐明将要论及的问题。

社会品供应

政府被要求供应某些类别的产品,因为这些产品的消费会产生外部性。所以,由私人通过市场来供应这些产品被认为会造成供给不足。③ 有些被认

---

① 以下作者的文章论述介绍了这些较新的财政理论——不过用"最近的兴趣"(recent interest)这个词也许更好: Richard Musgrave, *The Theory of Public Finance* (New York, 1959); Paul Samuelson, "The Pure Theory of Public Expenditures", this Review, XXXVI(November 1954)1387－1389; "A Diagrammatic Exposition of a Pure Theory of Public Expenditures," Ibid., XXXVII(November 1955), 350－356; "Aspects of Public Expenditure Theories," Ibid., XL(November 1958), 332－338; Charles M. Tiebout, "A Pure Theory of Local Expenditures," *Journal of Political Economy*, IXIV(October 1956), 416－424.

② 这里使用"供应"一词,并不一定意味着政府要花费支出。洛杉矶立法禁止焚烧垃圾,可以被认为是试图"供应"新鲜空气(消除烟雾)。

③ 本文没有讨论预算稳定经济的职能,因为大都市和地方政府在这方面的灵活性相对较小。

第十五章 新概念的适用范围

为私人市场不能提供令人满意的解决方案的产品,被称为"社会品"或"集体消费品"。①

我们应该认识到外部性的存在以及外部性存在的程度是消费者效用函数的构成变量。有些人可能会感知到巨大的外部性,而另一些人则根本没有感觉到。反过来,外部性的存在和存在程度只能通过关注消费者的偏好来确定,这在民主社会就是某种形式的投票表决过程(确定选民和多数涉及的概念问题的确是一些棘手的问题,我们完全可以认为讨论这些问题超出了本文的范畴)。这样一种投票表决制度必不可少,并且能解决两个问题,而不是一个问题:①哪些产品是社会品,并且在多大程度上是社会品?②它们的溢出效应能涉及多大的地理范围?

作为起点,我们建议通过投票过程建立下列纵向关系来确定哪些产品是社会品,并进而确定应该由哪个级别的政府负责供应社会品。

在所有产品的集合中:①有一个产品子集被认为是全国性的社会品,由联邦政府负责供应,如国防。②另一个产品子集已经通过投票被确定为部分地区性和部分全国性社会品,由联邦政府及其下级政府机构负责供应这类混合社会品,如高速公路。③所有其他产品都留给非联邦政府确定是不是社会品,这个过程在各级政府重复进行。联邦政府以下的州政府把其中的某些产品归入州社会品,如州治安服务;而把另一些产品归入混合社会品,如教育,因此,与最基层的政府一起负责供应。剩下的产品,绝大多数是私人市场产品。在确定了这样的顺序以后,从理论上讲,就可以对应各种不同的产品,创建政府负责供应的机构。

遗憾的是,现实世界的政治边界缺乏柔性,从而导致不同社区之间收益和成本的"溢出效应"问题。这种溢出效应问题在"巴尔干化"的大都市地区尤为严重。由于已经在其他场合讨论过这种问题,我们就不在这里再重复了。②

---

① Musgrave and Samuelson, op. cit.
② Charles M. Tiebout, "An Economic Theory of Fiscal Decentralization," in *Public Finances: Needs, Sources, and Utilisation*, National Bureau of Economic Research (Princeton, 1961), 79—96.

规模经济

但是,有一个问题——规模经济问题——持续受到大都市财政问题讨论的关注。规模经济常常在大都市政府的宣传中受到称颂。例如,在迈阿密,大都会戴德县(Metropolitan Dade County)的投票受到了口号"经济与效率"的影响。就我们的垂直规则而言,生产中的"经济"(规模经济)可能意味着政府单位太小;而反对者则以地方主权"成本"为由反对大政府。

大都市财政的"规模经济"与"地方主权"问题之争的解决方案,可以通过考察存在规模经济的情况以及供应社会品的收益主要归本地社区——即对其他社区的溢出效应可忽略不计——的情况来说明。这样,如果我们明白政府供应社会品并不一定就意味着政府要生产社会品,如政府购买私人承包商的牛奶向学校供应免费牛奶,那么就不难理解大都市财政的规模经济问题。就规模经济而言,这种供应和生产相分离的做法是洛杉矶地区很有特色地执行所谓的"莱克伍德计划"(Lakewood Plan)的基础。

为了获得销售税补贴,洛杉矶县的一个非法人地区可以通过投票决策把自己部分并入城市。反过来,合并新设立的城市可与县政府或私营企业签订合同采购大部分它要供应的社会品——治安和消防、道路保养和其他诸如此类的服务。这一安排被称为"莱克伍德计划"——莱克伍德是第一个签订这种合同的城市。洛杉矶县按成本——显然是平均成本——提供这些服务。不同社区可以订购他们选择的服务数量,如 5 辆 24 小时服务的巡逻车,每年订购每辆巡逻车服务的价格都是事先确定好的。在这种安排下,较小的城市可以签约购买它们自己没有经济能力提供的服务。即便是规模较大的城市,也觉得签约购买划马路中线和十字路口斑马线等服务,比自己做要便宜许多。

因此,莱克伍德计划十分注重实现生产中的规模经济,并不一定意味为着要合并供应社会品或下文讨论的有益品和必需品。大多数关于规模经济问题的讨论忽略了这个问题,从而使这个问题看起来比实际难解决得多。

第十五章 新概念的适用范围

对消费者主权的干预

除了那些被归入社会品的产品外，政府还通过增加或减少供应某些产品来干预消费者主权。为了寻找采取这些行动的依据，一些作者把这些"政府干预的产品"称为"有益品"①。因此，凡是政府供应超过私人市场供应的产品，就被归入有益品；凡是政府进行反向干预的产品，就被认为是有害品。由于现有文献中关于有益品的讨论不够明确，因此，我们来讨论这些产品的性质或特征。

与社会品一样，有益品也有外部性。但是，有益品的外部性，本质上是一种精神外部性。这就意味着，要在个人的效用函数中纳入其他人的有益品和有害品消费。有益品与社会品的区别在于社会动机不同。宣称某种产品有益的公民相信这种产品对个人"有益"，因此，他们会鼓励消费这种产品，这种产品产生的外部性以公民获得"精神收益"的形式表现出来。社会品的外部性比较客观，而供应社会品的动机就是让全体公民享受外部性，而如果公民个人购买消费，就会失去这种外部性。

有益品供应会涉及一些财政联邦制的问题。这些问题是由以下事实造成的：公民同时是几个不同级别政府辖区的选民，认识到必须为实现地方自治的愿望而做出妥协。这就引入了发生冲突的可能性。如果我们假设有益品供应要遵守一组垂直排序规则，那么就能突出这些冲突的性质。我们建议，应该让这些规则近似于各级政府的明示规则以及（但更经常是）与不同级别政府有关的隐性规则。更重要的是，它们明确了需要解决的问题——应该由哪级政府决定某一特定产品是或者不是有益品。

各级政府与有益品供应有关的规则可概念化如下：从联邦层面开始，由公民根据"多数决原则"投票，从所有可能产品的集合中确定一个既非有益又非有害的产品的集合，通过私人市场根据消费者偏好供应。② 剩下的其他产品共有以下三类：①一些属于联邦政府负责且没有任何联邦以下政府反对联邦

---

① Musgrave op. cit., Ch. I.
② 我们再次重申，多数的技术定义超出了本文的范围。

政府立场的有益品或有害品,如吸食海洛因在全部50个州都被认为有害。②其他有益品部分由联邦政府供应,但联邦以下的政府可以选择把这些产品宣布为有益品或有害品,如联邦酒税,州也可以选择对烈酒消费课税。实际上,联邦政府对这些产品的有益性和有害性规定一个最低标准。③还可以把另一些产品认定为可能有益或有害的产品,但最终的决定权交给联邦以下的政府,如市政府供应海滨浴场。

各级政府按降序对有益品进行分类,但有一个约束条件,即下级政府不得改变上级政府的决定,就连执行力度也不允许改变,如不可恢复奴隶制或者废除联邦烟税。①

我们来考察一个希望使赌博合法化的城市,作为纵向规则实施问题的一个例子。联邦政府显然认为——撇开任何宪法问题不谈——赌博是一种选择权应该交给下级政府的产品,因此把赌博的选择权交给各州。这个城市所在的州可以把赌博归入有害品,如果是这样,这个城市就无权选择是否允许赌博。

从概念上讲,效率除了要考虑成本外,还意味着行政区划的界限至少与有益品供应范围的界限一致。这一点类似于社会品供应。但是,正如下面的例子所显示的那样,有益品和有害品的供应范围在本质上是不对称的。为了更加生动地举例说明,我们再次回到大都市地区。

我们先来考察一个把某种产品作为有益品的例子。有个当地社区可能希

---

① 这种层级排序在重新考虑下级政府的地方没有解决有益品供应最优方案的问题。换句话说,虽然社会品供应可以根据生产的规模经济和受益范围,按垂直层级配置,但这种解决方案对于有益品并不适用。有益品没有空间范围,除非被某些政治界限所定义。那么,怎么会有这个问题呢?试想一个拥有100万人口的国家,以及其中40万人认为是有害品而其他人则认为应该把决定权交给下级政府的一种产品k。如果不能在全国获得多数票通过,那么某个下级政府是否就会宣布它为有害品呢?如果认为产品k是有害品的公民在空间上分布不均匀,那么他们有可能在某些政府辖区占多数。现在,假设必须重新划分行政区划,确定下级政府的辖区边界。那么,如何实现最大化呢?创建一个选民只有40万并认为产品k是有害品的政府辖区,似乎并不能令人满意。他们不需要宣布产品k是有害品,因为他们一致同意不消费这种产品——除非他们采取保护自己不受短视症伤害的措施,如投票赞成统一时间关闭酒吧以实行自我保护。其余60万人都住在不认为产品k是有害品的州里。事实上,如果下级政府认为产品k不是有害品,就会把它归入私人品。在另一种极端的情况下,我们可设想这样一种选区划分:把40万认为k是有害品的选民分在一个选区,另外再增加399 999个其他选民。如有最优解决方案的话,那么,哪个方案最优呢?坦率地说,我们通过考虑由其他变量或历史因素决定的地域政治边界来回避这个问题。

望提供社区大学、海滨浴场、音乐会、动物园等设施。如果这个社区能够识别本社区的居民,那么它就能阻止附近社区的居民享受这些设施。因此,这个社区通过发放海滨浴场标签来阻止非本社区居民使用本社区的海滨浴场,因为它没有义务补贴非本社区居民。

但是,解决有害品的问题没有这么容易。我们举例说明那些认为赌博和酒吧是有害品的社区所面临的困境。不论怎样,一些与这些社区相邻的社区可能没有宣布这些产品为有害品。由于城市内部的高度流动性,因此,某个社区在有害品供应的问题上几乎无能为力,而唯一的解决办法就是阻止本社区居民走出社区,这显然是不可接受的。

于是,现在的问题是,虽然某个社区可能阻止非本社区居民享用它供应的有益品,但它却无法阻止它自己的居民到附近社区消费被这个社区宣布为有害品的产品。

因此,在没有任何与有益品供应范围有边界相邻的政治(行政区划)单位供应有益品的情况下,有两个选择方案可供选择,但都不能完全令人满意。第一个方案是,把选择权交给下一级政治单位,由它们决定是否供应某种有益品。以上例子已经说明了这种方法的局限性——采用这种方法的结果通常是无效的供应,尤其是在涉及有害品的供应时。第二个方案是,让上一级政府负责供应。这样,问题就变成:这种方案通常会导致把有益品消费(或有害品禁令)强加给一个大于公众舆论或选民偏好所能保证的公民群体。

收入再分配

到目前为止,我们已经考察了适用于干预(有益)品供应的纵向规则。政府也会对收入进行再分配。在考虑各级政府的再分配活动之前,我们认为有必要为政府供应的产品确定一个不同的类别。按照供应这类产品的原因,我们把这类产品称为"必需品",而且它们似乎只与再分配预算有关。

必需品

公民通过政府来决定他们希望按收入等级对收入进行再分配;这种再分

351

配采取实物收入而不是货币收入的形式,因此需要明确规定某些用来实施转移支付的必需品。

采取实物收入形式的再分配决定,意味着有些需要应该优先得到满足。住房、医疗等这类产品和服务是某些群体的"必需品",而貂皮披肩并不是必需品。从这个意义上说,奢侈品税和实物(必需品)转移支付背后有着相同的动机。

必需品不应与有益品相混淆。有人可能会说,政府资助的廉租房和貂皮披肩分别属于有益品和无益品。然而,情况并非如此,因为在收入分配更为平等的情况下,它们将不再分别属于有益品和无益品。相比之下,无论收入分配规模大小,都有可能存在补贴艺术工作室的愿望。因此,艺术工作室属于有益品,而不是必需品。① 必需品的主要特点是,它们在再分配中发挥作用。在一个不需要大规模再分配收入的社会里,就不会有必需品。

纵向规则

毫无疑问,政府确实以这种或那种方式,按收入等级对收入进行再分配。但是,有人可能会问,这是不是各级政府的"正常"职能?② 这个问题又涉及财政联邦制的问题。如果联邦政府已经通过自己的行动实现了对收入的适当分配,那么下级政府是否有权改变解决方案呢?显然,如果两级政府相继试图改变对方的解决方案,那么结果就是不稳定,而妥协也不会令双方都满意。

让我们举一个极端、纯粹假设的例子来说明如何引导地方政府遵守纵向层级规则。我们假设联邦政府被认为拥有最终决定权,并且设定了"适当"的分配规则。不过,我们还假设某个社区的全体居民,不论贫富,都同意收入分配应该比联邦政府认为的"适当"分配更加公平。由于这是全社区居民的一致

---

① 我们承认,这个有益品的例子可能涉及某种再分配的形式,但这种再分配不应与按收入等级进行的再分配相混淆。在供应有益品的过程中发生的收入再分配只是偶然的。把免费艺术工作室归入有益品范畴的初衷是为了增加艺术品产量,而不是因为艺术家穷而给他们提供实物收入。

② 有人可能会问:"这个社区能够避免进一步的再分配吗?"在不课征很多税收并且没有很多居民的情况下,也许不可能。本文承认收入分配和产品供应的问题必须同时决定。请参阅:Robert Strotz,"Two Propositions Related to Public Goods," this Review, XL (November 1958), 329—331; Kcimei Kaizuka, "Comment," Ibid., XLIII (February 1961), 92—93。

看法,因此,社区准备征税和进行收入转移,并且一直持续到社区完成适当的"分配"为止。这个例子虽然在财政上与联邦治理不符,但从道理上说应该是合理的。

现在,我们来研究一套不那么不切实际并且不需要全体通过的收入再分配规则。这些规则规定联邦政府:①通过税收和转移支付来实现"适当"的收入分配。②对下级政府进行其他形式的再分配规定如下[①]:首先,在任何情况下,下级政府都不能逆转上级政府的总体再分配方向。其次,州只有在多数选民(某种程度上被定义为遭受税收损失的选民)投票同意的情况下,才可以不按照联邦分配规则进行自己的再分配。转移支付的受益人无权参加投票。如果州内某地方选择不按州投票决策的"正确"模式进行再分配,那么同样只有税收损失的选民才能参加投票,而且投票方向必须保持不变。因此,从本质上说,一旦上级政府设定了"正确"的分配规则,它的职能就是保护可能要缴税的选民的状况,使他们不受有可能获得转移支付的选民专断行为的影响。在一个本来很贫穷的社区,少数富人得到了保护,没有受全体选民简单多数投票通过的规则的影响。

大都市地区的再分配

地方—都市层面的再分配问题是一个重要且现实的社会问题。乍一看,地方政府似乎并没有按照上述规则行事。但是,就投票机制而言,只要再分配决策是由政治精英做出的,那么,实际"选民"就都是(或大部分是)税收损失者。有人可能仍然会问,既然采用这种机制,富人怎么会同意实施进一步的再分配。

也许,我们必须从"公民精神""社会责任"等词语中寻找最合理的解释。在一定程度上,富裕的居民往往愿意让地方政府进行再分配,从而发挥慈善机

[①] 在佛罗里达州和其他州取消遗产税后,1926年,联邦政府通过了州遗产税税收抵免80%的条款,这就是联邦政府占据主导地位的一个例子。虽然这项法案背后的一个动机是为了避免州与州之间的横向竞争,但这项法案的隐含意思是,联邦政府赞成这种再分配行为。

构的作用。① 的确,在研究地方政府的财政行为时,对慈善理论进行讨论或许是适当的。②

由于允许地方政府实行再分配,因此出现了一些问题。在我们将要讨论的三个问题中,前两个问题与再分配过程有关,即与政治运作方式有关。这种政治运作方式使社区能够进行"适当的"再分配。第三个问题就是再分配导致横向冲突的问题。

地方政府实施的再分配不太可能完全采取"纯粹"的税收和转移支付的形式,但物品供应方面的净剩余能收到殊途同归的效果。③ 低收入者获得的福利可能比他们缴纳的税款还要多。高收入阶层能接受多大的由再分配导致的不利于他们的净剩余,在一定程度上取决于收入转移的形式。"纯粹"的收入转移形式,即税收和转移支付,可能不会受到太多的青睐。以生活必需品的形式增加福利(如提供学校免费午餐)的税收,可能会更受欢迎。

再分配的第二个方面是,从政治上讲,把廉租房作为社会品,而不是必需品,更加可取。如果我们认为所有的人都能受益于廉租房,那么就比较容易获得税收支持,尽管支持者的真正动机是提供作为必需品的廉租房(再分配)。

大都市地区地方再分配的另一个结果被认为是横向冲突。有人可能会说,由于相关规则没有发挥作用,于是就会出现"税收殖民地"。在大都市地区,居民社区有一定的自由选择权;而对于高收入的上班族来说,情况尤其如此。因此,任何收入再分配"过度"的社区都有可能失去其高收入居民。高收入人群可能会重新聚集到郊区的"税收殖民地"。

结束语

多伦多大都市协会(Board of Metropolitan Toronto)理事会主席弗雷德里克·C.加德纳(Fredrick C. Gardiner)表示:"大都市政府提供大都市产品,

---

① 显然,如果税收损失被"公民精神"创造的精神收益所抵消,那么就不存在净税负。我们在讨论受益时忽略了这一点。
② 应该指出,某个社区内的慈善机构提供的物品可以由另一社区的地方政府来提供。
③ 个人的再分配"净剩余"等于享受到的福利减去所缴纳的税款。

而地方政府则提供地方产品。"①这种说法无论多么吸引人,都是在回避问题。

即使只提供社会品,我们也没有机制来确定哪些是"地方社会品"、哪些是"大都市社会品"。此外,正如本文所显示的那样,政府同时提供有益品和必需品。在把政府提供的这两种物品也列入公共预算以后,问题就会变得更加复杂。

本文的目的就是要关注这些问题,并构建一个通过区别对待这些问题来降低复杂性的分析框架。反过来,我们又认为,在我们分析的背景下,审视解决大都市再分配问题的政策将更有意义。

---

① "Municipal Affairs," Proceedings, *American Industrial Development Council*, Annual Meeting, Atlantic City (March 1960), 124.

第二节 "有益品"概念：经济学理论和经济思想史中的伦理维度[①]

威尔弗莱德·维尔·埃克

在这篇论文中，威尔弗莱德·维尔·埃克对"有益品"概念进行了辩护，并且通过把康德的哲学观点应用于对基础经济学家亚当·斯密和亨利·西蒙斯(Henry Simons)[以及德国基础经济学家沃尔特·欧根(Walter Eucken)]著述的阐释，对有益品概念的用途进行了扩展。因此，"有益品"概念被用来对政府的一些职责（如为使自由市场经济正常、有效并以人道的方式运行提供制度安排）进行分类，并证明它们的正当性。在方法论上，本文把经济学理论、经济思想史和制度经济学联系在一起，从而证明了经济学不可避免地要与政治学交织在一起。

政治上强加的制度安排对于经济运行、有效运行和以人道的方式运行的必要性，证明了黑格尔认为经济领域是一种伦理安排的观点的正确性。

※　※　※

引言：问题的提出

42 年前，马斯格雷夫提出了"有益需要"的概念(1956:333—334)。10 年前，约翰·海德在一次关于有益品问题的国际会议上发言抱怨称：

> 有人也许曾预期，"有益需要"的概念到了 1987 年，就有可能显示出一个经济学概念在演变过程中常见的各种成熟迹象。根据

[①] 本文在征得作者本人和艾斯威尔(出版)有限公司(Elsevier Ltd.)的允许后转引自：Wilfried Ver Eecke, "The Concept of a 'Merit Good': The Ethical Dimension in Economic Theory and the History of Economic Thought," *Journal of Socio-Economics*, 27(1) (1998):133—153。作者威尔弗莱德·维尔·埃克来自乔治城大学(Georgetown University)。

这个预期,有益需要的简单定义或解释问题早就应该得到解决,通常也会就这个概念规范地位和政策相关性的基本分析问题达成广泛的共识。到了今天,标准教科书对这个概念的论述应该已经成为常规,而且高度统一。对于比它更出名的"孪生兄弟"——社会需要或公共品——来说,这个熟悉的过程确实已经发生,而且似乎早已基本结束。

然而,与社会需要相比,有益需要的概念提出了对于公共财政研究来说在方法论上更加困难、更有争议的问题。几代人以来,不同政治信仰的经济学家表达了许多关于消费者主权原则终极规范权威的疑惑和保留意见。传统上,经济学家对这些问题的观点似乎截然不同(1990:211)。

1996年,马斯格雷夫本人在一篇比较英国和德国公共财政传统的综述文章中写道:

> 共同关怀作用的问题[并不能]在功利主义的框架下,通过考虑人际效用的相互依赖性来得到解决,但仍让人有一种缺少了些什么的不安感觉。有益需要的概念……以及类别公平的概念……可以弥补所缺少的东西,但是,想要以令人满意的方式解决共同需要的问题,仍有许多工作要做。情况就是这样,尽管共同体的概念可能会让经济学家感到不安,而且,滥用这个概念会变得危险(1996:187)。

本文的主要目的在于:不但要通过证明马斯格雷夫最初的直觉是正确的,而且要通过证明有益品这个概念有比马斯格雷夫本人预想的更广泛的用途,来重启有关这个概念的讨论。如果本文作者对有益品概念更加宽泛的阐释可被接受的话,那么就会引发一种连马斯格雷夫本人都没有想到的范式转变——由经济学的单一个人主义范式转变为社会经济范式。如果本文作者的论点能被接受的话,那么很明显,经济学的入门教科书在很大程度上遗漏了有益品的概念,这是一件令人遗憾的事情。同样很明显并且令人遗憾的是,关于有益品问题的讨论在经济学文献中变得越来越少,而且在英语经济学文献中的出现频率要低于出现在德语经济学文献中的频率。关于从经济学的角度分析有益品问题的方法,还有很多问题需要讨论解决。现在,就让我们从头开始。

1956年,理查德·马斯格雷夫在撰写一篇关于政府预算理论的文章时,通过提出有益需要或有益品的概念,发现了把伦理学概念引入经济学思考的必要性,也就是把伦理学概念引入政府干预个人偏好被证明具有正当性的经济领域(1956:333—334)。① 马斯格雷夫在那篇文章中,首先论述了政府可以扮演服务、分配和稳定三个角色。

在扮演服务角色时,政府必须以最优的方式生产公共品,必须找到同样是最优的筹资手段;筹资采取税收的形式。政府为履行这双重使命必须克服的困难众所周知。

在扮演分配角色时,政府必须确保公民的收入得到最优分配。税收和货币转移支付是技术上有效的分配方法。然而,扮演好分配角色的主要问题不是方法,而是确定要用于再分配的收入数额。马斯格雷夫称这是社会选择的问题。他和许多与他同时代的经济学家都认为,这是一个非经济问题,也就是一个无法用经济学分析方法来妥善解决的问题。

政府要扮演稳定经济的角色,也就是在没有通货膨胀的情况下,为实现充分就业而创造适当的总需求。

为了便于解释,马斯格雷夫设想政府的三种职责由三个独立的部门来履行,而且想象政府同时履行这三种职责。他又进一步假设,借记和贷记这三个部门的资金全部交给核算部门,而核算部门确保人人都能收到贷记通知(比方说,采用支票形式)或者借记通知(缴纳一定数额税款的义务)。

但是,马斯格雷夫在他那篇文章的最后部分也承认,政府从事的某些经济活动并不能精确地按照上述三种职能来分类。他列举了两项这样的活动:为

---

① 马斯格雷夫在最近的一次自传式谈话中表示,他早期接受的德国财政和国家理论训练,使他对一个无法用两个基于个人主义假设的概念——私人品和公共品——来应对的经济学领域非常敏感。马斯格雷夫在他的谈话中明确承认,经济学实际上是社会经济学。我们来看看以下这段引语:"虽然难以确定,并且有"演砸"的危险,但从柏拉图以来,共同关怀一直是这场戏的一个组成部分,而我的有益品概念(同样适用于私人品和社会品)就为它们的角色提供了有限的戏份(Musgrave,1959 and 1987)。公务员尽职尽责观仍然是一个建设性观念,而负责任的公共领导人的观念也是如此。虽然这两种替代模式现在常被人嘲笑,但它们对于让民主发挥作用至关重要。权利和分配正义的问题也不能简约为交换原则,必须先解决这些问题,才能使这种方式发挥作用。德国传统的广泛基础以及德国传统与国家理论和财政社会学的联系(Musgrave,1980)有助于认识这些问题"(Musgrave,1993:66—67)。

穷人提供免费医疗和为廉租房提供补贴(1956:341)。这两个例子涉及的政府活动,一方面属于政府的服务职能,因为它们生产了公共品;而另一方面,政府在提供服务的同时又涉及再分配,因为并不是每个公民都有权享受免费医疗,也不是每个公民都能获得住房补贴,只有某个阶层的公民有权享受。因此,这两个例子似乎涉及同时属于政府服务和分配两个部门的经济活动。

马斯格雷夫试图通过虚构这两个例子是纯粹的再分配例子来解决这个问题。提供免费医疗和廉租房补贴被视为再分配,然后就可以与货币转移支付进行比较,再强制规定附加约束条件来限制受助人花费转移支付的自由。因此,这种再分配并不尊重消费者意愿(在本例中是穷人的意愿,即补贴受益人的意愿)的主权,而是强制限制他们的选择。马斯格雷夫虚构的解决方案产生了一个新的问题:这样分类的政府经济活动似乎忽视了消费者主权这个经济学规范准则。马斯格雷夫试图通过设问对消费者的这种限制是否理所当然应该受到谴责的方式,对这个新出现的问题进行软处理。马斯格雷夫认为不应该受到谴责,因为在他看来,消费者有时会做出非理性的选择:在确保子女接受充分的教育之前,他们会购买第二辆汽车或第二台冰箱。那些政府被证明有正当理由限制消费者选择的产品应该有一个特殊的名称,马斯格雷夫称它们为"有益品"(ibid.)。

马斯格雷夫在他后来发表的著作中经常提到有益品的问题,他还举了一些有益品的例子,如免费教育和学校免费午餐(Musgrave,1959:13;1987:453)。此外,还可以加上强制接种疫苗和各种实物补贴的例子,同样,我们可以举一些有害品的例子,如烟酒,所以,政府对烈酒(ibid. 1959:13)和烟草征收奢侈品税或"惩罚性"税收。

1959年,马斯格雷夫出版了《公共财政理论》,在研究有益品的征途上迈出了重要的一步,他给有益品下了一个独立于他自己的公共财政理论的定义。马斯格雷夫把有益品定义为:一种非常重要以至于主管当局对它们在自由市场上的消费水平感到不满时即便违背消费者意愿,也可以进行干预的产品(ibid.)。

马斯格雷夫对这个新概念并没有感到非常满意,他试图寻找不同的方法来证明有益品概念的正当性,但他承认这个术语仍有问题。①

但是,查尔斯·麦克罗并没有对有益品的概念持这种模棱两可的态度。他明确指出:这个概念在公共财政规范理论中没有位置(1968:474,482)。我们的西方经济学理论只知道一个规范:消费者个人的愿望和偏好。对麦克罗来说,经济学理论的一个任务就是说明怎样做才能尽可能地满足消费者的愿望,这就是经济学的规范思想。经济学家在创建关于政府财政的规范理论时,必须忠实于政府应该如何花钱才能尽可能有效满足消费者个人愿望这个目标。不过,麦克罗认为,经济学家引入有益品概念,就是想找到避开消费者意愿的方式以及违背自由市场经济基本公理的途径。因此,在麦克罗看来,这种思想,也就是有益品思想,在规范经济学思想中没有它的位置。他进一步指出,政府确实经常否认消费者愿望的正当性。经济学家可以对此进行描述,但不能把它纳入自己的规范思考。②

对马斯格雷夫和麦克罗思想进行比较,为把伦理思想置于经济学思想的背景下并且再次证明经济学实际上是社会经济学创造了绝好的机会。马斯格雷夫发现政府的有些活动忽视了消费者有关某些产品的意愿。麦克罗认为,有益品概念在规范经济学思想中没有位置。马斯格雷夫也承认他没有充分证明自己提出的新概念的正当性,但拒不承认一切不能满足个人意愿的政府干

---

① 本文作者不准备在此讨论马斯格雷夫在区分有益品与公共品和私人品方面遇到的困难。有时,他似乎认为有益品只适用于公共品;而在其他时候,他似乎又认为有益品只适用于私人品。他最后的观点是,有益品可以是私人品,也可以是公共品(1993:66—67)。本文作者也不准备在这里讨论马斯格雷夫似乎已经考虑过的多重定义问题,艾伦·G.普尔斯菲(1971/72:278—279)也曾讨论过这个问题。在我看来,马斯格雷夫一直反对有益品的纯专制供应,他一直认为有益品不只是对消费者意愿的修正。按照我的理解,马斯格雷夫所说的"对消费者意愿的修正"除了涉及有益品的一个子类外,还涵盖可更好定义为"对消费者意愿的干预"的整个类别。有关马斯格雷夫著作中对这两个问题的讨论,请参阅诺伯特·安德尔(Norbert Andel,1984:631—637)。海德声称,马斯格雷夫把有益品定义为"纠正个人偏好的需要"(1966:216)。麦克罗等学者对这种观点提出了异议:"因此,海德由于坚持认为'不完全认知'是有益需要的核心问题,因此严重误解了马斯格雷夫"(1968:477)。

② 在最近一次关于有益品问题的国际会议上,麦克罗采取了一种比较灵活的立场(1990:185)。在提交这次会议的论文中,他用了整整一节的篇幅专门讨论"不可减少的社会品"问题。查尔斯·泰勒(Charles Taylor)的论文以及罗伯特·E.古丁(Robert E. Goodin)、约翰·布鲁姆(John Broome)、弗兰克·杰克逊(Frank Jackson)和彼得·基尔顿福尔斯(Peter Gärdenfors)对这篇论文的点评都收录于这次会议的论文集(Brennan and Walsh,1990:45—96)。一些作者为不可减少的社会品(有益品)进行了辩护;另一些作者表示反对;而还有一些作者则认为,更重要的是,应该看到一种产品可以通过多种方式成为社会品。显然,这次会议并没能就"有益品"概念的正当性问题达成一致。

预都是非法的。

如果我们赞同麦克罗的观点,那么就是承认伦理学的思维方式与经济学的思维方式并不直接相关。如果我们同意马斯格雷夫的观点,那么就意味着接受伦理学可以在经济学思考中发挥作用的论点,但我们可能暂时缺乏足够的论据来证明这一点。

显然,我们面临一个巨大的难题。由于我们在解决一个规范问题,因此,我们最好求教于哲学思想(Ver Eecke,1984:198—202)。但首先,本文作者想概述一下这个问题涉及的大背景。

经济学理论讲的是私人品(如糖、面包、甜橙)以及公共品(如国防、纯净空气、桥梁、道路)(关于公共品问题的很好概述,请参阅:Head,1974:chap. 3)。马斯格雷夫又提出了第三个概念"有益品"。按照马斯格雷夫的观点,经济学考虑三种物品。西方经济学优先考虑私人品的概念,因为这个概念与消费者的意愿直接相关。自由市场是一种生产和以最优方式分配(希望如此)私人品的机制。另外两种物品(公共品和有益品)是私有品概念的例外。因此,我们可以称它们为非私人品(non-private goods)。由于这两种非私人品通常通过政治机制来供应,因此,我们可以给它们另外取名为"政治经济品"(political economic goods)[H. 布里夫斯(H. Briefs)建议给它们取这个名称]。

重要的是,应该清楚地了解两种由政治系统供应的物品之间的区别。公共品是政府为了尊重消费者的意愿而提供的政治经济品。消费者需要帮助,因为公共品有个人很难以最优方式取得它们的技术(实际)特征,而有益品是政府采用一种无视消费者意愿的方法,或者在一个无视消费者意愿的水平上供应的政治经济品。

上述论点允许我们断言,经济学理论需要——且仅需要——三个概念才能完整。事实上,只有两个原因可以解释为什么有益品可以是非私人品:一是实际约束,二是价值判断。[1]

---

[1] 以上论证表明,经济学理论至少需要在"经济品"这个主概念下设置三个子概念。关于证明使用和区分这三个子概念的实际重要性的研究,请参阅戈德温(Godwin,1991:415—429)。在其他场合,本文作者曾表示这三个子概念构成经济品理论的完整概念系列(W. Ver Eecke,1981:129—136)。森关于偏好排序等级的建议(Sen,1977:326—344),是把价值判断(承诺)引入经济学理论的另一种方法。

361

让我们来进一步区分由于实际约束而成为非私人品的物品和那些由于价值判断而成为非私人品的物品之间的区别。经济学理论认为,就公共品而言,它的实际特征是个人需要帮助的原因,而帮助可以在尊重消费者意愿的情况下提供。有两种实际约束可能会导致一种物品不是私人品,它们就是消费的非竞争性和排他不可能性。

当一种商品具有他人可以享用而购买它的人却不会因为他人消费而遭受损失的属性时,就存在完全的消费非竞争性。完全的消费非竞争性的例子有:在不拥挤的公园里享受清新的空气或欣赏美丽的花朵。在买家不能阻止他人享受他或她购买的商品时,这种商品就存在消费的排他不可能性。经济学理论告诉我们,在这些情况下,自由市场无法以最优方式供应此类商品(Head,1974:79 ff)。因此,这些商品的实际属性是造成它们不能被视为私人品的原因,也是它们不能通过自由市场来供应的原因。

在价值判断表明自由市场不能确保合意的消费水平时,就会出现一种完全不同的私人品例外情况,而马斯格雷夫提出的有益(害)品概念就属于这种情况。由于对有益品的价值判断不是由消费者个人做出的,因此,麦克罗声称,它们不应该属于规范经济学思考的范畴。

因此,问题显而易见:有益品这个概念是否应该被归入规范经济学理论的范畴? 如果应该,那么支持归入的理由是什么?

对"有益品"概念正当性的证明

麦克罗接受经济学只有一种方法能证明某个概念正当性——遵从消费者个人的意愿——的说法。如果我们浏览哲学史,就会发现,一位重要的哲学家,伊曼努尔·康德,用一种完全不同的思维方法——先验法——来创建他的哲学,这种方法被用来寻找可能性条件。

康德的思维方法就是集中关注两个重要的事实,然后寻找有关这些事实的可能性条件。他所关注的两个事实,即科学规律的存在性和道德义务感的存在性(Kant, 1956:166)。他在《纯粹理性批判》(*Critique of Pure Reason*)中论述了科学规律存在性的问题,并在《实践理性批判》(*Critique of Practi-*

cal Reason）中论述了道德义务感存在性的问题。因此，康德在《纯粹理性批判》一书中据理驳斥了英国的经验主义者，因为后者认为，应该完全依靠感官知觉来认识世界。康德认为，虽然我们从三个不同的角度观察一张桌子，因而会产生三种感官观察的结果，但我们仍会明确肯定只有一张桌子。康德又设问：那么，"即使我们有三种感官印象，但仍肯定只看到一张桌子"的可能性条件是什么呢？接着，他回答说：因为我们生活在一个对象世界里，而不是生活在感官印象世界里。康德认为，对象是观察到的印象和心智范畴的结合。例如，桌子是一个对象，因为我们认为它是由它被观察的正面和它被假设的背面组成的。或者又由于因果关系的范畴，任何物质对象都是被观察到的现象以及被观察到的现象随时间持续存在的假设。

康德的论证使我们能够肯定，如果我们接受只有一张桌子的看法，就必须接受：即使我们感觉到三种印象，实际、真实的感知是这些感官印象与心智范畴结合的结果。不论我们是否乐意，都必须抛弃把经验主义作为一种理论解释的做法。

康德在这里告诉我们一种新的证明方法，即通过逻辑推理来寻找可能性条件（ibid.）。这种论证方法与日常生活中使用的推理方法相同。当我的孩子渴了，我会告诉他们可以在冰箱里找到饮料。不论他们是否愿意，止渴的可能性条件就是自己从冰箱里拿饮料喝。

同样，我们能够肯定，至少有两种方法可以用来证明某物具有经济正当性。第一种方法是我们熟悉的证明方法：以最优方式满足消费者在他们看来在经济上被证明正当性的意愿。第二种方法遵循康德的思维方法：如果公民和消费者想要某种物品，他们也必须接受这种物品的可能性条件。不论愿意与否，他们都得接受。第二种论证方法基于对现实中存在的逻辑关系的洞察。这些逻辑关系，即使消费者不喜欢，也有它们的正确性。

我们把那些是消费者想要的某物可能出现的条件的产品称为有益品，即使且尤其是在这些有益品或服务本身并不为消费者偏好时。[1] 这种证明的方

---

[1] 对有益品的这种辩护，导致把有益品区分为潜在有益品（potential merit good）和显在有益品（actual merit good）。潜在有益品是指消费者想要的某种物品的可能性条件，但又是当前条件下消费者想要的物品。如果一种潜在有益品自身没有需要，那么就会变成显在有益品。这种区分方法类似于福尔克斯（Folkers）在区分有益需要和有益品时使用的方法（1974：23）。此外，麦克罗对有益品的定义局限于对消费者偏好的实际干预（1968：479）。

法有一个好处,那就是我们能够为有益品设限。政府不能随心所欲地阻挠消费者的意愿;政府也需要论证。

如果本文作者的哲学推理是正确的,它就意味着经济学思考必然会建议政府应该从事干预消费者意愿的经济活动。下面让本文作者用另一种方式来重新表述自己的思想。如果本文作者的哲学推理是正确的,那么我们就能假设经济学思考会建议政府从事既不尊重帕累托原则也不尊重消费者主权原则的经济活动。这就意味着,经济学家会建议政府从事一些可能对某些公民不利而对另一些公民有利的经济活动。因此,经济学必须成为政治经济学或社会经济学。其中,第一个名称更加强调有益(害)品供应涉及的政治维度,而第二个名称则更加强调有益(害)品供应涉及的社会维度(Smith,1965:247—250,651—652,767—768;Schumpeter,1954)。

有人可能会在这里争论说,公共品供应有时也会产生阻挠消费者意愿的同样后果,就像征地修建高速公路一样。但是,对公共品和有益品进行这样的比较是没有道理的。在公共品的情况下,相关理论要求那些因供应公共品而体验到负效用的人得到补偿。在由于不切实际或假设消费者夸大了负效用(策略性行为)的数量而没有给予补偿的情况下,相关理论仍然要求我们为负效用造成的不便感到遗憾,因为供应公共品意在改善每个人的境况。有益品是另一回事,有益(害)品理论不包括负效用必须得到补偿的观点。因此,旨在降低吸烟率的政策不需要包括对吸烟者造成的不便进行补偿的内容。同样,反托拉斯法也不包括对强加于垄断者的限制进行补偿的内容。对某些人的负效应是有益品概念本身的应有之义(Musgrave & Musgrave,1973:80—81)。一个经济学概念包含把负效应强加于某些人的意图,给我们创造了把伦理问题系统置于经济学框架内的机会。

在本文的第二部分,作者希望阐明有益品有哪些不同的类别。有趣的是,这些不同类别的有益品已经出现在经济学理论史中。我们发现,亚当·斯密(Adam Smith)、新自由主义、凯恩斯(Keynes)和当代福利国家理论都对这些不同类别的有益品进行过辩护。

对"有益品"这个术语正当性的证明

我们在这里使用的唯一证明方法隐含在以下问题中：什么是作为经济主体的公民想要的某个特定物品的可能性条件？

作为经济主体的公民，首先想要的是自由市场。[①] 如果某些条件得不到满足，自由市场就不能作为一种实际安排而存在。亚当·斯密在《国富论》(Wealth of Nations)第五部分对此进行了深入思考。亚当·斯密列举了几个自由市场存在的可能性条件：①国防；②保护财产、执行合同并由法官和政治家付诸实施的法律制度；③用于促进商业发展的桥梁、道路等(1965：653—716,especially 659,670,681—682,690)。

前两个自由市场存在的可能性条件有时被称为最低限度的国家(minimal state)要履行的职责。[②] 政府的这两个职责不能只用公共品论来辩护，因为公共品供应并不尊重甚至并不打算尊重全体消费者的意愿。斯密似乎非常清楚这一点，因为他做出了以下关于产权的表述：

> 公民政府只要是为了保护财产安全而设立的，实际上就是为了保护富人防止穷人，或者保护有产者防止无产者而设立的(674)。

此外，斯密还用价值判断来为这些政府活动辩护，如果以公共品为论据，这些活动就是多余的或者不合时宜的。我们来看看斯密是怎么说的：

> 虽然民众的尚武精神对于保卫社会毫无用处，但是，为了防止这种因胆怯而必然会导致的精神残缺、畸形和不幸在广大民众中蔓延，政府仍应该予以最认真的关注(739)。

[①] 有人可能会说，自由市场本身并不是有益品；也就是说，自由市场本身并不是一种制度或法律安排。不过，本文作者还是想说，制度安排是一种创作，要使用资源，有可能会产生我们想要的结果。只要制度安排产生某种我们想要的东西，它们就是产品或者服务。由于制度安排需要资源，所以它们必须被称为经济品。制度本身就是经济品，鉴于制度安排不可或缺，并且本身就是经济品，因此，经济学必然是社会经济学。熊彼特(1954)已经清楚地认识到这一点。最近的一份专业出版物(World Bank,1997)和一项对不同经济体制进行道德分析的研究(John Paul II,1991, ## 24,29,34,35,36,40,42,48)也都将此作为前提来接受。

[②] 德语原文用的是"Rechtsstaat"(法治国家。——译者注)这个词。

斯密还求助于第二种价值判断,他写道:

> 只有在有训练有素的常备军保护主权的国家,那种接近于放纵的自由才可以得到容忍(668)。

关于有益品这个我一直在使用的术语,斯密不但意识到某些消费者的意愿受到了最低限度的国家的伤害,而且认识到可以求助于价值判断。他还指出,为供应这些物品筹资的方式与公共品不同。在理想的情况下,公共品应该通过向得益于公共品使用的个人征税来筹集资金。此外,税额应该与每个消费者获得的效用直接挂钩。如果一个消费者因为开卡车而经常使用桥梁,那么就应该比另一个只骑车上班使用这座桥梁的消费者缴纳更多的税款。然而,对于最低限度的国家要供应的产品,斯密建议使用另一种筹资方法,他提出了一种打破缴税数额与使用这种产品体验到的主观效用之间联系的筹资方法。斯密还建议,最低限度的国家供应的产品由国家用一般收入来提供资金,而国家的一般收入由公民根据自己的能力缴纳,但与从国家供应的产品中获得的效用无关。这种筹资方法可被恰如其分地称为"支付能力筹资法"(767)。

在本文作者看来,违背部分消费者的意愿、诉诸价值判断以及采用不同筹资方法的建议,就是三个本文作者不想把最低限度国家的职责(国防、执法)纳入公共品概念的原因。按照我本人的推理,我可以把它们归入有益品一类,因为它们是把自由市场作为一种实际安排的可能性条件。因此,本文作者与大多数经济学家截然不同,不会把国防或治安视为纯公共品。

在分析亚当·斯密思想的过程中,本文作者隐含地遇到了所有权这个重大的伦理问题。亚当·斯密承认,保护所有权是一种有利于富人但不利于穷人,或者有利于有产者但不利于无产者的政府行为(674)。现在,我们的问题变成了:"这种经济上必要的财产保护,从道德角度看是否能证明它的正当性?"极权主义者的回答是,所有权必须受到限制;更确切地说,必须禁止生产资料掌握在私人手中;而西方国家的回应是,给予非所有者其他形式的保障,如失业救济金、工伤保险、工会保护工资的权利,等等。①

---

① 黑格尔(Hegel)认为,财产是自由的首要且必要客体化或体现。因此,他同时为财产权以及克服贫穷和贫困的哲学必要性辩护。关于黑格尔这些观点的详细讨论,请参阅维尔·埃克(1983:148—151;1983;192,207—213)。

第十五章 新概念的适用范围

我们从亚当·斯密那里已经了解到了第一种有益品：与最低限度国家的理念有关，并且可用它们是自由市场作为现实存在的可能性条件这一事实来证明自身正当性的产品和服务。

自由市场并不像亚当·斯密有时好像暗示的那样，是一种要是没有贪婪和未开化的国王的干预就会蓬勃发展的自然现象。新自由主义者①曾提请注意这样一个事实：自由市场是一种（即便不是大多数，也有）很多人想躲避的脆弱的人类制度。19世纪，随着卡特尔、托拉斯和工会的出现，试图摆脱自由市场的企图出现了严重的转折。②

因此，新自由主义往往不把自由市场看作一种自然现象，而是把它看作一种几乎奇迹般成功地做到了自动保证经济效率价值的非常重要的人类制度。新自由主义者声称，自由市场之所以重要，是因为它能提高效率。因此，他们也准备宣称，政府必须尽其所能地使经济现实接近理想自由市场的理论所证明的可以达到的效率。

为了防止个人逃避自由竞争市场的约束，国家不得不强制推行违反帕累托原则的措施。本文作者把这些措施称为实现自由竞争市场理想效率的可能性条件。新自由主义的一个重要的代表性人物是芝加哥学派的创始人和《自由社会经济政策》(Economic Policy for a Free Society)的作者亨利·C.西蒙斯(Henry C. Simons)。西蒙斯在他的这部著作里赋予政府五组职责，其中的四组对于我们来说十分重要。③

第一，西蒙斯提出了两项与货币制度有关的措施。他建议，银行系统应该推行强制性全额存款准备金制度，而不是目前实行的部分存款准备金制度。

---

① "新自由主义"(Neo-liberal)一词的德文为 Neuliberalismus，这个学派包括维也纳边际学派、在弗莱堡/易卜拉欣(Freiburg/iBr)为《秩序》(Ordo)杂志撰文的经济学家，以及芝加哥经济学派等不同的学术团体。埃贡·埃德加·纳罗斯(Egon Edgar Nawroth)对德国新自由主义作者的学说进行了精彩的概述(1961)。

② 基尔德公会(Guilds)、重商学派或重农主义政策都违背了自由市场法则。但是，这些违反自由市场法则的行为都发生在亚当·斯密为自由市场进行辩护和赞颂之前。此外，19世纪的实践可被看作对把自由市场作为合意的规范标准的做法提出的直接挑战。

③ 在弗莱堡/易卜拉欣，一群主要为德语期刊《秩序》撰文的作者，也在为政府从事大致相同的活动辩护。这个学派的主要理论代表人物是沃尔特·欧根(Walter Eucken, 1982:115—131)，而最著名的公众人物是路德维希·埃尔哈德(Ludwig Ehrhard)，他被认为在第二次世界大战后创造了德国经济奇迹。

他还建议应该剥夺银行把短期债务转换为长期债务的权利。以上两项措施都有助于限制银行创造信贷的能力。西蒙斯认为,这两项措施必不可少,因为创造信贷是造成通货膨胀的主要原因,而通货膨胀会导致经济活动变得畸形,还会导致低效率(1973:62—63,78—79)。[①]

第二,西蒙斯认为应该反对垄断。电力、供水等自然垄断企业必须由公共当局实施管制,必须打破人为垄断,必须依法把限制生产和人为抬高价格的行为认定为犯罪;收购产业必须受到法律约束;还必须禁止相关产业之间建立关联关系。因此,必须限制持有其他公司股票的行为,还要限制到其他公司担任董事的可能性(81—83)。

第三,西蒙斯反对关税和补贴,特别是外贸关税和农业补贴。西蒙斯只接受在"幼稚产业"发放临时补贴有它的正当性的观点(69—70,84)。

第四,西蒙斯建议采取一系列措施来提高商业效率。他认为,广告是无用的,因此,他建议对广告课以重税。[②] 此外,西蒙斯认为保护批发价格没有任何好处。他建议,立法规定人人都可获得批发价格。最后,西蒙斯似乎认为,重要的是应该向消费者披露更多的信息。他提倡采用清晰可比的价格指标,以方便不同产品之间的质量比较(72,85 ff)。

显然,我们不能根据公共品论为新自由主义计划进行辩护。事实上,西蒙斯并不尊重帕累托原则。他曾明确表示,他甚至不打算尊重那些其行为削弱或扭曲经济活动效率的人的意愿。因此,我们再次要面对许多有益品。

新自由主义者为他们的计划辩护说,竞争性自由市场有利于提高效率。现在,出现了一个新的问题:效率是一种我们应该无条件追求的价值吗?换句话说,我们难道认为效率如此重要,以至于要赋予政府违背公民个人意愿并动

[①] 本文作者并不是唯一认为稳定的货币政策是有益品的学者。B. 莫里托(B. Molitor)也这么认为。不过,莫里托认为,这是一种不同的有益品,即保证安全的有益品(1988)。本文作者把安全问题(社会安全网络)归入第五种有益品,并且把莫里托其他有关工伤事故和强制性养老金储蓄的劳动保护也归入这类有益品。本文作者认为,我们需要不同的论据,才能证明政府履行实施货币政策和构建社会安全网络职能的正当性。因此,本文作者觉得把实施货币政策和构建社会安全网络区分开来,并把它们归入不同类别有益品的做法是有道理的。最后,让我们指出,熊彼特虽然没有使用有益品这个术语,但他通过让银行家和企业家共同对经济发展负责来强调货币的巨大重要性(1969:95—127)。

[②] 目前,有人认为,广告提供经济上有用的服务:它提供信息,帮助消费者更快地接受市场上出现的新产品。本文作者觉得,这是西蒙斯的观点——广告在经济上有用,应该允许做广告。但另一方面,本文作者还认为,立法要求广告真实,同样也符合西蒙斯有关广告的著述的精神。

用权力来推行新自由主义计划的权利?

我们有什么论据可用来为政府能公正地实施新自由主义者捍卫的措施这个命题辩护? 换句话说,新自由主义计划实现公正的可能性条件是什么呢?

在这里,我们可以再次求助于康德。康德的伦理学并不是在对上帝的宗教信仰中,而是在人的理性中寻找伦理处方的依据。康德认为,过讲道德的生活就是依照道德法则生活,符合正当性的要求,并且尊重理性。西蒙斯和他的德国同行沃尔特·欧根都说自己的建议是合理的。他们的建议在细节上是否站得住脚,这是一个一直有争议的问题。大多数学术作者不再争论的是,政府在提高经济效率方面可以发挥积极的作用。[1] 然而,学术作者并不是受到促进公平商业行为的政府法规影响的主要经济群体。在康德看来,理想的情况是,对于受到限制的人来说,对自由的限制应该是理性的。

我们现在准备对第三类有益品进行论证。但是,本文作者首先希望自己的论证可以直观地得到认可。想象一下,我们都希望看到树苗茁壮成长。那么,我们难道不需要给树苗施肥,保护树根免受伤害吗?给树苗施肥和保护树根,是让树苗长大成材的可能性条件。把树苗的例子应用到我们的问题上,我们就可以说,公民的理性是政府能够采取落实新自由主义者旨在达到自由竞争市场可望实现的效率而提出的正义计划的措施的可能性条件。如果公民自身的理性没有得到改善,那么,我们怎么能希望公民接受为提高自由市场效率必须承担的责任呢?在康德看来,理性是价值具有约束力的可能性条件。康德的这个观点为支持教育提供了论据,而教育则能提高消费者的理性。因此,提高教育水平就是第三种有益品。这第三种理论假设的有益品并非没有经验证实。克里斯蒂安·希尔认为,19世纪后期所有西方社会公共预算的扩大是增加教育补贴的结果(1975)。

结束语

有益品的概念是指那些政府不能用帮助消费者实现他们意愿的说法来证

---

[1] 当然,政府在经济领域应该发挥何种作用的问题仍存在争议。目前,关于这个问题的争论是围绕市场失灵不足以证明政府这种作用的正当性这个论点展开的。"公共选择"经济学家认为,我们仍有必要证明政府干预不会造成比市场更加严重的失灵。然而,尽管有些作者认为,政府在某些领域(如专利法)根本就不应该履行职能,但是,主张限制政府的职责,实际上就是认同还有空间拓展合法的政府职责的范畴。

明其正当性的经济活动,而公共品的概念已经涵盖了政府的这些活动。但是,我们可以借助康德的论证方法来证明有益品的正当性,并且证明有益品是公民实现自由市场愿望的可能性的必要条件。

本文作者认为,存在三种有益品:第一种是与最低限度国家有关的有益品;第二种是与新自由主义计划有关的有益品;第三种是与旨在提高理性水平的培训活动有关的有益品,即教育。

这三种有益品并不是完整的有益品序列。理性不只是要求微观经济效率,而且要求贯穿整个商业周期的宏观经济效率、正义和人的尊严。这正是当代福利国家试图通过它的经济稳定计划、再分配努力以及失业救济措施和社会保障安排等社会计划要做的事情。① 对于这些计划和努力,本文没有做任何论证。②

但是,本文作者认为,通过给由财政经济学家马斯格雷夫率先提出的有益品概念提供一种证明其正当性的方法,已经为伦理学思考在经济学理论中找到了重要位置。因此,本文作者不同于那些试图把有益品概念归结为属于公共品概念的特征的经济学家③,而且也有别于把社会习惯作为一个范畴来解

---

① 马斯格雷夫所举的许多例子是实物再分配或分类再分配的例子(义务教育、学校免费午餐、政府补贴房、补贴或免费接种疫苗),因此在这一部分的论述中应该谈及这些例子。

② 本文作者在一本未出版的有关有益品的书中就是这样做的。

③ 约翰·G. 海德写了三篇论述有益品问题的精彩文章,他最终没能坚持公共品不同于有益品的观点,因为他强调把对偏好的纠正而不是对偏好的干预作为有益品的定义特征(1966;1969;1988)。在他后来发表的文章中,我们发现了以下一段话:"然而,这整个论证思路显然表明,所有的社会需要问题,从根本意义上讲,都可被看作冲动和无自制力组合涉及'较高'和'较低'偏好排序等级的泛化有益需要问题"(30)。在本文作者看来,我们必须以一种完全不同的方式来证明公共品和有益品的正当性。有些学者运用人际效用相互依赖观,把公共品和有益品联系在一起(Culyer,1971;Brennan and Lomasky,1983;Brennan,1990)。本文作者的想法是,有益品观需要更多的再分配元素,而不是人际效用相互依赖性。人际效用相互依赖只能证明有益品观想要证明的东西的部分正当性。因此,继续区分有益品和公共品仍然很重要。
借助于当代认识论是维持公共品和有益品区别有用性的另一种方法。当代认识论认为,人类的各种洞察都是有限的。有一位作者生动地描述了人类的洞察,他把人类洞察到的东西称为"棱角清晰的真相"(Desan,1972;ch. 3)。有些经济学家把有益品的问题简约或希望把它们简约为信息不足或信息有误,或者非理性决策的问题。这样的观点忽略了人类洞察的角度。当我决定购买计算机软件时,我不可能希望自己能够考虑软件销售技术的垄断问题。更有资格进行此类分析的是其他机构,如司法部的反托拉斯部。与德桑(Desan)一样,我也认为,想通过人类的洞察获悉比合理水平更多的东西的期望是非理性的。这就从认识论的角度,为证明个人和超个人组织之间的冲突打开了方便之门。不过,这并不意味着一旦发生冲突,超个人的组织总是正确的,而是意味着我们需要认识到真正冲突的存在,有益品概念就反映了这种冲突。

有一位作者很好地理解公共品和有益品概念之间的区别,而且也清楚有益品概念的伦理维度,他就是比格·P. 普里达(Birger P. Priddat,1992;1994)。

释不同社会在有益品供应方面不同做法的社会学家。① 最后,本文作者还不同于把适当的政治过程(民主立宪政策)作为证明强制供应有益品正当性的机制的经济学家和政治学家(Mackscheidt,1974;Brennan & Lomasky,1983;Brennan,1990)。

本文作者的有益品观取得了三个积极的结果。第一个是,为经济学家论述公平、补贴和有道德价值的项目的筹资方法(Buchanan,1983)创建了一个概念空间。第二个是,通过价值评判来区分公共品和政治领域的物品。价值观提供了证明推翻个人意愿正当性的论据,因此必须放在其他场合而不是公共品的讨论中。如果价值评判,除去公共品方面的效度外,还有一个核心效度,那就是可用来评判有益品(例如,惯犯必须受到严惩;必须通过发放教育券来保证孩子能够接受公共教育)。② 第三个是,制度经济安排可以被视为纯经济学理论中有概念庇护所的经济活动。制度安排违背了某些经济行为主体的意愿(如反托拉斯立法),因此表现出界定有益品范畴的特征。任何经济活动都应该有一个概念庇护所。不论怎样,本文作者认为,他的有益品观承载着比这个概念的提出者马斯格雷夫所梦寐以求的更多的经济活动。③

最后,本文作者的有益品观为解释某些异常现象创造了机会。以教育为

---

① 因此,凯·福尔克斯(Cay Folkers,1974)非常正确地强调了社会偏好对于有益品的作用。社会偏好并不总是与个人偏好一致,这表明对资源的主张并不符合消费者主权的传统。但对我来说,问题依然存在:在这些不同的说法中,哪一种能证明它的正当性?

② 马尔金和威尔达弗斯基(Malkin and Wildavsky)认为,应该废弃传统的公共品和私人品的区分方法(1991)。他们写道:"我们已经明白不可能发展一种根据事物本身的技术属性来定义公共品的方法。我们还明白,不可能证明政府以价值无涉的方式为提供公共品筹集资金的正当性。公共品理论的缺陷使得经济学家可以在经济'科学'的幌子下宣扬他们的个人价值观"(372)。通过保持公共品和有益品两个概念,我们可以反驳这些作者对公共品概念的反对,因为进行推翻个人偏好的价值判断,根据定义,就是一种有益品。

③ 克劳斯·麦克沙伊特在解释(包括部分重新定义的)有益品概念时也注意到,有益品的概念可应用到马斯格雷夫没有预见到的领域(1981:264)。布鲁诺·莫里托利用德语的一个特点,系统性拓宽了有益品概念的用途。德语允许对"有益"这个词进行动词化,就得到了"meritorisieren"(有益化)这个动词,再由这个动词造一个动名词"Meritorisierung"(宣布某种产品为有益品)。因此,莫里托认为,应该为政府把整个社会保障领域都宣布为有益品(1988)。莫里托的方法允许对有益品概念从两个方面进行马斯格雷夫的原著中没有的一般化。莫里托可以思考这样一个问题:为了提供"社会保障"类的有益品,可以设想哪些有益品子类?莫里托还可以思考以下问题:政府可以使用哪些可以想象的技术来供应整个一大类有益品?这是一个涉及面比如何为单种有益品(如学校免费午餐、政府补贴房、政府补贴的医疗等)辩护的问题更加广泛的问题。因此,本文作者觉得麦克沙伊特和莫里托的著述证明了本人根据有益品内在的哲学维度来扩展这个概念的方法是正确的。

例,许多经济学家把教育称为公共品。但矛盾的是,在美国的许多县,教育经费靠财产税来筹措。一般来说,有子女的年轻夫妇不会拥有最大最贵的房子。最大最贵的房子有时由无子女或子女已经长大成人的夫妇拥有。对经济学家来说,给教育贴上公共品的标签,就意味着政府有机会通过从每个纳税人那里筹集他们愿意为提供这种服务支付的费用来提供这种服务,从而帮助消费者实现他们的愿望。因此,把教育作为公共品,就要求政府只能筹集相当于个人觉得教育物有所值的资金(政府可以不考虑策略性讨价还价和"搭便车"策略)。因此,把教育作为公共品来供应,要求政府让个人按比例为自己的收益买单,但教育的实际筹资方式违反了这条原则。没有子女但有昂贵住房的夫妇被迫比有子女但住房较便宜的夫妇承担更多的教育经费。如果教育只能被证明是一种公共品,那么从概念上讲,部分人被迫承担的教育经费就比他们应该承担的多,而另一些人被允许承担少于他们应该承担的教育经费。动用武力迫使他人承担超出他们应该承担的代价,可以称之为"抢劫"。但是,政府也动用它的税收权力,强迫一些人缴纳超出观念上合理的税款,因此,把教育称为公共品,就暴露了目前教育的筹资方式是一种"抢劫"。在本文作者看来,教育部分是公共品、部分是有益品。把教育作为公共品,让从教育中得益最多的人承担最多的教育经费是恰当的。这就是公立大学向学生收取学费的道理。我国公民都受益于本国有文化和受过教育的人口。(有文化的人群不太可能误读医生处方,也没有必要在药店雇人为顾客解读处方。在有文化的人群中,女婿或儿媳不识字的概率很低,我认为这是所有父母都希望看到的状况。)因此,我们可以要求全体公民为教育出资。尽管如此,这个论点仍不允许政府向部分公民收取与他们的收益不相符的费用。用财产税来筹集教育经费,确实会使部分公民的税负与他们的收益不符。既然公共品概念不能证明这种筹资方法的正当性,政府就应该放弃这种筹资方法,或者寻找另一种能证明这种筹资方法正当性的方法。如果认为教育部分是有益品,那么就能证明这种筹资方式的正当性。事实上,支付能力法一直被认为是一种适合有益品的筹资方式,而财产税则可被认为是按照支付能力法征收税收。

教育的例子说明了本文作者的私人品、公共品和有益品理论的最后一个

第十五章 新概念的适用范围

重要方面。在本文作者看来,这三个概念都是理想的概念[①],并且或多或少地体现在所有的产品上。因此,在本文作者看来,问某种特定的产品是私人品、公共品还是有益品是错误的问法。正确的问法应该是,某种特定产品的哪些方面表现出定义私人品、公共品和有益品概念的典型特征?[②] 以面包为例,大多数经济学教科书把面包当作私人品。本文作者想说,政府要求提供有关面包营养成分的文字信息是对选择面包生产者的干预。因此,政府的这个要求必然可被证明为面包供应方面的一个有益品维度。同样,政府禁止使用锯末来增加面包中的纤维含量也是政府的一种干预行为。现在,市场供应未加锯屑的面包或者在包装上印有成分含量表的面包,这并不是市场力量调和消费

[①] 保罗·萨缪尔森(Paul Samuelson)在把公共产品定义为"从每个人消费它都不会导致其他人对它的消费减少的意义上讲大家共同享用的消费品"(1954,387)时,就提出了一个理想的概念。萨缪尔森又在随后发表的一篇论文中,为本文作者认为是对"私人品"这个术语的理想概念解释进行了辩护,想必同时又撤回了对"公共品"这个术语的理想概念解释。我们来看看以下这段引语:"我们还剩下哪些东西? 是两个端点(公共品和私人品这两个理想概念)和介于两者之间的连续统吗? 不是。我们还剩下私人品这个薄似刀刃的一隅,以及包括一些'消费外部性'的公共品域的'世界其他地方'"(1969:108)。马斯格雷夫清楚地看到了萨缪尔森公共产品概念中的理想类型论据(1969:124,126—134,142)。本文作者并不认为,马斯格雷夫明确地把他自己的有益品概念看作理想概念。

[②] 比格·P. 普里达认为,每种通过多数人反对少数人意愿的方式投票支持的公共品,都必须被认为具有对少数人来说是有益品的一面。这个有益品的一面往往与败选的少数人不喜欢的筹资方法有关。因此,普里达隐含地持有本文作者的两个论点:首先,一种产品可以既是公共品又是有益品;其次,公共品和有益品的概念是适用于具体产品不同方面的理想概念(Priddat,1992:246)。诺伯特·安德尔对本文作者和普里达观察到的事实做出了不同的解释。他看到了有益品和公共品中的干预因素,因此更倾向于在概念上把公共品和有益品合并成一种理论产品,即存在市场失灵问题的产品(Andel 1968/69:212—213)。但安德尔进行了为维系公共品和有益品之间的区别所必需的观察,他写道:"关于有益品可说的东西也适用于公共品。"但是,如果某种说法适用于所有的有益品,但只适用于部分公共品,那么,有益品与公共品之间一定存在概念上的差异。这是本文作者坚持的观点,这种观点也考虑到了具体的产品可能既是公共品又是有益品的情况。

克劳斯·麦克沙伊特也注意到,公共品有时也有有益品的典型特征。为了限制产品既是公共品又是有益品的例子,麦克沙伊特通过把民主多数为了供应公共品而把自己的意志强加给少数人从而干预个人偏好的情况排斥在外,收窄了他的有益品概念的定义域。尽管如此,麦克沙伊特还是明确保留了公共品和有益品这两个概念(1981:262—264)的例子。麦克沙伊特在最近一封信中讨论了不对公共品进行"有益化"处理(发放补贴)就不能提供的例子(如成功接种预防传染病的疫苗)。因此,他重申了关于公共品和有益品概念不同的观点。但不论怎样,他还是对这两个概念进行了区分,不但根据它们的内涵,而且根据它们的外延。因此,麦克沙伊特要求有益品不但是公共品而且是私人品(1997)。在本文作者看来,公共品和有益品的概念(还有私人品的概念)可以按它们的概念内涵来定义。在这些概念中,有多少适用于某个具体经济活动的问题并不是一个直接与概念有关的问题。这不仅是关于私人品、公共品和有益品概念的问题,也是关于真、善、美的人的问题。在后一种情况下,哲学家们并不操心人是否可被贴上真、善或美或者真、善和美的标签。如果我们可以接受一个人能变得真、善和/或美,那么,为什么把具体的经济活动称为私人品、公共品和/或有益品就有问题呢?

者和生产者意愿的结果,而是政府干预的结果。因此,面包并不是百分之百的私人品,而是既有私人品的维度,又有有益品的维度。把私人、公共和有益品的概念称为理想概念(当然是一个复杂的哲学问题),但又不仅仅是一个复杂的哲学问题。把这三个概念看作理想的概念,就能使经济学家正确地描述事实(面包是哪种产品?),还能让经济学家证明税收这种现在被用来为教育筹资否则必然会被作为"伪装的抢劫"而拒绝的方法的正当性。

致 谢

本文是在扩充一篇用荷兰文写的论文(Ver Eecke,1989)的基础上写成的论文。本文的翻译由本文的作者和 D. J. 巴斯廷共同完成。本文的原始研究是在亚历山大·冯·洪堡基金会(Alexander von Humboldt Foundation)一个研究团队的帮助下完成的。本文作者还得到了乔治敦大学伦理学高级研究中心(Center for the Advanced Study of Ethics)以及商业与政府关系中心(Center for Business - Government Relations)的支持。在乔治敦学院(Georgetown faculty)院长的支持下,本文作者向在澳大利亚布里斯班举行的1996年国际经济学和哲学学会(International Economics and Philosophy Society)年会提交了本文的一个内容缩减一半以上的版本。后来,这个减缩本被收入这次会议的论文集。本文作者从布鲁斯·戴维(Bruce Davie)和约翰·哈斯纳什(John Hasnas)的评论、克里斯蒂安·舍尔提供的书目信息以及塞恩·纳贝尔汉斯(Thane Naberhaus)提供的编辑帮助中受益匪浅。

参考资料

Andel, N. (1968/69, March). Zur Diskussion über Musgraves Begriff der "merit wants." *Finanzarchiv*, 28(2), 209—213.

Andel, N. (1984). Zurn Kouzept der meritorischen Güter. *Finanzarchiv*, 42, 630—648.

Brennan, G. (1990). Irrational Action, Individual Sovereiguity and Political Process: Why There is a Coherent "Merit Goods" Argument. In G. Brennan & C. Walsh(Eds.), *Rationality, Individualism and Public Policy* (pp. 97—118). Canberra: The Australian National University.

Brennan, G. & Lomasky, L. (1983). Institutional Aspects of "Merit Goods" Analysis. *Finanzarchiv*, 41, 183—206.

Brennan, G. & Walsh, C. (Editors). (1990). *Rationality, Individualism and Public Policy*. Canberra: The Australian National University.

Culyer, A. J. (1971). Merit Goods and the Welfare Economics of Coercion. *Public Finance*, 26(4), 546—570.

Desan, W. (1972). *The Planetary Man*. New York: The Macmillan Company.

Eucken, W. (1982). A Policy for Establishing a System of Free Enterprise (Derek Rutter, Trans.). In W. Stützel e. a. (Eds.), *Standard Texts on the Social Market Economy* (pp. 115—131). Stuggart, New York: Gustav Fischer Verlag.

Folkers, C. (1974). Meritorische Güter als Problem der normativen Theorie Öffentliehe Ausgaben. *Jahrbuch für Sozialwissenschaft*, 25, 1—29.

Godwin, K. R. (1991). Charges for Merit Goods: Third World Family Planning. *Journal of Public Policy*, 11(4), 415—429.

Head, J. G. (1966, March). On Merit Goods. *Finanzarchiv*, 25(1), 1—29. (Also published in Head, John. *Public Goods and Public Welfare*. 1974, 214—247.)

Head, J. G. (1969, March). Merit Goods Revisited. *Finanzarchiv*, 28(2), 214—225. (Also published in Head, John. *Public Goods and Public Welfare*. 1974, 248—261.)

Head, J. G. (1974). *Public Goods and Public Welfare*. Durham: Duke University Press.

Head, J. G. (1988). On Merit Wants: Reflections on the Evolution, Normative Status and Policy Relevance of a Controversial Public Finance

Concept. *Finanzarchiv*, 46, 1—37. (Also published in *Rationality, Individualism and Public Policy*. Geoffrey Brennan and Cliff Walsh, Eds. Canberra: Australian National University, 1990, 211—244.)

John Paul II. (1991). *Centesimus Annus. On the Hundred Anniversary of Rerum Novarum*. Washington, D. C. : United States Catholic Conference.

Kant, I. (1956). *Critique of Practical Reason* (L. W. Beck, Trans.). Indianapolis: The BobbsMerrill Company.

Mackscheidt, K. (1974). *Meritorische Güter*: Musgraves Idee und deren Konsequenzen. *WISU-Das* Wirtschqftsstudium, 3, 237—241.

Mackscheidt, K. (1981). Die Entfaltung von privater und kollektiver Initiative durch meritorische Güter. Meritorische Güter zwishen Marktwirtschaft und Staatswirtschaft. *Archiv für öfentliche und freigemeinnützige Unternehmen*, 13, 257—267.

Mackscheidt, K. (1997). Letter with supporting class notes. Köln.

Malkin, J. & Wildavsky, A. (1991). Why the Traditional Distinction between Public and Private Goods Should Be Abandoned. *Journal of Theoretical Politics*, 3(4), 355—378.

McLure, C. E. (1968). Merit wants: A Normative Empty Box. *Finanzarchiv*, 27(2), 474—483.

McLure, C. E. (1990). Merit wants. In G. Brennan & C. Walsh (Eds.), *Rationality, Individualism and Public Policy* (pp. 178—185). Canberra: The Australian National University.

Molitor, B. (1988). Meritorisierung des Gutes "Sicherheit?" In K. Hohman, D. Schönwitz, H. Weber & H. F. Wünsche (Eds.), *Grundtexte zur Sozialen Marktwirtschaft*. Vol. II. Stuttgart, New York: Gustav Fischer Verlag.

Musgrave, R. A. (1956, September). A Multiple Theory of Budget Detennination. *Finanzarchiv*, XVII(3), 333—343.

Musgrave, R. A. (1959). *The Theory of Public Finance*. New York:

McGraw-Hill Book Company(Musgrave at Harvard).

Musgrave, R. A. (1969). Provision for Social Goods. In J. Margolis & H. Guitton (Eds.), *Public Economics* (pp. 124—144). London: Macmillan Press Ltd.

Musgrave, R. A. (1980). Theories of Fiscal Crisis. In Aaron. H. (Ed.), *The Economics of Taxation* (pp. 361—390). Washington, D. C.

Musgrave, R. A. (1987). Merit goods (dictionary entry). In J. Eatwell, M. Milgate & P. Newman(Eds.), *The New Palgrave: A Dictionary of Economics* (Vol. 3, pp. 452—453). London: Macmillan.

Musgrave R. A. (1993). Crossing Traditions. In H. Hagemann(Ed.), *Zur deutscluprachigen wirtschafulichen Emigration nach 1933* (pp. 63—79). Marburg: Metropolis.

Nawroth, E. E. (1961). *Die Sozial-und Wirtschaflsphilosophie des Neoliberalismus*. Heidelberg: F. H. Kerle Verlag.

Priddat, B. P. (1992). Ethische Gemcinschaftbedürfnisse? Zur neueren Interpretation der Meritorik bei R. A. Musgrave. *Zeitschrift für Wirtschafts-und Sozialwissenschaft*, 112(2).

Priddat, B. P. (1994). Moderne Ökonomische Staatsbegrtindung: Zur Theorie Mcritorischcr Güter. In *Diskussionspapiere* (pp. 1—45). Witten: Universität Witten/Herdecke.

Pulsipher, A. G. (1971/72). The Properties and Relevancy of Merit Goods. *Finanzarchiv*, 30, 266—286.

Samuelson, P. A. (1954). The Pure Theory of Public Expenditure. *Review of Economics and Statistics*, 36, 387—389.

Samuelson, P. A. (1969). Pure Theory of Public Expenditure and Taxation. In J. Margolis & H. Guitton (Eds.), *Public Economics* (pp. 98—123). London: Macmillan Press Ltd.

Schumpeter, J. A. (1954). *Capitalism, Socialism, and Democracy*. London: George Allen & Unwin.

Schumpeter, J. A. (1969). *The Theory of Economic Development*. Oxford: Oxford University Press.

Sen, A. (1977). Rational Fools: A Critique of the Behavioural Foundations of Economic Theory. *Philosophy and Public Affairs*, 6, 317—344.

Smith, A. (1965). *The Wealth of Nations*. New York: The Modern Library.

Ver Eecke, W. (1981). The Economy and Values. In *Absolute Values and the Search for the Peace of Mankind. Proceedings of the Ninth International Conference of the Unity of the Sciences. Conference*: Miami Beach *1980*. (pp. 123—140) New York: The International Cultural Foundation Press.

Ver Eecke, W. (1983). Ethics in Economics: From Classical Economics to Neo-liberalism. *Philosophy and Social Criticism*, 9, 145—168.

Ver Eecke, W. (1983). Hegel on Economics and Freedom. *Archiv Für Rechts-und Sozialphilosophie*, 69(2), 189—215.

Ver Eecke, W. (1984). The State: Ethics and Economics. In Rocco Porreco (Ed.), *The Georgetown Symposium on Ethics. Essays in Honor of Henry Babcock Veatch* (pp. 195—203). Lanham, New York, London: University Press of America.

Ver Eecke, W. (1989). De Noodzaak van Ethische Begrippen in het Economische Denken. *De Uil van Minerva*, 5(4), 225—234.

The World Bank. (1997). *World Development Report 1997. The State in a Changing World*. New York: Oxford University Press.

第十六章

新概念特征的数学表述

第一节　有益品与次优税收[①]

H. 迪特尔·温泽尔　沃尔夫冈·维加德

H. 迪特尔·温泽尔(H. Dieter Wenzel)和沃尔夫冈·维加德(Wolfgang Wiegard)十分关心能够最优实现政府偏好的财政手段。这两位作者认为,区别对待消费者(穷人和富人)是不可行的,或者行政成本过高;但可以对产品(食品和酒类)征税和提供补贴,这被称为次优策略。现在的问题是:政府为了实现供应有益品的目标而采取次优策略,是否需要对非有益品征税/提供补贴?一般的答案是:是否应该对非有益品征税和补贴,要取决于它们是有益品的替代品,还是有益品的互补品。电视应该被征税,因为它是教育这种有益品的替代品;而市中心的杂货店应该得到补贴,因为杂货是穷人食品消费的互补品。根据这个论点,我们应该根据非有益品对有益品消费的间接影响,对所有的非有益品进行分析。

※　※　※

一、问题的提出

在本刊最近刊登的两篇文章中,帕泽纳(Pazner)[7]和罗斯坎普(Roskamp)[8]在现代福利经济学的标准形式工具框架内讨论了所谓的有益品问题。[②] 无论怎样,有益品的特征就是,它的总消费水平和/或它在消费者之间的分布是政府特殊偏好的基础。在本文中,我们不关心怎样来证明政府的这

[①] 本文在征得作者和《公共财政》杂志(Public Finance/Finances Publiques)的允许后转引自:H. -Dieter Wenzel and Wolfgang Wiegard,"Merit Goods and Second-best Taxation," Public Finance/Finances Publiques 36 (1981):125—140. 本文作者是海德堡大学(University of Heidelberg)的经济学讲师。他们要感谢一位匿名审稿人,感谢他对本文早期手稿(第一次提交于 1978 年)提出的有益意见。

[②] 关于相似的方法,请参阅 Folkers [2]。

种偏好的可能正当性,而只关注政府对(譬如说)药品消费的评价不同于药品成瘾者对药品消费的评价。

这方面的其他例子还有烈酒、色情文学、教育机构或医疗服务,这些产品或服务的消费水平或结构必然受到旨在实现政府基本偏好的财政措施的影响。[1]

由于确实有有益品存在,因此,我们主要关心政府赖以最优实现其偏好的财政手段的问题。帕泽纳、罗斯坎普和福尔克斯[2]运用非常相似的模型推导出了在最优类型的世界里实现有益品最优供应的必要条件。[2] 由此产生的边际替代率和边际转换率之间的差异,被解释为应对某一特定个人有益品消费征收的消费税。一般来说,最优税收制度会区别对待产品和消费者。但在财政实践中,仅仅巨大的信息和管理成本,也会导致这样的税收制度几乎没有可行性。

因此,我们假设间接税制只能区别对待产品(或产品类别,如食品、服装等),但不能区别对待消费者。这似乎是一个现实或者合理的假设。如前所述,由帕泽纳、罗斯坎普(和福尔克斯)推导出来的"最优状态"通常不再能够实现。把可用的税收工具局限在产品税上,有益品供应就变成了次优问题。现在,根据次优理论可知,如果经济部门出现扭曲,那么最好在其他部门也引入扭曲,这样才能使福利损失最小化。在我们的语境下,相关的问题是:如果政府必须通过征收产品税来实现它的有益品供应目标,那么资源的最佳配置是否要求对有益品征税(或补贴),并同时对非有益品征税(或补贴)? 如果真是如此,这样做的经济正当性是什么呢?

本文的内容具体安排如下:在下一部分,我们将构建一个包含帕泽纳—罗斯坎普模型全部基本要素的简单模型。为便于以后参考,我们简要重述它们的结果,并推导出我们的次优经济的最优条件。在接下来的两部分里,我们将解释这些必要条件,并回答上述问题。

---

[1] 关于其他例子,请参阅 Pazner [7],Roskamp [8],Folkers [2]以及他们引用的文献。
[2] Pazner [7, p. 464].

二、模型开发

在我们的模型中,有 r 个消费者、$n+1$ 种私人品和 s 种公共品。我们设:

$$H=\{I,\cdots,r\}$$
$$P_*=\{0,I,\cdots,n\}, P=\{I,\cdots,n\}$$
$$C=\{I,\cdots,s\}$$

以上分别是消费者、私人品和公共品(或集体品)的指数集。私人品和公共品的总量用 x_i 和 $x_I(i \in P_*, I \in C)$ 表示;由消费者 h 消费的私人品 i 的数量用 x_i^h 表示。这样,我们就有:

$$\sum_{h \in H} x_i^h = x_i, i \in P_* \tag{1}$$

x_o^h 是消费者 h 的复合要素供给。照例,这个量用负数来表示。公共品 I 由全体消费者按等量 x_I 消费。消费者可以按照用下面的实值效用函数表示的不同偏好排序:

$$U^h = U^h(x_i^h, x_I | i \in P_*, I \in C), h \in H \tag{2}$$

上式满足消费者理论中常见的效用函数凹性属性。

如上所述,有益品被定义为政府对其总消费水平或供应具有偏好的产品。政府既可对私人品也可对集体品表现出自己的偏好。如果我们沿用纽马克(Neumark)的式[5]并把下面的基本假设解释为对某些公共品的最低要求标准,那么后一种情况的例子就有德国的"区域生活条件一致"(uniformity of regional living conditions)的基本假设(德语称"Grundgesetz")。

现在,我们设 M_p, M_c 为有益品的指数集合;$M_p(M_c)$ 表示有私人品(或公共品)性质的有益品。我们假设分别有 P 和 C 的非空真子集,即 $M_p \in P$,$P \neq M_p \neq \emptyset$;同样,公共有益品的情况也是如此。

新古典福利经济学中关于经济理想状态的逻辑思维实体(在我们的语境下是政府)的经济目标被概括为社会福利函数。根据现代福利经济学的个人主义传统,替代品向量的价值只能根据它们对个人效用的影响来评估。个人作为社会成员,最了解自己的利益所在。从形式上讲,这种价值判断表现为社会福利只(正面)取决于社会全体成员的个人效用水平,而个人效用水平本身又取决于个人所消费的产品。在存在有益品的情况下,就必须扩大个人主义传统的研究范畴,同时考虑政府对某些产品的总消费或供应的偏好。于是,相关的社会福利函数的自变量包括个人效用以及私人有益品和公共有益品的消费量。以下函数:

$$W = W(U^h, x_i^h, x_I | h \in H, i \in M_p, I \in M_c) \tag{3}$$

是帕泽纳和罗斯坎普社会福利函数的修改版。[①]

我们的经济体的生产可能性用以下这个线性齐次凸性转换函数来表示:

$$F(x_j, x_I | j \in P_*, I \in C) = 0 \tag{4}$$

在式(4)的约束下,并考虑式(1)和式(2),通过求式(3)的最大值[②],我们就有:

$$\frac{\partial W}{\partial U^h} \frac{\partial U^h}{\partial x_o^h} = \frac{\partial W}{\partial U^m} \frac{\partial U^m}{\partial x_o^m} \quad m, h \in H \tag{5}$$

$$\frac{\partial U^h / \partial x_j^h}{\partial U^h / \partial x_o^h} = \frac{\partial F / \partial x_j}{\partial F / \partial x_o} \quad h \in H, j \in P \text{ 但 } j \notin M_r \tag{6}$$

$$\frac{\partial U^h / \partial x_i^h}{\partial U^h / \partial x_o^h} = \frac{\partial F / \partial x_i}{\partial F / \partial x_o} - \frac{\partial W / \partial x_i^h}{(\partial W / \partial U^h)(\partial U^h / \partial x_o^h)} \quad h \in H, i \in M_p \tag{7}$$

$$\sum_{h \in H} \frac{\partial U^h / \partial x_k}{\partial U^h / \partial x_o^h} = \frac{\partial F / \partial x_k}{\partial F / \partial x_o} \quad k \in C \text{ 但 } k \notin M \tag{8}$$

$$\sum_{h \in H} \frac{\partial U^h / \partial x_I}{\partial U^h / \partial x_o^h} = \frac{\partial F / \partial x_I}{\partial F / \partial x_o} - \frac{\partial W / \partial x_I}{(\partial W / \partial U^h)(\partial U^h / \partial x_o^h)} \quad h \in H, I \in M_c \tag{9}$$

通过适当的调整,这些方程式就可对应帕泽纳、福尔克斯和罗斯坎普推导出来的方程式。如果按单位价格对个人 h 消费的私人有益品 i 征税(或补贴),那么在完全竞争的条件下,市场达成均衡,就能实现上述最优状态。

$$t_i^h = \frac{\partial W / \partial x_i^h}{(\partial W / \partial U^h)(\partial U^h / \partial x_o^h)} \quad i \in M_p \tag{10}$$

---

① 我们采用与帕泽纳不同的做法,把公共品纳入我们的方程式。我们的方程式(3)与罗斯坎普的方程式(1)存在两方面的差别。首先,在上面的式(3)中,x_i^h 和 x_I 是作为直接变量出现的,而在罗斯卡普的方程式中,有益品通过一些追加的函数关系 $V_i(x_i^h | h \in H), V_i(x_I)$ 与社会福利发生关系。其次,在[2]中,有益品似乎是一个单独的产品类别,是对私人品和公共品的补充。对于我们的研究结果来说,这些差别并不重要。

② 假定二阶条件和内解的存在性得到满足。

应该按单位价格对公共有益品 I 的生产征税：

$$t_I = -\frac{\partial W/\partial x_I}{(\partial W/\partial U^h)(\partial U^h/\partial x_o^h)} \quad I \in M_c \tag{11}$$

消费者则根据林达尔的竞争性税收—价格规则纳税。此外，市场均衡的实现还需要一种特殊的收入分布[如方程式(5)所示]，而征收适当的一次性税收就可实现这种特殊的收入分布。

在实施财政政策时，很难执行区别对待个人和产品的间接税制。此外，公共品通常免费供应，并通过征收要素税或产品税来提供资金。因此，我们假定可用来处置有益品问题的税收工具仅限于产品税制。我们还要考虑，如果不能按照歧视性税率对私人品和公共品的个人消费征税，那么应该如何确定不同产品的税率？除了产品税之外，政府还可以征收一次总付税。这种税收被认为是一种纯粹的分析手段，它使我们能够以一种不扭曲的方式，通过征税筹资来弥补为实现有益品目标而造成的赤字（或处置盈余），而且能允许我们忽视为实现想要的次优状态所必需的再分配措施。但是，如果不征收一次总付税，并且把出于筹资和收入再分配的目的而征收的税收仅限于产品税和要素税，我们的主要结果仍然能够成立。①

在次优环境中，想要解决社会优化问题，就必须明确考虑经济的制度结构。我们设：

$$\sum_{j \in P_*} q_j x_j^h = L^h \quad h \in H \tag{12}$$

是第 h 个消费者的预算约束。式中，q_j 是产品 $j \in P_*$ 的消费者价格，而 L^h 是消费者 h 缴纳的一次总付税收（或者收到的转移支付）。求在式(12)约束下的效用函数式(2)的最大值，就能得到消费者个人的需求函数：

$$x_j^h = x_j^h(q_i, L^h, x_I | i \in P, I \in C) \quad h \in H, j \in P_* \tag{13}$$

产品 O 被选作我们的计价标准，而价格用 $q_o = I$ 来规范。

可供消费者和政府使用的产量受到利润方程式的约束：

$$\sum_{j \in P_*} p_j x_j + \sum_{k \in C} p_k x_k = 0 \tag{14}$$

---

① Ng 的式[6]和桑德姆(Sandmo)的式[9]在外部经济环境下证明了这一点，但这也适用于我们的有益品框架。

式中，p_j 和 p_k 分别表示私人品和公共品的生产者价格。同样，我们也可以通过设 $p_o = I$ 来继续对生产者价格进行规范。私人品的单价产品税用 $t_i = q_i - p_i$ 来定义。如果先用方程式(12)对所有的 $h \in H$ 求和，然后减去方程式(14)，就可得到政府预算约束如下：

$$\sum_{j \in P} t_j x_j = \sum_{h \in H} L^h + \sum_{k \in C} p_k x_k \tag{15}$$

请注意，式(4)[还有式(14)]或式(15)均可作为社会优化问题的约束方程。我们选择式(15)，是因为它明确考虑了税收变量。式(14)可以被看作式(4)在最终最优状态附近的线性逼近，因此生产者价格可以被看作常数。这并不是一个严格的限制条件，因为我们只讨论一阶条件。[①]

我们来考虑需求函数，可以对优化问题的拉格朗日函数求导：

求最大值：

$$W(U^h, x_i^h, x_i | h \in H, i \in M_p, I \in M_c)$$

受约束于：

$$\sum_{j \in P} t_j x_j - \sum_{h \in H} L^h - \sum_{k \in C} p_k x_k = 0$$

对于 q_j, L^h 和 x_k，我们有一阶极大值条件：

$$0 = \sum_{h \in H} \sum_{j \in P_*} \frac{\partial W}{\partial U^h} \frac{\partial U^h}{\partial x_j^h} \frac{\partial x_j^h}{\partial q_m} + \sum_{h \in H} \sum_{i \in M_p} \frac{\partial W}{\partial x_i^h} \frac{\partial x_i^h}{\partial q_m}$$

$$- \lambda \left\{ \sum_{j \in P} t_j \frac{\partial x_j}{\partial q_m} + x_m \right\} \quad m \in P \tag{16}$$

$$0 = \sum_{j \in P_*} \frac{\partial W}{\partial U^h} \frac{\partial U^h}{\partial x_j^h} \frac{\partial x_j^h}{\partial L^h} + \sum_{i \in M_p} \frac{\partial W}{\partial x_i^h} \frac{\partial x_i^h}{\partial L^h}$$

$$- \lambda \left\{ \sum_{j \in P} t_j \frac{\partial x_j^h}{\partial L^h} - I \right\} \quad h \in H \tag{17}$$

$$0 = \sum_{h \in H} \sum_{j \in P_*} \frac{\partial W}{\partial U^h} \frac{\partial U^h}{\partial x_j^h} \frac{\partial x_j^h}{\partial x_I} + \sum_{h \in H} \frac{\partial W}{\partial U^h} \frac{\partial U^h}{\partial x_I} + \sum_{h \in H} \sum_{i \in M_p} \frac{\partial W}{\partial x_i^h} \frac{\partial x_i^h}{\partial x_I}$$

$$+ \begin{cases} \partial W / \partial x_I & \text{if } I \in M_c \\ 0 & \text{if } I \notin M_c \end{cases} - \lambda \left\{ \sum_{j \in P} t_j \frac{\partial x_j}{\partial x_I} - p_I \right\} \quad I \in C \tag{18}$$

---

① 戴蒙德—米尔利斯(Diamond-Mirrlees)在他们的式[1]中，更加深入地讨论了生产问题。

式中，$\frac{\partial x_j}{\partial q_m} = \sum_{h \in H} \frac{\partial x_j^h}{\partial q_m}$，等等。

我们将在下一部分首先对这些方程式进行转换，然后进行解释。

三、有益品与次优税收

本节主要讨论上文已经提出的问题：如果税制局限于产品税，那么实现次优状态是否需要对私人有益品征税，并辅之以对非有益品征税（或补贴）？如果真是这样，这么做的经济正当性又是什么？

为回答以上问题，我们推导一个简明的税收结构表达式。

如果我们用第 h 个方程式(17)乘以 x_m^h，并将全部的 h 方程相加，然后再与第 m 个方程式(16)相加，就可得到：

$$0 = \sum_{h \in H}\sum_{j \in P_*} \left\{ \frac{\partial W}{\partial U^h} \frac{\partial U^h}{\partial x_j^h} \left(\frac{\partial x_j^h}{\partial q_m} + \frac{\partial x_j^h}{\partial L^h} x_m^h \right) \right\}$$
$$+ \sum_{h \in H}\sum_{i \in M_p} \frac{\partial W}{\partial x_i^h} + \left(\frac{\partial x_i^h}{\partial q_m} \frac{\partial x_i^h}{\partial L^h} x_m^h \right)$$
$$- \lambda \left\{ \sum_{h \in H}\sum_{j \in P_*} t_j \left(\frac{\partial x_j^h}{\partial q_m} + \frac{\partial x_j^h}{\partial L^h} x_m^h \right) \right\}$$

我们可以用如下的斯拉茨基(Slutzky)方程式来简化这个方程式：

$$S_{jm}^h = \frac{\partial x_j^h}{\partial q_m}\Big|_{U=\text{const}} = \frac{\partial x_j^h}{\partial q_m} + \frac{\partial x_j^h}{\partial L^h} x_m^h \quad h \in H, j \in P_*, m \in P \tag{19}$$

求消费者极大值的一阶条件如下：

$$\frac{\partial U^h}{\partial x_j^h} = \mu^h q_j \quad h \in H, j \in P_* \tag{20}$$

补偿性需求函数的齐次性如下：

$$\sum_{j \in P_*} q_j S_{jm}^h = 0 \quad h \in H, m \in P \tag{21}$$

定义如下：

$$S_{jm} = \sum_{h \in H} S_{jm}^h \text{ 和 } \alpha_i^h = \frac{\partial W}{\partial x_i^h} \quad h \in H, i \in M_p \tag{22}$$

于是，就有最优条件：

$$\sum_{h\in H}\sum_{i\in M_p}\alpha_i^h S_{im}^h - \lambda \sum_{j\in P} t_j S_{jm} = 0 \quad m\in P \tag{23}$$

或矩阵形式的最优条件：

$$\begin{bmatrix} S_{11} & \cdots & S_{n1} \\ \cdots & \cdots & \cdots \\ S_{1n} & \cdots & S_{nn} \end{bmatrix} \begin{bmatrix} t_1 \\ \cdots \\ t_n \end{bmatrix} = \frac{I}{\lambda} \begin{bmatrix} \sum_{h\in H} & \sum_{i\in M_p} & \alpha_i^h & S_{il}^h \\ \cdots & \cdots & \cdots & \cdots \\ \sum_{h\in H} & \sum_{i\in M_p} & \alpha_i^h & S_{in}^h \end{bmatrix} \tag{24}$$

在不需要任何更多奇异性的情况下，消费者个人的斯拉茨基矩阵 $[S_{jm}^h]_{j,m\in p}$ 是负定矩阵。因此，它们的和也是负定矩阵，而我们解式(24)就可得到：

$$t_j = \frac{I}{\lambda} \frac{|S_j|}{|S|} \quad j\in P \tag{25}$$

上式中，$|S|$ 是式(24)中的系统矩阵 S 的行列式值，而 $|S_j|$ 是通过用式(24)右边(RHS)的列向量替代第 j 列的向量由 S 导出的矩阵 S_j 的行列式值。

对于一般情况，我们很难推导出有意义的定理并做出有意义的解释。我们来讨论一些特殊情况。我们首先假设，政府的偏好只涉及私人有益品的总消费水平。例如，政府决策机构可能认为烈酒或烟草的总消费水平过高。这样，我们就有 $\alpha_i^h = \partial W/\partial x_i = \alpha_i (h\in H)$，而式(24)右边列向量的第 m 个元素则可简化为 $\sum_{i\in M_p} \alpha_i S_{im}$。

于是，由方程式(25)，我们可以证明：

$$t_j = \begin{cases} 0 & j\notin M_p, j\in P \\ \dfrac{\alpha_j}{\lambda} & j\in M_p \end{cases} \tag{26}$$

证明过程很简单。[①] 假设产品 j 是一种有益品 ($j\in M_p$)，用矩阵 S 的第 j 列乘以 α_j [即用式(25)等号右边的项乘以 α_j]，并且把每个第 k 列的数值加到这一列的数值中，再用所有的 $k\in M_p, k\neq j$ 乘以 α_k。这样，式(25)中分母和分子的行列式相等，因此，$t_j = \alpha_j/\lambda$。如果产品 j 不是有益品 ($j\in |M_p|$)，那么

---

① 在下文中，我们利用行列式的一些性质，例如，哈德利(Hadley)[4]中的一些行列式性质。

就对于每个 $i \in M_p$，用矩阵 S_j 的第 i 列乘以 α_i；然后把所有这些列（第 k 列除外，$k \in M_p$）都加到第 k 列。第 k 列就等于矩阵 S_j 中的第 j 列，而分子直列式的值（因此 t_j）等于 0。

于是，我们可以说，如果政府偏好的是某种私人品 $j(j \in |M_p)$ 的总消费量，那么政府就应该对这种产品征税或进行补贴使对它的消费达到最优水平，而到底是征税还是补贴，具体取决于 α_j/λ 大于还是小于 0。拉格朗日乘数 λ 现在可被解释为政府净税收需求的边际社会价值。由于政府的净税收需求仅仅意味着从私营部门抽走的资源，因此从经济的角度看，假设 λ 为负数貌似合理（见 Sandmo[10]）。在我们的特例中，我们可以证明如下。我们对第 h 个消费者的预算约束就 L^h 求导，便可得到：

$$\sum_{j \in P_*} q_j \frac{\partial x_j^h}{\partial L^h} = I \tag{27}$$

现在，把式(20)、(27)和(26)代入式(17)，就有 $\lambda = -(\partial W/\partial U^h)\mu^h < 0$。于是，我们的方程式(26)等价于帕泽纳—罗斯坎普模型中的相应方程式。如果政府打算降低（$\alpha_j < 0$）[或提高（$\alpha_j > 0$)]产品 j 的总消费水平，那么就应该对这种产品征税（$t_j > 0$）[进行补贴（$t_j < 0$）]。

现在，我们来分析政府偏好在消费者之间分配产品 j。在通常情况下，如果我们大大简化模型，就能了解各种起作用的经济力量。因此，让我们假设只有两个消费者（或两类消费者）和三种私人品（或三类私人产品）0、1 和 2。政府的偏好只涉及第一种（或第一类）消费者对产品 2 的消费。例如，政府可能希望某些特定的个人或社会阶层更多地利用大学或其他教育机构。在这个例子中，我们的税收工具可用性约束，意味着有可能对教育机构的利用进行普遍补贴（或课征税收）；而且，需要的话，还可能对其他产品进行补贴或征税。但是，我们不能补贴个人 j 对产品 2 的消费；也就是说，这是一种区别对待消费者的补贴。在这些特殊假设条件下，矩阵系统(24)可简化为：

$$\begin{bmatrix} S_{11} & S_{21} \\ S_{12} & S_{22} \end{bmatrix} \begin{bmatrix} t_1 \\ t_2 \end{bmatrix} = \frac{1}{\lambda} \begin{bmatrix} \alpha' & S'_{21} \\ \alpha' & S'_{22} \end{bmatrix}$$

而式(25)可被替代为：

$$t_1 = \frac{\alpha^1}{\lambda |S|}(S_{21}^1 S_{22} - S_{22}^1 S_{21})$$

$$=\frac{\alpha^1}{\lambda|S|}(S_{21}^1 S_{22}^2 - S_{22}^1 S_{21}^2) \qquad (27a)$$

$$t_2 = \frac{\alpha^1}{\lambda|S|} = \{(S_{11}^1 S_{22}^1 - S_{21}^1 S_{12}^1) + (S_{22}^1 S_{11}^2 - S_{21}^1 S_{12}^2)\} \qquad (27b)$$

为了解释这些方程式,我们假设 $\alpha^1 > 0$,即政府打算让个人 1 消费更多的产品 2。由于斯拉茨基矩阵的负定性,我们有 $|S| = (S_{11}S_{22} - S_{21}S_{12}) > 0$,因此,$\alpha^1(\lambda|S|)^{-1} < 0$。现在,从经济的角度看,貌似可以假设补偿性需求的交叉价格效应小于自身的价格效应。根据这个假设,如果 $t_2 < 0$,则应该补贴产品 2。其实,这个结果显而易见。但我们必须指出,从理论的角度看,如果 $t_2 > 0$ 或者 $t_2 = 0$,也不能排除补贴产品 2。[①]

我们现在来看看,是否应该建议采取补充财政措施对产品 1 征税或进行补贴?由方程式(27a),我们知道,只要 $\alpha^1(\lambda|S|)^{-1} < 0$,我们就有:

$$t_1 \gtreqless 0, 当且仅当 \frac{S_{21}^1}{S_{22}^1} \lesseqgtr \frac{S_{21}^2}{S_{22}^2} 时 \qquad (28)$$

希克斯(Hicks)认为,如果 $S_{12}^i = S_{21}^i > 0$,那么产品 1 和产品 2 就是替代品;如果 $S_{21}^i < 0$ 或 $S_{21}^i = 0$,则产品 1 和产品 2 就是互补品,或者在消费中相互独立。由于对于 $i, j = 1, 2, S_{jj}^i < 0$,我们在大多数情况下能推导出关于对产品征税或补贴的唯一结果。表 16-1-1 列示了所有这些情况。

表 16-1-1

S_{21}^1 \ S_{21}^2	>0	<0	$=0$
>0		$t_i > 0$	$t_i > 0$
<0	$t_i < 0$		$t_i < 0$
$=0$	$t_i < 0$	$t_i > 0$	$t_i = 0$

下面,我们先对表 16-1-1 列示的各种结果进行评论,然后介绍表中没有列示的情形。我们的出发点是假设,从政府的角度看,个人 1 应该消费更多的产品 2。如果产品 2 得到政府补贴(如上所述),那么,产品 2 的总需求通常

---

① 格林—谢辛斯基(Green-Sheshinski)的[3]在一个稍微不同的语境下给出了这种情况的一个例子。

会增加。现在,如果产品1和产品2在个人2的消费中相互独立,但对于个人1来说却是互补品(或者替代品),那么对产品1的补充补贴(或征税)导致个人1的需求额外增加。但是,如果产品1和产品2在个人1的消费中相互独立,而对于个人2是替代品(或者互补品),那么要是产品1得到政府补贴(或被征税),我们通常会看到个人1对产品2的需求减少。在这种情况下,个人1对产品2的消费水平不会绝对上升,而是较之于个人2对该产品的消费水平相对上升。因此,体现在社会福利函数中的政府对x_2^1的偏好会以下列方式得到满足:政府对产品2的补贴导致个人1对产品2的消费水平绝对上升,而政府对产品1的补贴或征税则造成个人1对产品2的消费水平的相对上升。

我们可对表16-1-1列示的其他结果做非常相似的解释。

为了解释表16-1-1未列示的情形,即消费品1和2对个人1和2来说不是替代品就是互补品的情形,我们必须分析不等式$S_{21}^1/S_{22}^1 \gtreqless S_{21}^2/S_{22}^2$的特点。这个不等式两边的分子给出了产品1的价格上涨对产品2的补偿性需求的影响。如果两种消费品是替代品,那么这种价格效应为正;如果它们是互补品,那么这种价格效应为负。这个不等式两边的分母给出了产品2的(补偿)需求的减少,原因就是这种产品的价格上涨(因为$S_{22}^h>0$)。条件式(28)的经济含义可以通过以下推理来明确:我们的推理起点是一种非常接近次优状态(政府对产品2进行补贴,但对产品1既不征税也不补贴)的市场均衡($t_1=0$)。我们来考察,政府在对产品1征收一种边际税(相当于这种产品的价格上涨)的同时减少对产品2的补贴(相当于产品2价格上涨),能否保证政府的偏好得到更好的满足,即促成次优状态?要想确定这一点,我们必须把S_{21}^i/S_{22}^i($i=1,2$)的商作为上述税收措施导致个人对产品2的需求发生变化的比率进行比较。

让我们先假设这两种产品是替代品。为了实现政府的产品目标,当且仅当征收会使个人1对产品2的需求(相对)增长超过个人2时,才应该对产品1征税。与此同时,如果个人2对产品2(补偿)需求的(相对)增加或变化超过个人1,那么,政府除了补贴产品2以外,还应该补贴产品1。最后,我们假设两个人需求的相对变动幅度相等。在这种情况下,对产品1进行补充征税或补贴,并不能更有效地实现政府的产品目标。

如果这两种产品是互补品,并且征税(或者补贴)导致个人2(或个人1)对产品1的补偿性需求出现更大的减幅(或增幅),那么出于完全类似的原因,政府就应该对产品1征税(或补贴)。条件式(28)给出了这些从经济的角度来看很有说服力的结论。

概括起来,我们有以下结果:如果政府偏好的消费水平仅涉及部分消费者(在本例中是一个人),并且间接税收制度不允许同时区别对待消费者和产品,因此辅之以直接补贴(或税收),那么政府也应该对其他产品征税或补贴。

同样的推理思路也可用于更加一般的情况,但形式结果更难证明。我们无意进一步阐述这个问题。现在,我们分析公共有益品的最优供应条件。

四、公共有益品的最优供应条件

在这一部分,我们解释公共有益品的最优供应条件式(18),并拿我们的最优条件与罗斯坎普(和福尔克斯)推导出来的最优条件进行比较。请注意,式(18)等号右边第一项消失了。把式(20)代入式(18),请记住,由家庭预算约束可得:

$$\sum_{j \in P_*} q_j \frac{\partial x_j^h}{\partial x_I} = 0 \quad h \in H, I \in C$$

然后,我们来考察斯拉茨基型公共品方程式[①]:

$$\frac{\partial x_j^h}{\partial x_I} = \frac{\partial x_j^h}{\partial x_I}\Big|_{U=\text{const}} + \frac{U_I^h}{U_o^h} \frac{\partial x_j^h}{\partial L^h} \quad h \in H, j \in P_*, I \in C \tag{29}$$

(式中,$U_I^h = \partial U^h / \partial x_I$,等等),并且代入式(18)(在经过明显的转换并定义 $\alpha_I = \partial W / \partial x_I$ 后),就有:

$$0 = \sum_{h \in H} \frac{\partial W}{\partial U^h} U_o^h \frac{U_I^h}{U_o^h} + \sum_{h \in H} \sum_{i \in M_p} \frac{\partial W}{\partial x_i^h} \left(\frac{\partial x_i^h}{\partial x_i} \Big| \overline{U} + \frac{U_i^h}{U_o^h} \frac{\partial x_j}{\partial L^h} \right)$$

$$+ \begin{cases} \alpha_I & \text{if } I \in M_c \\ 0 & \text{if } I \notin M_c \end{cases} - \lambda \left\{ \sum_{j \in P} t_j \left(\frac{\partial x_j}{\partial x_I} \Big| \overline{U} + \frac{U_I^h}{U_o^h} \frac{\partial x_j}{\partial L^h} \right) - p_I \right\} \quad I \partial C$$

$$\tag{30}$$

[①] 关于这个方程式的导数,请参阅怀尔德森(Wildasin)的[11]。

用方程式(17)乘以 U_I^h/U_o^h,并代入式(20)和(27)。再对这些方程式进行相加,并用这个和减去式(30),我们就有:

$$p_I = \frac{\partial F/\partial x_I}{\partial F/\partial x_o}$$

$$= \sum_{h \in H} \frac{U_I^h}{U_o^h} + \sum_{j \in P} t_j \frac{\partial x_j}{\partial x_I} | \overline{U} - \frac{1}{\lambda} \sum_{h \in H} \sum_{i \in M_p} \alpha_i^h \frac{\partial x_I^h}{\partial x_I} | \overline{U} - \begin{cases} \frac{\alpha_I}{\lambda} & \text{if } I \in M_c \\ 0 & \text{if } I \notin M_c \end{cases}$$

(31)

由于公共品 I 的变化,边际转换率和边际替代率的和在以下方面存在差异:税收的(补偿性)变化;私人有益品变化的边际社会评价;如果 I 是一种公共有益品,那么这种产品的社会边际评价都用政府收入的单位来表示。

如果没有私人有益品,而只有公共有益品,那么所有的 α_i^h 都变为0。所以,方程式(24)右边列向量的各个元都为0,但由于矩阵 S 是正则矩阵,因此只存在唯一的解:对于所有的 $j \in P, t_j = 0$。政府必须通过征收一次总付税来为公共有益品供应筹集资金。即使凭直觉预期,这个结果也不是很简单:请注意,边际转换率和边际替代率仍然由于 α_i/λ 而不同;而且,除了帕累托最优之外,经济直觉就变成了一种不那么可靠的指南。在这种特殊的情况下,我们也有 $\lambda = -(\partial W/\partial U^h)\mu_o^h$[就如可在式(17)中看到的那样],而我们的方程式则可简约为罗斯坎普方程式(11)①。

如果存在私人有益品(即 $\alpha_i^h \neq 0, i \in M_p$),并实行产品税制;而且,如果消费者的行为使得 $\frac{\partial x_i^h}{\partial x_i} | \overline{U} = 0 (i \in P, I \in M_c)$,那么后面这个结果也成立。

五、结束语

最后,我们来谈谈我们的结论与实际财政政策的相关性。

从上一部分开始,似乎应该承认本文的实际意义相当令人不安。公式(31)应用起来绝非容易。财政从业者几乎没有任何关于边际替代率或与公共

---

① ……和福尔克斯的方程式(Ⅳ),p.27。

品供应相关的补偿性需求导数的经验信息。这仍然是应用公共经济学研究的一个重要领域。本文第四部分的结果似乎更令人鼓舞。假设间接税制不能区别对待消费者和产品,这无疑是相当现实的。只允许对不同的产品实行不同的税率,这肯定是一个符合现实的假设。但目前,我们不应对次优税收理论抱过高的期望。在直接政策应用方面还有很多工作要做。最优税收研究所能做的,就是阐明最优税收的结构或归宿,而不是它的数值。

我已经在本文的第三部分指出,一般来说,由于间接税制存在上述局限性,因此,如果想要达到最优,就必须补充对非目标产品征税(或补贴)。

我们是否要补充征税或补贴,具体取决于目标产品与非目标产品的替代或互补(相对)程度。这个替代或互补程度能为我们确定在制定实际财政政策时应该考虑的因素的性质提供重要的依据。也许,这会令关心财政实务的经济学家感到失望;但与帕泽纳和罗斯坎普设计的宽松制度相比,我们的研究结果肯定更加贴近经济政策的实际问题。

【简要总结】 有益品与次优税收——本文把帕泽纳和罗斯坎普在本刊发表的有益品模型作为参考框架。本文认为,由于信息有限、行政成本高等原因,这两位作者开出的政策处方——一种区别对待产品和消费者的税收制度——很难付诸实施。于是,本文认为,区别对待消费者的政策是不可行的;有益品目标必须通过推行产品税制度来实现。由于有益品市场存在造成扭曲的税收,因此,在其他市场也引入这种会造成扭曲的税收,可能是最理想的做法。本文建议,除了对有益品征税或补贴外,还可以对其他产品征税或补贴,具体取决于目标产品与非目标产品之间替代或互补的(相对)程度。

参考资料

[1] Diamond, P. A., Mirrlees, J. A., "On Optimal Taxation and Public Production: I-Production Efficiency," *American Economic Review*, Vol. 51 (1971), pp. 8—17.

[2]Folkers,C. ,"Meritorische Güter als Problem der normativen Theorie öffentlicher Ausgabcn,"*Jahrbuch für Soziahwissenschaft*,Bd. 25(1974) pp. 1—29.

[3]Green,J. ,Sheshinski,E. ,"Direct versus Indirect Remedies for Externalities,"*Journal of Political Economy*. Vol. 84 (1976),pp. 797—808.

[4]Hadley,G. ,*Linear Algebra* (Reading,Mass. ,1961).

[5] Neumark, F. , "Bemerkungen zu cinigen ökonomischcn Aspcktcn der grundgesetzJichen Vorschriften über die Einheitlicbkeit der Lebensverh ältnisse in der Bundesrcpublik Dcutschland,"in W. Dreibig(ed.),. *Probleme des Finanzausgleichs I*,Schriften des Vereins für Socialpolitik,NF Bd. 96/1,9;Jin 1978,pp. 165—175.

[6]Ng, Y. K. ,"Optimal Corrective Taxes or Subsidies when Revenue Raising Imposes an Excess Burden,"*American Economic Review*, Vol. 70 (1980),pp. 744—751.

[7]Pazner,E. A. ,"Merit Wants and the Theory of Taxation,"*Public Finance / Finances Publiques*,Vol. 27,No. 4/1972,pp. 460—472.

[8]Roskamp,K. W. ,"Public Goods,Merit Goods,Private Goods,Pareto Optimum,and Social Optimum,"*Public Finance / Finances Publiques*,Vol. 30,No. 1/1975,pp. 61—69.

[9]Sandmo, A. ,"Optimal Taxation in the Presence of Externalities," *Swedish Journal of Economics*,Vol. 77 (1975),pp. 86—98.

[10]Sandmo,A. ,"Direct versus Indirect Pigovian Taxation,"*European Economic Review*,Vol. 7 (1976),pp. 337—349.

[11]Wildasin,D. E. ,"Public Good Provision with Optimal and Non-Optimal Commodity Taxation. The Single-Consumer Case,"*Economic Letters*, Vol. 4 (1979),pp. 59—64.

第二节　事后福利经济学分析与有益品理论[1]

艾格纳·桑德姆

在这篇文章中,艾格纳·桑德姆(Agnar Sandmo)把有益品的概念局限在概率信息不足的问题上。然后,作者对有益品概念这方面的问题进行了形式化处理,"以澄清信息扭曲能在多大程度上促成我们现在因外部性理论而熟悉的同一类次优干预规则"[p.27]。作者认为,事后有益品论可能会被滥用,但没有像本文作者那样不加限制地使用有益品一般模糊概念那么严重。本文作者还认为,同样可以进行其他形式的形式化处理,但要"考虑学习活动和序贯决策问题"[p.32]。

※　※　※

引　言

近年来,许多论文对福利经济学主要定理朝着源于阿罗(Arrow,1953)和德布鲁(Debreu,1959)研究的不确定性世界的扩展提出了疑问。朝着阿罗—德布鲁不确定性世界扩展的基础是,消费者偏好可以根据状态或有商品(state-contingent commodities)来确定。这种偏好可以用冯·诺依曼—摩根斯坦(von Neumann-Morgenstern)效用来表示。即便对商品空间进行这样的解读,福利经济学的主要定理在一个充满不确定性的世界里仍然有效。帕累托最优是一种竞争性均衡,帕累托最优作为竞争均衡可以持续,并且仍然可以像以前那样对造成市场失灵的原因进行诊断。

---

[1] 本文在征得了作者和布莱克威尔出版公司(Blackwell Publishing)的允许后转引自:Agnar Sandmo,"Ex Post Welfare Economics and the Theory of Merit Goods," *Economica*,50 (1983):19—33。作者来自挪威经济与工商管理学院(Norwegian School of Economics and Business Administration)。

有几个原因可以用来解释我们为什么对这种建构感到不安。我们应该密切关注为建立均衡和最优间联系所必需的市场普遍性假设。我们也许更加怀疑福利或效率标准。首先,社会福利应该是个人预期效用的函数,还是预期福利才是恰当的概念？其次,如果个体之间的概率信念各不相同,那么应该将谁的概率(如果有的话)用于福利评估呢？

本文的第一部分回顾了最近的事后福利经济学研究提出的一些概念和得出的一些结论。第二部分证明这些研究可以为构建更加令人满意的有益品——最初由马斯格雷夫在1959年提出的概念——理论奠定基础。第三部分把这个概念应用于一个考察阿罗—德布鲁意义上的市场完全集的模型。第四和第五部分构建了一个不完全市场模型,为有益品研究提供最自然的框架。本文在结论部分收集了关于这个问题其他方面的各种评论。

一、事后福利经济学分析

如上所述,根据阿罗—德布鲁的方法,通过对商品概念进行简单的重新阐释,就能把福利经济学的概念和定理扩展应用到一个不确定的世界。我们设 x_{js}^i 是个人 i 在 s 状态下对商品 j 的消费,又设 x^i 是个人 i 的消费向量。(照例,要素供给可以被视为负量。)我们用效用函数 $v^i(x^i)$ 来表示个人 i 的偏好。于是,社会福利函数可以写成：

$$W = W\{v^1(x^1), \cdots, v^I(x^I)\} \tag{1}$$

从这个公式很容易看到,福利经济学的标准定理仍然有效。如果 W 在所有参数上都是递增,那么能使 W 最大值的配置必然是帕累托最优。此外,在常规的偏好和生产条件下,根据所有的商品都有市场的假设,我们可以很容易地证明福利经济学关于帕累托最优和市场竞争性均衡之间关系的主要定理。阿罗—德布鲁的构建十分优雅,并且在很多方面具有启示意义。虽然很容易对确定性和不确定性的例子进行比较,但需要对其中的一些假设进行更加仔细的审视。

效用函数 $v^i(x^i)$ 在不确定的环境中不但反映消费者的品味,还反映消费者掌握的信息。如果我们用出现不同状态的主观概率来表示消费者掌握的信息,就可以更加明确地把消费者的效用函数写成 $v^i(x^i,\pi^i)$。在这个函数式中,π^i 是向量 $(\pi^i_s,\cdots,\pi^i_S)$,并且 $\sum_s \pi^i_s = 1$。这个公式的一个重要特例就是冯·诺依曼—摩根斯坦期望效用定理成立的例子,所以我们可以把消费者的效用函数写成:

$$v^i = E^i[u^i] = \sum_{s=1}^{s} \pi^i_s u^i(x^i_s) \tag{2}$$

上式中,x^i_s 是状态 s 下的消费向量[①],而 E^i 则是期望算子。

预期效用理论在把阿罗—德布鲁法应用于福利经济学时,形成了一个令人不安的特点。通常采用伯格森—萨缪尔森(Bergson-Samuelson)社会福利函数来反映消费者主权原则。社会福利评价应该尊重个人偏好,而"偏好"通常被认为是"品味"的同义词。但是,这也提出了我们是否也应该尊重个体概率的问题。

医疗卫生、教育和能源等领域的公共政策讨论提供了许多关于旨在保护人们免受自身错误认知后果的建议的实例。我们总是很难区分纯粹的家长式干预和认为信息扭曲使得人们无法将其品味反映在他们的显示性偏好中的观点。但至少后一种观点似乎非常普遍,以至于它的影响值得我们进行更加深入的研究。

基于个人期望效用的福利评估在相关文献中被称为事前评估。我们利用式(2),可以把事前社会福利函数写成:

$$W^a = W(E^1[u^1],\cdots,E^I[u^I]) \tag{3}$$

现在,我们的问题是:如果我们不接受这种福利评估法,那么还有什么替代方法可用?

除了用个人的期望效用来表示福利函数外,我们还可以用个人的事后效用或已实现效用水平来评估社会福利。于是,我们有 s 状态下的社会福利 $W\{u^i(x^i_s),\cdots,u^I(x^I_s)\}$,而按照冯·诺伊曼—摩根斯坦—萨维奇(von Neumann-Morgenstern-Savage)公理行事的计划制订者,则会利用反映他本人对最优可用信息的感知概率来使 W 的期望值最大化。这是哈里斯(Harris,

---

[①] 我们没有考虑函数 u^i 本身可能是状态依赖的这种复杂情况。

1978)、哈里斯和奥尔维勒（Harris and Olewiler,1979）以及哈蒙德（Hammond,1981a,b）在他们最近发表的论文中使用的事后福利标准。[①] 这个标准的名称可证明它的正当性，因为社会福利函数的参数都是事后效用。但是，我们必须记住，对于并不了解世界未来状况就采取行动的计划制订者来说，这仍然是一个事前决策标准。在形式上，我们可以把事后福利函数写成：

$$W^p = E[W] = \sum_{s=1}^{S} \pi_s W\{u^1(x_s^1),\cdots,u^I(x_s^I)\} \tag{4}$$

式中，π_s 是计划制订者了解状态 s 的概率。

现在有一个值得关注的问题，那就是在什么条件下，两个福利标准 W^a（事前福利标准）和 W^p（事后福利标准）相同。哈蒙德（Hammond,1981a,b）阐明了这个问题。他表示，除以下特殊情况外，这两个标准通常并不一致：

(a)全体个人概率相同，并且等于计划制订者的概率；

(b)社会福利函数 W 是个人效用的加权和（权重恒定不变）。

等概率假设的作用很容易理解。个体的期望效用可以被认为是以概率为权重的加性效用函数。如果计划制订者在制定他的事后福利标准时不使用个人权重，那么他实际上就不会像在事前评价时那样考虑个人的显示性偏好。

线性假设的重要性主要来自海萨尼（Harsanyi,1955）提出的一个论点。线性社会福利函数保留了个人效用函数的基数特性，因此，社会对不平等的评价反映了个人对风险的态度。（其实海萨尼认为，在福利经济学中构建的这种关联性是适当的，因为社会福利评价可被视为一种彩票，而奖品就是个人在社会中的地位。）因此，非线性社会福利函数意味着社会对不平等的态度不同于个人对风险的态度，从而会造成事前和事后福利评估法之间的区别，甚至在个人和"社会"概率相等的情况下也是如此。

二、有益品与概率

有益品的概念最早是由马斯格雷夫（1959,especially pp. 13—14）引入财政学研究的。他区分了"有益需要"和"有益品"。满足有益需要，从社会角度

[①] 关于早期的相关讨论，请参阅 Drèze (1970—1971)和 Starr (1973)。

看特别"有益",而有益品则为满足有益需要所需要。显然,提出有益品概念的目的是要为市场失灵标准分类提供补充手段,而这种补充手段被用来激励政府对市场机制进行干预。但就这个概念本身而言,它的成功可以说喜忧参半。一方面,这个概念已经成为财政经济学家常用的术语;另一方面,它很少得到令人满意的形式化,而且会引发争议。

我们可以认为,有益品仅仅反映了一些与帕累托法则格格不入的家长式态度。最近发表的一些论文,如帕泽纳(1972)以及温泽尔和维加德(Wenzel and Wiegard,1981)的论文,提出了一些把某些商品的消费量直接(而不是通过个人效用函数)纳入社会福利函数的模型。这种福利函数显然违背了消费者主权原则——虽然大家都偏好 B 而不是 A,但对 A 的配置安排在 B 前面。

相比之下,有一种关于有益品的观点认为,虽然我们应该在社会福利函数中考虑消费者品味的问题,但我们并没有把消费者主权的原则扩展应用到概率中。这种观点清楚地代表了福利经济学的事后福利评估法。在这种福利评估法中,帕累托法则只在事前意义上遭到了忽视,因此,这种观点的支持者可能会争辩说,他们确实尊重消费者的品味,也尊重知情消费者的显示性偏好。他们认为,当消费者的需求由于信息失真而不能反映他们的品味时,就有必要进行干预。

医疗卫生和教育常被作为有益品的典型例子。医疗卫生和教育商品有一个显著的特点,那就是消费者经常不完全了解自己购买的这些商品的质量。从某种意义上说,他们也可能不完全了解自己对这些商品的真实需要。这种情况很容易而且自然会按照事后法来建模,这就是我们要在下文尝试做的事情。如果真要把不完全信息当作干预市场的论据,那么就应该能够推导出最优干预"规则"。关于外部性,我们已经有这样的规则。

三、完全市场案例研究

我们首先考虑一个存在各种阿罗—德布鲁式市场的案例。有两个时期,并且不确定性与第二个时期的自然状态有关。有几种可选方法可用来具体确定不确定性的来源。我们在这里集中关注消费者对未来"需要"的不确定性。

这不是为了反映消费者品味本身的不确定性，而是为了反映了兰开斯特（Lancaster,1966）所说的消费技术的不确定性："生产"健康尤其需要某些投入品，如医疗服务，但也取决于一些消费者无法控制的因素。[①] 我们不准备在这里直接对技术问题建模，而是用以下效用函数来表示：

$$u^i = u^i(y^i, c^i_{1s}, \cdots, c^i_{Js}, \theta_s) \quad (i=1,\cdots,I) \tag{5}$$

上式中，y^i 是第一阶段的消费。在不丧失一般性的情况下，我们可以认为，这只是单一商品的消费。c^i_{js} 是个人 i 第二阶段在状态 s 下对商品 j 的消费，而 θ_s 则是随机状态变量。于是，无论是各人自身的概率还是计划制订者的概率，我们都有预期效用：

$$E^i[u^i] = \sum_{s=1}^S \pi^i_s u^i \quad (i=1,\cdots,I) \tag{6}$$

或者是：

$$E[u^i] = \sum_{s=1}^S \pi_s u^i \quad (i=1,\cdots,I) \tag{7}$$

福利函数是：

$$W^p = \sum_{i=1}^I \alpha^i E[u^i] \tag{8}$$

上面这个函数被认为是线性函数，因为我们希望把注意力集中在问题的效率方面，而不去考虑不平等和分配的问题。换句话说，只要事前最优和事后最优不一，我们就关心与第一部分中的一致性条件(a)相关的问题，而不是与条件(b)有关的问题。为了让模型贴近现实，我们需要增加一个生产限制条件，我们把这个生产限制条件写为：

$$y + \sum_{j=1}^J \sum_{s=1}^S p_{js} c_{js} = 0 \tag{9}$$

上式中，没有上标的消费变量表示全体个人消费量的总和；p_{js} 是生产技术的不变系数，作为在 s 状态下交付的商品 j 的生产成本，用第一阶段消费单位

[①] 医疗可能并不是字面解释下文模型的很好例子。在医疗的例子中，每个消费者通常只关心事件空间中与自己有关的那一块；而在全体消费者都处于事件空间同一分块的本例中，某种环境风险（污染、爆发战争的危险）也许是更加自然的解释。但是，事件空间的分块可以任意细分，而每个消费者可被假设为在很大的区间内并不十分在意随机状态变量 θ_s 的值，因此，这个公式在这方面并非真正很严格。

表示。

在解最优问题之前,有必要先考虑这个模型是否能够反映有益需要和有益品思想。很明显,在效用函数式(5)中,所有商品的边际效用都会受到状态变量 θ 的影响,因此,从计划制订者的角度看,个人的边际替代率都会被扭曲。为了构建一个把可能的扭曲局限于特定商品的模型,我们必须对效用函数做进一步的假设。我们假设,我们希望把商品 J 作为一种有益品,因为只有这种商品的边际效用是不确定的。我们通过把效用函数写成以下形式的加性函数,就能做到这一点:

$$u^i = f^i(y^i, c_1^i, \cdots, c_{J-1}^i) + g^i(c_{Js}^i, \theta_s) \quad (i=1,\cdots,I) \tag{10}$$

请注意,我们现在可以去掉第二阶段商品 $1, \cdots, J-1$ 的状态下标,因为这些商品在不同状态下消费时,彼此都是完美替代品。下面,我们将更加详细地讨论加性假设。

现在,社会最优问题就是在条件式(9)的约束下,求式(8)的最大值。我们可以把式(9)改写为:

$$y + \sum_{j=1}^{J-1} p_j c_j + \sum_{s=1}^{S} p_{Js} c_{Js} = 0 \tag{9'}$$

这个问题的一阶条件是:

$$\frac{f_j^i}{f_y^i} = p_j \quad \binom{i=1,\cdots,I}{j=1,\cdots,J-1} \tag{11}$$

和

$$\pi_s \frac{g_{Js}^i}{f_y^i} = p_{Js} \quad \binom{i=1,\cdots,I}{s=1,\cdots,S} \tag{12}$$

式(11)是边际替代率与边际转换率相等的常规条件,而式(12)则是对商品 J 采取的特殊形式。

我们现在来比较最优状态和竞争均衡状态。我们把商品 y 作为计价标准,生产者价格在竞争条件下就等于生产系数 p_j 和 p_{Js}。我们设对应的消费者价格是 p_j^i 和 p_{Js}^i。消费者试图使如式(6)所示的期望效用最大化。根据式(10),我们现在可以把式(6)改写为:

$$E^i[u^i] = f^i(y^i, c_1^i, \cdots, c_{J-1}^i) + \sum_{s=1}^{S} \pi_s^i g^i(c_{Js}^i, \theta_s) \quad (i=1,\cdots,I)$$

预算约束是：

$$y + \sum_{j=1}^{J-1} p_j^i c_j^i + \sum_{s=1}^{S} p_{Js}^i c_{Js}^i = \alpha^i \quad (i=1,\cdots,I)$$

式中，α^i 是消费者的一次性收入。显然，对于消费者来说，最优条件是：

$$\frac{f_j^i}{f_y^i} = P_j^i \quad \begin{pmatrix} i=1,\cdots,I \\ j=1,\cdots,J-1 \end{pmatrix} \tag{13}$$

$$\pi_s^i \frac{g_{Js}^i}{f_y^i} = P_{Js}^i \quad \begin{pmatrix} i=1,\cdots,I \\ s=1,\cdots,S \end{pmatrix} \tag{14}$$

对式(13)和(14)与式(11)和(12)进行比较，我们就能看到，这个经济体通过采用以下价格结构就能实现有效的资源配置：

$$P_j^i = p_j \quad (j=1,\cdots,J-1) \tag{15}$$

$$P_{Js}^i = \frac{\pi_s^i}{\pi_s} p_{Js} \quad \begin{pmatrix} i=1,\cdots,I \\ s=1,\cdots,S \end{pmatrix} \tag{16}$$

对于商品 $j=1,\cdots,J-1$，消费者价格应该等于生产者价格或者生产者边际成本；而对于商品 J，消费者价格应该因消费者而异。消费者价格结构应该是 $p_{Js}^i \lesseqgtr p_{Js}$，根据 $\pi_s^i \lesseqgtr \pi_s$ 而定。"高估"s 状态出现概率的消费者应该缴纳课征于他们购买在 s 状态下交付的商品 J 的税收，而"低估"s 状态出现概率的消费者应该获得补贴。式(16)改写如下则更有意义：

$$\frac{P_{Js}^i - p_{Js}}{P_{Js}^i} = \frac{\pi_s^i - \pi_s}{\pi_s^i} \quad \begin{pmatrix} i=1,\cdots,I \\ s=1,\cdots,S \end{pmatrix} \tag{17}$$

税率等于个人估计的 s 状态出现概率偏离计划制订者估计的 s 状态出现概率的比率。

这基本就是哈里斯(1978)所说的"个性化价格体系"(personalized price system)。特别值得关注的是，在最优状态下，税率直接与 s 状态的出现概率相关，且独立于效用或需求函数的属性，但基于两个很强的假设。第一个强假设是，存在阿罗—德布鲁式有益品市场，但对于大多数应用来说，这并不是一个有吸引力的假设；第二个强假设是，计划制订者可以对不同的个人实行差别税率。如果我们考虑的所有商品都可以交易，那么个人就可以通过套利活动来避税并获得补贴，从而抵消计划制订者意图的影响。当然，除此之外，针对个人的差别化税收还有行政成本的问题。

这种税收制度另有以下这个值得关注的特点。让我们把商品 J 看作一个商品向量,因此仍然有一种有益需要(用函数 g^i 来表示),但有许多有益品。由式(16)或式(17)可知,每个人的税率不应该因具体商品而异,而应该仅因个人认为的状态或有事项而异。

哈里斯的表述与本文的表述有些不同。具体而言,他假设不确定性会影响未来所有的商品需求,因此未来各类消费都成为当前意义上的有益品。如果我们把所有未来消费品($c_1^i,\cdots,c_J^i$)作为函数 g^i 的参数,这在目前的模型中也会出现。而这种可加可分性实际上是哈里斯(1978)、哈里斯和奥尔维勒(1979)以及斯塔尔(Starr,1973)都假设的条件。①

四、不完全市场案例研究

从某种意义上讲,阿罗—德布鲁框架是有益品理论的人为基础;消费者不会在状态或有市场(state-contingent markets)上购买消费品。因此,我们值得把这个模型扩展到消费品只能通过在状态性质已知前签订状态独立型合同(state-independent contracts)来购买的情况。现在,根据消费者个人估计的状态出现概率或者计划制订者估计的状态出现概率,期望效用变为:

$$E^i[u^i] = f^i(y^i, c_1^i, \cdots, c_{J-1}^i) + \sum_{s=1}^{S} \pi_s^i g^i(c_J^i, \theta_s) \quad (i=1,\cdots,I) \quad (18)$$

或者:

$$E[u^i] = f^i(y^i, c_1^i, \cdots, c_{J-1}^i) + \sum_{s=1}^{S} \pi_s g^i(c_J^i, \theta_s) \quad (i=1,\cdots,I) \quad (19)$$

总生产约束条件(9′)变为:

$$y + \sum_{j=1}^{J} p_j c_j = 0 \qquad (9'')$$

而个人的预算约束是:

---

① 读者还应参阅马尔尚和安塔罗(Marchand and Entaleau,1982)的文章。这两位作者把事后最优性标准用于解决能源市场价格不确定的问题。

$$y^i + \sum_{j=1}^{J-1} P_j^i c_j^i + P_J^i c_J^i = a^i \quad (i=1,\cdots,I) \tag{20}$$

我们很容易把事后效率条件推导为：

$$\frac{f_j^i}{f_y^i} = p_j \quad \begin{pmatrix} i=1,\cdots,I \\ j=1,\cdots,J-1 \end{pmatrix} \tag{21}$$

和

$$\frac{\sum_{s=1}^{S} \pi_s g_J^i}{f_y^i} = p_J \quad (i=1,\cdots,1) \tag{22}$$

式(21)的条件与式(11)的条件相同，而式(22)的条件则与式(12)的条件不同。现在，等号的左边是商品 J 与计价标准之间的预期边际替代率；而在之前的模型中，我们有 S 这样的状态条件，每个状态条件都与商品 J 在特定状态下的消费有关。

消费者个人在预算约束式(20)的制约下，就如式(18)所示的那样追求期望效用最大化。求解这个问题的一阶条件是：

$$\frac{f_j^i}{f_y^i} = P_j^i \quad \begin{pmatrix} i=1,\cdots,I \\ j=1,\cdots,J-1 \end{pmatrix} \tag{23}$$

$$\frac{\sum_{s=1}^{S} \pi_s^i g_J^i}{f_y^i} = P_J^i \quad (i=1,\cdots,I) \tag{24}$$

用这两个条件式与效率条件式(21)和(22)比较，我们就能看到最优价格结构：

$$P_j^i = p_j \quad \begin{pmatrix} i=1,\cdots,I \\ j=1,\cdots,J-1 \end{pmatrix} \tag{25}$$

$$P_J^i = \frac{\sum_{s=1}^{S} \pi_s^i g_J^i}{\sum_{s=1}^{S} \pi_s g_J^i} p_J \quad (i=1,\cdots,I) \tag{26}$$

比照式(17)，我们可以把式(26)改写为：

$$\frac{P_J^i - p_J}{P_J^i} = \frac{\sum_{s=1}^{S} (\pi_s^i - \pi_s) g_J^i}{\sum_{s=1}^{S} \pi_s^i g_J^i} \quad (i=1,\cdots,I) \tag{27}$$

这些税收公式要比阿罗—德布鲁框架中的税收公式复杂得多,但也有相似之处。首先,只有有益品才应该征税。此外,很明显,状态出现概率失真,在一般情况下确实要求对有益品征收因人而异的税收。"个人是否应该纳税或得到补贴,具体取决于他是否过于乐观",这个一般趋势仍然是正确的。更加准确地说,如果个人倾向于高估高消费边际效用状态出现的概率,那么就应该缴税;如果他认为出现低边际效用状态的概率小于计划制订者估计的概率,那么就应该得到补贴。

到了这个阶段,自然应该讨论这个模型中的信息传播问题。如果计划制订者直接把正确的概率信息传递给消费者个人,而不是试图通过价格机制来影响他们的行为,这样不是会简单得多吗?在某些情况下,答案当然是肯定的。但是,提供信息的成本很高,而且成本超过了某个点,计划制订者也许会发现使用价格机制可以更有效地取得预期的结果。因此,必须理解这里的分析,以便直接提供信息,直到到达边际社会效益等于边际成本的点为止。

五、政策工具选择受到的约束

个性化的价格和转移支付制度提出了一些执行方面的难题。套利的可能性和行政成本可能会限制统一价格纠正政策的适用范围,而且有信息和激励约束因素阻止采用一次性转移支付的方式。因此,了解在理想条件下最优的市场干预方式还是有用的。但是,更加现实的分析应该考虑使用实际政策选择特有的工具会受到的约束因素。因此,在不能实施一次性转移支付和只能对消费者实行统一价格和征收统一税收的情况下,我们就得分析有益品的税收结构。

这个问题类似于外部性理论中经常出现的一个问题。最优条件通常根据纯效率论来表述,因此意味着分配问题可以通过单独的转移支付方案来解决。此外,我们常常发现,最佳分配只能通过一种区别对待经济主体的价格机制或征收庇古税来实现。最近,一些关于外部性的论文已经强调了考虑价格统一性约束的必要性,如戴蒙德(1973)、格林和谢辛斯基(1976)以及桑德姆(1976a)。本文的一个目的就是,阐明信息失真能在多大程度上导致我们现在因外部性理论而熟悉的那种次优干预规则。

我们假设,政府有一个外生给定的收入要求 T,这个 T 有可能是 0。在 T 是 0 的情况下,征税仅仅是为了收入再分配和增加为补贴有益品所需的收入(或分配课征有益品税筹到的收入)。于是,我们可以把政府预算约束写成:

$$\sum_{j=1}^{J}(P_j-p_j)\sum_{i=1}^{I}c_j^i=T \tag{28}$$

现在的问题是,要找到在式(28)的约束下,能使事后社会福利函数最大化的消费者价格 P_j 或者税率 $t_j(P_j-p_j)$。

为此,应该采取的标准程序是,用间接效用函数重写社会福利函数。但是,构建这些函数时必须谨慎,因为它们不是根据消费者自己的效用,而是根据计划制订者对消费者效用的预期推导出来的。

消费者个人的优化问题就是,在他们自己的预算约束[①]的制约下使 $E^i[u^i]$ 最大化:

$$y^i+\sum_{j=1}^{J}P_jc_j^i=a^i \quad (i=1,\cdots,I) \tag{29}$$

而由式(29)可推导出一阶条件:

$$f_y^i-\lambda^i=0 \quad (i=1,\cdots,I) \tag{30a}$$

$$f_j^i-\lambda^iP_j=0 \quad \begin{pmatrix}i=1,\cdots,I\\j=1,\cdots,J-1\end{pmatrix} \tag{30b}$$

$$\sum_{s=1}^{S}\pi_s^ig_J^i-\lambda^iP_J=0 \quad (i=1,\cdots,I) \tag{30c}$$

这里,λ^i 是收入的边际效用。由方程式(29)和(30),我们可推导出作为价格 P_j 和一次性收入 a^i 函数的需求量,再把它们代入各效用函数就有间接效用函数;而如果我们使用直接效用函数式(19),那么就可获得计划制订者评估的间接效用函数:

$$V^{ip}=V^{ip}(P_1,\cdots,P_J,a^i) \quad (i=1,\cdots,I) \tag{31}$$

现在可以直接求出这些函数对价格的偏导数如下:

[①] 消费者预算约束包括一次性收入,尽管我们早些时候假设消费者的一次性税收为 0。从形式上看,为了用斯拉茨基方程来描述需求函数的特点,把一次性税收纳入消费者问题是有用的。而对于我们来说,这也是斯拉茨基方程的唯一用途。

$$\frac{\partial V^{ip}}{\partial P_k}=-\lambda^i\left(c_k^i+\varepsilon^i\frac{\partial c_J^i}{\partial P_k}\right)\quad\binom{k=1,\cdots,J}{i=1,\cdots,I}\tag{32}$$

其中：

$$\varepsilon^i=\sum_{s=1}^S(\pi_s^i-\pi_s)g_J^i\quad(i=1,\cdots,I)\tag{33}$$

式(33)是对消费者个人的状态估计概率和计划制订者的状态估计概率偏差造成的信息失真的一种自然度量。当然，如果 $\varepsilon^i=0$，式(32)就可还原为我们熟悉的罗伊(Roy)条件。

社会最优问题现在可以重新表述为，在式(28)的约束下对 P_i 求下式的最大值：

$$W^p=\sum_{i=1}^I\alpha^iV^{ip}\tag{34}$$

通过构建适当的拉格朗日函数，我们可把一阶条件写成：

$$-\sum_{i=1}^I\alpha^i\lambda^i\left(c_k^i+\varepsilon^i\frac{\partial c_J^i}{\partial P_k}\right)+\mu\left\{\sum_{j=1}^J\sum_{i=1}^I(P_j-p_j)\frac{\partial c_j^i}{\partial P_k}+\sum_{i=1}^Ic_k^i\right\}=0$$
$$(k=1,\cdots,J)\tag{35}$$

价格导数可以用斯拉茨基方程表示为：

$$\frac{\partial c_j^i}{\partial P_k}=-c_k^i\frac{\partial c_j^i}{\partial a^i}+S_{jk}^i\quad\binom{j,k=1,\cdots,J}{i=1,\cdots,I}\tag{36}$$

上式中，等号右边的第二项是替代效应。①

为了进一步理解条件式(35)的意义，我们先考察一种单一消费者经济体的简单例子不无益处。这种经济体已被证明是最优税收理论中一个有用的基准案例。在这个案例中，社会福利函数与个人效用函数相等，因此，$W^p=V^p$。于是，表达式(35)可以改写为：

$$-\lambda\left(c_k+\varepsilon\frac{\partial C_J}{\partial P_k}\right)+\mu\left\{\sum_{j=1}^J(P_j-p_j)\frac{\partial c_j}{\partial P_k}+c_k\right\}=0\quad(k=1,\cdots,J)$$
$$(35')$$

利用斯拉茨基方程式(36)和替代效应的对称条件，我们可把式(35′)写成：

---

① 用 S 表示替代效应是常规做法，请不要与前面用来表示自然状态的符号相混淆。

$$\sum_{j=1}^{J} t_j S_{kj}/c_k = \frac{\lambda-\mu}{\mu} + \sum_{j=1}^{J} t_j \frac{\partial c_j}{\partial a} + \frac{\lambda}{\mu} \frac{\varepsilon}{c_k} \frac{\partial C_J}{\partial P_k} \quad (k=1,\cdots,J) \quad (36')$$

这种形式的最优性条件是最优税收理论中拉姆齐(Ramsey)规则(如见Sandmo,1976b)的扩展。如果$\varepsilon=0$,这个规则就表示,对于围绕最优税收的小幅变动,(根据补偿性需求曲线评估的)需求的相对减少应该对所有商品相同。有益品的存在会改变这个规则。我们先假设$\varepsilon>0$,因此,计划制订者认为,消费者根据自己对消费边际效用过于乐观的估计来确定个人需求;这在最优情况下就要求对有益品征收一种从量税。拉姆齐规则表示,在这种情况下,税制设计应该尽可能减少对总体上与有益品互补的商品的需求,但尽可能不减少对总体上是有益品替代品的商品的需求。① 直观地看,这是有经济意义的。

有一种特殊情况值得注意,也就是全部征税商品的交叉价格导数为0。这种情况使式(35')变成:

$$\frac{t_k}{P_k} = \frac{\lambda-\mu}{\mu} \cdot \frac{1}{\eta_k} \quad (k=1,\cdots,J-1) \quad (37)$$

和

$$\frac{t_J}{P_J} = \frac{\lambda-\mu}{\mu} \cdot \frac{1}{\eta_J} + \frac{\lambda}{\mu} \frac{\varepsilon}{P_J} \quad (38)$$

在价格对需求没有交叉影响的情况下,普通商品的税率应该与它们的价格弹性η_k成反比。有益品还应承担与其信息失真成正比的附加税(如果$\varepsilon<0$,那么就是补贴)。附加税的选择性质和税收公式的附加形式具有很大的直观吸引力,但应该强调,前者是独立需求特别假设的结果。一般来说,没有任何假设认为只有有益品才应该征税。信息失真也可以通过对有益品的互补品征税,或者对有益品的替代品补贴来加以纠正。

在多消费者的情况下,富有意义地描述最优价格和税收结构的特征要困难得多。我们不准备详细说明如何把最优条件式(35)引入对应于戴蒙德(1975)的多人拉姆齐税收规则的形式。但是,为了了解考虑分配问题造成的

---

① 这里假设$\mu>0$。在最优税收的标准例子中,情况必然如此,因为μ被解释为减少税收的社会价值。但在这种情况下,消费者收入增加有可能导致需求向被扭曲的部门转移。在计划制订者看来,这样会减少福利。下面的讨论将忽略这种异常情况。

复杂性,再次考虑独立需求的情况还是有用处的。于是,我们的条件式(35)可简化为:

$$\frac{t_k}{P_k} = \frac{\sum_{i=1}^{I}(\alpha^i\lambda^i - \mu)c_k^i}{\mu\sum_{i=1}^{I}c_k^i} \cdot \frac{1}{\eta_k} \quad (k=1,\cdots,J-1) \tag{39}$$

和

$$\frac{t_J}{P_J} = \frac{\sum_{i=1}^{I}(\alpha^i\lambda^i - \mu)c_J^i}{\mu\sum_{i=1}^{I}c_J^i} \cdot \frac{1}{\eta_J} + \frac{\sum_{i=1}^{I}\alpha^i\lambda^i\varepsilon^i(\partial c_J^i/\partial P_J)}{\mu P_J\sum_{i=1}^{I}(\partial c_J^i/\partial P_J)} \tag{40}$$

式(39)中,η_k 是总需求 c_k 的价格弹性。表达式(39)对应于式(37),税率应与市场需求的价格弹性成反比,但比例系数因商品而异,并反映每种商品的分配特征。对于任何给定的价格弹性,我们都希望对主要由社会消费边际效用高的个人消费的商品实行低税率。在只有有益品的情况下,这个公式有一个修正项。这个修正项就是以价格导数为权重的信息失真的社会价值的加权平均值。对这个修正项的一种近似解释是,例如,如果消费者过于乐观($\varepsilon^i > 0$);而且,那些受社会信息失真影响最严重的消费者同时也对价格变化最敏感,那么就有必要实行高税率。

以上解释可用来说明有益品与外部性情况的另一个相似之处。众所周知,要评估对一种会产生外部性的商品征税的分配影响,就必须考虑两方面的影响。我们必须首先考虑征税商品的分配特征,然后考虑它产生的外部性。在有益品的情况下,我们必须同时考虑有益品消费的分配效应和征税,旨在缓解的信息失真。

以上,我们已经分析了多种信息失真条件下的最佳税收模型。很明显,我们推导出的最优价格结构特征描述法并非为了立即执行设计的,而是要为解决利用价格机制纠正信息失真所涉及的问题提供一些一般性的洞见。到目前为止,这一领域的政策论证几乎没有得到形式理论的支持,而像本文介绍的模型应该有助于更好地理解对有益品征税的原因。

六、补充说明

本文的一个目的就是要研究在信息失真的条件下,有益品模型是否可被赋予与我们熟悉的外部性模型类似的结构。由上可知,这两种情况确实有很大的相似之处。由于庇古税和补贴可用来恢复外部性经济的效率,因此,可以操纵消费价格结构来纠正信息失真。有些外部性文献的作者也已经认识到,普通商品税可能只是弥补市场失灵的不完善办法,因为最优分配要求对消费者实行差别化价格。但是,如果存在统一价格约束,那么我们就会遇到与本文上一节分析的问题类似的次优问题。

本文介绍的模型有一个看似奇怪的特点,那就是高度依赖有益品与其他商品之间的可加可分性假设。认为规范经济学的命题依赖一个相当严格的经验假设,这似乎有些武断;但是,不这么做,我们就无法确定某些特定的商品是有益品。我们想要建模模拟某些但并非全部边际替代率失真的情况。使用基数效用,就无法避免可加可分性的问题。这里与认为期内偏好应该纳入社会福利函数,而期间偏好就不必纳入的"阿莱最优"(Allais optimality)概念有一个相似之处。只有假设效用函数在期间可分,这个概念才能形式化。[①] 如果我们想要"部分"考虑消费者偏好,就必须能在效用函数所做的偏好表述中甄别那部分消费者偏好。但是,很明显,把分析局限于单个有益品案例只有助于达到说明的目的,应该明确把分析扩展到有很多有益品(函数 g^i 中有一种以上的商品)和有益需要(效用函数中有多个可加分量)的情况。

到目前为止,我们只是把有益品作为私人品来考察。在这一点上,我们保持接近于马斯格雷夫提出的概念。但是,如果公共品的未来收益是不确定的,并且概率估计又不同,那么我们真的没有理由把公共有益品排斥在分析之外。如果消费者个人可被诱导披露他们从公共品中获得的边际收益,那么计划制订者就可能希望在计算社会边际支付意愿之前帮助他们纠正信息失真造成的偏误。但是,如果仅有的有益品全部是公共品,那么就不需要对我们上面讨论

[①] 关于阿莱最优性概念的介绍,请参阅马林沃德(Malinvaud,1972)。

的竞争性价格进行任何干预。

当然,选择事前还是事后最优标准,牵涉到伦理方面的问题。到目前为止,我们几乎没有谈及这方面的问题。这在一定程度上是因为,通过使社会福利函数在效用上呈线性,我们就能避开对风险和不平等态度的协调问题。其实,哈蒙德已经在他的启蒙性文章(Hammond,1981a)中讨论过这个问题。无论计划制订者用自己的估计概率来代替消费者个人的估计概率是否合理,这当然也涉及伦理问题。不过,这方面的真正问题很可能是计划制订者掌握的信息质量是否真正有助于做出更优的长期决策。当然,这个问题不可能有一般的答案,每一种情况都必须根据它自身的有益性来判断。

事后有益品论很容易被滥用。从经验上讲,我们很难通过观察所表达的偏好来分别确定品味和概率。因此,在没有其他理由的情况下,信息失真可能就会成为进行市场干预的诱人借口。这样做也是有原因的,但是,有益品的一般模糊概念显然会在这方面造成更大的危险,而信息失真观则把市场失灵与明确界定的标准联系在一起,这当然会大大降低滥用有益品概念的风险。

最后,应该指出,本文并没有用尽对有益品理论进行形式化处理的全部可能性。我们还可以进一步发展信息失真模型,以便能把学习活动和序贯决策问题纳入这种模型。此外,把这些想法应用于具体的有益品干预问题,也许既有利于构建解决有益品问题的更加具体的机制,又有助于更好地理解有关有益品的一般问题。

致 谢

本文作者非常感谢彼得·哈蒙德(Peter Hammond)和亨利·托尔肯斯(Henry Tulkens),以及维达尔·克里斯蒂安森(Vidar Christiansen)和卡雷·哈根(Kare Hagen)。彼得·哈蒙德和亨利·托尔肯斯参加了有关本论文主题的讨论,他们的发言使我获益匪浅;而维达尔·克里斯蒂安森和卡雷·哈根则对本文之前的草稿提出了修改意见。本文作者还要感谢一位本文的审稿人,他提出了不少颇有见地的意见和建议。

参考资料

Arrow, K. J. (1953). Le rôle des valeurs boursières pour la repartition la meillure des risques. *Econométrie* (CNRS, Paris), 41 — 47. English trans. (1964): The Role of Securities in the Optimal Allocation of Risk Bearing. *Review of Economic Studies*, 31, 91—96.

Debreu, G. (1959). *Theory of Value*. New York: John Wiley.

Diamond, P. A. (1973). Consumption Externalities and Imperfect Corrective Pricing. *Bell Journal of Economics*, 4, 526—538.

——(1975). A Many-person Ramsey Tax Rule. *Journal of Public Economics*, 4, 335—342.

Dreze, J. H. (1970—71). Market Allocation under Uncertainty, *European Economic Review*, 2, 133—165.

Green, J. and Sheshinski, E. (1976). Direct versus Indirect Remedies for Externalities. *Journal of Political Economy*, 84, 797—808.

Hammond, P. J. (1981a). Ex-ante and Ex-post Welfare Optimality under Uncertainty. *Economica*, 48, 235—250.

——(1981b). Ex-post Optimality as a Dynamically Consistent Objective for Collective Choice under Uncertainty. *Technical Report* no. 343, Institute for Mathematical Studies in the Social Sciences, Stanford University.

Harris, R. (1978). Ex-post Efficiency and Resource Allocation under Uncertainty. *Review of Economic Studies*, 45, 427—436.

——and Olewiler, N. (1979). The Welfare Economics of Ex-post Optimality. *Economica*, 46, 137—147.

Harsanyi, J. C. (1955). Cardinal Welfare, Individualistic Ethics, and Interpersonal Comparisons of Utility. *Journal of Political Economy*, 63, 309—321.

Lancaster, K. J. (1966). A New Approach to Consumer Theory. *Journal of Political Economy*, 74, 132—157.

Malinvaud, E. (1972). *Lectures on Microeconomic Theory*, Amsterdam: North-Holland.

Marchand, M. and Pestieau, P. (1982). Taxation and Diverging Expectations Using Energy Policy as an Illustration. *Journal of Public Economics*, 17, 23—49.

Musgrave, R. A. (1959). *The Theory of Public Finance*. New York: McGraw-Hill.

Pazner, E. (1972). Merit Wants and the Theory of Taxation. *Public Finance*, 27, 460—472.

Sandmo, A. (1976a). Direct versus Indirect Pigovian Taxation. *European Economic Review*, 1, 337—349.

——(1976b). Optimal Taxation: An Introduction to the Literature. *Journal of Public Economics*, 6, 37—54.

Starr, R. M. (1973). Optimal Production and Allocation under Uncertainty, *Quarterly Journal of Economics*, 87, 81—95.

Wenzel, H. D. and Wiegard, W. (1981). Merit Goods and Second-best Taxation. *Public Finance*, 36, 125—140.

第三节 对一个简单的有益品模型的论证[①]

詹姆斯·P. 费汉

贝斯利(Besley)曾试图为有益品补贴构建一个数学模型,以扩展政府对美好社会的阐释。詹姆斯·P. 费汉(James P. Feehan)证明了贝斯利模型并不适合某些效用函数,然后对贝斯利模型进行了修正。他这样做的目的在于,通过把有益品概念纳入社会福利数学模型,更加认真地处理有益品概念的某些维度。

※ ※ ※

贝斯利(1988)在他最近发表的一篇文章中,推导出了有益品的最优和次优补贴规则。一方面,鉴于有益品论经常被作为制定实际政策的依据,另一方面,鉴于理论文献仅仅很有限地关注有益品的问题,因此,这种聚焦于在存在有益品的情况下制定政策的做法有可能被认为是相当可取的做法。令人遗憾的是,贝斯利的最优补贴规则并不正确。本文发现了造成这个问题的根本原因,并且提出了正确的规则。

贝斯利模型的关键特征是政府和个人在评价个人效用的问题上存在分歧。第 h 个人根据下式对效用进行排序:

$$v^h(x^h,y^h) \tag{1}$$

式中,$v^h y^h$ 是一个递增、严格准凹并且两次连续可微的函数;x 是一个有益品的 n 维矢量;而 y 表示单种有益品的数量。有益品与非有益品的区分取决于政府对个人效用的评价。不同的评价由式(2)给出:

$$\varphi^h(x^h,y^h) = v^h(x^h,\theta^h y^h) \tag{2}$$

[①] 本文在征得作者和艾斯威尔有限公司(Elsevier Ltd.)的允许后转引自:James P. Feehan,"A Simple Model for Merit Good Arguments," *Journal of Public Economics* 43 (1990):127—129. 这篇文章是作者在西安大略大学(University of Western Ontario)访学期间完成的。本文作者要感谢尼古拉斯·施密特(Nicolas Schmitt)和罗纳德·温特罗布(Ronald Wintrobe)参加了令本文作者受益匪浅的讨论。

式(2)中，$\theta^h > 1$表示有益品，而$\theta^h < 1$则表示非有益品。我们假设，并不存在任何造成扭曲或市场失灵的其他原因；我们有一个标准的功利主义社会福利函数$W(\cdot)$，并且把这个社会福利函数定义为大于个人效用的总和。

在这种情况下，为了实现社会最优，政府的干预可能局限于一次总付式的再分配和明确到个人的有益品补贴。贝斯利(方程式3.8，p.376)给出了这种补贴的以下公式：

$$\tau^h = (1-\theta^h)/\theta^h \tag{3}$$

然而，这个公式通常并不正确。举一个例子就足以说明本文作者的这个论点。我们来考察一种只有一种有益品和一种非有益品且个人效用函数是柯布—道格拉斯函数的情况：

$$v^h(x^h, y^h) = (x^h)^{\alpha(h)} (y^h)^{\beta(h)} \tag{4}$$

从政府的角度看，我们可以把这个效用函数改写为：

$$\varphi^h(x^h, y^h) = (\theta^h)^{\beta(h)} (x^h)^{\alpha(h)} (y^h)^{\beta(h)} \tag{5}$$

这相当于表示个人效用函数纳入社会福利函数时的权重变化。如果社会福利的最大值超过式(5)而不是式(4)，那么就需要进行不同的收入分配，而且与式(3)的情况截然相反，不需要对有益品进行任何补贴。

这是对与式(1)和式(2)相关的部分间接效用函数之间关系的一种误解，是造成贝斯利分析出现问题的根本原因。这些部分间接的效用函数分别写成：

$$g^h(p, y^h, m^h) \tag{6}$$

和

$$g^h(p, \theta^h y^h, m^h) \tag{7}$$

式中，p表示非有益品的价格向量，而m^h表示对第h个人的一次性转移支付。在推导式(3)时，贝斯利认为下列两式是正确的：

$$\frac{\partial g^h}{\partial y^h}(p, \theta^h y^h, m^h) = \theta^h \frac{\partial g^h}{\partial y^h}(p, y^h, m^h) \tag{8}$$

和

$$\frac{\partial g^h}{\partial m^h}(p, \theta^h y^h, m^h) = \theta^h \frac{\partial g^h}{\partial m^h}(p, y^h, m^h) \tag{9}$$

式(8)和式(9)在一般情况下都不能成立，读者可以用柯布—道格拉斯偏好的例子很容易证明这一点。

按照贝斯利的程序,对上述问题进行调整,就可获得明确到个人的补贴的正确标准。结果是:

$$\tau^h = \frac{\left[\frac{\partial g^h}{\partial y^h}(p, y^h, m^h) / \frac{\partial g^h}{\partial m^h}(p, y^h, m^h)\right] - \left[\frac{\partial g^h}{\partial y^h}(p, \theta^h y^h, m^h) / \frac{\partial g^h}{\partial m^h}(p, \theta^h y^h, m^h)\right]}{\frac{\partial g^h}{\partial y^h}(p, \theta^h y^h, m^h) / \frac{\partial g^h}{\partial m^h}(p, \theta^h y^h, m^h)}$$

(10)

参考资料

Besley, T., 1988, A Simple Model for Merit Good Arguments, *Journal of Public Economics* 35, 371—383.

第三部分

有益品思想的应用

第三部分

有益品質的延用

第十七章

有益品思想的知识体系论证

第一节 亚当·斯密论财政与分配[①]

R. A. 马斯格雷夫

亚当·斯密在《国富论》(the Wealth of Nations)一书中,对包括公共和私人经济活动在内的经济活动进行了全面的描述。虽然斯密把关注焦点集中在私营部门,并且认为市场由"看不见的手"引导,但他并不是经济无政府主义者。政府活动构成了斯密的自然自由体系的一个固有部分。正如他在《国富论》第五卷导言中指出的那样,君主必须建立法律制度来确保财产的神圣不可侵犯性,并制定能使交换和劳动分工蓬勃发展的规则。此外,君主必须为国防提供经费,开展公共工程建设,为普通民众提供公共教育。如果我要报告斯密如何看待提供公共服务以及我的预算"配置部门"的行为,那么我可能会把《国富论》第五卷第一章看作现代社会品理论的先驱。虽然斯密对这个问题的看法不如休谟那样深刻,但外部性很可能是斯密经济思想体系中一个不可分割的组成部分,为"看不见的手"所能处理的事情设置了限制。[②] 但我本人的任务是解决分配问题,而不是财政系统公共服务职能的问题。《国富论》中很少提到这方面的问题,因此,我的任务不同于参加这次研讨会的同事们。虽然他们可能认为亚当·斯密预见到了这一切的发生,但我的第一个任务必须是,探究为什么《国富论》第五卷如此严重地忽略了分配问题。在本文的以下部分,我将简述亚当·斯密如何把这个问题作为财政理论的主要关注点——分配导向型政策(即使没有占主导地位)怎么会变得具有战略重要性,以及我们的这位昔日大师可能会如何看待这些发展。

※ ※ ※

[①] 作者 R. A. 马斯格雷夫为哈佛大学政治经济学 H. H. 伯班克(H. H. Burbank)讲席教授。
[②] 休谟提出了一个包括偏好显示不足和"搭便车"在内的超现代的社会品问题理念。请参阅:David Hume, *Treatise on Human Nature* (1740) III. ii. 7, as quoted in Alan Peacock, "The Treatment of the Principles of Public Finance in the Wealth of Nations," in *Essays on Adam Smith*。

一、斯密财政体系中的分配问题

在考察斯密的财政体系观之前,我们有必要先看看他研究的财政环境。表17-1-1列示了英国当时财政收支的大致状况。在《国富论》问世的那个10年之初,英国的国民收入约为1.3亿英镑。[①] 公共支出是1 200万英镑,公共支出与国民收入的比例略低于10%,这一比例与第一次世界大战前几年的比例没有太大的差别。在总共1 200万英镑的公共支出中,40%用于偿还债务,33%用于军事用途(1770年)。在剩下的27%的公共支出中,130万英镑用于济贫事业;190万英镑用于其他用途,其中一半是王室年俸。因此,与济贫有关的项目是当时英国财政支出的主要项目,在扣除利息和国防等"无法控制"的开支后剩下的公共支出中几乎占了一半。但是,斯密在《国富论》的第五卷里没有考虑济贫的财政问题,而斯密早期对定居法的批评是针对由这种法律导致的劳动力不流动,但没有考虑到资助水平充足性的问题。[②] 由于济贫采用实物救济的方式,因此,转移支付作为财政支出类别还没有出现在斯密的财政体系中。只有在谈到教育问题时,他才考虑到政府对穷人的责任。

斯密认为,有必要把公共教育作为缓解普通民众生活状况的一种手段,因为他们正在遭受工业劳动使人变得迟钝的影响。斯密还主张把苏格兰的公共资金资助教区学校的制度扩展到英格兰(WN ii. 270; V. i. f. 55)。但是,这只能证明一种例外情况,但不能证明一般规则,斯密在他的财政体系的其余部分几乎或者根本就没有关心分配性支出政策,也没有把税收看作一种再分配手段。这是因为,正如本文将要指出的那样,斯密是根据受益而不是能力来解释

[①] 我们以1770年(而不是1776年)为参照点,以便把这时的英国财政收支结构视为随后国防支出扩张前的状况。英国1801年的国民收入估计为2.32亿英镑,请参阅:B. R. Mitchell, *Abstract of British Historical Statistics* (Cambridge University Press, 1962), 366。在1770—1800年期间,英国的物价大约翻了一番(ibid., 468),1801年的2.32亿英镑,按1770年的价格计,就相当于1.6亿英镑。考虑到1770—1800年英国实际国民收入的增长,这个数额似乎与S.霍兰德(S. Hollander)1770年的估算收入1.27亿英镑相符。请参阅:S. Hollander, *The Economics of Adam Smith* (University of Toronto Press, 1973), 127。

[②] 请参阅:Adam Smith, *The Wealth of Nations*, E. Cannan, ed. (Methuen, London, 1904), i. 137—142; I. x. c. 45—59 ("Inequalities Occasioned by the Policy of Europe")。本文中亚当·斯密的引文全部来自这个版本的《国富论》。

税收公平问题的。

表 17-1-1　　　　　　1770 年英国财政收支结构（千英镑）

	A. 财政支出		
	1770 年英国净支出		
1	债务支出	4 836	
2	国防支出	3 863	
3	王室年俸	898	
4	其他民事支出	927	
5	总计		10 524
6	1776 年济贫支出	1 531	
7	1770 年推定支出		1 300
	1792 年郡县支出		
8	监狱、流浪者、警察支出	113	
9	桥梁	33	
10	其他	77	
11	总计	223	
12	1770 年推定支出		150
13	1770 年估计总支出		11 974
	B. 财政收入		
	1770 年英国财政收入		
14	关税收入	2 841	
15	货物税收入	5 139	
16	印花税收入	336	
17	邮政收入	162	
18	土地评估税收入	1 796	
19	总计		10 274
20	1776 年贫民救济税收入	1 720	
21	1770 年推定收入		1 500
22	1792 年郡县与治安税收入	218	
23	1770 年推定收入		150
14	1770 年估计总收入		11 924

资料来源：第 1～5 行，B. R. Mitchell, *Abstract of British Historical Statistics*, 390；第 6 行, ibid., 410；第 7 行, 根据相同来源推定；第 8～11 行, ibid., 411；第 12 行, 根据相同来源推定；第 14～18 行, ibid., 388；第 20 行, ibid., 410；第 21 行, 根据相同来源推定；第 22 行, ibid., 411；第 23 行, 根据相同来源推定。

第十七章 有益品思想的知识体系论证

鉴于亚当·斯密素来拥有善于处世、有雅量的思想家的形象,如何解释他的财政体系遗漏了再分配的内容呢?这个问题的答案可以从以下两个体系所强加的双重约束中找到:一是斯密和他生活的那个时代观察社会行为的道德情操体系;二是他坚持认为应该决定分配状态的经济关系体系。这两个体系都不允许把分配问题包括在财政体系中,但必然有助于解释斯密的财政体系遗漏分配内容的原因。

《道德情操论》中的分配问题

我们无法从《国富论》——或者说,我们肯定无法只从这个文献来源——中找到亚当·斯密对今天我们所说的分配正义的看法。虽然《国富论》这部著作被正确地认为是斯密取得的最高成就,但他同时也是《道德情操论》(Theory of Moral Sentiments)的作者。虽然《道德情操论》比《国富论》早发表17年,但如果把《道德情操论》看作年轻人异常行为的产物,那就错了。否则,已经变得头脑冷静的《国富论》作者就会因此而感到尴尬。当然,斯密本人并不认同这种观点,因为《道德情操论》先后修订了六次,最后一个修订本是在他去世的1790年出版的。因此,要想了解《国富论》中没有提到的内容,我们必须从考察《道德情操论》中提到的内容开始,就像邀请兄长参加生日派对那样。①

道德哲学家亚当·斯密在这部著作中编织了一张由动机、价值观和行为准则组成的复杂网络。虽然人类对自己幸福的关心胜过对他人幸福的关心,但人类采取自利行为的倾向会受到约束,因为他们渴望得到"公正的旁观者"的认可。② 通过反映他人和"当事人内心、他的代表"的意见,旁观者会监督当事人的行为,诱导当事人尊重一些包括正义、审慎和善行在内的美德。

在亚当·斯密看来,正义是交换条件,而不是分配条件。它是一种包括不

---

① 事实上,在分析斯密的财政观时,当然还有在分析他的国家作用观时,应该同时考虑《道德情操论》和《国富论》。艾伦·皮科克(Alan Peacock, op. cit.)和乔治·斯蒂格勒(George Stigler, "Smith's Travels on the Ship of State,"in *Essays on Adam Smith*, Part I)本该非常漂亮的文章失之于只关注《国富论》——在《论亚当·斯密随笔》第一部分中只关注斯密的后一部著作。要想更加全面地解读斯密,就应该熟读他的两部著作。请参阅:"Adam Smith Beute und Morgen,"Horst Claus Recktenwald, *Kyklos*, xxviii (1975), 5—22。

② 请参阅:Adam Smith, *The Theory of Moral Sentiments*, with an introduction by E. G. West (Arlington House, New Rochelle, New York, 1969), n9; IL ii. 2. I.

伤害他人义务在内的"消极美德"(TMS n7；II. ii. 1.9)。旁观者憎恨违反正义的行为，要求予以惩罚。伸张正义可以由受害方来强制执行。谨慎，即"照顾自己的能力"，既不是"最讨人喜欢的美德，也不是最高贵的美德"，但在旁观者看来，是一种值得尊重并得到他认可的美德(TMS 316；VI. i. 14)。的确，"谨慎所要求的冷静且经过深思熟虑的行动，谨慎的人为了未来而牺牲目前满足的意愿"，是推动经济发展和创造国民财富的激励因素。审慎，作为社会化的自利，在自然规律中具有战略地位，因此有别于单纯的自私。最后，仁慈是最崇高的美德。[①] 慷慨、慈爱和仁慈的扩展是一种自愿行为。这种行为有别于正义，是不能强迫的。如果给予自由，它就能赢得公正的旁观者的喝彩。但是，人只有有限的行善能力，而人的善行最容易惠及家人和朋友，其次是邻居，或许是全体国民，但很难惠及全人类。对人类的爱虽然是最大的美德，但个人很难掌控。完美是遥不可及的，而谨慎的人不会信任追求乌托邦目标的"政府中掌权的人"(the man of system)，因为后者不会偏离自己的"理想计划"，他们更有可能制造混乱，而不是行善积德(TMS 342；VI. ii. 2. 17)。

斯密的道德情操观就像他的朋友伯克(Burke)的道德情操观，都是基于一种保守的立场。虽然在洛克式的自然自由体系中，个人有权享用自己的劳动果实，但慈善仍然扮演着重要的角色。[②] 虽然慈善主要以友谊、同情和尊重的形式来表达，但没有迹象表明它可能不会以物质支持的形式出现。那么，为什么美德的这种表达方式没有在斯密财政体系观中占据一席之地呢？它的缺位可以用行善的自愿性质来解释，而行善是一种会得到同情作为回报，但不能强迫的美德。虽然斯密道德体系中对穷人的转移支付值得称赞，但它必须是自愿而为或者是帕累托最优型的，必须通过慈善而不是强制性的预算再分配过程来完成。[③] 我们可以选择与邻居分享自己的财富，但不能要求别人这样

[①] Ibid. 117；IL ii, I. 9. I. 在斯密的财政体系中，与分配正义有着密切关系的是善行这种美德，而不是正义这种美德。

[②] 在LJB(149 ff.，ed Cannan，106 ff)，斯密提出了获得财产的不同方式，本着洛克的精神对待个人处理自己劳动果实的权利。不过，斯密是个讲究实际的人，斯密无法忍受从"自然状态——因为根本不存在所谓的自然状态"普遍存在的条件中推导出自然法则抽象构念的做法(LJB 3；ed. Cannan, 2. See also the *Wealth of Nations*, i. 123；I. x. c. 12 and ii. 43；IV. v. b. 43)。

[③] 最近几年，有学者深入思考了个人间效用相互依赖方面的问题。请参阅：H. H. Hochman and J. D. Rogers, "Pareto Optimal Redistribution," *American Economic Review* (September, 1969)。

第十七章 有益品思想的知识体系论证

做。给予这种美德与给予者同在,而把平等作为一种社会公益的观点是不会被接受的。人性的脆弱又限制了自愿行善的行为,从而限制了慈善的范围。

不论怎样,慈善压力因为另外两方面的考虑而得到缓解。其中,一方面,从本质上讲,是心理学视角的考虑,也就是认为分配状态与福利水平几乎没有关系,因为奢侈品消费获益甚少;另一方面,则是从经济秩序视角的考虑,因为经济秩序在影响分配状态方面只留下有限的自由。由于这两方面的考虑,分配问题(以经济利益的形式)的重要性因此而降低。

分配与福利

我们先来看看财产过多并不重要的问题。斯密告诉我们,个人对财富的不断渴求是建立在一种欺骗的基础上的。地主在自己的土地上察看财富,想象着自己如何把全部的收成吃光,却没有意识到"他的胃的容量与他的欲望的无限性不成比例,他能吃掉的并不会比最贫贱的农民多"(TMS 264; IV. i. I. 10)。用后来的话说,收入的边际效用在达到某个最低限度后就会减少到零。因此,斯密没有接受他的朋友休谟(Hume)的观点。休谟认为,通过对既定的总收入进行再分配,穷人获得的收益会超过富人受到的损失。[1] 那么,勤勉和追求财富背后的动机是什么呢? 因此,斯密问道:"难道他们认为,生活在王宫里的人能比住在村舍小屋里的人吃得更多、睡得更香?"斯密又回答说:"我们经常看到的情况正好相反,而且确实显而易见……没有人会对此一无所知"(TMS 70; I. iii. 2.1)。确切地说,勤勉和追求财富的真正动机是渴望赢得别人的赞赏并受到别人的关注。只有国王才承受得起这份荣幸或者这种灾难,而穷人只能认命、默默无闻地过日子。这种凡勃仑笔下的强烈欲望解释了为什么人们愿意忍受他们为改变自己的命运而必须忍受的辛劳和焦虑,而且在改变命运的过程中放弃"本来他们可以享受的全部安逸和无忧无虑的安全感"(TMS 72; I. iii. 2.1)。但是,人类贪婪所促成的欺骗也有它的积极作用:它给社会结构带来稳定,而且提供了"唤醒并促使人类不断勤勉工作"的驱动力(TMS 263; IV. i. 1.10)。收获看来并不在于财富本身,而在于不断增加财富

---

[1] 请参阅:David Hume, *Essays and Treatises on Several Subjects* (London, 1752), ii. 229。

的动态过程。简而言之,不平等发挥了重要作用,而且很幸运地以很少的机会成本做到了这一点。

分配的经济法则

现在,我来谈谈分配政策的第二个约束因素,一个由经济体系运行造成的约束因素。我们在这里介绍两种模式:一种是在《道德情操论》中占主导地位的模式;另一种是在《国富论》中占主导地位的模式。这两种模式彼此在不断接近,但仍然存在很大的差别。

1. 斯密的观点从《道德情操论》就开始形成。他认为,根据事物的本质,无论开始时是多么不平等,但随之而来的最终结果总会多少有点平均主义的色彩。斯密从消费而不是收入的角度看待公平问题。他认为,富人的消费能力并不比穷人大多少。富人剩下的财富必然会分给"那些为大经济提供小器物和小玩意儿的人。所有这些人由于富人的奢侈和任性而获得了他们本来希望凭借富人的仁慈和正义感到但没有获得的那部分生活必需品。土地几乎在任何时候都能维持它足以维持的居民数量。富人……消费并不比穷人多多少……虽然他们只是为了自己的方便……他们在一只'看不见的手'的引导下,几乎像大地把生活必需品平分给全体居民那样分配生活必需品。因此,虽然是无意的……但促进了社会收益,提供了人类繁衍所需的资源。上帝在把土地分给人数不多的领主时,既没有忘记也没有抛弃那些在土地分配中似乎被遗忘的人……在躯体闲适和心灵安宁方面,各个不同阶层的人民几乎处于同一水平;而在路旁晒太阳的乞丐也能享受国王奋力提供的安全保障"[①]。

对这段值得注意的文字进行经济学推理,可以有多种不同的解释。它们的内容并不是简单地说,因为富人只能消费很少的东西,所以很少剥夺穷人。(我们不禁要问,如果真是这样,那么在斯密生活的那个时代,有多大比例的国民产出流向了小器物和小玩意儿消费?)我们还可以认为,人口规模会根据土

---

① *The Theory of Moral Sentiments*,264—265;IV. i. 1. 10. 这段文字有"一切都是为了最好"的味道,它早于亚历山大夫人(Mrs. Alexander)于 19 世纪写下的赞美诗:"世间万物光明美好,世间万物无论大小,既聪慧又奇妙,它们都由上帝创造。富人住在他们的城堡里,穷人为他们守护城堡,上帝创造了他们,无论贫富贵贱,都赋予他们自己的身份。"

地的生产能力自行调整,因此,从长远看,生产资料的改善不会提高工资水平,而只会扩大人口规模。这是一种有点像马尔萨斯人口论的理论,在《国富论》中以修正后的形式再次出现。此外,正是因为富人为小器物和小玩意儿生产买单,穷人才能挣到生活必需品。想必,如果没有富人对奢侈品的需求,穷人就挣不到生活必需品(或者人口就必然会减少)。但是,为什么不能把生产小器物和小玩意儿的资源用来为穷人建造便利设施呢?是这些小器物和小玩意儿(或者为拥有它们而引发的竞争)为奖励企业家的勤勉所必需,还是它们意味着一种前凯恩斯主义的暗示,即由于穷人没有能力产生足够的需求,因此,存在潜在的消费不足问题?这段文字与斯密这部著作中的其他段落一样,包含着斯密推理的多个方面,要厘清它们并不容易。

我们想知道,如果把我们在这里引用的段落看作道德情操的表达,那么是否能让公正的旁观者满意?公正的旁观者很可能会认为,这是对没有更加公正地对待分配正义问题而表示的一种歉意。或者,他可能会认为,这反映了斯密对小玩意儿的加尔文主义厌恶,导致他严重低估了对富裕的需求弹性,就像他的一位近代同事对现代富裕乐趣的蔑视那样。不论怎样,有必要指出,斯密并没有简单地引用权利和正当获得的自然法则来解决这个问题,而是引用"看不见的手"(据我所知,这是他这样做的两个例子中的一个)来表明,不平等毕竟并没有看上去那么不平等,而且也没有看上去那么可以避免。①

2. 现在回过头来看《国富论》更加丰富和复杂的分析,我们就能发现,斯密是用一种要素收入分配理论(theory of factor shares),而不是个人间分配理论来审视分配问题。因此,这种要素收入分配理论是价值理论的一个组成部分,它通过一个一般均衡系统,把产品和要素价格联系在一起。与此同时,要素收入分配在18世纪晚期比今天更能反映经济阶层,因此,要素定价经济理论也就成了经济群体间分配的社会理论。

此外,要素收入分配理论现在是在一种动态背景下看待问题的。从长远看,人口规模通过婴儿死亡率的变化(WN i. 8 I;I. viii. 39—40),在糊口工资得到恢复之前,一直会对实际工资对糊口工资的任何偏差做出反应。但还需

---

① 产品市场讨论中举了另一个"看不见的手"的例子(Wealth of Nations, i. 421; IV. ii. 9)。

要考虑两个对劳方有利的因素：①当资本存量增加时，对劳动力的需求就会增加，但由此造成的劳动力供给增长滞后，工资水平会暂时上涨。斯密在《国富论》论述工资的那一章里指出，重要的不是资本存量水平，而是资本存量的增长率(WN i.71; I, viii. 22)。②这个过程可能会导致所谓的"可接受的生活水平"提高，从而阻止人口增长，并且允许在一个较高的工资水平上达成新的均衡。

合起来看，这两个追加的考虑因素可以被解读为与工资决定的边际生产率理论相容，但分开看，它们的含义就不同。上述①中的工资水平上涨，取决于资本存量能否持续增长；而②中的"可接受的生活水平"，即使在经济停止扩张的情况下也仍能维持。不论怎样，斯密令人满意地指出，英国的工资已经远远高于"可接受的生活水平"(WN i.75—7; I, viii. 28—32)；生产力的提高使得英国勤俭节约的农民能过上与非洲国王一样好的生活(WN i.14; I, i. 11)。穷人和富人一样，都能受益于经济扩张，尽管现在并不清楚穷人受益的份额在这个过程中会发生怎样的变化。

这样，我们就有两种结果截然不同的分配理论模型。在《道德情操论》中，穷人仍然贫穷，但分配并不重要，因为过度消费没用；而在《国富论》中，穷人能从经济发展中受益，而且，这样的受益值得称道。因此，有时很难鉴别"真正的斯密先生"，但是，就这两个版本都没有为调整个人间的分配状态留下很大的空间这一点而言，它们又是相似的。

斯密的福利函数

在把本研究扩展到税收政策之前，先让我简要地推测斯密会如何用函数来表达个人效用以及他会如何设计社会福利函数。

斯密可能认为，一个人的幸福可能是以下变量的函数：①他消费的生活必需品，包括一些即便是"最差劳动力"也能享受的便利品和多余品；②再加上行善获得的满足感；③来自他人对自己财富的羡慕，但或多或少被为获得财富而付出的额外辛劳和承担的额外负担所抵消的满足感；④最后一项可能就是自然自由体系提供的和谐秩序组成部分所产生的自豪或满足感。

如果进一步要求斯密写出反映他的自然秩序观的社会福利函数，那么斯

第十七章 有益品思想的知识体系论证

密很可能会在反对一项如此无益的活动后,采用一种赋予每个人一定权重的功利主义模型,而且他也可能不会反对对效用或幸福水平进行比较。但他可能会觉得没有任何理由赋予连续的收入单位以不同的社会权重,因为他认为这种差别是虚假的。收入表的边际效用,就如我们所见,在达到一定的收入水平后逐次下降到零。

现在回过头来再看社会福利函数的问题,我们是否可以把社会福利看作社会平均福利或者社会总福利? 斯密并没有明确讨论有关最大多数人的最大幸福这一"功利主义"信条(《国富论》的问世早于边沁的这句名言)的问题,但确实把他的主要著作称为"国民财富的理论",而不是"人的财富的理论"。此外,积累的经济过程(后面会详细介绍)被认为是"服务于社会利益,并为人类的繁衍提供手段"(TMS 265;IV. i. I. 10)。但是,即使把人口增长作为自变量纳入社会福利函数,斯密认为的福利和分配变化之间的关系,也可能是通过它对积累和人口规模的影响,而不是通过对在给定人口中间进行再分配的影响来产生作用。然而,现代分配问题的实质恰恰是在给定人口中间进行再分配。

对于税收政策的意义

那么,斯密的要素定价和收入分配理论与税收政策的作用,特别是与他的这一理论对分配状态的影响有什么关系呢? 他的四大税收原则(平等、确定、便利和经济)中的第一原则要求税制公平,但公平被定义为分配中性:

> 每个国家的公民都应该尽可能地根据各自的能力,也就是他们在国家保护下所享有的收入的比例,为支持政府做出贡献。一个大国用于公民个人的政府支出,就像一个大庄园用于管理佃户的支出,而大庄园的佃户都有义务按各自承租大庄园土地的面积缴纳地租(WN ii. 3 ro;V. ii. b. 3.)。

这段引文可被解读为基于税收公平观的支付能力或受益论。以上"也就是"引出的子句巧妙地回避了这个问题,因为如果支付能力取决于收入,而收入是在国家的保护下获得的,那么这两种说法有可能结果相同。但其他段落表明,斯密把受益原则放在了首要位置。此外,斯密还呼吁按收入比例分摊税收负担,而且有些赞同税收朝着累进的方向发展(WN ii. 378；V. ii. k. 58)。最后,我们注意到,斯密是从收入(即"各种来源的收入")而不是消费的角度来审视公平的。事实上,消费税受到了批评,因为"它们并不总是平等地或按比例落在每个人的收入上"(WN ii. 378；V. ii. k. 58)。斯密与他在《国富论》中秉持的消费效用观截然不同,现在站在了作为税收基础理论家的海格—西蒙斯(Haig-Simons)学派一边,而不是站在费雪—卡尔多(Fisher-Kaldor)学派一边。

在采用比例税率的前提下,斯密就没有必要要求征收一般所得税；而是按相同税率课征一种包括除工资外所有其他类别收入的分类所得税就可以了。然而,斯密并不支持征收所得税,因为他反对对利润所得征税。而且,斯密的反所得税立场为反对皮特(Pitt)1799年开征所得税[①]提供了依据。斯密的这种立场源于他基于要素收入分配理论的税收归宿理念。他认为,对工资征税"不但荒谬,而且具有破坏性",因为它要么会像在农业劳动中那样由地主以减租的形式来消化,要么会像在工业劳动中那样由消费者来消化(WN ii. 349；V. ii. 2)。在工资只够勉强维持最低生活水平的情况下,净工资减少到不足以维持最低生活水平,就会导致劳动力供给减少,但毛工资会上涨,直到净工资恢复到原来的水平为止。结果,其他要素的回报就会减少。既然如此,还不如一开始就对其他要素征税。[②] 这里的隐含假设是,即使基本生活水平可能是一种约定俗成的水平而不是最低水平,工资水平也不能低于基本生活水平。显然,可接受的最低生活水平能随着经济的发展而不断得到提高,但一旦提高就不能降低。不论怎样,人口的反应仍然是争论的关键因素。

换个角度看,地租是一种合适的征税对象。土地税排名很高,因为"除了总要承担相当大的纳税义务外,土地税似乎不会给地主造成任何其他不便"(WN ii. 318；V. ii. c. 19)。对土地的产品征税也同样如此,这些税收最后也是由地主缴纳。房租税由宅基地和建筑物租金税两部分组成。宅基地租金税

[①] 请参阅：William Kennedy, *English Taxation*, 1640—1799 (London, Bell and Sons, 1913), 149。

[②] 更具体地说,斯密认为,最好是对这些其他来源的所得征税。这是因为,对工资征税,又要使净工资能够维持基本生活水平,那么就得提高工资水平；而且,提高工资水平的比例要超过税率。虽然斯密的这种观点是正确的,但很难证明这样的结论的正当性,因此,最好从一开始就开征其他税收。

由土地所有者承担,但建筑物租金税导致资本转移到其他用途,而税负转移到房屋所有者和消费者身上。总的来说,虽然富人可能要承担较多的房屋租金税税负,但这种税收是好税种。

最后,利润税的价值值得怀疑。那部分用于支付利息的利润具有租金收入的性质,因此,对这部分利润课征的税收不能转嫁。课征这种利润税从经济上看是可行的,但它的征管要求开展无法忍受的调查。其他部分的利润,在大多数情况下……只是一种非常适度的补偿,并且为奖励雇主承担风险和取得成就所需要(WN ii. 331; V. ii. f. 2)。对这部分利润征税,会影响对谨慎的奖励,并且还会阻碍经济增长。因此,利润并不是适当的税收对象。

至于课征于消费品的税收,有必要对奢侈品税和必需品税进行区分。必需品被定义为,"不但包括那些因其性质而为社会最低阶层所必需的产品,而且包括那些因公认的礼仪规则而为社会最底阶层所必需的产品"(WN ii. 355; V. ii. k. 3)。必需品税就如同对劳动所得课征的直接税,只能起到弄巧成拙的作用。"社会中上阶层如果明白自己的利益所在,那么就始终应该反对一切课征于生活必需品的税收以及一切课征于劳动所得的直接税"(WN ii. 357; V. ii. k. 9)。他们自己必须缴纳这些税收,但应该相应拒绝缴纳盐税、皮革税、肥皂税和蜡烛税,而奢侈品税则由消费者承担。虽然不是按照所有收入的比例缴税,但它们允许个人享有纳税灵活性。它们"就像其他任何税种一样,或许符合前三个……原则……"(WN ii. 379-80; V. ii. k. 60)。虽然它们不符合第四条税收原则,但这条原则不可回避,并且必须把它考虑进去。

当然,我们这个综述无意对斯密的税收归宿分析进行全面的评价。虽然斯密论述税收归宿问题的章节反映了斯密分配理论不同部分的内在矛盾,但它们在一般均衡的条件下审视税收归宿问题(就像重农学派所做的那样)的史诗般努力令人印象深刻。套用熊彼特在《检阅部队》(Review of the Troops)中的话来说,一个出色但有缺陷的要素定价模型对税收归宿理论给出了即便错误也是积极的回答。[1] 就我们的目的而言,这个问题的要点是,我们只有租

---

[1] 约瑟夫·熊彼特在评价李嘉图模型时指出:"这是一种卓越的理论,永远不会被驳倒,除了感觉之外什么都不缺。"请参阅:"The Review of the Troops," *Quarterly Journal of Economics* (May 1951),161。

431

金和奢侈品消费这两个可行的税基。

因此,法定税收的负担似乎落在了斯密比例原则的累进一侧。收入最高的地主要在收入来源和消费支出两方面受到双重课征。利润受益人是第二高收入群体,他们只缴纳消费税,但因消费奢侈品而要承担相对较重的税负。除了有限的娱乐消费外,普通民众无须纳税。由于税收归宿是由经济力量的性质决定的,因此,斯密的第一税收原则只有有限的用途。税收似乎必须课征于经济能够消化它们的税收对象上。

抛开理论不说,斯密时代的税收结构到底是怎样的呢?1/3的财政收入(见表17—1—1)是地租和房租税收,而其余2/3则是关税和消费税收入。由于麦芽税、啤酒税和糖税是主要的收入来源,因此,税收结构在很大程度上依赖于低于奢侈品级别的商品。[1] 不过,斯密认为这些是便利品(amenities),而不是必需品,课征于这些商品的税收由消费者本人承担。虽然税收结构这么依赖关税和消费税所产生的影响,并不像他可能希望的那样公平,但斯密认为,这种税制比欧洲大陆的税制更加可取。此外,在税收政策方面,斯密相当务实。他告诉我们,在好税种得到充分利用后,就必须求助于不怎么可取的税种。[2]

虽然斯密没有讨论支出的归宿问题,但他的逻辑会导致得出支出方面的类似结论。撇开如何分配国防和偿债支出受益这个棘手的问题不谈,除去国防和偿债支出以外的其余支出,如前所述,很大一部分用在了穷人(济贫院)身上,而剩下的则主要用在了非常富有的人(王室年俸)身上。但是,在斯密笔下的经济体系的背景下,他居然得出了这样的结论:救济穷人最终不能提高穷人的生活水平,而只是吸走地主的收入,并养活更多的人口。简而言之,即使强制动用税收进行再分配有其正当的理由,但通过预算行善也只有很小的经济空间。此外,由于经济增长速度会因此而放慢,因此,穷人的处境很可能会恶化。

---

[1] 请参阅:Stephen Dowell, *History of Taxation and Taxes in England* (Reprints of *Economic Classics*, Kelley, New York, 1965), iii. 207。

[2] 请参阅:*The Wealth of Nations*, ii. 390; V. ii. k. 80。鉴于此,斯密——与斯蒂格勒的观点截然不同——确实把收入充足性作为他的税收原则体系的一部分。

二、后斯密时代的相关著述

在概述了再分配在斯密的公共部门观点中的作用后,本文作者几乎没能发现任何有助于预测财政理论或者实务层面后续发展起来的东西。人口反应机制虽然对于斯密的税收归宿理论非常重要,但也已经不再起作用或者作用已经发生逆转,而西方消费者则已经学会了根据人均收入的大幅增长来扩大自己的胃口。虽然馅饼的大小及其分割之间的关系仍然是一个尖锐的问题,但事实证明,分配政策的选择范围远比斯密所暗示的要大得多。随着分配政策选择范围的扩大,自然法则的约束虽然有可能保证在能力差别和继承财富方面的天赋产权,却让位于一种更加灵活的最优分配状态观。所有这些与大众民主的兴起、政治均势的变化以及财政集权化的发展相结合,使得分配问题在财政政策中变得越来越重要。

就如社会会理论是税收公平受益观的延伸那样,财政再分配理论也是支付能力论的延伸。虽然税收公平受益观未必能与累进税制相容,但日益受到重视的累进税制作为再分配手段,属于支付能力论的传统。虽然早期有作者为了提倡累退税制、比例税制或累进税制而论述过支付能力问题[1],但直到约翰·斯图亚特·穆勒才开始对支付能力说进行比较系统的解释。穆勒根据支付能力说,把税收说成是强迫做出同等牺牲,提倡等比例牺牲,并且错误地认为这也可能会导致最小的总牺牲。[2] 埃奇沃斯(Edgeworth)明确阐述了这个问题,他区分了绝对牺牲均等、比例牺牲均等和边际牺牲均等,并且指出,边际牺牲均等相当于一种总牺牲最小化的税收公平,因此与财政效率的标准相吻合。[3] 庇古又进一步阐明了这些概念,他认为,绝对牺牲均等是正确的公平原则。[4] 然而,在各种不同的公平原则与推行累进税制的理由之间,并不存在任

---

[1] 关于这方面文献的综述,请参阅:Edwin R. A. Seligman, *Progressive Taxation in Theory and Practice*(American Economic Association,June 1894)。

[2] 请参阅:John Stuart Mill, *Principles of Political Economy*, ed. W. J. Ashley (Longmans, Green,and Company Ltd. ,London,1921),804。

[3] 请参阅:F. Y. Edgeworth, *Papers Relating to Political Economy* (Macmillan and Co. ,London,1929),ii. 100。

[4] 请参阅:A. C. Pigou, *A Study in Public Finance* (3rd ed. ,Macmillan,London,1951)。

何简单、明确的关系。假设收入表的边际效用可比且相等,只要边际效用随着收入的增加而下降,那么边际牺牲均等就会要求最大的税收累进度(从高到低,直到征收到必要的税收)。而绝对牺牲均等则要求实行累退、比例或累进税率,具体取决于收入表的弹性是否大于、等于或小于1。最后,比例牺牲均等是一种更加复杂的情况,因此,无法对它总结出简单的关系。不论怎样,虽然似乎可以合理地假设收入的边际效用递减,但无法直观地知道递减的速度,因此,税率累进度(以及收入分配随着税率累进度发生的适当变化)问题就成了悬而未决的问题。

因此,"税收公平"理论导致了一个完全不确定的状况。除此之外,它还受到了更加基本的抨击。旧福利经济学——支付能力理论是旧福利经济学固有的一部分——开始遭到全盘否定,因为人际效用比较的前提被认为不可操作且毫无意义(一种从来没有完全令本文作者信服的批评)。新福利经济学建议只从效率的角度来处理福利问题,而不要考虑分配问题。对于罗宾斯(Robbins)以后的经济学理论来说,分配变成了一个无关紧要的问题。如果A受益,而B没有损失,那么社会就会受益,而这就是我们能说的全部东西。设计一个社会福利函数,把福利增加记作效率边界的外移,从而使研究效率问题的福利经济学与任何有关正义的内容分离开来。

但是,经济学作为一门社会科学,不可能完全脱离主要的社会问题。因此,毫不奇怪,经济学家们正在用一种更新的福利经济学来取代新福利经济学。假设有这样一个社会福利函数:①对收入相等的不同个人的效用进行公平的评估;②对收入的边际效用赋予社会权重,并假设这些权重随着收入的增加而下降。因此,用基尼系数等方法对不平等进行的粗略测度,可以用一种能反映均等化程度提高的社会福利、更有意义的测量指标来加以补充。[①]

更新的福利经济学对旧牺牲理论的框架基本上进行了重构,两者的区别(可能形式化超过实际,但满足了经济学界的科学良知)是,避开了人际比较和收入效用函数经验确定的障碍。不过,新方法也做了一些重要的补充。对财政分配问题的讨论不再局限于税负分摊,财政收入也不再受制于公共服务预

[①] 请参阅: A. B. Atkinson, "On the Measurement of Inequality," *Journal of Economic Theory*, ii (1970), 244—263。

算的规模,而是从更一般的角度来审视。财政分配的目标变成了最优收入分配,而最优税收转移制度的设计也不只局限于固定数额财政收入的最优征收。此外,新的分析系统考虑了再分配的成本效率问题,那些被庇古称为"公告效应"(announcement effect)并且一直被笼罩在斯密第四税收原则阴影下的应对措施问题。就在经济学分析取得这种发展的同时,哲学家们重新审视了契约传统的分配意义,并把注意力集中在分配的最大最小规则上。①

更新的福利经济学的信徒们在这个框架下,并且根据某些假设,一直在忙于计算什么是最优分配状态以及需要多大的再分配范围。② 这些结果赋予这场辩论一种更加具体的色调,但它们自身主要取决于以下基本假设的性质:①据以评价结果的社会福利函数的形状;②结果据以调整的生产能力分布;③最大化决定个人税收和转移政策反应(产品和闲暇之间进行选择)的单值效用函数的形状;④假设一种线性税收函数。结果表明,即便是在极端的罗尔斯最大最小准则(除了最低社会阶层外,任何人的福利增加都被赋予零值)下实现的最优再分配程度也低于可能预期的程度,但这些结果取决于基本假设。具体来说,在选择特定的(柯布—道格拉斯或不变弹性)效用函数、假设这种效应函数统一适用于全体个人时,以及在只用线性税率表时,本文作者仍然会因引入随意性而感到不安。本文作者明白这些假设为构建可行的模型所必需,也赞赏为构建可行模型所用的数学智慧,但是,本文作者至今仍为做出政策结论感到犹豫不决。尽管如此,我们正在取得重大的进展,并且想知道亚当·斯密对此会有什么看法。他可能会有两种反应。

首先,斯密会认为,决定短期劳动力供给的效用函数允许一种仅高于生存水平的产品和闲暇取舍,而长期劳动力供给必然会引发人口反应。其次,斯密会对现有模型所依据的简化的产品和闲暇取舍感到非常不安。他肯定会认为,不同类型的劳动力会做出不同的反应,有必要区分不同反应对企业家精神和资

---

① 请参阅:J. R. Rawls, *A Theory of Justice* (Harvard University Press, Cambridge, Mass., 1971; Oxford University Press, 1972)。
② 请参阅 A. B. 阿特金森和 E. 谢辛斯基(A. B. Atkinson and E. Sheshinski)被收入 E. S. 菲尔普斯(E. S. Phelps)主编的《经济正义》(*Economic Justice*)(Penguin, 1973)的论文。还请参阅:R. Cooter and E. Helpman, "Optimal Income Taxation for Transfer Payments," *Quarterly Journal of Economics* (November 1974)。

本积累动态作用的影响与对普通劳动力供给的影响。最后,也是最重要的是,斯密可能拒不接受通过非自愿的再分配过程来实现最优收入分配的理念。如前所述,在斯密看来,分配状态由自然自由系统(作为个人能力和勤勉成果的所有权)和经济系统的客观力量(要素定价和人口反应)决定,一种只能通过基于仁慈美德的自愿再分配,而不能通过预算干预来修正的秩序。由于这类再分配不存在成本效率的问题,因此,无谓损失的问题仅仅限于对为公共服务筹集资金而征税做出的反应。这种筹资也适用受益原则,但必须在公平原则和斯密的其他三个税收原则之间进行妥协。新一代的福利经济学家有可能在奉行斯密的第四税收原则方面受到称赞,但这只是这个故事的部分内容。

财政实务中的分配问题

虽然亚当·斯密不愿把强制性再分配计划引入财政理论,但他仍会对近几十年来财政实务中发生的革命性变化感到失望。表 17-1-2a 和表 17-1-2b 列示了以美国和英国为例的这种革命性变化情况,其他西方国家也或多或少有类似的情况发生。我们注意到,在《国富论》问世后的一个半世纪里,预算格局变化相对较小。公共部门占国民生产总值的份额,在 20 世纪 20 年代并不比亚当·斯密生活的那个时代大多少,但从 20 世纪 30 年代开始发生剧变,并且在第二次世界大战以后加快了变化速度。40 年代中期,贝弗里奇的《自由社会的充分就业》(*Full Employment in a Free Society*)的出版预示着现代福利国家建设的开始。现代福利国家建设把社会服务支出置于预算政策的核心位置,使得在《国富论》中似乎不值一提的问题变成了财政的核心问题。公共部门占国民生产总值的份额(见表 17-1-2a 和表 17-1-2b),美国从 20 年代中期不到 15% 上涨到了 1974 年的 33%,而英国更是上涨到了 44%。社会支出项目占公共总支出的份额从 30% 左右上升到了 50% 及以上;如果把国防和利息支出排除在基数之外,那么这个比例就大幅提高。事实上,社会服务支出增长是公共支出占国民生产总值比例上升的全部原因,而这一比例在过去 20 年里(尤其是在美国)出现了上升。当然,很大一部分增长项目是转移支付,因此,政府在国民生产总值中所占的实际份额并没有相应扩大。但是,这只是分配考量变得日益重要的必然副产品,而且不会减小分配因素在预算中日益增大的比重。

表 17－1－2a　　　　　　　社会支出增加:(a)英国　　　　　　　单位:%

年　份	1770	1890	1910	1938	1955	1974
占国民生产总值的百分比						
公共支出总额[a]	12	9	13	30	37	44
不包括国防和利息支出的总额	3	5	8	17	23	35
社会服务支出	1	2	4	11	16	25
转移支付	n.a.	1	1	7	7	15
采购支出[b]	n.a.	8	12	23	30	25
占公共支出的百分比						
社会保障与救助	n.a.	n.a.	n.a.	17	16	21
教育支出	n.a.	n.a.	n.a.	9	11	13
其他社会服务支出[c]	n.a.	n.a.	n.a.	11	16	23
社会服务总支出	13	22	31	37	43	55
转移支付	n.a.	7	13	21	26	35
采购支出	n.a.	93	87	79	74	57
占不包括国防和利息支出的公共支出的百分比						
社会保障与救济支出	n.a.	n.a.	n.a.	30	26	27
教育支出	n.a.	n.a.	n.a.	15	17	17
其他社会服务支出	n.a.	n.a.	n.a.	20	27	30
社会服务总支出	43	40	50	65	70	74
转移支付	n.a.	13	21	37	42	44

资料来源:1775 年的数据,见表 1;1890—1955 年的数据,见 Alan T. Peacock and Jack Wiseman,*Growth of Public Expenditures in the United Kingdom*(Princeton University Press,1961)83,86,92;1974 年的数据,见 C.S.O.,*1975 National Income Bluebook*,Table 52。用 820 亿英镑(市场价格)的国内生产总值基数计算。按 700 亿英镑的市场价格基数计算,总支出占比 40%。

a. 不包括:①借款和贷款;②公有企业,更加详细的分析应该将其包括在内。
b. 包括公债利息支出。
c. 包括医疗、住房和食品补贴支出。

表 17－1－2b　　　　　社会支出增长：(b)美国　　　　　单位：%

年　份	1902	1927	1940	1950	1960	1973
占国内生产总值的百分比						
公共支出总额	7	10	18	23	27	32
不包括国防和利息支出的公共支出	5	8	14	13	15	23
社会服务支出	2	3	5	6	9	15
转移支付	n.a.	n.a.	3	5	15	10
采购支出[a]	n.a.	n.a.	15	18	22	22
占公共支出的百分比						
社会保障、救助和其他支出	7	7	14	10	18	30
教育支出	18	22	16	15	14	18
社会服务总支出	25	29	30	25	32	48
转移支付	n.a.	n.a.	15	25	19	30
采购支出[b]	n.a.	n.a.	85	75	81	70
占不包括国防和利息支出的公共支出的百分比						
社会保障、救助和其他支出	10	19	18	18	33	39
教育支出	25	17	21	27	25	23
社会服务总支出	35	36	39	45	58	62

资料来源：R. A. Musgrave and P. B. Musgrave，*Public Finance in Theory and Practice* (McGraw-Hill, New York, 1976), 2nd ed., r37。

a. 采购支出包括利息。

b. 1974 年，全部公共支出占国内生产总值的比例是 33%；不包括国防和利息支出的公共支出占国内生产总值的比例是 24%。这是 1973 年而不是 1974 年的数据，因为没有找到 1974 年必要细目的数据。

　　在财政预算案中，税收方面也出现了类似但没有那么明显的变化，即直接税收入占税收总收入的份额扩大，这表明对累进税制的依赖有所增加。我们再次把美国和英国作为参考点，这两个国家在税收方面的变化如表 17－1－3 所示。在英国，所得税收入的份额从 1913 年的 36% 上涨到了后来几年的 40%，不过，是以地方税收入的份额减小为代价的。在美国，所得税的份额从 20 世纪初的 11% 上升到 1927 年的 30% 和现在的 50%。所得税份额在第二次世界大战期间的急剧扩大，在很大程度上是以财产税收入份额的缩小为代价的,而间接税贡献的减小又加剧了这种趋势。这些变化以及所得税累进度越来越大的税率结构都表明,英美两国的税制正逐渐背离亚当·斯密的比例税制原则,至少从表面上看是如此。不过,近年来出现了一种明显的相反趋势,即工资税的重要性日益上升,特别是在美国的税收结构中。

表 17—1—3　　　　　　　税收结构构成(各级政府)　　　　　　单位:%

	英　国			美　国			
	1913/1914	1938/1939	1974/1975	1902	1907	1950	1973
直接税	36	42	43	11	31	53	49
间接税	31	28	29	37	18	24	17
地方税	33	17	10	52	49	13	12
工资税	—	12	18		2	10	22
合计	100	100	100	100	100	100	100

资料来源:英国数据参见:A. R. Prest,*Public Finance in Theory and Practice*(5th ed.),168,199 and for 1974,*C. S. O. Annual Abstract*(1975),Tables 330 and 331。美国数据参见:R. A. Musgrave and P. B. Musgrave,*Public Finance in Theory and Practice*,2nd ed.,208,and U. S. Department of Commerce,Survey of Current Business (July 1975)。

要想衡量税收的总体分配效应,就必须对税前和税后的收入分配进行比较,或者最好对现有的税后收入分配与比例税收结构下的收入分配进行比较。这是一种涉及税收归宿理论判断的推测,而且只得到有限的经验证据的部分支持。在某些情况下,特别是关于公司税和财产税,仍有很大的争议空间,而且长期结果可能不同于适用于短期的结果。然而,典型的结论是,税收结构作为一个整体(亚当·斯密会对此感到高兴)往往与收入范围内的大部分收入成比例。根据英国[①]、美国[②]和瑞典[③]的数据进行的估计情况就是如此。英国(不

[①] 请参阅:Central Statistical Office,*Economic Record* (December 1974)。还请参阅:J. S. Nicholson,"The Distribution and Redistribution of Income in the United Kingdom" in *Poverty*,*Inequality and Class Structure*,D. Wedderburn,ed. (Cambridge University Press,1974)。

[②] 请参阅:J. A. Pechman and B. Okner,"Who Bears the Tax Burden?" *Brookings Institute* (Washington,D. C.,1974); and R. A. Musgrave,Karl E. Case,and Herman Leonard,"The Division of Fiscal Burden and Benefit," *Public Finance Quarterly* (July 1974)。

[③] 请参阅:P. Franzen,K. Lövgren,and I. Rosenberg,"Distribution Effects of Taxes and Public Expenditures in Sweden," *The Swedish Journal of Economics*,77 (1975),No. I。

包括公司税和租金支出分摊)的估计数据表明,税收对于一直到800英镑的家庭收入(1973年的水平)具有一定程度的累进性,但在这个收入水平以上就差不多变成了比例税。美国(包括各种税收,并且可用于各种税收归宿假设)的数据显示了多少有点相似的税收结构。税收是否累进具体取决于对公司税和财产税的处理规定,但即使做出最有利的累进结果假设,累进程度也仍然比较适中。因此,毫不奇怪,在多少具有一定比例性的实际税率曲线已知的情况下,适用于税后收入的基尼系数仅略高于适用于税前收入的基尼系数。

至于财政再分配的支出端,转移支付和社会服务支出的增加使得再分配的格局日益明显。包括英国、美国和瑞典在内的不同国家的估计数据显示,随着收入的增加,收入效益比大幅下降。虽然在确定支出效益方面遇到了许多新的困难,但是,我们显然不能无视支出效益。实际上,预算政策的主要再分配效应是通过支出端产生作用的。支出公平似乎比传统上关注的税收公平更加重要。

但是,孤立地考虑税收和支出是不够的。为了获得净结果,必须把两方面合并在一起考虑。英国1973年(税收和转移支付前的)税收收入效益净值的数据显示净效益率从收入表低端的700%下降到了大约在1 200英镑收入水平上的零,而净税负率在这个收入水平上上涨后,到了3 750英镑的收入水平上上涨到了26%。美国1968年的估计数值显示了与此类似的净效益率和净税负格局,税收效益与负担的平衡点出现在8 000美元左右的收入水平上,大约是当时美国家庭收入规模的中点。总体而言,收入的预算后分配(税收收入加上支出效益减去税负)比只包括收入(不包括效益的税前收入)的收入分配更加公平。而且,综合而言,公平的净增幅度大大超过仅限于税收效应促成的公平净增幅度。

但从基尼系数的变化来看,总体影响仍然不大。因此,观察人士注意到,再分配过程涉及很多不确定因素,而净效应相对较小。不过,这种看法忽略了这样一个事实:位于收入表低端十分位数或四分位数的社会阶层获得了非常大的收入百分比增幅。用社会福利函数来衡量,由此产生的均等化程度大大超过未加权的基尼系数变化所显示的均等化程度。

斯密可能会对这个结果感到高兴,因为他会发现资助穷人比基础更大的

第十七章 有益品思想的知识体系论证

平等主义目标更加接近他所提倡的行善美德。但是，按照现在的思想观念，斯密应该会强调分配政策与积累之间的关系，并且认为所有的要素都能得益于更快的经济增长速度，但这样的经济增长很可能会被再分配所拖累。即便如此，他也必须修正他对把分配问题与经济增长联系起来的机制的看法以及他那套可用来证明或者驳斥减轻不平等问题的道德情操。正如斯密所明白的那样，国民财富并非与它的分配无关，而是归根到底属于组成国民的个人。因此，我们不能在没有把国民财富分配给国民个人的情况下谈论国民财富。

第二节　论不平等定义域的界定[①]

詹姆斯·托宾

詹姆斯·托宾(James Tobin)在这篇文章里指出,政治经济学不可避免地要面对效率、选择自由与平等之间发生部分冲突的可能性。托宾首先指出,在我们现在(或过去)的实践中,选择的自由受到了限制。他援引了战时配给制、禁止出售投票权以及禁止花钱雇人代服兵役等例子。他指出,在这些例子中,效率、平等和选择自由限制之间存在着一种取舍关系。之所以会出现这种取舍或冲突关系,是因为我们不可能在不严重违背正义感的前提下,在自愿的基础上实现社会目标。托宾接着把这一推理扩展到生育权利必须受到限制的可能性,并且扩展到了关于教育、医疗保健、食品供应和住房等有益品经典例子的讨论。托宾采用了他援引的三个他认为有望达成一致的例子(战时配给制、投票权和征募条例)——人们不愿接受平等或正义价值观可与效率和选择自由进行合理竞争的观点的例子——界定的原则。托宾指出,在公共财政的诸多领域,有可能推行好或者坏的政策。因此,托宾在没有使用有益品概念的情况下,概括了考虑有益品政策的可取性。

※　※　※

政治经济学中最难解决的问题是效率、自由选择和平等这几个目标之间的冲突。在它们之间找到在理智上站得住脚的妥协方案已经是相当困难,而要找到一个政治上可行的妥协方案简直就是难上加难。这些都是老问题,政治经济学的议程总以政策为特点,而政策对经济不平等和资源配置效率的影响不可避免地会交织在一起。但直到最近5年,它们才重新成为美国经济学

[①] 本文在征得芝加哥大学法学院《法律与经济学杂志》(*Journal of Law and Economics*)的允许后,转引自:James Tobin,"On Limiting the Domain of Inequality,"*Journal of Law and Economics*,13 (1970):263—277。Copyright 1970 by The University of Chicago. 版权所有,不得擅自翻印。本文为1970年4月16日在芝加哥大学法学院举行的第五届亨利·西蒙斯讲座上发表的演讲。

家关注的焦点。在过去30年里,稳定、充分就业和经济增长一直是美国经济学家关心的头等大事。

大概在10年前,有一位杰出的政治学同仁问我,经济学家为什么不再讨论收入分配的问题?我照例随即否定了他的事实前提,并回答说,与再分配相比,充分就业和经济增长能给穷人带来的潜在好处要大得多,而社会和政治分歧则要小得多。分配问题重新成为专业人士和公众关注焦点的一个原因是,战后时期,特别是20世纪60年代,在解决充分就业和经济增长问题方面取得了巨大进展。

很自然,现在的辩论应该集中关注国民产品构成和分配等本质上更难解决的问题。有些记忆不好的人质疑充分就业和经济增长是否是令人担忧的问题,这也很自然,但未免令人失望。当然,最近的重心转移还有一些其他原因,特别是社会对种族平等的承诺姗姗来迟,还有已经成为年轻一代文化革命一个特征的对社会正义的广泛关注。

美国人对经济不平等的态度是复杂的。当今大学校园里的平等主义情绪,并不一定被不那么沉默的多数所认同。我相信,我们的社会接受和认同大部分不平等的问题,甚至是历史遗留下来的不平等问题。美国人通常认为财富和收入差别是"挣来"的,并且认为不同的努力、技能、远见和事业心创造不同的收入是理所当然的事情。即使纯粹靠运气获得的奖励也很少引起怨恨或者嫉妒。美国人更关心大笔收益的正当性、合法性和公平性,而不是它们的绝对规模。

但我发现,普遍接受不平等的意愿,受到了一种反复出现、挥之不去的张力的干扰。我把这种张力称为"特殊平均主义"。这种特殊平均主义认为,某些特殊的稀缺商品应该通过分配来降低凭支付能力购买它们会造成的不平等程度。这种情绪涉及的候选物品包括生活必需品、健康和公民身份。在许多情况下,我们的制度和政策已经改变了市场分配,而特殊平等主义所提出的问题已经成为许多摆在我们面前的建议方案的核心内容。

大多数经济学家由于职业的原因,本能地反对这些政策和建议。从经济学家根本就是平等主义者的意义上讲,他们是一般平等主义者。原因在于,他们认为,特殊的干预,无论是否以平等的名义,都会造成低效率,而且干预越特殊,就会造成越严重的低效率。亨利·西蒙斯雄辩地阐明了经济学家的这些本能,并提出了一个明确而又务实的解决效率与平等之间冲突的方案。①

西蒙斯的构想非常诱人,但只是表面上如此而已。他把经济政策部门分为一个负责公平、另一个负责效率的两个部门。公平和社会正义的问题在收入和财富税收的立法中得到最普遍的解决。至于效率,政府的政策目标是使市场竞争性地运行。政府不以分配正义的名义干预特定的劳动力或产品市场。对减少或增加经济不平等感兴趣的改革者被提名参加财政立法委员会。他们不能通过规定牛奶价格、最低工资、石油进口、公寓租金、小麦种植面积或地铁票价来实现这些目标,也不能通过要求发放租金补贴或食品券来实现这些目标。西蒙斯说:"我们迫切需要停止采取旨在减少不平等的手段来调节相对价格和工资的混乱措施。有才干的经济学家和江湖骗子之间的一个区别是,在这个问题上,有才干的经济学家有时会通过对市场经济机制进行一些反思来约束自己的多愁善感。"②

关心公平问题的外行人在看到有人住得简陋或只有太少的食品时,就会本能地想为他们提供体面的住房和充足的食品,而经济学家则会本能地想为他们提供更多的现金收入。这样,如果他们愿意,就可以买房子和食品;如果他们选择不买,就会被认为会给这些钱安排更好的用途。对于那些抱怨住房和食品分配不均的人,我们——和西蒙斯——的第一反应是,他们应该关注财富和收入分配。如果社会批评家赞同这种分配,那么他们就应该接受这种分配可能产生的结果,包括特定产品的分配不均。如果他们不喜欢这种分配,就可以抨击被一般化的不平等,而不是特定的不平等。经济学家,尤其是一些在芝加哥大学受过专业教育的经济学家,会认为他们能够证明,在一般购买力分配既定的情况下就能使特定产品的竞争性生产和分配达到最优。

这个答案几乎无法使主张平等的聪明外行人感到满意。他们明白(在一定程度上是因为他们从经济学家那里了解到),对于税收和现金转移的再分配使用存在实际的限制。这些工具就其配置效应而言,并不像西蒙斯认为的那样中性;它们有可能严重扭曲工作和闲暇之间的选择、职业和职位挑选、储蓄

---

① Henry Simons, *Economic Policy for a Free Society* (1948).
② Id. at 83.

第十七章 有益品思想的知识体系论证

在竞争性投资中的配置,等等。我们还没有把经济学家梦寐以求的税收——没人能通过改变自己的行为来逃避或少缴定额税——变成现实。

毫无疑问,西蒙斯明白,累进税就其分配效应而言并非中性。不过,他是在小政府时代著书立说,并没有考虑要课征重税。他似乎也没有考虑过我们现在所说的负税收,尽管这种转移支付是他的计划的合理延伸。

通过税收和转移支付来实施的认真再分配必然会涉及高税率的问题,就如下面的简单计算所示。假设政府给每个公民一定数额的美元(保证最低收入 m),并通过课征所得税,征收到足够支付这些拨款和资助政府活动所需的税收,每人要缴纳 c 美元。因此,税率必须高到足以征收到税收占总收入的比例为 $(m+c)/\bar{y}$(式中, $\bar{y}$ 是人均收入)的水平。如果保证最低收入 m 是平均收入的 1/4 或者 1/3,特别是,如果政府购买并实际使用任何相当大一部分的国民产出,那么必要税率就必须高到无法忽视税收的激励和分配效应的程度。

因此,外行人想知道,我们为什么不能做适当安排,从而使某些关键产品的分配不像一般收入那样不平等——或者,更确切地说,不像市场在既定收入分配不平等条件下对这些产品所做的分配那样不平等。这个想法具有很大的社会吸引力。营养和基本住房,或者医疗或法律援助方面的严重不平等,比在汽车、图书、衣服、家具和游艇方面的不平等,更有可能冒犯社会良知。那么,我们能不能以某种方式把生活和健康必需品与激励经济活动的奖励品分离开来,并且让大家为获得非必需奢侈品和便利品而努力并展开竞争呢?

这基本上就是美国和其他国家在第二次世界大战期间所做的事情。当时,正常的消费品供应严重受到战时资源征用的限制。公众没有缴纳足够的税收,因此无法通过市场来完成这种资源转移,这在很大程度上是由于担心必要的高税率会产生抑制作用。当时,为了抑制和延缓潜在的通货膨胀,对物价和工资实行管制。在价格受管制的情况下,对消费品的需求长期过剩,这些产品的市场分配被一种采用正式和非正式配给供应制、更加平均主义的分配方式所取代。除了纯粹的爱国主义外,工作动机还要依靠以下这种预期来维系:收入虽然在当时无法转化为消费,但等战争结束以后就可转化为消费。

这种特殊的平均主义有许多不同的形式、动机和合理化方式。对于有些商品,严格意义上的分配公平被看作一个至关重要的目标,分配公平是如此重要,以至于社会不允许个人哪怕自愿把自己的份额转让给他人。这些"商品"包括公民权利和特权——以及它们的逆命题公民义务,而在公民的权利、特权和义务中,公民之间的平等是政治宪法的基础。投票就是一个很好的例子,而服兵役则可能是另一个例子。这类"商品"还包括在总供给中非常稀缺的生物或社会必需品,它们是如此稀缺,以至于如果分配不均,那么部分公民对它们的消费必然会低于可容忍的最低限度。这种商品的例子包括战时的基本食品,可能还有急需的医疗卫生服务。对于这种商品,国家坚持认为,个人即使自己愿意,也不能把自己的份额转让给别人——这其中有很浓烈的家长式干预色彩。

在商品谱系的另一端,有些商品供应充足,或者至少是潜在供应充足。因此,在这种情况下,平均主义目标可以说是片面的,并不是严格意义上的平均分配,而是保证普遍适用的最小数量。充足的总供给意味着,如果每个人都只能得到可容忍的最小数量,那么就会出现过剩。食品,还有住房,就是当今美国这方面的例子。

在任何情况下,商品的短期和长期供给弹性都是一个至关重要的问题。在稀缺商品供给无弹性时,就可以在不考虑效率的情况下,按照任何其他非市场标准安排对这种商品的公平分配。如果社会对某方面具体不公平的关切意义极大,那么情况也是如此。

在战时的英国,茶叶短缺,而且供给缺乏弹性;即使把茶叶卖给出价最高的人,也不可能增加茶叶的进口;特别担心茶叶分配的公平性是有道理的。在和平时期的美国,社会十分关心医疗服务方面的不平等问题;富人享受奢侈的医疗保健服务占用的资源可以用来挽救穷人的生命,或者有可能成为挽救穷人生命的机会。如果像战时英国的茶叶那样,美国和平时期的医疗服务也没有供给弹性,那么进行特殊的再分配就有意义;但如果要调用其他用途的资源来增加医疗服务供应,那么进行特殊的再分配就没有什么意义。因此,穷人的缺医少药完全可以公平地归咎于汽车、游艇和高等教育服务等的富有消费者以及医生和医院服务的富有的过度消费者。

国家有许多手段可以用来改变或者取代某种商品的市场化分配。我在这里说的市场化分配,是指在没有任何价格或分配干预的情况下,消费者通过花费税后货币收入和现金转移支付实现的分配。这个概念对于私人生产的商品和服务来说十分明确。但是,受关注的"商品"是由国家生产和分配的。事实上,国家生产和分配的有些是权利或特权,而不是通常意义上的产品和服务。对于国家控制的商品,我将用"市场化分配"来指代把产品拍卖给出价最高者的结果。

国家掌握的一种控制手段,就是禁止把商品交付给没有国家配发的配给票证的消费者。配给票证可以本人使用或转让给他人。国家掌握的第二种控制手段是,政府同样控制着配置权的商品券或商品票。消费者只有使用商品券或商品票才能获得某种或某类特定商品,而政府用现金兑付供应商提交的商品券或商品票。与政府发放的配给票证一样,商品券也可以本人使用或转让给他人。最后,虽然配给票证通常为购买配给商品所必需,而且光凭配给票证不足以获得配给商品,但也可以作为商品券使用。我发现使用这些术语的引申含义更加便利;也就是说,把它们应用于一些可被描述为好像有配给凭证和商品券,但实际上并不存在或不需要纸质证券的情景。

下面,我想讨论一些能说明特殊平均主义的典型例子——实际发生的例子或别人推荐的例子。

战时配给

如上所述,战时或战后对稀缺生活必需品的定量配给是特殊平均主义的一个常见例子。有必要再对这个例子进行简要的讨论,因为它反映了当今特殊平均主义表现中出现的一些议题和问题。

特殊商品配给制是战时或战后对稀缺生活必需品实行的一种常见的供给制。食糖、橙汁、茶叶、肉类或汽油等某种商品的定量配给票证是平均或按某种需要标准分配的。它们不能转让,也就是说,既不可换取现金,也不能兑换其他配给票证。这种配给票证的基本原理是平均主义和家长式干预相结合的产物。橙汁不应该全部留给有钱人家的孩子喝,任何家庭都不应该牺牲孩子补充维生素的机会,哪怕是父母想这么做。当然,即使配给票证本身不能转让,也很难防止配给商品的非正规或黑市交易或买卖,除非这些商品极易腐烂或只能由本人消费。

如果某种商品除了凭票供应外实际被禁止交易,那么政府至少对这种商品的货币价格有间接控制权。这种商品的价格即便由市场来决定,也会被定在可有供给等于受到定量配给限制的需求的水平上。如果这种商品受配给票证限制的需求小于可供应量,那么它的价格可以低到零。如果政府为这种商品规定一个正价格,那么就有可能诱使一些消费者放弃配给票证不用,而其他配给票证的实际价值就会相应增加。相反,如果配给票证的价值被定得太高,那么正的货币价格就会上升,从而挤走多余的消费者。

如果平等是真正的目的,而消费则严格独立于不平等的货币收入,那么绝对不能允许正的货币价格把任何有资格享受配给的人挤走。事实上,必须增加作为代金券的配给票证,政府通过用货币赎回配给票证的方式来支付供应商。

如果供给没有弹性,就像战时的典型情况那样,那么赎回配给票证的条件纯粹是一个分配问题,就像是一般纳税人和稀缺商品供应商之间的分配问题。但如果供给具有响应性,也就是具有弹性,那么政府的支付条件将是未来供给的决定因素之一。

另一种配给制模式采用可转让配给券,配给券平均分配,没有配给券就买不到稀缺商品。但是,配给券可以转让。渴望获得配给商品的富人可以消费高于平均水平的配给商品,但只有通过把其他商品的购买力转让给对配给商品不感兴趣的穷人才能实现。消费特定商品的公平并没有得到维系,但那些希望消费多于自己份额的人必须找到并补偿愿意消费少于自己份额的人。给每个人发放一笔现金补贴并对这种商品的消费征收刚好够发放补贴的税收,也能收到同样的效果。配给制的优势在于,让市场来完成对于税务机关来说难以完成的计算。这种制度的公平性在于,让稀缺商品的高消费者,而不是一般纳税人,来补贴穷人和稀缺商品的低消费者。

投　票

社会希望把一些权利、特权和义务精确地平均分配给它的成员或者某个成员群体。权利和义务的分配被认为应该完全不受收入和财富的影响,而且应该独立于个人的偏好。社会不会同意某人自愿把自己的那份权利和义务转让给他人,即使受让人与让与人处于相同或者较低的收入水平。

也许,最明显的例子就是民主社会的投票。现代民主伦理拒绝把财产作为评判是否有选举资格——无论是明的还是暗的——的标准。选票不可转让,买卖选票是违法行为,而无记名投票使得买卖选票的合同无法执行。的确,在有些国家,公民仅仅因为放弃投票权而受到惩罚。任何一个优秀的经济学二年级研究生都能够写一篇简短的论文来证明,选票的自愿交易能同时增加买卖双方的福利;但政治过程的正当性取决于对这类交易的禁止。选举市场有可能把政治权力集中在富人,尤其是那些靠政府特权而拥有财富的人身上。

我们可以用前面介绍的术语,把平均分配选票的工具说成是不可转让的配给票和食品券组合。显然,我们可以在不损失任何效率的情况下实行平均分配。选票的总供给内在地缺乏弹性。允许选票自由买卖并不能增强全体选民的力量,而只能以不同的方式对全体选民的力量进行再分配。

兵　役

服兵役是一种义务,而不是权利,但关于这种义务的分担,也会出现同样的问题。在某些国家,服兵役被认为是一项不可转让的公民义务,就如同选举权是一项不可转让的权利。这种观念在某些国家,即使在和平时期也适用。但是,这种义务不应该根据收入和财富在公民中间分担的观念,当然在战争时期就变得特别明显。因为,在战争时期,分担服兵役的义务就变成了分担死亡和受伤风险的问题。现在回想起来,美国内战时期富爸爸们出钱雇人替代他们的儿子应征入伍的奇观,让全体有良知的国民感到愤怒和震惊:靠钱袋子来拯救有钱人家男孩的生命,让穷人家的孩子替他们去死。后来,我们国家的兵役法禁止这种交易。

不论怎样,义务兵役的许多标准与经济状态高度相关。只要必须进行挑选,只要军队的征兵人数少于符合条件的人群,这种相关性就难以避免。这就是为什么今天的征兵问题与第二次世界大战期间相比,变成了更加难以解决且造成社会分裂的问题的一个原因。虽然在目前的情况下可以通过缩短服兵役时间来实现服兵役方面的平等,但是,新老士兵更替过快,有可能导致军队无法完成自己的使命。

在这种情况下,无延期抽签是实现平均分配的唯一可用手段。禁止用病号替代健康的应征者,从观念上讲,就相当于禁止出售选票或配给票证——在这里,家长式的对平均分配的坚持再次优先于经济学家关于自愿交换能增加买卖双方福利的标准假设。

我们几乎还没有直面过严格的平均主义解决方案的另一个条件。只有通过禁止志愿兵役制或通过把士兵的军饷定在低于替代性文职工资的水平上,才能完全排除穷人家的孩子为了挣钱而去冒生命危险的可能性。

也有人以平等为由反对志愿兵役制,就如同反对可转让兵役的自由买卖。做同样的事情,还有一种更加文明但不那么明显的方式,那就是把服兵役的机会分配给那些符合条件但非常看轻自己的安全和时间在其他用途上的货币价值的年轻人。但有一个重要的区别,在志愿兵役制下,一般纳税人必须承担征兵所需的资金;而在服兵役的义务可自由买卖的情况下,资金负担大部分由出钱购买替代者的应服役者或他们的家人承担。一般纳税人只需要承担在征兵制下低于市场供给价的士兵军饷,而逃避服兵役义务的年轻人实际上须纳税承担代替他们服兵役的青年的军饷。志愿兵役制这种解决方案,无论它的其他优点如何,当然并不是这两种安排中明显比较公平的安排。

至于供给侧的效率,目前还不清楚军队规模是否应被视为独立于军队成本的固定人力需求。如果真是这样,那么就不存在资源配置问题,而只有公平分配的问题,平等主义的兵役制不会造成任何损失。此外,也许可以认为,选民、国会、总统和五角大楼可能并且应该根据军队的人力成本调整外交政策和军事技术;征兵制使他们决定偏向于使用多于他们在国防预算能反映真实边际成本的情况下会使用的军事人员。志愿兵役制有可能纠正这种偏倚。原则上,这种偏倚也可以在一种相反的解决方案的框架内得到纠正——一种志愿兵役遭禁但军饷按照政府想要的军队规模的推定供给价格确定的"随机"征兵制。

生育权

当前对人口过剩前景的担忧已经导致越来越多的人相信,社会最终将不得不通过计划生育来控制人口增长。在校园里颇受欢迎的"人口零增长运动"(Zero Population Growth Movement)希望每位母亲只生两个孩子。我们可以想象,医疗技术有朝一日将允许我们对生育周期进行社会性控制。

我不想在这里讨论对人口过剩的担忧是否有道理,或者即使有道理,社会是否真的应该控制生育。与我的话题有关的是应该如何实施生育控制,是否应该限制每个母亲只能生育两个或两个以下的孩子,还是应该向每个妇女发放两张或两张多一点的生育券(无论是否与人口零增长政策相吻合)并且允许她们把生育券转让给其他妇女,或者政府是否应该规定生育配额,然后把生育券拍卖给出价最高的人。

第一种方法是最平等的,排除了许多"生育权"的自愿转让,但从原则上讲,自愿转让生育权能增加有关各方的效用。第二种方法允许生育权自愿转让,但也有可能把生育权都集中在富人手中,而放弃生育权的穷人和其他人至少能得到补偿。第三种方法,即拍卖法,情况就不同。在拍卖法下,富人仍可以买下全部的生育权,但这有利于一般纳税人,而不是在拍卖中失利的"准妈妈"。

教 育

美国的初等和中等教育体系与家长式的强制性最低消费要求一起,成了一种不可转让的"配给券"。每个学龄儿童都有权享受免费的学校教育,他们分到的"配给券"不能转让给其他人,而父母方面没有任何直接的办法让自己的孩子降低在校接受免费教育的程度,或者提高这种程度。孩子只能在公立学校使用发给他们的"代金券"。如果有孩子不使用这种"代金券",那就必须购买同一产品经批准的替代品。这样,他们的"代金券"就毫无用处,但他们不受配给制的约束。只要他们愿意,他们的父母可以为他们购买超出最低要求的教育。

近些年来,支持我所说的"扩展型教育券制度"的力度不断加大。在这个制度下,教育券可用于家长选择的任何官方认可的学校,而不仅仅是公立学校。我顺便说一下,扩展型教育券制度的倡导者们觉得有可能对一些家长式干预与他们的自由主义原则进行调和。他们不建议放弃义务教育,但也不建议用金钱来补偿公共教育的非消费者。

目前这种安排的一种影响就是,要求那些希望子女接受比公立学校更多或更好教育的高收入父母,不仅要支付额外费用,还要承担教育欠富裕家庭子女的部分费用。在这方面,目前的教育制度是一种衡量特殊平均主义的手段。这项拟议中的改革有可能让那些选择退出公立学校系统的人以缴纳更多税收的方式,把他们现在承担的负担转移给整个社会,或者转移给那些接受低质量公共教育的低收入消费者。

降低"奢侈"教育的成本无疑会增加对这种教育的需求,并吸引师资力量和其他资源投入"奢侈"教育。这些转入"奢侈"教育的资源部分来自公立学校,部分来自其他经济领域,但速度要慢得多。扩展型教育券方案的主要价值在于鼓励教育供应方面的竞争和创新,但无论它还有其他什么价值,都会加剧教育方面的不平等。通过把教育券的使用范围限制在那些不向家长收取其他费用或者在规定范围内收取其他费用的私立学校,我们就能在很大程度上避免扩展型教育券方案的这种影响。

推行扩展型教育券方案的另一个困难与教育过程的外部性——其他学生对学生教育所做出的贡献——有关。这里的这种关系既复杂又不确定,而学校和班级的过度异质性与它们的过度同质化一样,有可能导致低效率。但是,有关证据似乎表明,某种种族、社会和智力异质性可能有助于提高效率。今天美国教育存在的一个主要问题是,反映并反过来影响居住形态的公立学校正在变得越来越同质化。拟议中的扩展型教育券制度很可能会加剧这一趋势,因为它能使家长以较低的成本"同质化"地把自己的孩子送进私立学校。

以上所说的这种可能性提出了这样一个问题:有资格接受父母资金的私立学校在录取和留住学生方面被允许行使多大的选择权?只要学校实行义务教育,那么就一定有学校没有选择权。公立学校是否会成为私立学校不能或不愿接受的全体政府资助学生的"渣孩收容所"？在某种程度上，这已经成为事实，而且，私立和教会学校仅仅通过把困难和危险生留给公立学校，就以学生的学习成绩、遵守纪律和良好的行为而赢得了声誉。也许，应该要求受益学校接受所有的申请者——或者在超额申请的情况下，以一种公正的方式进行选择——并且仅仅按照适用于公立学校的规则来开除学生或勒令学生退学。

医疗服务

在繁荣的和平时期，美国可以说，除了医疗服务以外，并没有很多产品像战时生活必需品那样稀缺。相对于美国人的需要而言，医生、医院和其他医护人员和设施的可用供给仍然很小。即使平均分配可用的供给，未得到丁点满足的医疗需要显然也远非微不足道。当然，这一事实是社会关注医疗服务机会不平等的基本原因。如果我们只是在美容或矫正问题上受到的关注不同，享受的精神分析在数量上的不同，或者为新妈妈提供的酒店般的便利设施不同，那么，医疗保健方面的不平等就不会是一个大问题。令许多观察人士感到不安的是，他们怀疑死亡和残疾的机会分布不均，有些人为了微不足道的目的而消耗的医疗资源，对于其他人的健康可能至关重要。

在医疗服务方面，平等可能意味着对个人的治疗只取决于他的身体状况和生病症状，而不是他的支付能力或意愿。每个人都将被迫执行相同的医疗保险政策，除了按照共同的政策规定的条件外，任何人都不能获得医疗服务。按照上文根据其他例子所下的定义，这大致上就是一种不可转让的配给券制度。但是，医疗服务配给券是一种复杂的或有权益主张；而且，要说明它们的服务价值以平衡医疗服务的需求和供给，有可能极其困难。

如果医疗服务通过配给券制度来提供，那么，实际上就是政府购买医生、医院和其他供应商提供的全部服务。政府支付的价格必须确定在能够吸引新的资源进入医疗行业的水平上。不过，以往的经验表明，供给对价格的反应不但缓慢而且不完全，我们很可能有更加有效的方法来吸引新的医生、医学院、医院和诊所，而不是简单地增加现有执业医生的收入。

以上介绍的医疗服务配给券制度可与许多分散化管理和自由选择相容，

但一个无法回避的事实是,这是一种社会化医疗,否则很难理解如何在医疗服务领域实现平等。虽然这种前景在今天可能会令很多人感到震惊,包括芝加哥大学的许多学者,但亨利·西蒙斯有可能不会对此感到震惊。1934年,西蒙斯在提出严格彻底的累进所得税的建议时写道:"在支出方面,我们可以满怀信心地期待,大众的'自由所得'会继续增加。增加的形式可以是政府不收费提供产品和服务,也可以是政府对现行价格管制进行重大调整。我们有非常值得注意的机会来扩大社会化消费范畴(医疗服务、娱乐、教育、音乐、戏剧等)……"①

我们国家正在实行一种截然不同的医疗制度,我们正在通过医疗保险、医疗补助,也许在不久的将来还有全民医疗保险,发放越来越多的医疗配给券。但没有强制推行正式的医疗服务定量配给制。由于穷人的医疗服务已经达到了最低标准,因此,这方面的不平等问题有所缓解,而富人则可以购买数量更多、质量更高的医疗服务。医疗配给券需求在自由的私人市场上的增加,会推高医疗服务的价格。如果政府把它发放的医疗配给券的货币价值定得太低,医生就会把注意力转移到其他病人身上。如果政府试图不仅规范用医疗配给券看病的病人的收费,而且要规范全体病人的医疗费用,结果就是非正式的配给医疗制度和排长队看医生,从而造成严重的效率低下、不公平和看病难的问题。除非有朝一日医疗资源非常丰富,以至于臆想病患者可以把医疗资源用于低优先级的用途——如果这种花钱方式符合这种病人的喜好,但又不会剥夺他人的医疗服务,否则就没有好的解决方案。

食品券

社会倾向于向穷人提供实物救济,而不是现金救济,而食品券和住房补贴在政治上受欢迎的程度最清楚地证明了这一点。这些就是我之前说过的片面的平等主义措施。这样做的目的就是要增加那些营养不良和居住条件差的人对这些生活必需品的消费,而不是减少奢侈品流向高消费者。实际上,这些商

---

① Id. at 68.

品总体上并没有供给不足的医疗服务那样稀缺。我们可以很容易地根据新的需求迅速地扩大食品供给。如果能够平均分配食品，目前的供应是充足的，可以满足社会公认的营养标准。我们没有理由要求美食者，尤其是贪食者，而不是一般的高收入群体，为提高穷人的食品消费买单。

用食品券帮助穷人的动机可能是为了推行家长式干预，而不是为了扩大一般购买力。但是，实际实施和拟议中的食品券制度并不符合经济学基本原理，它们意味着以义务教育的方式推行强制性营养计划。由于食品券和食品具有可替代性，因此，这些计划甚至不能保证受益人有足够的食物。而且，以收入为申请条件的食品券虽然基于充足的收入并不能保证充分的营养这个前提，但并不能保证那些收入使他们没有资格申请食品券的人有充分的营养。简而言之，食品券只是一种"劣币"，纳税人的钱最好用在一般收入救济上。社会确实有义务保护那些不能相信其父母会养育他们的儿童，但这种义务与父母收入多少和来源无关。

住房补贴

社会愿意补贴穷人住房而不是穷人收入的主要原因，仍然是家长式干预。毫无疑问，穷人糟糕的住房条件对邻里的影响，包括住房条件差是贫困的一种特别明显的表现这个事实在内，有助于解释住房补贴的吸引力。住房券的家长式管理政策比食品券更有可能取得成功，因为住房服务的可转让性和可替代性要比食品券差得多。

但是，设法使住房服务的分配不那么不平等就特别困难，因为这些服务是由过去遗留下来的住房存量提供的。毫无疑问，投资在现有住房存量上的资源足以满足全体人口的最低住房标准。但是，现有存量房的密度和质量高度不一，从而限制了在短期内使住房条件均等化的可能性。同样，住房服务供给的扩大只有在住房存量增加的情况下才能实现。市场自身也需要很长时间来调整住房供给，才能使住房供给适应一般收入和财富分配明显不平等的现状。

现行政策既不公平也没有效率。与现行和拟议中的现金救济计划的收入条件审查相比，住房补贴的收入条件审查并非十分严格。如果每个符合收入标准的人都能得到住房补贴，那么发放住房补贴的成本太高，除非只把补贴发给偶然或随意选择的少数人。其结果是，一些低收入纳税人要缴税补贴收入与他们相同或较高的家庭的房租。补贴廉租房的做法普及缓慢的一个原因是，除了少数例外，补贴只发给指定新建住房的房客。也许，把注意力都集中在新建住房上反映了推行这些计划的动机的矛盾——既要让城市看起来更加美好，又要帮助低收入家庭解决住房问题。如果政府是要通过发放住房券来达到后一个目的，那么利用它们来改善现有和新建住房的分配可能更加合理。现行方法的一个缺点是，它公开给接受补贴项目的居民贴上公共救济接受者的标签。

从长远看，我个人觉得，在住房方面实行特殊平均主义没有什么令人信服的理由。我们有许多理由偏爱一种允许每个人都能并且实际在同样的市场上按照自己的偏好购买体面住房的制度。但是，这并不意味着住房供应可以像现在这样由市场来组织和管理。我们有太多的种族歧视案例；在太多的方面，如分区条例、建筑法规和土地税，有利于建造低密度住房；在住宅建筑行业有太多的限制性做法；政府向富裕的房主发放了太多的补贴；等等。穷人才应该得到购房现金补贴——或者住房券，如果这是首选的话，他们就可以在任何地方购买住房。但与此同时，政府确实有义务保证这些购房现金补贴和住房券有一定的价值。

总之，西蒙斯和主流经济学传统坚持认为，一般税收，无论是正税收还是负税收，都是缓和由竞争性市场经济导致的收入和财富不平等的最好方法。我相信，他们的这种观点是正确的。我毫不怀疑，现金负所得税，有可能确实是目前可以采取的最有效的反贫困和支持平等的手段。在经济的另一端，1969年的税收立法几乎没有缓解所得税和遗产税改革的紧迫性，反对平等主义的税收和转移支付制度改革的利益集团气势汹汹。这项改革事业可以利用一些群体的热情和智慧的支持，并且应该得到我们中间大多数年轻的平等主义者更多的关注和支持。降低税收和转移支付前收入分配不平等的政策，是更加基本而且肯定是更难实施的政策。这种政策包括消除无论是由私人还是政府构筑、旨在保护某些高财富和高收入职位的竞争壁垒，还包括努力消除人力资本禀赋及其积累机会方面的不平等。

第十七章 有益品思想的知识体系论证

我们应该优先考虑这些解决经济不平等问题的方法,但并不应该由此立即拒绝每个有关特殊平均主义的建议,或者默认由市场对每种稀缺商品的分配。在某些情况下,对于那些对生活和公民身份至关重要的商品,确实应该采取非市场化的平均主义分配方式。在商品稀缺问题无法通过调动一般经济资源来解决的情况下,就应该采取非市场化的平均主义分配方式。如果供给在短期内没有弹性,但在长期内能对需求增加做出反应,那么就会出现一些困难的实际情况,就如医疗服务和住房的情况。在某些情况下,特别是在教育和医疗服务方面,今天的特殊平等主义分配有可能对改善明天的人力资本和挣钱能力的分布至关重要。

第三节　亚当·斯密与马斯格雷夫提出的有益品概念[①]

W. 维尔·埃克

在这篇文章里，威尔弗莱德·维尔·埃克认为，亚当·斯密区分了价格和销售量完全由市场交换决定的私人品与价格和销售量受政府影响的产品。然后，维尔·埃克指出，亚当·斯密对价格和销量受政府影响的产品进行了进一步的区分。维尔·埃克认为，虽然亚当·斯密没有使用公共品和有益品的概念，但他对受政府影响的产品的进一步区分与现代对公共品和有益品的区分相一致。亚当·斯密认为，有益品是政府试图纠正个人偏好，从而需要一种不同的方式来证明政府干预正当性的例子；而公共品，据说，是一种政府由于要帮助个人实现他们的偏好，因此需要一种不同的方式来为其供应筹集资金的产品。维尔·埃克以教育为例，并利用产权证明了他本人的主张。

※　※　※

简　介

弗里德里希·A. 哈耶克(Friedrich A. Hayek)曾写道，一个概念通常要经过长时间的应用才能作为概念被发现和肯定。本文作者认为，理查德·马斯格雷夫提出的有益品概念情况就是如此。本文首先介绍了有益品概念的定义以及马斯格雷夫把有益品概念与公共品和私人品概念区分开来的方式；然后对有关有益品的二次文献进行了简要综述；接着转向亚当·斯密的《国富

[①] 本文在征得作者和艾斯威尔有限公司的同意后转引自：W. Ver Eecke, "Adam Smith and Musgrave's Concept of Merit Good," *Journal of Socio-Economics*, 27(1) (1998): 133—153. Copyright 1998. 本文是1998年2月27日至3月1日在意大利博洛尼亚大学(University of Bologna)举行的欧洲经济思想史学会(European Society for the History of Economic Thought)第二届年会上宣读的一篇论文的扩展版。本论文的减缩版曾被收录至题为《亚当·斯密与有益品概念》(*Adam Smith and the Concept of Merit Good*)的论文集(304—307)公开发表。本文作者要感谢丹尼尔·莱文(Daniel Levine)对文章的风格进行了改进。

论》,寻找亚当·斯密讨论具有马斯格雷夫所说的有益品特征的经济活动的地方;最后指出,对亚当·斯密的解读显示,亚当·斯密从三方面的特征对马斯格雷夫所说的公共品和有益品进行了区分。首先,供应有益品有干预消费者的意图;其次,可以从道德而不是功利主义考量的角度证明有益品的正当性;最后,有益品供应所需的筹资方式不同于公共品。第一个特征是唯一一个马斯格雷夫明确并始终提请注意的特征。[①] 亚当·斯密经常提请注意其他两个特征,因此提出了一个旨在固化公共品概念与有益品概念之间区别的论据。最后,本文作者得出了以下结论:认真阅读历史文献,就必然能够认识到,对公共品与有益品进行区分,为进行基本的经济学论证所必需。

一、马斯格雷夫"有益品"概念的提出

在《公共财政理论》一书的序言中,马斯格雷夫为了解决他的财政理论(1956:33—43)中的一个问题,提出了有益品的概念(1956:33—43)。也就是说,马斯格雷夫即使在面对诸如"为穷人提供免费住院治疗服务或为低成本住房提供公共补贴"等例子(341)时,也试图坚持服务部门和分配部门之间的分离(340)。马斯格雷夫认为,这些服务属于实物补贴,并拿它们与作用相反的奢侈品税进行了比较。根据马斯格雷夫的说法,在这两种情况下,公共政策都是旨在干预消费者偏好所表达的意愿。这不同于政府想要满足的"符合个人偏好和消费者主权"的公共需要(ibid.)。因此,"由于没有更好的名称"(ibid.),他提出了"有益需要"这个新名称。在他的著作《公共财政理论》中,马斯格雷夫给有益需要这个概念下了一个定义,一个独立于他本人把公共预算分为配置、分配和稳定三个部门的观点的定义。马斯格雷夫笼统地把有益需要定义为"被认为如此有益,以至于要通过公共预算,而不是通过市场并由私人买家买单来满足的需要"(1959,13)。马斯格雷夫明确指出了他的这个定

[①] 马斯格雷夫还含蓄地谈到了有益品概念的道德维度,他把有益品定义为"有益的"产品(Musgrave,1959a:13; Musgrave & Musgrave,1973:81)、"偏好应该由因受过更好教育且拥有更多天赋而被选中的精英在一定的限度内强加的"产品(Musgrave 1969b:143),或者"传统价值观或由掌握控制权的个人或群体强加的价值观可能更受欢迎的"产品(Musgrave 1971:314)。还可参阅:Musgrave,1987:452; Musgrave,1993:76—77; Musgrave,1997:187。

义的一个含义,他写道:"满足有益需要,就其本质而言,涉及对消费者偏好的干预"(ibid.)。马斯格雷夫非常清楚,他的"有益需要"这个新概念截然不同于众所周知的"社会需要"概念。在经济学文献中,"社会需要"通常被称为"公共需要"或者"公共品"。因此,他这样写道:"对有益需要的满足不能用与对社会需要(公共需要)的满足相同的术语来解释"(ibid.)。[1]

---

[1] 这段引文清晰但又简单、粗糙地从认识论的角度证明了"有益品"概念的正当性。由于有些政府活动"不能用像满足社会需要[公共品]这样的相同术语来解释",因此,从逻辑上讲,经济学除非创造新的概念,否则就无法对某些政府活动进行概念化。如果经济学不能创造新的概念,那么我们就必须承认,经济学作为一门科学并不完整,因为它拒绝创造必要的概念来覆盖整个经济学领域。本文作者认为,一门科学没有正当的理由拒绝创造为涵盖其整个领域所需要的概念。为了扩大经济学的概念范围,马斯格雷夫接受了创造新概念的挑战。因此,马斯格雷夫回应了我们在认识论上对新概念的需要。马斯格雷夫通过引入"有益需要"或"有益品",只是为一个从认识论的角度看是必不可少的概念创造了一个位置标识符,然后需要对这个概念进行定义。马斯格雷夫本人在定义的措辞上显得有些举棋不定,并且倾向于(无论对错)支持对他提出的新概念进行限制性的使用(Andel,1984)。因此,马斯格雷夫用"干预个人偏好"这个特征(Musgrave,1956:341;Musgrave,1959a:13)或"强加的选择"(Musgrave,1971:313—314)来定义有益品。不过,他还把有益品定义为"偏好结构扭曲"的纠正(Musgrave,1959a:143),而且引入了一个边际约束"在实践中,有益需要往往与再分配密切相关"(Musgrave,1969a:82;see also Musgrave,1971:318)。有关有益品的二次文献指出了没有完成的为一个从认识论的角度看必不可少的概念确定位置标识符的工作。约翰·海德强调指出,这个新概念的定义问题尚未得到解决(Head,1990:211—213)。但是,找不到令人满意的定义这个困难,并不应掩盖这个新概念从认识论的角度看仍然不可或缺这个事实。本文有意在解读一位古典学派经济学家原著的基础上,就"有益品"这个概念在认识论上的有用性和必要性进行进一步的论证。出于本文的这个目的,本文作者选择马斯格雷夫对有益品这个概念下的最明确的定义——"有益品旨在干预消费者偏好",作为本文对有益品的初步定义。

有益品概念还引出了另一个问题,那就是它的正当性问题。而干预正当性问题又包含几个问题,其中的一个问题就是:谁(国会、法官、最高法院、科学精英)有权干预?还有程序的问题,例如,法律为了消除歧视而下令接吻,在程序上是否正确?另外还有一个问题,那就是宪法(或道德)允许法律对什么进行干预?(从法律接受对消费者偏好的干预的角度看,在公共场所吸烟的权利与阅读和接受色情作品的权利并没有得到一视同仁的对待。)最后还有一个问题,那就是有益品概念有可能被滥用的问题(例如,弱智者被强迫绝育)。此外,我们在试图回答各种与正当性有关的问题时遇到了困难,但不能用这方面的困难来模糊有益品这个新概念在认识论上的必要性。在解读亚当·斯密的原著时,本文作者提请大家注意,亚当·斯密采用两种不同的方法来分析两种不同类型的政府活动。因此,本文作者认为,在对亚当·斯密这两种分析进行概念化时需要两个不同的概念,即公共品和有益品。

第十七章　有益品思想的知识体系论证

二、二次文献①

阅读亚当·斯密的著作,有助于阐明有益品的概念。为了给阐明这个概念奠定基础,我想审视一下二次文献中各有关作者在阐述这个概念的过程中存在的某些缺陷:他们错误地降低了这两个概念之间明显对立的程度(Head),错误地认为有益品概念并不属于以消费者主权为基础的规范经济学理论的范畴(McLure),并且严重误解了公共品和有益品之间的关系(Andel),或者认为有益品理论完全可以从在没有独立价值判断情况下的选民偏好中导出(Brennan)。②

在他的三篇关于有益品问题的文章(Head,1966,1969,1990)中,海德放弃了马斯格雷夫最初给有益品下的定义,即会引发对消费者偏好进行干预的产品,并且用第二个定义(即有益品是有必要纠正消费者个人偏好的产品)取而代之。海德这样写道:"马斯格雷夫认为,难以评估个人受益程度显然是有益品问题的本质所在"(1974,246)。③ 海德认为,不确定性和非理性偏好是造成个人不良偏好的主要原因(ibid., passim)。这种思路假定,个人有真实或正确的偏好,而政府就应该根据个人的这种偏好来进行有益品决策。

---

① 有益品二手文献的作者大多明白,有益品概念给经济学提出一个悖论:一方面,这个概念从认识论的角度看似乎必不可少;另一方面,这个新概念与经济学"消费者主权"这个基本假设相矛盾(Priddat,1994:2)。本文作者从二手文献中挑选了那些作者试图用独到的方法处理这个悖论的文献,但没有选择那些作者没有解决这个概念悖论的文献,如只局限于提出容纳这个概念的数学模型(Pazner,1972;Roskamp,1975;Wenzel & Wiegard,1981;Sandmo,1983;Besley,1988;Feehan,1990)。本文作者也没有分析那些作者只是简单地区分私人品、公共品和有益品的文献(Godwin,1991)。

② 麦克沙伊特和普利达(Priddat)赞同坚持价值判断的必要性。麦克沙伊特坚持认为,消费者决定目标,而让政治系统只决定手段(Mackscheidt,1974)。这种有益品问题的解决方法限制了他的解决方案的适用范围,因为关于有益品的决策有时也与目标有关。普利达认为,政府要想在有益品供应方面发挥成功的作用,就必须通过干预来改变消费者的经验,从而在消费者中间创造新的欲望。因此,当政府禁止在公共场所吸烟和做吸烟广告后,消费者开始戒烟,普利达就认为,这就是一个成功且被证明其正当性的有益品(或有害品)政策的例子(Priddat,1992:243;Priddat,1994:9)。然而,有人可能会认为,只有很少作者同意把学生开始喜欢上学读书作为评判义务教育这种有益品政策成败的唯一标准。学生不愿意上学,并不足以使关于应该强制他们上学的评判——强制学龄儿童上学到规定年龄的公共政策的依据——无效。

③ 因此,海德(1974:215—216)把证明有益品的正当性转化为给有益品下定义。请参阅:Musgrave,"The Reason, then, for Budgetary Action is to Correct Individual Choice,"1959:9。

461

查尔斯·麦克罗(Charles McLure)曾尖锐地指出:"海德误解了马斯格雷夫的有益需要概念,因为马斯格雷夫最初强调的是信息不完全,而不是干预个人偏好"(1968:474)。在本文作者看来,麦克罗坚持认为有益品概念被定义为对个人偏好的干预是正确的,而他随后辩称,"有益需要,就如马斯格雷夫所定义的那样,在一种以个人偏好为基础的公众家庭的规范理论中没有任何位置"则是错误的。我们可以认为,就连麦克罗也无法避免为有益品政策争辩,因为他曾写道:"如果知识不完美,或者偏好被误导性广告所扭曲,消费者被认为也有可能做出按照完美的信息和没有被扭曲的偏好来评判是次优的决策。在这种情况下,政府应该提供……正确的信息,并防止扭曲偏好的错误信息扩散"(481)。很明显,虽然政府提供正确信息的干预程度小于通过改变价格(发放教育补贴,或者课征烟草税)直接干预消费者偏好的程度,但是,与在自由市场上出现的信息相比,政府的政策还是改变了信息的消费水平,因此符合马斯格雷夫给有益品所下的定义。

安德尔在他的第一篇论述马斯格雷夫有益品概念的文章中,试图对海德和麦克罗的对立观点进行调和(1968/1969)。安德尔采用的策略就是指出没有可用来区分有益品观所支持的仁慈干预和专制干预的实用判据。安德尔基于这种考虑,得出了"麦克罗基本正确"(212)的结论。安德尔接着又指出,应用公共品理论也遇到了同样的困难,因为在实践中无法准确确定个人偏好。因此,实施公共品政策也具有专制的性质。不过,经济学理论认为,公共品供应有其正当性。安德尔据此支持海德,因为海德认为,一般来说——在安德尔看来,这似乎包括有益品和公共品政策,"如果不进行干预,就不可能完成从经济次优状态到最优状态的转变"[213(transl. WYE)]。因此,安德尔的策略就是强调实施公共品和有益品政策都会导致对消费者偏好的(武断)干预这一事实。安德尔在这一点上受到了马斯格雷夫的指责,因为马斯格雷夫写道:"虽然这种方法[公共品供应]要求强制接受投票决策,并且涉及对少数派观点的一定干预,但这种干预只不过是一个旨在尽量满足个人偏好的步骤的不幸副产品而已。在目前考虑的[有益品供应]情况下,这种干预并非偶然,而是公共政策的目的所在"(Musgrave and Musgrave,1973:80—81)。

杰弗里·布伦南在他本人以及他和洛伦·洛马斯基合著的文章中,运用

第十七章　有益品思想的知识体系论证

人格分裂的思想为有益品观辩护(Brennan & Lomasky,1983:185;Brennan, 1990:116)。他们都认为,人有多种偏好,如有欲望和道德理想(ibid.)。在市场上,多种偏好可能会导致某种结果,如酒后驾车。第二天早上,同一个人可能会说,如果他要开车,就不应该喝酒。这两位作者把后一种偏好称为反思性偏好(Brennan & Lomasky,1983:196)。布伦南和洛马斯基解释称,同一个人之所以会发生这么明显的思想变化,是因为第二天早上他被允许表达自己的道德理想,但无须为此付出实际不喝酒的代价(ibid.)。因此,这两位作者认为,政治投票比市场化选择更像"第二天早上表达道德理想"(ibid.)。选民只有在没有他投票,结果会不分胜负的情况下才会产生影响。在这种情况下,选民必须为自己投票支持的任何东西付出代价。在大规模选举中,选民个人的选票起决定性作用的可能性极小。因此,选民个人须付出的代价在乘上他的选票起决定性作用的概率后就会变小。因此,投票是一种与市场相比代价较小的道德理想表达方式(ibid.,198)。因此,某个曾经酒后驾车的司机在投票赞成对酒后驾车行为处以严厉惩罚时,可能是完全理性的。但显然,有关严惩酒后驾车行为的法律会干预他在市场上表达的偏好。布伦南和洛马斯基称,这样的法律是一种与个人主义相容的有益品政策,因为它要求自我约束。在文章临近结束时,这两位作者承认,投票机制也可用来表达人们不愿在市场上表达的不良情绪,如表达极端仇恨少数族群的情绪(ibid.,203-204,206)。马斯格雷夫的有益品观以及海德和安德尔对它的阐释明确要求,凡是被宣布为有益品的东西必须是有益的,而不是有害的(就如在最终产生不利于少数族群甚或消灭少数族群的政策的选举中出现的情况)。因此,布伦南和洛马斯基提出的纯粹的有益品程序观是说不通的。[1]

---

[1] 布伦南和洛马斯基在他们合著的文章中的结论性表述表明,他们已经认识到以下这个问题:"由于这个原因,有益品概念和它涉及的偏好评价问题,绝不是什么'规范空匣子',实际上对于政府干预市场过程的主张至关重要,因为如果没有元偏好规范,就不可能经常比较市场和政治机制"(206)。布伦南在他本人的文章中并没有提到元偏好规范的必要性:"在我们有理由怀疑市场选择的规范性权威的情况下,似乎确实有一些理由相信选举的'选择'有可能更加准确地反映'真实价值'"(Brennan, 118)。福尔克斯也没有明确提到价值判断(Folkers 1974:21)。他认为,在除了预算约束外,社会偏好也是个人偏好约束的情况下也需要有益品(ibid.,20,23-24,29)。但是,被宣布为有益品的社会偏好可能是有害的,这是已经得到证明了的。福尔克斯的方法确实有它的优势,因为它对公共品和有益品进行了明确的区分。

三、亚当·斯密

亚当·斯密那个时代还没有"私人品"或"有益品"的概念,斯密甚至也没有使用这样的标签。斯密确实使用了"公共善"(public good)(1937:423),但并没有赋予它现代经济学给它的专业含义,而是赋予它更加接近于其他传统所说的"共同善"(common good)的含义。他所使用的与"公共善"这个专业概念含义相近的名称是"公共工程与机构"(public works and institutions)(e. g. ,ibid. ,651)。

但是,我们可以用一种明确的方式来表明,"私人品""公共品"和"有益品"三个概念之间的区别是如何指导亚当·斯密思考问题的。[1] 在批判了重商和农业(重农)思想体系后,亚当·斯密对应该交给公民完成的经济活动和其他应该由君主负责的经济活动进行了区分(ibid.)。如果我们能把亚当·斯密对市场效率的信念考虑在内,那么就可以说斯密考虑到了那些应该被视为公民特权的经济活动以及公民主要把它们作为私人品来最有效率地完成的经济活动。如果我们能仔细观察亚当·斯密认为君主应该负责的经济活动,那么就能注意到他对经济活动所做的进一步区分。斯密明确表示君主应该承担三种职责,并以一种接近或相同于现代"公共品"概念的方式描述了君主应承担

---

[1] 布坎南同样认为,亚当·斯密在他的著述中对私人品和公共品进行了区分。布坎南的目的是要证明,亚当·斯密有一种"公共性"意识(1976;p. 276)。布坎南在这里没有区分可以用帕累托最优方式提供(因而现在被称为公共品的"公共性")以及不能用帕累托最优方式提供(因而现在被称为有益品)的"公共性"。有位评论者——米山(Mishan id. ,p. 287)——注意到了这一疏忽。从布坎南坚持认为要对变革的负面评价进行补偿的立场来看,他显然忽视了"有益品"存在的可能性(id. ,pp. 280-810)。布坎南在其他场合谈到正义问题时表示,强制接受游戏规则(如让步赛规则)的问题最好交给宪法去处理。他还写道:"然而,整个公共品观都假定个人已经'参加游戏'"(1983,p. 65)。因此,布坎南在这里区分了"公共品"和"游戏规则",我认为,马斯格雷夫的"有益品"和布坎南的"游戏规则"之间有很大的"家族"相似性。布坎南在他纪念亚当·斯密的文章中,并没有关注公共品和游戏规则之间的区别。布坎南在他职业生涯的后期进行了这种区分,而这种区分则是本文论点的核心所在。

第十七章 有益品思想的知识体系论证

的第三种职责。① 他表示：

> 第三，君主应该履行兴建和维护公共工程和创建某些公共机构的职责，但所赚的利润绝不能为了任何个人或少数个人的利益而补偿任何个人或少数个人的支出，尽管对任何个人或少数个人的补偿常常有可能远远超过对整个社会的回报(651)。

亚当·斯密还认为，这类公共工程或机构应该尽可能通过向用户收费的方式来筹集资金。因此，关于如何维护好道路和通信设备，他写道：

> 然而，这种支出的最直接受益者是那些从一个地方旅行到另一个地方或者把货物从一个地方运送到另一个地方的人以及那些消费这些货物的人。英国的公路通行费和其他国家称为"港口税"的关税，都完全由这两类不同的人负担，从而使社会的一般收入免除了一个相当大的负担(767—768)。

关于司法行政支出，斯密写道：

> 不论怎样，造成这种支出的人，是那些因遭遇种种不公正而不得不向法院寻求救济或保护的人。这种支出的最直接受益人，还是那些由法院恢复或维护其权利的人。因此，司法行政费用可以适当根据不同情况的需要，由某一当事方或者当事双方的特别缴费，也就是法院收费来支付。除了对那些自己没有任何财产或资金足以支付这些费用的刑事罪犯外，没有必要求助于整个社会的

---

① 按照亚当·斯密的说法，在关注政府(君主)应该履行的职能时，重要的是不要忽视许多他所说的由不明智或自私自利的公共政策或法规导致的资源配置不当的情况。亚当·斯密对他对重商主义和重农主义政策的批评做了如下总结："因此，每种制度，无论是通过特别的鼓励方式努力为某个特定行业从社会那里争取到比在自然状态下更大份额的资本，还是通过特别的限制措施迫使从某个特定行业撤出一定份额资本应用于这个行业的资本，实际上都是在颠覆社会要促进实现的伟大目标；不但没有促进，反而是阻碍社会取得旨在真正创造财富并变得伟大的进步，并且是减少而不是增加其土地和劳动力年产出的实际价值"(Smith, 1937: 650—651)。斯密在谈到自私自利的政策的一个来源时写道："始终应该认真听取由第三阶层(雇主、店主、工厂主、商人)提出的任何新的商业法律法规提案，而且在对它们经过长时间的认真——不但是最仔细，而且是最挑剔的——审查之前绝不可采纳。他们属于这样一个阶层：他们的利益与公众的利益绝不会完全相同，他们通常会通过欺骗甚至压迫公众来谋取利益；因此，他们在许多场合既欺骗又压迫公众"(Smith, 1937: 250)。而且，亚当·斯密曾多次批评导致资源配置不当的政府政策，但是，所有这些都不应阻止我们分析亚当·斯密认为政府应该履行的既有用又必要的职能的论点。布坎南也表达了类似的观点(1976: 273—278)。

465

一般收入(767)。

在上述引文中,亚当·斯密考虑到了以下两点:①公共工程或机构必然有用,即全体民众付费的总意愿必然大于兴办公共工程和创建公共机构的成本;②兴办公共工程和创建公共机构,是为了满足私人的个人需要,这一点可以从个人愿意付费这一事实中得到证明。

在上面的引文中,亚当·斯密并没有强调每个人都应该根据自己评估的公共工程或机构对自己的边际效用来支付费用的思想,因此,每个人的缴费应该可以不同。亚当·斯密强调了支付公共工程和机构使用费的重要意义,实际肯定了个人效用评估和付费之间的联系。因此,亚当·斯密关于公共工程和机构的论述,在精神上非常接近当今关于公共品的讨论。两者的主要区别在于亚当·斯密没有证明每个公共品消费者支付不同费用的可能性。

亚当·斯密在论述君主应该承担的前两项职责时提出了完全不同的看法,他的这些不同看法很难与公共品的概念联系起来。我想说的是,它们更加接近有益品的概念。首先,亚当·斯密指出,政府在履行军事防御和司法行政的职责时,要动用武力强制某些人服从。因此,关于军事防御,他写道:

> 劳动分工自然是出于个人的谨慎才被引入其他行业的,这些人发现把自己局限于某个特定的行业,比在多个行业干活更有利于促进自己的私人利益。但是,只有国家的智慧才能使当兵这个职业与其他所有的职业区分开来,成为一个独立的职业。普通公民在和平时期,即使没有受到公众的任何特别鼓励,也应该花较多的时间参加军事训练,这无疑可以大大提高自己的素养,而且也能自我消遣娱乐;但肯定无助于促进自己的利益。只有国家的智慧才能使普通公民为了自己的利益而放弃大部分时间从事这种特殊的职业(659)。

斯密又补充说,政府可以通过以下方式来做到这一点:"加强军事训练,并迫使全体适龄公民或者一定数量的适龄公民,在从事他们可以从事的任何其他职业的同时,在一定程度上从事当兵这个职业"(660)。

关于司法,特别是财产保护,亚当·斯密写道:

> 只要是为了保证财产安全而设立的平民政府,实际上就是为

了保护富人对付穷人,或者保护有财产者对付无财产者而设立的(674)。

在这段引文的脚注中,编者引用了斯密演讲笔记(*Lectures*)中的一句话,大意是:"没有财产就没有政府,政府的最终目标就是保护财富,保护富人不受穷人的伤害"。显然,以上引用的亚当·斯密的话语表明,当时政府也干预一些人的偏好,并且是有意为之。政府干预个人偏好,是为了供应一些有益的东西。① 因此,亚当·斯密所说的国防和司法,根据马斯格雷夫所下的定义,可被认为是有益品。② 亚当·斯密不但在《国富论》第四卷结尾总结的两个案例中提出了政府干预具有其正当性的观点,他还在其他案例中运用了这种观点。因此,斯密对政府干预银行系统的某些做法进行了辩护,他写道:

> 限制私人在自己愿意接受银行本票的情况下,不论金额大小都不接受用银行本票付款;或者,在所有邻居都愿意接受一家银行签发的本票的情况下却阻止这家银行签发本票,可以这么说,是对这种自然自由的明显侵犯,而法律的正当职责是保护这种自由,而

---

① 有人可能会反对,用"偏好"一词来表示强盗、窃贼或抢劫犯通过暴力获得财产的欲望是误用或滥用偏好的概念。事实并非如此。首先,经济学中有一种"显示性偏好"的传统。通过"显示性偏好",可推断出对某物的偏好,因为该物已经被选择。由于汽车盗窃案不断增多,我们越来越喜欢使用汽车锁、电脑锁定装置和汽车的防盗电子跟踪装置。我们也希望对罪犯采取更加严厉的措施。只有我们相信小偷和罪犯会认为他们的偷窃行为是一种不太可能执行而一旦执行代价就会增加的偏好的结果,希望更加严厉惩处罪犯的愿望才是理性的。其次,在盗窃和抢劫以外的案件中,也存在对财产权提出异议或拒绝承认的愿望。因此,知识产权经常遭到侵犯。有时把这称为"盗版"。三方协议(Trip Agreement)是关贸总协定的组成部分,它提出了在世界范围内有效的具体规定知识产权的指导方针。为了反对三方协议,《新德里宣言》(New Delhi Declaration)——《第三世界专利公约》(Third World Patent Convention,1990)的产物——包含以下声明:"不可能有一套具有同等效力或同等相关性的统一标准和规范适用于广泛……的国家,因为不同国家必须满足各自的文化和社会经济需要。一些工业化国家拥有代表大量科学技术的专利的全球垄断权,不能作为发展中国家要求推行共同标准和规范的理由"(Posey & Darrell,94)。发展中国家拒绝接受知识产权指导原则的原因是:他们一旦接受,就会遭受太多的损失。他们只是偏好维持容忍包括盗版在内的许多做法的现状。《新德里宣言》显示了对不强制执行知识产权(TRIPP 中定义的知识产权)的偏好。最后,主张不要把一些导致行动的欲望称为偏好,就意味着我们主张有权区分可接受的欲望和不可接受的欲望。在我看来,绝对消费者主权的传统坚持认为,只有消费者才有权评价自己的欲望。我们不能在坚持绝对消费者主权传统的同时,又声称有权把偏好概念的定义限制为正确的欲望。

② 本文作者没有把国防视为纯粹的公共品,因为有些和平主义者反对国防。如果国防被视为纯粹的公共品,那么和平主义者就必然要求补偿,就像由于修建高速公路而使得公共品土地被征用的农民那样。

不是侵犯这种自由。毫无疑问，这样的监管在某些方面可以被认为是对自然自由的侵犯。但是，少数人行使这种自然自由权利的行为有可能危及整个社会的安全，因此，应该受到一切政府——无论是自由还是专制的政府——法律的约束(324，在第329页又强调了一遍)。

在第二个系列的评论中，亚当·斯密谈到了社会制度背后的有益维度。值得注意的是，亚当·斯密没有运用效用计算，而是通过道德论证来捍卫这些制度的有益性。拥有一支训练有素的军队的好处体现在以下道德基准上：

相反，如果君主觉得自己不但有本国的天赋贵族支持，而且有一支纪律严明的常备军支持，那么，再粗鲁、再没有根据、再放肆的进谏也几乎不会导致骚乱。君主可以放心地原谅或忽略这样的进谏，而他的优越感自然会促使他这么做。这种接近放肆的自由，只有在君主有一支纪律严明的常备军作为安全保障的国家里才会得到容忍。只有在这样的国家里，即使要抑制近似放肆的自由导致的无礼放纵，公共安全也不需要依靠拥有任何自由裁量权的君主(668)。

关于迫使民众服兵役的做法，斯密写道：

虽然民众的尚武精神对保护社会毫无用处，但是，政府应该对于防止那些由于胆怯而必然会导致的精神残缺、残疾和不幸在广大民众中间蔓延开来予以高度重视(739)。

在接下来的一个段落里，斯密就教育问题做了以下陈述：

对于这种在文明社会里似乎经常使一切地位低下的人的理解力变得麻木迟钝的彻头彻尾的愚昧无知，也可以用同样的话来形容。一个无法正确利用自己智力的人，甚至有可能比懦夫还要可悲，而且似乎欠缺人性中更加基本的东西。虽然国家不应该从下层民众接受的教育中牟取任何利益，但国家仍应该注意，不能让他们完全不受教育(739—740)。

在这个段落的剩余部分，这种假设的有益论明确不同于效用论——一种公共品论，斯密写道："不论怎样，下层民众接受教育能使国家获得并非微不足道的好处"(740)。

在第三系列的论述中,亚当·斯密讨论了为社会机构融资的问题。对于某些社会机构,我们发现他建议用户付费。这项建议与当前有关公共品的经济学思考完全一致。但是,我们很难看到如何以这样一种方式为供应有益品筹措资金的内容。事实上,亚当·斯密提出了一种不同的融资方式。他这样写道:

> 维护社会秩序和行政长官尊严的支出,都是为了全社会的普遍利益而花费的,因此应该用全社会的一般收入来支付,社会不同基层的成员都应该尽可能地根据各自的能力做出贡献(767)。

斯密建议采用同样的方法为司法行政、道路和通信设备养护以及教育提供资金(767—768)。如果要求民众按照自己的支付能力承担公共机构服务的费用,那么就切断了使用公共服务的付费与预期效用之间的联系,从而也放弃了理想的公共品融资方式所涉及的效用计算。①

本文作者认为,以上引文表明,亚当·斯密和理查德·马斯格雷夫一样,对两种政府活动进行了区分。马斯格雷夫分别把这两种活动称为社会品(其他作者称之为公共品)和有益品。亚当·斯密没有用有益品这个名称,也没有给公共品这个严格的专业概念取名。马斯格雷夫主要是根据政府的意图明确区分了公共品和有益品的概念。本文作者对亚当·斯密著述的分析表明,亚当·斯密务实地从它们的正当性证明和融资方法的角度对在当代理论所说的"公共品"和"有益品"进行了区分。亚当·斯密通过效用计算证明了现在所说的"公共品"的正当性,并又通过道德论证来证明"有益品"的正当性。他建议,尽可能根据效用计算的结果,为这种"公共品"筹集资金。

四、亚当·斯密与马斯格雷夫

与亚当·斯密相比,马斯格雷夫是在一个更具思想性的时代著书立说,因

---

① 反对本文作者论证的论点是:根据支付能力征税是一种受务实理由启发的征税方法。政府需要钱,只需要对有支付能力的人或在能找到资源的地方征税。不过,这并不是亚当·斯密的推理思路。斯密认为,有些服务有可识别的用户。对于这些服务,他提倡用户付费。也有些东西对社会有益,或者它们本身就是有益的东西(维护法官的尊严,让社会下层阶级的成员接受教育)。亚当·斯密认为,这些东西需要用一般收入来支付。亚当·斯密在这里支持的税收原则似乎是"同苦"原则,也就是财产多就多缴税。显然,这并不是理想的公共品筹资方式的可行原则。

此要面对给私人品、公共品和有益品等概念下定义的困难①；而亚当·斯密的著述则更具描述性，因此是帮助我们发现应该进行哪些区分才能理解整个经济现实的有用指南。马斯格雷夫所做的概念区分，使我能够看到亚当·斯密具体进行了哪些区分，而对亚当·斯密的解读，则使我能够拓宽马斯格雷夫所提"有益品"概念的可能用途。马斯格雷夫提出有益品概念，是为了给一些既不能归入私人品也不能归入公共品的经济活动取一个概念名。对马斯格雷夫来说，这个新概念最初是用来给其余经济活动归类的。虽然他在修订版的《公共财政理论》②(1959b：89)中提出了一个从概念上拓宽有益品范畴的计划，但他又忙着补充说："有有益需要的情况并不像有时假设的那样常见"(ibid.)。同样，马斯格雷夫在他发表在《帕尔格雷夫经济学词典》(*New Palgrave Dictionary of Economics*)上的评论文章的最后一句话中，对有益品概念做了极其简单的解释。③ 最后，他在自己的自传体文章《超越传统》(Crossing Tradi-

---

① 亚当·斯密是一位哲学家，也是苏格兰启蒙运动的发起者。当然，他通过系统运用原理来解释经济现象，对经济学说的反思做出了贡献。但是，他经常运用理论模型来进行描述，而不是进行概念化或演绎。对亚当·斯密关于"某些公共工程和公共机构"的描述性观察(Adam Smith,1937：651)和约翰·海德对公共品理论的现代论述(Head,1974：68—92)进行比较，就能发现海德的文章更加概念化和抽象。此外，与海德在他自己论文24页篇幅所涵盖的内容相比，亚当·斯密在本文作者引用的段落相同篇幅涵盖的内容要丰富许多。布坎南也提出了类似的观点(1976：271—272)。

② 修订版通过扉页中提到的事实显示，马斯格雷夫当时在哈佛大学任职，而之前是在密歇根大学工作。

③ 马斯格雷夫先是提出了有益品概念，为穷人免费住院治病或低成本住房公共补贴等经济活动构建了一个概念家园(1956：341)；后来又增加了免费教育(1957：111)、政府提供学校午餐(1959a：13)等例子。他尝试性地对自己所举的全部例子进行了概念化，他写道："而且，这种干预通常会产生再分配的影响"(ibid.)。他还提出一类不同的经济活动，并把它们作为有害品的例子："奢侈品税就是公共政策旨在干预个人偏好的例子"(ibid.)。他用两个向量为所有的经济活动创建了一种双向量分类法，并且对一个无穷级数进行了概念化。第一个向量表示外部性程度或社会效益百分比，而第二个向量则表示消费者主权的适用程度。消费者主权只要受到哪怕是最低限度的干预，我们就说存在有益品(1959b：89)。马斯格雷夫没有试图在他那部原著中列出一份必须归入有益品的产品和服务的清单。在他后来发表的著述中，马斯格雷夫继续努力甄别全部可被称为有益品的产品和服务。他写道："社会价值观因此被用来区分有益品和有害品"(1987：452)。他在后来发表的著述中继续用这两个简短的概念来思考问题(1993：76—77；1996：187)。本文作者认为，这个结论还需要从两方面展开论述。首先，我们应该广泛阐明在哪些领域必须执行社会标准(再分配、环境保护、银行业监管、产权界定等) (Ver Eecke,1998)，在哪些领域可以容忍社会执行的标准并应该通过权衡利弊来做出决定(政府资助的社会保障)，以及在哪些领域不能容忍社会执行的标准(信仰自由)。其次，我们不应该自然而然地认为，社会标准和个人偏好之间的实际冲突就是规范性冲突。有些冲突可能是不可接受的冲突，如在决定消灭或奴役部分人口的情况下发生的冲突；而有些冲突只有在有正确论点支撑的情况下才可能是规范性冲突。根据亨利·西蒙斯(Henry Simons,1948：57—62,81—83)和沃尔特·欧根(Walter Eucken,1982：118—121)关于效率和公平的论点对垄断者实施的反垄断立法。

第十七章 有益品思想的知识体系论证

tions)中写道：

> 无可否认，共同的关切很难确定，关注它们也很危险，但从柏拉图开始一直是故事的组成部分，而我本人提出有益品的概念（同样适用于私人品和社会品）就是要为它们能在故事中扮演角色提供有限的机会(76—77)。

亚当·斯密采取了与马斯格雷夫截然不同的做法，他把现代学者对公共品和有益品两个概念进行的概念化区分应用于内容广泛的政府活动，如国防、司法、教育和银行监管。因此，亚当·斯密的著作促使本文作者认为有益品概念的适用范畴要大于马斯格雷夫本人认为的适用范畴。斯密的著作也表明，麦克罗认为马斯格雷夫是在他的公共财政论著中提出了有益品概念，从而赋予这个概念本不该有的正当性(McLure,1968,483)是有问题的。① 事实上，马斯格雷夫所做的这种概念化区分，在亚当·斯密的著述中作为一种未概念化的区分早已存在了很久。因此，我们可以宣称，马斯格雷夫所做的就是对一种早已存在的区分进行了概念化。②

根据马斯格雷夫所做的概念化区别来解读亚当·斯密，也允许本文作者更好地理解经济学概念的作用。如果认为私人品、公共品和有益品三个概念就如同死亡、活着、是否是处女那样，是指三种相互排斥的事件，那么就是对这三个概念的误解。在这种情况下，我们在经济生活中遇到的事件不是私人品（面包）或者公共品（桥梁），就是有益品（义务教育）。亚当·斯密告诉我们，君主提供的大多数产品同时是公共品和有益品。因此，他认为，司法、道路和通信设备维护以及教育都有益于全社会，并且可以按照有违公共品原则的支付能力法来筹集资金(767—768)。因此，他把它们看作有益品。在这两页中，他

---

① 这也是海德反对麦克罗立场的论点(Head,196,261)。
② 在他职业生涯后期撰写的综述文章中，马斯格雷夫本人提请注意，在哲学史(Musgrave,1993：76—77,quoted on this page)和德国财政学理论传统中都存在他提出的"有益品"思想。关于德国的财政学理论传统，他写道："共同需要和义务显然无法在用经济学家像公共品这样的工具修正后就可以用于分析。然而，这并不意味着财政学理论(Finanzwissenschaft)提出共同关切并超越自利动机的问题是错误的。认为自利行为就是一切的财政观未免太过狭隘。虽然国家或社会"本身"并不能成为需要的主体，但我们不能轻易否定个人的私人与共同关切之间的区别也无法在功利主义框架内，通过考虑人际效用相互依赖的关系来解决共同关切的作用问题。我们仍有一种缺少些什么的不安感觉。有益需要……和类别公平……的概念可以用来填补这个缺口，但是，想要以一种令人满意的方式来解决社会需要的问题，仍有很多工作要做"(Musgrave,1996:187)。

还写道，可以适当地要求那些直接得益于这些机构和服务的人支付使用费。由此，他又把它们视为公共品。其结果是，对亚当·斯密的解读使我们通过延伸论证，可以看到大多数经济活动同时包含私人品、公共品和有益品的不同方面。① 因此，面包在美国不只是私人品，因为它要接受政府的监管。我们不能使用锯屑来增加面包的纤维含量（有益品），并且要醒目地标明面包的定价和成分含量，以便消费者在知情的情况下做出选择（有益品）。最后，通过解读亚当·斯密的著作，我们可以看到私人品、公共品和有益品这三个概念可以在具体的经济活动中或多或少地有所体现。② 它们就是萨缪尔森所说的"端点概

---

① 马斯格雷夫得出了同样的结论，他写道："看似是有益需要的需要可能包含社会需要（公共品）的实质性元素"（1959a:13）；或者，"案例2的混合情况用同时产生社会和私人效益的公共教育来说明。我们可以承认，案例1和案例3描述的是两种极端情况，而现实则介于两者之间；但这并不能否定我们的方法的有效性。我们基于社会需要（公共品）理论的一般论证也适用于案例2，从而把论点从完全补贴（完全税收财政）转变为部分补贴（部分税收财政）"（1959b:89）；或者，"决不能把这个概念[有益品]与社会品[公共品]相混淆，因为有益品可以是私人品，也可以是社会品[公共品]"（1971:313）；或者，"正如我们以前强调的那样，有益品的特征与对社会品[公共品]和私人品的区分无关"（Musgrave and Musgrave,1973:612）；或者，"消费者主权适用于社会品和私人品两种情况。有益（或有害）品的概念对这个前提进行了质疑，因此影响到了对私人品和公共品的传统区分"（1987:452）。综上所述，对于马斯格雷夫来说，有益品要么是私人品，要么是公共品。此外，正如萨缪尔森也不得不承认的，大多数经济品必须作为兼有私人品和公共品维度的物品来对待。因此，他写道："那么，我们还剩下哪些东西呢？两个端点（公共品和私人品这两个理想概念）和介于两者之间的连续统？不是，我们还剩下私人品这个薄似刀刃的一隅，以及包括一些'消费外部性'的公共品域的'世界其他地方'"（Samuelson,1969:108）。

② 亚当·斯密并没有以绝对和离散"存在"或"不存在"的方式使用被现代经济学家称为有益品并向斯密提供实用建议的特性。更确切地说，我们必须假设亚当·斯密当时已经意识到我们现在所说的有益品这类经济品可能在一定程度上是存在的。因此，任何特定的经济活动都或多或少具有一些"有益品"的维度，而且或多或少有一些"私人品"和"公共品"的维度。因此，他在总结自己提出的旨在维护社会秩序和法官尊严、实施司法行政、维护道路和通信设备以及支持教育和宗教信仰的经济方法时，强调这些活动都有益于全社会。因此，他辩称："它们应该用全社会的一般收入来承担费用，而全社会的不同成员则根据他们各自的能力尽可能地多做贡献"（Smith,1937:767）。根据本文前面的分析，这就意味着亚当·斯密采用了适合现在所谓的"有益品"的建议来处理这些经济活动。但是，他为不同事件中现在所说的有益品限定了财政安排的适当性，因此意味着每个事件中都有不同权重的有益品维度。因此，亚当·斯密认为，对于前两种经济活动（维护社会秩序和支持法官尊严），使用"全社会一般收入是合理的"（ibid.）。对于第三种经济活动（司法行政），亚当·斯密表示"使用全社会的一般收入并没有任何不妥"（ibid.）。对于第四种经济活动（道路和通信设备维修），他写道，可以使用"全社会的一般收入"来筹集资金，并"没有任何不公正"（ibid.）。关于最后一种经济活动（教育和宗教信仰），他写道，这些活动由"全社会的一般收入"提供资金，"并没有什么不公正"（id.,768）。"是合理的""没有任何不妥""没有任何不公正"和"没有什么不公正"表明一种对有益品权重递减的论证。因此，在亚当·斯密看来，与有益品概念相对应的区别，有一定程度的存在可能性。本文作者所要做的，即明确情况就是如此。

念"(polar concepts)(Samuelson,1955:350;1969:108—109)。亚当·斯密这样写道,"虽然国家不应该从下层民众接受教育中牟取任何利益,但国家仍然应该注意不能让他们完全不接受教育。不论怎样,下层民众接受教育,能使国家谋得并非微不足道的利益"(740)。因此,亚当·斯密以教育为例,明确提出了教育既是有益品也是公共品的论点。亚当·斯密也不同于安德尔,他确实反对把有益品和公共品融合在一起,让它变成半不可区分的概念的观点。亚当·斯密的做法也不同于普尔斯菲(Pulsipher,1971/72:284),他没有让有益品概念成为包含公共品(或外部性)思想的概念,而是赞同具体的经济活动可以具有反映公共品和有益品两个概念的特征。

结 论

像亚当·斯密这样一个注重描述的经济学家能够告诉我们,想要理解一个经济体的各个方面,应该牢记如何区分经济品的概念。本文作者认为自己已经证明,对亚当·斯密著作的仔细解读能促使我们赞同,必须通过区分当今经济学理论中公共品和有益品这两个概念的方式来分析政府的活动。[①] 试图把有益品归入公共品的尝试,只会使经济学职业失去一种亚当·斯密在很多经济学分析中进行有效区分的概念工具。与其降低公共利益概念的适用性,

---

[①] 重要的是,应该强调,亚当·斯密对两者的区分只停留在操作层面的理解,而没有达到概念层面的理解。但不管怎样,他还是采用这种区分法来提出政策建议(1937:767—768)。

有益品文选

可能还不如努力了解它的全部潜在适用性。① 对亚当·斯密的解读,使我们把强加给自由市场的制度安排——财产保护、银行业监管和义务教育——都看作有益品,因为它们至少旨在干预部分消费者的意愿。② 显然,对亚当·斯密的解读使我们能够赋予有益品概念多于马斯格雷夫赋予它的意义。③ 但是,本文作者是在阅读了亚当·斯密的著作以后,在亚当·斯密这个值得尊敬

---

① 通过理解这个概念的全部潜在适用性,本文作者有意把这个概念的定义应用到被这个概念的定义证明合理的尽可能多的情况中,或者发现这个概念适用的整个定义域。其他扩展有益品概念适用性的作者有麦克沙伊特(1981:264)和布鲁诺·莫利托(Bruno Molitor)。莫利托利用德语的一个特点系统扩大了有益品这个概念的适用范围。德语允许用"meritorious"造动词"meritorisieren"(有益化),并用这个动词再造它的动名词"Meritorisierung"(宣布某事或某物有益)。事实上,莫利托认为,政府应该把整个社会保障领域作为有益品来考虑(1988)。通过莫利托的方法,可以考虑在两个方面实施马斯格雷夫在他的原著中没有实施的一般化。莫利托可以思考以下问题:提供有益品类的"社会保障"可考虑哪些子领域? 他还可以思考这样一个问题:政府能使用哪些可想到的技术来促进全部有益品类产品的供应? 这个问题较之于如何为供应学校免费午餐、住房补贴、医疗服务补贴等单种有益品辩护这个问题,涉及面要大得多。麦克沙伊特建议,用有益品概念来处理具有公共品维度但由于"搭便车"问题而政府难以供应的私人品。麦克沙伊特举了接种疫苗的例子。预防某种疾病的疫苗是一种私人品,人群中可能有35%的人会自己掏钱接种疫苗,但需要有50%的人接种才能达到防止疾病流行的效果。人群中有65%的人不希望患病,但没有接种疫苗,而又希望有足够多的人接种疫苗,从而避免疾病流行。因此,他们都是想"搭便车"的"乘客"。通过接种疫苗——但不是自己接种——来避免疾病流行就成了一种有益品,国家不必为免费提供疫苗接种买单,而只需要对疫苗接种给予足够的补贴,使另外超过15%的人口自愿掏钱接种疫苗。由于这项干预决策属于有益品类决策,而不是公共品类决策,因此补贴经费可从一般收入中拨支,并且不必与不同消费者对避免疫情蔓延的预期效用挂钩(Mackscheidt,1997;Appendix 2,7—10)。因此,本文作者觉得,麦克沙伊特和莫利托的著述都证明了本文作者根据有益品概念固有的哲学维度来扩展这个概念用途的做法是正确的。有一位非经济学家在没有引用麦克沙伊特和莫利托著述的情况下,把类似的论证应用到为计划生育提供资金的问题上(Godwin,1991)。

② 把有益品概念扩展应用到制度安排的做法,能使经济学理论对现在经常假设的东西进行内在化。世界银行专业性很强的《1997年世界发展报告》(World Development Report,1997)、欧洲法治化民主委员会(European Commission for Democracy through Law)1994年的报告(European 1994)以及约翰·保罗二世对不同经济体制进行的道德分析(John Paul II,1991;24,29,34,35,36,40,42,48)都已经强调了制度安排的重要性。

③ 在之前的一篇文章(1998)里,本文作者曾建议把产权、反垄断立法和银行业监管以及义务教育视为三种有益品。本文作者通过援引和分析亚当·斯密的原著证明了所有权是一种有益品,通过援引和分析亨利·西蒙斯和沃尔特·欧根的著述证明了反垄断立法和银行业监管是有益品,并且还通过援引和分析克里斯蒂安·舍尔发表的一篇文章证明了义务教育是一种有益品。

第十七章 有益品思想的知识体系论证

的权威的启发下,才对有益品概念进行这样的扩展。①

参考资料

Andel, N. (1968/69, March). Zur Diskussion über Musgraves Begriff der "merit wants." *Finanzarchiv*, pp. 209—213.

Andel, N. (1984). Zum Konzept der meritorischen Güter. *Finanzarchiv*, 42, 630—648.

Besley, T. (/). (1988). A Simple Model for Merit Good Arguments. *Journal of Public economics*, 35, 371—383.

Brennan, G. (1990). Irrational Action, Individual Sovereignty and Political Process: Why There is a Coherent "Merit Goods" Argument. In G. Brennan & C. Walsh(Eds.), *Rationality, Individualism and Public Policy* (pp. 97—118). Canberra: The Australian National University.

Brennan, G., & Lomasky, L. (1983). Institutional Aspects of "Merit

---

① 许多经济学家对用途有限的有益品概念感到不安(McLure, 1968; Malkin & Wildavsky, 1991)。海德指出了令许多经济学家感到不安的原因,他写道:"不管怎样,与社会需要[公共品]相比,有益品概念提出了从方法论的角度看更难解决和更有争议的问题。实际上,对于财政学文献,这些问题象征着几代不同政治倾向的经济学家对于消费者主权原则终极规范权威所表达的许多疑惑和保留意见。关于这些问题,传统上,经济学家的观点似乎截然不同,像布坎南这样具有广泛自由主义倾向的经济学家,坚决反对把个人明显偏好外的东西作为规范评价的基础,而其他一些以西托夫斯基(Scitovsky)和加尔布雷思为榜样的经济学家则直接针对既有需要观基础进行了严重质疑"(1990, 211—212)。我想,如果我要扩展有益品概念的用途,就有可能会使某些人更加感到不安。但是,我所做的一切,只是让大家注意到这样一个事实:如果有人想要像亚当·斯密那样描述很多经济活动,就必须以马斯格雷夫没有采用的方式对公共品和有益品的概念进行概念化区分。我认为,把有违帕累托最优的经济活动说成是国家对公共品干预的做法,容易受到自由主义反对意见的攻击,因为这种反对意见认为,违反帕累托最优标准并不能用公共品概念来证明它的正当性。我们来看看以下这种说法:"不管怎样,本章所部署的道德框架也揭示了公共品论证用途的总范围。对财产权固有的强制力进行限制的依据就在于,它促进合作型社会——在这种社会中,社会成员可以在和平的环境中发展和追求自己的计划——建设的作用。如果强制性生产为这种社会的存续所必需,那么在这种情况下就不存在限制强制力的理由;而如果公共品的强制生产并非为这种社会的存续所必需,即如果大家能够在没有强制力的情况下和平地发展和追求自己的计划,那么这种对强制力的限制仍将继续有效"(Schmidtz, 1991:159)。因此,按照施米德茨(Schmidtz)的说法,凡是遇到为了供应公共品而要侵犯消费者主权的情况,都必须进行明确的价值判断,如拟供应的公共品对于社会的存续是否必要。明确运用价值判断来证明限制消费者主权的正当性,按照有益品的定义,就是求助于有益品概念。

475

Goods" Analysis. *Finanzarchiv*, 41, 183—206.

Brennan, G., & Walsh, C. (Editors) (1990). *Rationality, Individualism and Public Policy* (p. XII+256). Canberra: The Australian National University.

Buchanan, J. M. (1976). Public Goods and Natural Liberty. In T. Wolson & A. S. Skinner (Eds.), *The Market and the State* (pp. 271—286). Oxford: Clarendon Press.

Buchanan, J. M. (1983). Fairness, Hope and Justice. In R. Skurski (Ed.), *New Directions in Economic Justice* (pp. 53—89). Notre Dame: University of Notre Dame Press.

Eucken, W. (/). (1982). A Policy for Establishing a System of Free Enterprise (Derek Rutter, Trans.). In e. a. Stützel (Ed.), *Standard Texts on the Social Market Economy* (pp. 115—131). Stuggart, New York: Gustav Fischer Verlag.

European Commission for Democracy through Law. (1994). *Constitutional Aspects of the Transition to a Market Economy*. Strasbourg: Council of Europe.

Feehan, J. P. (1990). A Simple Model for Merit Good Arguments. *Journal of Public Economics*, 43, 127—129.

Folkers, C. (1974). Meritorische Güter als Problem der normativen Theorie Öffentliche Ausgaben. *Jahrbuch für Sozialwissenschaft*, 25, 1—29.

Godwin, K. R. (1991). Charges for Merit Goods: Third World Family Planning. *Journal of Public Policy*, 11(4), 415—429.

Head, J. G. (1966, March). On Merit Goods. *Finanzarchiv*, pp. 1—29 (Also published in Head, John. *Public Goods and Public Welfare*. 1974, 214—247).

Head, J. G. (1969, March). Merit Goods Revisited. *Finanzarchiv*, pp. 214—225 (Also published in Head, John. *Public Goods and Public Welfare*. 1974, 248—261).

Head, J. G. (1969, March). Merit Goods Revisited. *Finanzarchiv*, pp.

214—225 (Also published in Head, John. *Public Goods and Public Welfare*. 1974, 248—261).

Head, J. G. (1974). *Public Goods and Public Welfare*. Durham: Duke University Press.

Head, J. G. (1990). On Merit Wants. Reflections on the Evolution, Normative Status and Policy Relevance of a Controversial Public Finance Concept. In G. Brennan & C. Walsh (Eds.), *Rationality, Individualism and Public Policy*(pp. 211—244). Canberra: The Australian National University.

John Paul II. (1991). *Centesimus Annus*. Washington, D. C. : U. S. Catholic Conference.

Mackscheidt, K. (1974). Meritorische Güter: Musgraves Idee und deren Konsequenzen. *WISU-Das Wirtschaftsstudium*, 3, 237—241.

Mackscheidt, K. (1981). Die Entfaltung von privater und kollektiver Initiative durch meritorische Güter. Meritorische Güter zwishen Marktwirtschaft und Staatswirtschaft. *Arthiv für öffentliche und freigemeinnützige Unternehmen*, 13, 257—267.

Mackscheidt, K. (1997). Letter with course notes. Kóln.

Malkin, J. , & Wildavsky, A. (1991). Why the Traditional Distinction between Public and Private Goods Should be Abandoned. *Journal of Theoretical Politics*, 3(4), 355—378.

McLure; C. E. (1968, June). Merit Wants: A Normative Empty Box. *Finanzarchiv*, pp. 474—483.

Molitor, B. (1988). Meritorisierung des Gutes "Sicherheit?". In K. Hohman, D. Schönwitz, H. Weber & H. F. Wönsche (Eds.), *Grundtexte zur Sozialen Marktwirtschaft*. Vol. II. (Vol. 2, p. X+608). Stuttgait, New York: Gustav Fischer Verlag.

Musgrave, R. A. (1956, September). A Multiple Theory of Budget Determination. *Finanzarchiv*, pp. 333—343.

Musgrave, R. A. (1959a). *The Theory of Public Finance*. New York: McGraw-Hill Book Company (Musgrave at Michigan).

Musgrave, R. A. (1959b). *The Theory of Public Finance*. New York: McGraw-Hill Book Company (Musgrave at Harvard).

Musgrave, R. A. (1969a). *Fiscal Systems*. New Haven: Yale University Press.

Musgrave, R. A. (1969b). Provision for Social Goods. In J. Margolis & H. Guitton(Eds.), *Public Economics* (pp. 124−144). London: Macmillan Press Ltd.

Musgrave, R. A (1971). Provision for Social Goods in the Market System. *Public Finance*, 26, 304−320.

Musgrave, R. A. (1987). Merit Goods(dictionary entry). In J. Eatwell, M. Milgate & P. Newman (Eds.), *The New Palgrave: A Dictionary of Economics* (Vol. 3, pp. 452−453). London: Macmillan.

Musgrave, R. A. (1993). Crossing Traditions. In H. Hagemann (Ed.), *Zur deutschsprachigen wirtschafttlichen Emigration nach 1933* (pp. 63−79). Marburg: Metropolis.

Musgrave, R. A. (1996). Public Finance and Finanzwissenschaft Traditons Compared. *Finanzarchiv N. F.*, 53(2), 145−193.

Musgrave, R. A., & Musgrave, P. (1973). *Public Finance in Theory and Practice*. New York: McGraw-Hilll Book Company.

Pazner, E. A. (1972). Merit Wants and the Theory of Taxation. *Public Finance*, 27, 460−472.

Posey, D. A., & Dutfield, G. (1996). *Beyond Intellectual Property*. Ottawa: International Development Centre.

Pulsipher, A. G. (1971/72). The Properties and Relevancy of Merit Goods. *Finanzarchiv*, 30, 266−286.

Roskamp, K. W. (1975). Public Goods, Merit Goods, Private Goods, Pareto Optimum, and Social Optimum. *Public Finance*, XXX(I), 61−69.

Samuelson, P. A. (1954, Nov.). The Pure Theory of Public Expenditure. *Review of Economics and Statistics*, pp. 387—389.

Samuelson, P. A. (1955, Nov.). Diagrammatic Exposition of a Theory of Public Expenditure. *Review of Economics and Statistics*, pp. 350—356.

Samuelson, P. A. (1969). Pure Theory of Public Expenditure and Taxation. In J. Margolis & H. Guitton (Eds.), *Public Economics* (pp. 98—123). London: Macmillan Press Ltd.

Sandmo, A. (1983). Ex Post Welfare Economics and the Theory of Merit Goods. *Economica*, 50, 19—33.

Scheer, C. (1975). Sozialstaat und öffentliche Finanzen. Köln: Peter Hanstein Verlag GmbH.

Schmidtz, D. (1991). *The Limits of Government: An Essay on the Public Goods Argument*. Boulder: Westview Press.

Simons, H. C. (1948). *Economic Policy for a Free Society*. Chicago: University of Chicago Press.

Smith, A. (1937). *The Wealth of Nations*. New York: The Modern Library.

Ver Eecke, W. (1998). The Concept of a "Merit Good". The Ethical Dimension in Economic Theory and the History of Economic Thought or the Transformation of Economics into Socioeconomics. *Journal of Socio-Economics*, 27(1), 133—153.

Wenzel, D. H., & Wiegard, W. (1981). Merit Goods and Second-best Taxation. *Public Finance*, 36, 125—139.

The World Bank. (1997). *World Development Report 1997. The State in a Changing World* (p. VIII+265). New York: Oxford University Press.

第四节 家长式管理、家长式自我管理与国家[①]

杰弗里·布伦南 洛雷尔·洛马斯基

杰弗里·布伦南和洛伦·洛马斯基在他们的"家长式管理、家长式自我管理与国家"(Paternalism, Self-paternalism, and the State)一章里,就有益品的概念提出了三种值得关注的洞见。首先,他们证明了通过政治过程可以进行多种不同的有益品决策,因为个人至少有三种偏好,而不是只有一种偏好。经济学家最熟悉的偏好结构是个人在市场上表达的偏好(m型偏好),有些人的m型偏好包括酒后驾车。每个人都有机会反思自己的行为,譬如说,在酒后驾车后觉得自己不应该这么做。这样的反思会产生反思性偏好(r型偏好)。反思性偏好是在不需要决策的情况下的愿望表达,因此与实现愿望的成本没有关系。但是,m型偏好依附于它的成本,因为m型偏好与做选择有关。然后,这两位作者指出,每个人还有机会以一种不同的方式表达自己的偏好,即在投票过程中表达自己的偏好。在投票过程中表达偏好,影响也小于在市场上表达的偏好。因此,个人投票赞成对酒后驾驶进行处罚,并不需要承担任何后果,除非不计本人这一票,投票结果是平局。因此,投票表达的偏好(p型偏好),与r型偏好一样,成本小于m型偏好。因此,有一个正当性得到证明的假设p型偏好与r型偏好有相似的地方,理性地看,比m型偏好可取。这有可能是一种证明有益品正当性的一般方法;也就是说,p型偏好能否定m型偏好,而且有它的正当性,因为p型偏好更加接近r型偏好。这两位作者用家长式管理的概念来表示国家采用这种方式强制供应有益品。但是,由于有益品的强制性供应可用与r型偏好表达有关的p型偏好来证明它的正当性,在我们的这两位作者看来,我们在这里最好把这种家长式管理称为家长式自我

[①] 本文在征得作者和剑桥大学出版社允许后转引自:Geoffrey Brennan and Loren Lomasky, "Paternalism, Self-paternalism, and the State," in *Democracy and Decision: The Pure Theory of Electoral Preference*, 143—166 (Cambridge: Cambridge University Press, 1993)。1993年的版权归剑桥大学出版社所有。

管理。

其次,布伦南和洛马斯基警告称,不要过分青睐这样理解的有益品。他们指出,与在决定胜负投票时采取糟糕的冲动行为相比,在市场上采取糟糕的冲动行为会给当事人造成较大的成本。因此,p型偏好有可能导致有害品的产生。然后,这两位作者建议,我们在制定公共政策时,应该考虑哪些问题有可能产生有益的p型偏好、哪些问题则可能产生有害的p型偏好(种族问题会被作为这种问题提出)。接着,我们的这两位作者又建议用不同的方法来解决这两种不同的问题。布伦南和洛马斯基还指出,表达m型偏好是有成本的,因此,个人有可能需要学习。由于表达p型偏好对个人来说成本要低得多,因此,个人学习表达p型偏好的动机就会减弱。由于上述两个原因,我们的这两位作者警告我们不要过分盲目相信决定有益品供应的政治过程。

最后,布伦南和洛马斯基研究了环境保护和科研补贴这两项公共政策。他们指出,用公共品这个传统的经济学概念来分析这些政策结果并不令人满意,因为这些政策没有充分考虑"搭便车"的可能性。因此,这两位作者认为,运用有益品概念,可以更好地把这些政策解释为允许公民在完全不考虑成本的情况下表达自己认为有益的东西的政治投票结果。

※ ※ ※

> 我们不能接受把满足欲望作为最终的价值评判标准,因为我们自己其实并不认为我们的欲望是终极的东西。与其停留在认为品味问题没有任何争议的观点上,还不如就品味问题进行比任何其他问题都多的争论。我们遇到的最棘手评价问题,就是对我们自身欲望的评价,而我们最难满足的欲望是对"正确的"欲望的渴望。
>
> ——弗兰克·奈特(Frank Knight)《竞争伦理学》
> (*The Ethics of Competition*)

有益品

有些产品不但生产不足,而且消费也不足。这类产品都含有不同纯度的

有益品文选

萨缪尔森式公共品(即表现出显著的非专属性和/或共同消费特征的产品),是最无争议的问题。除非这类产品的市场供应得到某种适当类型的非市场化供应的补充,否则供给量就会低于帕累托最优,而是否存在有益品[①]——即使在理想市场上消费也不足的产品——则是一个较有争议的问题。艺术品、参加经济学讲座的机会和有营养的无胆固醇饮食,都被认为是具有这种性质的产品;同样,也有可能存在有害品——那些在市场价格下过度消费的产品。这种性质的产品有海洛因、香烟、赌博、威士忌,也许还有摇滚音乐。虽然公共品的概念可以看似无价值评判的方式提出[②],但是,有益品显然根本且必然就是一个规范性概念,更确切地说,有益品的概念似乎需要一个相当有力的规范机制来支撑。因此,如果说有益品应在政府行为的经济学理论中占据任何位置的话,那么考虑有益品在政府行为经济学理论中的适当位置,可以说已经引发了一场激烈的争论。这场争论涉及两个方面。第一,如果存在有益品,那么它们的消费不足就不能必然或主要归因于市场本身的缺陷,而有益品的主要特征似乎就是非理性的个人偏好,否则就是被误解的个人偏好。于是,自然就产生了以下问题:把个人偏好说成有缺陷是否有意义;如果有意义的话,应该按照怎样的认识依据来评判个体对自己应该表达偏好的东西没有表达或者没有充分表达自己的偏好。第二,如果我们能够以某种方式解决有关有益品概念的问题,那么,是否能够证明通过政治过程来供应有益品的正当性?第二个问题关系重大,因为,说个人并不是自身利益的完美评判者,甚或还不是自身利益的最佳评判者,是一回事;而说通过政治过程才可能做出更优的选择,则完全是另一回事。如果没有这个追加步骤,无论有益品的概念和认知状态如何,它仍然是一只制度空匣子,而且基于有益品概念证明政府干预正当性的整个事业完全会以失败告终。如果个人是在自行其是地满足错误或者不然有缺陷的偏好,那么国家就有机会尝试家长式干预来引入"较优"的偏好。而我们是否

[①] 马斯格雷夫(1959, pp. 13—14)率先提出了"有益品"这个术语。
[②] 我们在这里故意用"看似"。关于市场上公共品生产不足的说法难以理解,除非有以下基本规范性预设:在存在外部性以及所有的相关外部性被内化的情况下显示出来的偏好具有相对权威性。是否

第十七章 有益品思想的知识体系论证

有理由相信我们能取得这项事业的成功,则是一个独立的问题。[①]

令人奇怪的是,经济学文献[②]中关于有益品的许多讨论,一直局限于纯概念层面的论述。马斯格雷夫最初的论述,就像他对"社会需要"(公共品)的讨论那样,本质上是一种为他自己的理论奠定规范基础的尝试,完全没有制度的内容。本书作者无意在这里批评马斯格雷夫,我们认为,重要的是,经济学家为了自己也应该关注有关个人所表达偏好的规范性权威的问题。行为主义取向显著的现代福利经济学更倾向于对这些问题一扫而过:除了观察个人的选择以外,认为个人的"利益"没有任何意义。因此,认为即使对在纯私人品市场上做出的选择和表达的偏好之间(或者采用不同的说法,在效用与真正的福利之间,或在品味、偏好与价值观之间)也可以进行有意义且有用的区分的主张,可能会使现代福利经济学家感到奇怪甚至反感,就像麦克罗(1968)的表现那样。然而,这种行为主义倾向并没能构建牢固的方法论堡垒,从而轻而易举地击退不受欢迎的规范性入侵。[③]

但至少同样重要的是,应该全面展开讨论这些主张对选择分散化(市场)还是集中化(政治)过程的意义,因为集中化过程对于实现政策目标至关重要。就像在公共品理论中那样,证明市场存在缺陷本身并不构成政府干预的理由:我们还需要证明,政治过程可被合理地预期能在市场上得到改善。任何此类论证都必然会涉及对两种不完善制度的比较以及对当前情况下每种制度的特殊优点和缺点的仔细权衡。

[①] 约翰·斯图亚特·穆勒(J. S. Mill)实际认识到了这些问题的独立性。他承认,在功利主义的框架中存在有益品,也就是"更大的快乐",并提出了把"有经验的人"的判断作为识别它们的认知论标准。但是,在《论自由》(On Liberty)中雄辩地为受到最低资格条件(主要是与儿童和不文明的人打交道)约束的非家长式管理进行辩解。杰特鲁德·希梅尔法布(Gertrude Himmelfarb,1974)等认为,写《论自由》时期的穆勒与写早期作品的穆勒相比经历了巨大的变故,并且已经摆脱了早期作品的影响。但是,腾(Ten,1981)对穆勒经历前后不一的巨大变化的看法提出了疑问。

[②] 请参阅海德(Haed,1966,1969)的讨论以及布伦南和沃尔什(Brennan and Walsh,1990)最近的评价。现在出现了一些更加侧重于方法论、论述理性(尤其是 Elster,1979,1983)、自我控制经济学分析和相关问题的研究文献。布伦南和沃尔什(1990)中丰富的参考书目标明了许多相关材料。

[③] 在前一章里,我们试图说明,新福利经济学的行为主义假设对于福利经济学完成它为自己设定的许多任务来说是不够的。如果福利经济学家把自己局限在(行为)显示性偏好的斯巴达式"饮食"中,那么就会死于认识论问题上的营养不良;市场失灵,哪怕是极端情况下的市场失灵,也必须被视为完全是一个形而上学思辨的问题。纯规范版的有益品讨论是对这种批评的补充:两者都涉及对行为主义还原论的否定。

483

在进行有益品研究的作者中,海德(1966,1969)是唯一在有益品分析中明确考虑制度维度的学者。从这个意义上说,海德早期的论文全面探讨了有益品概念的问题,而后来的许多文章就缺少这种全面性。海德在这方面得出的结论在以后的一段时间里仍有引用价值。他的基本主张是:

> 我们有充分的理由假设,有益品的不正当性和不确定性特征给政治机制带来的问题要比那些与纯粹的非专用性相关的问题棘手得多……由于受利他欲望的激励而期待出现一个集权政府来纠正非理性偏好的想法显然是天真的,又由于民主过程(就如唐斯设想的那种)显然无法履行这种职能,因此,从根本上讲,有益需要理论的这个方面完全没有这种可操作性[p.225]。

海德考虑过那种认为在政治和市场环境中表达的偏好可能在任何与有益品相关的方面存在系统差异的观点,但没有接受这种观点。他认为,只有患上"真正的精神分裂症",才会接受这种系统差异观——他认为,根据现代公共选择理论,这种制度分裂症难以置信。"即使政府专家或政党精英能够以某种方式确定个人的真实偏好,并把它们纳入有益品政策,也仍有可能会导致选举灾难"[p.224]。因此,结果是,"改善市场表现的政治问题在有益品的情况下可能比在纯公共品的情况下更难解决"。事实上,海德的论证逻辑是,几乎没有人会认为,或许除非走运,否则政治过程不可能改善市场在有益品供应方面的表现。从这个意义上说,有益品的情况与公共品的情况有很大的不同。任何基于有益品为政府寻找规范理由的可能性都是虚幻的。是政治过程的动态性,而不是对有益品概念的抱怨,或者对"消费者主权"权威无可争议的依赖,导致海德得出了这种强烈反家长式管理的结论。

海德在阐明自己的论点时,明确援引了一个唐(斯)氏理性自利投票行为模型。显然,一旦这个模型被本书开发的模型所取代,国家家长式管理取得成功的可能性就再次成为一个需要解决的问题。具体而言,如果操纵相对价格以增加有益品消费的国家并不是一种专制秩序,而是一种响应选民表达的偏好的秩序,那么我们就必须很认真地考虑,选民是否会利用国家的工具性来实施"家长式自我管理"?与有益品讨论有关的三方面影响不言自明,第一方面也是最明显的影响是,必须拒绝海德认为有益品供应必然会引发"选举灾难"

第十七章 有益品思想的知识体系论证

的观点。很明显,至少有些有益品会出现在政治平衡的情况下。但是,这个弱命题可以得到强化。我们的目的是要证明多数决政策鼓励采用政治方式来供应有益品;选民很可能投票赞成供应他们在类似市场环境下不会选择消费可比数量的有益品。更严重的是,他们有动机投票支持供应这些商品,仅仅是因为他们认为这些商品是有益品。

这个事实产生的第二方面影响是,由于政治和市场环境下表达的偏好不同,因此,如果不能事先决定是政治偏好还是市场偏好会起决定性作用,那么就不可能进行有效的机制比较。我们拒绝把真正的精神分裂症归咎于作为消费者和选民的个人(如果"真正"得到正确的解释,我们会坚决支持这种拒绝),这并不允许我们诉诸"个人主权",就好像这个概念已经得到了很好的定义那样。我们认为,"个人主权"可以指代通常在市场背景下理解的消费者主权;指代在选举中显示的选民主权;或者更具包容性地说,指代反思主权,涉及许多可能的备选偏好集合中的偏好(即个人自身的元偏好规范)。如果个人在这个意义上拥有反思主权,那么他们就必须被赋予根据那些预见会产生效果的偏好选择不同制度的能力。一旦我们认识到个人的主观决定本身就依赖于制度,那么,就像规范经济学颇有特点地所做的那样假设,凡是价值问题都可以主观决定就不再合乎逻辑。由于现在的问题变成了"交给什么样的主观决定来决定",于是,就需要那些试图设计和评价备选制度结构的人对哪些偏好更加可取进行论证。由于比较制度分析是我们关心的主要问题之一,因此,我们(和其他人)完全应该担负起这个责任。我们在前几章已经提到过这个问题,而现在必须正视这个问题。

第三方面影响是,必须重新评估那种认为应该把决策交给政治过程的更加传统的公共品论。用政治选择取代市场选择对外部性内部化的影响,还不如对有益品补贴的影响那么大。按照"无效"的标准概念,这样的结果无论如何都只能算无效。但是,无论从规范的角度是否能证明它的正当性,这个结果都不是定义的产物,而是其本身就必须受到重视。

在本文中,我们的目的是要探讨所有这些问题。在下一部分,我们将讨论几个反映标准福利经济学文献许多特征的相互关联的假设。这些假设是:①虽然人际偏好也许不可比较,但个人的偏好可通过取舍来进行比较;②从认识论的角度讲,个人通过市场交易来权威性地表达自己的偏好,因为个人为获得他们认为是收益的东西而自愿在市场交易中承担成本;③个人只要能通过市场交易来满足自己的偏好,就是行使了"主权";④如果消费者从这个意义上说拥有主权,那么,从他们的角度看,可能就没有理由认为,市场过程不如任何可供选择的制度安排。

根据以上四个假设,我们认为,个人偏好结构复杂并引入一个用缩写字母表示偏好的分类法。根据这个偏好分类法,在市场上表达的偏好只是个人具有并有理由表达的不同偏好中的一种偏好。因此,"消费者主权"的概念被证明只是个人主权的一个分量。出于这个原因,原则上,我们可以根据个人偏好来证明有益品政治供应的正当性——尽管个人没有通过自己的市场行为来表达这些偏好。这样供应有益品的国家会采取家长式管理的行为,但国家不会从一些圣贤或技术官僚圈子熟悉的外部标准,而是从作为家长式管理对象的个人的价值判断中寻找有益品供应的规范性权威。因此,这是一种家长式自我管理型价值判断。但是,我们无法轻而易举地通过援引标准的自由主义或者提出方法论的主观主义警告来摒弃这种家长式自我管理。本文的倒数第二部分将通过考察与哪些偏好应该得到优选考虑有关的制度问题来进行这方面的论证,并在最后一部分简短讨论有益品的考虑因素与民主政治过程实际运作的相关性问题。

m型偏好、p型偏好和r型偏好

选民困境表明,个人的偏好并不都相同,因此,相互间不易比较。回想一下,我们曾把选民困境定义为一种个体按自己的偏好投票,但集体投票产生的结果没有一个集体成员偏好的互动。在这个定义中,"偏好"一词出现过两次:在第一次出现时,是指激励投票的表达因素;而第二次出现时,是指个人倘若处于一种决定性状态,会受激励做出怎样的选择。行为主体在其行为具有决定性作用的情况下表达的偏好往往是结果取向型的,而投票时表达的偏好则往往不是结果取向型的。让我们把激励投票的偏好称为"p型偏好";由于结果取向型偏好在市场环境中表现突出,因此,我们称它为"m型偏好"。选民

第十七章 有益品思想的知识体系论证

困境之所以名副其实,是因为个人的 p 型偏好常与 m 型偏好相左。个人投票时有理由表达的偏好,往往不同于他在市场上交易时表达的偏好;反之亦然。如果选民的 p 型偏好实际与自己的 m 型偏好相同,那么就不会出现选民困境。

但是,这是否表明,p 型偏好在性质上不同于与 m 型偏好,或者与 m 型偏好处于不同的水平?还是仅仅表明,p 型偏好(有时)与 m 型偏好截然不同?后者是指这样一种熟悉的情况:行为主体可选 X,也可以选 Y,但不能同时选 X 和 Y。支持选 X 的偏好与支持选 Y 的偏好呈对立状态,但处在同一水平。行为主体在对 X 和 Y 进行权衡以后决定选 X,而不选 Y,因为驱使个人这样做的偏好更加强烈。说结果"有效",是指在对立的偏好中,最强烈的偏好起决定性作用。然而,在琼斯偏好 X,而史密斯偏好 Y 时,他们的偏好不但呈对立状态,而且从相关意义上看,性质也不同。琼斯和史密斯没有共同的总体评价标准可用来权衡彼此冲突的偏好,因此,这两个结果中,无论哪个,都不能说一个比另一个更加有效(除非两人进行互利交换,即琼斯按史密斯的方式选 X,而史密斯按琼斯的方式选 Y)。

如果选民困境产生的结果被认为是"错误"的,那么这个判断就预设了隐含的预判,即相互冲突的 p 型偏好和 m 型偏好呈对立状态,但在性质上没有区别。这种结果被贴上"低效"的标签,因为它没能使公民—选民的收益最大化。不过,假设从 m 型偏好出发,这是"正确"的观点;如果个体像他们在市场中那样"购买"结果,那么他们就能实现自己的 m 型偏好,从而取得不同的结果。如果"有效"简单地按照 m 型偏好来定义,那么断言不能完全反映个人 m 型偏好的结果低效,就是同义反复。然而,以 m 型低效为由断言政治结果的错误,完全是在回避 p 型偏好和 m 型偏好的相对规范性权威问题。我们可以确定一个"p 型效率"标准,并且对它做如下定义:当且仅当 X 比 Y 能更加充分地反映行为主体的 p 型偏好时,X 相对于 Y 而言有 p 型效率。于是,情况就是,忠实反映选举偏好的政治决定具有 p 型效率,而有效的市场则决定 p 型低效。在能够判断市场结果"好于"政治决定的结果之前,我们必须证明,是 m 型效率,而不是 p 型效率,从规范的角度看是至关重要的概念。

坚持认为 m 型偏好,因而 m 型效率的规范性权威需要证明,而不是简单地认为它们不证自明,这也许让人觉得相当奇怪。但这正是认可有益品的应有之义。如果我们可以不无道理地说某种产品在帕累托最优价格下消费不足,那么,必然能够有意义地说,个人的 m 型偏好,从某种 m 型效率的结果不合意的意义上说,可能是"错误"的偏好。因此,认为应该根据个人的主观偏好来解释价值归属问题的主观主义方法论,往往对有益品概念不屑一顾。这种方法论认为,假设存在某个能确定个人"低估"某种产品价值的外部有利位置,从认识论的角度看是不合理的。这种方法论还认为,m 型效率之所以具有权威性,是因为它产生于唯一合法的价值源泉——个人的主观决定。

虽然我们从主观主义认识论的立场出发看到了问题,但我们不想在这里批评主观主义的认识论立场。我们当然赞同主观主义者反对政治威权主义,但这样做并不意味着有益品是一个空洞的概念,也不意味着需要一个无所不知的外部评价者来评判消费者的偏好并发现它们的不足,而是意味着个人能够——并且确实在——评判他们自己的偏好。一个能获得自己因 m 型偏好而偏好的一切的人,可能希望有完全不同的偏好。例如,一个想要香烟的吸烟者可能得到了他想要的数量的香烟,却迫切想要摆脱使他吸烟的 m 型偏好。"有效"的结果,即这个吸烟者的 m 型偏好完全得到了满足的结果,从规范——而不是卫生局长或一些自诩的"道德专家",但更重要且更直接地,从吸烟者自己——的角度看,是不是一个更好的结果,确实是一个值得商榷的问题。无须否认,我们凭主观感觉就能得出这样的结论:吸烟者可能有充分的理由希望自己的 m 型偏好得不到满足,而偏好得不到满足,从规范的角度看,对他来说可能是最优结果。具体而言,这个吸烟者可能有理由投票支持那些会使他的烟瘾得不到满足和/或消除他烟瘾的政策。如果他确实这样做了,那么,他就是表达了与自己的 m 型偏好相冲突的 p 型偏好,但我们不能批评说他不理性地投票。如果选民都按这种方式投票,那么就会产生一个导致他们个人的 m 型偏好都得不到满足的集体结果。在我们看来,虽然这样的结果,根据定义,确实是缺少 m 型效率,但是否就应该把它说成"反常"或"次优",理由并不明显。

有一个历史悠久的著名哲学伦理学传统认为,m 型偏好并不是个人的终极偏好,个人可能错误地表达自己的偏好,知道自己犯了错,因此会表达与自

第十七章 有益品思想的知识体系论证

己的 m 型偏好相抵触的偏好。亚里士多德对无自制力的分析是这个传统的核心。① 无自制力者能够辨别怎样的行为是正确的行为,并且在某种意志层面上更希望这种知识在自己采取行动时产生作用。尽管如此,个人的 m 型偏好与个人关于什么对自己最有利的信念背道而驰,而个人在采取行动时会做自己认为不应该做的事情。圣保罗(St. Paul)也是这么理解无自制力过错的:犯这种过错的人虽然知道什么是善行,但由于他们堕落的本性而没有采取相应的行为。圣保罗不无痛苦地表示,"故此,我所愿意的善,我反不做;我所不愿意的恶,我倒去做"(罗马书 7:19)。

康德(1913)把这种冲突提升到形而上学的层面,在他的《道德形而上学的奠基》(Groundwork for the Metaphysics of Morals)中区分了"倾向"和"理性",并把它们作为两个完全独立的动机来源。康德认为,任何可以恰如其分地被说成"道德"的行为,无论倾向产生怎样的拖力和拉力——那些经常威胁我们偏离自己职责的难以驾驭的 m 型偏好,必然由纯粹理性的考虑(它们的合成先验形式就是绝对命令)所驱动,那些难以驾驭的 m 型偏好不断威胁我们偏离自己的职责。虽然根据康德的理论,理性和倾向不一定会发生冲突,但它们通常会如此,而把自己(实践的理性)与任何可能影响行为主体的 m 型偏好分离开来,并通过这种分离来推动行为主体为履行义务而采取行动,则是实践理性的使命。

对于经济学家来说,亚当·斯密是一个专业上比较接近本家的理论家。虽然斯密在《国富论》中几乎完全把自己局限于分析 m 型偏好是如何在市场中产生的,但他明显相信 m 型偏好本身会受到道德评价的影响。斯密在《道德情操论》中,通过参考"公正的旁观者"对当事人的动机或行为表示的同情,描述了那些引起个人道德判断的心理冲动。只要当事人通过反思把自己与自己的 m 型偏好分离开来,并且对自己的 m 型偏好进行认真的反思,那么,这个公正的旁观者就并不是某个假设的"理想观察者",而是当事人本人。"乳房里的男人"(man within breast,斯密在《道德情操论》中的用语,指无时、无处不在,至高无上的公正旁观者。——译者注)就会抵制那些不能引起足够程度

---

① 特别是《尼各马可伦理学》(Nicomachean Ethics),bk. 7。

同情性和谐的 m 型偏好。

以上快速浏览了 20 世纪以来的哲学思想,旨在说明偏好本身要接受他人评价和行为人自己评价这种思想源远流长,而且有不同的阐释。虽然以上几位我们援引其著述的思想家几乎并没有形成任何思想流派,但有一条共同的主线贯穿于他们的不同论述。他们都认为,个人至少有时会做自己明白或起码认为是错误的事情。[①] 一个人根据一种他本人可能并不希望是它驱使他行动的偏好采取了行动,虽然他知道自己在做错误的事情,但仍有可能由于无自制力而继续做,原因就是,做正确的事情成本太高。如果他是一个"自制力较强"的人,那么就愿意承担这种成本;如果他是一个"自制力较弱"的人,那么也没有什么其他偏好能与驱使他采取行动的 M 型偏好相抗衡。但是,他这个人无自制力,因此,他在采取行动时要直接面对的成本阻止他约束那些他自己认为是声名狼藉的 m 型偏好。如果采取正确行动的成本降低或者完全消除,那么无自制力的人就会采取不同的行动。他后来可能发现的满足成本最低的 m 型偏好,有可能会与他自己觉得是最优的偏好相同。当然,从他并不打算承担适当的成本来按照他认为最优的偏好采取行动的角度看,他仍然是个无自制力的人。但是,如果他实际没有被要求采取他自己并不打算采取的行动,那么就算他的运气好,没有"陷入诱惑的陷阱"。

如果有时间冷静思考,不用立即采取行动,那么行动的成本通常可忽略不计。那个反思自己在头天晚宴上表现的贪食者,可能会真诚地为自己吃了第三份巧克力慕斯而感到后悔。事后回想起来,他会偏好自己当时没有这样做。但是,如果他在第二天早上满足这种偏好,仅仅是感到后悔,而不用放弃任何甜食佳肴。如果他在头天晚上满足自己的这种偏好,那么,机会成本就是放弃第三份巧克力慕斯,而他当时显然不愿承担这个成本。但现在,经过反思,他可能会觉得,如果当时愿意承担这个成本,自己现在的情况会比较好。他不但后悔自己没能克制住,吃了第三份巧克力慕斯——尽管很难克制自己,而且可能还会感叹,这种克制怎么会这么难。如果在他吃完第二份巧克力慕斯后,女主人没有劝他再来一份,那么他根本就不用这么纠结。

[①] 所谓的"苏格拉底悖论",有一半内容是对"个人有时故意做错事情"这一命题的最著名否定。

第十七章 有益品思想的知识体系论证

如果一个人贪婪、急切地做自己认为不该做的事情,而他并不为自己的过失感到后悔,然后再"意气用事",那么有可能就是个伪善者。但是,伪善者和无自制力者之间有一个至关重要的区别:伪善者自称信奉自己赋予零值(甚或)负值的原则,他不会自愿承担按照这个原则行事的任何成本,甚至有可能愿意为不按这个原则行事承担成本;而无自制力者则不同,他是真诚信奉这个原则,因为他愿意为按这个原则行事承担一些成本——只是通常不像在选择时需要的成本那么大。此外,他认为自己应该愿意承担的成本,并不是他实际打算支付的成本。所以,伪善者就是虚伪而已,而无自制力者则内心十分纠结。无自制力者在冷静、平和时坚持的偏好并不是马上就会驱使他采取行动的偏好,我们把那些排序高于其他偏好但不立刻引发行动的偏好称为"反思性偏好"。反思性偏好有一个显著的特征,那就是它们的表达不像 m 型偏好的表达那样成本高。由于反思性偏好不会激励个人争取结果(从而也不会驱使个人放弃其他结果),因此,反思性偏好产生结果的机会成本可以忽略不计。由于行为人十分了解与反思性偏好有可能产生的结果相关的效益和成本,因此,这种偏好并不是在掌握充分信息——或者错误信息——的基础上产生的偏好。

很明显,p 型偏好与我们在这里定义的反思性偏好具有一些重要的共同特征。在一个人的选票不太可能具有决定性意义的通常情况下,我们可以自由地把选票投给我们经过深思后偏好的候选人、政策或者选项,但并不会由此获得或承担与强制推行由反思性偏好产生的结果相关的收益或负担。也就是说,多数当选制的约束(与市场施加的约束相比)似乎以不同的方式有利于反思性偏好的表达(相对于 m 型偏好而言)。因此,容易诱发 p 型偏好的制度要比容易诱发 m 型偏好的制度更能让反思性偏好发挥作用。

p 型偏好并不是显示反思性偏好的唯一途径。比方说,对自己没有表现得更好的悔恨、对自己要表现得更好的新年决心,这些都是在表达反思性偏好。它们与 p 型偏好的关键区别在于,p 型偏好在聚合后确实会产生结果。从政治结果忠实反映 p 型偏好的角度看[①],政治过程往往倾向于供应那些 p

---

[①] 也有政治结果不能忠实反映 p 型偏好的情况,如计票规则的缺陷导致 p 型低效率。

型偏好总体决定的数量远大于市场决定的数量的产品。同样,总体上m型偏好高度偏好和p型偏好不那么偏好的产品,通过政治过程往往"供应不足";也就是说,相对于市场配置而言供应不足。正是这种相对性,使得我们不能想当然地认为,理想市场的运行就能实现有效因而也是最优的配置。规范经济学不能回避评估p型偏好和m型偏好相对重要性的需要。无论提倡哪种制度安排,都会以不同的方式倾向于某一种而不是另一种偏好。

现在,有必要定义另一种偏好——那些行为人经过深思后希望自己在采取行动时能产生作用的偏好。我们把这种偏好称为"r型偏好"。这种偏好不同于反思性偏好,因为它们是根据行为人的行为,而不是按照他们的偏好排序来定义的。但r型偏好也不同于m型偏好和p型偏好,因为它们并不是按照它们据以显示的制度结构来定义的。不过,r型偏好就像m型偏好和p型偏好那样,也是根据行为和/或行为产生的结果来定义的。

绝大多数经济学家认为,在个人主权的名义下,m型偏好应该在选择其他制度设计方案时起决定性的作用。他们没有认识到,m型偏好、p型偏好和r型偏好作为概念可以区分,但更重要的是,它们常常有足够多的区别。由此可见,个人主权是一个模糊的概念,"个人主权"可以是指据以获得基于m型偏好喜欢的东西的消费者主权、据以获得基于p型偏好喜欢的东西的政治主权或者据以获得基于r型偏好喜欢的东西的反思性主权。如果一个方法论个人主义者把自己的规范理论建立在制度安排必须根据是否符合个人真实需要来评估这个前提上,那么,我们相信,他站在了天使一边。但是,个人到底想要什么,甚或,个人最想要什么,不论怎样,这些都不是简单的问题。所谓的"需要"本身就具有制度依赖性,因此,"满足需要"不能直接用来评价替代性制度安排是否适用。由于我们对制度的偏好各不相同,因此很难完成社会评价的任务。同理,虽然我们知道最好不要吃"第三份巧克力慕斯",但我们同样也很难婉言谢绝。

政治程序与有效的有益品供应

倘若沿用上一部分用过的术语,有益品和有害品就是m型偏好和r型偏好相左——行为人发现自己在市场选择中以一种他经过深思后宁可不采取行动的方式行事——的产品。那么,我们是否有任何理由相信,在 m 型偏好与 p 型偏好相左的情况下,p 型偏好就能比 m 型偏好更加接近 r 型偏好呢?我们认为的确如此,因为 m 型偏好与 p 型偏好相左的情况通常是,狭隘的利己主义者或消费选择即时性诱惑行为人不采取他认为自己应该采取的行动的情况。投票站比市场安静——从行动与结果彻底分离的意义上说,投票站比较安静。如果我们经过深思后判断 X 比 Y 可取,那么似乎可以合理地假设,当我们把选票投给 X 时就不会放弃这个判断;但如果 Y 的好处在市场上马上就能得到,那么这个判断有可能遭抛弃。我们在投票选择时很可能只关注 X 较之于 Y 的好处——我们表达自己从 X 的角度评估 X 的价值,除了评估本身以外,我们很少再关心对 X 的价值进行评估。无论我们以什么理由相信 X 大体上比较可取,这些理由似乎很可能在选举中获得我们的支持。

我们在上文曾把选民的行为定性为不按结果行事。这有一种贬义的说法,暗示一种"行为人可以自由放纵自己的想象力,因为他们的行为不会由于非常担心要承担成本而受到影响"的情况。不论怎样,我们可以把投票看作一种与结果分离的行为。个人能够站在整体、非个人的立场上考虑自己的投票决策,而不是像在市场上那样只考虑狭隘的成本和自己立刻能获得的收益。由于具体的投票法不会直接产生任何影响,因此,对有争议的政策优点的长期评价不会被个人通过深思评判的短期因素所压倒,而这些短期因素对于选举投票应该没有决定性意义,但在市场中很可能具有决定性意义。如果市场的喧嚣导致无自制力的个人[①]去做他们认为不应该做的事情,那么投票站的安静很可能被认为具有纠偏作用。我们这样说并不是要荒谬地声称,选民会以神似的超然研究选举的各种可能结果,并且明智地按照自己的反思性偏好提出的"建议"进行投票;也不是要同样荒谬地宣称,个人在市场上通常会受到一种蒙蔽他们的短视症的影响,使他们无法充分全面地了解自己的最大利益所在;而是要就不完全理性的个人总体而言,希望在本身不完善的不同制度背景的约束下如何采取行动这个问题提出一个温和的比较命题。我们提出的命题

---

① 这种分类在某种程度上包括我们所有的人。

是，政治程序赋予我们的超然，使我们有理由相信政治决定机制比相应的市场决定机制更加适合反思性偏好。

如果个人在深思层面能完全控制自己的低层次偏好，那么在 m 型偏好与 r 型偏好之间就没有什么可选择的，因为 m 型偏好和 r 型偏好相同。凡是我们认为应该能激励我们的东西就会激励我们，并且在任何需要选择的情况下都会如此。完全的和谐作为一种自主存在有可能会实现：我们对偏好的偏好胜过对结果的偏好，更加偏好只有这些偏好，更加偏好偏好这些偏好；以此类推，随着反思性偏好的升华，偏好的阶梯越筑越高。这种完全的和谐令人羡慕，但不幸的是，它不是一种我们大多数人能在自己身上找到的状态。一个完全理性的人绝不会受诱惑为了除最优外的其他结果采取行动，他就是康德所说的具有"神圣意志"的人。因为我们没有神圣的意志，所以，对于我们来说，要想成功，往往需要避开诱惑，而不是尽力去战胜诱惑。于是，我们会理性行动——尽管不是作为（理性的）完人采取行动，试图营造一种与我们的反思性偏好相冲突的偏好不会得到满足的情境。

为了实际不违背自己的反思性偏好，我们有两条路径可以在自己的反思性偏好周围构筑围墙。第一条路径就是自我管理，增强自己的意志力，以便在面对诱惑时能够坚决抵制。这是一条塑造性格的路径。"九十九磅级"的无自制力者，如果不能成为"中流砥柱"，那么也许就会成为中量级的反击者，能够对那些应该抵制的倾向进行合理的抵制。一旦性格塑造取得成功，那么这条路径就有可能成为更好的自我管理路径，因为它能使我们更加独立于外部偶发事件。即使外部因素变得比我们预期的更加不利，但仍有可能对它们的有害诱惑说"不"。

第二条路径是管理我们周围的环境。我们试图营造环境，以使激励能量的既有供给发挥更大的作用，我们可以通过确保自己不会做出可能是错误的选择，或者通过操纵选择的成本结构，来增加我们做出正确选择的可能性来做到这一点。第一条路径的一个典型例子是，尤利西斯（Ulysses）把自己绑在桅杆上，以免成为塞壬（Siren）的受害者。虽然尤利西斯有理由相信自己能够做出是否继续留在船上的选择，但是，一旦塞壬开始演唱她幽冥的旋律，尤利西斯就会失去选择的机会。第二条路径的例子是，嗜酒者在戒酒后拒绝泡酒吧

第十七章 有益品思想的知识体系论证

或参加鸡尾酒会。他们在经过深思后更加希望自己不再喝酒,而这种偏好为他们提供了足够的激励能量储备,足以阻止他们再泡酒吧。实际上,当他们面对一杯加冰马提尼时,他们不喝这杯酒的心理成本有可能骤然上涨,并超过他们反思性偏好的实际有效阈值。嗜酒者也可能认为"只喝一杯,不喝第二杯"是他们最优的 m 型偏好,同时又认识到,拒绝第一杯酒的主观成本要比拒绝第二杯的主观成本大得多。因此,在喝完一杯并对自己的需求表进行现实的评估后,他决定采取完全戒酒的策略。这表明,这些嗜酒者已经清楚地认识到,自己是不完全理性的人。

在这个主题上有一个小小的变化,那就是,让个人提高自己不喜欢从事的活动的内在成本。所以,一个吸烟者可能向其他人大肆宣称,从某日开始,他不会再抽一根烟。因此,如果他再抽烟,就会招致别人的嘲笑。他这是在与自己打赌,由于提高了赌注,吸烟者随后会发现,如果他的 m 型偏好最终导致他重新吸烟,那么他的境况就会比基准情况更加糟糕;但是,如果他对承担社会指责的成本的担忧超过了烟瘾,那么他的境况就会变得较好。和别人打赌,看谁先吸烟,这是一种外部管理策略,包含两种不同的赌注:一是和别人打赌;二是与自己打赌。这样的例子既不牵强,也不罕见;它们代表个人对自己不完全理性的事实做出的理性反应。[①]

因此,个人同样有可能合理地受激励去利用政治机制来达到同样的目的,也就不足为奇了。我们可以这样来构想霍布斯的社会契约:生活在自然状态下的人喜欢过一种不那么令人讨厌的、贫穷、粗野和短暂的生活,因此,他们彼此签订契约以免受到他人的侵犯,但享受与他人的相互宽容。这样的契约是不稳定的,因为每个人都会受诱惑为谋取暂时的利益而违反契约,哪怕违反契约的最终结果是重回他们痛恨的原初状态。推选一个君主是解决稳定问题的办法。我们可以用大家都希望别人遵守契约的愿望对引入霍布斯笔下的君主进行标准的动机解释,并把严惩违约行为作为阻止每个人违约的手段。虽然这样做确实说明了推选君主的部分动机,但是,每个人经过深思后都会理性判断,自己也应该偏好免受违约行为的侵犯。如果个人明白自己完全是个无自

---

① 关于这些问题及其相关问题的启发性讨论,请参阅 Elster(1979,1983)。

制力者,那么,把执法权交给君主,就更有可能让君主按照自己经过深思后偏好的方式行事。请注意,个人觉得,为了免受违约行为的侵犯,在庄严的大会上约束自己把执行权交给君主,相对而言,几乎没有任何成本。在不同意这样做的代价——重回各自为政的状态——给个人留下深刻印象的情况下,征用就变得引人注目。因此,把主权或法律和更加一般的秩序都归入——即便是最坚定的方法论主观主义者也很难忽视的——有益品的做法,虽然不合常规,却是正确的。

这与前面讨论的选民不重要论——所谓的选民超然论的对立观点——的联系应该是清楚的。个人有理由利用集体机制来补贴有益品供应,并禁止有害品或增加这类产品供应的成本。某人在消费一些市场上供应的产品(比方说酒精饮料或色情音像制品)的同时又投票支持禁售这些产品,或者投票支持征税补贴一种他和其他人在帕累托最优价格下都拒绝购买的产品,并不是这个人得了精神分裂症。这是某些人的理性行为,只是他们的意志力还不太强大,而且他们认为适当的政治决定机制可以帮助他们完成这项工作。对行为人来说,能够证明这些产品政治供应正当性的,既是他们对自己的 m 型偏好的反思性反对,又是他们对这些产品的消费外部性的关切或者是对"意志比较薄弱的同胞"的关心。

让我们通过构建标准矩阵来考虑一个标准有益品案例,即禁止某些成瘾产品(也许是烈酒)的案例。如表 17-4-1 所示,结果构成表示,即使个人认为自己的选票具有决定性意义,也会投票支持禁售这类产品。

表 17-4-1　　　　　　　　　禁酒投票计票结果

每个选民	其他选民		
	多数支持禁售	多数反对禁售	不分胜负的概率
投票支持	5	105	5
投票反对	0	100	100

这张表看起来很眼熟,它在形式上相当于之前介绍过的囚徒困境互动,但在对表的解释上有一个关键的区别。选民困境的出现会让选民感到遗憾,因为投票产生了他们不太想要的结果(尽管没有任何选民个人对自己的选票投

向感到遗憾)。每个选民都有理由在事后把选民困境视为政治失败的实例,并有理由在事前抵制采用产生这种结果的集体决定方法。但是,一个经过反思偏好不再喝酒但又发现自己的 m 型偏好迫使魔鬼朗姆酒缠着他不放的选民,就有理由把表 17—4—1 所列示的结果的决定因素看作实质性的成功。集体决策程序能够确保受到性格弱点危害的事物安全。选民们已经成功地放弃了自己顽固的 m 型偏好,并在这样做的同时得到了自己经过反思后依旧偏好的东西。

有益品的政治供应与选民困境形式上的不可区分性表明,选民困境的恶劣状况无法只通过数字反映出来,也不是矩阵图中行为逻辑的结果。这些数字反映选民的 m 型偏好,而最后一列中的数字则表示选民在他们的选票具有决定性意义时如何投票。但是,它们并不能显示行为人偏好自己怎样行为。选民困境的规范性力量预设了这样一个前提:m 型偏好具有规范权威性。如果这个前提在特定情况下得到保留,相反的前提得到肯定,那么,从选民自己的角度来看,选民困境就会有所好转。他们在国家机关的强迫下克制自己不做出令自己的 m 型偏好喜欢的事情,但他们希望在反思性偏好层面受到强迫。虽然禁酒令是一种家长式管理的工具,但这是一种由同一人群对自己实施的家长式管理。一句话,这是家长式自我管理。

我们并非要暗示,一个人在投票赞成供应某种有益品或投票支持禁止供应某种有害品时,就应该被认为他有意采取行动来执行他投票支持的政策。在我们的例子中,与在任何其他例子中一样,投票不应该被认为是一种结果—工具表演。当个人投票赞成供应某种有益品时,应该被视为他表示支持这项政策,而不是出于实现这种有益品政治供应的意图而采取行动。投票明确表达的 p 型偏好与行为人的 m 型偏好截然不同,但由于投票具有结果不重要性/结果分离性,p 型偏好与个人的 r 型偏好更加一致。如果多数选民表现出类似的偏好结构,那么,即使没有人出于供应有益品的意图投票,供应有益品的方案也会获得通过。我们可以认为,是"看不见的手"在这里起作用,不是为了达到效率——供应有益品的结果被定义为"m 型低效",而是为了让公正的旁观者赞同的观点付诸实施。

关于政治是反思性偏好促成因素的批评

在上一部分,我们初步论证了关于有益品供应的考虑有利于政治决定机制取代市场决定机制的问题。个人在经过反思后有可能不再喜欢自己的 m 型偏好,并且认为自己和其他人在投票时表达了一种更加符合反思性偏好的偏好。因此,取消某些市场选择并用一种 p 型偏好具有决定性意义的制度安排取而代之,可用来证明实施家长式自我管理的正当性。但是,这并不能被认为是对集体化选择毫无保留的支持,因为我们有一个反对采用政治机制决定有益品供应的理由。在这一节里,我们就来探讨这个理由。

即使 p 型偏好能最忠实地反映反思性偏好,它也不能保证政治过程产生 p 型偏好想要的结果。在多数规则的内在缺陷中,可能存在口是心非的问题。另外,条件句的先行从句可能是错误的,p 型偏好不一定能够反映反思性偏好,而且有可能与反思性偏好截然不同。正如本书在前几章中已经指出的那样,投票选择与成本的分离,会导致我们在投票时比在类似的市场环境下行事时更加不道德。我们现在可以把这个命题扩展为:个人可能会被诱导投票支持他们自己认为不道德和他们经过反思觉得不应该赞同的事情。我们来看看某个对黑人抱有偏见、自己也意识到这个问题并为此感到不安的人的情况。在反思层面,他认为种族主义是一种邪恶,并且觉得应该消除自己内心的种族主义冲动,但就是缺乏完全摆脱这种偏见的力量。在他的市场行为中,这个人通常会尽量避免在自己种族主义倾向的影响下采取行动,因为这样的行动往往代价很高:放弃与黑人一起工作、卖产品给黑人或雇用黑人的机会,就是放弃这些机会能产生的经济效益;公开表达对黑人的蔑视,会招致那些认为这种情绪令人讨厌的人的指责,并要付出昂贵的代价;而投票以匿名为主,从放弃经济机会的角度看,表达自己的真实意图,几乎没有成本,因此,表达偏执的 p 型偏好并不受外部因素的约束,只受个人并不足以约束自己的反思性判断的制约。在这种情况下,市场行为的内在成本会促使我们对反思性偏好想要的东西的坚持,而成本的下降则会导致无自制力。

决策政治化会展现问题的另一个方面,而这正是我们希望通过前面的论

第十七章 有益品思想的知识体系论证

证能够证明的东西。如果投票行为倾向于导致极端情绪的表达,包括道德和不道德的极端情绪的表达,那么就能加强或削弱反思性偏好。这就是在——也许太过慷慨地——假设,总的来说,反思性偏好无愧于它的"道德"称号。这个假设对我们的论证来说并不重要;无论一个人的反思性偏好的本质是什么,投票都倾向于表达与这些偏好相关的极端情绪。有益品会赢得选举支持,但有害品也同样如此,而且这两种产品的供应量都比在市场供应的情况下要多。鉴于这种双刃剑式的结果,那些风险厌恶者可能有理由(尽管是在反思后)偏好分散化决策方式。

我们还有一个反对使用政治机制的初步理由,那就是政治机制可以决定供应有益品,但是,使用政治机制的初步理由具有对称性。我们在决定是否使用政治机制时,应该对对称的初步理由进行权衡。我们假设能确定,某些投票决策机制更有可能决定供应有益品,而不是供应有害品;但其他投票决策机制更有可能决定供应有害品,而不是供应有益品。如果是这样,那么,我们可能就不应该尽量不使用政治决定机制,而是在前一种假设条件下使用政治机制,但在后一种假设条件下尽量避免使用政治决定机制。这一点也许能通过承认个人拥有某些权利来部分实现,因为行使这些权利有可能对政治通过"多数决原则"达成的协议产生约束作用。这项建议听起来很有吸引力,但由于缺乏任何把有益品考虑和权利考虑结合在一起的有效理论的支持,因此仍然具有高度的推测性。我们现在仍不清楚在这方面是否存在行之有效的理论,但我们认为,如果有益品供应考虑与上述权利考虑之间真的存在某种联系,那么有益品公共供应的支持者就有责任证明这种联系。更一般地,支持者有责任发展一种能区分有益品问题和有害品问题的投票决策机制。

为了便于论证,我们假定无自制力的问题在市场上比在投票站更加常见(因为市场更有利于无自制力问题的产生,或者因为已经设计了一种过滤机制把那些威胁到反思性偏好的决定排除在政治领域之外)。虽然我们知道,倘若让市场做决定的话,个人会更经常地出错,但我们仍有充分的理由把决定权交给市场。无自制力并不一定是一种完全消极的现象,它较好的一面是,个人可以通过学习从自己因无自制力而犯的过失中吸取教训,以便下次能做得较好,而市场有利于这种学习。如果个人违背了自己的反思性偏好,那么就会因偏好没有得到满足而付出代价,并且能认识到代价是由自己造成的。个人在以后面对类似的选择时,凭借之前代价沉重的经验教训,就可能有更高的概率通过考虑外围因素来防止偏向,从而能在以后把事情做好。在这里,我们并没有令人难以置信地声称,市场交易总是惩罚愚蠢的人、奖励聪明的人,或者市场施加的有效条件总能成功地把迟钝的消费者改造成聪明的消费者。在这两方面,无疑有许多"市场失灵"的问题需要注意。我们已经观察到的并不是屡试不爽的错误缓和剂,而仅仅是一种内在于选择环境的倾向,而行为人在这种环境中必须承担自己的行为造成的后果,这样才能纠正错误。

市场通过集中让犯错者承担犯错的成本来促进学习,而政治则分散犯错的成本,从而助长了无知的延续。如果我雇用一个水管工,是因为他的卷发和灿烂的笑容很有吸引力,或者是因为他滔滔不绝地谈论管道畅通无阻的魅力。如果他修过水管以后,我家的水槽还是堵塞、抽水马桶仍然漏水,那么,我就会认真地考虑长相、笑容、能说会道是不是挑选称职水管工所必需的主要条件。下次,我可能不会再雇用那个英俊、伶牙俐齿的家伙,而选择一个真正懂得水管接头的水管工。但是,如果我要投票给一个看起来像——或许曾经是——电影偶像或者拥有甜美的嗓音并且在任何场合都有说不完的陈词滥调的政客,那么绝不会有机会重新评价自己的政治选择原则。我的投票没有产生结果,即使同样不了解情况的选民的选票合在一起,选出了一个明显不合格的候选人,由此产生的成本由全体公民分担,而不是清楚地由那些用像小猫一样顽皮的反思意识来投票的选民承担。现在的问题是,虽然 p 型偏好可能比相应的 m 型偏好能更准确地代表已经存在的反思性偏好,但市场过程比政治过程更能产生有用的反思性偏好。通过投票决策有益品供应的问题,在被表述为纯粹的其他条件不变式的命题时极有吸引力,而偏好形成—消失和增强—减弱的动态过程为选择的个体化提供了强有力的支持。

承认反思性偏好对于提高个人理性行为能力的重要性,并不是要得出反思在各种情况下都同样有效的结论。具体而言,在通常情况下,如果很多事情取决于在个人被要求采取行动时激励他们的因素,那么,个人就会更加认真、严肃地进行反思。在他们自己的行为可能对他们自己和他人的遭遇没有产生明显影响的情况下,个人即使进行反思,往往也是敷衍了事。约翰逊(Johnson)博士曾在他(一个版本)的观察报告中表示,"明天要被绞死的前景非常能使人精神集中",我们对此深信不疑。明天要果断行动的前景,无论好坏,都能使人思想非常集中,这种果断在市场上无处不在,但在投票站却难觅踪影。我们虽然这样说,却无意扮演外部评估者的角色,敦促个人管好自己的动机家园;相反,我们认为,个人都明白,对于那些他们认为会造成不祥后果的问题,他们会更加明智地进行反思,因此有理由经过反思后——在元层面上——判断自己的 r 型偏好的可信度是否直接随他们被灌输的结果的重要性而变。如果会发生这样的变化,那么他们就有理由青睐那些通过"集中注意力"来产生反思性偏好的制度。私人活动远比集体选择更能可靠地促成这种注意力集中。如果尤利西斯是许多亚加亚人中的一个,要就某个塞壬的问题——一项避免公共消费的政策——进行投票表决,那么,他就会更加集中注意力进行反思。有时,结果不重要性的另一方面是结果分离性,但有时就是明显的结果不重要。两者的区别主要在于,我们在心平气和时进行的反思与在因一时冲动采取行动后发生的事情之间有直接联系的程度。

有一个相关因素需要考虑,那就是在通常情况下,我们不可能在行动之前很好地计划如何应对开始行动后出现的不测事件。我们不可能在较早阶段了解全部已经发生的事情,因此,在经过深思熟虑后规定一项明确的行为准则,就相当于做出一次不适当的仲裁。贪嘴的食客去赴晚宴之前,也许根据以前的经验就清楚地知道不谢绝主人请他吃的第三份巧克力慕斯对他来说的相关成本和收益,因此有充分的理由在决定是否接受第三份巧克力慕斯之前的那一刻采取行动提高谢绝主人请吃的倾向。如果他凭借自己的本能判断来应对当时的情景,那么,他事后就会后悔摄入过多的卡路里导致增加体重。虽然餐桌上的有些谈话内容不错,会让人产生反思性偏好,但提前为餐桌上的谈话制定策略不会十分有用。由于我们的这位食客事前并不知道客人交谈的内容,因此没有准备好按照某种事前安排的顺序聊天。如果来客非常清楚自己要如何掌控席间交谈,并且决心这样做,那么就太乏味。放松的闲聊,无论内容如何,都会使晚宴变得更加美好,因为在这种场合,我们最好不要采用事先安排的策略。此外,反思性偏好应该会允许结果偏好按照我们的意愿出现。当然,我们有理由不采取完全自发的策略。如果事先知道 X 先生经常谈一些宗教的话题,而Y夫人则经常会为此生气,那么就有必要事先决定用自己在布宜诺斯艾利斯度假的话题来阻止X先生关于教皇最近南美之行的话题。问题在于,有时我们能很好地预期未来的选择,有时却不能。我们并不打算为赴宴成功提供一般性指导,因为这是一个我们缺乏专业知识的话题。

所有通过反思性偏好做出的预先承诺都会面临在信息不足条件下做出判断的危险,而这种危险的严重程度在不同情况下并不相同:我们几乎可以肯定,贪食者或嗜酒者在同自己的薄弱意志作斗争时不会出现任何新的情况表明,他们的嗜好会因为吃第三份巧克力慕斯或者再多喝一杯加冰马提尼而得到最佳满足。尤利西斯有充分的理由相信,对他来说,在塞壬身后游泳有可能遭遇灭顶之灾。但很有可能,聆听塞壬美妙歌声的体验会提供数据表明,对他来说,最好的行径路线终究是游向塞壬。这样克制自己是有风险的,因此,在能掌握更多信息的情况下,虽然风险有可能变小,但 m 型偏好并不能转化为行动。

我们要得出的结论并不是用 p 型偏好来否定 m 型偏好,而是这样做必然要付出代价,这个代价就是降低对新信息做出反应的灵活性。在市场上,行为主体可以根据新出现的信息调整自己的行为,而供给表和需求表的变化直接反映在相对价格上。相比之下,由于行为主体做出了错误的反思性判断,因此,通过政治过程来决定有益品供应的做法与故意忽略已表达的 m 型偏好有关。然而,如果我们远离虚假的 m 型偏好,那么也就切断了自己与所有反映虚假 m 型偏好的信息的联系,而这种信息有可能是制定真正最佳行动策略的关键。因此,通过政治过程来决定有益品供应的做法是一把"双刃剑"。关于哪些产品是有益品的判断,在转化为政治处方以后,就不太容易进行为积累更多的经验所必需的修正。

最后,我们必须认识到,把"家长式自我管理"这个词用在政治决定过程中,总有一定程度的用词不当之嫌。每个人的结果偏好各不相同,而他们的反思性偏好也是如此。我们举了一些假设选民同质的典型例子,采用一种简单的方法说明出现选民困境的情况以及如何通过投票表决来决定有益品供应。但是,就像我们发现的那样,选民绝非同质。某种产品对于某些人来说是有益品;而对于另一些人来说,要他们接受这种有益品,就是强迫他们接受令他们

第十七章 有益品思想的知识体系论证

厌恶的强制力。以私人身份限制自己未来的选择范围是一回事；而诉诸国家机构来限制全体公民的选择，包括那些反思性偏好与自己的反思性偏好相左的人的选择，则完全是另一回事。前者与对自由主义的坚持相一致，即每个人都有权根据自己的领悟来指导自己的行动，而后者则完全与之相反。此外，即使反思性偏好人人同质，针对无自制力而采用政治程序决定供应有益品的做法，也很可能涉及从自制力强者向自制力弱者的强制再分配。那么，怎样的规范原则可以用来验证这种再分配实践的效力呢？我们没有发现任何容易想到的原则。凭直觉，为了一些道德观念比较薄弱的人而惩罚有自制力的人，似乎在道德上讲不通。这样，无自制力的成本就会被社会化，以至于不是由缺少适当自制力的人承担，而是影响到了他们周围的人，而后者可能相当有能力控制自己的 m 型偏好并且更愿意自己这样做——因为他们认同不同的有益品标准，或者有其他原因。加尔文的日内瓦也许提供了一种让信徒们放心的控制结构——他们令人憎恨的倒退倾向受到阻止和惩罚，但它对非加尔文教派信徒的"恩赐"却没有得到如此热烈的欢迎。

在实践中，通过政治手段实施的家长式自制，会转化为多数人对自己和他人实行家长式控制。因此，家长式自制确实与穆勒在《论自由》中谈到国家可以正当限制其成熟公民的自由时做出的苛评相冲突，也与本文前一部分对有益品供应政治决定的辩护相冲突。当主体和客体不一时，家长式自制就不是家长式控制的好例子。当然，这个结论并非求助于穆勒的权威，而是隐含于几乎所有可识别的自由主义版本中。我们可以说，有益品的强制生产和消费侵犯了反对者按照自己的计划行事的（自由）权利。或者，用康德的话来说，把"有益品"强加给那些拒绝这种名称的人，就是把有益品当作达到占统治地位的大多数人目的的手段，而不是目的本身。就此而言，我们无法证明对集体活动进行自由约束的理由[①]，但我们注意到，这种约束会阻止借助于公共手段来纠正私人选择的迫切需要。正如有一种传统赞赏反思性偏好的内在权威性一样，也有一种传统反对一个人的反思性偏好对他人反思性偏好的权威性。

在前文内容中，我们已经指出，进行制度比较的一个必要前提是，先验地

[①] 关于这样的论证，请参阅 Lomasky(1987)。

决定是政治偏好还是市场偏好应该具有决定性意义。我们可能不会简单地认为市场偏好具有规范性权威。因此，在上一部分，我们讨论了如何在 m 型偏好不同于 r 型偏好的情况下，为证明 p 型偏好的首要性提供尽可能有力的证据。虽然这并非无足轻重，但在另一方面也有很多话可说。当然，我们并不想被认为是在争论只要 m 型偏好和 p 型偏好相左，就可自动假设 p 型偏好从反思的角度看是较优的偏好。认为只要 m 型偏好和 r 型偏好相左，选举可能是一种确保结果是出于 r 型偏好偏爱的结果的有用方式，是一回事；而认为只要我们没有理由认为 m 型偏好是有缺陷的偏好，p 型偏好就可能是反思性偏好，则完全是另一回事。正如我们已经强调的那样，p 型偏好有可能——并且通常就是——与 m 型偏好相左，原因就是，没有理由对市场偏好的反思状态感到焦虑。这正是从其简单的表面价值解读选民困境所表明的意义。

此外，有必要强调，市场本身会帮助行为主体不做他们出于反思性偏好不愿做的事情，并且明显会帮助他们培养做他们出于反思性偏好愿意做的事情的能力。水疗保健、减肥节食诊所、戒烟计划、文化教育机构——这些都是在分散、自愿的基础上实施或建立的。显然，这些机构/项目的服务都有需求，而市场显然可以部分满足这种需求。或许在某些情况下，政治程序可以更加广泛、有效地满足这种需求；而在另一些情况下，这种需求可能是非常合理的要求。

有益品与公共品

无论怎样证明它的正当性，或者根本就不加证明，我们都可以预期，民主国家的公民会投票支持供应数量可观的有益品。他们这样做，并不需要对自己的部分偏好和元偏好进行任何复杂的评估，而只需快速判断"应该供应更多的 X"，然后把这种判断付诸投票表决。

快速判断 X 是否具有公共元素根本无关紧要，或者说，这至少是一个对政治可行性没有直接贡献的问题。当然，应该供应更多 X 的判断能反映关于市场供应是否"充分"的看法；而从这个意义上说，如果存在显著的市场失灵问题，那么往往会赞同政治供应。或许，这就是马斯格雷夫在指出（1959，13）许

第十七章　有益品思想的知识体系论证

多有益品有公共性维度时想到的问题；反之亦然。然而，从分析的角度看，决策的公共性理论结构与选民支持是完全不同的两回事。

为了更加明确地区分公共品和有益品，有必要举两个具有战略意义的例子：首先就是二氧化碳和甲烷排放对世界气候产生的所谓温室效应；其次是通过研究来增加知识储备。这些例子都具有战略意义，因为它们显然涉及萨缪尔森所说的显著公共性。我们想问，这种公共性能否解释政府供应某些产品的问题。

最近的政治发展有一个显著特点，那就是政治意识形态的"绿色化"。主张环保的单一议题政党在西方国家如雨后春笋般地涌现。公共经济学家倾向于认为，把这种政治压力与把环境视为萨缪尔森笔下的经典"公共品"的认识是一脉相承的。这样说无疑是有根据的：在现代环境问题中，我们只不过是遇到了我们熟悉的庇古笔下的炼钢厂和洗衣店之间显而易见的相互影响。然而，认为环境政策的政治供应主要可以用公共品来解释的想法是错误的，因为在许多情况下，要供应的公共品是一种真正的全球性公共品。特别是在温室效应的情况下，温室效应与大气中二氧化碳和甲烷浓度的提高（目前是各类环保提倡者的重要关切）密切相关。出于对讨论目的的考虑，我们假定，全球气候正在变暖；全球气候变暖可归因于温室气体排放增加；全球气候变暖的净效应不受欢迎——可以想象，所有这些观点都有可能引起争议。因此，温室气体减排政策，或许就是对二氧化碳排放征收庇古税，有可能在全球范围受到欢迎。从这个意义上说，温室效应被正确地描述为"全球公地"问题［显然是指加勒特·哈丁（Garrett Hardin）著名的"公地悲剧"］。这种描述的重点通常是在公共方面，但我们在这里关注的是全球维度。正因为这是一个全球性的问题，所以单方面采取行动并不符合任何一个国家的利益：每个国家都会理性地搭乘其他国家的便车，就像个人被假定会在所有公共品的情况下所做的那样。根据定义，民族国家并不是一个大到足以对全球外部性进行内部化的实体。认为任何国家对本国二氧化碳排放（出于温室效应的原因）征收（比方说）"庇古税"都是合理的观点，就等于否认当时认为是造成任何市场失灵的根本原因的 n 人囚徒困境的正当性。然而，这些细微之处似乎与"环保"无关。致力于纯粹在国家层面实施的全球无害环境政策的纯国家政治运动现在已为大家所熟悉。这些运动在选举方面取得的成功不能用公共品来进行正当性解释：这些政策并不能被看作为确保在相互认同的基础上纠正污染行为而在公民之间进行复杂交流而制定的，因为这种在纯国家层面进行的行为改变通常会使造成的成本大于创造的效益。例如，对澳大利亚来说，征收足以使二氧化碳排放量减少50%的税收，就有可能需要全国公民付出巨大的代价，却无法保证大气二氧化碳总浓度或任何由此产生的温室效应发生明显的变化。而且，很多环境问题的情况都是如此。在我们看来，环境保护运动根本就是一种"宗教"运动，而它的政治表达只需要对它实例化。作为环境政治的结果而实施的政策应该被看作最适合求助于有益品，而不是公共品。

我们也可联系广泛的概念性知识存量的增加来进行类似的论证，我们可能会想到一个有关的具体例子，那就是选民偏好理论研究。经济学家常说，这样的研究具有重要的公共性特征——例如，牛顿和爱因斯坦没有也不能完全占有自己的发明创造的效益。① 但在公共性特征最为明显的纯理论研究中，研究成果创造的效益可惠及全球，而不仅仅是本国。任何一种以国家利益最大化为目标的政治制度都只会免费搭乘其他国家研究成果的便车。当然，(全球性)功利主义者(和研究科学家)坚持认为，国家供应仍然会受欢迎，但这只是从全球的角度出发。如果我们赋予公共品概念以解释力——试图从公共品的角度来解释政府出资负责这类研究，那么我们就会遇到一个明显的矛盾：个人要么是利他者，因此不需要政府供应公共品；要么不是，因此，国家不会单方面提供研究资金。若要解决这个矛盾，就必须消除公共品概念在政治过程中的任何重要解释作用。在我们看来，政治程序会导致研究经费增加，因为研究本身就是一种有益品——公民把它看作"好事情"，于是在投票时表示支持。

因此，更加一般地，我们认为，公共品的供应水平在很大程度上取决于公共品具有有益品特征的程度。这个结论具有一定的讽刺意味：财政学文献大多是讨论公共品的，但对分析有益品概念只表现出极小的兴趣。但是，如果我们的论点是正确的，那么这就是一个本末倒置的例子。其实，有益品距离政治

---

① 这个观察结果并不足以为公共补贴提供依据，因为人类的好奇心可能会在没有公共干预的情况下产生足够多的此类研究；用正确的术语来说，相关的外部性可能几乎完全是"超边际的"(inframarginal)。

底线要比公共品近得多。

有益品与公共供应

现在有必要强调,即使在环境最大程度上看似允许有益品政治供应的情况下,所有个人在经过反思后仍有可能认为,市场结果比政治结果可取。例如,我们假设,有一种产品被明确定义为有益品,有关它的 p 型偏好正好与有关它的反思性偏好相同,而且这种产品对于所有个人来说都是有益品,因为所有个人在经过反思后都认识到,自己在市场上消费这种产品太少。我们来看一个简单的三人例子,具体如图 17-4-1 所示。我们把这三个人(或者群体)分别称为 A、B 和 C。为了简化图解,我们假设 A 和 B 相同,并用 X 来表示这种有益品。这种有益品的一般市场需求曲线分别是 D_A、D_B 和 D_c,而这三个人在完全竞争的市场条件下对 X 的消费水平分别是 q_A、q_B 和 q_C。但是,这三个人对 X 的反思性偏好分别产生了他们对 X 的需求 D_A^R、D_B^R 和 D_C^R 以及相应的反思性偏好消费水平 q_A^*、q_B^* 和 q_C^*。三人都认为自己"应该"消费比现在实际消费量更多的 X。因此,无论对于他们三人总体还是个人来说,X 都是一种有益品。现在假设,所出现的政治结果反映了反思性偏好需求曲线 D_i^R 的萨缪尔森条件:简单地说,这样的结果是反思性偏好的政治理想,并且出现在 D_i^R 的垂直和(vertical sum)直线与 $3MC$ 线(之所以是 $3MC$ 线,是因为,根据假设,政治机制对每个人提供相同数量的 X)相切的 q^* 上。但请注意,对所有个人来说,反思性偏好的消费水平 q^* 都小于市场安排的消费水平:C 得到的 X 少于他在市场供应的条件下购买的 X;而 A 和 B 得到的 X 要多得多,以至于他们会反思认为自己在市场均衡状态下反思性偏好的消费水平会更高(如图 17-4-1 所示,线 $D_{A,B}^R$ 下方、q_A^* 左边的条纹区域小于右侧的条纹区域)。之所以会出现这个结果,是因为采用了公共供应技术。政治结果虽然可以说是基于排序较高的偏好获得的,但相对于这些偏好,并不优于分散化市场条件下可以取得的结果。

之所以会出现这种有点反常的结果,是因为采用政治安排来强制统一消费,而这种消费统一性是有益品同时由政府生产和分配的一个共同特点。不

[图表: 横轴为数量,纵轴显示 3MC、MC 等水平线,以及曲线 $\sum D_i^R$、D_C^R、D_C、$D_A = D_B$;横轴标注 $q_A = q_B$、q_A^*、q^*、$D_{A,B}^R$、q_C]

图 17-4-1

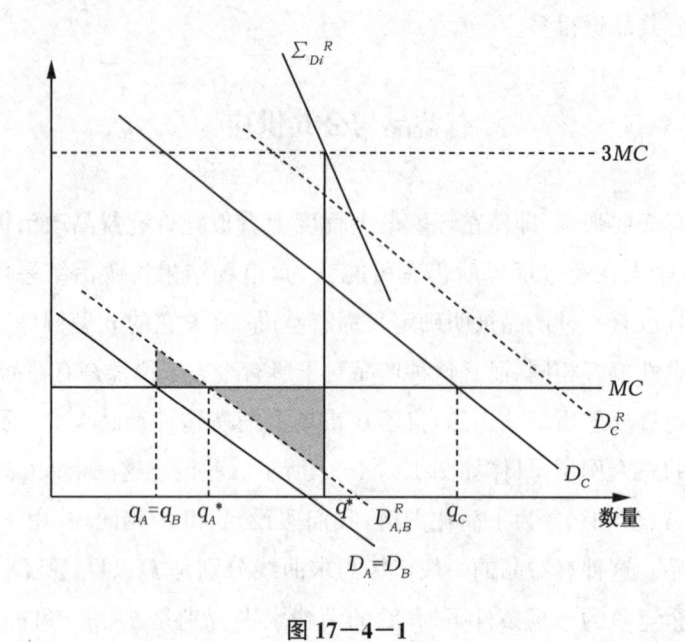

过,有益品供应可以采用有可能更加可取的政策技术。例如,在我们的例子中,按适当的比率对 X 的消费进行庇古式补贴,至少可以确保总体消费水平朝着正确的方向变化。不过,更加一般地,X 对某些人来说可能是有益品,但对另一些人来说则不是;采用补贴这种简单的权宜之计,而不是采取直接供应的方式,并不一定能改善情况。事实上,在有益品的情况下,似乎确实可以先验地证明直接供应的某种正当性,因为有一些假设认为,消费量的最大幅度增长只出现在那些市场消费最少的消费者身上;而在有害品的情况下,最高等级的希望减少消费的反思性偏好似乎会出现在那些市场消费最多的人身上:统一消费确保了这个结果。

结 论

关于有益品——以及那些具有有益品相似特点但其实不是有益品的产品——的思考在政治领域发挥作用的方式,还有很多问题没有得到解决。我们希望理论工作者会转向这方面的研究。迄今为止,公共经济学研究文献的

第十七章 有益品思想的知识体系论证

主导倾向一直是轻视有益品概念的重要性。这个概念被认为从语义学的角度看没有意义(按照麦克罗的说法),而从制度的角度看则缺乏相关性(按照海德的说法)。有人认为,在后一种情况下,即使消费者的偏好可被有意认定为错误,政治程序也不可能纠正这种偏好错误。

我们对麦克罗和海德的说法都提出了异议。m 型偏好可被有意说成是错误的偏好,这与有关价值的方法论主观主义是一致的。因为投票消除了在市场上会导致无自制力的成本,所以选举过程可以产生有益品,而且常常如此。不过,选举过程也可能产生值得注意的非有益结果。本章进行的论证并不能构成对选举决策本身正当性的证明,但可被解读为证明有益品的制度相关性以及在任何可能的制度安排的相关比较中考虑有益品论点的逻辑必然性。

参考资料

Brennan, G., & Walsh, C. (Editors). (1990). *Rationality, Individualism and Public Policy*. Canberra: The Australian National University.

Elster, J. (1979). *Ulysses and the Sirens: Studies in Rationality and Irrationality*. Cambridge University Press (see also rev. ed. 1984).

Elster, J. (1983). *Sour Grapes*. Cambridge University Press.

Head, J. G. (1966, March). On Merit Goods. *Finanzarchiv*, pp. 1—29 (Also published in Head, John. *Public Goods and Public Welfare*. 1974, 214—247).

Head, J. G. (1969, March). Merit Goods Revisited. *Finanzarchiv*, pp. 214—225 (Also published in Head, John. *Public Goods and Public Welfare*. 1974, 248—261).

Himmelfarb, G. (1974). *On Liberty and Liberalism: The Case of John Stuart Mill* (1). New York: Knopf.

Kant, I. (1913). *Gesammelte Schriften* (Vol. 4). Berlin: Preussische Akademie der Wissenschaften.

Lomasky, L. (1987). *Persons, Rights, and the Moral Community*. New York: Oxford University Press.

McLure, C., Jr. (1968). Merit Wants: A Normatively Empty Box. *Finanzarchiv*, 27(3), 474—483.

Mill, J. (1957). *Utilitarianism* (O. Piest, Ed.). Indianapolis: Bobbs-Merrill.

Mill, J. (1974). *On Liberty* (G. Himmelfarb, Ed.). Harmondsworth: Penguin.

Musgrave, R. A. (1959). *The Theory of Public Finance*. New York: McGraw-Hill Book Company.

Smith, A. (1930). *An Inquiry into the Nature and Causes of the Wealth of Nations* (5, Ed.). London: Methuen & Co.

Smith, A. (1982). *The Theory of Moral Sentiments* (D. Raphael & A. MacFie, Eds.). Oxford: Oxford University Press.

Ten, C. (1981). *Mill on Liberty*. Oxford: Oxford University Press.

第十八章

知名经济学家的著述

第一节 公平、希望和正义[①]

詹姆斯·M. 布坎南

在这篇文章里,詹姆斯·M. 布坎南(James M. Buchanan)思考了需要强加于民主自由市场经济的规则。只有实行这种市场经济的社会,我们才能说它和它的经济安排是公平的。布坎南认为,要实现公平,就必须保证机会平等。布坎南极力反对那种认为在说一个社会为"公平"之前要求在(教育、医疗卫生、住房等)重要领域取得平等结果的平等主义思想,他曾指出,在当前的经济环境下有四个因素决定一个人能否成功。它们分别是:个人做出的选择、运气、努力和出身。布坎南认为,一个人应该得到通过自己的选择和努力创造的结果,而社会政策对于运气因素只能产生很小的作用。于是,一个人出身的影响就成了布坎南的主要关注点。一个人的出身可以使他成为富有或贫穷家庭的成员,也可能或者不可能令他成为重视教育的家庭的成员。布坎南认为,关于个人出身影响的这两个事实,对于个人在我们当前经济体制下的成功或失败,会产生非常重要的影响。

因此,出身有助于个人取得成功,也有可能导致个人遭遇失败,而个人自身对这个因素没有任何功劳或者责任。布坎南认为,公平的规则必须与出身的影响联系起来。他建议征收高额遗产税,以使个人的财富起点平等。他主张把遗产税收入用于补贴教育,从而使知识要素平等。布坎南强调,不能把他的建议理解为供应公共品。他把自己的这些建议看作宪政建设安排。这种宪政建设安排由于阻碍了一些人的发展,而使另一些人受益,因此,它们并非意指帕累托最优,但在我看来可被称为"有益品安排"。

※ ※ ※

[①] 本文在征得作者本人和圣母大学出版社(University of Notre Dame Press)的允许后转引自:James M. Buchanan,"Fairness, Hope, and Justice," in Roger Skurski (ed.), *New Directions in Economic Justice*, 53—89 (Notre Dame: University of Notre Dame Press, 1983). Copyright 1983 by University of Notre Dame Press, Notre Dame Indiana 46556。

第十八章　知名经济学家的著述

一、公平游戏的规则

我在我的《自由的界限》(*The Limits of Liberty*)[①]一书中,用一定的篇幅讨论了分配问题,但并没有明确提出"正义"的规范问题;有批评者把我的努力说成支持在自己的分析中出现的分配结果的"正义",但我并没有——至少在任何有意识的意义上——认为自己提出过任何这样的论点。在《自由的界限》中,我的主要关注点是表明在最初立法前的某个阶段可能会出现涉及确定、保证和执行社会成员间权利和主张(禀赋)分布的契约性协议。我主要表明,这种权利和主张必然先于市场经济过程体现的简单和复杂的交换;而正是这个市场经济过程最后决定最终项目或产品的价值、最终产品和服务的分配,并且在我们泛谈"分配"时就会予以关注。

虽然我的研究本质上是实证研究,而不是规范研究,但对讨论分配正义问题的方法论产生了直接的影响。我的整个论证过程表明,应该集中关注市场过程之前或者作为市场过程先行条件的权利和主张分布,而不是社会产品的某种最终分配。

稍后,我会回到这个核心问题上,但现在让我直奔主题,并且问两个个性化的问题:我对现在持有的收入和财富的名义主张是否"正义"？我是否"有权"提出这些允许我把价值转化为经济中他人生产的可计量产品、服务和实物资产的主张？

我先要交代一些在我回答以上问题时必须考虑的问题。在这些需要考虑的问题中,最重要的或许是要记住"占有财产"或"享有权利"的正义的相对或相关特征。我现在提出的名义主张是否"正义"？现在,让我用不同的方式来提这个问题:还有谁比我更"有权利"占有这些财产？甚至更有针对性地问:你是否比我更"有权利"对我占有的财产、我的钱包或银行账户里的现金提出名义主张权？如果你选择,在思考这个问题时可以把每个人都包括在"你"中。如果你持有现金或债权,而我没有,那么这种修正后的分配是否更加"正义"？

[①]　James M. Buchanan, *The Limits of Liberty* (Chicago: University of Chicago Press, 1975).

还是"国家"或"政府"更有资格拥有它们？如果是这样,那么,什么是"国家"？谁又是"政府"？谁有权充当"治理者"？

正如你所猜测的那样,我们可以非常容易地把所有这些问题转化为政治、道德和法律哲学方面最古老、深远而且也是我们大家都熟悉的问题。当然,这些问题之所以历史最悠久、影响最深远,是因为它们最难得到令人满意的解决。

第一个需要考虑的问题已经暗示了第二个需要考虑并有可能会引起分歧的问题。让我们暂时假设,我认为,从道义上讲,我至少有与其他人一样充分的权利拥有自己的财产。如果你接受这个判断,也就是说,如果你承认我的相关主张,那么我们真的没有必要为这个主张进一步争论更大的"道德伦理"问题。重要的是,我们必须认识到,我们都是在这样一种相互承认存在于现状中的占有财产正义的基础上完成大多数普通的经济交易的。我可以承担相对较小的交易成本到大学书店里买一本书,因为我在买书前完全承认书店对我要买的这本书的所有权主张,同时书店也承认我对我钱包里的现金的所有权主张。我们双方都不需要关心一般意义上的"正义"问题①,只有在出现分歧时才会发生严重的问题。让我们假设,我认为我比你更有权利拥有我占有的财产,但是,你不同意我的看法,你认为你实际上比我更"有权利"拥有我钱包里的钱。

如果你把自己的想法付诸行动,并且有能力采取行动的话,你只需拿走我的钱包就行了。与此同时,我会尽一切努力阻止你这样做。我们两人会发生争斗,除非我们中一个人的主张受到国家法律的保护。在这个例子中,如果你试图拿走我的钱包,我可以打电话给当地警察局,而警察局会派警察来把你抓走。如果你预见到有可能发生这种情况,那么就会克制自己不强夺我的钱包;也就是说,你可能会默认我对钱包的所有权主张,同时可能会继续认为你仍然比我更有"权利"主张对钱包的所有权；在这种情况下,你可能会寻求采取政治行动——包括政府对我征税,同时给你发放现金转移支付——来改变现有的

---

① 在这里,我想说明,我在"正义"之前不再加限定词"分配的",但我在这里只讨论"分配正义"(distributive justice)问题,而不讨论"交换正义"(commutative justice)问题。当然,交换正义本身也很重要。我们可以把"非正义"归因于任何阻止书店和我进行互利交易的制度或规则。

钱包所有权主张。如果你取得了成功,我可能会默认税收和转移支付计划,但我这么做只是因为我不能违反税法而不受到可能的处罚。我俩之间的基本冲突仍然存在,我们还会通过政治手段而不是更加直接的手段继续我们的争斗。

在任何这样的争斗或冲突中,"正义"问题必然会与纯粹的自利混杂在一起。你也许想拿走我的钱包,仅仅是因为你想要钱,但完全不考虑私有财产方面的权利和正义。如果你无法直接拿走我的私有财产,你可能很愿意让政府机构来帮你达到这个目的。我也许想要保住自己的私有财产,只因为我想要保住它们。我可能很想让政府阻止你动用武力夺走我的财产。潜在冲突的任何一方,根本不需要求助于"正义"。你的效用函数可能要求你按照任何可以想见的分配方式得到我的钱;但是,法律可能阻止你这样做。不论怎样,如果法律直接或间接地失去效力,除非有追加约束,否则你就会拿走我的钱。追加约束包括你对我的钱的"正义性"的态度。①

现在,我们回到协议的问题上。那么,什么条件或特征决定你是否承认我持有私有财产的"正义性",以及我对这些财产的权利优先于其他人?当然,有很多方法可以回答这个问题,但我想集中谈谈我们所说的契约回应。

二、规则公平的游戏

我们的回应可概述为以下这个附属问题:我们是否可以把我对自己财产的主张,解释并理解为我们可能同意称之为的公平游戏的结果的一个分量?这个问题又会引出几个附属问题。何为公平游戏?何为公平?拿游戏类比来解释经济互动过程是否合适?

我将在这里简单地讨论最后一个问题。契约观与替代它的几种观点的区别在于,契约观依赖于参与互动的个体的内部标准,而调用外部标准来评估互动过程或最终状态就变得缺乏正当性。一旦认识到这一点,我们在具备以下讨论提到的条件后,必然就能接受这种游戏类比。对于那些不接受基本契约

---

① 关于法律可对行为施加的间接约束,请允许我在这里作一补充说明。我们可能受到约束,但并不是直接受到法律条文的约束,而是因为法律本身的存在而受到约束。我们可能会认为违法是不道德的行为,但并不是因为法律就其目的而言是正确的,而仅仅因为它是法律。

逻辑的人以及那些想要引用外部评价标准的人,我们也就没有什么话可说了。

现在,让我回到关于何为公平游戏以及何为公平等其他问题上。毫不奇怪,基于契约的回应会重新达成一致。"公平规则"是指在游戏开始之前,游戏参与者在确定自己的具体位置之前就已经同意的规则。请注意这个定义的意思是:如果游戏参与者都同意某些规则,那么这些规则就是公平的;而不是说,游戏参与者是因为规则公平才同意接受。也就是说,公平是一致决定的,但一致决定并不会聚合成某种客观确定的公平。

一种以此为起点解决问题的方法是讨论如何推导出我们所说的"理想的公平规则"甚或"貌似公平的规则"。这基本上就是约翰·罗尔斯在《正义论》[①]中采用的方法。虽然我非常喜欢罗尔斯,但这种方法会使我离题太远,达不到目的。我发现以下做法十分有用:从已经存在甚至是抽象的现状入手,设法采用公平的标准来确定实际或可能观察到的结果与个人对这些结果"正义性"的态度之间可能存在的对应关系。回到我本人的例子,我的权利主张、我目前拥有的财产,可否作为我们同意在相当公平的规则下进行的一场游戏的结果呢?

首先,有必要考虑在真实或想象的制度结构下可能决定分配结果的因素。任何认为某人的财产"来路不正",或者实际上认为某人的财产按公平的标准评判"来路正当"的人,必然认为自己掌握了真正非凡的经济分析和统计数据解释的知识。我们的经济学和其他学科的学术同仁以及学术圈以外的评论人士,往往不愿承担繁杂的工作去理解在不同的规则下分配模式究竟是如何产生的,而是在真正明白自己在谈论什么之前往往已经准备愿意直接"跳进"对现有财产分布以及在这些分布中的特定个人资产进行评价和规范性判断。我在弗吉尼亚大学(University of Virginia)的前同事拉特里奇·维宁(Rutledge Vining)教授曾强调指出这个问题。长期以来,他要求研究(任何类型)分布的学者在被允许进行评估诊断之前,应该迫使自己理解随机模型并完全植根于概率论的基本原理。

很明显,如果我们严格接受维宁的告诫,就谁也不能对收入和财富分配说

---

① John Rawls, *A Theory of Justice* (Cambridge, Mass: Harvard University Press, 1971).

三道四。不过,我认为,我们能把维宁的告诫当作警告,不要在讨论分配问题上做太大的努力。在这里,与在经济政策分析的其他场合一样,我们必须谨慎进行相关比较。我们可以先列出不同游戏中以及不同制度背景和游戏规则下决定经济价值分配的因素。

在今天的美国经济中,制度安排是一种市场和政治在一个由相互交织在一起并且常常相互冲突的关系组成的极其复杂的网络中组合而成的安排。试图以任何看似可以接受的方式为这个制度结构和这种游戏构建模型,哪怕是高度抽象的模型,也超出了我的能力或我写本文的目的。因此,我建议抽象掉政治因素以及我们观察到的政府对经济分配模式的多种影响,并直接观察市场过程以及市场过程在没有政府干预的情况下可能促成的分配格局。也就是说,我想观察一种相对纯粹的市场结构,一种在仅限于保护生命和财产以及保证契约付诸实施的法律和政治框架下进行的游戏。至于在这里,我们可以说,我将讨论一种仅仅履行保护职能的最小政府的市场经济的分配问题。

如上所述,我们构建的这个模型完全与现实不符,但通过考察根据这个模型预计能推导出的分配格局,我们也许开始感觉到可以把我们所说的"正义"或"不正义"应用于分配结果。但要重申一下,这两个词须按照公平的概念来解释。

有一种方法可以让我们不跌入维宁告诫我们要注意的陷阱,这种方法就是放弃对"分配"本身的讨论,并坚持采用前面所举的简单的个人例子,也就是以一个人为例,即以我为例来说明的问题。那么,是什么元素或因素决定我在目前的经济价值主张方面占据的相对份额,或者更确切地说,决定我在相对纯粹的市场经济——就如我们所定义的市场经济——中占据的这种主张权份额呢?

现在,我应该求教于我自己的导师——芝加哥大学的弗兰克·奈特(Frank Knight)教授。他曾说过,在市场经济中,主张权由"出身、运气和努力"决定,但"其中努力的作用最小"。奈特指出的三个决定因素为我们的讨论确定了一个很好的起点。但是,请允许我再增加一个决定因素,即"选择"。就像我们已经想到的那样,这些决定因素之间存在相互依存的关系。请允许我按照以下顺序来阐述这四个决定因素:选择、运气、努力和出身。

选择

当然，我自己的选择会在一定程度上影响我当前可以主张的经济品的价值，或者更一般地会影响我当前持有的财产的价值。我认为，我们应该能够很容易地承认，我们中的任何人对经济品的主张都要受到本人选择的影响，当然影响程度各不相同。有了上面提到的条件，我就可以拿我自己的经历来说说选择的作用。我在20世纪50年代末、60年代和70年代初学术繁荣前不久有意选择了从事学术生涯。也就是说，我选择从事一个不久就经历极快增长并且对从业人员收入水平产生影响的职业。不论怎样，即使在选择这个职业之前，我也已经选择继续深造，甚至不惜以放弃收入为代价（不可否认，20世纪30年代后期，收入低得可怜）。当然，我并不是想说，这一路上，我都是在充分知情的条件下做出各种选择的。说实话，我本人在这些选择上还是很幸运的。正如我在前面提到的那样，我们无法真正把某些决定因素从我在前面分列的决定因素中分离出来。我们必然要在具有很大不确定性的条件下做出选择，而我本可以选择一个衰落行业，而不是扩张行业。那样的话，我的选择就会对我的相对收入—财富地位产生截然不同的影响。

不过，我的目的不是要详细讨论选择对于个人或家庭的总经济价值主张权有多大的影响。我在这里只是想说，只要个人这种主张权相对份额的差别可归因于自由做出的选择，那么，我们就没有正当理由评判这种差别"不公平"或"不正义"。在我看来，芝加哥那个如果当时做出不同选择"本可以"取得成功的酒鬼，也许会引起同伴们的同情，但不能也不应该被允许利用他们天生的"公平"意识。还好，他们的公平意识没有因为他的处境而受到任何亵渎。

运气

选择作为影响主张权分布的因素与运气、机遇或机会结合并交织在一起。虽然一个人也许没有故意明确地选择做这做那，但我们的价值主张权份额可能已经出乎意料、戏剧性地扩大或者缩小。以标准方法耕种家庭农场的农民并没有"选择"在自家的耕地底下找到石油，而在他家的耕地底下发现石油只是他幸运而已，而其他人可能就没有那么幸运，由于遭遇洪水、火灾或瘟疫而眼睁睁地看着自己的财产化为乌有。我仍不打算讨论运气在20世纪80年代的美国或其他国家经济的价值主张权总归属中的相对重要性。不过，我还是认为，从运气是公认的因果关系的影响因素这个意义上说，只要人人"能够参加游戏"，那么，我们就可以说，似乎在已经观察到的主张权相对差别中找不到任何违反基本公平原则的地方。

努力

我们无须讨论努力的问题。就我们的主张权可追溯到我们自己做出的努力而言，我们必须就公平或任何其他标准达成几乎普遍一致的共识：我们的主张权"来路正当"。实际上，我们可以认为，如果我们未曾做出这样的努力，那么就没有任何价值可以主张。因此，确切地说，这种可归因于努力的价值，对于社会任何成员来说，都没有机会成本；哪怕是在有潜在价值可供再分配的特定语境下也是如此。

出身

我们只剩下出身这个主张权分配决定因素的影响需要考察。毫不奇怪，关于收入和财富分配"不公正"和（或）"不公平"的大多数指控据称是源于出身。可能很少有人仅仅因为运气好而做出了较好的选择，或者比其他人付出了较大的努力，就说经济游戏本质上是不公平的。在私有财产和契约受到保护的法律框架下运行的市场机制反映出经济游戏一定程度的不公平性，但这种不公平性往往可归因于我们在第一时间参与经济游戏、进行选择、掷经济骰子碰运气和做出努力之前的个人禀赋分布。

三、找复活节彩蛋——一种市场类比

我可以借用我以前的同事、奥本大学（Auburn University）的理查德·瓦格纳（Richard Wagner）教授所做"找复活节彩蛋"类比，间接地提出一些问题。市场过程中的分配模式与寻找复活节彩蛋的模式在性质上并没有太大的区别。在很大程度上，"发现者就是保管人"，而产品的最终分配则取决于人、时间和地点的历史偶然性——取决于运气、天赋、能力和努力这些前面已经讨论过的因素。但是,就如我在谈努力时指出的那样,没有任何固定数额的彩蛋可以"找到",没有任何固定数额的总经济价值可以某种方式在经济游戏参与者之间分享。事实上,除非寻找工作组织得当,否则根本就不可能找到这窝复活节彩蛋,更不可能发现或生产具有潜在价值的产品。那个凭运气、天赋或努力找到一窝复活节彩蛋的人,从某种基本道德的意义上讲,未必有"资格"保管这窝彩蛋,但是,其他任何人,无论是个人还是集体,肯定没有"资格"保管这窝彩蛋。因为,根据推测,根本就不会有其他人发现这窝彩蛋。

当然,以上我说的所有这一切,只是在强调竞争性经济过程的正和本质。但是,"正义"或"公平"是否应该归因于发现者就是保管者的游戏规则,关键取决于是否具备以下两个条件中的一个:一是"镇上必须有许多游戏";二是玩家的起点必须大致相同。如果镇上有"许多游戏",那么就不必担心玩家的相对起点,因为任何自愿参加某种特定游戏的玩家同时保留退出游戏的选择权。但是,如果"镇上只有一种游戏,而且每个人无论是否愿意都必须参加,那么,大家的注意力立即就会被吸引到他们的相对起点上"。在我们开始根据正义或公平的标准评价结果之前,我们必须考虑玩家的起点。如果有些玩家不是由于自己选择就被赋予较强的能力,那么,这些玩家在任何游戏中都具有相对优势。当这些玩家与那些相对劣势但必须参加同一游戏的玩家在平等条件下同台竞技时,我们平时的"公平"意识就会受到亵渎。

那么,一场可接受的公平竞赛一定要具体规定让步条件吗?我们很多人记得,在寻找复活节彩蛋的时候,年龄较长、个子较大的孩子,无论在距离还是时间上都要让着年幼、个子较小的孩子。据推测,所有的孩子都要参加相同的寻彩蛋游戏,较小的孩子被认为不可能自己玩游戏,至少不可能在玩游戏时取得优势。从某种意义上说,至少就我在这里讨论的目的而言,这种安排为社会过程提供了一个恰当、合理的类比。

如果在天赋、才能和能力方面存在明显并被普遍承认的差别,而且是在实际"起跑"之前或在"起跑"线上就可以看出的差别,那么,似乎就有了具有说服力的论据来支持歧视性让步,即使可能有损社会价值也在所不惜。但是,如果我们假设有一块被理想化的无知面纱;有了这块面纱,就没人知道自己在天赋、才能和能力预计组合中可能占据什么位置，那么，只有在没有障碍的情况下，个人这种预计组合的期望值才有可能达到最大化。允许市场过程在没有再分配障碍的情况下运作才能实现最大的社会产品；而且，如果每个人都有同等机会获得产品价值的份额，那么根据上面所说的预期值确定的合理规则似乎会从根本上拒绝任何歧视性让步。

不论怎样，上述预期值并不是唯一的标准。如果预期起点分布（用禀赋、才能和创造价值的能力来定义）扩展到一个很大的范围，那么分布方差就很重要。在确定与最大预期值的可能偏差时，有关个人之间实际和感觉到的差别的经验估计就变得很重要。如果我们同意亚当·斯密关于哲学家和搬运工之间没有自然差别的观点，那么，与如果我们同意柏拉图关于内在自然差别的观点相比，起点问题就会变得容易处理得多。此外，起点在影响消费价值最终分布方面的差别的相对重要性，当然会影响对调整起点的态度。也就是说，如果选择、运气和努力在决定任何个人对经济价值的实际控制力方面，相对于出身而言居于支配地位，那么起点分布中的公平问题可能就会变得相对不太重要。

我本人认为，这个问题相当重要，值得在此详细阐述。观察到和想象到的在潜在消费阶段最终产品价值控制力差别的来源，与经济游戏中任何"主义"或"不正义"的归因有关。我们来考虑一个简单的二人例子。我们先假设A和B的收入完全由各自的初始禀赋决定，A的初始禀赋是B的两倍，因此，A的收入是B的两倍。我们拿这种情况与初始禀赋仍然和以前一样（即A是B的两倍）的情况比较。但现在假设二人的收入份额也取决于选择、运气和努力。在引入这些追加决定因素前，A的收入份额的预期值将超过B的收入份额的预期值；而在观察到的结果中，B的收入份额可能远远超过A的收入份额。在这种情况下，对初始禀赋差别的关注会不如第一种情况。

还有两点需要说明。在政治—经济"游戏"中，与"正义"考量相关的起点不平等，就是导致获得任何被认为对社会秩序和稳定"有价值"的东西的机会不平等。这些有价值的东西并不需要，通常也不会，而且也不应该包括个人在偏好、才能和禀赋方面所观察到的任何差别中。这种对有价值的东西的多样性的认识，与需要说明的第二点密切相关。在现代社会秩序必须代表的极其复杂的"游戏"中，创造价值的能力呈现多种不同的形式。实际上，在规模较大的"游戏"中,有许多子游戏同时在进行,其中的每一个子游戏都可能需要参与者具备某种程度上不同的禀赋和才能组合才能取得成功。"起点平等"即使作为一种理想,当然也并不意味着每个人都有资格完全一致地与其他人一起参加每一种子游戏。"机会均等"即使作为一种理想,如果加以适当解读,也必须被定义为某种在任何最适合参加者具体情况的"游戏"中大致——而且可能是不可估量——没有价值创造能力重大差别的状况。

然而,尽管有这么多的限制条件和附带条件,但公平的规则似乎意味着强制规定某种我们所说的"让步",从而允许即使达不到也能接近所谓的起点平等或者我们更加熟悉的机会平等。然而,在"作为公平的正义"的含义太容易被接受之前,我们必须提出并尝试回答一个很难回答的问题:由谁来规定"让步距离"?既没有外部代理人或最高统治者,也没有仁慈的君主,能够提前发现不同游戏参与者的能力差别并调整他们的起点。事实上,那些认为自己位于罗尔斯笔下无知面纱背后某个原初状态的个人,可能会把确定让步距离的任务交给那些可能暂时或永久性地被赋予权力对其同胞进行政治治理的人。真正公平的规则可能还包括起点平等,但如果有些运动员也被允许担任裁判员,那么最好完全不要考虑这样的规则。

对于任何社会来说,执行让步规则,哪怕是最容易达成共识的让步规则,都是一种可怕的制度困境。如果那些被赋予治理权的人,由于有人担心他们利用责成他们执行的规则来牟取私利,因此没有并且无法在动用自由裁量权实施这些规则方面取得信任,那么,怎样才能促进哪怕是有限、近似意义上的"机会平等"呢?

诉诸宪法秩序选择不受政治纷争和冲突影响的制度规则,并把这些规则设计成约束政府和私人行为的准永久机制,也许有可能在一定程度上解决这种困境。我们可以制定宪法规则来建立能鼓励起点平等的制度结构。即使采取宪法途径而不是政治途径来实施公平规则,也仍必须承认,无法在有可能大相径庭的机会之间进行任何"微调"。在最好的情况下,宪法设计有可能允许一些制度解决一些起点明显不平等的问题。我将在下面两部分讨论两种这样的制度。

四、宪法设计与不平等

那么,一种允许财产不受阻碍地在代际转移的政治机制是否能够通过任何的公平检验呢?这样的财产代际转移可能会被认为是公然制造起点不平等问题的最明显因素,因此直接与任何平等化目的背道而驰。即使我们能认识到执行上述公平规则的困难,也几乎肯定会根据就公平规则达成的任何协议制定某种财产转移税制度,而某些这样的税收则几乎是任何起点调整组合的必要组成部分。

这个结论并没有受到可能提出并常常已经提出的反对财产转移税的各种不同论点的影响。我们也许能够充分认识到,这种税收帕累托低效,而储蓄、资本形成和经济增长则会受到它的不利影响;而且这种税收必然会干预那些潜在财富积累者和潜在捐赠者的自由。这些论点确实表明,规则公平的要求与经济效率和增长目标之间存在某种此消彼长的相关性,但并不意味着后一个目标在某种程度上主导或改变公平目标,而只是意味着承认实现公平目标的成本会降低公平目标的标准。第二组——也可能是更重要的一组——论点也没有改变财产转移税在"公平"社会中的基本作用。这些论点首先基于潜在应税财产和非应税财产之间的替代性,其次基于可通过遗传方式转移的人力资本禀赋固有的不可税性。在决定产品价值的最终控制权方面,这种不可税人力资本禀赋可能比潜在可税资产禀赋更加重要。如果情况确实如此,那么对非人力资产的转移征税有什么道德伦理依据呢?

正如我在上面指出的那样,其中一个原因就在于这种转移的公然性或公开性;即使现代经济学家出于对他们的研究目的的考虑,能够平等地对待这两种禀赋要素,非人力资本和人力资本之间也存在根本的伦理差别。第二个原因就是这种禀赋的潜在可税性本身。从某种意义上说,这种税收,无论其最终效果多么有限,都代表着朝着实现起点平等的目标迈进。禀赋转移中存在不可税元素,从而导致这个目标最终无法实现,这一事实应该有利于,而不是不利于不太成功的努力尽可能继续下去。

第二种制度似乎应该根据基本的公平标准来证明它的正当性,并且仍然在起点平等这个目标的范畴内。这种制度就是由公众或者政府出资的教育。可以预测,虽然我们已经注意到认识执行方面的困难,但这种制度有可能产生于概念化的契约性协议。

上一节提到的反财产转移税的第二组论点也适用于这第二种制度。当然,即便我们应该以某种理想化的"效率"——无论这是一种什么样的效率——来组织教育工作,人力资本中部分由基因决定的先天差别不可能被教育对人力资本的影响所抵消。但是,在决定对经济价值的相对控制权方面,教育的可获得性有助于减少而不是增加这种起点差别的影响。从这个意义上讲,教育类似于财产转移税,会产生自己的作用。

经济学家,尤其是财政经济学家,在把教育归类为一种正式的萨缪尔森式"公共消费"服务或"集体消费"服务时,可能已经偏离了核心问题。在这种模式中,往往只有在收益外溢;或者说,除了对接受教育的孩子及其直系亲属外还产生外部性的情况下,才被证明公共或政府资助的正当性。不过,整个公共品观都假定,个人"已经参加游戏":正当我们考虑对起点进行可能的调整以及设置旨在使游戏变得"公平"的让步规则时,有人用不同的理念来证明用公共资金资助教育的正当性。请注意,在这种情况下,关于政府资助的争论完全不受溢出效应或外部经济性的影响,至少就这些术语的一般用法而言就是如此。①

正如我所强调的那样,财产转移税和公共资金资助教育即使采用某种近似的方式,也无法使起点变得平等。不平等的问题仍将存在;对于不同的人,机会依然不同。尽管如此,我在这里介绍的这两种基本制度可以减少差别造成的影响,并且可以说它们收到了这种效果。从某种意义上说,"游戏"可被视为在它的规则中体现了"公平"标准。

那么,按照公平标准,我们在起点问题上还可以做些什么呢?下面,我想集中讨论这个问题的其他方面,尤其是旨在确保合理的"公平竞赛机会":即使

---

① 在此,我应该给关于公共或政府出资办教育的论点的讨论加一个必要的脚注,而不是对政府提供和组织教育的可能论点进行更加复杂的延伸。我不打算在这里讨论进行这种延伸后的问题。我想说的是,关于限制政府资助教育的作用,已经有极具说服力的效率基础论,尽管有人可能会用"公平"论证明政府提供教育服务的正当性。

有人可能会认为起点绝不会平等,我们也能采取措施,让所有人都有同样的机会参与。举例来说,佃农的孩子和亿万富翁的孩子绝不可能有平等的机会成为总统。但是,可以利用使佃农的孩子不会被公开排斥在游戏之外的方式来完善相关制度。如果允许他们在相同的规则下"玩游戏",佃农的儿子至少仍有赢的机会。稍后,我将详细讨论"经济正义"的这些方面。"希望"是任何主张"正义"的社会秩序极其重要的组成部分。

五、产品分配

说到这里,我想从起点问题转向更加仔细地考察在经济游戏结束后对收入分配结果或最终状态进行再分配调整的可能性。那么,根据相同的基本公平规则,进行再分配性收入转移的空间有多大呢?

为了集中讨论最终状态的问题,让我们暂时假定,起点和机会不平等的现象已经得到了令人满意的缓解。尽管如此,我们仍然应该牢记公平标准的两个潜在应用阶段之间存在相互依存关系。在令人满意地调整了起点、对比赛规定了适当让步规则的情况下,在结果之间进行任何再分配式的转移肯定都没有那么有说服力的论据;反之亦然。

我在前面已经指出,如果相对收入分配方面的结果差别可以归因于选择、运气或者努力,那么就没有违背事前公平的基本原则。只要全体参与者都在近乎平等的条件下参与游戏,并且有机会根据同样的规则玩游戏,那么,这些规则就是最根本和基本意义上的"公平"规则。然而,预测和观察到的结果显示出赋予不同参与者的收入份额存在巨大的差别。"发现者就是保管者"规则在产品总价值最大化方面的效率有可能得到承认。但是,更广泛地解释公平规则,有可能意味着要进行一些生产后的再分配。也就是说,即使各收入份额的期望值在事前都相等,但事后收入份额的实际分布有可能会出现程度大到可根据契约拒绝接受的差别。

这里的问题部分是经验性的。如前所述,契约逻辑表明,据以达成一般协议的规则就是公平规则;而达成协议的可能性则在很大程度上取决于预期或预计的结果格局。那么,在真正机会平等的条件下,市场经济的收入份额实际分布会呈现怎样的状态呢？我不认为，我们在座的任何人能够真正回答这个假设性问题，我们再来回忆一下上面讨论过的维宁告诫。

就任何一套规则达成协议的可能性也取决于备选方案的可接受性。体现在市场上，广义的发现者就是保管人的规则有可能并不符合"正义"的最佳标准，至少从大多数人的态度来看就是这样。但是，除非存在可以保证达成更多协议的替代性规则，否则这些规则在某些协商一致的背景下仍有可能较优。也就是说，市场分配规则可以代表概念化的契约过程的某种谢林点（Schelling-point）结果；可能没有替代性规则可用来达成协议。弗兰克·奈特对市场秩序的分配结果进行了这样的"辩护"，最近丹·厄舍（Dan Usher）也这样做了。[①]

然而，我们似乎没有任何令人信服的逻辑论据可用来证明，竞争市场的分配规则必然会出现在潜在参与者之间达成的广义契约性协议中，即使在起点平等的假设下也是如此。市场规则可能会在这种假定的条件下产生，但这只是众多规则中的一套规则。我们可以提出貌似合理的论点，即任何契约性协议都应该规定对收入份额进行交易后和生产后调整的条款，至少在不考虑执行困难的情况下应该这样做。我们可以缓解收入份额市场分配的不完善之处，可以说是依靠那些运气变坏的人提供的一些保证，甚至不惜牺牲那些运气较好的人的利益。拒绝把罗尔斯的"差别原则"作为契约性协议的一种可能结果，是没有逻辑基础的。罗尔斯错就错在，认为这种再分配原则在某种程度上是唯一的再分配规则，而事实上，它产生于他假设的条件。

就我本人而言，无论是在实证的预测意义上还是在规范的偏好意义上，如果初始禀赋和能力分布的大致公平性能够得到保证，那么，相对而言，我应该不会对竞争性市场过程的分配结果感到不安。社会主义引发的对市场经济秩序的批评，有很多被误导了。有人批评市场机制，是因为它们没能产生符合预设的规范目标的分配结果，而实际上，这些结果与个人在进入市场前的禀赋和能力方面的差别有着更加密切的关系。

我们来看一个非常简单的橘子和苹果的例子。假设：在交易完成后，我们观察到蒂齐奥（Tizio）有 16 只橘子和 14 只苹果，而卡约（Caio）只有 3 只橘子

[①] 请参阅：Dan Usher, "The Problem of Equity," mimeographed, Queens University, 1975。

和 2 只苹果。然而,单看这个交易后结果,我们无法知道任何关于他们交易前禀赋的信息。如果蒂齐奥在交易前有 19 只橘子和 13 只苹果,而卡约在交易前没有橘子,只有 3 只苹果,那么,卡约用 1 只苹果换 3 只橘子的交易无疑改善了他自己和蒂齐奥的状况。他们之间的交易对分配的影响,就重要性而言,不及交易前的禀赋不平等。

在个人交易前的禀赋和能力差别可以消除或分离的情况下,市场规则几乎没有受到检验。如果我们承认可以对交易前的价值潜力分布和交易的分配效应进行区别,那么,我们就建议接受一些关于公平或其他标准的准则。试图减轻主要由于交易前不平等造成的分配不平等或不公正,并不应采取干预市场过程本身的方式。最低工资法或许是这方面最好的例子。限制工资会伤害到那些本应从中受益的人。在这方面与在许多其他方面一样,我们应该承认并强调亚当·斯密的自然自由制度推崇的分配正义。试图改变分配结果的尝试应该针对产生不受欢迎的后果的根源,即交易前的经济价值创造能力分布。

六、政治规则的公平问题

有必要重新回到前面提出的问题。由谁负责调整?由谁负责规定让步规则?正因为由有关社会的内部成员来选择并实施再分配安排,所以,契约—宪法伦理似乎是唯一可用的评价标准,而社会的"法律和制度"则构建了社会成员个人在里面进行互动的持续和可预测框架。重要的是,这些法律和制度应被认为是公平的法律和制度;要做到这一点,它们必须具有某些前面说过的纠正机会差别的特点。在这方面,我已经提到征收财产转移税和政府资助教育的重要性。但也许更加重要的是,政治决策机制也必须被认为是公平和公正的。在任何体现"经济正义"的结构中,这个关键因素常常被市场的社会主义批评者几乎完全忽视。如果要进行政治调整,那么,政治游戏本身必须包含比市场交易更加严格的公平规则。

价值主张方面的政治调整只能在从契约的角度看是公平的情况下进行。也就是说,国家不能以实现"分配正义"或其他名义为借口,动用政府等其他国家机关直接把收入和财产从政治弱势群体转移到政治强势群体手中,而公民也不可能被这种空洞的花言巧语所愚弄。首先,通过政治途径实施的分配调整必须是严格意义上"宪法性"调整,即必须体现在永久或准永久的社会秩序制度中。无论是短期立法还是议会,对分配份额的操纵都不可能符合真正的公平标准。就实际项目而言,我们的论证表明,累进所得税可能会成为可接受的财政宪法的一个特征,但通过调整税率结构来奖励政治盟友并惩罚政治敌人,明目张胆地玩弄政治伎俩,当然违背全部的契约规则。类似的结论也适用于通过调整支出计划来讨好在政治上占据主导地位的联盟的情况。

对转移收入和财富的努力持批评态度的自由主义者,应该把批评的矛头对准无正当理由动用民主决策机制的行为。一方面,如果政府被看作在公民之间任意转移收入和财富的工具,那么开放的社会就无法存续下去;另一方面,自由主义者倘若真正拒绝宪法或框架性安排,那么未必就能走得很远,并且会削弱他们自己的论点的说服力,因为这些安排的作用就是促进交易前的大致平等,并消除交易后的极端优势。自由主义者可能会在标准效率的基础上捍卫竞争过程的分配规则;而且,如果愿意的话,他们也可以发展一种道德论来支持这种分配规则。但这种捍卫与捍卫市场经济中可能观察到的分配结果不同,因为在市场经济中,没有人试图调整起点。那些没有认识到所观察到的分配结果有两个不同决定因素的自由主义者,有可能会犯与他们的社会主义对手同样的错误,而后者错就错在用本质上是虚假的幌子攻击市场。

前面,我已经表示财产转移税制度以及政府资助教育的制度有可能出现在任何一致同意的公平规则中,现在来考察为减轻特定形式的起点不平等(还是用基本的公平标准来评价)所必需的追加制度。

七、正义与机会公平

我想更加详细地阐述我在前面已经简单提到过的"机会公平"的概念。从一个基本但有限的方面看,"机会公平"等同于"机会平等",每个人都有以下保证:赋予每个人的经济价值主张权由本人自身的因素和平等影响所有人的机会因素所决定。这个标准并不要求根据个人起点评估的个人期望值都相等。如上所述,我们绝不可能达到甚或接近隐含在后一个标准中的更加严格的机会平等定义。但是,"机会公平"这个标准要求外在于个人并在个人之间差别分布的因素不对个人的期望值产生任何影响。

除了下面要举的例子外,我们很难明确说明这个标准的确切意义。不过,我认为,通过介绍这些例子,我们就能使这个概念变得明确和熟悉。然而,首先请允许我说明,我认为"机会公平"这个标准,或者用一个更具描述性的词组"待遇平等",对于我们个人产生对任何社会秩序"正义"的态度至关重要。只要我们每个人都认为自己有"公平的机会"来玩游戏,就能希望得到好的结果,尽管我们也认识到自己取得这种结果的期望值可能要低于其他人。

再来看看我之前提出的论点,即如果收入份额可以在某种程度上归因于选择、运气或努力,那么就不会违反事前公平的基本规则。只要规则允许每个人在同等条件下玩游戏,那么,包括最终产品和服务控制权分配在内的结果格局就不能被判定为"不公平"。但是,正如我也同样指出的那样,"在同等条件下玩游戏"可被严格解读为要求全体参与者在起点就具有同等的能力—禀赋。根据这种狭义的解读,即使在制度上强制规定适当的让步规则,这种游戏也绝不能真正被贴上"公平"的标签。但是,公民社会的生活要求全体成员不论愿意与否,都必须参与进来,那么,我们应该怎么做呢?

从个人接受自己在基本或天赋能力和才能的基因—文化分布上的命运这个意义上看,个人也可以把这种命运看作他自己的"运气"——从在游戏前这个词更具包容性的意义上考虑。没有人能够改变自己的基因—文化"遗产"(我们不能选择自己的父母),因此,我们可以把我们确实拥有的这份"遗产"看作我们在历史长河中碰到特殊"运气"的结果。但与此同时,我们可以承认,这份"遗产"本身可能对于决定我们在社会价值分享权配置中所处的位置具有重大意义。无论好坏,我们都必须接受命运的安排,尤其是在游戏的政治—经济规则似乎并没有增加或加剧天赋才能分布导致的价值分享权差别的情况下。

为了更系统地讨论这种"天赋才能"分布,出于论证的考虑,让我们假设,社会全体成员大致做出了质量相同的选择,在游戏中大致具有相同的运气,并且大致做出了相同的基本努力。在这个抽象的假设背景下,如果天赋才能或能力—禀赋分布已知;如果每个社会成员都可以很容易地确定自己在能力—禀赋分布矩阵中的位置,那么,我们就可以认为最终价值主张权的期望值分布直接对应于天赋才能—能力—禀赋的初始分布。如前所述,由于每个人的选择、运气和努力程度不同,因此,起点分布和产品价值最终主张权分布之间的这种精确映射就不复存在。随着游戏的实际进行,后一种分布可能会出现很大范围的交叉和重叠。正如我之前提到的那样,这些"非自然"或"非起点"影响的重要性与游戏本身的"公平性"之间存在直接的联系。

不过,我们知道,如果不考虑我们在经济游戏中已经做出或得到证明的表现,我们并不能容易地根据自己的"天赋才能"识别自己创造经济价值的基本能力。个人在创造经济价值和我们所说的"社会收入"能力上的差别至少有一部分,或许是很大一部分,只能在个人采取行动后才能回溯性地看到。有些参加游戏的人必然身份不明、难以归类,因此有可能存在未被观察到的能力差别。这些未观察到的能力差别可能对于决定最终价值主张权的分布十分重要,但在游戏开始前可能没办法判断这些初始能力差别。前面使用的简单的"找复活节彩蛋"的类比在这里没有用武之地,因为我们无法事先确定"跑得最快的那个人"。

如果被赋予的最终产品价值主张权的分布能以某种方式推迟或延期到可获得有关效率比较的充分信息之后,那么,在经济活动开始的最初阶段缺少这种信息的情况下,就不会造成任何特别的问题。但在产权和契约的法律背景下运行的市场经济描述的经济—政治博弈中,我们必须用扩展后的日历时间来思考问题。我们被认为不可能为获得若干份额的产品价值,耐心等待一生的工作寿命,甚或一生中较小部分的工作寿命。我们必须制定并实施一些报酬支付计划,以便在缺少充分的相对生产率信息的情况下每期分配价值主张权。在部分的所谓"证明期"(demonstration period)的初始时间序列中,市场往往会在确定个人生产率的时候催促支付薪酬,也就是"工资"。对于有关子群体的全体游戏参与者来说,工资是按某个平均数来计算的。当然,"证明期"的日历时间长度会因不同的职别而大相径庭:普通劳动者的证明期可能很短,几乎可以忽略不计;而教授的证明期则可能相当长。

第二节　一亿多女性正在消失[①]

阿马蒂亚·森

在这篇文章里,阿马蒂亚·森(Amartya Sen)首先揭示了一个惊人的事实:如果像欧洲和北美一样的男女性别比例(1∶1.05~1.06)能在全世界普及的话,那么,全世界就会多出大约1亿女性。因此,他给这篇文章取名《一亿多女性正在消失》(More Than 100 Million Women Are Missing)。森为这样一种论点辩护:经济和文化因素在女性因缺乏食物和医疗卫生而死亡或过早死亡方面发挥了作用。森没有把这个问题作为一个应该通过采取帕累托最优举措来解决的公共品问题来处理,而是寻求具有增加女性生存机会或延长她们寿命的效果的政策。他建议赋予妇女包括财产拥有权在内的经济权利,并把这些权利落到实处。他还建议努力提高妇女的读写能力。最后,阿马蒂亚·森主张增加妇女走出家门从事有收入工作的机会,从而保证妇女有自己的收入来源。虽然森没有用"有益品"这个术语,但我认为他的政策建议就是有益品建议,因为这些政策建议并没有主张对那些有可能因这些建议体验到负面效用的人进行任何补偿。

※　※　※

我们常说女性占世界人口的大多数,其实并不是这样。这种错误的概念是对当代欧洲和北美的人口状况进行一般化的产物。目前,欧洲和北美的男女比例通常在1∶1.05或1∶1.06左右,甚至更高。在南亚、西亚和中国,男女比例可能低至1∶0.94,甚或更低;在亚洲其他地方、非洲和拉丁美洲,男女人口比例差别很大。那么,我们如何理解和解释这些差别,并对它们做出反应呢?

[①] 本文在征得作者和《纽约时报书评》(*The New York Review of Books*)允许后转引自:Amartya Sen,"More Than 100 Million Women Are Missing," *The New York Review of Books*,20 December 1990,61—66。1990年版权归《纽约时报书评》杂志公司所有。

有益品文选

一

在出生上,世界各地男婴的人数都比女婴多,男女比例几乎都相同——大约是 105 或 106 个男婴比 100 个女婴。繁殖生物学研究怎么会得出这样的结果,至今仍是个有争议的话题。但总体而言,生物学认为,母亲怀孕后,女孩的存活概率似乎要大一些。相当多的研究已经表明,如果男性和女性得到同样的营养、医疗照顾和一般保健,女性的寿命往往明显长于男性。总的来说,女性似乎比男性更能抵抗疾病,通常比男性更能吃苦耐劳。女性不但在 40 岁以后,而且在生命初期,特别是在刚出生后的那几个月里,甚至在母亲子宫里就具有这个优势。在得到与男性相同照顾的情况下[①],女性的存活率往往比男性高。

在欧洲、美国和日本,虽然对妇女的很多不同歧视继续存在(例如,男子在接受高等教育、从事专门化职业和晋升高级行政职务方面具有明显的优势),但妇女在基本营养摄入和医疗保健方面几乎没有受到歧视。因此,女性的人数大大超过男性。这些国家之所以女性人数较多,部分是因为社会和环境差别提高了男性的死亡率。例如,男性死于暴力和与吸烟有关的疾病的可能性更大。但即使把这些因素考虑在内,得到相似照料的女性寿命也长于男性,这似乎也与女性在抵御疾病方面比男性拥有的生物优势有关。生男孩的频率大于生女孩的频率是否与女性较高的潜在存活率有进化上的联系,这本身就是一个值得关注的问题。只要女性在生死问题上得到与男性大致相同的待遇,那么,大多数年龄段的女性死亡率似乎比男性低。

在亚洲和北非的大部分地区,女性的命运截然不同。在这些地区,由于没有向女性提供类似于男性能享受的医疗服务,也没有向她们提供类似于男性

[①] 关于现有证据的评价,可参阅:Ingrid Waldron,"The Role of Genetic and Biological Factors in Sex Differences in Mortality," in A. D. Lopez and L. T. Ruzicka, eds., *Sex Differences in Mortality* (Canberra: Department of Demography, Australian National University, 1983)。关于文化对死亡率无处不在的影响以及形成生存优势生物学观的困难所在,请参阅:Sheila Ryan Johansson, "Mortality, Welfare and Gender: Continuity and Change in Explanations for Male/Female Mortality Differences over Three Centuries," in *Continuity and Change*, forthcoming.

能享用的食物和社会服务,结果导致女性的生存人数少于倘若她们能受到与男性相同的照顾的情况下的生存人数。例如,在印度,除了刚出生这个阶段外,在30多岁前的所有年龄段上,女性的死亡率都高于男性的死亡率。这与妇女患病率较高有关,并最终与妇女受到相对忽视有关,特别是与女性在医疗卫生方面受到的忽视有关。[1] 在世界许多其他地方,也可以看到类似的女性相对于男性遭遇的忽视。结果,女性占人口的比例低于如果她们能享受与男性相同照顾的情况下的比例——在亚洲和北非的大部分地区,情况就是如此;拉丁美洲的情况稍微好些。

不过,在第三世界不同的地区,男女比例并不相同。例如,饱受极端贫困、饥饿和饥荒蹂躏的撒哈拉以南非洲地区出现了大量的女性人口盈余,而不是女性人口赤字,男女比例约为1∶1.02。在这个问题上,"第三世界"并不是一个有说服力的例子,因为第三世界内部女性占人口的比例实在是多种多样。即使在女性占比世界最低的亚洲,东南亚和东亚(中国除外)女性对男性的比例也略高于1∶1(约为1.01)。的确,某些地区甚至某个国家内部也存在明显的男女人口比例多样性。例如,在印度旁遮普和哈里亚纳这两个印度最富有的邦,女性对男性的比例是非常低的0.86,而印度西南部喀拉拉邦的这个比例高于1.03,类似于欧洲、北美和日本。

为了了解男女性别比例不同造成的男女人数差别,我们可以估计一个国家,比如中国或印度,因男女比例失调而减少的女性人口,也就是计算中国或印度在男女比例以及女性得到的医疗卫生待遇与其他国家相同的情况下能增

---

[1] 我在与乔斯林·金奇(Jocelyn Kynch)合著的论文"Indian Women: Wellbeing and Survival," *Cambridge Journal of Economics*, Vol. 7 (1983)和我的著作 *Commodities and Capabilities* (Amsterdam: North-Holland, 1985), Appendix B中,介绍并评论过这些数据和其他相关证据。还请参阅: Lincoln Chen et al., "Sex Bias in the Family Allocation of Food and Health Care in Rural Bangladesh," in *Population and Development Review*, Vol. 7 (1981); Barbara Miller, *The Endangered Sex: Neglect of Female Children in Rural North India* (Cornell University Press, 1981); Pranab Bardhan, *Land, Labor, and Rural Poverty* (Columbia University Press, 1984); Devaki Jain and Nirmala Banerji, eds., *Tyranny of the Household* (New Delhi: Vikas, 1985); Barbara Harriss and Elizabeth Watson, "The Sex Ratio in South Asia," in J. H. Momsen and J. G. Townsend, eds., *Geography of Gender in the Third World* (State University of New York Press, 1987); Monica Das Gupta, "Selective Discrimination against Female Children in Rural Punjab, India," in *Population and Development Review*, Vol. 13 (1987).

加多少女性人口。如果我们能期待男女人口相同，那么南亚、西亚和中国女性对男性0.94的低比例，就意味着女性人口减少了6%；而在男性和女性能受到同等关怀的国家，由于这个比例约为1.05，因此，这些亚洲地区和中国的女性人口就相当于减少了11%。如果以1.05作为女性对男性的基准性别比率，那么仅中国就出现了5 000万的女性人口赤字。如果把这个数字加上南亚、西亚和北非的女性人口赤字，那么这些地区和中国的女性人口赤字就超过一个亿。这些数字悄悄地给我们讲述了一个关于不平等和忽视导致女性死亡率过高的可怕故事。

二

为了解释轻视妇女的原因，我们经常会提到两种简单的说法，或者更多是隐含地默认这两种说法。其中一种说法强调东方与西方（或者西方与东方）之间的文化差异，并声称西方文明没有东方文明那样性别歧视。西方国家女性比男性多，这似乎支持了这种吉卜林（Kipling）式的一般化。（当然，吉卜林本人并没有受到性别歧视问题的困扰，他甚至让"两人"在浪漫的男性世界里相遇："但既没有东方或西方，也没有边境、繁衍和生育；虽然他们来自天涯海角，但两个强壮的男人面对面站在了一起！"）而另一种简单的说法提到了经济发展的不同阶段，认为向女性提供的营养和医疗保健不平等是经济欠发达的一个特点，也是表明贫穷经济体有待发展的一个特点。

这两种说法可能都含有一些真实的元素，但作为一般论点并不是十分令人信服，它们用"经济发展水平不同"和"东西方差别"来解释，也往往会导致一定程度的相互拆台。似乎有必要进行结合文化和经济两个方面的分析；而且，我认为，除了在简单的综合论述中甄别特征外，还必须注意许多其他社会条件。

首先从文化的角度看，基于东西方文化差别观的解释显然存在不足的地方，因为东方和西方内部的经历大相径庭。例如，与亚洲大多数国家不同，日本的男女比例与欧洲或北美国家没有太大的差别。这也许能够说明，至少从表面上看，无论是与西方还是东方社会相比，实际收入和经济发展水平更能解释为女性提供生存条件方面存在的偏差。根据1899年和1908年的人口普查,日本存在明显且巨额女性赤字的问题,但到了1940年,日本的男女人口就几乎相等,而在第二次世界大战结束后的几十年里,日本在成为高度工业化富裕国家的过程中,坚定地坚持女性盈余,而不是女性赤字的人口发展方向。有些东亚和东南亚国家是亚洲女性赤字的例外,如泰国和印度尼西亚女性人口大大超过男性。

基于东西方文化差别观的解释,就其不加区别的基本形式而言,也没有考虑这些社会的其他特征。例如,南亚的女性对男性的比例为世界最低(印度和孟加拉国分别约为0.94,巴基斯坦为0.90,是所有大国中最低的),但这个地区一直是选举女性担任最高政治领导的先驱。事实上,这四个南亚大国——印度、巴基斯坦、孟加拉国和斯里兰卡——中,要么有女性当选政府首脑(斯里兰卡、印度和巴基斯坦),要么有女性领导主要反对党(孟加拉国)。

当然,南亚的这些成功的确都是由上层社会的妇女取得的,而在这些国家,有女性出任政府首脑本身并没有对女性产生多大的影响。然而,这里的重点仅仅是质疑那种认为东西方差别只不过是性别歧视严重程度不一而已的倾向。南亚妇女通过选举在政府中担任高级职务,她们在这方面取得的巨大成功表明,必须进行更加复杂的分析。

当然,这些女性领导人也确实是在家族关系的帮助下才成为位高权重的人物:英迪拉·甘地(Indira Gandhi)是贾瓦哈拉尔·尼赫鲁(Jawaharlal Nehru)的女儿,而贝娜齐尔·布托(Benazir Bhutto)则是佐勒菲卡尔·布托(Zulfikar Bhutto)的女儿,等等。但是,如果仅仅由于这个原因而忽视她们通过人民授权才得以掌权的重要意义,那么也是荒谬的。在许多国家,家族关系在政坛并不新鲜,并且是政治继承的普遍特征。英迪拉·甘地的政治力量部分来自她父亲的地位,就其本身而言,并不比拉吉夫·甘地的政治信誉在很大程度上来自他母亲的政治声望这一事实,或者英迪拉·甘地的父亲伟大的贾瓦哈拉尔·尼赫鲁,作为印度国大党(Congress party)主席莫逊拉尔·尼赫鲁(Motilal Nehru)的儿子声名鹊起的事实(也许不太为人所知)更加重要。南亚政坛的家族关系的确有助于女性通过选民的支持掌权执政。但就赢得选举而言,南亚在性别歧视的问题上似乎仍遥遥领先于美国和大多数欧洲国家,这也依然是事实。

在这种背景下,比较美国和印度立法机构中女性议员的比例也很有意义。在美国众议院,女性议员的比例是6.4%,而在这一届和上一届的印度议会下院中,女性议员的比例分别是5.3%和7.9%。美国100名参议员中只有2名女性议员,也就是说,美国女性参议员的比例是2%;这与这一届和上一届印度议会上院(Rajya Sabha)分别超过9%和10%的女性议员比例形成了鲜明的对照。[在另一个不同但并非完全无关的领域,我在德里大学(Delhi University)教书时,有终生职位的女性同事的比例比我现在供职的哈佛大学还要高出许多。]不同社会的文化氛围必然与男女之间——无论是生存方还是其他方面——的差别具有明显的关系,但如果仅仅拿这种差别来对性别歧视的东方和无性别偏见的西方进行比较,则必然不会有什么结果。

那么,对女性不平等的另一种解释(即纯粹的经济解释)有多大的说服力呢?当然,如果我们用实际收入来衡量贫困的话,那么所有女性赤字巨大的国家都或多或少是贫穷国家,而且没有一个具有很高人均国民生产总值的国家存在女性赤字。我们有理由期待,随着经济的发展,女性的死亡率会下降。例如,通常伴随着经济的发展,医院设施得到改善,出生率下降,而产妇的分娩死亡率也有望同时下降。

但是,这种简单形式的经济分析并没有很大的解释力,因为许多贫穷国家实际上并没有女性赤字的问题。如前所述,撒哈拉以南非洲虽然贫穷且不发达,但出现了很大的女性盈余。在这方面,东南亚和东亚(但不包括中国)也与许多其他相对贫穷的国家有所不同,但程度较轻。在印度内部,正如前面指出的那样,印度最富裕、最发达的旁遮普邦(Punjab)和哈里亚纳邦(Haryana)女性对男性的比例非常低(约为0.86);而在贫穷得多的喀拉拉邦(Kerala),这个比例超过1.03。

事实上,伴随经济发展而来的往往是女性存活率的相对下降(尽管女性和男性的预期寿命绝对值都有所提高)。例如,最近,印度男性和女性预期寿命的差别有所缩小,但这是在女性相对地位恶化了几十年后发生的。人口中女性对男性的比例稳步下降,从20世纪初(1901年)的略高于0.97下降到了1971年的0.93,而现在这个比例仅略有上升。妇女地位的恶化主要是由于她们不能平等地分享医疗和社会进步的好处。经济发展并不一定能缓解女性在死亡率方面所处的不利状况。

1979年中国实行经济和社会改革后,人口中的女性比例显著下降。《中国统计年鉴》(*The Chinese Statistical Yearbooks*)显示,已经很低的人口女性比率从1979年的0.9432稳步下降到1985年和1986年的0.9342(从那以后,这个比率一直在上升,在1989年达到0.9398,但仍低于1979年的水平)。在经济改革之前,女性的预期寿命明显长于男性,但自经济改革以来似乎已经有所缩短。① 当然,在改革以来的这些年里,不但经济高速增长,而且在很多方面也取得了社会进步。这些和其他案例表明,经济高速发展有可能同时导致女性相对死亡率的上升。

三

虽然表面上看似合理,但所谓的"东方"和"西方"比较以及把女性被剥夺社会福利享受和生存权利作为经济"不发达"特征的简单假设,都不能使我们充分理解女性被剥夺社会福利享受和生存权利的地域性。因此,我们必须审视经济、社会和文化因素影响地区差别的复杂方式。

譬如说,地区间妇女的家庭地位和影响力确实是大相径庭。我们有充分的理由预期这些有关女性的社会特征与女性的经济作用和独立程度有联系。例如,走出家门参加工作和拥有财产对女性的经济独立和家庭影响力都十分重要;而且,这些因素可能对家庭内部的利益分享和家务分工产生深远的影响,也会极大地影响被默认为女性"应有权利"的东西。

事实上,男性和女性既有共同的利益,又有相互冲突的利益,这些利益都会影响家庭决策。我们能够理解家庭决策应该采取合作的方式,因为家庭生活冲突方面的解决办法就产生于合作中达成的默契。这种"合作冲突"是许多

---

① 请参阅:World Bank's *World Development Report 1990* (Oxford University Press,1990), Table 32. 还请参阅: Judith Banister, *China's Changing Population* (Stanford University Press, 1987),Chapter 4. 但就如巴尼斯特(Banister)本人后来指出的那样,预期寿命的变化可能没有这些早期估计数值那么大。

群体关系的一种一般特征,而对合作冲突的分析有可能有利于理解影响妇女在家庭内部利益分配中享受到的"待遇"的因素。男人和女人都可以通过遵循双方默认的行为模式来获取利益,但也可能达成许多协议——其中的有些协议比另一些协议对一方更加有利。从各种可能性中选择一种这样的合作安排,会导致共同利益的特定分配。(在其他场合,我曾试图分析"合作冲突"的一般性质以及对这种冲突的分析在家庭经济学中的应用。[1])

家庭生活中的冲突通常是通过遵循家庭成员默认的行为模式来解决的,而这种行为模式有可能是也可能不是特别平等。家庭生活的本质——同甘共苦——要求不明确强调冲突的因素(持续关注冲突通常会被视为异常行为),但有时,被剥夺权利的妇女甚至并不清楚自己被剥夺权利的相对程度。同样,虽然家庭内部很少明确讨论评价"对家庭的贡献"或"工作的生产性"的基本原则,但关于家庭里谁在做"生产性"工作、谁为家庭的繁荣做出了多少"贡献"的认知可能很有影响力。我认为,这些社会认知问题对于两性间的不平等具有普遍的重要性,即使在比较富裕的国家也是如此;而在许多比较贫穷的国家,对于维持对女性权利的剥夺具有特别大的影响力。[2]

如果:①妇女能在外面赚到收入;②她们的工作被认为是生产性的(这在家庭以外的工作中更容易得到体现);③她们拥有一些经济资源,并且享有一些可依靠的权利;④社会在妇女被剥夺权利的问题上有清醒的认识,并认识到改变这种状况的可能性,那么,家庭共同利益的分配就有可能不会那么不利于妇女。妇女接受教育和参加政治活动有可能对第④个条件产生很大的影响。

有相当多的经验证据,主要是有关特定地区研究的经验证据,表明通常所定义的"有酬"工作(例如,为了挣工资外出工作,或从事诸如农业这样的"生产

---

[1] "Gender and Cooperative Conflicts," Working Paper of the World Institute of Development Economics Research (1986), in Irene Tinker, ed., *Persistent Inequalities: Women and World Development* (Oxford University Press, 1990). 还请参阅同一论文集中艾斯特尔·波塞拉普、汉纳·帕帕内克和艾琳·廷克(Ester Boserup, Hanna Papanek, and Irene Tinker)的与主题密切相关的论文。

[2] 最近关于把家庭关系作为"讨价还价问题"建模的文献虽然提供了有用的提示和深刻的洞见,但失之于有关各方的看法(而不是客观确定的利益)的重要性并没有发挥充分的作用。关于家庭关系感知的相关性,包括感知扭曲(马克思所谓的"错误感知"的变体),请参阅我的"Gender and Cooperative Conflicts"。还可参阅我本人的 *Resources, Values and Development* (Harvard University Press, 1984), Chapters 15 and 16; Gail Wilson, *Money in the Family* (Avebury/Gower, 1987)。

性"职业),无论要求有多高,与无报酬和不受尊重的家务劳动相比,都能大大提高妇女可获得的待遇。[1] 事实上,妇女从事"有酬"工作可以使"合作冲突"的解决在许多方面不会对妇女那么不利。首先,在外面从事一份有工资的工作,可以为妇女带来她们花起来比较方便的收入,并且可以作为妇女可依靠的谋生手段,从而使她们变得不那么弱势。其次,与成为"养家糊口的人"(和为家庭共同繁荣做出"有益"贡献)有关的社会尊重,可以提高妇女在家庭中的地位和威望,并且可能影响有关在家庭共同利益分配中谁应得什么的主流文化传统。再者,如果妇女在外就业从事一些有安全保障和法律保护的工作,那么妇女由此获得的相应权利可以使她们的经济地位不那么脆弱和不稳定。最后,外出工作还能体验外面的世界,这对于提高女性的家庭地位具有重要的社会意义。就这一点而言,外出工作也可能具有"教育"意义。

这些因素不但可以改善妇女在家庭中享受的"待遇",而且可以阻止女孩在成长过程中遭遇的相对歧视。许多国家偏爱男孩,因为他们被期望能在父母年老时提供更多的经济保障。但是,如果女性能像男性一样比较稳定地从事有酬工作,那么这种偏见的影响力就会减弱。此外,如果妇女的地位普遍得到提高,妇女的贡献得到更多的承认,那么女孩就有可能受到更多的关注。同样,妇女通过在外工作接触世界,再通过这种工作的教育效应,能够削弱传统信仰和行为的习惯势力。

在比较亚洲和非洲的不同地区时,如果我们努力把女性的相对生存前景与男性和女性的"有酬工作"——比如可能是为了挣一份工资而外出工作——联系起来,我们确实发现两者之间有很强的相关性。如果把亚洲和非洲的不同地区(中国除外)按照女性从事所谓有酬工作的比例相对于男性从事这种工作的比例的比率进行排序,我们就能得到以下降序[2]:①撒哈拉以南非洲;②东南亚和南亚;③西亚;④南亚;⑤北非。

对女性与男性的预期寿命比率进行排序,结果非常相似:①撒哈拉以南非

---

[1] 请参阅我在"Gender and Cooperative Conflicts"中援引的案例研究和文献。艾斯特尔·波塞拉普在 *Women's Role in Economic Development* (St. Martin's,1970)中,对其中一些问题进行了开创性的研究。还请参阅:Bina Agarwal,"Social Security and the Family," in E. Ahmad,et al. ,*Social Security in Developing Countries* ,to be published by Oxford University Press in 1991.

[2] 相关详情可在我的"Gender and Cooperative Conflicts"中找到。

洲;②东南亚和东亚;③西亚;④北非;⑤南亚。

以上两种排名的顺序几乎相同,除了排名最低的两个地区之间的位置发生了变化(这两个地区的这两个指标都是垫底),从而表明就业和生存前景之间存在联系。除了这两种排名之间的总体对应关系之外,撒哈拉以南非洲与北非、南亚(和西亚)与东南亚(和东亚)之间的具体比较,即分别是非洲和亚洲内部的区别,具有提示意义:把妇女的有酬工作与生存前景联系起来。

当然,我们在这里看到的,有可能并不能证明有酬工作能为女性带来更好的生存前景,而是与之相关的其他一些因素的影响。事实上,基于如此广泛的关系,我们很难得出任何确定的结论,但也可以在其他的比较中发现类似的关系。① 例如,旁遮普邦是印度最富有的邦,但这个邦的女性对男性的比例在印度最低(0.86);而且,这个邦从事"有酬"工作的女性与男性的比率也是全印度最低的。一些对世界不同地区特定社会的研究也记述了外出工作对妇女福利的影响。②

四

中国的有关情况值得特别关注。在革命胜利以后,中国领导人确实非常重视缓解男女不平等的问题。③ 人人都可享受的基本医疗卫生服务普遍得到发展,妇女从事有酬工作的人数增加,社会对妇女经济和社会重要性的认识得到提高,所有这一切都有助于男女不平等的问题得到缓解。

中国人的寿命普遍显著延长。中国人的平均预期寿命虽然在1958—1961年可怕的饥荒时期出现过暂时的下降,但从1950年前后的40多岁延长到了1979年经济改革开始时的60多岁。中国人口总死亡率(包括女性死亡率)的急剧下降尤其值得关注,因为它是在存在工业普遍效率低下、农业增长缓慢和人均产量增幅相对较小等深层次经济问题的情况下实现的。女性死亡

---

① 关于印度不同邦以及引用的相关文献,可参阅:Pranab Bardhan, *Land, Labor, and Rural Poverty*。

② 请参阅我在"Gender and Cooperative Conflicts"中引用的文献。

③ 请参阅:Elisabeth Croll, *Chinese Women Since Mao* (M. E. Sharpe, 1984)。

率大幅下降既是人口总死亡率下降的产物,也是女性相对于男性死亡率相对下降的结果。女性预期寿命超过了本身也获得大幅度延长的男性预期寿命,并且在1979年开始经济和社会改革时已经明显领先于男性的预期寿命。

中国的经济改革提高了经济增长率,并且打破了农业停滞不前的局面。官方数据显示,从1979年到1986年,中国的农业产量翻了一番,这是一项了不起的成就。但与此同时,官方数据也记录了改革后人口总死亡率的上升,而且一直高于1979年所达到的水平。女性的相对存活率似乎也在恶化,包括前面讨论的女性对男性的比率的下降。这个比率从1979年的0.943下降到1985年和1986年的0.934。我们在解释现有数据方面碰到了问题,并且在得出明确的结论方面也遇到了困难,但女性预期寿命再次低于男性预期寿命的观点得到了支持。例如,世界银行最近发布的《世界发展报告》(World Development Report)显示,男性的平均寿命为69岁,而女性的平均寿命只有66岁(尽管这份报告还表明,男性和女性的平均预期寿命加起来是70岁,但这一事实很好地反映了这个主题令人困惑的本质)。[1]

事实上,正如社会学家玛杰里·沃尔夫(Margery Wolf)所指出的那样,这是一个"革命被推迟"的案例。[2] 不过,这个事实虽然重要,却不能解释为什么妇女的相对生存前景在改革的最初几年里会如此恶化,而当时正是经济全面繁荣迅速扩展的时候。

五

仅仅基于东西方差别或"欠发达"的分析显然不能让我们走得很远。那些看起来很重要的变量——如女性就业或女性扫盲——把经济和文化效应联系在了一起。重视有酬工作对妇女生存前景的影响,从表面上看,好像是另一种从经济的角度进行解释的尝试,但如果这样看这个问题,那就错了。其实,更

---

[1] 请参阅:World Development Report 1990,Tables I and 32。还请参阅:Banister,China's Changing Population,Chapter 4,and Athar Hussain and Nicholas Stern,On the Recent Increase in Death Rate in China,China Paper#8 (London:STICERD/London School of Economics,1990)。

[2] 请参阅:Margery Wolf,Revolution Postponed:Women in Contemporary China (Stanford University Press,1984)。

深层的问题是,为什么这种外出工作在撒哈拉以南非洲比北非更加普遍,或者在东南亚和东亚比西亚和南亚更加普遍?关于这个问题,各个地区的文化背景,包括宗教背景,当然很重要。我们必须把女性被剥夺权利的经济原因与其他社会和文化因素结合起来,这样才能做出更有深度的解释。

当然,从事有收入的工作并不是影响妇女生存机会的唯一因素。女性接受教育的权利和她们的经济权利(包括财产权)可能也是关键的变量。[①] 以我前面提到的印度喀拉拉邦为例,这个邦没有女性赤字的问题,女性对男性的比例超过 1.03,接近欧洲(1.05),而不是中国、西亚和印度女性对男性的总体比例(0.94)。喀拉拉邦的女性平均预期寿命在 1981 年进行的最近一次人口普查时已经达到了 68 岁(现在估计是 72 岁),远远高于当时男性 64 岁(现在 67 岁)的平均预期寿命。虽然喀拉拉的妇女普遍能够找到"有收入的工作"——当然比旁遮普邦从事有收入工作的妇女要多得多,但这个邦在这方面的表现并没有什么特别之处。喀拉拉邦的特殊之处在于它极高的扫盲率,不但比印度其他地方高得多,而且比中国也高得多,尤其是女性扫盲率。

在近几十年里,喀拉拉邦左翼政府进一步巩固由邦政府出资发展基础教育的做法,但实际上,特拉瓦科雷(Travancore)和科钦(Cochin)王国[这两个土著邦原先并不属于英属印度;独立后,它们与一小部分的原马德拉斯(Madras)管辖区组成了新的喀拉拉邦]的统治者早在近两个世纪前就已经开始了这种做法。事实上,早在 1817 年,年轻的特拉凡科女王拉妮·古里·帕瓦蒂·拜(Rani Gouri Parvathi Bai)就对政府资助教育发出了明确的指令:

> 政府应该承担全体民众的教育费用,以便在向他们传播启蒙思想方面不至于落后;通过接受教育,他们就有可能成为更加优秀的臣民和公务员,从而提高国家的声望。[②]

此外,在喀拉拉邦的部分地区,财产通常由家族女性成员继承。这些因

[①] 关于广义的教育在孟加拉国和印度影响妇女福祉方面的作用值得关注的研究,请参阅:Martha Chen, *A Quiet Revolution: Women in Transition in Rural Bangladesh* (Schenkman Books, 1983); and Alaka Basu, *Culture, the Status of Women and Demographic Behavior* (New Delhi: National Council of Applied Economic Research, 1988)。

[②] 喀拉拉邦的学校教育也有相当多的传教活动(事实上,这个邦 1/5 的人口是基督徒)。这个邦(与东亚和西亚)有着悠久的国际贸易和政治联系。生活在公元 788—820 年的伟大印度教哲学家和教育家商羯罗(Sankaracarya)就是在喀拉拉邦发起了在印度各地建立学习和崇拜中心的大规模运动。

素,再加上社会医疗水平普遍较高,有助于解释为什么喀拉拉邦的妇女在获得生存手段方面没有受到不利的影响。虽然很难区分这些不同影响因素的各自贡献,但是,如果不把所有这些因素包括在值得关注的潜在重要变量中,那就是在犯错。

鉴于亚洲和非洲大部分地区存在非常严重的女性生存问题,因此,这些不利因素仍没有得到充分的重视,实在是令人吃惊。如果男性和女性在医疗卫生和营养方面享受相同的待遇,那么相对于可预期女性人数而言的"正在消失"女性人数就会非常多。有1亿多女性根本就没有出生或者没能生存下来,因为与男性相比,女性遭遇了歧视。如果要通过政治行动和公共政策来改变这种状况,那么,首先必须更好地了解为什么会有这么多女性"消失"。我们在这里讨论的问题显然是当今世界面临的比较严重而且被忽视的问题之一。

第三节 市场的道德地位[①]

阿马蒂亚·森

阿马蒂亚·森在这篇文章里提出了捍卫市场经济道德价值的观点。与市场经济有关的一个重要价值观念是尊重财产权,包括财产所有人决定如何使用自己的财产并使它们效用最大化的权利。森以可避免的饥荒为例,反对这种观点,他认为,政府应该有权命令土地所有者种植可食用的食物(大米),而不是经济作物(黄麻)。森据此辩称,为了取得好的结果或有益的结果,(在一定程度上)侵犯财产所有人的权利,可从道德的角度证明它的正当性。森并不认为自己的建议是以帕累托最优为目的的公共品建议(因为在公共品建议中,财产所有人的权利被交换用来实施能救命的强制性粮食生产,并且得到补偿),而宣称是以防止饥荒为目的的侵犯财产权的政策建议,因此是好的政策建议,也就是"有益"的政策建议。

※ ※ ※

市场机制对于实践性道德有多大的价值呢?市场机制有怎样的道德地位呢?我们几乎不能怀疑,作为个人,我们非常重视利用市场的机会。事实上,如果无法进入市场,我们大多数人就无法生存,因为我们通常不会生产我们生存所需的东西。即使我们不依靠市场就能以某种方式生存下来,我们的生活质量也会变得非常糟糕。我们会很自然地觉得,一种对于我们的福祉至关重要的制度必然是有价值的。既然道德评价很难不顾及我们的利益及其实现的问题,那么我们在这个问题上似乎就没有什么可讨论的:市场的道德地位"必

[①] 本文在征得作者和剑桥大学出版社(Cambridge University Press)的允许后转引自:Amartya Sen,"The Moral Standing of the Market," *Social Philosophy and Policy* 2(2) (1985):1—19. © Social Philosophy & Policy 1985. 我非常感谢艾伦·吉巴德(Allan Gibbard)。1984年9月21日,我在鲍林格林(Bowling Green)宣讲了这篇论文,吉巴德在我宣讲后对我的这篇论文进行了点评。我在有关这篇论文的一般讨论会上也受益匪浅,朱尔斯·科尔曼(Jules Coleman)、唐纳德·里根(Donald Regan)、亚历山大·罗森博格(Alexander Rosenberg)和哈尔·瓦里安(Hal Varian)在讨论会上对我的论文发表了评论意见,瓦里安后来还通过书信与我交换了意见。

然"很高。

然而，在社会是围绕某种特定制度组织起来的情况下，这种制度对个人的价值必然不同于社会——甚至个人——以不同的方式组织起来的情况。作为个人（就目前的情况而言），我们完全要依赖市场，但这并不能告诉我们市场作为一种机制的价值。我们必须考虑采用其他方法来做市场所做的事情。在没有机会体验另一种具有其他类型机制的社会安排的情况下，评价一种机制，不能以考察某个突然被拒绝使用这种机制的个人的困境为依据。

直接着手解决这个问题的第二个困难在于，难以确定正在考虑的选择的性质。当有人质疑市场的价值时，他们通常不会考虑完全不进行市场交易的选项。事实上，这甚至很难想象。从最广泛的意义上说，市场参与各种各样的活动。有些社会活动是正式的市场交易，有些相当不正式，而还有一些则只有很少的市场特征。那些抱怨市场机制的人并不打算建议停止一切市场交易。如果把市场问题看作一个"不是全有就是全无"的问题，那么就是完全没有抓住批评的要点。市场问题是一个"多少""如何不受约束""如何补充"的问题。即使是市场机制最严厉的批评者，也不可能希望看到一个人人只生产仅够自己消费的产品和服务的世界。我们必须以不同的方式提出这个问题。

第三个问题涉及一个不同的方面。只要市场机制被看作一种工具，那么它的道德价值最终必然源于其他方面。在评估市场机制的道德地位时，我们必须先问：市场机制作为工具，有利于哪些有内在价值的东西？我们必须把市场的作用放在一个更大的道德背景下来审视。

我将在下一节先讨论市场的工具性问题，然后讨论整合的问题。

是结果有益还是前因自由？

大多数为市场辩护的观点是基于结果有益的工具观：市场"有效"运行；市场符合我们的"利益"；市场交易"互惠互利"，市场供应"商品"；市场促进"效用";市场发挥"看不见的手"的作用,引导我们去促成并非我们本意的目标。①从这个观点看,市场是有益的,因为市场交易的结果是有益的。例如,弗里德曼和弗里德曼(Friedman and Friedman)认为:"总的来说,市场竞争在被允许发挥作用的情况下,与越来越多地强加于市场的替代性政府机制相比,能更好地保护消费者。"②当然,我们需要确定标准来判断消费者的利益以及消费者利益与市场整体道德评价的相关性。在能够进行正确评价之前,我们还需要一些方法来解释弗里德曼主张的确切内容。但毫无疑问,这种评估市场机制价值的方法——无论其具体内容和效力如何——都要涉及对结果的评估。

认为市场让人们"自由选择"——一种本身就有可能被认为有价值的自由(不论在其他方面是否也有帮助,如保护消费者的利益)——的主张也许没有那么容易理解,但已经充分可以理解。"选择自由"的目标为通过结果评价市场提供了另一个(但并非毫无关系的)依据。"这就是市场和政治机构之间的根本区别。我们可以自由选择,没有警察会从我们的口袋里拿钱去买我们不想要的东西,或者强迫我们做我们不想做的事情。"③选择自由本身是不是一种基本价值——因此不但要在工具性层面,而且要在某个"更高的层次"进行分析——是一个棘手的问题,但不需要在本文的语境下讨论。④ 根据"自由选择"观,市场的重要性源于这种自由更加基本的价值(无论这种自由的价值如

---

① 最后一句出自亚当·斯密的《国富论》(1776)。除了指出市场机制的优点外,它还说明了这样一个事实:参与这个过程的任何人都不会以市场实现的结果为目标。弗里德里希·冯·哈耶克认为,这是一个伟大的新洞见——实际上是一种关于"人类行为结果,而不是人类意图结果"的伟大理论。据称,这种理论由亚当·斯密创立,由卡尔·门格尔(Carl Menger)"复兴",而现在又被哈耶克奉为神圣。请参阅:Friedrich von Hayek, *Studies in Philosophy, Politics, and Economics* (Chicago: University of Chicago Press, 1967), pp. 96—105。我们必须注意,我们要在这里强调什么。如果说没人以取得任何成果为目标,那么就错了。这个模型假设,每个人都会追求自己的利益,而且是通过市场交易来满足自己的愿望。"肉店老板、酒厂老板或面包店老板"的目标并不是"我们的晚餐",但这大概是我们的目标。既不是所有的结果,也不是结果格局,是任何人的"意图"这个事实,似乎是一个不起眼的事实。当然,亚当·斯密在这个研究领域的主要贡献是,展示了不同人的"意图"的结果是如何通过市场来协调并取得的。我在《劳埃德银行评论》(*Lloyds Bank Review*, vol. 147, 1983)上发表的《利润动机》(The Profit Motive)中,在讨论其他问题时已经讨论过这个问题。

② Milton and Rose Friedman, *Free to Choose* (London: Secker and Warburg, 1980), p. 222.

③ Ibid., p. 223.

④ 关于道德思考的"层次"以及"直觉思考"和"批判思考"之间的区别,请参阅:R. M. Hare, *Moral Thinking: Its Levels, Methods and Point* (Oxford: Clarendon Press, 1981). 另可参阅:John Gray, *Mill on Liberty: A Defence* (London: Routledge, 1983).

何自行生成)。

但是,我们还必须考虑另一种不同的可能性。在这种可能性下,有争议的可能不是自由选择的价值;人们可能被视为拥有基本的"权利",而行使这些权利可能被认为根本不需要证明任何正当的理由。如果市场被视为行使这些权利的重要组成部分,就可以根据原权利,而不是根据市场上可能取得的结果(包括选择自由)来为市场辩护。宣称"个人有权利,并且任何人或群体都不能对他们做某些事情(不侵犯他们的权利)"[1],就意味着有进行市场交易的自由(考虑到描述所指权利特点的方式)。在这个过程中,结果问题要到以后才会出现,也就是要到交易权(因而是广义的市场关系缔结权)已经被赋予稳定的道德地位之后才会出现。

按照以上的系统阐述,权利规定了个人为使自己实际"持有的财产"合法必须遵守的——所有权转让等——规则。这些规则的结果之所以被接受,正是因为它们是遵循正确的规则产生的结果,而不是因为被判定为结果的结果本身是好的结果。实际上,结果(包括为消费者的利益服务,甚至享受"选择自由")有可能被判定为好的结果,也可能不被判定为好的结果。但是,不论分析结果的结论如何,按照这种方法,并不是根据结果的有益性来证明市场的正当性。事实上,在试图把这种用一种结果"格局",而不是另一种结果"格局"来证明行为(当然包括交易)正当性的方法与另一种方法结合起来时,就明显存在一致性的问题,因为这么做会导致系统"超定"(over-determine)。[2]

如果我们能够接受这种基于权利的"过程"观,那么,根据结果的好坏来评价市场有益性和有害性的传统做法就变得完全不合时宜。拥有市场的道德必要性来自市场结果的权利状态,而不是来自市场结果的效率性或最优性。顺便说一句,这种方法涉及对经济学家——最直接关注市场作用评价的专业团体——通常考察支持和反对市场的理由的方式的拒绝。在经济学家对"社会福利"的描述中,权利被视为纯粹的制度(典型的法律)产物,它们本身并不重

---

[1] Robert Nozick, *Anarchy, State and Utopia* (Oxford: Blackwell, 1974), p. 1.

[2] 罗伯特·诺齐克(Robert Nozick)确实引用亚当·斯密(ibid., p. 18)的话,提出过社会制度(如市场)出现的"看不见的手的解释"。但是,他一直坚持用自己的方法,并没有用实现利益的结果的有益性来评估这些制度。

要：权利——在典型的福利经济学框架中——是根据它们如何实现或阻碍人们的利益来判断的。

根本没有考虑"过程"观，当然是一种值得关注的遗漏。罗伯特·诺齐克的分析是非结果主义道德论证的一个例子，而福利经济学家必须认真考虑这种类型的论证。即使最终拒绝这种论证方法，毫无疑问，也应该最认真地考虑这种方法。

在这种背景下，同样值得注意的是，证明市场运作正当性的基于权利程序观的效力，独立于我们对现实世界经验规律的理解，因为我们不能基于结果主义对市场运作的正当性进行任何证明。例如，我们可能会对以下问题进行激烈的辩论：弗里德曼和弗里德曼关于市场机制在保护消费者利益方面相对有益的说法是否正确？或者市场机制是否真能比某种可行的替代机制更好地保证任何实质性意义上的"选择自由"？如果基于结果主义证明市场运作正当性所依据的经验关系被证明是错误的，那么，由这种论证方法推导出的市场机制正当性有可能是站不住脚的。

同样的论证也适用于根据由市场产生的"自由"对市场进行的道德评价。如果自由被证明是"虚幻"的[①]，那么市场机制的正当性就不能成立，而对市场的道德评价则必然完全取决于把市场与由市场产生的自由联系在一起的因果假设能否成立。因此，我们可以对这种假设的因果关系的经验可接受性提出疑问。

相比之下，基于权利的程序观对市场运作正当性进行的证明有一个值得关注的特点，那就是这种证明并不依赖现实世界中存在的经验规律。市场交易的结果可能是好的，但即便是坏的，或者无法评价，也仍然是合法的，因为它们受到原权利的认可。这个结论可被看作赋予非结果主义证明方法以一种结果主义证明方法所没有的"稳健性"，主要是因为经验规律很难总结，而且这个

[①] 如可参阅 Z. 胡萨密（Z. Husami）对这个问题的不同研究："Marx on Distributive Justice," *Philosophy and Public Affairs*, vol. 7 (1978); H. Steiner, "Individual Liberty," *Proceedings of the Aristotelian Society*, vol. 74 (1974); G. A. Cohen, "Capitalism, Freedom and the Proletariat," A. Ryan, ed., *The Idea of Freedom: Essays in Honour of Isaiah Berlin* (Oxford: Clarendon Press, 1979); G. A. Cohen, "Illusions about Private Property and Freedom," J. Mepham and D. Rubens, eds., *Issues in Marxist Philosophy* (Hassocks: Harvester Press, 1981); O. O'Neill, "The Most Extensive Liberty," *Proceedings of the Aristotelian Society*, vol. 79 (1979—1980); and others. 还请参阅：Gerald Dworkin, et al., *Markets and Morals* (Washington: Hemisphere Publishing, 1977)。

第十八章 知名经济学家的著述

领域的预测理论可能极其脆弱。

不过,这种"稳健性"和经验批评的免除也是导致怀疑道德结构貌似可信的原因。那么,我们为什么必须接受这些权利的优先地位呢?[①] 所有权和交换权是否具有"基础"地位呢? 我们真的必须接受这样一种观念,即承认这些权利所要求的某些安排只要在道德上可以接受,就不用考虑它们会产生多么糟糕的结果吗? 如果结果完全是灾难性的呢? 如果结果完全是灾难性的,那么该怎么办呢?

最后一个问题并不只是一个纯理论推测的问题。正如我在其他场合[②]已经论证过的那样,在既没有发生任何粮食供应全面减少,也没有"自然原因"导致饥荒不可避免的情况下,(甚至在最近的过去)已经发生了许多导致数百万人由于饥饿和罹患与饥饿有关的疾病而丧生——的大饥荒。人们之所以被剥夺了食物,正是因为"应有的权利"发生了突然和剧烈的变化,而这种变化是由人们在既有法律制度下"合法"行使权利所导致的。失业和工资收入的丧失往往会导致饥饿,而相对价格的变化有时会把失业者和工资收入丧失者逼入绝境。当然,这里所说的法律制度不同于我们在考察的那种权利理论所要求的理想化法律制度,但不论怎样,这两种法律制度在许多方面有很多相似之处。事实上,很容易证明,在一种独立于结果正当性得到证明的权利体系下,即使没有任何人侵犯他人的权利,也有可能发生这种灾难。所有权的意外变更以及决定权利转移和交易条件的影响因素,在从权利的角度看没有发生任何非法和反常事情的情况下,很容易导致某个特定的职业群体陷入绝对的匮乏、赤贫和毁灭。

我们有必要思考这样一个问题:如果发生这样的饥饿和饥荒灾难,那么,市场运作的结果难道仅仅是因为它们是人们通过合法行使自己的权利而取得的,就必须被认为"可以接受"? 我们很难理解,为什么所有权及其转让等的规则对数以百万计的生命和死亡的影响具有如此绝对的优先性。

在回答这个问题时,我们当然可以声称,只有在这些极端情况下才可以无

[①] Allan Gibbard, "Natural Property Rights," *Nous*, vol. 10 (1976). 吉巴德研究了在有和无洛克关于自由意志主义立场的限制条件的情况下"根据自然自由原则"可能提出的对"财产权"的主张,并且说明了这种主张的正当性很难证明的原因。

[②] Amartya Sen, Poverty and Famines: *An Essay on Entitlement and Deprivation* (Oxford: Clarendon Press, and New York: Oxford University Press, 1981).

视权利及其合法行使所强加的要求。在这些情况下，可以发出废除权利的预告；但在其他情况下，就不能废除权利。①

罗伯特·诺齐克本人对"灾难性道德恐怖"是否应该成为侵犯权利的理由这个问题持开放的态度。这里有一个两难问题：如果灾难性后果可以被作为否定稳固的权利的理由，那么肯定会彻底否定人们不计后果地看待权利的方式。如果灾难性后果足以导致废除任何权利（哪怕是最重要的权利），那么或许糟糕但不那么灾难性的后果难道足以导致废除其他不那么重要的权利？某些与财产所有权和财产使用有关的权利很可能不像其他一些权利那样"稳固"，如公民自由主义者最关心的人身自由权。一旦基于结果评价对这些权利的拒绝被纳入道德评判范畴，就很难为基于纯粹程序观的权利理论找到合适的落脚点。

我们很难认为市场的价值能与市场结果和成就的价值相分离，但这并不是说，必须只根据效用结果（根据满足、欲望满足等来定义）来评价市场运作或者市场机制。例如，我们很可能考虑一般的市场机制——特别是具体的市场运作状况——会对社会成员个人的自由产生什么影响。如果"自由选择"被视为个人幸福的重要组成部分（或者，尽管并不是个人幸福的组成部分，但被视为具有道德重要性），把这一点包括在市场运作结果评价中是非常明智的做法，但显然不足以构建一个罗伯特·诺齐克和其他学者试图发展的那种程序道德体系。然而，如果我们在计算结果时能把自由考虑进去，那么其对狭隘的结果体系的批评就能产生一定的力量。

事实上，我曾在其他场合试图指出，在评价社会安排时注意权利的行使和侵权问题，自由的兑现或不能兑现，能对权利和自由的重要性做出比纯粹基于约束的（如诺齐克的）权利和自由体系更加公正的评价。② 这并不像有人常常

---

① 这种观点与吉巴德的"可转让权利"模型（A. Gibbard, "A Pareto-consistent Libertarian Claim," *Journal of Economic Theory*, vol. 7, 1974）形成了对照。权利对结果的性质具有极大的敏感性。认为这样一种具有结果敏感性的制度也许不能充分体现权利程序正义的观点值得商榷；但另一方面，我们很难理解为什么即使在行使权利的结果明显是可怕的情况下，权利仍然不能被剥夺。我在我的文章（"Rights and Agency," *Philosophy and Public Affairs*, vol. 11, 1982）中，讨论了一些结果与权利之间的关系。还请参阅：D. H. Regan, "Against Evaluator Relativity: A Response to Sen," *Philosophy and Public Affairs*, vol. 12 (1983); and Amartya Sen, "Liberty and Social Choice," *Journal of Philosophy*, vol. 80 (1983)。

② Amartya Sen, "Rights and Agency".

认为的那样，只是一个关于比较"消极"自由和"积极"自由的问题。即使个人完全忽略"积极"自由，并把注意力局限在评估"消极"自由上，也仍然有充分的理由把侵犯消极自由的坏处包括在结果状态的评价中。鉴于没有完美无缺的遵从，B对A的消极自由的侵犯可以在C的自由计算中合理地反映出来，而结果敏感系统则可处理这样的关系。仅仅通过约束来处理消极自由是不够的，因为如果是B侵犯了A的消极自由，那么即使C可以帮助阻止这种行为，这些约束也与C的自由计算没有任何关系。

我们可以认为，注重权利的结果法也许不能充分关注行为人相对行为评估的"义务论"方面；对于"消极"自由的特殊作用来说，情况可能尤其如此。对于这个问题，我们可以给出一些答案，但我在这里只是提请注意，而不作详细说明或展开阐述。首先，这确实是一个需要附加结构的独立问题[1]，"义务论"问题的正确出发点可能根本不是权利，而是与道德评价的位置相对性(特别是"行为人相对性")相联系的某种义务观念。[2] 其次，这种个人道德的附加结构可能与对市场和财产等制度的结果导向型评估相当合拍。

无论如何处理附加的义务问题，对自由——甚至是"消极"自由——的评价都需要一种更加注重结果的方法，而不能仅仅依靠施加限制。有人认为，传统的结果主义方法，尤其是功利主义体系，没有充分关注自由的重要性。在我看来，他们的观点并没有错。但是，失败的原因并不在于对结果的关注，而在于评估结果的方法。如果功利主义可被分为三个不同的部分[3]，即"福利主义"(只根据效用信息判断情况的好坏)、"总和排序法"(用简单的加总法来处理效用信息)和"结果主义"(最终根据行为和规则等产生的结果的好坏来判断行为和规则等的好坏)，那么就可以认为，主要的失败是由"福利主义"造成的。

---

[1] 请参阅：Amatya Sen, "Evaluator Relativity and Consequential Evaluation," *Philosophy and Public Affairs*, vol. 12 (1983), and "Well-being, Agency and Freedom: The Dewey Lectures 1984," *Journal of Philosophy*, vol. 82 (1985)。

[2] 在这种背景下考察个人道德问题，可采用一种结果敏感型但并不完全是"结果主义"的行为评价体系；另一种方法是对相对于评价人位置(包括他们的作用)的情况做出评价。事实上，这种基于伦理说服力的位置相对性有它的正当性，或者，至少我在"权利与代理"(Rights and Agency)中是这么认为的。还可参阅唐纳德·里根的"Against Evaluator Relativity"与A. K. 森的"Evaluator Relativity and Consequential Evaluation," *Philosophy and Public Affairs*, vol. 12(1983)之间的意见交流。

[3] 森在文献 Amartya Sen, "Utilitarianism and Welfarism," *Journal of Philosophy*, vol. 76 (1979)中讨论过这个问题。

第四节 现代资本主义经济偏爱市场的问题[①]

理查德·R. 尼尔森

理查德·R. 尼尔森（Richard R. Nelson）在这篇文章里把现代资本主义发展分为四个阶段。我们可以注意到，受到尖锐批评的资本主义的许多不好方面发生在现代资本主义发展的第一阶段，也就是最终导致第二次世界大战的阶段。资本主义在这个阶段创造了包括经济严重不景气的商业周期，也造成了赤贫问题。尼尔森指出，像波兰尼（Polanyi）这样的学者对资本主义和自由市场进行了尖锐的批评；而熊彼特则认为，令人遗憾的是，资本主义难以维系。现代资本主义发展的第二阶段充满了希望，战争期间积累了成功管理经济的经验，战后政府被赋予纠正资本主义最糟糕方面的使命，因此就出现了福利国家。现代资本主义发展的第三个阶段始于20世纪70年代，原因就是经济停滞不前，但也有人认为，原因是福利国家被滥用。因此，撒切尔和里根做出了反应。结果，政府的职能被大大削减，而市场竞争的作用则得到了美化。尼尔森相信，资本主义现在已经进入它的第四个发展阶段。尼尔森赞成布莱斯（Blyth）的论点，对自由市场和政府在调节经济活动方面的相对重要性，持钟摆有规律摆动的观点。尼尔森认为，他的这篇文章为以下这个辩证的论点提供了论据：竞争市场有很重要的作用，但在某些方面仍需要加强，而在另一些方面则需要削减其作用，有时甚至应该受到排斥（任何人都不允许出卖自己或他人为奴）。

尼尔森在这篇文章里表达了这样一个观点：我们面对的最大挑战并不是自由市场或政府是否应该组织经济活动，而是市场和像政府这样的治理机制应该如何在经济的不同部门进行组合。因此，尼尔森指出，事实上，航空业和医疗服务业都利用了竞争市场。与此同时，航空业受到了严格的安全管制，并

[①] 本文在征得作者和牛津大学出版社（Oxford University Press）允许后转引自：Richard R. Nelson, "The Problem of Market Bias in Modern Capitalist Economies," *Industrial and Corporate Change*, 11 (2) (2002): 207—244。

受益于机场设施;而医疗服务业则在向全体公民提供最低水平的医疗保健服务方面既受到管制,又得到补贴。

然后,尼尔森又提出了几个补强竞争市场机制的论点。他赞同公共品和外部性方面的市场失灵观,但又补充说,这种观点有缺陷,它之所以接受政府的作用,仅仅是因为市场低效。不过,尼尔森又认为,在某些领域(包括司法、国防和外交),我们不应该相信自由市场,尤其是私人实体的力量。关于外部性问题,尼尔森认为,社会必须确定谁是相关方以及如何来代表他们。污染和教育显然会影响所供应产品和服务的生产者和消费者。但是,社会必须确定,还有谁即使在没有得到市场承认的情况下,仍与这种经济活动的结果有利害关系。

同样,在信息不对称或信息处理可能性不对称的情况下,社会必须找到监管"市场过程"的途径。他发现,这方面的问题主要对儿童保育、教育券和药品供应构成了挑战。是应该允许父母在他们认为合适和市场允许的情况下满足照管孩子的需要,还是应该制定标准并由政府提供必要的补贴,以便在母亲选择外出工作时能保证孩子得到高质量的保育?是父母应该有选择孩子教育的自由,还是应该由国家实施一定的管制?是允许制药商直接向消费者做广告,从而使他们的利润最大化,还是应该限制这样的广告?

在许多这样的例子中,尼尔森主张,社会必须通过政治程序来确定它想要实现怎样的价值观。这样,在马斯格雷夫和布伦南—洛马斯基认为社会价值观(马斯格雷夫)或政治投票制度有权否定市场机制时,我们就可以看到尼尔森的观点与马斯格雷夫和布伦南—洛马斯基对有益品概念的辩护之间存在某种联系。在其他例子中,尼尔森认为,政府应该制定市场游戏的规则,提供基本的基础设施,并承担起确保经济生活不但高效,而且体面和有人性的责任。尼尔森的这个观点与我本人为有益品概念辩护时秉持的观点非常一致。我曾指出,政府负有使经济生活成为可能(通过制定物权法)、有效(通过反垄断立法,采取反商业周期措施)、人性(通过采取福利措施)和知性(通过保护环境)的责任。尼尔森的这篇文章虽然没有在两种为马斯格雷夫的有益品概念辩护的不同方式之间选边站队,但可被解读为对布伦南—洛马斯基和我本人捍卫这个概念的支持。

※ ※ ※

关于如何组织和管理各种使用大量且日益增多的社会资源的活动,现代社会目前遇到了很多具有挑战性而且常常是有争议的问题。在某些情况下,要让市场机制令人满意地发挥作用,就需要有力、精细的监管,或许还需要一些其他方面的非市场补充元素;对于其他活动,最好集中依靠其他基本的组织模式,让市场起辅助作用。在后一种情况下,过分坚持简单的市场组织具有一般功效的信念,可能会阻止我们采取令人满意的解决方案。本文的主要目的是提请读者注意现代资本主义经济采用的部门或行业专有性治理机制的复杂性和多样性,并且要证明这样的治理机制必须根据相关行业的具体情况量身定制。

一、引言

本文的标题似乎是运用矛盾修饰法的产物。市场难道不就是一种解决经济组织问题的一般方法?在任何情况下,把某种经济说成是"资本主义"经济,难道不就意味着市场就是这种经济采用的组织和管理经济活动的标准模式?

这种观点正是我想在这里提请注意的问题。当然,所谓的"资本主义"现代经济经验老到的经验主义分析人士认识到,实际上,资本主义现代经济既复杂又多样。虽然这种经济广泛利用市场组织,但在市场发挥核心作用的许多部门和行业里,我们也能看到专业化的监管机构,往往还有各种各样的非市场元素。在许多重要的行业里,市场组织只起到相对比较有限的作用,在某些情况下干脆就被排斥在外。

近年来,一种关于现代资本主义是什么、应该是什么的简单得多的观点引起了广泛的注意,甚至被奉为经典。[①] 因此,特别是在美国,当代关于部门或行业适当组织的政治讨论几乎总是以这样一个假设开始:相对简单的市场组织是正确的治理机制(这种治理机制已经是一种"预设"的解决方案);然后才

[①] 基于这种精神的表述,请参阅 Fukuyama(1992)以及 Yergen and Stanislaw(1998)。笔者将在本文的第二部分展开讨论这个观点。

会考虑是否需要某种监管结构或其他辅助结构,或者市场组织是否不适合有关行业;但明显、强烈地偏好尽可能多地利用市场。

通常作为讨论开端的市场组织概念,完全沿用了经济学教科书标准模型中的市场组织概念。营利性企业是生产手段,它们根据自己对什么最赚钱的判断决定生产什么和如何生产。在供应商供给的产品既定的情况下,消费者根据自己的知识和偏好决定把钱花在哪里,自由选择决定从谁那里买、买什么和买多少。企业之间的竞争既能保证生产有效并适合消费者的需求,而且能保证价格不低于生产成本。政府的作用仅限于为制定市场游戏规则立法和维护法律的权威性,并确保经济运行所需的基本基础设施的可用性。

我们有理由认为,这种对市场组织的偏爱,按净值计,几乎可以肯定是有利的。由于这种偏爱,我们从一开始就把政策指向了市场组织。事实上,市场组织一直有效地被作为很多部门和行业治理机制的核心。这种偏爱与对严重依赖中央计划和自上而下的指挥和控制治理机制的偏见有关,因为这种治理机制在使用过程中往往被证明有问题,甚至比有问题还要糟糕。然而,如果偏爱市场组织的预设带有对现代经济复杂性和多样性的无知以及对混合型组织及其治理,特别是对很少利用市场的治理机制在意识形态上有抵触情绪的色彩,那么,这可能是一个真正的问题,而且也是我本人在这篇文章里提到的偏爱市场的"问题"。

本文主要论述以下基本主题:目前,现代社会正面临许多挑战和常常是有争议的问题,它们涉及如何组织和管理各种利用大量且日益增多的社会资源的活动。对于其中的一些挑战和问题,我们可以通过市场组织找到与经济学教科书模型相差并不是太大的令人满意的解决方案。但是,在其他情况下,要使市场组织令人满意地发挥作用,就需要强有力的精准调控,或许还需要一些其他的非市场补充元素。对于其他活动,最好是主要依靠其他的基本组织模式,并让市场发挥辅助作用。在后一种情况下,过分坚持简单的市场组织具有一般功效的信念,有可能会阻止我们采用令人满意的解决方案。

然而,尤其在美国,显然有一种强有力的思想意识承诺把简单的市场组织作为具有一般用途的治理机制。虽然一些社会科学领域的学者对现代资本主义制度的实际复杂性和所谓的资本主义经济的多样性重新产生了兴趣,但是,把简单的市场组织作为具有一般用途的治理机制的情况还是发生了。① 即使我们能够更加深刻地理解管理经济活动所涉及的体制机制,也往往是在一个高度抽象的层面——"整个"经济,因此没有引起对需要管理的经济活动多样性的注意。

本文的主要目的是提请读者注意现代资本主义经济采用的部门或行业专有性治理机制的复杂性和多样性,并且要证明这样的治理机制必须根据相关行业的具体情况来量身定制。笔者在这里说的治理机制,是指一整套大致可分为两种类型的制度。第一类是决定价值和利益的制度,而这些价值和利益对于决定供应和销售什么以及供应和销售多少至关重要;第二类是分配供应和销售责任并为实行责任制提供激励和控制系统的制度。当然,这种划分对应于政治科学中对政策制定和管理的区分。虽然政治学家专注于政府发挥核心作用的活动和部门,但这种概念上的区分对于分析市场发挥核心作用的活动和部门也很有用。对经济学家来说,这里所做的划分大致可被看作对需求组织方式和供给组织方式的区分。虽然经济学的很多分支是面向那些需求主要通过决定如何使用自己钱的私人方面来创造以及供给由营利性企业来组织的活动和部门,但经济学家也认识到,可以通过其他不同的方式来构建需求和供给。②

我使用"治理机制"这个词,是为了保持具体的需求和供给组织方式的开放性,同时也是为了提请读者注意这样一个事实,即社会可以而且确实能够在这个问题上做出选择——一种最终是政治性的选择。从上述意义上讲,市场组织显然是一种形式的治理机制。然而,正如一种尺码的鞋子不可能适合所有人的脚一样,单一的部门治理模式也不能应对人类活动的多样性。

社会有时是明确地,而有时则是隐含地承认这个问题。虽然有人坚定不移地相信简单的市场组织具有普遍适用性和可取性,但现代社会在许多情况下仍会放弃这种模式,或者对它进行补强,并且设计大致符合某个行业或部门重要特点的行业或部门治理机制,从而促成了比通常想象的更加复杂和多样化的经济。在下文中,笔者一般使用的例子具体内容与美国有关。虽然国家

---

① 这是关于制度的新著非常强调的一个问题。如可参阅 North(1990)和 Hodgson(2000)。
② 关于这个问题的精彩讨论,请参阅 Lipsey et al.(1998:ch,3)。

第十八章　知名经济学家的著述

之间存在很大的差别,但在其他国家,情况往往与美国相似。

现在,我们来看看制药业或航空服务业的情况。这两个部门都大量利用了市场组织的典型要素:营利性企业、客户选择、竞争。但是,这两个行业的治理机制远远要比简单的"民间配方"复杂得多。这两个行业提供的产品或服务都可能对顾客构成重大安全风险,从而导致对它们的产品和服务以及企业的一些具体运营业务实施监管。现代社会深深感到有必要做出道义上的承诺,确保所有需要治疗的病人不论收入如何都能得到治疗,因此,很大一部分的药品销售得到了各种为某些人群提供医疗服务的政府项目的资助或补贴。国会议员也对自己代表的城市的可用航班服务表现出很大的关注,而不是简单地让航空公司和机场根据它们对市场需求的评估来决定航班服务供给。制药公司的研发主要依靠政府资助的生物医学研究,而航空公司则要依靠几乎都得到政府资助或补贴的机场建设投资以及政府出资并运营的空中交通管制系统。按照这个思路,再想想依据专门的交通法规体系在公路上行驶的汽车,或者农业的情况。[①]

在审视了制药和民航这两个行业的情况以后,现在很清楚,提供资助性和监管性法律体系以及必要的基础设施,被广泛认为是政府必须完成的任务,但在很大程度上是针对具体部门的。对制药业的监管与对航空服务业的监管截然不同,支持这两个行业的公共资助项目也大相径庭。更一般地,我们在仔细观察这两个部门——笔者建议观察大多数被认为由市场调控的部门——时,就能发现这些行业并不完全符合大多数人心目中的简单市场模式。它们要比简单的市场模式更加复杂,因为基本的市场组织本身并不能提供社会可以接受的治理机制,而只能提供必须根据具体有关部门的实际情况进行补充和补强的治理机制。

对于市场组织的核心要素,可以采用各种不同的方式进行补充和补强。笔者认为,这是市场组织可以成为很多人类活动和经济部门治理机制的有用

[①] 最近,关于政府量身定制"市场组织"行业政策的问题,已成为很多学者关注的问题。最近由莫威利和尼尔森(Mowery and Nelson,1999)编著的书,详细讨论了七大高科技行业政府政策的差别。塔克(Tucker,1998)的论文也讨论了类似的问题。关于社会学家表达的一致观点,请查阅 Hollingsworth et al.(1997)。

组成部分的主要原因。然而,设计一种补充机制,使严重依赖市场组织核心要素的不同部门能令人满意地运行,往往不是一件容易的事情;而且对于这种补充机制,许多部门常常是争议不断。

现在再回过头看看我们的第一个例子。关于一种新药需要哪些证据才能获得管理当局批准或者被纳入医疗保险计划,目前有一些重要的争论。关于药品定价以及是否需要某种价格管制,或者政府是否需要为特定阶层的使用者提供药品补贴,都存在着严重的争议。所有这些问题由于最近实施允许制药公司直接向潜在用户做广告(而不是像以前那样药品广告只能针对医生)的政策而变得更加复杂。此外,并非只有制药公司的发言人认为,价格管制会杀死生金蛋的母鸡。直接向消费者提供更多的信息,被认为是对付医生专制的必要手段。不过,也有人认为,制药公司需要更多而不是更少的病人信息和决策权。

无论如何,虽然在监管和政府资助等问题上存在争议,但在制药和民航这两个行业里,至少现在还没人认为市场机制不应在治理中发挥核心作用。有很多人认为,如果能对营利性企业、竞争和消费者选择等元素进行适当的扩展和约束,那么,这些元素就有可能成为一种令人满意的治理机制的核心要素。

虽然市场机制对于许多重要的人类活动具有广泛的适应性和灵活性,但现代社会选择使用的治理机制也很少利用市场,甚或把市场拒之门外。因此,请想想预防犯罪和刑事司法以及托儿服务的情况,就能认定现代社会目前在组织和管理方面面临困难问题的两个活动领域。这两个领域的活动都不是主要通过市场来治理,至少从一般认为的市场组织的角度看,情况就是这样。虽然这些并不是大多数人在考虑"经济"活动时想到的情况,但它们确实使用了大量可以在其他活动中有效使用的资源。治安和司法支出被计入国民生产总值统计数据。许多社会托儿服务以及为家庭托儿购买的投入品也同样如此。女权主义者并不是唯一主张把家庭主妇或家庭主男的这种服务计入国民生产总值的人。当然,重要的是,专门用于这些活动的资源必须在数量和质量两个方面确保政府能够履行自己的使命;此外,这些资源必须有效地用于实现利害攸关的主要价值。

这些例子本身就很重要,因为它们确实存在管理好使用大量资源的活动的重要问题。但是,这些例子也因为强调反映以下这个经常被忽视的事实而变得重要:"经济"活动与通常可能被认为是政治或政府、社会或者文化的活动之间界限模糊,而不是十分清晰。经济并不是一个独立于处理犯罪、制定和执行外交政策、组织政治竞选活动、照看孩子、管理女童子军、资助艺术或宗教的活动领域。确切地说,经济应该被看作任何活动的一个方面。从这个观点出发,应该很清楚,经济组织和治理的问题不只是诸如花生酱等产品生产和分配的问题。

在任何情况下,预防犯罪和更加广泛地发挥刑事司法系统的作用,在传统上被认为是政府的基本活动。一般来说,我们都希望,人人能受到体制的平等对待,而且正义是"非卖品":在一般情况下,照看孩子被认为属于父母或家庭的职责。与此同时,父母或扮演父母角色的人被认为有义务照顾好子女。他们有权购买或者不买自己喜欢的任何一款车,但他们没有权利选择是否照料自己的子女。在这两个领域,让市场价值和机制在治理中发挥核心作用的想法会遭遇相当大的阻力。

这些例子清楚地表明,非市场机制被广泛用来管理大量重要的人类活动,而这些人类活动从它们涉及使用大量资源的意义上讲,就是经济活动。政府本身当然是一种治理机制,或者更加确切地说,是治理机制的综合体。政府机构通过提供公共资金或者监管,成了一种代表需求侧群体或集体利益的机制。正如我们已经看到的那样,市场和政府这两种机制在制药业和航空服务业的总体治理机制中都发挥着重要作用;而在许多其他领域,政府作为需求侧代表的机构扩大或取代了个人的消费者主权。

治安和司法的例子表明,政府机构在供给和需求两端都发挥了作用。也许是因为最近论述资本主义经济组织优势的很多著述把很少使用市场但大量使用政府组织的前计划经济作为背景进行了比较,所以资本主义经济组织的概念往往忽略或淡化了大量不仅通过政府资助而且通过政府运营的活动。当然,另一个原因是,许多作者认为,如果治理体系中有更多的市场元素、较少的政府干预,那么,政府发挥核心作用的相当一部分行业会运行得更好。在许多情况下,他们的想法可能是正确的。但治安和刑事司法的例子表明,在某些政府发挥核心作用的领域让政府发挥核心作用,可能也有充分的道理。

公民社会的各种组织——家庭、宗族团体、友好团体、社区、不同性质和形式的志愿者协会以及正规的非营利组织,而不是正式的政府或市场,为各种各样的人类活动——从托儿服务到有组织的社区大扫除,从少年棒球联盟到有组织的宗教活动——提供了核心治理机制。值得注意的是,这种形式的经济治理在当前经济组织的讨论中往往受到压制。然而,许多困难和有争议的问题与市场入侵传统上属于这些既非政府又非市场组织的活动领域有关。

很明显,这些其他的基本治理机制,就像市场组织一样,也是高度多样化,并且几乎总是与其他元素一起发挥作用。如果没有社区的帮助,警察就无法保护社区不受罪犯侵害。家庭在一定程度上由法律主体构成,当然,刑事司法系统和托儿服务都与市场机制密切相关。律师是刑事司法系统的重要组成部分,在大多数情况下,律师在市场上销售他们的服务。最近,有相当多的营利性承包商受雇管理监狱,儿童保姆从事有偿服务,而对社会托儿服务有很大的需求。这种需求还在不断增长,吸引了许多营利性供应商。

但是,在这两个领域,市场在整个治理体系中应该发挥多大的作用,市场要素在哪些方面应该受到调控以及在哪些方面应该被排斥在外,这些问题都存在相当大的争议。有钱和地位的人比那些生活在社会底层的人能够更好地摆脱刑事司法系统的纠缠,主要原因就是前者能有效地使用自己的金钱,这很令人感到震惊,因为它与公平正义的目标背道而驰。政府是否应该被允许签约外包监狱,是一个有争议的问题。适当监管社会托儿服务,也是一个有相当大争议的问题。很明显,许多人更喜欢公共或非营利性服务,而不是营利性服务。

基础科学研究管理是另一个我们能看到复杂的混合型治理结构的重要领域。目前,市场在这种治理结构中扮演相对温和的角色,但关于市场应该在这个领域扮演什么角色的问题,存在相当大的争议。长期以来,科学界一直认为,有关短期实际应用在管理基础研究资源配置方面发挥核心作用的推测是错误的。更确切地说,占主导地位的标准应该有利于促进基础研究,而这正是科学家自己最有资格做出判断的问题。此外,研究结果应该公布于众,并向任何人开放供检验和使用。营利性企业不太倾向于按照这些条件和基本规则资助很多研究项目。长期以来,我们普遍认为资助基础研究是政府应该履行的职责。总的来说,各国政府在科学家自主管理的体制下为基础研究提供资金,而大学则是开展这种活动的主要场所。

虽然公开发表和开放使用基础研究成果已经成为基础科学研究领域的常态,但近年来,大学和商业公司已经开始尽可能地为自己的研究成果申请专利,并要求用户征得许可并支付费用。企业现在是资助某些领域基础研究的重要资金来源,它们从这项活动中获利的能力与它们限制取用研究成果的能力相关联。关于公共资金是否应该投入企业愿意用自己的资金支持的研究领域,以及关于这样做是有利还是不利于大学研究成果越来越多地获得专利的辩论,也越来越激烈。这场辩论可以被看作对市场在基础科学管理事业中应该发挥作用的范围和性质的讨论。

笔者认为,现代经济中几乎所有的活动都由市场和非市场机制的组合来管理,市场的相对重要性、对市场运行的约束以及非市场机制的优势和性质,因活动、部门不同而有所不同。本文的重点就是讨论这种治理机制组合。

我们再举一个医院服务的例子,医院服务是一个争论激烈的领域。医院部门有许多公立和非营利单位以及营利性医院。医院的收入部分来自私人病人和私人保险,部分来自资助某些类别病人治病的公共项目。医院受到多种不同形式的监管,医生作为一种职业,在决定怎么治病方面发挥着重要的作用。近年来,管理型医疗机构和保险公司在医院治理结构中也发挥了重要的作用。关于这些不同方面和利益集团在医院治理结构中应拥有的相对权力以及公共财政在支持医疗系统方面应有的作用,常常引发激烈的争论。

或者,我们来考察一些有关互联网治理的问题。是否应该对互联网上的内容进行监管?如果应该监管,那么,采用什么方式监管?由谁来监管?政府是否应该要求按照优惠条件为学校提供互联网服务?如果政府应该要求这样做,那么应该由谁来买单?

其他有争议的问题包括,有人认为有些东西不应该在市场上买卖,或者在某些情况下就根本不应该出现在市场上。我们普遍认为,人不应该把自己或者被别人卖为奴隶。关于竞选经费改革的争论,有很多内容主要是关于为实现政治目的而花钱的意愿和能力是否与民主相悖。或者,我们应该思考关于新兴的肾脏和卵子市场或者卖淫和吸毒非罪化的争论。

关于市场和非市场治理模式的适当作用存在争议的领域,我们已经列出一张既长又多样的清单。但我要强调这些领域的共同属性,首先,它们都涉及一个特定类别的产品或服务,而这些产品或服务都确实或应该计入国民生产总值,因为它们都要利用稀缺资源来满足人类的特定需要。其次,它们都引发了哪种治理结构合适的争论,即关于在决定应该供应和分配什么和多少时应考虑的价值和利益问题以及在怎样的激励和控制机制下由谁来从事这项工作的争论。

在笔者以上列举的几乎全部的例子中,都发生了一些事情,或者发生了一些变化,从而提出了一些有关适当的组织和治理的问题。以电力系统(和电话系统)为例,技术进步削弱了认为这些系统是自然垄断领域的论点的说服力,并诱使政策制定者更多地利用市场来治理。社会托儿服务需求的增长,主要是有年幼孩子的女性劳动力参与率在过去的40年里大幅度提高的结果,并且在母亲留在家里照看孩子不再是常态,更不是规律的时代,提出了社会应该如何照料孩子的问题;有关发放买药补贴或对药品进行价格管制的新近讨论,是近年来研制出一些有效但昂贵的新药,从而给承担医疗费用的个人和组织造成巨大压力的结果;而互联网则是一种全新的"游戏"。

关于如何组织和管理经济活动的社会和政治决策并非一蹴而就,而是一个连续的过程,并且是经济变革一般过程的一个重要组成部分。在许多情况下,这种决策是极其重要的。显然,在上面讨论的几个领域里,利害关系非常大。重要的是,要清楚地了解这些争论的本质以及它们涉及的核心问题。鉴于我们对简单的市场解决方案几乎普遍有效的观点抱有很大的信心,因此,这一点在今天就显得尤为重要。在上面的一些例子中,这种信心可能会促使决策朝着令人满意的解决方案迈进。但是,在其中的许多例子中,最初对市场解决方案的明显偏爱,有可能阻碍我们实际找到能在具体的特殊情况下奏效的治理解决方案。

由于一些现在已经清楚以及笔者希望在下文中使它们变得更加清晰的原因,这些类型的治理问题并不容易解决。下面,笔者只想把一些重要的问题摆到桌面上来,并阐明有关争论的全部内容。

首先,笔者试图从历史的视角来审视当前这场始于对市场效率抱有几乎空前信心的大辩论。然后,笔者将在第三部分考察市场组织相对于其他类型的治理结构被认为具有的各种优点,并就这些论点提出一些问题。关于市场组织优点的理论有一个重要的局限性,那就是它们没有认识到我们所说的"市场"经济实际上是一种结构上混合程度很高的经济。在第四部分,笔者将讨论市场失灵理论和为混合经济提供论据的其他一些理论体系,并试图在分析这些理论体系的基础上提出一种能够阐明当前这场辩论性质的综合观点。

在结论部分,笔者将详细说明为什么说找到适当的方法管理经济活动通常是一个非常困难的问题。

二、以追惜为序

关于市场在经济活动的治理和组织中发挥着普遍作用的假设和事实,是一个相对较新的现象。市场作用的显著扩大,首先发生在18世纪初的英国,后来传播到了欧洲大陆和美国,再后来才传到日本,目前已传播到了世界大部分地区。某些种类的市场实际上在史前就已经存在,但直到最近才在一小部分人类活动中占据核心位置。与历史长河相比,市场无处不在和被称为资本主义的体系都是相对较新的现象。

随着市场、主要用于市场销售的产品的生产,以及无论是销售净收入还是在劳动力市场上挣到的工资在很大程度上决定个人或家庭产品和服务使用的情况的普及,经济活动领域作为一个有别于范畴更大的社会和政治系统的体系逐渐开始形成。因此,亚当·斯密的《国富论》(1776)是一部论述市场经济的著作。当然,市场经济要受到比包含它的国家的文化和政府的广泛影响,但市场经济本身是一种客观存在,它有自己的基本运行规律。亚当·斯密不可能提早一个世纪写出他的《国富论》。当然,今天的标准经济学教科书把经济说成是一种与其他人类活动完全不同的活动。

从资本主义开始呈现可辨认的形式以及研究资本主义运行的学者开始撰写有关资本主义的著述(随着时间的推移,这些学者逐渐被称为"经济学家")开始,这种制度就有了自己的支持者和反对者。多年来,对资本主义看法的天平一直起伏不定,而且在任何时候都是因国家而异。

虽然英国"古典学派"经常被认为是主张让市场尽可能不受阻碍地扩展到尽可能广泛的人类活动领域的有力支持者,但事实上,这种说法并不十分准确。亚当·斯密对市场的热情有点微妙,他清楚地看到了市场的一个缺点。约翰·斯图亚特·穆勒并不喜欢他所看到的19世纪中期英国资本主义崛起的某些方面。如今,美国被认为是对自由市场抱有近乎真情实意的国家。然而,亚历山大·汉密尔顿(Alexander Hamilton)在他著名的《制造业报告》(*Report on Manufactures*)中辩称,如果美国工业想要生存和繁荣,就需要保护和补贴。美国经济学协会(American Economic Association)的许多创始人(在19世纪末)非常关注他们眼中的市场资本主义的过度行为,并设计了控制市场资本主义的政策。

在英国和美国以及受它们强烈影响的文化之外,对市场资本主义的热情即便在传统上也比较温和,而且舆论氛围有时甚至对资本主义充满了敌意。事实上,在相当大的程度上,社会主义经济传统基本上就是对市场资本主义做出的消极反应。这个传统制作了一个非常宽敞的"帐篷"[①]。一方面,我们可以发现英国的费边主义者不愿废除市场(至少在短期内),而是主张为了公共利益对市场进行调控,并用各种对付在他们看来原始资本主义不可避免的不平等的其他制度来补充市场。另一方面,有很多学者对市场体系满怀敌意,并建议用其他什么东西来完全取代市场;在这个问题上,我们能发现像罗伯特·欧文(Robert Owen)和卡尔·马克思(Karl Marx)那样不同的社会主义者。

当然,马克思认为资本主义是一种权力体系。在马克思看来,政治权力和经济权力在资本主义中交织在了一起。直到最近,社会主义政党在有能力夺取并掌握政权以后一直把重工业,并且更一般地把为经济生活提供基本基础设施的组织收归国有放在议事日程的首要位置,这并非巧合。

今天,仍有人对一种相对宽泛但并非不受限制的市场资本主义充满热情。不过,他们很健忘,好像已经忘记,就在半个世纪以前,一些非常杰出的学者曾预言资本主义行将灭亡。20世纪40年代,约瑟夫·熊彼特(Joseph Schumpeter)发表了他的经典著作《资本主义、社会主义和民主》(*Capitalism, So-*

[①] 指包容各种不同的观点。——译者注

cialism, and Democracy），而卡尔·波兰尼（Karl Polanyi）发表了《大变革》(The Great Transformation)。他们都把资本主义看作一种已经过时的制度，但前者为此感到遗憾，而后者则由此感到欣慰。值得注意的是，做出这些预测的理由有些不同。

熊彼特有两个理由认为资本主义行将灭亡。首先，他认为，资本主义的主要经济功绩就在于，这种制度能够刺激并支持快速的激进式创新，而激进式创新则是促进资本主义制度下生活水平得到大幅度提高的基本因素。但是，他又认为，由于科学越来越发达，因此，快速的产业创新不再需要激烈的竞争和创造性破坏，而是可以按照一种有计划、有秩序的方式进行。所以，资本主义经济组织不再为经济进步所需要。与此同时，工业企业的职业经理人和研发科技人员几乎已经没有什么热情让竞争资本主义作为一种制度继续运行下去，而他们的职业生涯在一种不同的制度下会更有保障，并且更加舒适，从而使得资本主义的捍卫者们在那些从资本主义制度中看到太多罪恶和太少功绩的知识分子的攻击下变得更加不堪一击。

在波兰尼看来，市场资本主义就是工人阶级的灾难。虽然自19世纪末以来，有工作的人工资有所上涨，但大萧条表明，资本主义仍是一种有害的制度。此外（在这一点上，波兰尼的观点与熊彼特的观点相似），大萧条削弱了中产阶级甚至企业对这个制度的支持，并促使他们设法制服或改造这个制度，以使它变得不那么残酷。

熊彼特和波兰尼这两位作者都认为，市场资本主义经济体制深刻地影响着范畴更大的社会和政治的本质。熊彼特认为，这种影响在很大程度上是积极的，因为它鼓励个人关注自己的创造力、自由和独立性。事实上，他把现代科学制度与资本主义联系在了一起，并认为自由民主是一个"同路人"。熊彼特的这种观点与 F. A. 哈耶克（F. A. Hayek）的观点非常接近。由于这些原因，熊彼特为资本主义不可避免的衰退命运感到遗憾。

波兰尼在他的伟大著作中指出，市场对日常生活的侵蚀，特别是劳动力和土地的商品化，破坏了在他看来对于健康的公民社会至关重要的合作和社会建设。他把保护资本主义不受工人阶级利益的重压视为资本主义制度下的政治体制的一个基本方面，因此，只要资本主义占据主导地位，真正的民主就很难实现。相反,他关于资本主义为什么会消亡的部分论述,恰恰涉及民主的发展,但资本主义的捍卫者们纷纷表示反对。

这两位作者都没有对当时正在形成的苏联体制表现出任何热情,但他们都深刻地预见到,这样一种经济体制与已经被称为资本主义的体制相比,会在政府监管下对企业进行更大力度的协调,政府会对企业特别是劳动力市场进行更多的监管,对工人的基本生活水平进行更多的保护,并且会制定和执行更多的计划。

显然,第二次世界大战后欧洲和美国经济的强劲表现——失业率很低、经济快速增长、大部分人的生活水平不断提高——令许多人感到惊讶,并且改变了他们对资本主义的态度。

人们普遍认为,战后资本主义在许多方面与战前资本主义存在结构性区别。政府的作用明显扩大,教育,特别是高等教育方面的公共支出大幅度增加,政府也明显加大了支持研发的力度。失业保险现在很普遍,而且在许多国家很慷慨,社会保障也是如此。许多国家扩大了国民健康保险的范围,或设立了新的项目。法国和英国尽管都没有设立推行大规模工业规划的机构,但都设立政府机构负责筹划如何配置投资,并且在关键部门推行国有化。美国通过了就业法案,成立了总统经济顾问委员会。

这些制度变革与第二次世界大战后 25 年里经济的强劲表现到底有多大的关系,至今仍是一个有争议的问题。不过,有一点很明显:熊彼特和波兰尼关于制度变革的许多预测已经兑现。

有人可能会问,新的制度是否仍是市场资本主义? C. A. R. 克罗斯兰(C. A. R. Crosland)在他 1956 年的著作《社会主义的未来》(*The Future of Socialism*)中提出了这个问题,并回答说,这个制度与过去非常不同,并且包含一些社会主义者早就提倡的元素,但仍然不是社会主义。在《超越福利国家》(*Beyond the Welfare State*,1960)一书中,冈纳·默达尔(Gunnar Myrdal)也强调指出了已经发生的巨大变化,并实际上采取这样的立场:无论新的制度叫什么名字,旧资本主义遗留下来的问题大多已经被新制度解决。安德鲁·舍恩菲尔德(Andrew Schonfield)在 1965 年撰写的《现代资本主义》(*Modern Capitalism*)一书中也持基本相同的立场。

第十八章 知名经济学家的著述

美国学者对这些发展提出了自己独特的实用主义观点。罗伯特·达尔(Robert Dahl)和查尔斯·E. 林德布卢姆(Charles E. Lindblom)在他们的伟大著作《政治、经济和福利》(*Politics, Economics, and Welfare*, 1953)中指出,现代经济的任务复杂多样,不同的治理和组织形式适用于不同的经济体。这本书列举了美国用来组织各种活动的不同方式。丹尼尔·贝尔(Daniel Bell)在《意识形态的终结》(*The End of Ideology*, 1960)中指出,至少在美国,已经没人在争论资本主义的利弊,而是在讨论如何使它更好地发挥作用。

在美国,经济学家们越来越多地使用"混合经济"这个术语,并且在交谈时越来越多地谈到"新古典综合派"。有美国最知名、最受尊敬的经济学家参加的肯尼迪政府经济顾问委员会在1962年的报告中明确阐述了这些基本主题。这份报告的核心内容是,政府通过财政和货币政策管理宏观经济发挥的作用。几年后,共和党总统尼克松可能会说:"我们都是凯恩斯主义者。"市场组织被认为是治理和管理广义的产业的基本方式。然而,"市场失灵"理论(笔者将在后面介绍这个术语)是新古典综合派理论很重要的组成部分。国家安全和科学知识等公共品的供应需要政府的支持,在某些情况下还需要公有企业。外部性需要监管或税收和补贴制度。政府必须推行反垄断政策,对自然垄断进行监管,并且积极采取行动以确保经济运行不至于造成无法缓解的贫困。迈克尔·哈林顿(Michael Harrington)的《另一个美国》(*The Other America*),在思想上对肯尼迪政府和后来的约翰逊政府产生了重大的影响,引发了向贫困宣战。

在经济政策方面实施的这些变革,或者更广泛地说,关于资本主义是什么以及如何能使它有效的观念的转变,并非没有受到挑战。到20世纪70年代中期或后期,有相当多的人主张废除许多变革,或者至少阻止朝着这些方向进一步发展。马克·布莱斯(Mark Blyth)在他的《20世纪的巨大变革、经济观念和政治变革》(*Great Transformations, Economic Ideas, and Political Change in the Twentieth Century*)中指出,有关资本主义适当程度和政府监管类型——以及更一般的政府干预——的公众意见,有可能存在一种自然循环——一种涉及政策和意识形态,而且政策超调会导致意识形态变化的自然循环。

不过,在这些问题上的意识形态巨变都反映在了玛格丽特·撒切尔和罗纳德·里根政府的文件和政策中,说实话,还真让许多人感到吃惊。造成这种巨变的原因当然有很多,其中的一个原因就是,美国和欧洲经济在20世纪70年代早期出现了恶化的迹象;这与作为国民生产总值组成部分的政府支出持续增长有关。许多人认为,这个原因以及政府加大监管力度,是造成经济问题的根源。在英国,把工会看作非法势力的敌意与日俱增。显然,苏联经济的崩溃支持了相对简单和原始的市场资本主义的拥护者。

20世纪80—90年代,知识分子在他们的著述中表达的对资本主义的看法发生了巨大变化。丹尼尔·耶金(Daniel Yergin)和约瑟夫·斯坦尼斯劳(Joseph Stanislaw)在《制高点》(*The Commanding Heights*)中写道,市场在争夺制高点的战斗中如何战胜了政府,并且把这个结果看作正义事业的胜利,并且还对这些问题可能比胜利者的意识形态争论更为复杂的说法表示怀疑。弗朗西斯·福山(Francis Fukuyama)宣称,《历史的终结与最后的人》(*The End of History and the Last Man*)是市场资本主义(和自由民主)的最后胜利。

虽然所有这些尝试都试图退回到战后早期的改革,恢复到比较精简、基础的资本主义,但实际执行的资本主义制度仍然是异常复杂和多样化。福利国家已经成为现代资本主义公认的一部分,这在有些人看来是一种错误的想法,而在另一些人眼里则是对现代资本主义工业的必要补充,但肯定是一个持续的政策争论话题。随着对技术进步在经济增长中的核心作用以及科学对技术进步作用的认识的不断深入,传统的产业政策辩论有了新的内容,特别关注政府和私营企业在支持研发方面的责任的适当分担。但争论仍在继续,作为20世纪80年代标志的放松管制和私有化浪潮并没有结束关于在竞争存在问题或所供应产品或服务对社会或国家福祉至关重要的情况下是否可以信任营利性企业的辩论,而关于如何保护环境不受经济活动影响的争论则愈演愈烈。

不过,在我看来,虽然当前关于宏观经济政策问题的讨论大多已经摆脱了20世纪70年代和80年代的思想意识狭隘的问题,而且最近又重新关注贫困这个与部门经济组织关系不是很大的问题,但是,当前太多的关于如何管理经济活动的讨论仍然是在一个认为经济活动的市场组织比许多部门的实际情况要简单得多,并且不关注社会选择采用市场以外的机制来管理大量经济活动的知识框架内进行的。笔者认为,更加清楚地认识市场组织的复杂性和多样性及其局限性非常重要。

三、市场组织的正当性证明:经济学视角

笔者注意到,虽然我们最近能够重新既看到市场组织的优点又发现它的缺点,但用历史标准来衡量,在过去的 20 年里,我们对市场有效性的信任,可以说是异乎寻常地普遍和根深蒂固。非经济学家似乎觉得,经济学家已经运用严谨的理论和充分的经验证据证明了市场组织的正当性。在这一部分,笔者将证明,事实上,最常引用的论据只有很小的支持力度,经验证明十分粗糙,而有说服力的论证都是一些实用主义的定性论证,而不是严谨的定量论证。而且,至少在笔者看来,关于市场组织最引人注目的论点与标准教科书中的观点完全不同。①

至少从亚当·斯密的那个时代开始,盎格鲁—撒克逊的经济学研究传统就一直在宣扬"看不见的手"的美德——以利润为取向的供应商在竞争激烈的市场上努力争取客户买家。斯密的论证大多是定性的,并有很多从他本人和其他人的经验中得到的经验案例的支持。而且,在本文的背景下,记住以下这一点很重要:斯密之所以要证明市场组织的正当性,部分是为了反对当时流行的一种特定的替代性思潮——重商主义。

现代经济学声称要强化这个论点的逻辑。当代经济学教科书和专著对市场组织正当性的论证,对照帕累托最优的理论规范——帕累托最优是经济效率最大化的一个具体概念——对一种程式化的市场经济模式的表现进行了比较。如果某个经济体的表现达到了帕累托最优,那么,在购买力分配既定的情况下就能通过利用可用的资源和技术创造最大的产出(这不是帕累托最优的标准定义,但几乎等价)。经济学教科书上的论证结论是:在给定的一揽子假设下,竞争性市场经济能够满足这个标准。虽然发展这一理论的经济学家获

---

① 接下来的讨论对本文作者最早在其 1981 年的文章《评估私营企业:对一种复杂混乱的学说的注释》(Assessing Private Enterprise: An Exegesis of Tangled Doctrine)中提出的一些主题进行展开论述。

得了诺贝尔奖,但我认为,由于多种原因,这个理论并不能成功地应用于现实生活中的市场组织。

当然,把这一理论作为市场资本主义可取性的论点来批评的最常见观点认为,即使资本主义经济组织能够实现帕累托最优,这种制度的运行往往是与非常严重的收入分配不平等和瘪瘪的钱包联系在一起的。资本主义下的补救之所以受阻,是因为富人有政治权力否决那些不符合他们利益的政策,尽管有人可能会辩称,这种政策会显著提高平均福祉。富人要捍卫的状况很可能是帕累托最优,因为任何能使其他人的境况变好的变化都会使他们的境况变坏。但是,这种状况并不能使它成为社会所希望甚至可接受的状况。当然,这是波兰尼批判资本主义的一个重要内容。

与此相反,也有人认为,许多广泛利用市场机制的政治经济体已经能够实现相对公平的收入分配,并实际消除了贫困。现代福利国家的政府机构已经相当成功地完成了这些任务。但批评人士反驳说,正是这些机构应该受到最多的抨击。

就本文而言,笔者想绕过这条论证思路(将在后文讨论),并继续讨论这个理论的主张——市场组织具有经济效率。我们要分析的最基本问题是,充分符合帕累托最优标准的市场经济理论模型与实际市场组织相去甚远。令人奇怪的是,这一点对于整个论证的意义往往被低估。即使有人相信这种理论阐述,事实上,研究者也会承认有各种"市场失灵"存在——笔者将在下一部分讨论这个问题。一旦把这些问题都纳入模型,理论上的市场经济就无法实现帕累托最优。这样,为市场辩解的整个标准的理论策略就会分崩离析。

为市场辩解的整个标准的理论策略之所以会分崩离析,是因为,当代经济学理论教科书不同于斯密关于"看不见的手"的美德讨论,在论证时没有用(高度抽象的)市场经济的表现与另一种(高度抽象的)经济体制的理论表现进行比较。具体来说,这种论证并不是要证明另一种经济体制也不能达到帕累托最优。当然,如果市场组织确实像理论可能性那样做得好,就没有特别的理由去考虑另一种替代性组织。然而,一旦市场组织最优论不成立,那么似乎就无法避免对市场组织与其他制度的表现进行比较,尽管这可能很难做到。

笔者一直在强调,现代市场资本主义(或任何可能的替代性制度都)非常复杂和多样化,因此,对它们进行比较的任务就变得特别困难。我要在这里阐明的论点是,正是这种灵活性使市场组织能够在各种各样的环境下相当好地运行。但是,在用市场资本主义与其他经济体制比较或者与某种绝对标准进行比较的分析中,绝对应该把这些因素考虑进去。

下面,就让我们回到效率的论证上来。我想说的是,经济学标准理论没有阐明我们在这里要阐明的问题,而是使这些问题变得更加模糊。

虽然现实生活中的市场经济肯定不可能达到帕累托最优,但大多数经济学家和许多外行人会争辩说,市场组织和竞争经常会产生比较有效的结果。企业有强烈的动机以尽可能低的财务成本去生产顾客想要或被说服想要的产品和服务。这种效率论有一个"动态"或者补充版本。在许多竞争环境下,由市场组织的经济部门似乎对客户需求、投入品供应条件和技术机会的变化能做出相对较快的反应。从生产顾客认为有价值的东西被视为优势的意义上讲,只要要素价格粗略地反映机会成本,那么,至少在某些活动领域就有非常充分的实际理由去实行根据经济效率界定的广义市场资本主义。

资本主义的批评者认为,资本主义制度的效率被高估;事实上,资本主义经济充满了浪费。一方面,消费者的需求在很大程度上是由广告创造的,而那部分最真实的需要可以通过比资本主义提供的简单得多的产品和服务来满足;另一方面,广告本身以及企业之间旨在诱导消费者购买自己产品而实施的产品差别化占用了大量资源——这些资源在一个旨在满足已有需求而不是创造新需求的制度下本可被用于更具生产性的用途。而市场组织的辩护者则认为,这种观点夸大了消费者偏好可被操纵的程度;而且在任何情况下,如果用某种高权威的替代组织来判断顾客真正想要什么或应该会想要什么,那么危险远比市场大。很明显,这里关于资本主义效率的争论已经逐渐变成了关于资本主义文化优点和缺点的老生常谈。

支持和反对让个人决定如何花自己的钱是决定哪些需要应该得到满足的主要机制的理由是否充分,几乎肯定也取决于个人所处的情景。值得注意的是,战时,资本主义经济几乎在没有遭到任何抗议的情况下就能推行资源配置、采购和定量配给的集中化协调机制。其根本原因是:战时要把生产用于满足最紧迫的需要,并且要有效地组织生产,这种经济组织就必不可少。总的来说,大家一致认为,在这种安排下已经取得了非凡的生产业绩。

战时的计划经历有时会使一些分析人士认为,在和平时期使用一些战时使用过的机制,就能大大提高和平时期的经济效率。但是,大多数知识渊博的研究者强烈反对这种观点。在很短的一个时期里,比如在战时生产中,或者中心目标是建立一些基础工业的计划经济早期,让整个经济集中满足一些一致认为应该优先满足的需求,是一回事;而在长期内让一个经济体在需求、供给条件和技术机会多样且不断变化的背景下,合理、有效地做出反应,则是另一回事。在东欧一些国家只把建立标准基础设施作为核心目标的时代过去以后,它们的中央计划经济经历就证明了这一点。[①]

然而,我想说的是,我们在这里进行的论证比标准教科书上的论证要复杂得多,事实上,结论也不同于在竞争市场环境下企业利润最大化行为能产生有经济效率的结果的结论。我们的论证结果取决于现代经济中需求、资源和技术的多样性、丰富性和不可预知的易变性,经验表明中央计划和控制体制缺乏处理信息和配置资源的能力,并且意味着如果很多有竞争力的行为人可以不经过某个中央当局的批准就做出反应,或者在采取行动前得到很多人的认可,那么就能提高对已经发生变化的条件做出适当反应的概率。哈耶克和现代奥地利学派经济学家(如 Kirzner, 1979)都强调指出了市场经济的试验能力以及发现未得到满足的需要和未被抓住的机会的能力,并且认为中央集权化体制在这方面的表现十分糟糕。

请注意,本文的论证部分是关于与市场组织相关的激励和机制优点的,部分是关于中央控制体制的缺点的。许多人认为,关于市场组织的这种主张很有说服力,并且与有关资本主义经济和前计划经济的证据相一致。但是,我们的论点与程式化的市场经济的帕累托最优论只有松散的联系。

许多观察人士认为,市场资本主义最大的优势在于它的长期动态表现,而不是短期效率。正如马克思和熊彼特所强调指出的那样,资本主义是推动经济发展的大功率发动机。这里我们也可以做一个相当明确的比较。其实,我们可以通过举例很好地说明计划经济体崩溃的一个主要原因:它们没有能力

[①] 林德布卢姆在他的《政治与市场》(*Politics and Markets*, 1977)中,对这些问题进行了特别好的讨论。

跟上并利用市场经济中正在发生的快速技术进步。

但是,有助于技术进步的市场组织的特征和能力截然不同于静态效率和教科书规范模型的特征和能力。熊彼特确实大量论述了两者的这些差别,许多熊彼特理论的评论人士表示,熊彼特认为竞争对于现代资本主义并不重要的观点是不正确的。更加确切地说,熊彼特是认为,重要的竞争不是经济学教科书中强调的那种竞争,而是通过创新进行的竞争。熊彼特在他的《资本主义、社会主义和民主》中表示,资本主义是进步的高效发动机,因为竞争会刺激创新。这一理论高度重视发明和创新的多元化及多种竞争来源。但是,根据竞争具有社会重要性的观点,应该欢迎拥有研发实验室和一定市场势力的大公司的存在,尽管这样的市场结构偏离了与帕累托最优静态定理有关的纯竞争性市场结构。

前面笔者已经提到,熊彼特曾说过,由于科学越来越发达,因此工业创新不再需要资本主义制度下不受约束的低效竞争,而且越来越有可能被纳入计划。历史证明,熊彼特在这个问题上大错特错了。中央集权化计划体制通常能在研发资源配置方面取得巨大的成功,因为在中央集权化计划体制下,目标事先设定,而且通向成功的最佳路径也有可能已经明确,曼哈顿计划和阿波罗计划就是很好的例子。不过,潜在的创新者绝大多数会遇到这样的问题:猜测用户对他们可能推出的不同创新的重视程度,还要判断开发不同替代方案的易难程度。这些问题很少有明确的答案。此外,见多识广的专家很可能对这些问题的答案有不同的看法。在这些常规条件下,按市场规律组织的研发系统具有竞争多元化这个巨大的优势。

我们可以认为,至少在最近几年里,市场资本主义经济在工业创新方面的强劲表现也与熊彼特没有强调过的现代资本主义经济有很大关系,特别是政府对大学研究的支持。现代资本主义经济的创新体系是一种复杂的混合型体系。然而,市场资本主义的多样性、灵活性和竞争性是任何有效创新体系的重要方面。

笔者觉得熊彼特关于市场组织优势的观点令人信服,并且相信,关于市场优势的通俗理论在相当大的程度上是隐性熊彼特式的,而不是新古典学派式的。资本主义经济组织的价值在于它是促进进步的大功率发动机。笔者注意到,这里关于约束这种制度(如严格管制)的成本的争论,涉及管制有可能会在需要进行大量试验的情况下导致刚性。同样,关于中央集权化体制失败的争论,与其说是关于静态低效率的争论,还不如说是关于创新激励不足以及难以支持这类体制所标志的多重竞争的争论。在这方面,关于市场组织对什么有利的通俗理论可能要好于新古典经济学理论的标准工具。

在结束这一部分时,我们要回顾一下,熊彼特非常推崇他认为由资本主义经济组织催生和支持的文化和政治价值观以及社会结构;而相比之下,波兰尼厌恶他所认为的资本主义对人和价值观的影响,以及他认为资本主义赖以生存所需要的政治权力的分配。显然,无论是支持还是反对市场组织,或者更加一般的资本主义,这些论点都与严格意义上的经济业绩——无论是哪方面的经济业绩——评估无关。熊彼特和波兰尼都认为,从政治上看,资本主义不可能生存,至少原始形式的资本主义是这样,因为人们普遍厌恶资本主义造成的社会后果。很明显,第二次世界大战后的许多改革试图减轻资本主义造成的社会后果。

这样,我们就得回过头来讨论何为现代资本主义以及是否还有其他选择等问题。多年前,我们不无道理地对资本主义及其各方面的表现与所谓的共产主义制度进行比较,但这已不再是一种相关的比较。今天,已经没人认真地提出一种不广泛利用市场的经济体制。今天的真正问题与在不同经济活动和部门中市场和其他形式的混合有关。在这个方面,虽然许多人实际提出了"市场越多,其他东西越少,就越好"的主张,但据我所知,没有令人信服的论据来支持这个主张。

四、关于混合经济的实例

那么,为什么在现代资本主义经济中有那么多非市场元素呢?当代提倡更加纯粹的资本主义形式的学者倾向于认为,现代资本主义经济中的非市场元素是执行错误的政策和私人利益集团政治力量作用的结果。无可否认,现代资本主义经济中充斥着各种为自己谋利益的私人集团,而它们的利益对于整个经济体系来说就是巨大的浪费。当然,笔者的观点是,其中的许多非市场元素,对于经济体系的正常运行以及确保它的基本结构能在民主制度下得到支持,都是至关重要的。

在这一部分,笔者将考察几种支持混合经济的不同理论体系,并试图把它们糅合在一起。其中最著名也是最严谨的理论体系就是现代经济学中的"市场失灵"理论。我们通过考察这个理论来开始我们的讨论。我相信它的一些范畴是有启发性和帮助的。但是,这个理论有一些严重的局限性,我将在下面的讨论中指出这些局限性。

市场失灵理论

很明显,关于如何有效使用市场组织、市场组织在哪些方面需要其他机制来补充,以及在哪些领域市场组织干脆就运行不佳等问题的高水平论证,大多使用经济学家的市场失灵话语。[①] 市场失灵的标准范畴——公共品、外部性、信息影响、垄断问题以及(在某些学者的论述中的)收入分配问题——可用于构成和限制政策论述的大部分内容。事实上,自从市场失灵理论在20世纪60年代稳定地被纳入主流经济学以来,美国几乎历届新当选总统的经济顾问委员会在它们提交给美国国会和美国人民的首份年度报告中都要详细谈到与这些范畴有关的问题,用于阐明新政府提议实施的经济政策。

市场失灵理论以笔者在上文讨论的理论为基准——经济活动的市场治理如何在一组新古典经济学理论关于行为的假设和一组给定的其他背景假设下产生帕累托最优结果,而市场失灵理论的取向则是研究颠覆这个结果的背景条件。市场组织"需求侧"机制的效力似乎取决于产品或服务仅能或至少主要使购买它们的特定个人或群体受益的程度,而公共品和部分"外部性"概念则描述并不是这种情况的情境。还有一个问题是,用户是否知道如何有效地评估市场提供的替代品?市场组织"供给侧"机制的效力似乎取决于企业采取各种行动要承担的财务成本在多大程度上反映它们的行动对社会造成的实际成本;关于外部性的论证,有相当一部分是关于不是这种情况的情境的论证。此外,虽然竞争通常被认为是为了客户和公民的利益,能够规范企业的行为,但

[①] 笔者认为,斯蒂格利茨的著作(1986)特别好地论述了有关市场失灵理论的许多问题。还请参阅:Lipsey et al. (1998:ch. 18)。

在特定企业拥有巨大市场势力的情况下,这种规范方式有可能无法发挥这个作用。

由于市场失灵这个理论体系已经广为人知,因此,笔者可以在这里简要解释市场失灵的标准范畴,把重点放在对标准范畴模糊边界的界定上,并且分析一些似乎有助于更加广泛地运用这一基本经济学理论的案例。依笔者之见,目前有关市场作用的争论,有很大一部分就集中在这些方面。

公共品、潜在公共品与集体价值

经济学家用公共品的概念来描述这样一类产品和服务:消费它们受益的是集体和社会,而不是个人和私人。根据这个概念,"纯粹"的公共品有两个属性。首先,公共品不同于只能让消费者本人受益的标准私人品(如花生酱三明治,尽管肯定可以分割和分享,但只有消费它的本人能够受益),能够产生人人都分享的"大气"般的收益。用经济学家的话来说,公共品具有使用的非竞争性。你从公共品中受益,绝不会削弱我从中获益的能力。其次,如果供应产品或服务,但无法拒绝任何人的使用,或者无法要求任何人付费使用。清洁空气和国家安全是纯公共品的标准例子,科学知识经常被作为纯公共品的另一个例子,而小区道路也具有公共品的属性。

关于公共品这个概念,有几点需要注意。首先,公共性是一个有关两个方面的程度问题。一方面,一支国防部队可以保护某些地区,但不能保护其他地区。在资源约束给定的情况下,保护一部分人,可能因此要以牺牲对另一部分人的保护为代价。因此,国防不完全像使用空气,也不完全是使用非竞争性。另一方面,如果某人生活在一个由国防部队保护的地区,他即使不缴税,也能享受到保护。当然,他有可能会因为拒不缴税而被关进监狱。相比之下,科学知识的使用似乎真的是非竞争性的,你我可以同时使用或理解相同的科学知识。不过,这种知识的创造者可能申请专利,并且起诉任何人在没有支付许可费的情况下使用他创造的科学知识。在这两个方面,道路都是不纯粹的公共品,大量使用会减慢通行速度;私人道路还可以张贴"私人道路,禁止擅入"的告示,并在一定程度上强制执行。

外行人往往把公共品与让公共品受益人直接付费的不可能性或困难联系

在一起,并且认识到,要充分供应这样的产品和服务,就需要某种"需求侧"的集体采购机制。有时,这种产品可以通过非政府组织来供应,并由慈善机构或自愿捐款来提供资金。因此,许多郊区的社区设有业主协会,负责集体决定道路养护事宜,并向会员收取会费。但是,对于大规模的公共品或这类产品供应,我们通常依赖政府来买单。

利用政府机构来决定采购什么以及如何筹钱付款,会产生三个不同的问题。第一个问题是,在不同个人和群体对拟议中的产品或服务的评价有可能截然不同的情况下,如何决定应该供应多少?与第一个问题相关的问题是,如何筹款?以及由谁买单?在这种情况下,集体选择会引起争议。

第二个问题是,集体选择机制几乎不可避免地会变得烦琐、成本高——因为许多人和利益集团会参与其中并希望拥有发言权——或是被任意简化和裁减。为了使决策过程便于管理,也许有必要减少经过深思熟虑的可选方案以及受到重视的利益。结果很可能被普遍认为不公平或低效,或者两者兼而有之。但是,如果要供应某种没人会为使用它付钱的产品,那么,除了建立产品的集体需求机制外,可能就没有其他选择。

第三个问题是,虽然政府在需求侧的出资和决策并不意味着供给侧也需要政府插手,但这方面的区分并不像有些经济学家建议的那样清晰。公共资金的介入就意味着政府有责任确保供给要有合理的效率并且要对需求做出反应。政府供给的最有效组织方法可能是从具有竞争力的营利性企业那里采购产品。但是,在政府花公款供应某种产品的情况下,如果政府不是自己供应,那么政府对供应商进行比较严厉的监督,从政治上讲几乎是在所难免。

虽然公共品的通俗概念似乎是指无法直接向用户收费,但笔者宁可保留以下"公共品"释义:在很大程度上具有使用非竞争性的产品和服务。公共品常常同时具有消费非竞争性以及无法阻止使用或强制用后补缴费用这两个属性,就如清洁空气和国防。在这方面,公共品的通俗概念和笔者定义的公共品概念有重叠。如上所述,在这种情况下,除了建立集体供应机制以外,别无选择。

然而,有许多产品的消费是非竞争性的,或者说几乎是非竞争性的,因为向其他用户提供这些产品的成本为零或非常小,但是可以拒绝用户使用这些产品,并要求用户在使用产品之前支付费用。笔者把这种产品称为"潜在"公共品。笔者把那些提供信息或知识(如科学技术、电视信号、数据库)的产品都包含在潜在公共品中。这些产品在很大程度上具有消费非竞争性的特点,但可以阻止那些不付费的用户使用。在某种程度上,公园和道路也具有潜在公共品的特征。公用事业的许多产品也是如此,如电力和电话服务,增加使用这些产品的成本通常很低,但可以要求用户付费。营利性供应商可以通过要求用户按平均成本加利润的价格付费来赚钱——这是一个真正的选项。

对于市场狂热者来说,这个选项通常是组织和管理这类活动的首选方式。然而,这种管理具有潜在公共品属性的活动的方式也有一个缺点,而且在相关讨论中经常被忽略。造成这个缺点的原因是,即使实际增量成本为零,或者接近零,也几乎肯定会有一些可能非常看重相关产品的用户或者对相关产品可能非常重要的用途被拒之门外。与这种"拒之门外"相关的成本也许较小,但也有可能很大。

就如我在前面提到的那样,最近出现了这样一种趋势:通过允许对有可能有用的科学发明申请专利的方式,把更多的科学研究纳入市场治理的范畴。这个趋势很重要,值得我们关注。这种趋势的支持者辩称,把更多的科学研究活动纳入市场化管理,有助于增加投入到有实际回报希望的领域的资源和精力;而反对把更多的基础研究纳入市场化管理的人则认为,只有在科学工作者属于一个以公开发表和了解研究成果为常态的学术共同体,并且奖励与为学术共同体的科研努力做出的公认贡献挂钩的情况下,科学才能以最有效和最有利于积累的方式发展。[①] 从科研市场化管理反对者的角度看,把市场机制引入科学研究领域以及建立科研成果产权制度的成本有可能很高,从而扭曲基础研究的激励机制,并且把基础研究引向实际回报显而易见的领域,限制对潜在公共品的使用,而对这种产品的充分利用要求很多有想法的人参与到对想法和技术的进一步开发中来。因此,他们认为,重要的是继续为科学提供公共资助,哪怕是在营利性企业活跃的领域,并试图阻止基础科学研究成果申请

[①] 许多年前,默顿(Merton,1973)简要地阐述了这些观点。最近,达斯古普塔和戴维(Dasgupta and David,1994)对这些观点进行了详细阐述。基莱(Kealey,1996)也许是当今主张取消非市场科研管理体制的最著名的学者,她建议用市场化管理体制取代非市场管理体制。

第十八章 知名经济学家的著述

专利的做法。

潜在公共品采用向潜在用户开放或按名义成本收费的方式,可避免冻结这种产品某些用途和把某些用户拒之门外的成本,而扩大服务的实际成本为零或非常小。然而,要提供这种公共品,确实会导致集体决策机构的创立和运行成本的发生;但我们很难就应该为这样的机构提供多少资金以及应该由谁缴税为它们买单等棘手问题达成共识。

笔者想通过提请注意谁应该从公共品中受益的问题来结束对公共品的讨论。经济学家倾向于认为,社会成员个人可从公共品中获益,就如同他们从自己购买和使用的私人品中获益。因此,清洁空气被认为能让个人更加健康地呼吸;国家稳定的安全状况被认为可以降低个人需要承担的风险;新的医学研究成果被认为能增加治愈癌症的概率;等等。在很多情况下,这种说法很有道理。

但很明显,有些人关心他们从未打算去的地区的空气和水的质量以及野生物种的安全;而且,如果有助于改善环境,他们愿意稍微多缴点税。国家安全是外交政策的一个不可分割的组成部分,许多公民支持某项特定的外交政策,不是因为这项普通的外交政策能给他们带来任何直接利益,而是因为他们认为这项政策是正确的。即使公民没有看到提高产品或服务质量能使他们直接受益的真正机会,并且怀疑自己能够理解新的科学发明,但他们仍会支持政府资助科学事业,仅仅是因为他们相信提高知识水平是人类的一个重要目标。这里涉及的价值在性质上似乎不同于个人吃一块美味的牛排所能获得的效用。

我们在这里再举几个例子。许多民主国家的公民支持为普及教育出资,不是因为他们或他们的孩子要上学,可以利用公立学校,而是因为他们相信普及免费教育是社会机会平等的必要条件。公民支持一种所有受审者都能找到优秀律师的法律援助制度,也是由于这个原因。目前关于如何保证我国儿童福祉的辩论的许多内容也与这个原因有关。我们的大方向就是:"我们需要一个怎样的社会?"从这个角度看,一个国家儿童的福祉是一种像空气那样重要的公共品。

一件产品或服务是否具有显著的公共品属性,显然取决于如何看待它能带来的收益。在上面的例子中,用标准经济学关注的标准类型的收益很难分析被视为"公共"的收益。更确切地说,它们的"公共性"体现在认知怎样才能使我们的社会成为体面而又公正的社会的价值观中。下面,我们将考察聚集在"外部性"名下的类似问题。要想看清楚这些问题,就必须超越市场失灵理论,这就是下一部分要做的事情。

外部性问题:激发对治理机制的更大兴趣

经济学家所说的外部性概念是指经济活动产生的消极或积极结果并没有反映在价格或参与产生外部性活动的人所感受到的其他收益和成本中的副产品。环境污染是一个明显的负外部性例子,也是以下这种情况的一个明显例子:开展某项活动需要冒险,因此,没人愿意代表或者开展这项活动,至少按照经济学教科书中提出的简单的市场治理模式,情况就是这样。罗纳德·科斯(Ronald Coase)在他前一段时间写的一篇著名文章中指出,如果产权明晰,而且相关方数量较少,那么,实际上,市场就能解决这些问题。那些看重清洁空气或水的人完全可以从潜在污染者那里"购买"尊重清洁空气和水的价值的行为。只有在那些关心这些有可能被忽略的价值的人相当分散的情况下,才会出现问题。在这种情况下,就需要某种集体行动机制把他们团结起来。考虑实施反污染管制或对污染征税的一个好办法,就是把这些措施看作激发政府对某项活动或某个部门治理机制产生兴趣并采取行动的结果。

然而,这方面的成本相当可观,而且效率低下的问题也相当严重。政府监管会涉及集体决策机制,而在公共品供应集体决策的背景下都存在上文讨论过的全部问题和局限性。

显然,这里的一般性问题是界定应该被代表的利益范围、它们的相对影响以及它们为了显示自己的价值而据以运行的机制。这种机制包括公益广告,或者在不直接求助于政府机构,也不会让政府机构卷入诉讼的情况下进行的联合抵制,以及某个具体的特别监管条例和相关的监管机构,而公众争议大部分是针对最后一种机制的。

关于公共品的益处,经济学通常认为,外部性的成本是客观存在的,至少大致可以衡量,并且可以赋予它们根据市场价格估计的价值。然而,在许多情况下,情况并非如此。特定群体对"外部性"的关切可能相当主观。上面,作为例子,笔者曾提到过有些群体对保护特定物种或者他们从未有过直接体验的原野地区的兴趣。或者,我们也可以想想毒品和枪支销售管制或禁止的情况,它们可以被合理地解释为是在处理外部性问题,但是,很明显,许多强烈支持禁毒立场的人并没有感到特别受到与毒品有关的犯罪的威胁,但也采取了这种立场,因为他们认为任何人吸毒都是错误的。此外,我们也可以想想禁止卖淫的情况。

认为某一特定活动或行动是错误的,与认为所讨论的活动或行动只会给第三方造成成本相比,反映了不同的治理问题和机制。关于如何控制污染的辩论,在这方面很有启发意义。大多数经济史学家的立场是污染会产生外部成本,而适当的政策应对措施是对污染征税,从而内化污染造成的外部成本,污染者可以通过减少污染或缴纳污染税来应对。对许多环保主义者来说,把污染税作为禁止污染的替代方案是不可接受的,因为污染是错误的,不应该为之。后一种观点虽然可能有点偏颇,但并非不合逻辑,而是需要得到理解。

经济学家有可能倾向于把禁止某些活动解释为处理外部性问题的尝试。其实,这些禁止措施在很大程度上反映了某些人和群体关于什么可以做和什么不可以做的观念。这方面的争论有很多是关于应该体现哪些价值观和谁的价值观以及通过什么机制来体现的争论。一方面,我们很难找到一个顾客和供应商之间某种利害关系的重要性不超过他们直接利益的活动或者部门;另一方面,在采取行动前必须达成某种集体结论所涉及的不同利益集团和价值观持有者越多,或者对变革拥有否决权的利益集团和价值观持有者越多,那么治理体系就会越烦琐。当然,要解决划定界限的问题。

专业知识分布不均衡的问题和代理

最近,经济学家非常关注信息不对称,特别是买方和卖方之间的信息不对称,如何导致市场运行复杂化的问题。笔者认为,当前有关市场组织的效能、市场监管和市场供给的替代机制的许多争议,都与信息不对称问题有关;或者更一般地说,与专业知识分布不均衡的问题有关,而其中的许多问题与服务使用者在服务提供者掌握相关专业知识的情况下评估服务质量和适用性所遇到的困难有关。

这个问题显然是医疗领域的根本问题。鉴于医生具有诊断和处方方面的专业知识,而患者明显为了自身利益而要依赖医生掌握的专业知识。医学界一直认为,虽然医生在市场上出售自己的服务,但他们最看重的不是试图使自己的利润最大化,而是为了病人的利益开处方。虽然这种说法的可信度还有待商榷,但职业道德会对那些在市场治理的标准模型中常被忽视的行为产生深远的影响。更复杂的是,随着保险的发展,第三方付款人发现自己会担心医生是否对成本给予足够的重视,并怀疑医生试图使自己的收入最大化。在专业知识主要掌握在医生手里的情况下,这种潜在的多方利益冲突是目前关于如何管理医疗保健系统的争议的症结所在。

父母如何评估托儿中心的服务质量以及他们的孩子实际得到了怎样的照料,是目前日托监管争论中的一个基本问题。家长和孩子是否能够有效评估替代性教育方案,或者专业教师和教育管理人员是否非常了解这些问题,在当前有关教育券的讨论中是重要的话题。最近完成的规则修订允许制药公司直接向潜在用户做广告,这与之前的制度有所不同,因为之前的制度不允许向潜在用户做广告,而只能直接向医生做广告。许多观察人士担心,修改后的规则会释放对药品的需求,因为有些药品不适合那些对广告做出反应并强求医生给他们开处方的人,有时甚至会对他们的健康造成危害。

此外,以上两个例子可以证明,如果能提供充分的信息,顾客个人的选择可以很好地发挥作用。但在任何情况下,家长式管理都令人反感。

在某些情况下,我们在这里讨论的问题会出现在有关必要的监管和监管执行机制的辩论中;而在其他情况下,有关这个问题的辩论的命题是,在用户无法有效判断自己能得到什么的情况下,市场组织内部倘若有供应商对利润非常感兴趣,那么就是一种较差的行业管理方式。有人隐含地——但有时又明确地——假设,由政府机构或非营利组织负责供应是适合这些情况的较好方式。当然,情况是否如此,是一个值得商榷的问题。

私人垄断的问题

美国经济学家往往以垄断者要价过高为由认为,动用旨在防止不正当市场势力形成的反托拉斯法以及旨在处理自然垄断问题的法规是顺理成章的事情。但很明显,支持这些旨在打破或控制垄断或者严格监管垄断的政策背后的力量,在很大程度上源自人们对私人机构对他们的生活影响太大这个有可能涉及被迫支付垄断价格但又不限于此的问题的担心。经济学家往往认为政府理应承担管理国家安全和刑事司法系统的责任,因为这些活动会产生"公共品"。但很可能,至少有一点非常重要,那就是人们几近达成共识——把这些活动的控制权交给私人是很危险的。

这些主张可能让一些秉承英美传统的自由主义者感到有点不适。这种立场的核心一直是,强势政府是威胁个人自由的主要危险,因此,把经济活动置于市场治理之下有助于增加自由。当然,这里隐含的假设是:第一,在市场治理下一般不会出现私人权力集中的问题;第二,即使出现私人权力的问题,它们对个人自由的威胁要小于政府的权力。但我认为,在许多领域,这正是关于市场因素和非市场因素在活动治理中如何发挥适当作用的辩论的全部内容。

笔者建议要关心不对利用公权力和私权力控制许多人认为对他们至关重要的投入品的行为问责的问题,因为这个问题已经成为当前关于如何管理习惯上被称为"公用事业"的行业——如电话服务、发电供电、城市供水、铁路运输、城市轨道交通——的辩论的核心问题。从事这类活动的企业习惯上被视为"自然垄断"企业,因为它们被认为在统一的供应体系下提供服务比在多个供应商和竞争的情况下更加有效。在美国,公用事业传统上由私人拥有,但受到严厉的监管;而在其他国家,它们通常被作为"公共事业"来管理。无论是哪种情况,各类公用事业公司都必须按照被认为是公平的条件向全体潜在用户提供使用权。而且,公用事业公司被认为对自己的行为负有公共责任。

很多旨在放松管制和私有化的行动代表了对这些行业实行市场化管理的强势转变。公用事业私有化与用户投诉的增多有关,而用户投诉增多表明,公用事业服务不再按公平的条件向所有用户开放。而且,目前的定价主要采用公司认为最有利可图的方式,这种定价方式本身就是不公平的。在许多情况下,原先希望通过放松管制来引入竞争的目标并没有实现;而且,凡是竞争开始发挥作用的地方,通常还会出现其他问题。

虽然经济学家关于垄断的著述大多是关注市场势力给消费者造成的成

本——如果增加竞争,就能降低这种成本,但还有另一种观点认为,在某些情况下,竞争本身也会带来麻烦。有很多关于公用事业的研究文献表明,竞争对于公用事业部门来说可能并不是有利无弊。

在某些公用事业部门,如电话服务部门或者发电供电部门,协调整个系统的不同组成部分能产生巨大的优势。在私人供应政府管制或政府供应的体制下,如果竞争受到抑制或约束,就容易进行协调。在放松管制的情况下,竞争对手企业在仍是竞争对手的同时能否被诱导或被迫在关键问题上进行合作和协调,显然无法确定。因此,在允许本地电话公司开设具有竞争力的长途电话服务和要求他们允许本地用户使用其他长途电话公司的服务之间,可能出现真正的矛盾。事实证明,在病人从一家医疗机构转诊到其他医疗机构时,让医疗机构共享病人的信息并不是一件容易的事情。

如何在一些方面竞争,而在另一些方面进行合作和协调的问题,是市场组织部门面临的一个棘手问题。对合作和协调的需要,以及治理机制不需要竞争的观点,或者竞争肯定有害的观点,经常被用来证明市场化组织和治理不适合某些特定的活动或部门。

市场失灵理论的特有偏见

笔者想通过指出市场失灵理论中存在的一种偏见来结束对市场失灵理论的综述。顺便说一下,市场失灵理论承载着沉重的规范负荷,其结果是,除了在某种意义上存在基本缺陷外,市场优于其他形式的治理机制。因此,政府应该负责国家安全和保护公民免受罪犯侵害的唯一理由,是市场不能很好地履行这些职责。由于市场失灵,因此,父母要照看孩子。当我们在思考这个问题时,有可能觉得那种认为市场有时会"失灵",所以需要政府的观点相当奇怪,至少是不完整的。难道我们就不能在这个问题上证明政府或家庭本身就是适当甚至所需的形式?

国家的职能

集体价值观

当然,有一个古老的理论体系为政府的存在找到了肯定的理由。国家在它早期和近期的许多化身中,被视为一种通过它在社会层面上定义其价值并负责全社会决策的组织。请想想柏拉图关于理想国的论述,或黑格尔的论述。他们都是用国家的公正性质和公民品格来定义好国家。当然,对国家作用的这种表述并没有解决组成国家的个人之间差别的问题。事实上,关于价值观的争论可能比对经济利益产生不同影响的选择的争论还要激烈,但关于如何决策的问题可能争议更大。柏拉图从哲人治国中找到了答案。不论怎样,现代社会坚守住了民主进程。

对于如何处理社会成员内部价值观差异的问题,一种自由主义观点认为,应该把国家排斥在外,并努力避免把一个群体的价值观强加给其他群体。但在很多情况下,我们不可能做到这一点。以堕胎为例,不是合法,就是非法。

这种观点明显反映了当今关于生命权、选择权、社会对机会平等和公平等理想的承诺等问题或者外交政策的目的是否应该包括保护其他国家宗教自由的辩论。关于这些问题的争论涉及对适当的集体价值观或超越具体个人价值观的集体价值观的看法。根据这种自由主义观点,至少在这些领域,国家在明确了集体价值观以后,在关于某事的集体立场必须采取这种或那种方式来表达的情况下就成了当然的治理工具。在这些领域,国家可以选择利用市场来促进一些集体价值观的实现,但要达到的目的是公共目的,而推动这一目的最终达成的责任是国家的责任。

为丰富的公民生活营造环境

另一种并非与前面一种相互排斥的关于国家的理论体系并不十分关注集体价值观,而是把国家看作为丰富私人生活和行动营造环境的必要工具。至少从霍布斯和洛克(Locke)生活的时代开始,关于需要强势国家的理论就集中涉及这样一个命题:高效率的国家为个人过上安全、体面和富裕的生活所必需。最初,这个理论体系与经济学几乎没有什么关系,而与国家在市场经济中的作用的关系就更少。因此,霍布斯出于避免"所有人反对所有人的战争"(war of every man against every man)的需要,证明了主张建立强势国家和执行明确的法律体系的正当性。虽然这个主张涉及财产安全,但这并不是它的主要取向。而洛克的取向更倾向于财产安全,但他主要的著述是在资本主义作为一种公认的经济体制出现之前完成的。

强势国家论在这里是合法当局和治安权的唯一终极来源论,用市场失灵理论的术语来说,就是自然垄断论和公益论。政治哲学对这些问题的定位是,这些都是国家的基本职能,不仅仅是因为某种市场失灵而默认由国家来履行的职能。

在《国富论》中,斯密基于这些思想建立了自己的理论,并将它专门应用于他认为在英国可行的市场经济。他把像18世纪的中国这种落后主要归因于财产容易被盗,或者干脆是被当权者没收。要想让工匠们有动力为市场生产产品,必须让他们确信能收获自己"种下的庄稼",这样,他们才会有动机为市场生产。贸易必须签订交易者信任的合同,而这需要一整套支持性法律和执行法律的传统,而不是简单地服从富人和权贵的利益。

在斯密生活的那个时代,与政治和法律相比,市场运行并不需要太多的物质基础设施。当然,确保国防和公共安全以及执法需要专门用于实现这些目的的资源。还有公路和运河,政府可以自己修建和养护,或者特许给私人修建和养护。虽然斯密把资助教育包含在他认为的政府职能中,但在他的论证中,他认为教育作为公民社会的支持因素,至少与正规教育在更加狭义的经济体系运行中扮演的角色一样重要。

建设基础设施的职能

随着技术的进步和经济体系的复杂化,市场经济有效运行所需的物质和法律基础变得更加复杂和多样化。建立电报和铁路系统,虽然不一定需要政府出资和运营,但需要政府采取行动。随着19世纪晚期有机化学工业和工业研究实验室的出现,有效的专利法成了许多行业营利性研发的重要前提。教育在经济上变得更加重要,而在像化工产品生产这样的行业里,企业开始雇用拥有博士学位的科学家。前面,笔者简要地讨论过政府提供法律和物质基础设施的问题,这些基础设施是现代航空、制药和汽车工业的重要支撑。

法律界和法律思想界具有认为国家对确保提供所需的基本基础设施或公共服务负有主要责任的悠久传统。当然,需要为市场良好运行提供怎样的基础设施以及市场自身能提供怎样的基础设施的问题,往往不是简单的问题。但是,通常没有严格按照市场失灵理论的概念,对这个问题进行论证。因此,请想想维护合同法体系、建设和养护道路系统、支持基础科学知识发展等活动。在市场失灵理论的意义上,这些活动可被视为公共品,市场失灵源于它们的受益者是集体而不是个人这一事实,因此,以营利为目的的企业在传统的市场上很难收费供应公共品。或者,这些活动可以被视为"所需的基础设施",也就是政府根据自己的职能应该负责提供的基础设施。前一种理论认为,政府负责供应或总揽并控制基础设施的理由在于,市场不能充分发挥作用;而后一种理论则认为,哪怕是通过市场机制,提供这些产品和服务是政府应负的主要责任。在市场机制实际被作为这些产品和服务供应机制的组成部分的情况下,后一种理论认为,政府在某种程度上仍负有监督运营的责任。

社会团体的作用与同理心的扩展

既不是市场也不是政府

上面提到的几种国家理论在很大程度上依赖于一个自然共同体——通过共同体关系彼此联系在一起的人群、家庭和更大的社会组织的概念。根据这个概念,国家是社会做出集体决策并在适当时采取协调一致的集体行动的载体。但从另一个角度看,很明显,社会做出的许多决策和采取的行动并不涉及国家协调的集体行动。的确,确保国家不过多干预公民社会的生活,一直是英美政治理论的核心问题。

笔者之前说过,我们可以把经济看作社会生活的一个方面。从这个角度看,经济是用来表示和关注社会使用稀缺资源来达到人类目的而从事的活动的术语。很明显,广义的经济活动有许多并不涉及标准意义上的市场。事实上,社会主义者并不是唯一一把市场视为对公民社会和国家一样严重危险的人。

如今,亚当·斯密因《国富论》而闻名于世,尤其是在经济学家中间。在《国富论》中,他强调了市场机制这只"看不见的手"的意义。他在《道德情操论》中的取向,在很多方面截然不同于在《国富论》中的取向。斯密在《道德情操论》中强调了社会中的人彼此有很强的同理心,当然还有抵触情绪,有时甚至是敌意。同理心扩展有可能是治理机制中的一个重要成分,在某些情况下可被认为是有效治理的关键因素。但是,同理心扩展并不是市场的本质。

因此,我们选一个前面讨论过的主题,家庭是儿童保育和许多其他经济活动的标准治理机制,这倒不是仅仅因为市场失灵,而是因为我们可以指望(大部分)家庭持续把对于照管好自家和其他相关孩子至关重要的同理心扩展到他们身上。同样,在由许多社会成员参加的各种不同活动的治理机制中,发挥主要作用的既不是政府也不是市场,而是社会团体、志愿者协会、俱乐部等。

25年前,理查德·蒂特马斯(Richard Titmuss)提出,自愿献血是一种比有偿献血更好的供血组织方式。① 蒂特马斯认为,有偿献血制下得到的是受到污染的血液(例如,肝炎病人献的血液受到了肝炎病毒的污染),因为有偿献血者的献血动机是挣钱,而不是帮助他人,但在自愿献血制下,献血者大多能够自律,因为他们的献血动机是帮助他人。蒂特马斯的论点引发了一场关于同理心扩展作为血液供给管理方式的优点和不足以及关于利用市场的好处和问题的争论。今天,类似的争论正在许多领域展开。

先前讨论过的关于应该如何组织基础科学研究的争论,在本质上有相似之处。市场组织的反对者认为,市场组织的激励机制和文化与科学进步格格不入。当然,也有人不同意这种观点。

国家作为社会保护者的职能

卡尔·波兰尼(Karl Polanyi)是把市场扩张视为社会的敌人和公共治理模式破坏者的众多社会分析人士之一。他的观点并不是一种"市场失灵"论,而是认为,市场应该被隔离在某些活动之外。

遭到市场资本主义破坏的社会结构是现实,但更多的是神话。首先,社会需要自己照顾自己;其次,每个社会成员根据自己的地位享有一定的权利,并且要履行一定的义务。随着现代国家的崛起,正规的政府逐渐承担起爱护公民和保障公民基本权利的责任。随着时间的推移,关于公民基本权利适用范围的争论已经从政治权利转向了经济权利。

因此,根据传统的民主理论,一个国家的全体公民都应该享有投票的权利、法律面前人人平等的待遇以及处理个人事务的各种行动自由。这些公民基本权利被认为不应该通过市场来定量分配,而且政府对此负有主要责任。19世纪,政府还担负着保护那些被认为无力保护自己不受市场安排伤害的人的责任,因此通过了童工法和限制特定劳动阶层工作时间的法律。全体公民

---

① 最近再版的蒂特马斯主编的论文集增补了几篇当代学者评述初始讨论引起争议的文章。

至少享受最低限度的免费公共教育的权利逐渐得到了承认。现代福利国家理论的核心论点认为,除了这些必须尊重的政治和保护权利外,公民还应该享受一些获得某些类别产品和服务的权利。许多产品和服务的使用权与正常的市场过程脱钩,是现代福利国家的特征。

传统的自由主义者听到政府必须保护公民社会不受市场专制的影响的说法,必然会感到有点奇怪,从这个角度看,政府构建的福利国家有"让狐狸照看鸡"之嫌。无论如何,我们应该明白,根据支持福利国家的理论,关于治理机制的争论与特定的市场失灵无关,但与人在社会中应该享有的基本权利有关,这两者并不是一回事。当然,后一种观点提出了一个具有挑战性的问题,即如何拟定全体公民都应得到的东西的清单,或更确切地说,如何删减全体公民都应得到的东西的清单。

请注意,这里的问题以及政府要负责任的基本论点,与政府有责任提供所需基础设施的立场有"家族"相似性;而不同之处在于,"政府要负责"的重点与其说是确保经济运行需要什么,还不如说是让社会可行需要什么。此外,我们还应该注意,这两种理论都非常强调集体价值观的概念。虽然"政府要负责任"的基本价值观与个人福祉有关,但认为社会只是个人和家庭的集合,他们有自己独立的需求和目的的观点,误解了这种关于人类社会是什么的看法。团结是这个立场的支持者经常使用的一个词。从另一个(有时是密切相关的)传统来看,我们都是我们兄弟的守护者。[①]

但是,就像福利国家的批评者所指出的那样,如果我们有权获得我们想要的很多产品和服务,那么我们的工作和创业动机就会减弱。虽然现代福利国家削弱了反对资本主义的政治力量(熊彼特担心这种政治力量会拖垮整个资本主义制度),但这里存在着"杀鸡取卵"的威胁。

笔者想在结束这一部分内容前指出,实际上是要强调,本部分所考察的不利于单一市场治理的各种因素和争论,并不仅仅是某个社会科学家理论的产物,而且深深根植于有关市场、政府在民主社会里的适当作用和公民社会的需要等问题中。这部分的一般通俗理论,与那部分认为我们的经济是单一市场

---

① 艾斯平—安德森(Esping-Anderson,1990)广泛而又深刻地论述了不同国家的现代福利国家。还请参阅:Goodin et al. (1999)。

经济并且喜欢这种形式的市场经济的理论是格格不入的。目前关于市场组织适合哪些活动领域又不适合哪些活动领域的辩论，在很大程度上反映了这种真正的矛盾。

当然，从另一个角度看，这里的问题可以被看作决定哪些经济领域适合把市场治理作为规范、哪些政治和社会领域适合把其他治理机制作为规范。但这种说法并没有让问题消失。这些领域之间没有明确的界限，实际上有很大的重叠部分。

五、资本主义是一种在不断进化的制度

在笔者看来，卡尔·马克思和约瑟夫·熊彼特对资本主义经济组织的关键优点的理解，要比现代新古典学派经济学更加透彻。他们强调了这个制度的动态创新性。我认为，组织和治理各种赋予现代资本主义活力的活动，比我们通常理解的要复杂得多。特别是，这个体系的重要部分涉及非市场治理机制。但不论怎样，市场组织的多元化和竞争显然继续赋予资本主义创新引擎重要的动力。

正如本文所举的例子表明的那样，在许多情况下，创新会对当前的治理体系产生压力，或者创新本身就涉及治理体系的变革。当笔者说设计新的经济组织方式和新的管理结构无疑是经济变革中最困难和痛苦的方面时，是在遵循一种旧的传统。但是，这个问题难以避免。

由于治理结构的一个核心方面涉及决定哪些利益和价值观重要的机制，因此，我们很容易明白，为什么有关哪种治理结构合适的争论经常存在争议？而由谁负责供给并按什么规则来供给的问题，通常会引发对如何解决这个问题有强烈兴趣的竞争论者之间的争论。请想想在谈论管理式护理组织时提出的"病人"权利法案，或者（私人企业可争夺生源的）政府资助教育的代金券计划提案所引发的冲突。

这个问题之所以难以解决，不仅因为它涉及相互竞争的利益集团和价值观，而且因为它具有真正的不确定性，更确切的原因可能是无法知道采纳某种治理机制方案所产生的结果。鉴于社会科学研究的局限性或研究主题的复杂

性,或者考虑到这两个方面,我们根本无法可靠地预测病人权利法案或公共教育代金券计划会产生什么结果。

此外,无论好坏,决定建立和改革某种治理结构的决策几乎总是以高度分散化的方式做出,而且大部分行动由一些做他们认为最符合自己利益的事情的私人当事方完成。在许多情况下,这种行动相当于建立或改变一个市场。因此,目前的模式结构和各种类型的管理型医疗机构,一方面主要是由一些看到潜在利润或者为了盈利而努力重组其管理式医疗业务的组织决策产生的结果,而另一方面是有责任为医疗卫生提供资金的个人和组织决定与谁做业务的产物。就像这个例子所表明的那样,新出现的市场往往要比教科书中的市场模型复杂得多。但是,资本主义政治经济愿意让变革在很大程度上通过一些政党主动发起,这就意味着,为了应对新的情况,倾向于引入市场机制或者对市场化治理机制进行变革。当然,这是哈耶克和现代奥地利学派的研究主题。

在这种和其他情况下,公共计划和政策的演变是我们这个故事的一个重要部分。事实上,批准一种治理结构或者进行治理机制变革,归根结底就是政治决策,尽管这种决策并不一定要通过任何新的法律。但是,在民主国家,这种问题的提出和处理方式,就是逐项制定和修订政策。因此,如今美国国会处理病人权利问题和药品成本回收问题,就好像它们是两个彼此独立的问题。而且,在有可能不损害私人积极性的情况下,明显偏好这种政治决策过程。

有些分析人士可能会把社会在医疗卫生或互联网等领域发展协调、有效的治理机制方面遇到的问题归咎于这种"碎片化"。但从另一个角度来看,这种碎片化和政策制定过程的连续性质保护了我们,使我们免受宏大、连贯的计划的影响,而这些计划远远超出了我们能够准确预测的范围。[①] 虽然事前分析可以排除某些被认为明显不适合某些领域的方案,但为各种活动确定治理机制,必须在相当大的程度上依靠对改革尝试经验的评价。[②]

如果有关一般治理体系及其变体的经验能够提供关于哪些治理结构有效

[①] 哈耶克和林德布卢姆强调了偏离计划和试图在理解有限的情况下按计划执行政策的危险。
[②] 里弗林(Rivlin,1971)关于计划失败和社会项目事后评估必要性的讨论,在这个背景下高度相关。

和哪些无效的明确、宝贵的反馈信息,并且指导下一轮调整,那就实在是太好了。然而,即使撇开不同党派代表的利益和持有的价值观可能导致他们以不同的方式评估同样的事情,即使不同党派一致认为目前的治理体系在某些方面难以令人满意,也可能很难确定现行治理体系的哪些方面造成了这个问题,或者如何修复现行体系。虽然对改革进行事后评估可能多少要比事前预测改革的影响容易,但这仍然是非常困难的事情。

在这样一种背景下,普遍相信市场组织的功效无疑是有利的。正如我在本文前面所指出的那样,对于很多行业和活动,几乎没人主张我们应该放弃市场治理的基本元素。事实上,市场组织已经成为许多活动的有效的核心治理结构。

不过,笔者也认为,美国关于经济治理问题的通俗理论有两个不同的方面:一方面,我们普遍明显地非常相信市场组织的功效;另一方面,我们也认识到并承认,如果按照惯常的做法进行逐案分析,那么单一市场组织并非总是有效,有时需要进行补充,有时需要加以约束甚至废弃不用。

在本文研究的各种案例中,我认为单一的精益市场组织不会成为可接受的治理结构。笔者认为自己的主张具有积极的意义,但它是一种预测,而不是本人的规范性判断的反映,尽管笔者显然也同情那些反对在这些领域实行单一市场治理机制的观点。笔者的观点是,虽然关于市场的主流通俗理论有广泛、强烈的影响力,但我们其他部分的集体信仰体系有可能促使我们结成重要的联盟,以阻止在这些领域实行单一的市场治理。

有些政治经济学学者会遗憾地回应说,他们也赞同,利益集团政治在民主社会很有影响力;就像西奥多·洛维(Theodore Lowi)和曼瑟尔·奥尔森很久以前认为的那样,特殊利益集团会导致民主社会推行一系列合在一起几乎可能导致社会全体成员境况都变得更糟的政策。在上文列举的许多例子中,抵制市场组织的利益集团都是供应商利益集团。由于一些显而易见的原因,因此,公立学校教师会抵制教育券,医院的医生和管理人员会抵制实行营利性医疗管理组织推行的规章制度和病历文案工作,制药公司会抵制价格管制或政府实施价格管制的政策;而用户也有明显的特殊利益,需要药品的人不愿支付高价,父母希望获得"负担得起"的优质儿童保育服务。

第十八章 知名经济学家的著述

但是,笔者相信,这些问题不只限于特殊利益集团之间的利益冲突以及整个社会的利益。我们有充分的理由关心如何在一个欢迎并重视母亲参加工作的社会里确保婴幼儿得到充分的照顾;而且,虽然在公共资助和监管的适当程度和类型上肯定存在分歧,但我们也有充分的理由怀疑令人满意的解决方案能通过不受约束的市场来取得成功。虽然我们还没有就如何界定资助科研的责任,以及哪些科研成果应该、哪些科研成果不应该得到专利保护的问题达成共识,但对这些问题有所了解的人很少会认为,随着科学家为自己的科研成果申请专利的能力的提高,政府不宜再资助科学研究。如何管理、融资、组织和规范美国的医疗保健体系,多年来一直是个令人烦恼的问题。在过去的20年里,各种试图引入或恢复更多市场元素的尝试都取得了成败参半的结果,现在只有少数狂热者认为,纯粹的市场化解决方案在这个领域能取得令人满意的结果。

我们可以认为,这些领域的问题源于这样一个事实:它们并不是真正的标准经济活动。因此,我们不应指望单一的市场治理能发挥良好的作用。从这个角度看,试图通过市场来治理这些经济活动是一个错误。它们显然不适合单一的经济模式,而且位于市场通常合适的核心经济活动之外。

不过,本文的一个主要观点是,如果仔细观察,就能发现,大量使用经济资源的人类活动不同于被认为是标准经济活动的活动,经济、政治和社会之间的界限不易划分。在许多情况下,争论的基本内容都是,某种特定的产品或服务应该被看作经济品还是其他什么。通常,争论的焦点既不是单纯利用市场,也不是根本不利用市场,而是市场治理和非市场治理哪种组合才是合适的治理体系。

此外,在大多数人的观念中,笔者指出的一些问题领域通常被视为经济中的核心领域。如前所述,虽然没有人认真地主张完全放弃市场,不要把它作为电力和电话系统治理结构的组成部分,但是,关于政府应该实施多大力度的监管的问题仍有很大的争议;而且,我们有理由相信一些已经采取的管制放松措施构想不当。互联网的问世是建立在政府大量资助的技术基础上的,而且,从那时起,互联网的发展主要基于企业家精神和市场取向的私人首创精神。没有人认为,市场不是我们最终为互联网采用的治理机制的重要组成部分。另外，现行体制中有许多人强烈主张要保护他们的自由市场权利，甚至对政府有必要实施一些或许很多监管的暗示感到不满。不过，这样的监管早晚会实施，只是采取哪种类型的监管和什么时候实施的问题而已。

对于这些和本文列举的其他例子，以及其他类似的案例，单一市场治理的选择根本就是不现实的。明确主张把市场作为一种真正的替代性治理机制，那么就更难使它成为令人满意的治理机制；单一市场治理结构是我们不能接受的。鉴于市场组织实际上是一种很多经济活动的有效治理机制，因此一种强烈支持市场组织作为一般规范的通俗理论具有广泛的价值。但是，如果我们在理解我们的经济体制时能够认识到它实际上是多么多样化，并且能对市场的优势以及它的复杂性和局限性更加敏感，那么就一定会对我们有所帮助。

致 谢

许多人对这篇文章的早期草稿进行了有益的评论，但笔者不会把自己的陋见归咎于他们，而是要特别感谢马克·布莱斯、特雷纳·埃格特森（Thrainn Eggertsson）、理查德·埃里克森（Richard Ericson）、路易·加兰博斯（louis Galambos）、詹姆斯·加尔布雷思（James Galbraith）、杰弗里·霍奇森（Geoffrey Hodgson）、罗杰斯·霍林斯沃思（Rogers Hollingsworth）、雷·霍顿（Ray Horton）、查尔斯·爱德华·林德布卢姆、理查德·利普西（Richard Lipsey）、理查德·默南（Richard Murnane）、基斯·帕维特（Keith Pavitt）、苏珊·露丝—阿克曼（Susan Rose-Ackerman）、F. M. 谢勒（F. M. Scherer）、查尔斯·蒂莉（Charles Tilly）和尼克·冯·藤泽尔曼（Nick von Tunzelmann）。然而，以上这一切未必能表达笔者要在这里表达的感激之情。

有些读者会发现，笔者在本文中重温了差不多 25 年前在我的《月亮和贫民窟》(*The Moon and the Ghetto*)中讨论过的一些问题。我在这里的观点与霍奇森（Hodgson）在《经济学与乌托邦》(*Economics and Utopia*)、库特纳（Kuttner）在《一切可售》(*Everything for Sale*)和林德布卢姆在《市场体系》(*The Market System*)中表达的观点，有很多重合的地方。

通信地址和方式：School of International and Public Affairs, Columbia

University, Mail Code 3323, 420 West 118th Street, New York, NY 10027, USA; rrn2@columbia.edu。

参考资料

Bell, D. (1960). *The End of Ideology*. Harvard University Press: Cambridge, MA.

Blyth, M. (2000). "Great Transformations: The Rise and Decline of Embedded Liberalism," Manuscript.

Crosland, C. A. R. (1956). *The Future of Socialism*. Jonathan Cape: London.

Coase, R. (1960). "The Problem of Social Cost," *Journal of Law and Economics*.

Dahl, R. and C. E. Lindblom (1953). *Politics, Economics, and Welfare*. Harper and Brothers: New York.

Dasgupta, P. and P. David (1994), "Towards a New Economics of Science," *Research Policy*.

Economic Report of the President (January 1962), Washington, D. C.

Esping-Anderson, G. (1990). *The Three Worlds of Welfare Capitalism*. Oxford University Press: London.

Fukuyama, F. (1992). *The End of History and the Last Man*. Avon Books: New York.

Goodin, R., B. Heady, R. Mufles and H. J. Dirven (1999). *The Real Worlds of Welfare Capitalism*. Cambridge University Press: Cambridge.

Harrington, M. (1997). *The Other America*. Collier: New York.

Hayek, F. (1973). *Law Legislation and Liberty*, vol. I. Routledge and Kegan Paul: London.

Hayek, F. (1967). *Studies in Philosophy, Politics, and Economics*. Routledge and Kegan Paul: London.

Hegel, G. (1967). *Hegel's Philosophy of Right*, trans. F. M. Knox. Oxford University Press: London.

Hodgson, G. (1999). *Economics and Utopia*. Routledge, London.

Hollingsworth, J. R. and R, Boyer (1997), *Contemporary Capitalism: The Embeddedness of Institutions*. Cambridge University Press: Cambridge.

Kealey, T. (1996). The *Economic Laws of Scientific Research*. Macmillan: London.

Kirzner, I. M. (1979). *Perception, Opportunity, and Profit*. University of Chicago Press: Chicago.

Kuttner, R. (1997). *Everything for Sale: The Virtues and Limits of Markets*. Alfred Knopf: New York.

Lindblom, C. E. (2001). *The Market System: What It Is, How It Works, and What to Make of It*. Yale University Press: Cambridge, MA.

Lindblom, C. E. (1977). *Politics and Markets*. Barre Books: New York.

Lindblom, C. E. (1957). "The Science of muddling through," *Public Administration Review*.

Lipsey, R., P. Courant and C. Ragan (1998). *Economics*. Addison Wesley: New York.

Lowi, T. (1969). *The End of Liberalism*. Norton: New York.

Marx, K. (1932). *Capital*. Modern Library.

Merton, R. (1973). *The Sociology of Science: Theoretical and Empirical Investigations*. University of Chicago Press: Chicago.

Mill, J. S. (1961). *Principles of Political Economy* [1848]. Augustus Kelley: New York.

Mowery, D. and R. Nelson (1999). *The Sources of Industrial Leadership*. Cambridge University Press: New York.

Myrdal, G. (1960). *Beyond the Welfare State*. Duckworth: London.

Nelson, R. (1977). *The Moon and the Ghetto*. Morton: New York.

Nelson, R. (1981). "Assessing Private Enterprise: An Exegesis of Tangled Doctrine,"*Bell Journal of Economics*.

North, D. (1990). *Institutions Institutional Change, and Economic Performance*. Cambridge University Press: Cambridge.

Olson, M. (1971). *The Rise and Decline of Nations: Public Goods and the Theory of Group Action*. Harvard University Press: Cambridge, MA.

Owen, R. (1991). *A New View of Society and Other Writings*. Penguin: Harmondsworth.

Plato(1961). *The Republic*. Pantheon: New York.

Polanyi, K. (1944). *The Great Transformation*. Beacon Press: Boston.

Rivlin, A. (1971). *Systematic Thinking for Social Action*. Brookings: Washington, D. C.

Schonfield, A. (1965). *Modern Capitalism*. Oxford University Press: London.

Schumpeter, J. (1950). *Capitalism, Socialism, and Democracy*. Harper: New York.

Smith, A. (1937). *The Wealth of Nations* [1776]. Modern Library: New York.

Smith, A. (1853). *The Theory of Moral Sentiments*. Henry G. Bohn: London.

Stiglitz, J. (1986). *Economics of the Public Sector*. Norton: New York.

Titmuss, R. (1997). *The Gift Relationship*. The New Press, New York.

Tucker, C. (1998). "The Role of Government in Supporting Technological Advance," Doctoral Thesis, Columbia University.

Yergen, D. and J. Stanislaw (1998). *The Commanding Height*. Simon and Schuster: New York.

第五节　政府干预与潜在"受益群体"和"被遗忘群体"（从集体行动的逻辑看"默默受损的群体"）的经济自由[①]

小曼瑟尔·奥尔森

小曼瑟尔·奥尔森（Mancur Olson，Jr.）在他的《集体行动的逻辑》（*The Logic of Collective Action*）一书的这一部分中，通过思考公共品供应的问题得出了一些重要的哲学结论。奥尔森强调指出，除非能够迫使全部的潜在受益者支付他们应得的那份公共品，否则就不会有公共品供应，特别是能使很多人受益的公共品。因此，动用强制力是向众多人口供应公共品的一个必不可少的元素。例如，政府为了给治安保护或国家安全等服务买单而动用征税权。私人团体，如美国医学协会（American Medical Association）或工会，也需要能让自己的会员为供应公共品（如工作保障和工作场所安全）买单。奥尔森认为，向大群体供应公共品需要分两步走。首先，必须动员有可能得益于公共品供应的群体，使这些潜在群体的成员相信，向为他们谋求利益的组织支付会费符合他们的利益。其次，在成员缴纳会费之后，组织可以谋求公共品（如工作场所安全）供应。奥尔森根据理性自利的假设证明，那些大型潜在群体可以为其成员创造大于他们缴纳的会费的个人收益，只有这样的群体才能成功地把自己组织起来（参加美国医学协会的医生缴纳较低的医疗事故保险费，这是一个成为组织缴费成员能为个人创造收益的例子）。奥尔森接着提出了一个问题：如果所涉及的公共品很重要，而这种公共品的潜在受益群体却无法组织起来为自己的成员提供这种公共品，那么，我们是否应该为这些潜在受损群体做些什么以减轻他们的这种公共品损失呢？奥尔森曾在其他场合建议，通过"工会工厂"(Union shop)[②]立法，允许工会把自己组织起来，以便能够实施工

---

①　本节选在征得出版商允许后转引自：*The Logic of Collective Action：Public Goods and the Theory of Groups* by Mancur Olson，pp. 91－97，165－166，Cambridge，Mass．：Harvard University Press．Copyright © 1965，1971 by the President and Fellows of Harvard College．
②　指员工必须加入工会的商店等。——译者注

保障的法律。显然,这是一个关于有益经济政策的建议,一个超越了帕累托最优的公共政策建议。

※ ※ ※

政府干预与潜在受益群体的经济自由

这种对待工会及其会员权利或自由的方式,也可用来阐明一些关于政府作用和公民经济自由的流行论点。许多人认为,社会主义和政府日益增长的活动通常或者难免会限制经济自由,也许还会威胁到政治权利[1],而另一些人则否认国家从事经济活动会以任何方式限制"自由",认为自由本质上是一个涉及民主和公民权利的政治概念,而不是经济政策。[2]

纯语义上的误解以及对确切的分歧领域的混淆,常常使这方面的争论复杂化。因此,有必要在此对有争议的三个方面进行区分。

第一个有争议的方面与经济体制和政治自由之间的关系有关。许多保守的思想家宣称,只要国家在经济生活中仅仅起到相当小的作用,那么,自由、民

---

[1] Friederich A. Hayek, *The Road to Serfdom* (Chicago: University of Chicago Press, 1944), and *The Constitution of Liberty* (Chicago: University of Chicago Press, 1960); John M. Clark, "Forms of Economic Liberty and What Makes Them Important," in *Freedom, Its Meaning*, ed. Ruth Nanda Anshen (New York: Harcourt1 Brace, 1940), pp. 305—329.

[2] 请参阅:Karl Mannheim, *Freedom, Power, and Democratic Planning* (New York: Oxford University Press, 1950), esp. pp. 41—77; Thomas Mann, "Freedom and Equality," in *Freedom, Its Meaning*, ed. Anshen, pp. 68—84; Joseph Rosenfarb, *Freedom and the Administrative State* (New York: Harper, 1948), pp. 74—84; John R. Commons, *Legal Foundations of Capitalism* (Madison: University of Wisconsin Press, 1957), pp. 10—130。

其他一些认为社会主义和"大政府"限制自由的批评人士使用的是,用选择的范围或者财富,而不是用不受强迫的自由对自由所下的定义。例如,可参阅:John Dewey, "Liberty and Social Control," *The Social Frontier*, II (November 1935), 41—42; Denis Gabor and Andre Gabor, "An Essay on the Mathematical Theory of Freedom," *Journal of the Royal Statistical Society*, CXVII (1954), 31—60, and discussion on this paper, 60—72; Harold J. Laski, *Liberty in the Modern State*, 3rd ed. (London: George Allen & Unwin, 1948), esp. pp. 48—65; Bertrand Russell, "Freedom and Government," in *Freedom, Its Meaning*, ed. Anshen, pp. 249—265, esp. p. 251。

关于对各种不同的自由概念所做的敏锐、客观、公正的分析,请参阅:Martin Bronfenbrenner, "Two Concepts of Economic Freedom," *Ethics*, LXV (April 1955), 157—170。

主的政治体制就能存在；从长远看，社会主义、政府计划和福利国家将不可避免地让希特勒模式"一枝独秀"。① 而许多其他思想家则认为情况恰恰相反——只有大胆的政府计划和慷慨的福利措施才能防止出现专制政府有可能造成的萧条、贫困和不满情绪。② 这方面的争议与本研究无关。

关于经济自由的争论第二个有争议的方面，与哪些经济自由受到了谁的限制这个问题有关。很多——或许是大多数——思想家也非常关心，对个人自由的控制或限制是通过民主选举，并且是为了相关群体的利益强迫实施的，还是由不关心被控制群体利益的独裁者或寡头政治集团强制推行的？有些思想家表示，前一种情况下的"强制"并不是真正的强制，而后一种情况下的强制则是真正的强制。③ 这个区别在以下这种特殊情况下会表现得最为明显：一个群体一致投票通过强加某种这样的强制性规则，因为如果每个成员都遵守这个规则，那么，每个成员的境况就会变得较好。在这种特殊的情况下，对这个群体成员自由的侵犯不会比两个人自由签署一份合同受到的自由侵犯更加严重，因为两人签署合同是通过法律来强制或强迫他们在将来做一些事情的方式来限制他们的自由的。当然，这种完全一致支持强制的情况是十分罕见的。但在比较普遍的情况下，也就是在出于集体利益的考虑，多数人——而不是全体一致——投票通过一些强制性措施的情况下，与由不顾民众利益的独裁者强加的强制相比，大多数人会觉得这种强制并不那么令人反感。另外，许多其他人，尤其是自由放任主义的支持者，可能会认为，民主社会多数人实施的经济专制，或政治领导人的慈父般作风，与任何其他形式的强制一样，都是对人类自由的践踏。④ 这方面的经济自由分歧非常重要，但对于本研究并非如此。

---

① Hayek, *Road to Serfdom*. 以更加温和的方式讨论对这种风险的阐释，参见 Clark's Essay in *Freedom, Its Meaning*, ed. Anshen, p. 306. 还请参阅：Thomas Wilson, *Modern Capitalism and Economic Progress* (London: Macmillan, 1950), pp. 3—19。

② Albert Lauterbach, *Economic Security and Individual Freedom* (Ithaca, N.Y.: Cornell University Press, 1948), esp. pp. 5, 11, 12; Thomas Mann in *Freedom, Its Meaning*, ed. Anshen, pp. 80—81.

③ 我要感谢托马斯·C.谢林(Thomas C. Schelling)教授说明了这一区别的重要性，并且说服我在本研究中加以讨论。

④ Hayek, *Constitution of Liberty*.

第十八章 知名经济学家的著述

关于经济自由争论的第三个也是最基本的方面涉及经济自由本身,也就是一种不受任何对个人经济生活的强制性控制的自由——无论这种控制的政治影响或政治安排可能是什么。[1] 这个方面的经济自由争议与本研究直接相关。关于这种严格意义上的经济自由的重要性,可能有不同的观点——这在很大程度上是个人价值观的问题,而不是它的存在或现实的问题。[2] 随心所欲花钱的自由,"支配自己收入的选择自由"[3],这些想法意义重大,尽管许多人认为这种自由在量上的微小变化并不重要。[4]

如果第三种最本义的经济自由是一个有意义的概念,而且至少对某些人来说是一个重要的概念,那么我们下一步要做的就是分析这种经济自由与政府干预经济生活的不同程度的关系。具体而言,就是要回答以下几个问题:什么类型的政府活动会侵犯经济自由?政府从事经济活动总要诉诸强制力吗?或者,政府有时并不比私营企业更加依赖于强制力吗?

在这里,潜在受益群体的概念可能会对我们有所帮助。研究表明,有些产品和服务具有以下性质:如果一个群体的任何成员要得到这些产品和服务,那么这个群体的全体成员都必须得到这些产品和服务。这类服务本质上不适用市场机制,只有在每个成员被迫为自己分配到的份额买单的情况下才会产生。很明显,许多政府服务属于这类服务,因此会限制个人自由,并且用依靠强制力通过的集体决策来取代个人自由做出的决策。[5] 如果不在某种程度上限制

---

[1] Hayek, *Constitution of Liberty*, pp.11—21. 在这里,哈耶克明确而又公正地表明,有必要将这一自由概念与最近提出的其他自由概念区分开来。还请参阅:Isaiah Berlin, *Two Concepts of Liberty* (Oxford: Clarendon Press, 1958)。

[2] 请参阅:Bronfenbrenner, "Two Concepts of Economic Freedom," pp.157—170. 即便是政府经济计划的热心拥护者,也承认这种自由的重要性,如请参阅:Barbara Wooton, *Freedom under Planning* (Chapel Hill: University of North Carolina Press, 1945)。关于是否有必要区分"自由"一词不同释义的详细讨论,请参阅:Maurice Cranston, *Freedom, A New Analysis* (London: Longmans, Green, 1953)。弗兰克·奈特(Frank Knight)认为,自由的概念不具有任何客观意义,这种观点肯定有点过头。请参阅:Frank Knight, "Freedom as Fact and Criterion," *International Journal of Ethics*, XXXIX (1929), 129—147。

[3] Richard S. Thorn, "The Preservation of Individual Economic Freedom," in *Problems of U.S. Economic Development*, published by the Committee for Economic Development (New York, 1958)。

[4] 请参阅:J. K. Galbraith, *The Affluent Society* (Boston: Houghton Mifflin, 1958)。

[5] 关于这个主题,请参阅:Anthony Downs, *An Economic Theory of Democracy* (New York: Harper, 1957), pp.195—196. 如果所有决策都是一致通过的,当然就不会有强制的问题。

601

公民的经济自由,不增加税收从而降低个人的消费自由,那么,至少就不能为增强国防力量、治安力量和司法力量提供资金。

但是,如果政府决定成立一家公有企业来生产某种产品,那么就不清楚是否一定会减少任何人的经济自由。与从私人企业那里购买商品相比,消费者从公有企业那里购买商品并不一定会减少自己的自由,工人也未必由于为其中一家企业工作、不为另一种企业工作而减少自由。当然,制度安排已经发生变化,而公共部门的规模则有所扩大,但没人一定会失去自己的经济自由。

结论是,政府在供应集体产品和服务时会限制经济自由,而在生产通常由私营企业生产的非集体产品时未必就会限制经济自由。但是,这个结论多么自相矛盾!这是因为,是对政府传统服务——尤其是捍卫现有秩序的军队和警察——的筹资最大程度地限制了经济自由;而社会主义对私营经济的入侵倒未必会限制经济自由。保守主义者就如同社会主义者,倾向于限制经济自由①,因为他们历来主张尽可能多地增加军费支出,并且有更多的财产需要警察来提供保护。当然,由于政府通常垄断了主要的暴力手段,因此很典型地拥有在任何时候限制公民自由的权力,即使在生产或分配非集体产品或者从事任何活动时也是如此。例如,政府免费供应非集体产品,就会减少经济自由。② 但问题在于,供应传统上由政府提供的公共品,必然会导致对经济自由的限制;而生产非集体产品的社会主义国有企业,却不一定会造成这种自由损失。因此,我们有可能普遍认为,政府部门的扩大就相当于经济自由的减少,这在某种程度上可归因于所有政府活动都与传统的政府服务有关,特别是与

---

① 如果说我们可以指责一些现代自由放任主义的鼓吹者在讨论经济自由时用词不当,那么,维克塞尔(Wicksell)的情况就不同。他的政府支出"一致同意"的计划击中了问题的要害——集体服务,而不是政府部门的规模。在他执政期间,政府支出几乎全部集中用于军队和维护国内秩序和稳定。采纳他的计划也许不会限制政府的活动范围,只会执行更经济也许是更加和平的国家政策(维克塞尔反对瑞典的巨额军备支出以及对俄罗斯的好战态度)。请参阅 Gardlund's *Life of Wicksell*。

② 自由主义者或左翼分子限制某些产品生产的提议也会限制经济自由,但事实上的私人卡特尔也是如此。把某个产业收归国有,虽然不一定会影响该产业工人和管理人员的自由,或该产业产品消费者的自由,但如果政府禁止私人竞争,则会限制在该特定产业成为企业家的自由。但这种限制不会影响很多人,只有在政府禁止竞争的情况下才会出现这种情况。

关于国有化对经济自由的影响,请参阅:Wooton, *passim*。

更大的军事机构需要课征更多的税收和征用更多的士兵有关。①

上述论点并不是要给任何政府活动贴上有益或有害的标签,而是要表明,是集体产品和服务供应,而不是提供这些产品和服务的机构的公共或私人性质或其他特征,在很大程度上决定经济自由是否必然会受到限制。有能力规训企业压低现有价格的卡特尔的扩张,会限制经济自由,哪怕这些卡特尔是私人联盟。同样,如果本章的主要论点是正确的,那么,发展大群体的集体谈判能力通常会限制经济自由,因为这意味着那些没有加入工会的劳动者必然会被剥夺在工会化的企业里工作的权利。换句话说,大工会虽然不是政府部门,但如果它试图履行自己的基本职责并继续存在下去,那么必然会动用它的强制力。这主要是因为大工会的基本职责就是向它的广大会员提供一种为了集体利益进行集体谈判的能力,就像政府的基本职责是提供司法、治安和国防等传统集体产品那样。此外,政府(或者工会或任何其他组织)可以在不限制经济自由的情况下提供非集体产品。当然,还有很多这里没有考虑但有助于在任何特定情况下确定经济自由有多大的其他重要因素;而且,这个问题比我们现在的讨论所表明的要复杂得多,并且迫使本研究远离自己的中心主题,去认真对待这个深刻的问题。传统的观点认为,工会不应拥有强制权,因为工会是私人组织,而公共部门的扩张不可避免地会导致经济自由的损失。但是,这种观点是建立在不充分理解的基础上,这一点已经很明显。如果不考虑集体产品和非集体产品之间的区别,那么对经济自由的限制或者政府、工会或任何形式的组织动用强制手段的结果的分析,都不能合理地说明造成这个问题复杂性的原因。

"被遗忘的群体"——默默受损的群体

前面,我们已经研究了主要的经济压力群体,并简要叙述了上文阐述的理论与非经济群体和政治党派之间的关系,现在只需要考虑一种重要类型的群

---

① 关于自由问题的心理学、人类学和社会学研究,请参阅:Erich Fromm, *Escape from Freedom* (New York: Holt, Rinehart & Winston, 1941); and George C. Homans, *The Human Group* (New York: Harcourt, Brace, 1950), pp. 332—333。

体。令人遗憾的是,我们对这种类型的群体知之甚少,能说的也很少。这种剩余类型的群体是无组织群体——既不游说也不采取任何行动的群体。这类群体最符合本书的主要论点,并且反映了本书主要论点的核心要点:这种重要或潜在群体没有自愿采取行动促进其共同利益的倾向。这一点我们已经在本书导言中做了说明,并且必须成为本研究结论的依据。因为,这些无组织群体,也就是既不游说又不施压的群体,是美国最大的群体,而且拥有一些最重要的共同利益。

农场移民工人是一个有着迫切需要实现的共同利益的重要群体,他们没有游说团体来表达自己的诉求。白领工人也是一个拥有共同利益的庞大群体,但也没有一个组织来关心他们的利益。纳税人同样是一个庞大的群体,有着明显的共同利益,但从严格意义上说也还没有找到自己的代表。消费者是一个人数至少与我们这个社会中任何其他群体一样多的群体,但没有自己的组织来与有组织或垄断生产者的力量对抗。① 有很多人关心和平,但他们没有像那些偶尔会对战争感兴趣的"特殊利益集团"那样的游说团体。防止通货膨胀和经济萧条是很多人的共同利益,但是他们没有组织来表达这种利益诉求。

我们也不能仅仅因为群体行动的收益会超过其成本,就指望这些群体组织起来或采取行动。在我们国家(或任何其他国家)的人民倘若减少个人支出就能实现价格稳定方面的共同利益时,他们为什么还要在政治上组织起来以防止通货膨胀呢?事实上,无论个人作为群体的一员能通过为阻止通货膨胀而削减支出获得多少收益,都没有人会愚蠢到指望经济体系中的个人自愿削减支出来阻止通货膨胀。但是,我们通常理所当然地认为,同样是这些个人,在某些政治或社会背景下,为了促进他们的集体利益而组织起来采取行动。经济系统中的理性个人在经济系统不会为了防止通货膨胀而削减自己的支出(或者为防止经济萧条而增加支出),因为他们知道:首先,自己的努力不会产生明显的影响;其次,自己能分享任何其他人在任何情况下实现的价格稳定带

---

① E. E. Schattschneider, *Politics, Pressures, and the Tariff* (New York: Prentice Hall, 1935).

第十八章 知名经济学家的著述

来的好处。① 同样是出于这两个原因,在某些社会政治背景下,大群体中的理性个体也不会愿意做出任何牺牲来实现自己与他人分享的目标。因此,我们不能假设大群体会为了他们的共同利益而组织起来采取行动。只有在群体很小的时候,或者在他们幸运地拥有独立的选择性激励来源时,他们才会为了实现共同的目标组织而行动起来。

因此,有共同利益而没有组织起来的大群体的存在佐证了本研究的基本论点,但又不仅仅是为本研究的基本论点提供证据:如果确是这样,那么它们就会受损。

---

① 任何经济体中的个人都有能力通过多花钱或少花钱来防止经济萧条或通货膨胀,但作为个人却没有这样做的动机。笔者在阅读了威廉·J. 鲍莫尔(William J. Baumol)的以下文献后注意到了这一点:William J. Baumol, *Welfare Economics and the Theory of the State* (Cambridge, Mass.: Harvard University Press, 1952), pp. 95—99。还请参阅:Abba P. Lerner, "On Generalizing the General Theory," *American Economic Review*, L (March 1960), 121—144, esp. 133。

第六节 "比较增长率政治经济学分析"的"三阶影响"[①]

小曼瑟尔·奥尔森

在这项研究中,小曼瑟尔·奥尔森指出了一个令人费解的现象,即英国这个世界上民主持续时间最长的国家,经济增长却远远低于在第二次世界大战中战败的德国和日本以及经历了巨大政治动荡的法国。奥尔森的观点是,民主体制把一个阻碍经济增长的因素引入了经济,这个因素就是利益集团,它们把有利于自己的立法引入了经济系统(一阶事件),却阻碍了经济系统顺利适应新出现的机会(二阶事件)。奥尔森的结论是,战争和政治动荡导致利益集团推动的阻碍经济增长的立法无效。然后,他探讨了在不诉诸战争或不发生政治动荡的情况下可采用的废除阻碍经济增长的立法的方法。他在分析斯堪的纳维亚国家和当今德国的一些做法时,发现了其中的奥秘。他建议,政府应该鼓励各种各样的利益集团。这么多利益集团必须付出更多,才能从他们奉行的政策中直接获益。因此,奥尔森认为,对于经济增长来说,拥有为数较少的大工会优于拥有为数较多的小工会。这样的大利益集团可被认为能使他们的立法提案的经济成本内部化,就像奥尔森列举的斯堪的纳维亚工会那样。然而,政府启动鼓励或立法允许成立各种利益集团的计划,是一种有益的经济政策,但不是达到帕累托最优状态的公共品供应政策。

※ ※ ※

三阶影响

总的来说,由于各种最基本的原因,尤其是对于规模较大的群体来说,极

[①] 本节选在征得耶鲁大学出版社(Yale University Press)允许后转引自:Mancur Olson, Jr., "The Political Economy of Comparative Growth Rates," in D. C. Mueller (ed.), *The Political Economy of Growth*, 7—52 (New Haven: Yale University Press, 1983)。

第十八章 知名经济学家的著述

难缔结旨在促成集体产品供应的联盟;没人能够吸引像消费者、纳税人、失业者或穷人那样占比很大的分散群体;我们虽然能够建立一些促进某些群体共同利益的联盟,但必然是在有利的条件下,而且常常是在共同利益出现很久以后。随着拥有垄断控制权或政治势力的联盟的增多,它们推迟了经济快速增长所需的创新和资源再配置。但是,如果联盟中有很大一部分是承担增长拖延成本的人,那么这种增长拖延的现象就未必会出现。

因此,一些本国特殊利益集团被极权政府和外国占领当局削弱或消灭的国家,在建立自由和稳定的法律秩序以后,应该能够实现快速的经济发展。这种观点可用来解释第二次世界大战后饱受战争创伤的经济体——尤其是德国和日本——经济增长明显被低估的原因。在这些国家,极权政府垮台以后,由同盟国占领当局执政。同盟国占领当局决心促进被占领国的制度变革,从而使得被占领国几乎重新开始新的制度生活。[1] 在德国,希特勒废除了独立工会以及其他持不同政见者的组织,而同盟国占领当局通过颁布1947年废除卡尔特的法令和去纳粹化计划等措施,削弱了具有右翼背景的卡特尔和组织的势力。[2] 在日本,军国主义政权长期压制左翼组织,而同盟国占领当局的最高统帅在1947年颁布了反垄断法,清洗了数百名曾从事战时活动的财团或其他公司的官员。[3]

此外,德国和日本在第二次世界大战后形成的特殊利益组织大多具有高度的包容性。战后联邦德国的工会组织以及日本在经济政策制定方面发挥主导作用的企业和雇主组织,情况就是如此。无论出于何种原因,这两个国家战后的经济增长率之所以得以提高,可能不仅是因为没有强大的特殊利益集团

---

[1] 虽然对意大利的案例研究才刚刚起步,但意大利的情况可能并非如此。此外,或许是在共同利益集团的施压下,战后意大利非常迅速的经济增长已经暂告一个段落。如果意大利出现严重的早发性"硬化症",那么本研究使用的模型就有可能不完整或不正确。"早发"(即使存在也)需要预测。意大利的"早发性硬化症"是否可归因于上一节描述的逻辑,是一个值得关注的问题;对于欠发达弱国来说,即便是势力较小的共同利益集团也无力抵制。

[2] Gustav Stolper et al., *The German Economy, 1870 to the Present* (New York: Harcourt Brace and World, 1967), pp. 258—261.

[3] Richard E. Caves and Masu Uekusa, *Industrial Organization in Japan* (Washington: Brookings Institution, 1976).

的密集聚集,还因为战后创建或重组的许多组织具有包容性。①

本研究提出的理论也为研究法国的经济增长问题提供了一个新的视角。法国虽然投资环境往往非常恶劣,但为什么在战后取得了良好的经济增长,并且达到了与其他发达国家基本相当的收入水平呢?也许,阻碍资本积累的外国入侵和政治不稳定也阻碍了共同利益组织和串谋行为的发展,有时还导致这种组织在更加包容的基础上进行重组。法国意识形态生活中的深刻分歧,一定程度上可归因于接连不断的动荡对这个国家的基本政治和经济体系进行质疑;而意识形态分歧的规模和程度则必然会进一步阻碍法国至少较大规模的特殊利益组织的发展。正如本研究提出的理论所预测的那样,在法国,更有可能组织像行业协会和最具声望的学校的校友会这样的规模较小的团体,但它们对经济增长的影响在过去的几十年里往往比较有限,其中的原因在我们拓展这个理论时就会变得清晰。

这个论点的逻辑表明,长期享有民主的组织自由、没有遭遇动乱或侵略影响的国家最容易受到抑制增长的组织和联合体的伤害。这一点也许可以解释,为什么英国这个没有受到独裁、侵略和革命影响的历史最悠久的大国,在20世纪的经济增长速度低于其他发达国家?英国正好拥有本研究提出的论点促使我们预期,在一个有着军事安全和民主稳定记录的国家容易出现庞大的共同利益集团网络。英国工会的数量和势力无须描述,英国的专业人士协会受尊敬的程度和影响力也令人瞩目。请想想英国对律师和大律师的区分,在自由市场上不可能出现这样的区分,因为自由市场通常不受行业协会或政府法规的约束。英国还有一个强大的农民协会和许多行业协会。"establishment"这个词在英国获得了它的现代释义,虽然经常可能被过度使用,但基本上仍意指只会在稳定的社会逐渐出现的非正规组织。此外,英国许多实力雄厚的特殊利益集团代表的利益面较窄,而不是很宽。例如,通常有许多基本自治的工会代表同一工厂的不同工人,但没有一个工会代表全国很大一部分的劳动人口。

---

① 笔者非常感谢古德曼·赫内斯(Gudmund Hernes)。笔者正与他合作撰写一篇关于具有相对包容性的组织的文章。他告诉我,战后德国特殊利益组织具有明显的包容特性。笔者一开始过分强调了第二次世界大战战败国共同利益组织比较有限的势力和范围。

我们记得有很多特别的解释。有人声称,英国人,或许除了工人阶级分子外,不像其他国家的人民那样努力工作。还有人把德国和日本经济异乎寻常的快速增长归因于两国人民特别勤劳。从字面上理解,这种解释无疑是错误的,但相关的论据可能有些价值。经济增长率就是国民收入的增长率。虽然,从逻辑上讲,经济增长可归因于人民勤奋程度的提高,但就像我们熟悉的论点所暗示的那样,不能用他们的正常水平来解释,因为人民的努力程度与他们的绝对收入水平相关。[①] 即便人民工作意愿不同是造成经济增长速度不同的部分原因,但为什么经济快速增长的国家的人民工作热情高涨,而经济增长缓慢的国家的人民却缺乏工作热情呢?此外,由于一些国家(最明显的是英国)在努力提高经济增长速度的竞赛中改变了相对地位,因此,工作热情高潮在出现时间上的差别也需要解释。

貌似最合理的解释是,个人的勤勉程度因工作动机而异,而不同国家的人通常有不同的工作动机。反过来,无论是体力劳动者、专业人士还是企业家,个人的工作动机都会受到特殊利益集团保护其成员不受上文描述的达尔文进化过程影响的程度的显著影响。因此,寻找造成工作意愿差别的原因,特别是为什么要在英国经济增速低于平均水平的时期,而不是在英国经济增速最快的时期承认英国存在偷懒的问题,又把我们带回到本研究所提供的关于增长率差异更加基本的解释的问题上。

另一种对英国经济增长缓慢的特别解释,集中在一种阶级觉悟上。据称,这种阶级觉悟降低了社会流动性,并常常被指责为造成排他性和传统主义态度的原因,而这种态度阻碍了新来者和创新者,并维系了中世纪对商业追求的偏见。在近一个世纪的时间里,英国一直是世界上经济增长最快的国家,由此可知,英国经济现在增长缓慢,不可能是由英国人性格的任何内在特征造成的。我们还知道,18世纪的英国在其阶级结构变化、封建思想衰退、商业精神强势和创新热情方面,似乎在西欧都独领风骚。那么如何解释英国社会结构

[①] 如果我们假设,储蓄占收入的比例随着收入的增加而增加,并且没有资本的流入或流出,那么人民勤劳的国家的储蓄和投资会多于除人民勤勉程度较低但其他条件相同的国家。因此,前者的经济增长速度较快。另一种可能性是,那些关心创新的人付出更大的努力,也可能提高经济增长率。本文作者非常感谢田达雄(Tatsuo Hatta)和 I. M. D. 利特尔(I. M. D. Little)在这些问题上提供的帮助。

和文化态度的明显变化呢？

我们已经说过，不稳定、极权主义和外国占领摧毁了既有组织和领导群体，也使新的特殊利益组织更难出现。在法国、现在德国的大部分地区以及欧洲大陆的其他地方，封建等级观念和态度明显比英国更加根深蒂固。例如，在法国，贵族不用缴税，而在英国则不是这样。我们之前说过，在18世纪，英国不同于欧洲大陆的许多国家，因为它没有那么刚性的阶级结构，而且有更强的商业接受能力。在德国的部分地区，法律规定了较为详细和等级分明的阶级结构。

今天欧洲大陆只有中世纪建筑废墟遗存的一个原因是，它们与现在发达国家普遍采用的技术和理念完全不同。但是，还有另一个更加贴切的原因，那就是革命和占领、拿破仑主义和极权主义，已经彻底摧毁了欧洲大陆大多数封建体制及其维系的许多文化态度。变得富有和强大的新家族和新公司往往不能成功地保持他们收益能力，而新的不稳定因素限制了本可保护他们自己及其后代不受新来者骚扰的新组织和串谋行为的发展。可以肯定的是，中世纪的一些遗存和19世纪的大量财富仍然留在了欧洲大陆，就像乡村摇摇欲坠的城堡，并没有妨碍普通公民的工作和机会。

英国中世纪的制度乃至近几个世纪以大家族为中心的工商企业，也同样与20世纪格格不入，大部分已经分崩离析。如果英国经历了像法国大革命那样的事件，如果独裁者废除了公立学校，如果英国曾被外国列强占领，或者如果它成了决心摧毁任何独立于政权之外的组织的极权政权的牺牲品，那么，英国中世纪的制度乃至近几个世纪以大家族为中心的工商企业是否有可能被碾压得粉身碎骨呢？英国上议院、圣公会以及历史悠久的牛津和剑桥大学的重要性，无疑经常被过分夸大，但它们是英国前工业时代遗产的象征，或者更准确地说，是被保存下来的英国独一无二性的象征。在工业革命前的一个世纪里，英国社会经历了巨大的动荡，这可能对英国社会向新的人才和企业开放起到了一定作用，但从那以后，英国再也没有像欧洲大陆国家那样遭遇制度性破坏、精英阶层被强迫取代，或者社会阶层的毁灭。同样的稳定性和免受侵略的能力，显然也使在工业革命和19世纪获得发展的企业和家族更容易组织起来或串谋保护自己的利益。

第十八章 知名经济学家的著述

这个论点特别容易被误解。如果认为像英国中产阶级这样庞大的群体会自愿串通起来排斥其他群体或保护任何共同的利益,那么就是在犯逻辑错误。[1] 我们的假设框架确实表明,20世纪英国经历的独一无二的稳定肯定影响到了英国的社会结构、社会流动性和文化态度,但并不是通过任何主要阶级或大群体策划阶级阴谋或协调行动产生影响的。这个影响过程要微妙得多,必须在一个不那么聚合的层次上加以研究。

如果我们还记得,采取协调一致的行动通常需要有选择性的激励,社会压力往往是一种有效的选择性激励,而收入和价值观相近的个人更有可能就购买哪种和多少集体产品达成一致,那么就可以从一个新的视角来审视上述影响过程。除非重视正在商议拟购集体产品的群体进行社会互动,或者由进行社会互动的子群体组成,否则社会激励不会非常有效。如果这种群体确实有自己的社交生活,那么,对同伴陪伴和尊重的渴望以及对被轻视甚至被排斥的恐惧,就能以很小的代价为群体采取协调一致的行动提供有力的激励。因此,成功推动特殊利益组织的组织创业者以及维系这些组织的管理者,必然会格外关注那些已在进行社会互动的群体或者那些善加诱导就能这样做的群体。这就意味着特殊利益集团会倾向于拥有社会同质的成员身份,并且有兴趣使用一些资源来保持这种身份同质性。同一群体的全体成员都能得到相同数量和种类的集体产品,这也就意味着,就如我们由财政等价(fiscal equivalence)理论和最优隔离(optimal segregation)理论知道的那样,如果那些在同一管辖区或组织内的群体有相似的收入和偏好排序,那么,群体之间的冲突就会减少,而且福利就有可能增加。这一点对于部分或全部由压力群体组成的组织尤为重要,因此需要就可能存在争议的策略达成一致。上面提到的各种力量同时在数以千计的职业、行业、俱乐部和社团中发挥作用,它们本身就可以解释某种程度的阶级觉悟甚至对商人和企业家波动不定的收入和地位的文化谨慎。

令人遗憾的是,以上介绍的影响过程自身并不会产生影响,只有在以下情景中才会产生作用:在市场上运行的每个特殊利益组织或操纵的每起串谋事

---

[1] Olson, *The Logic of Collective Action*, pp. 98—110.

件，都必须首先控制市场准入。任何群体除非能阻止外部人利用较高的价格，否则就不可能以任何方式收取高于自由市场价格的价格。因此，市场上的每个特殊利益集团，归根结底都是排他性的群体[①]；如果某个群体要为其成员实现任何目标，都必须排斥其他群体。阶层壁垒是不可能存在的，除非有些群体能够采取一致行动构筑阶层壁垒。我们现在可以理解，如果在市场上寻求好处的特殊利益组织或串谋行为有助于履行某种职能，那么就必须排斥这样的特殊利益组织和串谋行为。此外，如果组织想要获得社会选择性激励带来的不可估量的好处，那么组织成员就应该具有充分相似的背景和兴趣，能使他们愿意进行社会互动。

除了控制进入市场以外，成功的卡特尔组织还必须限制其成员的产出或供给，必须要求全体成员遵守某种计划来限制销售数量，无论这样的限制和遵守计划会多么遏制创新。

随着时间的推移，风俗习惯会发挥越来越大的作用。特殊利益集团会利用自己的资源争辩称，公平地说，他们所做的事情都是应该做的事情。有进取心的进入者和不守规矩的创新者受到的压制越多，人数就会变得越少，而不符合惯例的事情就不会有人去"做"。

这个过程虽然有可能对公众担心不道德或不称职的从业人员成为一些在其他场合会被说成"垄断政策"或"贪婪的工会政策"的政策理想掩护的职业产生强烈的影响[②]，但不应该对不同层次的收入和社会地位产生任何不同的影响。这个过程既会对工人也会对上议院议员产生影响，而最早的一些行业工会实际上是在酒吧里组织起来的。

我们很容易戏剧性地得出这样一个结论：这种参与性过程已经把一个"商人国"（nation of shopkeepers）变成了"俱乐部和酒吧之地"（land of clubs and pubs）。但是，这样一个轻率的结论可能是错误的，而且肯定过于简单。可能有更大定量意义的抵消因素也在起作用：科学技术的快速发展促进了资源的

[①] Ibid., pp. 36—43.
[②] 我们没有必要与乔治·伯纳德·萧（George Bernard Shaw，又名萧伯纳）争辩说，"各行各业都会串谋对付外部人"（The Doctor's Dilemma，1906）。但是，我们可能认为，自由职业在现代社会中受尊敬的地位以及大多数知识分子属于自由职业者这一事实，使许多人忽视了他们的卡特尔主义倾向。

持续再配置,并且提高了职业、社会和地域的流动性;基本上免费的公共教育的普及,与可被称为公正的文凭主义相结合,也可能抵制这种内圈化。因此,没有人认为我们所描述的过程提高了阶级觉悟、加剧了传统主义倾向,或者导致了与企业家精神的对立。即使没有社会动荡或外敌入侵破坏维系内圈化的制度,反对力量也可能会制止内圈化。我们可根据模型合理地推导出来的唯一假设是:在两个其他方面相同的社会里,一个社会稳定、安全和结社自由的历史比较悠久,有更多的机构控制准入和创新;这些机构鼓励成员之间社会互动,并有利于提高他们之间的同质性;这些机构的言行至少会对这个社会的成员觉得习惯和适应的东西产生一定的影响。

令人遗憾的是,到目前为止,我们还没有发现比较英国和欧洲大陆社会流动性的适当定量研究。不过,我们发现了一项比较英国和美国社会流动率的巧妙定量研究。[①] 与其他研究一样,这项研究表明,英美两个社会都没有出现任何社会流动性随着时间的推移下降的迹象,但是,正如前面的模型所预测的那样,英国的社会流动性水平偏低。

乍一看,瑞典的情况似乎与基于本研究模型的预测相矛盾,因为瑞典虽然工业化较晚,但享有组织自由和免受外敌侵犯的时间却异常长。瑞典特殊利益组织的力量和覆盖面,特别是它的劳工运动,与用我们的模型预测的情况相同。那么,为什么瑞典是世界上生活水平最高的国家之一呢? 特别是,为什么瑞典的经济表现优于英国(尽管最近出现了一些逆转),并且它的特殊利益集团也异常强大呢? 这种经济表现的差异是否不仅驳斥了我们熟悉的特别论点——社会主义经济政策对英国的缓慢增长负有责任,而且也驳斥了我们的模型呢?

要不是我们的模型隐含的第四个一般假设(具有充分包容性的特殊利益组织会内化低效政策的大部分成本,因而有动机更加重视经济增长和整个社会的利益),情况有可能就是这样。瑞典的主要特殊利益组织覆盖面很大,尤其是与英国和美国的特殊利益组织相比。例如,在战后的大部分时间里,瑞典几乎所有加入工会的体力劳动者都属于一个非常大的劳工组织。正如我们的

[①] Donald S. Treiman and Kermit Terrill, "The Process of Status Attainment in the United States and Great Britain," *American Journal of Sociology* 81 (November 1975):563—583.

模型预测的那样，瑞典的劳工领袖与其他许多国家的劳工领袖不同，他们支持促进经济增长的政策，如对劳动力流动和再培训进行补贴，而不是补贴低效工厂。我们甚至可以想象，瑞典劳工组织与包容性更大的工党的部分整合，与英国的相应情况相比，有时是增强了追求效率和经济增长的动机。[①] 当然，任何有关这个问题的确切结论都有待进一步的考证。

瑞典（和挪威）拥有包容性特别大的组织的原因也需要解释。这项任务将留给另一篇论文[②]来完成，但我们可以从我们的基本模型中直接导出一个假设：小群体比大群体更有可能自发地组织起来。这个假设表明，许多相对较小的共同利益集团——如英国和美国的行业工会——可能是早期工业化的产物，而后来部分是通过吸取先实现工业化的国家的经验组织起来的特殊利益集团，可以发展成像它们的发起人想要的那么大的组织。

  [①] 笔者要感谢奥斯陆大学(University of Oslo)的斯特恩·尼尔森(Sten Nilson)提出了这个建议，并允许让我看他的"1955年后的挪威组织"(Organizations in Norway after 1955)的草稿。
  [②] 笔者目前正与卑尔根大学(University of Bergen)的古德曼·赫内斯合作写一份关于斯堪的纳维亚经验的论文。

第七节 阿拉伯世界：表现与前景[①]

阿卜杜拉提夫·尤瑟夫·阿尔哈马德

　　在这篇文章里，阿卜杜拉提夫·尤瑟夫·阿尔哈马德（Abdlatif Yousef Al-Hamad）把阿拉伯世界近几十年来的经济表现分为两个时期。从20世纪60年代到80年代中期，是阿拉伯世界经济发展的黄金时期。在这个时期，石油创造了意外收入，但阿拉伯世界也实施了"有诱惑力的经济政策和……市场导向型制度改革"（Al-Hamad，7）；有益品政策使整个阿拉伯世界的贫困率大幅下降；非产油阿拉伯国家得益于劳动力流动和援助性转移支付；阿拉伯国家的贫困率已经成为世界最低的贫困率。

　　从20世纪80年代中期起，阿拉伯世界开始背运，并且遇到了巨大的挑战。这种背运始于油价下跌，而消化这样的收入减少本身就是一项挑战。然而，第二项挑战使第一项挑战变得更加引人注目。第二项挑战是阿拉伯世界由人口高增长率（每年2.5％）造成的人口大扩张。这两项挑战要求阿拉伯地区必须在收入不断减少的情况下创造5 000万个新的就业机会，才能维持目前的失业水平，而且"在未来的20年里创造近7 000万个就业机会才能实现充分就业"（Al-Hamad，13）。具有讽刺意味的是，这项挑战由于让妇女接受更多教育的政策取得了成功而变得更加严峻。在大多数阿拉伯海湾地区的大学里，女学生占学生总数的70％以上（ibid.）。这些接受教育的女性毕业后也需要工作。阿尔哈马德认为，她们有机会找到工作，因为阿拉伯世界有发展对外贸易的很大可能性。首先，从1970年到2002年，阿拉伯国家之间的贸易只占这些国家外贸总额的区区8％（Al-Hamad，11）。其次，阿拉伯国家几乎不吸收外国直接投资。22个阿拉伯国家吸收的外国直接投资总额还没有新加坡多（Al-Hamad，12）。外国直接投资能同时带来资本、技术、管理技能和进入国

[①] 本文在征得作者和佩尔·雅各布森基金会（The Per Jacobsson Foundation）的允许后转引自：Abdlatif Yousef Al-Hamad, "The Arab World: Performance and Prospects," *The Per Jacobsson lecture*, *Dubai*, *United Arab Emirates*, 5—17 (Washington, D. C.: The Per Jacobsson Foundation, 2003).

际市场的机会(ibid.)。

在这篇文章的其余部分,阿尔哈马德思考了阿拉伯世界应该采取什么措施来实现对外贸易的潜在增长。作者以《2002年阿拉伯人文发展报告》(*Arab Human Development Report 2002*)和《2002—2003年阿拉伯全球竞争力报告》(*Arab Global Competitiveness Report 2002—2003*)为依据进行了思考。阿尔哈马德认为,"今天的阿拉伯国家迫切需要改革和恢复制度活力"(Al-Hamad,17)。他列举了几项制度改革,我认为这些改革属于前四种有益品(Ver Eecke,1998)。阿尔哈马德提出了四个"必要条件"或者"需要"。他认为,第一,阿拉伯国家需要维系"一个公平有效地执行法律和合同的国家法律框架"(Al-Hamad,15);第二,阿拉伯世界需要"阿拉伯银行业确定严格的标准和最佳实践"以及一个"监管有方的证券市场"(Al-Hamad,16);第三,"阿拉伯地区需要提高教育质量并进一步推进教育普及"(ibid.);第四,阿拉伯国家政府必须管理"宏观经济——以保持经济稳定和社会和谐"(Al-Hamad,15)。第一个"需要"涉及政府处置产权规范及执行的使命,第二个"需要"涉及政府为有效经济竞争规定条件的使命,第三个"需要"涉及政府提高人力资本质量的使命,而第四个"需要"则是政府应对商业周期和提高社会经济效率的使命。

阿尔哈马德觉得,宏观经济政策必须体现价值观,而且应该创造实现价值观的动力。阿尔哈马德自豪地指出,阿拉伯世界在它信仰的宗教伊斯兰教的鼓舞下得以达到世界最低的贫穷水平(Al-Hamad,7)。最后,他建议,阿拉伯世界可以依靠伊斯兰教来满足经济增长所需的必要条件,因为"伊斯兰教是一种重视平等的宗教,它的教义都是反对血统、出身、地位、财富甚或种族赋予的特权,并且坚持认为等级和荣誉由虔诚和功绩决定"(Al-Hamad,17)。

这篇由一名公务员撰写的文章表明,经济增长需要几种政府政策——用我的话来说就是有益品。阿尔哈马德认识到,阿拉伯世界必须坚持自己的价值观才能推行这些政策。阿尔哈马德相信,伊斯兰教必然会支持这些所需的价值观。

※　※　※

谢谢邀请,我很荣幸地感谢您给我这个机会参加著名的佩尔·雅各布森讲座，向尊贵的与会者们做演讲。我恳请诸位原谅我不拘泥于讨论货币和银行业问题的传统，而把重点放在阿拉伯世界的发展和改革的问题上。

阿拉伯地区地域辽阔、资源丰富，发展水平参差不齐。阿拉伯地区有1 480万平方千米的面积，比美国的国土面积大50%，但人口稀少，是世界上人口密度最低的地区之一。阿拉伯地区从阿拉伯海湾的迪拜一直延伸到大西洋沿岸毛里塔尼亚的努瓦克肖特。目前有2.95亿阿拉伯人居住在只占该地区总面积4.2%的一小部分可生存土地上，这块土地的面积最多只相当于像西班牙这样的中等国家的国土面积。

就水资源和农业资源而言，阿拉伯地区是世界最匮乏的地区，整个地区的人均用水资源不足1 000立方米/年（这是世界上最低的水平），而世界平均水平是7 000立方米/年。更重要的是，22个阿拉伯国家中，有13个严重缺水，这些国家的每年人均水资源不足500立方米，从而使得农业生产在这些国家变成了严重的问题，导致永久性的粮食短缺。今天，阿拉伯地区粮食短缺超过130亿美元（占到这个地区总需求的一半），是世界上最大的缺粮地区。但是，农业部门在大多数阿拉伯经济体中仍然至关重要，农村人口占阿拉伯总人口的44%；而在一些国家，如苏丹和也门，这个比例分别高达65%和70%。

另一方面，阿拉伯地区仍是世界上碳氢化合物储量最丰富的地区。这个地区已探明石油储量占全球已探明石油储量的61%，天然气储量占全球总量的30%。2002年，阿拉伯地区的碳氢化合物产量分别占世界石油和天然气产量的30%和16%。按照目前的国际生产水平，阿拉伯地区占世界油气储量的相对份额在未来几十年将会大幅增加。

但是，按市价计算，2002年，阿拉伯国家的国内生产总值总量只有7 170亿美元，人均国内生产总值仅为2 445美元。据此，阿拉伯国家进入全球中等收入国家的行列。但必须指出，阿拉伯国家之间的人均国内生产总值差别很大：从毛里塔尼亚的低至335美元到卡塔尔的高达3万美元。

在介绍了阿拉伯世界的这些背景资料以后，我将尝试在这里讨论三个重要的问题：首先，为什么在过去的几十年里，阿拉伯世界遇到了一些问题？其次，有哪些主导因素和趋势决定这个地区与世界其他地区的关系？最后，有哪些动力能改变并改善阿拉伯国家的整体表现？

业绩与挑战

综观阿拉伯地区，我们不可能看不到，这个地区的大部分国家面临着外部威胁和内部动荡。经济增长缓慢，失业率高企，贫困率不断上升。今年早些时候，阿拉伯地区又遭遇了一场重大战争，这是阿拉伯地区在过去50年里经历的第五场重大战争。显然，这个地区虽然有丰富的自然资源、伟大的文化遗产以及作为其主要宗教核心内容的和平信息，但已经陷入了政治、经济和安全僵局。

今天，焦虑、悲观和绝望似乎遍布整个阿拉伯地区，而怀疑和担忧则是外部对这个地区的态度。但情况并非总是如此，近年来，许多阿拉伯国家表现出了较高的活力、良好的经济业绩和相当程度的稳定。

事实上，从1960年到1985年，阿拉伯地区的发展业绩在收入增长方面超过了除东亚以外的所有其他地区，而在收入分配方面则超过了所有地区。良好的经济业绩并不是那些新发现石油资源的国家的专利，马什里克和马格里布的非产油经济体也取得了良好的经济绩效。例如，埃及在经济增长方面与东亚国家并驾齐驱，而在脱贫方面则表现更好。

现有数据表明，在以上这个时期里，阿拉伯国家的投资约占其国内生产总值的30%，生产率年均增长2.1%，人均实际年增长率约为3.2%。由于阿拉伯国家的最边远地区都有了自己的学校和医院，因此，这个地区的人文发展指数大幅上升，婴儿死亡率几乎下降了50%，人均预期寿命延长10年以上。基础设施也获得了较大幅度的改善，发电量增加了8倍，新建公路和高速公路11.4万公里，而且兴建了几十个现代化机场、海港和电信网络。虽然国家在物质和社会基础设施方面进行了这么巨大的投资，可能并没有像人们所希望的那样刺激私人在生产部门的活动，但肯定大大提高了普通家庭的福利和幸福水平。阿拉伯地区在这个时期里取得的最显著的成就是，把贫困率降到了世界最低水平，而生活在绝对贫困线以下的人口的比例从40%以上下降到了不足10%。

阿拉伯世界在20世纪60年代至80年代中期这个黄金时期的总体表现，

第十八章　知名经济学家的著述

是旨在利用世界经济蓬勃发展的形势而实施积极的经济政策和推行市场导向型体制改革取得的综合结果，但关键的推动因素当然是意外的石油收入及其溢满整个阿拉伯地区的好处。而且，在劳动力加速流动的有力刺激下，再加上对低收入阿拉伯国家进行的大量援助性转移支付，这个关键推动因素变成了促进地区一体化的关键平衡机制。

阿拉伯地区20多年来的经济增长和公平记录具有同样重要的意义。但是，这种势头并没有保持下来，而进一步的增长被证明不可持续。在过去的15年里，投资和生产率已经有所下降，而经济增长的速度几乎跟不上人口增长的速度，人均年经济增长率下降到不足1%。阿拉伯地区在世界贸易中的份额从1981年的9.6%下降到2002年的3.2%（如果不包括石油出口，那么就从4.2%下降到2.1%）。

阿拉伯地区经济业绩严重逆转的问题成为许多研究和调查的主题，也导致决策者对糟糕的结果和不确定的前景日益感到担忧。《2002—2003年阿拉伯全球竞争力报告》指出，除突尼斯、阿曼和埃及外，所有其他阿拉伯国家的生产率都在下降，经济效率明显恶化。许多阿拉伯国家的失业率达到危险的水平，超过了劳动力的25%，各地的贫困加剧。《紧急方案基金关于中东和北非地区的经济趋势报告》(*The EPF Economic Trends Reports for the MENA Region*)一直警告称，体制改革和自由化的步伐太慢，而地区一体化进程裹足不前。

现在，请允许我从政治经济学以及经济、社会和人口统计分析的角度，对阿拉伯地区的问题给出我本人的诊断。在我看来，经济、社会和人口统计分析是理解和解决成功与失败、机会与失望之间错综复杂的关系的唯一途径。

一些阿拉伯国家普遍存在领导不力和政策不合理的现象，而巨额石油收入直接装进了政府的腰包，从而导致这种现象得以持续下去，其中最明显的例子就是伊拉克。在这个不幸的国家，管理不善、政治腐败和外国军事冒险使它的人民和许多其他人失去了生计、福利、自由，在许多情况下甚至失去了生命。但是，对大多数阿拉伯国家来说，经济急剧下滑是由多种因素造成的，其中既有内部因素又有外部因素造成了负面影响。现在让我和大家一起回顾一下其中最重要的因素。

1.石油输出国的石油收入急剧减少,对整个阿拉伯地区的资本流动产生了重大影响,而这个地区的劳动力、产品和服务的流动也因此受到了负面影响,从而导致这个地区的收入、投资和就业机会大幅减少。原油的平均名义价格从1985年的每桶27美元下降到1998年的每桶12美元。按实际价值计算,经济衰退甚至更为严重。毫无疑问,石油收入急剧减少,是1986—2002年期间阿拉伯世界经济增速下降的主要原因。

但是,如果把石油部门的影响排除在外,那么阿拉伯国家其他经济部门在过去20年里的增长并不像初看时那么平庸。在1980—2002年期间,非石油国内生产总值平均增长5%,而包括石油的国内生产总值年均只增长了2.5%。与其他发展中国家相比,埃及、叙利亚和突尼斯等一些阿拉伯国家在这个时期的表现还算合理。与阿拉伯地区的主要石油出口国相比,今天这几个阿拉伯国家的经济更加多样化,对石油收入的依赖程度较低。

2.几十年来,中央计划和官僚管理的经济体制为一些阿拉伯国家的政策提供了依据,这种制度的崩溃导致阿拉伯地区的部分国家多年来迷失了方向。由于缺乏明确的愿景,人口压力不断增大,社会需要不断增加,因此,许多这样的国家没能采取适当的经济增长和体制改革调整政策,而是继续推行依赖物质资本积累并忽略对人文和制度发展以及进一步向世界其他地区开放的需要的策略。

3.推行不适当的宏观经济政策,如规定高于实际价值的固定汇率,埃及和摩洛哥的情况就是这样;或规定过高的利率和课征税率超高的间接税,突尼斯的情况就是如此,结果造成这些国家经济的严重扭曲。这些经济政策推高了生产成本,同时又降低了投资回报。汇率高估的问题阻碍了出口产品和进口替代品的生产。与实际高利率相关的政策抑制了投资,促进了短期银行存款和其他非生产性资产的进一步积累。

4.更重要的是,缺乏推进迫切需要的改革的紧迫感,从而降低了整个阿拉伯地区创造就业机会的速度。

20世纪80年代后半期,随着经济的全面衰退,阿拉伯国家不得不面对许多艰难的选择。有些阿拉伯国家同意遵守"华盛顿共识",尽管很不情愿,但还是接受了为它们开出的处方;而其他阿拉伯国家,尤其是石油资源丰富的阿拉伯国家,并没有感觉到任何重组经济的紧迫性。因此,现在它们在经济增长方面落后于亚洲和拉丁美洲的国家,甚至落后于一些阿拉伯国家。不过,它们的立场最近发生了变化,从安于现状转变为积极地自我批评并且严重关切自己的未来。例如,现在海湾合作委员会(Gulf Cooperation Council,GCC)成员国大多认识到:

• 石油和天然气储量的使用寿命是有限的,为了维持它们的高生活水平,改善经济管理已经到了刻不容缓的地步。

• 它们的人口增长率已经达到世界最高水平,接近世界平均增长率的3倍,这是一项不进行意义深远、迫在眉睫的改革就无法应对的挑战。

• 海湾合作委员会国家虽然看起来富有,石油储量巨大,但按绝对值计算,国内生产总值相当有限,大致与瑞士相当,但人口是瑞士的5倍,而人口增长速度更是瑞士的9倍。

• 海湾合作委员会的进口总额相当于俄罗斯和印度两国的合并进口总额,但这两个国家的合并总人口是海湾合作委员会成员国总人口的50多倍。

• 现在有1 100万外国侨民在海湾合作委员会国家工作,他们每年汇回原籍国的汇款约为250亿美元,差不多占海湾国家国内生产总值的10%。

但是,即便是那些推行全面改革、帮助稳定经济和加快经济增长速度的国家,也没能在20世纪90年代后期维持改革进程。这些国家的政府害怕社会动荡,因此中止了经济改革。在有些国家,对社会动荡的恐惧导致公共部门在诸如金融、运输、电信和能源等重要经济活动中发挥越来越大的作用,进而导致经济效率和生产率低下。随着石油和政府收入的下降,国家的作用非但没有减弱,反而仍然压倒一切,使经济形势变得更加不稳定。

5.部分阿拉伯国家不愿把自己的贸易政策从过度保护改为出口导向型,从而妨碍了本国经济的增长。事实上,突尼斯、摩洛哥和约旦等走外向型道路的少数阿拉伯国家取得了重要发展。这些国家增加了制成品和服务的出口,并成功地加快了创造就业机会的速度。

例如,突尼斯的制造业出口额高达54.5亿美元,是埃及这个比突尼斯大得多的国家的4倍(埃及的出口额只有13.6亿美元)。利用欧洲—地中海这样的国际伙伴关系需要有利的投资环境,还需要降低关税和其他贸易壁垒。

在发展出口产业和更积极地参与世界贸易方面,我们阿拉伯国家绝不能错失从其他国家经验中获益的机会。

虽然吸取教训有点晚,但到目前为止,大多数阿拉伯国家不是已经加入世界贸易组织,就是正在加入这个组织的过程中。这是朝着贸易自由化方向迈出的重要一步。但是,只有加强地区间合作和地区内一体化,并以避免经济和社会混乱的方式尽力向自由贸易转型,才能获得真正的利益。

最近由阿拉伯国家建立的自由贸易区将在2010年投入运行,并将改善迄今仍非常小的阿拉伯国家之间的贸易。从1970年到2002年的30多年里,阿拉伯国家之间的贸易额还不到阿拉伯国家对外贸易总额的8%。

与此同时,阿拉伯国家实施了一些区域内合作的项目。在全部的阿拉伯国家和非阿拉伯国家之间合作的项目中,《地中海自由贸易协定》(Mediterranean Free Trade Agreement)有可能走在最前面。

然而,狭隘的民族主义利益导致这些项目失去了发展价值和历史维度。凡是在南地中海国家具有比较优势的领域,如农产品,欧洲地中海国家就设法实施有利于本国生产者的保护政策。不过,《地中海自由贸易协定》也有它的价值,比方说,迫使位于地中海南岸的阿拉伯国家重组自己的产业并提高在地区外市场上的竞争力。尽管如此,这并不能取代一个更加积极参与并做出更多承诺的欧洲去推行不受限制的贸易自由化,并且向南地中海国家的产品和服务开放市场。在当前的情况下,由于东欧国家加入了欧盟,阿拉伯国家的处境日趋不利。

6. 政治和社会不稳定、服务质量差以及公共管理薄弱,是阿拉伯国家没能吸引大量外国投资的主要原因。联合国贸易与发展会议(UNCTAD)《2002年世界投资报告》(*The World Investment Report 2002*)指出,流入阿拉伯国家的外国直接投资份额微不足道:22个阿拉伯国家吸引的外国直接投资总额甚至还比不上新加坡一个国家吸引的外国直接投资。外国直接投资在经济发展方面具有重要的作用,不但能带来资金,更重要的是,还能带来技术、管理技巧和进入国际市场的机会,因此是帮助这个地区的国家有效加入它们非常需要的国际生产网络的关键因素之一。

7. 今天的阿拉伯世界面临的最大挑战是,确保用于资本投资和社会发展的人口增长率和不断增长的资金需求能够满足当前的需要和不断上升的预期。年均2.5%的人口增长率正在阻碍大多数阿拉伯国家的进步。人口方面的挑战并不仅局限于数量,更关键的是,全体阿拉伯国家都缺少某些必要的技能和能力。教育体制改革和适应市场需要的失败是实现现代化的真正障碍,而现代化则为全球化竞争所必需。增长受到阻碍,失业和贫穷问题在加剧,这是大多数阿拉伯国家的现状,包括科威特和沙特阿拉伯等石油资源丰富的海湾国家在内,失业率正在迅速上升。

虽然大多数阿拉伯国家的出生率目前正在下降,但是,人口状况持续多年才会发生变化。不过,阿拉伯地区各国政府面临的真正挑战在于,尽快创造就业机会,以满足不断增加的劳动力供给。女性入学率的迅速上升虽然有可能受到欢迎,但持续上升会给就业市场造成额外的压力。至少在未来20年里,日益减少的资源仍将面临很大的压力。阿拉伯地区必须创造约5 000万个新的就业机会,才能把失业率保持在目前的水平;而想要在今后的20年里实现充分就业的目标,那么就得创造差不多7 000万个就业机会。如果不是大幅度增加这个地区占世界贸易的份额,就无法想象如何应对这么巨大的挑战。

8. 最后,长期的恶劣气候条件、干旱和不断恶化的粮食短缺问题,导致阿拉伯世界的情况变得更加糟糕。在这方面,我必须强调,水是地区安全的一个关键因素。水资源短缺是所有阿拉伯国家面临的挑战,特别是因为流经阿拉伯国家的全部河流的源头都由其他国家控制,而这些国家在这方面往往没有充分认识到阿拉伯国家的重要利益,从而有可能在未来引发战争。但是,无论如何都必须避免因水而引发的暴力冲突。各国应尽最大的努力通过仲裁,而不是军事手段来解决争端。水资源应该公平分享,但更重要的是,所有国家都必须推行水资源管理改善政策。

我并不打算细述我们这个地区遭遇的失败以及未来不确定的前景。我们必须认识到,尽管有这么多的不利因素,但部分阿拉伯国家成功地纠正了困扰其经济的扭曲现象:它们提高了生产率和工作效率,加快了增长速度,改善了外贸业绩。摩洛哥、突尼斯、埃及和约旦的情况尤其如此,但是,大多数其他阿拉伯国家和整个阿拉伯地区都没有实现可持续发展。

尽管如此,我们还是可以在这个地区看到一些亮点。与过去相比,近十年来阿拉伯地区加快了现代化的进程。在大多数阿拉伯国家,妇女的作用有所改善。在大多数阿拉伯海湾地区的大学里,女生的比例已经超过70%。在突尼斯,超过25%的法官是女性;而在美国,这一比例只有20%。新当选的摩洛哥议会中有10%的女性议员,而美国国会中只有13%的女性议员。

在从1960年开始的40年里,阿拉伯地区的学校入学人数增长了150%以上,这个增长速度是世界任何其他地区都无法比拟的;教育质量可能有所下降,并且仍然无法满足一个强大且有竞争力的私营部门的需要。但是,毫无疑问,惠及不同性别和社会阶层的教育发展已经成为所有阿拉伯国家提高生产率和促进社会变革的强大推动力。

改革与优先目标

在以上介绍的背景下,我们应该如何看待阿拉伯地区的未来呢?令人遗憾的是,这个地区的短期前景似乎仍很黯淡。我们只能预期,这个地区在今后几年里会遭遇更多的萧条。事实上,阿拉伯经济完全依赖石油价格的状况不太可能很快就发生变化;财政金融困难可能会持续下去,公共投资有可能会继续下降;私营部门仍将效率低下,并受到过度的保护,而且过于脆弱,无法提供可信的替代方案。

除此之外,《2002年阿拉伯人文发展报告》还强调了阻碍该地区发展的三方面不足,即自由、知识和女性赋权方面的不足。全体阿拉伯人都会同意,他们必须弥补这些不足,并克服阻碍他们发展的其他主要困难。

但从中长期看,形势好转的可能性要大得多。长期增长需要具备许多先决条件,包括教育、基础设施和社会发展。阿拉伯国家经济复苏的步伐不可能相同,因为它们的资源基础差别很大。但是,关键因素是在困难的全球环境中保持改革进程的质量和可持续性。

我们必须迅速确定正确的优先目标,为改革创造动力。我认为,最重要的是做好以下几方面的工作。

提高治理水平

我们都知道,一个国家经济发展的关键不仅在于它拥有的自然资源或物质资本,而且在于它的经济和法律制度。在阿拉伯世界,改善经济和司法机构的治理已成为当务之急。如果不能把法治落到实处、如果司法系统不能独立、如果会计和报告不透明,那么任何国家都不可能真正融入世界经济。

在阿拉伯世界,治理问题有可能是最具挑战性的问题。这个问题通常被认为是阻碍阿拉伯国家提高效率、竞争力和增长率的最大障碍。经验表明,无论是在企业还是在政府层面,过度限制信息披露、缺乏问责制和透明度以及集中化决策都可能造成灾难性的后果。

阿拉伯国家的企业应该发展并采用与全球商业实践相适应的新型管理。全球化迫使世界各地的企业进行重组和适应,阿拉伯世界的企业界理应通过及时决策来遵循国际惯例——这是在市场中取得成功的关键所在。

与此同时,政府对经济的参与应该限制在三个方面,即确保提供高质量的公共服务、维护公平有效地执行法律和契约的国家法律框架、管理宏观经济,从而保持经济稳定和社会和谐。但现实情况是,许多阿拉伯国家的官僚机构在抵制这种角色转换。他们坚持保留公用事业、能源、电信和银行等所谓的战略部门的公有制和政府管理。公有制和政府管理已经清楚地表明,它们对世界各地经济表现产生了灾难性影响。当然,这些部门的私有化也不一定是灵丹妙药,能否取得成功,还要取决于公平竞争的程度、法制的发展水平以及监管机构的能力和自主权。

自由与民主

没有人能够否认,自由和民主在阿拉伯世界存在缺陷,仍阻碍着这个地区的可持续发展。许多怀疑论者对《2002年阿拉伯人文发展报告》中使用的"自由指数"的正确性表示怀疑,但没有人能够否认,阿拉伯地区在这个指数上的排名低于世界所有其他地区。阿拉伯国家的实际政治参与度很低,对自由有许多限制,而且普遍缺乏问责制度。世界经济论坛(World Economic Forum)的《2002—2003年阿拉伯全球竞争力报告》显示,在"话语权和问责制"这两个指标上,阿拉伯地区世界排名垫底;而在"腐败"和"法治"两项指标上,排名在东亚、苏联、南亚和撒哈拉以南非洲等地区之前。但是,如果不允许公民自由思考和独立行动,就不可能取得任何进步。

金融体制改革

有效的金融体制是竞争程度更高的市场的重要组成部分。拉丁美洲和东南亚的金融危机凸显了虚弱的国家金融体制和缺乏弹性的金融监管在全球化市场上的脆弱性。

为阿拉伯银行业确定严格的行业标准和最佳实践是帮助阿拉伯银行成功动员储蓄和金融市场流动性的关键。阿拉伯世界必须发展一个监管有序的证券市场，为全体投资者提供可靠的信息和保护。所有这一切的基础必然是严肃、公平的私有化政策，而严肃、公平的私有化政策只是建立一个可行的金融制度的最低先决条件。

教育和适用技术

比尔·盖茨（Bill Gates）在《以思维的速度经商》（Business at the Speed of Thought）中写道："胜利属于能以最快的速度和智慧的方式发起进攻的一方。"盖茨的这句话既适用于经商，也适用于军事。

信息和教育就是社会智慧的源泉。阿拉伯地区需要提高教育质量和进一步扩大教育的普及范围。目前，平均只受过四年学校教育的劳动力并不利于提高生产率。阿拉伯世界的发展战略应该考虑到竞争力不再基于廉价劳动力和丰富的自然资源，而是基于知识、创新和高生产率。采用正确的技术和弘扬良好的职业道德是经济发展取得成功的根本。

结 论

目前，阿拉伯世界的前景似乎充满了不确定性。这个地区实现长期持续增长的能力，似乎受到了改革恐惧症的阻碍，有人担心改革可能会引发社会和政治动荡，并摧毁既得利益集团的权力基础。有一点不可否认：阿拉伯世界的根基正因为贫困和失业的加剧而在摇晃，这种状况有可能导致阿拉伯人民陷入绝望，并且会滋生极端主义和暴力。

不过，我本人相信，我们有能力迎接这些挑战。阿拉伯人历来向世界开放,从巴比伦到埃及,从迦太基到安达卢西亚,从大马士革到巴格达,他们一直都是文明的引领者。这个地区的人民最早从事农业,最早建设城市,最早信奉世界三大一神论教中的一种宗教。这样的遗产不应被遗忘或浪费。尽管存在争论,但阿拉伯国家今天迫切需要改革和振兴它们的机构,不仅是在经济领域,而且是要贯穿整个社会体系。

他们应该在人民和国家之间遵循正义、同情和宽容的基本价值观,并遵循《古兰经》的箴言:"我们通过一对男女创造了你们,并把你们变成民族和部落,以便你们彼此认识。"个人自由和责任的原则首先是由伊斯兰教带入人类文明的。普林斯顿大学的伯纳德·刘易斯(Bernard Lewis)教授在《伊斯兰教与中东现代性之间的冲突,到底是哪里出了问题?》(*What Went Wrong? The Clash between Islam and Modernity in the Middle East*)一书中提醒我们说,"伊斯兰教是一种主张平等的宗教",它的全部教义都是"反对血统、出身、地位、财富甚至种族赋予的特权的",并且"坚持认为地位和荣誉由虔诚和功绩决定"。阿拉伯人现在必须重新学习如何在各行各业按照这个教义生活。

答与会者问

阿尔哈马德先生在做完正式演讲后,回答了与会者提出的问题。

国际货币基金组织奥拉·哈佛瑞里什恩(Oleh Havrylyshyn):关于石油资源丰富的国家应该如何最佳地利用这些资源,您有什么看法?它们怎样才能最好地利用石油财富,同时避免您提到的过去的问题?

阿尔哈马德:我觉得,说明我的想法的最好方式是谈谈我自己的国家——以石油收入而闻名的科威特。用服务来衡量,科威特是一个非常发达的福利国家。我们在国家的帮助下生活;死后,由国家负责办理丧事。国民从出生到死亡,一切都由国家负责。

在科威特从一个发展阶段过渡到另一个发展阶段期间,就如我们在20世纪50年代从一个非常原始的社会过渡到一个比较复杂的社会那样,这种国家不必向人民征税的制度运行良好。但随着一个国家的发展,并成为世界经济的合作伙伴,态度必须改变,教育必须改善。我们必须更加认真地培训员工,引入严肃的职业道德,提高员工的工作效率。为了改善他们的福祉,他们不应该依赖一种从生到死都要国家负责、他们自己不用承担任何责任的经济体制。

历史上,科威特最早是一个私营部门国家,是私营部门在一片缺水的沙漠上从无到有建设了我们的国家。在发现石油以后,我们变得自满起来。政策制定者发现购买劳动力变得比较容易,也不再那么令人头疼。我们受雇于国家,从本质上讲,并不是为了生产,而是为了领取工资。有些胆大的政府雇员把工作外包给别人,也没人理会。他们用自己一半的薪水雇人替自己工作,而把自己的时间用来做自己想做的事情,不是打理自己的生意,就是替别人打理生意。这种做法在开始时也许可以接受,但后来就不能继续下去了。

令人遗憾的是,在今天的科威特,政府至少拥有90%原先属于私营部门的机构。如果我们把大部分曾经属于私人的机构再次私有化,那么就不可能避开政治。我们太依赖石油,而不是把它当作一种缓冲手段。石油是发动我们的经济引擎的燃料,但这种燃料总有一天会用完。除非我们能找到另一种驱动经济引擎的方式,否则我认为,我们会面临严重的危机。解决的方法有很多,而且都很简单,而我们要做的就是及时做出决定。

科威特人有了选举权,他们可以自由选择,他们选举自己心仪的国会议员。但令人遗憾的是,国会议员们为了保住自己的政治地位,竞相为自己的选民争取更大的利益。

伦敦平等民主委员会(Council for Parity Democracy)雷蒙德·劳埃德(Raymond Lloyd):20世纪90年代,10年前由石油输出国组织发起建立的国际农业发展基金(Fund for Agricultural Development, IFAD)的阿尔及利亚主席可以自豪地说,国际农业发展基金一半的受益者是妇女。您打算用多长时间让阿拉伯经济与社会发展基金(Arab Fund for Economic and Social development)也做到这一点?这是我的第一个问题。

至少有三个海湾国家,巴林、阿曼和卡塔尔,还有摩洛哥,正如您所说的那样,在民主方面也获得了显著的发展。我的第二个问题是:未来的经济和社会发展将在多大程度上要依赖在政治上负责任的政府,特别是沙特阿拉伯、叙利亚和埃及这三个国家?

阿尔哈马德:关于您的第一个问题,我想告诉您,从阿拉伯经济与社会发展基金活动中受益的妇女比例与男子一样多。如果我们修路，那么男女双方都能受益。如果我们通电，那么男女双方都能用上电。我的意思是，我们并没有限制女性用电。在教育方面，阿拉伯地区上学接受教育的女性与男性比例相当。在很多方面，这个地区的许多国家实际上已经消除性别差异。当然，在有些方面仍存在男女差别，但并不是所有的阿拉伯国家情况都一样。

请允许我仍以我自己的国家为例。令科威特和其他许多海湾国家非常自豪的是，妇女在做同样工作的情况下，能获得与男子同等的报酬。在世界其他许多地区，情况可能并非如此。海湾地区的妇女有权接受教育，一些国家大学的女生入学率超过50%。我想说，30%~40%的政府雇员是女性，而且是效率最高的政府雇员。

所以，阿拉伯国家，特别是海湾合作委员会成员国，已经取得了长足的进步。不过，您还应该注意我们的起点。我们原先是一个非常原始、落后的贝都因人社会，我们必须缩小性别差别，这是我们这一代人的使命。下一代人，也就是我们的孩子这一代人，会有不同的态度和看法，因此，我们必须认识到实现绝对的平等还需要一些时间。

关于您的第二个问题，说到民主，我说的不是一人一票。很遗憾，科威特仍然没有赋予妇女投票权，因为议会不希望这样做。有关法案提交议会表决时，以半票之差没有获得通过。但是，就经济和社会发展而言，更重要的是人民的参与。科威特妇女必须明白，她们必须参与科威特的经济和社会发展，她们必须是科威特经济和社会发展的受益者，并且要为此做出贡献。任何经济和社会改革都意味着有人会有所得、有人会有所失。但是，如果我们要继续前行，就一定要这么做。许多阿拉伯国家正朝着让妇女更多地参与本国经济和社会发展的方向发展。

尼日利亚中央银行（Central Bank of Nigeria）E. B. I. 奥拉顿尼（E. B. I. Oladunni）公主：我的第一个问题是，在面对文化或宗教习俗时，特别是在利率导致资金成本不同的情况下，如何采取新的管理实践？

我昨天参加了阿拉伯妇女组织（Arab Women's Organization）召开的一个研讨会。我在研讨会上获悉，由妇女当家的家庭并不被作为家庭。但是，由于危机或战争的原因，大多数家庭由妇女当家。因此，如果女人失去了自己的丈夫,无论是由于离婚还是由于危机,那么她们必须当家照顾家庭。我的第二个问题是,这样的妇女会有怎样的社会地位,你们如何赋予她们权利,并且承认她们在扮演非常重要的角色?

阿尔哈马德:我先回答您的第二个问题,您问的是一个在母系社会长大的人。我的祖母是一家之主,我们家由她当家,一切由她来承担,仅仅是因为男人离开了科威特,离开了家乡,在远海工作谋生,或者在国外做生意。在我长大成人之前,我们国家的妇女已经当家作主。如今,她们已经成为经济体系的重要组成部分。所以,无论谁告诉您说,在这个地区,以女性为户主的家庭得不到尊重,我都不会同意。

关于您的第一个问题,也就是文化/宗教差别和利率的问题,我并不觉得这是一个问题。您所要做的就是看看伊斯兰银行机构的迅速发展。如果您去找传统银行家,他会告诉您,"我要收取7%的利息,您要在期末付息",等等,他对您非常严厉,就像银行经理应该做的那样。如果您去找一家伊斯兰银行机构,他们会告诉您,"好吧,我们会贷给您100美元,到时候您还110美元"。根据我的计算,他们也赚利息。您可以随便叫它什么,这是一个"包装"问题,他们和银行经理一样强硬。

德国外交部(German Foreign Office)沃尔特·斯特切尔(Walter Stechel):我有一个关于人口增长的问题。发展是一个动态目标,而目标的实现在很大程度上取决于人口增长状况。您如何评估阿拉伯国家通过降低人口增长率来促进经济发展的可能性?您负责的基金是否开展这方面的业务?

阿尔哈马德:海湾合作委员会成员国的人口增长率世界最高。令人遗憾的是,我们仍然没有意识到降低人口增长率的重要性。不过,海湾合作委员会成员国的人口只占阿拉伯世界总人口的一小部分。

其他阿拉伯国家,如埃及,在降低人口增长率方面确实取得了很大的成就。突尼斯和其他一些国家的人口实际上正在变为负增长。令人遗憾的是,人口增长率就像火车一样,需要很长时间才能停下来。

总的来说,我对阿拉伯国家的人口问题持乐观态度,但我们必须继续努力解决人口问题,因为我们这个地区的人口比较年轻,我们面临的挑战是如何在未来创造就业机会,届时会有很多劳动力进入就业市场。这将是我们要面对的一个主要挑战,而迎接这个挑战的最好方法就是不断告诉我们的人民不要生更多的孩子,我们已经有足够多的孩子。

米诺斯·佐姆巴纳基斯(Minos Zombanakis):我的问题是:今天的阿拉伯世界是否存在变革的元素?或者说,您是接受还是拒绝美国的新保守主义新政策,即强迫中东国家接受变革,否则它们就不可能推进变革?这是一个非常敏感的问题,但也是我们每天都在报纸上看到的问题,而且被用来为美国对世界其他国家,特别是伊斯兰国家的政策辩护。

阿尔哈马德:阿拉伯世界确实存在变革的要素,但我们必须承认,变革的第一要素是自我批评。当我们与联合国开发计划署联合发表《阿拉伯人文发展报告》时,许多人不同意我们的结论。

然而,更重要的是,在整个阿拉伯世界的媒体上,关于这份报告的辩论比这个地区关于任何其他报告的辩论都要激烈。人们展开讨论,有人表示同意,有人则表示反对;人们发表自己的观点,有些人指控我们离经叛道,有些人则支持我们。变革成了一个人人关心的话题,在我看来,这是人们对变革的态度的一种趋势性变化。

我们在开始实施经济变革之前,必须先改变我们的态度。必须承认,态度改变是一个我们必须参与的可以接受的过程。这种态度改变正在发生,而我们的下一代将更愿意这样做。

我们这个地区有一个停滞因素,它就是我们领导人的平均年龄和平均任期。在我们开始变革以后,我们年轻的领导人在制定政策时,会带来新的东西。我们的生命是造物主创造的,总有一天,我们都会死去,命运会照顾我们的。

西非国家经济共同体(Economic Community of West African States)阿里比·萨拉(Aribi Salah):我的第一个问题是关于阿拉伯世界国家间合作与一体化的问题。在西非国家经济共同体,我们认为贸易是一体化的最重要手段。你们打算如何促进阿拉伯世界的区域内贸易?第二个问题是,在合作方面,您认为在阿拉伯世界哪些领域取得了较大的进步?

阿尔哈马德:我们取得了两方面的重要进展。第一,海湾合作委员会关于取消其成员国之间贸易关税的决定,将会触发科威特、沙特阿拉伯、巴林、卡塔尔、阿拉伯联合酋长国和阿曼等国家之间更高水平的一体化。

海湾合作委员会成立于1980年,在统一关税、消除贸易壁垒、赋予公民迁徙自由,以及保障公民工作权、居住权、居住自由不受限制等方面取得了长足的进步。这些方面取得的成功也鼓励阿拉伯地区建立自由贸易区,并将在2010年全面实施。

这清楚地表明态度的变化,因为我们过去的所有合作努力都是在政治层面进行的。这些国家的国家元首会聚在一起说,"让我们一起做点什么吧",并同意做点什么,而不是放手不管。

根据我们在海湾合作委员会积累的经验,我们已向阿拉伯地区的其他国家表明,这个地区也已接受可以采取不同的做法。国家元首可以做出重大决定,但具体的工作必须在低得多的层次上做。我们按照这些方针开展工作,而这种做法已被证明是成功的,正在被阿拉伯世界的其他国家复制和推行。

更重要的是,我们必须认识到,我所供职的阿拉伯经济与社会发展基金是一个区域一体化机构。这个机构由阿拉伯地区创建和提供资金,并以造福于阿拉伯地区为己任。在过去的25年里,我们在17个国家资助了近500个重大项目。我们已经融资150亿美元,这只是一种"催化剂",因为这个金额只占项目最终总成本的26%。

杰普·沃格特(Gepp Vogt):我要提的问题可能是一个关于私有化的有些愤世嫉俗的问题。你们如何说服统治者,例如,在这个美丽的迪拜,把部分土地私有化给这个地区以外的企业或个人?

而且,如果连这一点都做不到,那么,怎么能够私有化那些现在掌握在政府手中的其他资产呢?我想我们都认为,这是非常有用的做法。

阿尔哈马德:问得好。不过,我没有资格说迪拜的发展有多少是由私营部门完成的,但在我的记忆中,这个比例非常可观。但真正的问题并不是土地私有化,而是如何为私人投资创造有利的环境。

更重要的是,我们应该开始区分所有权和经营管理权。我们这个地区的问题并不是国家拥有像国有公司那样的企业,如国家很容易成为邮局的所有者,而是如何像私营部门那样管理它们的业务。这实际上是管理方式和问责制的问题,不幸的是,我们这个地区的大多数国家不怎么关心这个问题。

与此同时,我们应该进一步向我们地区的私人投资者开放。例如,在科威特,石油部门是"圣牛",但现在科威特当局正在邀请外国投资者进行石油勘探和投资。如果我们能够这么做,那么,我认为我们的方向是正确的。

德·拉罗西埃尔(De Larosière):阿卜杜拉提夫,非常感谢!我再次向您表示感谢,感谢您为我们做了这么精彩的演讲!您也听到了与会者的掌声,这足以说明很多问题。我也要感谢诸位的光顾,感谢你们提了这么多值得关注的问题。

第十九章

非经济学家论述政府妥善完成其使命意义的著作

第十九章　非经济学家论述政府妥善完成其使命意义的著作

第一节　离婚的经济后果
——《西方法律中的堕胎与离婚》节选[①]

玛丽·安·格兰登

　　玛丽·安·格兰登(Mary Ann Glendon)是哈佛大学专门研究比较法的法学教授,她在自己的《西方法律中的堕胎和离婚》(*Abortion and Divorce in Western Law*)一书中指出,美国法律中存在一些西方法律体系已经克服的缺陷。这里转引自她这部专著的节选考察了美国离婚法存在的缺陷所造成的经济后果。格兰登认为,子女及争取监护权的父母在离婚诉讼中是经济上的弱势群体。但是,美国法律认为,父母双方都有能力在法庭上为自己辩护。欧洲法律以两种截然不同的方式,使得子女抚养费和配偶扶养费受到政府规定的约束。因此,在子女抚养费的问题上,格兰登表示了对欧洲法律的支持,因为欧洲法律规定,在子女的利益得到充分保障之前,不允许讨论任何夫妻约定财产的问题。格兰登认为,我们可以期待欧洲法律的这些规定也能指导私下和解。由于建议对法律进行的修改显然不利于父母无监护权的一方,因此,我们不能认为格兰登支持公共品政策。在不引入有益品概念的情况下,我们很难界定格兰登提出的经济影响概念的确切含义。因此,格兰登的著述再次证明了有益品概念的用途。

※　※　※

[①] 本节选在征得出版商允许后转引自: "Divorce Law," in *Abortion and Divorce in Western Law: American Failures, European Challenges*, by Mary Ann Glendon, pp. 84 — 104, Cambridge, Mass.: Harvard University Press. Copyright © 1987 by the President and Fellows of Harvard College.

离婚的经济后果

世界各国在迈向婚姻自由终结的同时,也在修订有关离婚经济方面的法律。[①] 按照过去的法律,离婚夫妻的财产分割通常在很大程度上取决于婚内是否有"过错"。过去和现在一样,协商是解决夫妻财产分割、配偶扶养费、子女抚养费和子女监护权等问题的主要机制。但只要离婚只能基于过错的理由,那么这种基于过错的离婚制度就能给法律上无过错的一方带来相当大的讨价还价优势,因为对方急于离婚。这种协商实践已经发展成夫妻一方可通过以合作换取对方经济让步的方式来取得离婚。基于过错的离婚制度就是通过这种方式得以运行,而且常常确实就是这样运行的,从而使得在家庭破裂时受扶养的妻子和子女能得到一些经济保护。但是,如果受扶养的妻子在婚姻中有过错,那么这种离婚制度就会不利于她们。新的离婚法使夫妻一方能够甚至更容易在对方不同意离婚的情况下成功离婚,并使婚内过错与财产和扶养费问题不那么相关甚或毫不相关。从这个意义上讲,离婚时财产分割讨价还价的动态过程已经发生了显著的变化。之前主张修改离婚法的人士很快就意识到,要改变离婚的理由,就需要重新制定有关财产分割、配偶扶养费和子女抚养费的法律。

关于这些方面的改革应该遵循哪些原则的问题,坎特伯雷大主教团体(Archbishop of Canterbury's Group)的以下声明表达了 20 年前在欧洲得到广泛认同的观点(也表明了"婚姻破裂"的概念距离"无过错"思想有多远):"只要在夫妻另一方的经济和财务权利以及婚内任何子女的权利并不完全得到保护的情况下,绝不能允许对婚姻破裂负有责任的一方提出[离婚]申请。因此,

---

① 关于离婚后扶养费和财产问题处理的比较,一般可查阅:*Unterhaltsrecht in Europa*, ed. Peter Doppfel and Bernd Buchfer (Tübingen: Mohr, 1983)(一项关于 12 个国家子女抚养法的研究); Max Rheinstein and Mary Ann Glendon, "Marriage: Interspousal Relations," *International Encyclopedia of Comparative Law* (Tübingen: Mohr, 1980), IV, chap. 4(一项关于婚姻财产法的全球调查); and chap. 6 of Glendon, *State, Law and Family*(论述了英国、法国、瑞典、联邦德国和美国的离婚经济后果)。关于婚姻财产法的最近发展趋势,请查阅:Jacques Grossen, "Comparative Developments in the Law of Matrimonial Regimes", 60 *Tulane Law Review* 1199 (1986)。

第十九章 非经济学家论述政府妥善完成其使命意义的著作

我们关于认定婚姻破裂的原则必须以上述保护得到保证为条件。"[①]在这种思想的影响下,有人开始重新审视有关离婚经济方面的法律规定。

欧洲大陆出现了两种离婚制度的基本模式,主要模式保留了考虑婚内过错的内容,并且强调婚内养家者的经济义务。不过,在必要时,国家会提供补助。第一种离婚模式属于典型的罗马日耳曼法系。第二种离婚模式是北欧模式,这种模式最大限度地减小婚内过错对离婚的影响,但更加强调配偶离婚后的自给自足,并结合考虑"实际的"子女抚养义务和有子女家庭可享受的公共福利计划。无论欧洲大陆的离婚制度更加接近于哪种离婚模式,它们大多有一个共同点:子女抚养费是根据公式或表格,以一种相对可预测的方式计算的;而夫妻共同财产原则上是平分,除非夫妻双方通过婚约或离婚协议达成了其他安排。欧洲大陆的两种离婚制度模式在法律上与第三种英美模式不同,而英美模式的主要特点是:在分割夫妻财产和评估扶养义务时,英国和美国的法律赋予法官很大的自由裁量权;英国和美国的夫妻有很大的自由做出他们自己的财务安排,甚至是关于子女抚养问题的安排。

关于作为监护人的父亲或母亲和非监护人父亲或母亲以及整个社会对离婚家庭未成年子女应该承担的经济责任的规定,这三种离婚制度模式各不相同,但差别不大。这三种模式都要求作为监护人的父亲或母亲承担离婚的主要经济负担,但英美离婚制度模式给予有监护权的父亲或母亲的政府直接资助少于北欧国家的离婚模式,而且给予有监护权的父亲或母亲履行扶养人义务的帮助也少于北欧和罗马日耳曼模式。我们将主要研究这三种模式,以了解它们在夫妻有未成年子女的离婚案件中是如何运作的。在本文讨论的不同国家中,按这三种模式处理的离婚案占离婚案件总量的大部分。

大陆模式

罗马日耳曼法系国家通常把是否存在婚内过错视为在确定配偶扶养费时可在一定程度上考虑的因素,并对夫妻自行做出与离婚有关的财务安排的自

[①] *Putting Asunder*, 48.

由加以明确限制。① 婚内过错在这个组别的国家里仍然很重要,最近在联邦德国的情况就很好地说明了这一点。联邦德国的立法机构始终坚持取消把婚内过错作为离婚理由的做法,并在1976年试图降低婚内不当行为在确定扶养费问题上的作用。1976年颁布的法律规定,只有在某些非常有限的"严重不公平"的情况下,如婚姻存续期很短、扶养费主张方对义务方配偶有过错,或者主张方故意使自己处于贫困状态。② 但是,法院根据成文法做出的判决在不断扩大"严重不公平"的范畴,1986年通过的一项离婚法修正案最终收入了判例法。因此,不但在上述案件中,而且在主张方故意损害义务方重要经济利益的情况下,在分居前的很长一段时间里严重忽视应尽的扶养家庭义务,或者对扶养义务人的"明显而严重的不当行为"负有责任,现在都可以拒绝或减少(没尽照顾婚内子女义务的)配偶的扶养费。③ 离婚法经过修订的部分,与修订前一样,也是以一个总括性的一般性条款结束,即规定"严重的不公平"也可以表现为其他与具体列出的行为严重程度同等的行为。因此,在实行纯无过错离婚10年以后,联邦德国又重新坚决把婚内有过错行为看作解决配偶扶养问题的主要因素。

　　罗马日耳曼法系国家的离婚法律在许多细节上彼此不同,但一般可以说,它们的离婚法在理论上允许比较自由地终止婚姻,同时又订立了使得夫妻任意一方都很难摆脱自己对家庭负有的经济责任的条款。④ 事实上,我们有时能听到这样的抱怨:在新的离婚制度下,解除婚姻关系实际上比离婚理由被所

---

① M. T. Meulders-Klein, "Financial Agreements on Divorce and the Freedom of Contract in Continental Europe," in *The Resolution of Family Conflict: Comparative Legal Perspectives*, ed. John Eekelaar and Sanford N. Katz(Toronto: Butterworths, 1984), 297.

② *Bürgerlches Gesetzbuch*, former Section 1579.

③ Ibid. 于1986年修正。

④ 通常可参阅: Catherine *Labrusse*-Riou, "Securité d'existence et solidarité familiale en droit privé: Etude comparative du droit des pays européens continentaux," *Revue internationale de droit comparé* 829—865 (1986)。

第十九章　非经济学家论述政府妥善完成其使命意义的著作

谓的"自由化"之前更加困难,代价也更大。[1] 我们可以法国的离婚法为例来说明,这个组别的每个国家都认真对待离婚经济问题。从理论上讲,法国的离婚法从1975年起就废除了离婚配偶之间的扶养义务[2],并且规定,夫妻(如果没有脱离夫妻共有财产制)平分婚姻存续期间配偶通过有酬活动获得的全部财产。但是,废除对离婚配偶的扶养义务与其说是现实,还不如说是虚幻。废除离婚配偶扶养义务的条款同时还规定,夫妻一方可被要求向另一方支付扶养费,以便"尽可能弥补婚姻破裂造成的生活条件差别"[3]。这种"补偿款"通常以分期付款的方式支付,因此看起来很像是换了新名称的配偶扶养费。法官只有在他觉得夫妻双方就"补偿款"达成的协议是公平的情况下才会准许双方协议离婚。[4] 在因夫妻一方的过错而获准离婚的情况下,"补偿款"原则上属于婚内无过错的原告,而不是有过错的被告;胜诉的原告还可以就因解除婚姻关系造成的任何"物质和精神损害"要求赔偿。[5]

法国采用一套特别甚至更加严厉的规定来处理一方无过错的离婚案。以"夫妻生活长期受到干扰"为由提出离婚的原告不但要等待6年才能离婚,同时还要承担全部的诉讼费用;而且在离婚后仍要"完全承担应负的扶养责任"。[6] 因此,在几乎占到法国婚姻解除案件一半的"协议离婚"中,离婚的条件是双方做出能使法官满意的财产等安排,因为法国的法官并不像他们的英美同行那样,只给当事双方的离婚协议盖"橡皮"图章。在有过错离婚案中,无过错的一方可以主张额外的经济补偿。而在一方无过错的离婚案中,胜诉的原告几乎只能获得合法再婚的许可,因此完全受旧婚姻经济义务的约束。

---

[1] 例如,F. W. Bosch,"Ruckblick und Ausblick," *Zeitschrift für das gesamte Familienrecht* 739,746 (1980);"The Consequences of Marriage are Now More Onerous than Before"; Wolfram Müller-Freienfels,"Review Essay," 33 *American Journal of Comparative Law* 733,744 (1985):"[The German Legislature]has Made Divorce More Economically Difficult,even Economically Impossible"; Michelle Gobert,"Aperçu de la loi française sur le divorce du 11 juillet 1975," *Bulletin de l'institut international de droit d'expression française* 12 (1975).

[2] French Civil Code,Art. 270.

[3] Ibid.

[4] Ibid.,Art. 278.

[5] Ibid.,Art. 280—281.

[6] Ibid.,Art. 281.

在以瑞典和其他北欧国家（程度较低）为代表的北欧模式中，婚内过错与解决夫妻离婚时的经济问题无关或关系不大。夫妻在结束婚姻关系时平分共同财产，而配偶的扶养费只起到有限的作用。① 但是，对于需要抚养的子女，北欧国家就如同罗马日耳曼法系的国家一样，尽可能确保父母双方在离婚后公平分担抚养子女的费用。双方有一定的自由协商解决非监护方应付的子女抚养费，但不得达成低于法定最低抚养费的协议。虽然解除婚姻关系在瑞典比在美国的一些州容易，但瑞典有关法律规定抚养子女的主要责任由父母承担，使用统一的公式估算子女的抚养费用，并且通过有可能是世界最有效的征税系统和最全面、慷慨的一揽子福利计划来支持单亲家庭。②

英美模式

英国和美国有关离婚经济问题的法律赋予法官的自由裁量权，远大于北欧和罗马日耳曼法系国家的相关法律。这种重新分配夫妻财产③和以法官认为公平的方式评估配偶扶养费和子女抚养费的自由裁量权，通常被一种所谓的法律要适应每个个案具体情况的需要，证明了它的正当性。从理论上讲，英美模式似乎是一种理想的模式。但是，由于英国和美国的法官经常批准离婚夫妻在这些问题上达成的协议，因此，如此慷慨地授予自由裁量权的主要影响是，剥夺了涉案夫妻双方及其法定代理人可作为协商依据的任何明确准则。由于美国和英国几乎不受限制的司法自由裁量权制度在实践中发挥了作用，因此，父母离婚后子女的抚养费用不成比例地落到了有监护权的家长的身上，而有监护权的家长在绝大多数情况下是母亲。一项又一项的研究都表明，非

---

① 请参阅：Anders Agell, "Social Security and Family Law in Sweden," in *Security and Family Law with Special Reference to the One-parent Family: Comparative Survey*, ed. Alec Samuels (London: United Kingdom Comparative Law Series, 1979), IV, 149, 158—160。

② 关于征税体系的介绍，请参阅：Ibid.。S. 卡梅尔曼和 A. 卡恩在文献 "S. Kamerman and A. Kahn, *Income Transfers for Families with Children: An Eight-country Study* (Philadelphia: Temple University Press, 1983), 60, 71" 中，介绍了瑞典福利一服务一揽子计划的相对慷慨程度。

③ 在大部分欧洲大陆国家和美国三个实行夫妻共同财产制的州（加利福尼亚州、路易斯安那州和新墨西哥州），夫妻婚内财产（通常定义为夫妻任何一方在婚姻存续期内除受赠或继承外获得的财产）原则上双方平分。不过，英国和美国的绝大多数州已经用以法官认为"公正"或"公平"的方式重新分配夫妻离婚财产的司法裁量权，取代了过去的夫妻分别财产制或（在 5 个实行夫妻共同财产制的州里）传统的夫妻共同财产平分制。

第十九章 非经济学家论述政府妥善完成其使命意义的著作

监护人离婚后的生活水平通常要高于有监护权的单亲和受抚养子女的生活水平,而且往往比他们离婚前的生活水平还要高。① 在满足子女需要的方面,抚养费的重要性不如监护母亲的收入和公共援助;而在美国和英国,公共援助不如法国、瑞典或联邦德国慷慨。②

但是,英国和美国的有关法律没有任何实质性内容能让任何人认为,子女监护人与非监护人相比通常处于不利的境地。在各种现代法系中,有关子女抚养法的准则非常相似,似乎都明确且有力地规定,要求父母双方根据自己的能力分担满足子女需要的责任。那么,我们怎样解释子女及其监护人的生活水平通常会急剧下降,而非监护人的生活水平通常会提高的现象呢?为什么法律文本讲述的故事和法律执行实践中出现的情况之间会出现差异呢?

在美国,部分问题似乎在于法院判决和离婚协议谈定的子女抚养费太低,通常低于无监护权一方负担得起的水平,而且通常不到按最低体面水平抚养子女所需费用的一半。那么,为什么法官只判定如此低的子女抚养费,而夫妻有监护权的一方又会接受这样的判决呢?律师会告诉自己的客户应该期待怎样的结果呢?纽约市的前福利专员表示,有些子女抚养费判决结果与法官的态度有关:"司法自由裁量权至高无上,而且,正如在美国许多地区所实行的那样……这反映出他们不愿给不在子女身边的父亲增加任何抚养孩子的负担,

---

① 有关英国和美国的大量研究表明,有监护权的一方,通常是母亲,在离婚后承担了抚养孩子的主要经济责任;有监护权一方的家庭在离婚后生活水平通常会下降,而无监护权一方的家庭在离婚后生活水平会提高。关于美国的相关研究,请查阅:Lenore Weitzman, *The Divorce Revolution:The Unexpected Social and Economic Consequences for Women and Children in America* (New York:Free Press,1985),324—343。关于英国的相关研究,请查阅:John Eekelaar and Mavis Maclean, *Maintenance after Divorce* (Oxford:Clarendon Press,1986),102 (在研究的小样本中,有2/3的案例父亲支付的抚养费不到其自己家庭收入的10%)。还请参阅:David Chambers, *Making Fathers Pay:The Enforcement of Child Support* (Chicago:University of Chicago Press,1979),42—58; Lenore Weitzman, "The Economics of Divorce:Social and Economic Consequences of Property, Alimony and Child Support Awards," 28 *U. C. L. A. Law Review* 1181,1265—1266(1981); S. Hoffman and J. Holmes, "Husbands,Wives,and Divorce," in *Five Thousand American Families-Patterns of Economic Progress*, ed. G. Duncan and J. Morgan (Ann Arbor, Mich. :Institute for Social Research,1976),IV,23—75; Robert E. McGraw,Gloria J. Sterin,and Joseph M. Davis, "A Case Study in Divorce Law Reform and Its Aftermath," 20 *Journal of Family Law* 443 (1981—1982)。

② Kamerman and Kahn, *Income Transfers*,126,307。

也没有兴趣减轻未成年子女家庭补助(AFDC)计划所代表的公共财政负担。"[1]卡罗尔·布鲁赫(Carol Bruch)指出,法官和我们大多数人一样,往往忽视或严重低估抚养孩子的实际成本。[2] 她还指出,每当法官忽视与孩子需要有关的费用,或低估抚养孩子的费用时,抚养孩子的负担就完全落在有监护权的家长的身上。

瑞典、联邦德国和许多其他欧洲国家也存在这样的问题,但不一定有美国那么严重,由于它们采用贴近现实的抚养费计算公式或标准化的抚养费表格,因此,抚养费的充分性和可预测性问题已大大得到缓解。[3] 如果离婚案的当事双方有合理的把握知道,走司法程序,法官会判给的抚养费水平,那么他们达成离婚的协议就会反映这个抚养费水平。而且,如果他们知道他们谈定的抚养费水平低于(根据孩子需要和父母财力计算的)最低水平,就不可能得到法院认可,那么离婚案就会出现很大的争议。我们只能希望,1984年的美国联邦未成年子女抚养立法,要求各州在1987年10月之前制定关于未成年子女抚养费的不具约束力的最低指导标准,最终有助于说服法官并提高抚养费协议水平。[4] 但是,美国这方面的司法实践与欧洲解决这个问题的严厉方法相比,还差得很远。

还有一个棘手的问题,子女抚养费协议和裁定额,通常无法满足不断上涨的生活费用以及随着子女成长不断增加的需要。在美国,如果要更改子女抚养费,就必须走司法程序,从而会产生种种不便,而且耗时费钱。如果能像法国、联邦德国、瑞典和其他几个欧洲国家那样,子女抚养费按生活费指数自动调整,这个问题就会大大减轻。这样,就由抚养费债务方承担证明他个人的经济状况使得要他增加子女抚养费对他不公平的责任,而不是有监护权一方每次要求增加抚养费就必须上法庭并承担举证责任。

---

[1] Blanche Bernstein, "Shouldn't Low-Income Fathers Support Their Families?" *The Public Interest* 55, 66 (1982).

[2] Carol S. Bruch, "Developing Standards for Child Support Payments: A Critique of Current Practice," 16 *U. C. -Davis Law Review* 49 (1982).

[3] 关于联邦德国基于表格的子女抚养费分摊法在实践中发挥的作用的详细介绍,请查阅:Philipp Wendi and Siegfried Staudigl, *Das Unterhaltsrecht in der familienrechtlichen Praxis* (Munich: Beck, 1986).

[4] Child Support Enforcement Amendments of 1984, 42 U. S. C. Section 651.

第十九章 非经济学家论述政府妥善完成其使命意义的著作

最后,美国未成年子女抚养费数额小以及裁定抚养费数额缺乏标准或一致性的问题,由于执行方面的困难而变得更加复杂。抚养费债权方在债务方违约时,特别是在债务方位于另一个州时遇到的困难常常几乎是无法克服的。取得最初的子女抚养费裁定,往往只是刚刚拉开前夫妻间持续战斗的序幕,随后会发生一系列的拖欠不付和既花时间又得付律师费的追讨,其间还有一个欠款累积到值得采取强制性执行措施的漫长等待期。不过,随着1984年《子女抚养执行修正案》(Child Support Enforcement Amendments)的出台,美国终于向着采用比较有效的欧洲式方法迈出了一步。联邦法律现在规定,作为获得联邦未成年子女家庭补助基金补助资格的一个条件,各州必须通过立法规定,如果子女抚养费债务方拖欠一个月或更长时间不付,那么就自动从他们的工资中扣除。[①] 在涉及州执行机构客户的所有案件中,从工资中自动扣除都是强制性的。如果子女抚养费裁决中有这项规定,那么,在不涉及未成年子女家庭补助这种福利的案件中也可以执行。

但是,其他国家的经验表明,即便是非常有效的抚养费支付执行制度,也有它的局限性。例如,瑞典政府向有孩子的家庭发放慷慨的子女津贴和其他公共补贴,因此,就意味着不在子女身边的父亲或母亲只要承担相对较少的抚养费,但即使这样,仍有极少数离婚案无法或几乎无法追讨到抚养费。大约15%的瑞典离异父母无须支付抚养费,25%的离异父母支付的抚养费不到他们应付抚养费的30%。[②] 很可能,在很大一部分情况下,私人的子女抚养费不能或不会发挥主要作用。不过,撇开这些令人失望的案例不谈,瑞典通过抚养费预扣制实现的抚养费支付记录令人鼓舞。1975年,瑞典有60%的抚养费债务方偿还了超过90%的拖欠款,其中约有25%采用了自动预扣法。[③]

因此,如果美国1984年通过的联邦未成年子女抚养立法能在州一级得到妥善实施,那么,我们就有理由对它在美国的最终影响持乐观态度。不过,即使法院能裁决更充足的未成年子女抚养费,即使各州最终承担大部分利用新的改进后的抚养费欠款催讨机制追讨欠款的责任,我国各州和欧洲国家之间

---

① Ibid., at Section 667(a).
② Agell, "Social Security," 181.
③ Ibid.

643

在单亲家庭未成年子女生活水平的可比发展水平方面,仍将持续存在重要的差别。这方面的差别与这些国家的社会愿意把收入重新分配给有孩子家庭的程度有关。有些欧洲大陆国家和地区(包括法国、联邦德国、北欧国家、奥地利、卢森堡和瑞士的许多州)的政府不但承担追讨未付抚养费的责任,而且通过所谓的"抚养费预支"系统承担部分抚养费欠款无法收回的风险。在这些国家,有监护权的父亲或者母亲如果遇到对方拖欠子女抚养费不付的情况,只需向公共机构申请执行即可。然后,这个机构就会设法向无监护权的父亲或母亲追讨抚养费欠款。与此同时,它会向有监护权的父亲或母亲预付对方拖欠的抚养费,但以不超过法律规定的最高抚养费预支金额为限。如果最初裁定的子女抚养费低于这个法定最高预支金额,那么无论是否发生拖欠的情况,政府都会补足差额。如果最初裁定的抚养费超过法定的预支金额,那么政府不但要向抚养费债务方追回它预支的抚养费,而且要代表家庭追讨其余的抚养费欠款。

此外,在大多数的这些国家里,单亲家庭还能获得其他一揽子公共福利和服务。例如,瑞典这种一揽子公共福利和服务包括免费医疗、税收优惠、每人每年600美元的未成年子女直接补贴,另外还有住房补贴。[1] 如果母亲的收入和子女抚养费,再加上所有这些补贴,仍不足以让他们过上体面的生活,那么他们就能获得一般社会救济(即我们所说的"附加福利")。在很大程度上,就是由于这些公共家庭福利和私人子女抚养费水平方面的差别,英国和美国一个未婚、失业并有两个孩子需要抚养的母亲就要靠相当于生产工人平均净工资一半的收入养家糊口,而法国、瑞典或联邦德国这样的母亲大概有相当于生产工人平均工资67%~94%的收入养家糊口。[2] 由于英国的人均国民生产总值相对较低,因此,就连这么低水平的社会救助也有可能被视为慷慨。[3]

当然,对于美国来说,情况就不是这样。事实上,我们往往把女户主家庭

---

[1] Rune Lavin, *General Support of Families with Children in Swedish Welfare Law* (Report to 5th World Congress of the International Society on Family Law, July 1985, Brussels, Belgium) (forthcoming).

[2] Alfred J. Kahn and Sheila B. Kamerman, "Social Assistance: An Eight Country Overview," 8 *Journal of the Institute for Socioeconomic Studies* 93, 102 (1983—1984). 另请参阅:Kamerman and Kahn, *Income Transfers*, 310。

[3] Ibid., 126.

第十九章 非经济学家论述政府妥善完成其使命意义的著作

的经济问题留给有监护权的母亲自己通过外出工作或再婚来解决。如果有监护权的母亲不能以这些方式养活自己和子女,那么我们就把他们的贫困看作福利问题。他们的生活水平取决于各州法律规定的对有子女需要抚养的家庭的补助(Aid to Families with Dependent Children,AFDC)水平。在大多数州,即使加上食品券等实物转移支付,补助水平也仍然太低,无法把受助人的收入提高到贫困水平以上。[①] 我们在这方面遇到的一些困难似乎与我们没有认识到以下问题有关:对有子女需要抚养的家庭的补助对于离异母亲年龄较大的家庭的作用,与对未婚母亲年纪较轻的家庭的作用有很大的不同。对于前者,福利补助通常是一种帮助他们过渡到能够独立生活状态的临时性援助;而对于后者,由于他们需要更多的不同援助,因此,福利本身可能是一个陷阱。我们往往会把这两种情况混为一谈,并试图通过保持较低的资助水平来避免产生对福利的依赖。然而,提高补助水平似乎不太可能使年纪较大的离异母亲变成依赖福利救济的人。年纪较轻的未婚母亲之所以会陷入贫困,可能不是因为可以享受福利补助,而是因为她们认为社会只赋予她们福利母亲的角色。

在家庭破裂造成家庭成员必须分开生活,而可利用的资源通常并不比原先家庭成员在一个屋檐下生活时多多少的情况下,没有一个国家能够完全解决由家庭破裂造成的经济问题。由于大多数家庭只有不多的收入和资产,婚姻解体和新家庭组建频繁,有工作的单身母亲在就业和婚姻市场有诸多不利条件,再加上各福利国家资源紧张,因此,不可能找到任何能够完全令人满意的解决这些问题的方法。有未成年子女的家庭女户主的状况在任何国家都不稳定。但是,有些国家与其他国家相比,采取了更多的措施来减轻这种家庭的负担,并确保前夫公平分担负担。罗马日耳曼法系传统的国家,特别是比较贫穷的国家,通常强调前主要养家者的抚养义务。北欧国家(和其他一些比较富裕的国家)虽然严格要求私人履行抚养子女的义务,但政府在帮助有子女需要抚养的家庭方面也很有特点地发挥了重要作用。美国并没有表现出要加大政府资助这种家庭力度的明显倾向。然而,美国的子女私人抚养体制实际导致

---

① Committee on Ways and Means, U. S. House of Representatives, *Children in Poverty* (Washington: U. S. Government Printing Office, 1985), 196.

户主是女性的家庭的经济状况要比无监护权的家长糟糕得多。本文的以下部分将在美国不会在不久的将来大幅度提高对有子女家庭的公共资助水平的假设下,探讨各州私法可重新设计哪些旨在改善离异家庭子女境况的方法。

若干"林中小道"

如果把离婚看作一个谈判协商的过程,那么美国法律中至少有两个与离婚结果有关的明显缺陷(如果不注意把它们限制在特定类别的案子中,就是缺陷)就会暴露无遗。首先,对司法自由裁量权超出正常范围的依赖,导致缺乏如何裁决任何特定争执的确定性。这种情况有利于离婚案中有时间、金钱和精力与对方耗的一方,或者有利于通过昂贵的审前证据收集和动议程序在情感和经济上折磨对方的一方。此外,有几项研究表明,法官在行使其几乎不受控制的司法裁量权时,通常倾向于保护前夫的生活水平,而牺牲前妻和子女的生活水平。[1] 因此,这种司法制度本质上的不可预测性当然也会导致另一方面的过度行为。尽管没有监护权的一方承担的子女抚养费低于汽车保养费的情况并不少见,但每个抚养费债务方都认识一些经济状况与自己相似但承担子女抚养费少于自己的人,因此,对这一制度的不满情绪和本质上不公平的感觉普遍存在。

美国离婚法的第二个缺陷是,不能对离婚时双方达成的协议进行有意义的监督或审核。这种对私人安排的依赖可能适合某些类型的离婚案,但不适合涉及未成年子女抚养问题的离婚案。虽然这类协议实际上构成了调整经济和子女纠纷的基本机制,但法院几乎从不严格审查,更不用说驳回夫妻双方达成的离婚协议了。因此,美国模式与罗马日耳曼和北欧模式存在明显的差别。这两种欧洲大陆模式通过规定明确的准则和固定的规则来促进和组织离婚双方的私下协商,并且至少要求对任何未成年子女的利益是否得到充分保护和保障进行独立的审核。

---

[1] Lenore Weitzman, *The Divorce Revolution*, 341; McGraw, Sterin, and Davis, "A Case Study in Divorce Law Reform," 443; Joan Krauskopf, "Maintenance: A Decade of Development," 50 *Missouri Law Review* 259, 317 (1985).

第十九章　非经济学家论述政府妥善完成其使命意义的著作

不过,由于许多原因,欧洲大陆处理离婚造成的经济后果的模式没有一种适合美国。首先,每个欧洲大陆国家的抚养费分摊和财产分割法与其社会福利法的关系如此复杂,以至于它们的抚养费分摊和财产分割法难以应用于美国这种离婚制度。其次,拥有统一国家法律制度的国家比美国联邦体制下的各州更容易执行其婚姻和离婚政策。此外,欧洲大陆国家的离婚模式就像英美模式,也是建立在一个基本的错误概念上的。它们的抚养费分摊和财产分割法律基于以下这个前提:一套原则、政策、标准和规则可以而且应该能够用来调剂各种离婚案,从无子女短期婚姻的破裂到需要照料年幼孩子生活和提供经济资助的夫妻离异,再到子女可能已经长大成人(或者没有子女)并且已经(或者没有)积累大量财产的长期婚姻的破裂。各国的现代离婚法都建立了一套统一的基本规则,用于处理例外情况——有未成年子女的夫妻离婚;从统计学意义上看,这实际上是最常见的例外情况。

美国离婚法的完善必须从完全重新定位我们目前对管理离婚经济后果的规则的思考方式开始。美国几乎有 3/5 的离婚案件涉及未成年子女抚养的问题[1],但美国的配偶扶养和夫妻财产法却把这种情况当作一般情况的例外,这一点实在是令人吃惊。配偶扶养法的修订趋势是强调配偶的自给自足,原则上不向前配偶提供扶养费,除非有特殊需要。[2] 这是因为,从理论上讲,夫妻财产的自由分割应是安排离婚时配偶经济事务的主要机制。[3] 然而,由于在大多数离婚案中,夫妻一方负责监护子女,因此,特殊需要并不是例外,而是经常出现。考虑到大多数离异夫妻,尤其是那些有年幼子女的夫妻,拥有财产有限,因此,对于大部分此类离婚案,通过财产分割来实现夫妻"彻底分手"的想法是完全不现实的。这种离婚案应该接受一种新的不同的监管体系来约束。正如公司法必须区分上市公司和非上市公司,商法必须区分商人之间的交易和他们与消费者的交易一样,现在家庭法也到了必须区分无子女夫妻和有子

---

[1] "Divorce, Child Custody, and Child Support," in Bureau of the Census, U. S. Dept. of Commerce, *Current Population Reports*, *Special Studies* 8 (Series P-23, No. 84, 1979).

[2] 例如,请查阅:Uniform Marriage and Divorce Act, 9A U. L. A. Section 308 (1973) and Comment.

[3] Ibid., Prefatory Note, 9A U. L. A. 93, 160—161 (1973).

女的家庭的时候了。[1]

目前,美国各州已经承认有几种离婚案件需要区别对待,但也只是采取法定指导原则和法院在裁决财产分割和抚养费时要考虑的因素的清单的形式。通常,州法给予法官总体指导,要求他们以"公平"或"公正"的方式分割夫妻财产[2],并根据配偶各自的要求和经济来源,在有需要时判决配偶扶养费。在根据有关法规规定具体的指导原则时,并没有明确和有益地说明何为"公平",或说明指导原则所列举的各种考虑因素中哪些是需要优先考虑的因素。例如,马萨诸塞州的法律要求初审法官在决定财产分割和扶养费分摊是否公平时,必须考虑不少于 14 个因素(包括行为),并允许初审法官考虑另外两个因素。[3] 现在,美国几乎所有的州都有一些不同版本的被称为"公平分配"法(毫无疑问,这个名称有利于这些法规的采用,有点像把 MX 导弹称为"和平卫士")的法规。这些法规的立法者可能希望这些法规能提高公平水平,但它们有很大的潜力做恰恰相反的事情。把这些法规叫作"公平分配法"的人希望这些法规能提高公平水平,但是,实施这些法规的结果很可能是适得其反。

为了摆脱这种情况,我们首先需要从一般离婚法中分离出某些类别需要单独处理的离婚案。最好把两大类经常发生的离婚案——有未成年子女的夫

---

[1] 参考了玛丽·安·格兰登之前对"子女优先"原则的讨论:Mary Ann Glendon, "Property Rights upon Dissolution of Marriages and Informal Unions," in *The Cambridge Lectures*: 1981, 245, 253 ff. (1983); *The New Family and the New Property*, 82; "Fixed Rules and Discretion in Contemporary Family Law and Succession Law," 60 *Tulane Law Review* 1165 (1986); "Family Law Reform in the 1980's," 44 *Louisiana Law Review* 1553, 1560 (1984).

[2] 关于美国 51 个司法管辖区域的财产分割法律的概括,请查阅:"1985 Survey of American Family Law," 11 *Family Law Reporter* 3015, 3121 ff. (1985), and *Divorce: Equitable Distribution Doctrine*, 41 American Law Reports 4th 481 (1985) (hereafter A. LR.)。三个实行夫妻共同财产制的州(加利福尼亚州、路易斯安那州和新墨西哥州)遵循夫妻财产平分规则,而在美国的少数司法管辖区实行一种主张平分离婚后必须重新分配的财产推定制。请查阅:"1985 Survey of American Family Law," 11 *Family Law Reporter* 3015, 3022—3026。

[3] "扶养费支付或者财产转移:离婚时或离婚后任何时候提起诉讼……确定抚养费金额……诉求时,法院……可以判决当事一方向另一方支付扶养费。除了判决支付扶养费以外,法院可以判决把丈夫或妻子的全部或部分财产转到对方的名下,以替代扶养费支付。在确定(如果需要支付的话)需要支付的扶养费金额,或(如果有财产的话)确定财产性质和价值时,法院(如果举行听证会的话)在听取当事双方的证词以后,应当考虑婚姻存续期长度,在婚姻当事双方的行为、年龄、健康状况、地位、职业,收入来源和数量、职业技能、就业能力、负债和需要,以及双方未来取得资本资产和收入的机会。法院也可考虑当事双方在取得、保存各自财产或使之增值以及在料理家务方面所做出的贡献"[Mass. Gen. Laws Ch. 208 Sect. 34 (1985 Cum. Supp)]。

第十九章　非经济学家论述政府妥善完成其使命意义的著作

妻离婚和无子女的短期婚姻终止——区分开来,因为这两类离婚案需要截然不同的处理办法。关于这两类离婚案中的每一类,都不难确定有可能得到广泛支持、可用来提高可预测性的原则,从而促进公平和尽快协商达成协议。对于这两类离婚案,固定规则和自由裁量权的最佳组合大相径庭。

那么,应该为有未成年子女的夫妻离婚制定一套怎样的特别规则呢?这些规则的指导原则在我们有关子女抚养的法律中已经存在,只需要对它们加以澄清、扩展,当然还必须加以应用。我们已经规定满足未成年子女需要的法律义务,并且要求父母双方公平分担这项义务;而且,这项义务非常重要,不能通过签订契约来解除。[1] 有关法律更加具体且有力地规定,在有未成年子女的夫妻离婚时必须首先考虑这项义务。[2] 所有这类离婚案都应该遵循"子女优先"的原则。现有的子女抚养法已经隐含地规定,有子女这一事实,至少在子女达到法定成年年龄之前,要求父母把全部收入和财产用来抚养子女。这条原则始终如一地适用于涉及未成年子女的离婚案件,这意味着法官的主要任务就是从财产、收入和实物三个方面拼凑出尽可能好的一揽子方案,以满足子女及其实际监护人的需要。在子女的生活以这种方式得到充分保障之前,既不存在任何关于"夫妻财产"的问题或争论——全部的夫妻财产,无论何时或以何种方式取得,都要受到抚养子女的义务的约束;也不存在有监护权的配偶以实际监护人的身份另外要求"配偶扶养费"的问题。在子女的需要得到满足后仍有大量收入和财产的情况下,常规的夫妻财产分割和配偶扶养法可作为辅助制度加以运用。

以上这些内容中,有很多可能是许多法官已经在诉讼进行到结案阶段的离婚案中或多或少地试图做的事情。[3] 但是,试图这样做的法官受到了一些

---

[1] Harry D. Krause, *Child Support in America: The Legal Perspective* (Charlottesville, Va.: Michie, 1981), 3—18.

[2] 这种想法并无新意,而且没人比坎特伯雷大主教团体阐述得更加清楚:"一般来说,任何要解除婚姻关系的婚内子女的需要都应该作为夫妻全部可支配资产的第一支出项目,这样做的目的就是要让他们尽可能按照在婚姻没有破裂的情况下能享受到的机会标准成长。为此,在某些情况下必须给予作为子女监护人的一方一笔原本不应支付的扶养费;用于满足子女需要的抚养费始终应该包括支付给子女照顾人的适当费用"(*Putting Asunder*, 73—74)。其他主张法律应该区别对待有子女离婚案和其他离婚案经济影响的作者包括约翰·埃克拉和马维斯·麦克林,请查阅:John Eekelaar and Mavis Maclean, *Maintenance after Divorce* (Oxford: Clarendon Press, 1986)。

[3] 请查阅:"Divorce and Separation: Effect of Trial Court Giving Consideration to Needs of Children," 19 A. LR. 4th 239 (1983)。

不适合此用途的法规的阻碍。还有一部联邦税法,在许多情况下,迫使当事方对实际发生的事情做出错误的标记,因为它主张不要把收入或财产转移称为"子女抚养费"。① 法官利用财产分割、配偶扶养费和子女抚养费等法律范畴,试图从夫妻的资源中归纳出一套满足子女居住和抚养需要的办法,但他们往往不知道抚养孩子的实际成本,更多地关注保护离异父亲建立自己新生活的能力,而不是关心经济状况可能要困难得多的离异母亲和子女的未来生活。法官们考虑问题的出发点似乎是离异父亲的经济来源和他们能承担得起的经济负担。这与欧洲大陆法系模式形成鲜明的对照,后者首先考虑离异家庭子女的需要,然后考虑离异父母非监护人的收入和财产能否以及能在多大程度上满足这些需要。

此外,谁也不知道某个特定法官会在某个特定离婚案中怎么做。法官审判和裁决过程的任意性必然会产生重要的影响,不但引起人们对离婚案件处理方式的不满,而且造成人们对整个法律制度幻想的破灭。在之前的无过错离婚案中,我们听到了很多关于离婚有多么可悲的说法,大多数离婚当事人与法律制度的唯一联系通常就是被指控串谋和伪证。认为离婚应该有客观理由的一个主要论点,就是这样有助于恢复对司法的尊重。然而,今天有太多的离婚诉讼当事人认为,离婚案的审理结果完全不可预测,不是取决于"司法抽签"的运气,就是出现系统偏差。

虽然在提起诉讼的离婚案中,法官在判决监护权、为子女和配偶确定抚养费和扶养费以及分割夫妻财产方面,往往被认为以无原则或不公平的方式行事,但现行制度最有害的影响并不是那些出现在这些离婚案中的影响。救济

---

① 根据联邦所得税法,支付扶养费的配偶可以从应税所得中扣除所支付的扶养费,而接受扶养费的配偶则要把扶养费作为应税所得申报(Internal Revenue Code, Sections 71 and 215)。子女抚养费既不能由支付人从应税所得中扣除,也不准收款人作为应税所得申报。在付款配偶的收入大大超过收款配偶的情况下,通过支付扶养费,税收对双方的合并影响通常能达到最小化(并且增加双方的合并可支配收入)。1984年之前,根据州法确定了当事双方自己对扶养费付款的定性是否可用于税收目的的问题。《1984年赤字削减法案》(Deficit Reduction Act of 1984, Publ. L. No. 98−367, 98 Stat. 494, 1984)的家庭关系税收条款已经设定联邦标准来确定哪种付款可以作为配偶扶养费、哪种付款作为子女抚养费。不过,由于限制比较宽泛,因此,当事双方仍有很大的自由来处理这些定期付款的税收影响问题(Stanley Surrey, William Warren, Paul McDaniel and Hugh Ault, *Federal Income Taxation-1985 Supplement*, I, 421−423)。因此,在无监护权的配偶收入比有监护权的配偶多的常见情况下,在可能时把这些付款说成扶养费仍将是典型的做法。

第十九章　非经济学家论述政府妥善完成其使命意义的著作

这类问题的法律不明确对离婚造成的最大损害发生在绝大多数由离婚当事双方协商解决的案子中,而这类离婚案子占离婚案总数的 90% 以上。[①] 重要的是,离婚领域的法律改革应该满足那些财产不多的离婚夫妻的需要;对他们来说,法律是协商解决离婚的依据。离婚法的主要影响应该是对这类离婚的影响,而不是对诉讼离婚的影响。

因此,认为应该对涉及未成年子女抚养问题的离婚做出特别规定的最重要理由是,重新修订婚姻法会对从未诉诸法律的离婚的协商解决产生影响。从协商离婚开始,当事双方的注意力就会集中在他们子女目前和未来的需要上。他们知道,如果他们离婚的经济结果由法院来判决,那么,法官的主要目的肯定是以对子女最有利的方式来安排他们的事宜。大多数准备离婚的父母也希望如此,但现行的离婚法和税法分散了他们对这个他们有可能达成一致的问题的注意力,并要求他们转而关注更具煽动性的问题。如果离婚案能够协商解决,而不是诉诸法律,或者提前和解而不是经过一系列昂贵的司法诉讼,那么家庭成员就能保住较多的财产。合理的财产分割对当事双方和他们的子女都有好处,因为这样可以保留更多最终可分割的财产。

认为应该对涉及未成年子女抚养问题的离婚规定特别规则体系的第二个理由,是要提供必要的明确准则,以确保少数由法官裁决的离婚案更具可预测性和公正性。在涉及子女的离婚案中,司法自由裁量权始终并且仍将发挥重要的作用。但是,有了具体的准则作为指导,判例法就有机会通过借鉴普通法在其他领域发展起来的特别程序来发展自己的内在连贯性,而这又反过来会对法院依法做出的判决产生有利的影响。

第三个理由是,与几乎完全根据前夫妻彼此的权利和义务制定的准则体系相比,进入离婚程序的夫妇更有可能接受旨在确保子女能继续幸福生活的准则体系。新的准则体系得到公认的正当性也应该会对自觉遵守抚养费安排产生正面的影响。我们给事物命名的方式会对我们对它们的感觉和对它们的尊重产生重要的影响。最近英国一项针对离婚夫妇的研究支持以下这个常识性概念:如果父亲认为抚养费对自己的孩子而不是对前妻有利,那么他们就会

---

① Robert H. Mnookin and Lewis Kornhauser, "Bargaining in the Shadow of the Law: The Case of Divorce," 88 *Yale Law Journal* 950, 951 n. 3 (1979).

更愿意支付抚养费。① 令人遗憾的是,在最近一本为律师编写的离婚案处理手册中,一位美国离婚法庭的法官不得不这样写道:"首先要考虑的问题是,如何确定主要养家者定期向主要子女看护人支付抚养费。虽然家庭的主要养家者可能在情绪上厌恶支付'离婚扶养费',而很乐意支付'子女抚养费',但这种情感因素有可能产生严重的负面税收影响。"②由于这名法官本人曾是一位长期从事家庭诉讼案的执业律师,因此,他认为,离异夫妻更容易接受承担抚养子女所涉及的持久的经济责任,而不愿承担婚姻责任。

有关离婚后夫妻扶养费和财产纠纷的法律改革建议一直备受争议。有些支持者认为,离婚后夫妻应该继续对对方承担经济责任,结婚应该导致财产共享,而离婚应该导致财产分割。另一些人则认为,结婚本身不应该影响财产所有权,也不应该要求前配偶中的一方在婚姻结束后仍扶养另一方。但如果婚后有子女,那么,这些关于夫妻间权利和义务的争论就基本上(或者应该)变得无关紧要,而"孩子至上"的原则使得这个问题变得明确。

但是,为了鼓励协议离婚过程中公平、合理地分担扶养费和分割财产,法律必须不仅仅明确法官的首要目的是设法确保未成年子女的幸福,这个一般原则还必须有附属准则加以补充。这样就会涉及做出艰难的裁决:在离异父母一方主要定期支付抚养费,而另一方不但要提供经济支持,而且要亲自照料子女,从而导致在劳动力市场上处于劣势地位的情况下,怎样才能在离异父母之间公平地分担抚养义务呢? 法官是要设法让离异家庭的子女获得最低生活水平还是"一般"家庭的生活水平? 应该努力让他们接近父母离婚前的生活水平,让离婚后的新家庭单位的生活水平保持之前的水平,还是让孩子分享离婚后较富裕的父亲或母亲的生活水平? 新的家庭会对原来的抚养关系产生什么影响? 是否应该根据某种子女需要和父母经济来源公式来确定一个离异父母不能通过契约来改变的最低子女抚养费金额? 无论采取什么方法来解决这些问题,判决应采取适用于所有离婚案的原则的形式,而不应取决于法官个人对

---

① Gwynn David, Alison Macleod and Mervyn Murch, "Divorce: Who Supports the Family?" 13 *Family Law* 217, 223 (1983).

② Edward M. Ginsburg, *Family Law Guidebook: A Handbook with Forms* (Stoneham, Mass.: Butterworths, 1984), 159.

第十九章 非经济学家论述政府妥善完成其使命意义的著作

特定案子的反应。法官的作用应该是调整这些原则,而不是为每一种新情况创造新的原则。理想的情况是,像欧洲国家所做的和我国联邦立法机构所设想的那样,更多地依靠事先确定公式或编制好的表格。

认为美国——或者其他国家——的离婚法会朝着"子女第一"的方向变化,是否现实?最近英国在这方面获得的进展非常令人鼓舞。1984年10月,英国修订了离婚财产分割和子女抚养准则,要求法官在处置离婚案的经济问题时,把离婚家庭任何未成年子女的幸福放在首位。① 英国的法官是否会把这部法规作为从根本上重塑离婚家庭经济状况的基本准则,还是只不过是嘴上说说而已,而不会改变现行做法,现在下结论还为时过早。但是,这部法规可能具有深远的意义,尤其是,如果它能导致可以更充分反映抚养孩子的真实成本的财产分割和抚养费分摊的话。就像1969年的英国离婚法改革,英国在1984年通过的"子女优先"原则,很可能是一种其他司法管辖区会采取更加大胆尝试的趋势的最初谨慎表现。

对于把未成年子女幸福作为离婚案件处理的核心焦点的观点,可能持有的最认真的保留意见似乎是:法律侧重点的改变是否会增加有关子女监护权的诉讼或诉讼威胁?这无疑是一个严重的问题。② 一位美国法官最近坦率而又生动地描述了他当律师时经历的"离婚法的不可预测性迫使母亲放弃子女抚养权"的现实情况。③ 法官理查德·尼利(Richard Neely)讲述了他替一个已婚男子处理离婚案的经历。这位已婚男子先是爱上了摩托车,然后又爱上了一个和他一样喜欢摩托车的女人。虽然这位"道路之王"告诉尼利,他对两个孩子的监护权是他打这场离婚官司最不想要的东西,但尼利向他建议说,如果他向他的妻子表示,他无论如何都会争取孩子的监护权,哪怕把官司打到州

---

① Matrimonial and Family Proceedings Act 1984, Section 25(1).

② 有很多证据表明,母亲在面临监护权诉讼的威胁时,即使她们的律师能够高度保证她们最终会胜诉,她们也会毫不犹豫地停止要求经济补偿。请查阅:Phyllis Chesler, *Mothers on Trial: A Battle for Children and Custody* (New York: McGraw Hill, 1985); Howard Erlanger, Elizabeth Chambliss, and Marygold Melli, *Cooperation or Coercion? Informal Settlement in the Divorce Context* (University of Wisconsin Institute for Legal Studies, Disputes Processing Research Program, Working Paper 7—6, March 1986), 22。

③ Richard Neely, *The Divorce Decision: The Legal and Human Consequences of Ending a Marriage* (New York: McGraw-Hill, 1984), 62。

最高法院，那么就能相当便宜地协商解决离婚事宜。他的妻子不愿冒任何可能失去孩子监护权的风险，于是决定接受丈夫提出的条件。①

现在，作为法官，尼利强烈批评这种导致当事方争夺子女监护权的制度。"子女的最大利益"这个模糊而又开放的检验标准看似比较合理，他说，"直到我们明白在这个不可预测、以个人为取向的制度的阴影下完成了多少邪恶的讨价还价交易"②。在这个例子中，我们再次看到了，毫无约束的自由裁量权和不审查夫妻离婚协议似乎是严重的问题。

在监护权问题上，"子女优先"原则有可能会产生怎样的影响呢？首先，我们有理由相信，修改法律不会提高夫妻恶意争夺子女监护权的比例。在加州基于客观理由准许离婚，并废除母亲作为年幼子女监护人的法定优先权时，许多人认为这一变化会导致虚假监护权诉讼案的增加。事实上，威茨曼和迪克森（Weitzman and Dixon）的一项研究表明，在新法生效后，监护权诉讼案的比例与以前大致相同。③ 如果情况真的像加州的经验所表明的那样，那些倾向于打这类官司的人已经出于适当的理由这样做了，而修改法律不太可能鼓励其他人效仿这种做法，那么拟议中的法律修订有可能会实际减少关于子女监护权的诉讼。鉴于许多现有诉讼是夫妻之间个人对立的结果，因此，任何把父母的注意力从他们自己的分歧转移到子女未来的变化上来的做法都将是有益的。

虽然加州的那项研究表明，修订离婚法不太可能导致恶意争夺监护权的离婚案比例上升，但是，目前模糊的"子女的最大利益"这个检验标准对阻止监护权纠纷毫无作用，而且有可能最终会纵容这类监护权争夺纠纷。④ "子女的

---

① Richard Neely, *The Divorce Decision: The Legal and Human Consequences of Ending a Marriage* (New York: McGraw-Hill, 1984), 62.

② Ibid., 62, 66. 还请参阅: Mnookin and Kornhauser, "Bargaining in the Shadow of the Law," 950, 972—973 n. 77 (1979); "现行的最大利益标准，由于其巨大的不确定性，加剧了风险厌恶家长的劣势。"

③ Lenore J. Weitzman and Ruth B. Dixon, "Child Custody Awards: Legal Standards and Empirical Patterns for Child Custody, Support and Visitation After Divorce," 12 *U. C. -Davis Law Review* 471, 490 (1979).

④ 一般可参阅: Joseph Goldstein, Anna Freud, and Alfred Solnit, *Beyond the Best Interests of the Child* (New York: Free Press, 1973); Robert J. Burt, "Experts, Custody Disputes and Legal Fantasies," 14 *Psychiatric Hospital* 140 (1983); David L. Chambers, "Rethinking the Substantive Rules for Custody Disputes in Divorce," 83 *Michigan Law Review* 477 (1984).

第十九章　非经济学家论述政府妥善完成其使命意义的著作

最大利益"这个标准是一个很好的例子,说明试图通过赋予法官自由裁量权来实现完美的、个性化的正义是徒劳的。这个标准的模糊性最大限度地刺激了那些倾向于为争夺子女监护权争执不休的人,并且要求法官完成几乎不可能完成的任务:在家庭关系容易因分居压力和离婚过程本身受到严重扭曲的时候评价母亲和父亲照料子女的能力。罗伯特·伯特(Robert Burt)指出,在这种情况下不可能清楚地确定什么是子女的最大利益,认为修法的努力应该集中关注监护法对私人安排的影响,并表示任何自动规则都将是对现状的改善。[①]

目前流行的共同监护概念并不是万灵药,它的优点似乎是虚幻的,而不是真实的。当然,应该鼓励离异父母与子女保持密切的联系,并在有关子女幸福的问题上相互合作。但是,离异父母双方都希望完全分担照料子女生活的责任,并共同就有关子女的所有重要事项做出决定这样的情况非常罕见。事实上,在离婚案中,很少有离异父母要求或安排对子女的完全共同监护权。所谓的共同监护权,在大多数情况下实际上就意味着,对子女的法定监护权由父母双方共有,而生活监护权仍归父母某一方,通常是母亲一方。除了在共同法定监护权下主照顾人分享决策权外,在日常生活中,这种共同监护权和多年来一直作为标准的监护权安排(母亲拥有唯一的法定监护权和生活监护权,而父亲则享有"合理"的探视权)之间几乎没有什么区别。

共同监护概念的优点在于,它有助于父母在离婚后仍能关心子女的利益,特别是在父母在离婚期间关系没有严重恶化的情况下。但通常,离婚夫妇之间的关系在离婚前后的几个月里处于最糟糕的状态。因此,法定优先共同监护权的缺点在于,就像"子女的最大利益"标准那样,有可能被用来迫使最希望获得监护权的父亲或母亲做出经济上的让步。法定共同监护权对非生活监护人的父亲或母亲来说并不涉及要承担重大责任,但要求负责照料子女日常生活的父亲或母亲在需要做出有关子女的重大决策前征求另一方的同意。因此,在绝大多数情况下,仍然是作为主要生活监护人的母亲,很可能为了避免法院判决共同监护权而降低对子女抚养费的主张。此外,在有争议的离婚案中,即使当事双方都不是监护人的合适人选,法官只是为了避免不得不在父母

[①] Burt, "Experts," 141—142.

之间做出选择,也很容易决定授予共同监护权。

　　西弗吉尼亚州在1981年采用的另一种规则开始受到支持。这个州的最高法院通过采纳一种"主要照料者规则",对初审法官运用"子女的最大利益"标准的自由裁量权加以限制。① 这项规则在监护权的问题上明显倾向于在日常生活中更加关心以下孩子物质需要的父亲或母亲一方:喂饭、洗澡、开车送孩子上学或走访朋友、承担满足孩子健康需要的责任、与孩子的朋友和老师交往。如果孩子日常生活的主要照料者是称职的父亲或母亲,而孩子又因年龄太小还没有对这个问题形成自己的意见,那么这条规则的这种倾向具有绝对意义。如果孩子年龄较大,那么这条规则的适用就比较灵活。显然,这条规则除了它的性别中性外,看起来就像是过去在涉及年幼子女的离婚案中推定母亲取得监护权这种从未完全被废弃的做法的转世。即使在法院和立法机构放弃了明确的母亲优先以后,这条规则仍然经常在实践中得到应用。但是,通过实施这种明确和强制推定孩子主照顾人的做法,西弗吉尼亚州在消除笼罩在离婚谈判过程中的不确定性阴云方面取得了很大的进展,而这种不确定性曾导致许多母亲因为害怕失去子女监护权而被迫放弃必需的抚养费。按照尼利法官的说法,西弗吉尼亚州的这条新规"极大地减少了州内争夺子女监护权的诉讼"②。很明显,某种主张照顾人优先的做法已经在推进一些州的法院通过司法实践修订"子女的最大利益"的标准。③ 判例法中出现的这种趋势,再加上对一条在其影响还未得到充分评判之前就已经得到州立法机关批准的规则进行的深思熟虑的学术性再考察,提供了在监护法中重新引入一定程度的可

---

　　① *Garska v. McCoy*, 278 S. E. 2d 357 (W. Va, 1981). 也可参阅:R. Neely, *The Divorce Decision*, 79—83。

　　② Ibid., 83. 大卫·钱伯斯(David Chambers)最近指出,在五岁及五岁以下子女的监护权纠纷中,法律应该优先考虑子女主照顾人的主张。但是,钱伯斯又认为,应该允许当事父母的另一方通过明确而有说服力的证据来反驳这种推定,或者可能只凭优势证据,而不必证明子女的主照顾人不合适(Chambers, "Rethinking," at 561—563)。

　　③ 一般可参阅:Jeff Atkinson, "Criteria for Deciding Child Custody in the Trial and Appellate Courts," 18 *Family Law Quarterly* 1, 16—19 (1984); *Primary Caretaker Role of Respective Parents as Factor in Awarding Custody of Child*, 41 A. LR. 4th 1129 (1985). 根据马萨诸塞州律师协会(Massachusetts Bar Association)和马萨诸塞州精神病学协会(Massachusetts Psychiatric Society)的一个联合委员会制定的指导方针,在马萨诸塞州,四岁以下的儿童应该被置在"对抚养他们负有主要责任的人"的身边(E. Ginsburg, *Family Law Guidebook*, 171)。

第十九章 非经济学家论述政府妥善完成其使命意义的著作

预测性的可能性。

总之,我建议对离婚法进行基本修订,以使它适用于各种类别的离婚案。对于最大单一类别的离婚案,也就是有未成年子女的夫妻的离婚案,我建议,在解决离婚的经济影响时,首先应该保证子女的福利;只有在达到这个目的以后,才能让现行(或经过修订后的)子女抚养费分摊和财产分割制度发挥作用。为了使新制度很好地发挥作用,最好是修改我们的税法,以便让定期支付子女抚养费的一方能够享受税收优惠。在决定子女抚养费金额的过程中,必须注意抚养子女的实际成本,并注意父母之间的公平分摊。由于绝大多数离婚案对经济和子女的影响取决于夫妻双方私下里达成的协议,因此,修订法律时必须着眼于有利于公平协议的达成。这意味着必须修改监护法,以消除子女的主要照顾人因担心失去子女的监护权而不得不放弃主张经济资源的压力;同样,法院也应该根据明确的子女抚养标准仔细审查涉及未成年子女的父母离婚协议。按照这些思路改革的制度仍可保留大量的司法自由裁量权,但是在原则指导下的自由裁量权。如果在上诉法院的适当监督下,法官依法行使这样的自由裁量权,那么有望及时形成一部合理连贯的判例法,从而加强规范离婚案中经济和子女问题的基本制度,也就是夫妻双方达成的私人离婚协议。

另外一大类离婚案,也就是终止短期无子女婚姻的离婚案,应该与上一类别的离婚案区分开来采取专门的处理方法。有些州已经认识到,这个特殊类别的离婚案需要用简化的规则来处理,并且为无子女且夫妻已达成财产分割协议的离婚案规定了快捷简易的诉讼程序。[1] 对于这种类别的离婚案,法律没有理由不能发挥更大的作用。在这类离婚案中,夫妻最需要的是一个方便他们谈判的明确法律背景。

目前,在绝大部分州,这类离婚案是按照财产分割和扶养费分摊自由决定的法规协商解决的。这类离婚案是按固定规则(如过去的夫妻财产分开制,或者加利福尼亚州和路易斯安那州式的夫妻财产平分制)分割夫妻婚内财产的

---

[1] 例如,Cal. Civ. Code Ann. Tit. 3, Sect. 4550 ff. ; Florida Rule of Civil Procedure 1. 611 (reported in 10 *Family Law Reporter* 148,1984); Nevada Rev. Stat. Ch. 125. 181—125. 184; Ore. Rev. Stat. Ch. 107,Sect. 107. 485. 俄勒冈州和加利福尼亚州的法律规定,只有那些婚内没有积累大量财产以及婚姻关系存续不足 10 年(俄勒冈州)和 5 年(加利福尼亚州)的夫妻,才可以办理即决离婚(summary divorce)。

理想案子。这类离婚案与有未成年子女的离婚案不同,通常能以双方干净利落分手的方式结案。在特殊情况下,有时也可能为了避免总体经济不公平而动用自由裁量权改变财产分割的裁决,从而打了固定规则的"擦边球"。[1] 以这种方式行使自由裁量权,总比只确定平分推定的财产自由裁量分割的方式可取。但是,无论是区分丈夫与妻子财产还是单调不变的平分,或者具有有限自由裁量变动的平分规则,甚或是以推定赞成平等分割为出发点的自由裁量分割,都要优于不受约束的自由裁量分割方式。这种离婚案最不需要的,就是制定法规规定法官可以四处搜寻离婚夫妻的全部财产,然后以任何看似公平的方式进行分割。至于无子女短期婚姻终止所涉及的配偶扶养问题,这类离婚案通常不存在这种问题,或者不要求裁决。但我们有必要说明,这种离婚案原则上不支付配偶扶养费;只有在特殊情况下,才可能支付短期恢复性扶养费。

我在上文建议区别对待的两类离婚案虽然合在一起就占到了美国离婚案的绝大部分,但仍有一些离婚案并没有包括在以上的讨论中。其中值得注意的是,有成年子女的离婚案,以及婚姻结束虽然无子女但有可能已经(也可能不会)导致严重经济依赖的长期婚姻离婚案。与笔者讨论的以上离婚案的处理准则相比,这些离婚案的处理准则更难设计,而且更容易引起争议。但很明显,对于这些离婚案件,目前缺乏可预测性的美国离婚法体系并没有发挥应有的作用,因此,为了给协议离婚构建更好的法律框架,只要可能,就应该加以修订。

---

[1] 在加州,法院可能会要求"故意挪用"财产而不顾及夫妻另一方利益的当事方做出补偿(Cal. Civ. Code Sect. 4800)。

第十九章　非经济学家论述政府妥善完成其使命意义的著作

第二节　社会统一与基本善[①]

约翰·罗尔斯

　　在这篇文章里,约翰·罗尔斯(John Lawls)发展了他的"作为公平的正义"[②]理论所需的基本善概念,而在与他打算提出分配要求有关的基本善中有收入和财富。因此,本文介绍了在纯经济学领域必须考虑的哲学原理。作为自由主义传统,尤其是康德传统的传承人,罗尔斯阐述了构建他的理论所需的对自由主义和康德传统的赞同。但是,这种赞同应由道德行为人或根据公民的道德偏好判断来表达,因此,经验性的欲望和愿望完全无效。然后,罗尔斯在他的一些表述中阐明了他的公平社会理论是如何要求对公民的经验性愿望进行干预的。根据罗尔斯的观点,公平的社会必须保证基本的自由和机会平等。社会和经济不平等只有在它们能增加社会最不利者的利益时,才可以得到容忍和考虑。罗尔斯明确表示,基本的自由和正义原则"既不能被公民达成的任何协议所放弃或者限制,也不能被共同的集体偏好所压倒"(1982,171)。他甚至更加有力地指出,"从正义限制可接受的善观念的意义上讲,正义高于善,因此,绝对应该排斥那些追求它们便会违背正义原则的善观念;追求不可接受的善观念的主张根本就毫无意义"(ibid.,184)。罗尔斯认为,经济主体没有达成协议的完全自由;因此,有些经济活动或结果不可接受。

[①] 本文在征得剑桥大学出版社允许后转引自:John Rawls,"Social Unity and Primary Goods,"in Amartya Sen and Bernard Williams (eds.),*Utilitarianism and Beyond*,159-185 (Cambridge:Cambridge University Press,1982)。© Maison des Sciences de l'Homme and Cambridge University Press 1982. 1978年5月,本文作者在斯坦福大学做了四次演讲,而本文的早期版本就是其中一次演讲的讲稿。后来,作者对讲稿做了重大的修改。本文作者要感谢德里克·巴菲特(Derek Parfit)、约书亚·拉比诺维茨(Joshua Rabinowitz)、A. K. 森(A. K. Sen)和斯蒂文·斯特拉斯尼克(Steven Strasnick)对本文初稿提出了宝贵的评论意见,还要感谢K. H. 阿罗(K. H. Arrow)、吉尔伯特·哈曼(Gilbert Harman)、托马斯·内格尔(Thomas Nagel)和T. M. 斯坎伦(T. M. Scanlon)对后来的修改稿提出了批评意见。阿诺德·戴维森(Arnold Davidson)和托马斯·波格(Thomas Pogge)对本文的最后版本提出了有益的建议。我要特别感谢伯顿·德雷本(Burton Dreben)同我就本文的内容进行了广泛的讨论并提出了修改意见。我应该感谢他建议我把重点放在比较自由主义和功利主义构想社会统一的方式上。

[②] justice as fairness,又译作"正义即公平"或"公平式正义"。——译者注

这样的例子被马斯格雷夫和其他一些学者定义为有益品或有害品。因此，在我看来，罗尔斯的错误在于，他在这篇文章的最后写道，为基本善编制一个指标并确定其分量的权重，并不是经济学理论应该做的事情。是的，它们不属于只讨论私人品和公共品这种不完整的经济学理论应该做的事情。但是，如果有人像我一样主张，经济学理论必须包括不可回避的有益品/有害品概念，那么，它们肯定是经济学理论应该做的事情。

※ ※ ※

本文有两个目的：一是阐明基本善的概念，一个被我在我的《正义论》[①]中作为"正义即公平"观的组成部分提出的概念；二是说明基本善的概念与反过来促成某种社会统一观的关于人的观念之间的联系。在第一部分简短的序言之后，我把本文的主要内容放在第二到第五部分讨论。其中，我将阐明在"正义即公平"观中，基本善如何使我们能够在政治和社会正义这种特殊但基本的情况下进行人际比较。我在本文中删除了书中的一些存在不足的论述，并且通过强调基本善的概念取决于某种人观，删除了一个存在严重歧义的内容。我的论点是，有关正义的人际比较问题是正义观的基础，并且取决于人观以及构想社会统一的方式。按照"正义即公平"观定义这种比较的困难，最终是道德和实践方面的困难。本文的最后三个部分，也就是第六到第八部分，试图通过比较以上这种人际比较与功利主义传统的人际比较来阐明这些观点，因为只要涉及正义的问题，功利主义传统就会对当代经济学理论产生很大的影响。按照这种传统，人际比较被认为会造成另一种性质的困难，即导致各种与了解他人有关的问题。这种性质的困难，据说可以通过找到一种建立在心理学和经济学理论基础上的足够准确的人际满意度测量工具（或指标）来克服。我们的问题是：进行这样的比较的根本原因是什么呢？为什么像"正义即公平"这样的康德式看待人际比较问题的方式会与功利主义截然不同？

---

① Rawls 1971. Henceforth referred to as *TJ*.

第十九章　非经济学家论述政府妥善完成其使命意义的著作

一

为了找到问题的答案,我们必须首先注意不同的正义概念之间存在深刻的分歧,那就是它们是否能够接纳许多不同、对立甚至没有可比性的善的概念,或者它们只能接受一个只要是理性的人都应该认可的善的观念。属于这个分歧对立面的不同正义观以完全不同的方式对待人际比较的问题,而柏拉图(Plato)和亚里士多德(Aristole)以及以阿奎那(Aquinas)和奥古斯丁(Augustine)为代表的基督教传统则都秉持属于善的(理性)观的善观念。事实上,自古典学派那个时代以来,占主导地位的传统一直只有一种善的理性观。以洛克、康德和 J. S. 穆勒①为代表的自由主义(作为一种哲学流派)的假设前提是,善有许多相互冲突且没有可比性的观念,但这其中的每种善观念都与人的充分自主性和理性相容。自由主义认为,作为这个前提的结果,公民追求多种善的观念是自由民主文化的一个自然条件。古典功利主义者——边沁(Bentham)、埃奇沃斯和西奇威克(Sidgwick)——看似接受了自由主义的这个假设前提。不过,我相信,这种表象具有误导性,并且源于他们的善的理性观的特殊主观性质。我会在下文指出,古典功利主义和一个当代版本的功利主义都意味着一种使得这种学说与有许多善的理性观的前提不相容的人观。

"正义即公平"观作为一种康德式的正义观,接受了自由主义的假设前提;结果是社会统一和公民对他们共同的制度的忠诚并不在于他们拥护一种关于善的理性观,而在于自由、平等和有道德但秉持不同甚至对立的善观念的人就正义达成的共识。从正义原则限制了公平社会可以接受的各种善观念的意义上讲,这种正义观独立于并高于善观念。这些正义原则应被视为我所说的"良序社会"的公共原则。在这样的社会里,每个公民都会接受这些原则,而且每个公民都知道其他公民也都会接受这些原则。此外,社会的基本制度也实际符合这些公共原则,这是全体公民有充分正当的理由认可的情形。基本社会

---

① 选择这三位学者,特别是穆勒,需要说明原因,但我在这里无法说明。我只能说,在我看来,从我在本文使用这些术语的角度看,穆勒的观点有一种自由主义而不是功利主义的观点。艾赛亚·伯林(Isaiah Berlin)于 1969 年在柏林发表的一篇关于穆勒的文章中支持了这种观点。

制度的作用就是构建一个这样的框架：只要公民的目的不违反优先和独立的正义原则，他们就能推进自己目的的实现。

良序社会的另一个特征是，公众都能理解公民在遇到正义问题时提出的各种不同性质的主张；而且，这种理解还包括对怎样能够支持不同主张的进一步理解。这两种理解为就如何评价公民的主张和确定它们的相对重要性达成共识所必需。公民主张的实现被认为对公民有利，并且有利于出于正义的目的改善公民的处境。有效的公共正义观要以共同理解从这个意义上讲什么可被认为有利为先决条件。因此，基于"正义即公平"观视角的人际比较问题就变成了：良序社会既然存在不同、对立甚至没有可比性的善观念，怎么可能做到上面所说的共同理解呢？

基本善的概念可用来解决这种道德和实际问题。稍作预期便可知道，基本善的概念基于这样一种思想，即公民的善观念部分相似，足以实现政治和社会正义。公民并没有承认，同样的善理性观具有各种基本的——特别是最终的——目的和归属感。公民认为自己被道德人格的两种（如下面解释的）最高阶利益所驱动；无论他们的最终目的和归属感有多么不同，他们各自的善观念要求他们拥有大致相同的基本善——相同的权利、自由和机会，以及收入和财富等必要手段——才能获得发展。对这些善的主张——我将称之为"适当的主张"——以及它们对于具体的正义问题的重要性都由正义原则决定。

二

在这篇序言之后，现在我们来讲述基本善以及它们对于两条被用在"正义即公平"观中的正义原则的作用。[①] 这两条正义原则是：

1. 每个人都有平等的权利拥有一个与人人享有的相似自由体系相容的最广泛、平等的基本自由体系。

2. 社会和经济的不平等要满足两个条件：它们必须①有利于社会最不利成员的最大利益；②依赖于向社会全体成员开放的职务和地位的公平的机会

[①] 更加深入的有关讨论，请参阅 *TJ*, pp.60—83；想了解关于这个问题的最完整表述，请查阅 *TJ*, pp.302—303。

第十九章 非经济学家论述政府妥善完成其使命意义的著作

平等条件。

这两条原则适用于我所说的"基本社会结构",也就是适用于把主要社会制度融入一个体系的方式。这些社会制度赋予社会成员基本的权利和义务,并且通过共同作用来影响由社会合作产生的利益的分配。第一条原则优先于第二条原则,因此,社会全体公民确保享有平等的基本自由;同样,第二条原则的②部分优先于它的①部分,因此,人人都有保证享有公平的机会平等条件。

第二条原则的①部分要求详细规定利益和受益的概念,以便充分明确最不利者受益的概念。这种详细规定以其一般形式确定某种基本善的重要性,而公民能获得的公平的基本善份额则用一个使用各种基本善的权重编制的指标来规定。基本善可按它们的特点分为以下五个类别:

(a)可通过列表给出的基本自由,如思想自由和信仰自由、结社自由、由人身自由和完整的法律条文规定的自由,以及政治自由;

(b)迁徙和根据不同机会背景选择职业的自由;

(c)职务和职责赋予的职权和特权,特别是主要政治和经济机构的职务和职责赋予的职权和特权;

(d)收入和财富;

(e)最后,自尊的社会基础。

鉴于第一条正义原则优先于第二条正义原则,而且第二条正义原则的(b)部分又优先于它的(a)部分,因此,良序社会的全体公民都享有同样的平等的基本自由,并享有公平的机会平等。公民之间唯一可允许的差别是他们占有(c)(d)和(e)项基本善的份额。于是,在一般情况下,我们需要编制一个基本善指标。但是,在这篇文章里,我在大多数情况下会采用两条我所说的"最简单形式"的正义原则:也就是说,第二条正义原则("差别原则")的(a)部分表示,在确保平等的基本自由和公平的机会平等的固定背景制度既定的情况下,对社会基本结构进行这样的安排,从而使社会最不利者一生能够实现尽可能大的用收入和财富估算的期望值。这种最简单形式的正义原则可以作为使用基本善进行人际比较的例子。它虽然忽略了(c)和(e)项下的基本善,但由此可省却编制指标的麻烦。如果私有财产民主与民主社会主义的问题要求确定(c)(d)和(e)中基本善的权重,那么仅在差别原则中使用收入和财富大概无法解决这个历史问题。虽然我有时会谈到基本善指标,但在本文中,我没有考虑适用于一般情况的指标的问题。① 以最简单形式的正义原则作为固定思想的示例,足以帮助我们达到我们在这里的目的,也就是关注对作为公平的正义与关于如何构想人际比较问题的功利主义传统之间的对比。

关于基本善,还有几点值得注意。第一,基本善是制度或与制度有关的公民处境的某些特征。社会基本结构能否保证平等的信仰自由或思想自由,取决于社会基本结构的制度所界定的权利和自由的内容、对权利和自由的实际解读,以及行使权利和享受自由的方式。我们不需要考察公民的心理态度或他们的相对幸福水平,但决定这个问题的制度的相关特征会受到公众意见的影响。不过,这么说并不是要否认这个问题有时很难回答。同样的道理也适用于是否存在公平的机会平等这个问题。同样,虽然收入和财富的衡量方法不容易设计,但是,倘若把公民的相对地位作为这样一种衡量方法,那么基本善就是一个可以由公众决定的问题。

第二,同样的基本善指标可被用来比较每个人的社会状况,因此,这个指标定义了一个就社会正义问题进行人际比较的公共基础。但是,基本善不应用于任何处境或状况的比较,而只能用于与社会基本结构有关的正义问题的比较。基本善在其他情况下是否可作为适当的比较基础,那完全是另外一回事。处于原初状态的各方都知道,基本善指标只代表两条正义原则的部分内容,因此,在采用这些原则时也是在采用它们内容一致的部分。

第三,在把发展前景作为整个人生来考量的情况下,最不利者是指基本善指标值最小的人。这个最不利者的定义意味着社会流动性并不被认为是一种基本善。生来就属于这个群体的个人有可能改善自己的处境,并属于比较有利的群体。但是,无论这种可能性有多大都无关紧要,因为根据定义,最不利者就是那些出生在这个群体并一生都属于这个群体的人。上述两条正义原则通过公平的机会平等的原则允许社会流动,但公平的机会平等并不是在基本

---

① 艾伦·吉巴德(Gibbard, 1979)没有编制基本善的指标,而是通过考虑收入这个基本善来考察本文所说的"最简单形式"的差别原则。吉巴德指出,这种形式的差别原则与帕累托法则不相容。考虑到把基本善作为正义问题人际比较的依据,以及帕累托法则在作为公平的正义中,特别是在他把公平作为正义的福利主义阐释中所处的从属地位,我并不认为,这不是一个严重的问题。还请参阅吉巴德的注释1, pp. 280—222。

第十九章　非经济学家论述政府妥善完成其使命意义的著作

善指标中计算权重的基本善（确保机会平等的环境当然是这两条正义原则共同作用所建立的正义背景体系的一部分）。最后，我们已经在第一部分指出，在一个良序社会里，公众必然都知道公民在正义问题上提出怎样的主张才算适当。提出适当的主张，必须明确规定，应该把什么公开视为对公民有利并能改善公民的境况。在由以上两条正义原则规范的良序社会里，适当的主张是指对某些基本善的主张，而这种主张的相对重要性，包括基本善指标，则都由这两条正义原则来确定。那么，公民是根据什么来接受基本善的呢？或者，就如我们在第一部分所问的，鉴于公民秉持相互冲突且没有可比性的善观念，他们如何才能共同理解何为适当的主张呢？

三

以上两个问题应该从人是正义即公平的根本和基本善的实践本质的角度去回答。我们先来考察关于人的观念：由于正义观适用于被看作社会合作体系的社会基本结构，因此，我们先假设公民是自由、平等、有道德的人，他们可以为了实现社会全体成员互利而为社会合作做出贡献，并且尊重社会合作过程中难免会出现的约束因素。社会合作不仅仅是为了集体的某个总体目标而有效组织的协调的社会活动，而是预设了一种认为全体参与者可被合理预期一生都会接受的公平合作条件的观点；参与者有自己希望推进的不同的最终目的，而这样的目的明确规定了每个人的基本善。公平是指，把每个人都看作能够并且愿意参与社会合作以实现互利的人。因此，在构建社会基本结构的正义观时，我们首先把每个人看作被两种最高阶利益——即实现和行使两种道德人格能力的利益——所驱动的道德人。这两种道德人格能力分别是关于树立权利和正义意识的能力（尊重公平合作条件的能力）以及决定、修正和理性追求某种善观念的能力。道德人也有（相对于某个最高阶利益而言）排序更高的利益来提升自己在任何给定时间里秉持的（由特定的最终目的和愿望所定义的）一定的善观念。总而言之，关于人的观念赋予上述两种最高阶利益以调整的重要作用，因此，道德人被认为有能力和愿望在公平的条件下与他人合作实现互利，而这就意味着一种调整愿望，也就是一种使自己对善的追求以及对他人的要求符合所有人都可被合理预期会接受的公共正义原则的愿望。[①]

现在,为了给社会基本结构找到合理的正义原则,我们假设每个公民都由一个处于我在《正义论》中所说的"原初状态"中的契约方所代表。各契约方必须就某些正义原则达成一致,并且在这个过程中遵守他们所代表的人的指令。这些指令指示各方在原初状态的约束(如信息方面的约束、各方地位平等等)下,尽最大的努力为他们所代表的人谋取利益。鉴于原初状态既定,因此可以假设,各方根据不同的正义原则能稳当地为全体公民提供基本善的程度来决定对不同正义原则的选择,这样就能最好地代表作为自由和平等道德人的公民。为了证明这个假设能够成立,有必要解释为什么说各方根据公民获得基本善的情况来评价正义原则有它的正当性[②]:

(1)基本自由(思想自由、信仰自由等)是为利用和发展决定、修正和理性追求某种善观念的能力所必需的背景制度。同样,这些自由允许公民在自由的政治和社会条件下发展并践行权利和正义意识。

(2)在机会多样化的背景下,迁徙和职业选择的自由是追求最终目的的必要条件,也是在有意修正和改变最终目的的情况下把修正和改变最终目的的决定付诸实施的必要条件。

(3)职权和职责为发挥各种自我治理和社会能力所必需。

(4)必须广义地理解收入和财富,它们是直接或间接地实现很多不同——无论是怎样的——目的的必要手段(因为具有交换价值)。

(5)如果公民真实地感觉到自己作为道德人的价值,能够实现自己最高阶利益,并能自信地推进自己的目的的实现,那么某些方面的基本制度必不可少;而遵守这些方面的基本制度则是公民自尊的社会基础。

以上各点必然足以表明,各方依靠基本善的做法有它的正当性。为了对基本善进行排序,各方会把公民作为道德人最高阶利益以及他们不知道公民

---

① 在这一部分,我们删除了《正义论》中有关基本善的论述是一个单独的社会理论问题还是本质上取决于关于人的观念这一有歧义的内容。我在《正义论》(TJ,§15,pp.92ff)中第一次用一定的篇幅讨论基本善时,没有讨论这个问题。还请参阅 TJ,pp.142f,253,260,and 433f。我要感谢乔舒亚·科恩(Joshua Cohen)、乔舒亚·拉比诺维茨(Joshua Rabinowitz)、T. M. 斯坎隆(T. M. Scanlon)和迈克尔·泰特曼(Michael Teitelman)对这个重要问题进行了有益的批评和阐述。

② 布坎南(Buchanan,1975)对这个问题进行了更加全面的讨论。想了解把基本善作为特例的更加一般性的阐述,请参阅 Scanlon(1975)。

第十九章 非经济学家论述政府妥善完成其使命意义的著作

确定的善观念这个事实作为参考依据。发展和利用这两种道德能力的最高阶利益，连同人类社会通常的生活条件，不但被用来选择基本善，而且被用来具体规定不同基本善的相对重要性。因此，第一正义原则对于第二正义原则以及第二正义原则(b)部分对于其(a)部分的优先性，反映了关于人观的最高阶利益的首要性以及不同最高阶利益之间的关系。

当然，所有这些，特别是最后一点，包括自由的优先性问题，都需要比我在这里进行的讨论更加深入的讨论。基本善是实现道德人格魅力的必要条件，是实现充分多的最终目的的必要手段，这些都要以关于人类需要和能力、它们的阶段特征和培养要求、社会成员相互依存的关系以及许多其他方面的各种一般事实为假设前提。我们至少需要一种关于理性生活计划的粗略描述，从而说明这些计划通常具有某种结构以及它们的形成、修改和执行有赖于基本善的原因。我认为，对于我们的目的来说，这一切已经足够清楚。但请注意，什么是基本善，并不是通过询问哪些通用手段为实现最终目的所必需的问题来决定的；而全面的经验或历史考察可能显示，人通常或者在一般情况下都有共同的最终目的。这样的最终目的即使有，也可能为数很少；而那些确实存在的最终目的可能并不是符合正义观的目的。描述基本善的特点并不应该基于这样的历史或社会事实。虽然确定基本善需要对社会生活一般情况和要求的了解，但只有按照预先确定的关于人的观念才能确定基本善。

我们现在可以完成对以下这个问题的回答：尽管公民秉持相互冲突且没有可比性的善观念，但公众怎么理解在正义的问题上什么可被认为有利呢？在这里，我们可以引用基本善的实践性质。我想说，我们可以确定一个基本的平等自由体系，而这个基本的平等自由体系在成为政治宪法的一部分并且（作为第一个正义主题）奠基于社会基本结构的情况下，只要公平地保证每个公民都能用上某些通用手段，就能确保全体公民发展和实现自己的最高阶利益。当然，使每个公民都推进自己的最终目的的实现，无论是怎样的目的，都是不可能的，也是不可取的。因为，譬如说，有些人可能希望把压迫他人作为目的本身。尽管如此，仍然可能有充分多的不同目的适合用来确保我们都有完全值得人类努力的生活方式。我们能够构建这样一种社会合作的框架，而且从这个意义上讲具有实际可能性，但不能只根据关于人有两个最高阶利益的观点,也不是完全因为在合理计划生活的正常结构既定的情况下,某些东西,如基本善,可被作为必要手段来使用。这两种要素必须结合在一起构建一种切实可行、稳定的社会基本结构,作为公民一生进行社会合作的框架。社会经验以及我们对民主制度历史发展、宪政设计的原则和可能性的反思,都表明我们可以确定一个基本的平等自由体系。

四

到目前为止,我们只进行了相当一般性的讨论,下面两节通过讨论几个更具特殊性的问题来详细阐述前面讨论的问题。我首先考虑一种似乎是反对在良序社会里利用基本善的意见。我们可以说,当以最简单的形式呈现上述两个正义原则,因此,收入和财富是差别原则涉及的仅有基本善时,这个原则就不可能是合理或公平的原则。有人可能会说,这一点可以通过以下两个例子来加以说明:特殊的医疗卫生需要以及人与人之间的偏好变化。[①] 经济学家的效用函数就是用来处理这类问题的,但是,上述反对意见表明,在正义的差别原则只能依靠收入和财富来落实的情况下,这个原则显然无法合理或公正地考虑公民的不同需要和偏好。

在存在特殊的医疗卫生需要的情况下,最好先做出让步。在本文中,我把这个难题放在一边,并且假设所有公民的生理和心理能力都在一定的正常范围内。我之所以这样做,是因为第一个正义问题涉及公民之间的关系,而公民通常是一生都在积极、主动、充分地合作的社会成员。也许,我们可以在立法阶段,根据现有的社会条件和对疾病和事故发生频率的合理预期来决定用于满足这样的公民正常医疗卫生需要的社会资源。如果针对这种情况能找到解决办法,那么就有可能把它推广到困难的情况。如果不能为这种情况找到解决办法,那么可能不得不放弃基本善的思想。不过,现在的问题是,正义观不需要建立在一些适用于任何情况的普遍原则之上。我们需要做的是,从原初状态出发,或从其他适当的阶段出发,把整套原则整合成一个前后连贯的思考

[①] 本部分讨论的这个反对意见是由 K. J. 阿罗(K. J. Arrow)在他的述评中提出的(Arrow,1973, pp. 253f)。

第十九章 非经济学家论述政府妥善完成其使命意义的著作

框架。①

第二个例子与我们现在的目的有关。假设有两个人,其中一人满足于只喝牛奶、吃面包和菜豆的饮食,而另一个人则因为没有珍馐美酒而悲痛欲绝。简单地说,他们二人中,一个有满足代价昂贵的嗜好,而另一个没有。如果两个正义原则被理解为最简单的形式(就如我在本文假定的那样),那么,我们必须说,反对意见表明,在收入相同的情况下,两人会得到同等的满足。但是,实际情况显然并非如此。往好里说,公民的收入和财富只是反映他们满意度的一个粗略指标,甚至不可能是一个非常准确的指标。更重要的是,这个指标常常不准确,因此不可能公平。我的回答是,公民作为道德人,在形成和培养他们的最终目的和偏好方面发挥一定的作用。这样回答本身并不是要反对使用基本善,因为我认为基本善并不适合那些有昂贵嗜好的人。此外,肯定有人会认为,让这些人对自己的偏好负责,并要求他们自己尽量做到,这即使不能算不正义,也应该不能算合理。但这样认为,似乎是在假定公民的偏好就如同很容易出现的倾向或欲望,会超越他们的控制力;而公民似乎被看作欲望的被动载体。然而,对基本善的使用取决于一种为我们的目的承担责任的能力。这种能力是旨在形成、修正和理性地追求某种"善"观念的道德能力的组成部分。因此,众所周知,在我们讨论的例子中,正义原则认为公民应该为自己的目的负责。于是,在任何特定的情况下,那些个人嗜好满足起来成本并不怎么高的人大概已经在自己的生活中调整自己的好恶,从而使他们适应他们能够合理预期的收入和财富;而现在要他们为了让他人免受自己缺乏远见或自律造成的后果的影响而降低对收入和财富的预期,则被认为是不公平的。

然而,只有在某些假设条件下,让公民为自己的目的负责的理念才可能有

---

① 正如对这一段的评论所表明的那样,不需要为每个良序社会,一劳永逸、详细地确定原初状态下基本善指标的权重。首先要确定的是指标的一般形式和权重的约束因素,如基本自由优先性所表示的约束因素。在《正义论》(§31)中描述的各个阶段里,随着可获得的具体信息的增加,可以逐步补充更多为实践所需的细节。我认为,我们在试图解决特殊的医疗卫生需要的问题时,需要一个不同于(至少我在本文介绍的)基本善的概念,或者一个涵盖面更广的基本善概念。例如,阿马蒂亚·森提出的注重人的基本能力的概念,有可能卓有成效地解决这个问题,并可以作为使用基本善的必要补充。请参阅 Sen,1980,pp. 217—219。

它的正当性。① 首先,我们必须假设,公民可以根据自己对基本善的预期来规范和修改自己的目的和偏好。这个假设已经隐含在我们把公民视为道德人时赋予他们的道德能力中。但是,这个假设本身并不充分,我们还必须为人际比较找到可以公开且(如果可能的话)很容易使用的可行标准。因此,接下来,我们试图说明基本善如何与道德人的最高阶利益有关,从而使基本善实际成为正义问题的可行公共标准。最后,想要有效使用基本善,还必须假设,作为以上两个假设基础的关于人的观念至少隐含地被接受为支持公共正义原则的理想观念;否则,公民就不会太愿意承担所要求的责任。

因此,公民获得的基本善份额并不是用来衡量他们心理幸福感的指标。作为公平的正义在依靠基本善时就拒绝了在正义问题上比较满意度和使满意度最大化的想法,而且(只要个人的目的与正义的原则相容)无意评估个人能在多大程度上成功地推进自己的目的,或者评估个人目的的优劣。虽然基本善指标可用来替代效用函数的某些用途,但其基本理念不同:基本善是为形成和理性追求某种"善"观念通常所必需的社会背景条件和通用手段。正义原则是确保全体公民都能平等地受到保护并具备这些条件,并且公平地为每个公民提供必要的通用手段。结果是,一旦基本善指标能够部分体现两条正义原则,对这两条正义原则与基本善指标的一并应用,就能确定公民对社会资源的适当主张。虽然由此产生的基本善份额必然符合经过必要反思形成的社会正义感,但这种符合当然不需要是完美的符合,而只需要充分接近,以便就正义问题达成足以维持自愿的社会合作的一致意见。因此,基本善有助于提供人人都能接受的公共标准。② 与此同时,在公民秉持相互冲突的善观念的既定正义环境下,无法就如何比较(比如说)用成功地执行生活计划来定义的幸福

---

① 这一段修正了我自己(Rawls,1975)有关基本善使用假设前提的简要概述。我相信我在这里表达的观点与斯坎伦在"偏好与紧迫性"(Preference and Urgency,Scanlon,1975)中表达的观点是一致的。我非常感谢斯坎伦和萨缪尔·谢弗勒(Samuel Scheffler)对这些观点进行的有益讨论。

② 在"偏好和紧迫性"(Scanlon,1975)的最后一段文字中,斯坎伦(Scanlon)区分了对紧迫性的两种解释——自然和墨守成规解释。虽然我不应该把对基本善的使用说成"墨守成规",但背景说(background doctrine)并不是自然解释,例如,基本善与关于人的观念之间的联系就很清楚地说明了这一点。基本善指标比较接近斯坎伦对紧迫性墨守成规式解释的描述,也就是说,它是"为了道德论证的目的而组合在一起的一个构念……它的实用性……源于这样一个事实:在这种情况下,它代表了可获得的证明正当性的最佳指标,可为偏好不同的人所接受"。

第十九章 非经济学家论述政府妥善完成其使命意义的著作

达成任何实际的共识,而且也无法甚至更不能就如何评估生活计划的内在价值达成任何实际的共识。我认为,公众据以理解什么才有利于正义从而使某些人在相关的人际比较中境况好于他人的可行衡量标准,必须建立在基本善或类似概念的基础上。

五

上述对基本善的描述表明,在进行正义问题的人际比较时,对基本善的使用是建立在道德人观的基础上的,并与良序社会公众的正义观有关。这种公众正义观包括我们所说的社会责任分工:社会这个公民集合体承担着维系平等的基本自由和公平的机会平等以及在这个框架内为每个公民提供公平份额的其他基本善的责任,而公民(作为个人)和社团则有责任根据他们目前以及可预见的情况所能预期的通用手段来修正与调整他们的目的和愿望。这种社会责任分工取决于个人对自己的目的承担责任以及根据基本善的使用情况降低他们对社会机构提出主张的能力。公民对自由、机会和通用手段的主张不受他人不合理要求的影响。

下面,我们提出这样一种观点,即公民作为自由和平等的人,可以自由管理自己的生活,而且都能调整自己的善观念,使之符合他们希望得到的基本善的公平份额。生活计划受到的仅有限制是,它们的实施必须符合公共正义原则,而且只能对某些种类的东西(基本善)并且以这些原则允许的方式提出主张。这就意味着,对某些目的的强烈感情和热切愿望本身并不会赋予公民主张社会资源或者为实现这些目的而设计公共制度的权利。愿望和需要无论多么强烈,本身都不是与正义有关的理性。我们有一个非常强烈的愿望,这并不能证明满足这个愿望的正当性,就像信念的力量并不能证明信念的真理性一样。正义原则与某个基本善指标的结合,不但能使正义的理性与起伏不定的愿望和需要相分离,甚至能使正义的理性与长期存在的情感和承诺相分离。这一点的重要意义可以用宗教宽容来说明,因为宗教宽容并不会增强我们有可能据以反对他人宗教信仰和活动的信念的力量。[①]

最后,我要对有关正义的适当主张这个概念做几点说明。首先要注意的是,"正义即公平"的观点通过求助于基本善来表明,只有某些类别的考虑因素与正义问题有关。原因在于,我们在很多不同的情况下出于不同的目的进行人际比较;根据所考虑的适当目的,每种情况都有自己须考虑的相关因素。有人过生日时,我们知道通过给他们送他们想要的或者能让他们高兴的礼物来表达情感。我们根据对"寿星"的深刻了解和共享的经验来挑选生日礼物。但是,医生会对病人的病情进行评估,而老师则会按照完全不同的依据和自己不同的角色观来评价学生。因此,医生会考虑病人的医疗需要、需要采取什么措施才能使他们恢复健康以及对他们的治疗有多紧迫;而老师在决定怎样才能最好地引导和鼓励学生学习时,也许会从让学生认真努力学习的角度去考虑应该采取哪些目的明确的应得(奖惩措施)。因此,相关的考虑因素取决于看待问题的不同角度。

在以上提到的三种考虑因素(包括愿望、需要和应得)中,把适当的主张限定为对基本善的主张的想法类似于把某些需要单独作为与正义有关的需要的做法。对此的解释是,基本善是公民作为自由、平等的道德人寻求推进(可接受和确定的)善观念通常要求或需要的东西。是把公民看作自由、平等的道德人和一生进行正常合作的社会成员的观念,决定公民需要什么。由于需要的

[①] 自由的优先性以及这种正义的原因与偏好和愿望的原因的分离,都与 A. K. 森(A. K. Sen)发现的帕累托自由悖论——(在某些给定的标准假设下)帕累托原则即使与个人的最小权利分配额也不相容——有关(Sen,1970a,pp. 82—88,87—88)。1976 年,森对许多针对这种不相容性提出的解决方案进行了评述。除了说"由于自由的优先性和偏好原因所允许的从属范围,因此,我认为,这个悖论不可能出现在作为公平的正义中"以外,这个问题太过复杂,我们无法在这里进行讨论。基本的自由实际上不可剥夺,因此,既不能被公民放弃,也不能受到公民达成的任何协议的限制,同样也不可能被集体的共同偏好所压倒。基本自由与这些应该考虑的因素并不处在同一层面上。在这方面,把正义作为公平的观点类似于罗伯特·诺齐克(Robert Nozick)对待帕累托自由悖论的方式(Nozick,1974,pp. 164—166)。不过,诺齐克认为的基本权利不同于正义原则包含的平等的基本自由,他对权利基础的论述也不同于作为公平的正义的观点对平等的基本自由的基础的论述。因此,我认为,在诺齐克看来,这些自由并非不可剥夺;而根据"正义即公平"观,任何放弃或侵犯它们的承诺从一开始就是无效的,公民这方面的愿望没有法律效力,并且不应该影响这些权利。无论有多少其他人想否认或限制某个人的平等的基本自由,这种愿望也不应该产生任何影响。可以这么说,具有这种效果的偏好,绝不会被纳入社会核算。因此,正义原则迫使处于原初状态的各方达成旨在确保自己最大利益的协议。社会公民达成的协议和表达的偏好都被视为在等级上服从于他们的最高阶利益,这是自由优先的基础。当然,这些都不能排除作为公平的正义可能有它自己的悖论。

第十九章 非经济学家论述政府妥善完成其使命意义的著作

概念总是与某些关于人以及人的作用和地位的观念有关,因此,公民作为自由、平等的道德人的要求或需要不同于作为病人和学生的需要。需要不同于愿望、希望和爱好。公民的需要是客观的,而愿望则不是;也就是说,它们表达了具有一定社会角色和地位并具有某些最高阶利益的人的要求。如果这些要求没有得到满足,这种人就不能维系他们的角色或地位或实现他们的基本目的。在某物并不是要求的情况下,公民声称此物是需要的主张有可能遭到否认。因此,在把社会成员看作自由且平等的道德人时,我们就会认为他们会有某些要求或者需要。鉴于这些要求的性质和理性生活计划的形式,这些需要说明基本善怎样才能用来确定有关正义的适当主张。实际上,关于人和基本善的观念只是反映了对正义观的某种特殊需要,而其他任何意义上的需要以及愿望和渴望都不起作用。

但看起来似乎是,如果说把适当的主张限定为对基本善的适当主张,就类似于把某些需要单独作为与正义有关的需要,那么,正义必然会要求根据这些需要进行分配。既然我们同样认为公民作为自由、平等的道德人的要求是平等的,那么,为什么平等分享全部的基本善并不是唯一的正义原则呢？我无法在这里就这个问题进行辩解,而只想指出,虽然处于原初状态的各方都知道他们代表的人需要基本善,但并不意味着各方作为他们的代表同意采取这样一种严格的平等原则就是理性的。本文所说的两个正义原则对社会基本结构中存在的社会和经济不平等现象进行规范,从而它们随着时间的推移发挥最有利于处于最不利地位的公民的作用。这两个正义原则表达了一种更为理性的一致意见,而且表达了某种平等,因为它们把基本善的平等分配作为人际比较的基准。[①]

[①] 想了解这一点,请参阅:TJ, p. 76, Figure 6。请注意,由于 OP 曲线上的极大极小点是根据差别原则确定的"正义"点,因此是帕累托有效边界上最接近用 45°线表示的平等点。向右下方倾斜的那段曲线上的极大点右边的各点定义了这条有效边界。当然,此图以一个社会两阶层经济为假设前提,并且只能用来说明一种观点。菲尔普斯(Phelps, 1973, pp. 333-335)给出了更加全面、更有教益的示意图和说明。

六

科尔姆(Kolm)在他的著作《正义与公平》(*Justice et Équité*)中指出,在正义问题上的人际比较应该基于某种偏好认同。他说,必要的偏好认同可以通过两种方式来实现。[①] 第一种方式就是把所考虑的偏好限定在那些社会全体成员都被认为想要更多的少数项目上,或者更普遍的做法是,把所考虑的偏好限定在用社会成员都想多要其成分项目的指数表示的偏好上。对基本善的依赖就是第一种偏好认同方式的一个例子;而对于第二种偏好认同方式,科尔姆做了如下解释:[②]

> 从根本上说,所有的人都有相同的需要、品味和愿望,这种说法无疑需要解释。
>
> 如果两个人的偏好看似不同,那么肯定是有原因的,总有什么东西使他们的偏好彼此不同。我们假设这个"什么东西"就是我们

[①] 请参阅:Kolm,1972,pp. 28—29。

[②] Ibid.,pp. 79—80. 我(罗尔斯。——译者注)把这段法语的内容理解为:

"At bottom, all individuals have the same tastes, the same desires. Without doubt, this assertion requires explanation.

"If two persons have preferences which appear to differ, there is a reason for this, there is something which makes them different from each other. Let us place this 'something' within the object of the preferences which we are considering, thereby removing it from the parameters which determine the structure of these preferences. The preferences of these two persons defined in this way are necessarily identical.

"We may carry out this operation in the case of any society; namely, the operation of placing in the object of preferences everything which would cause differences between the preferences of different members of society. An identical preference of all members of this society obtained in this way is called a 'fundamental preference' of the members of this society. It is a property which describes the tastes and needs of the "representive individual" of this society.

"If this society includes all human beings, then that which discerns this common preference is at bottom 'human nature'."

在第 29 页上,科尔姆指出,把偏好不同归因于偏好的对象物不同的做法有"同义反复"之嫌。我们随时可以进行这种形式操练。科尔姆把他所说的"基本偏好"(preference fondamentale)的概念归功于 J. C. 海萨尼(J. C. Harsanyi, 1955, pp. 309—321)。他还提到了丁伯根(Tinbergen, 1957, pp. 490—503)。关于海萨尼的有关观点,请参阅:Section V, pp. 316—321。关于丁伯根的有关观点,请参阅:Section, VII, pp. 498—503。

第十九章 非经济学家论述政府妥善完成其使命意义的著作

考察的偏好的对象物。这样,我们就能从决定这些偏好的结构的参数中找出这个"什么东西"。用这种方式定义的这两个人的偏好必然相同。

科尔姆又补充说:

> 对于任何社会,我们都可以进行相同的操作:在偏好的对象物中寻找一切导致不同社会成员偏好不同的原因。一种由此获得的社会全体成员相同的偏好可被称为这个社会全体成员的基本偏好。这是一个反映这个社会"典型个体"品味和需要的属性。
>
> 如果这个社会能够代表全体人类,那么,这个共同偏好反映的基本上就是"人类的本性"。

我把科尔姆所说的这个社会的"基本偏好"称为[社会全体成员]"共有最高阶偏好"。科尔姆对正义和公平的论述就是基于这个概念进行的人际比较。

为了说明人际比较如何被看作基于这个共有最高阶偏好的概念进行的人际比较,下面简单介绍如何在一个由我所说的"同序数"功利主义原则(principle of co-ordinal utilitarianism)规范的良序社会里进行人际比较。在这样一个社会里,关于什么对公众有利的观点必须根据这个"同序数"功利主义原则加以修正。对用本文所说两个正义原则规范的良序社会与由"同序数"功利主义原则规范的良序社会进行比较,有利于揭示这种观点与"正义即公平"观之间的分歧——一种基于社会统一构想方式上的分歧。我认为,"正义即公平"观与古典功利主义之间也存在相同的分歧,因为这种分歧来自一种关于理性善观的分歧。[1] 我将用阿罗定理来解释"同序数"功利主义,因为阿罗定理包含科尔姆的共有最高阶偏好的概念。不过,必须指出,正如我在下文(第七部分)讨论的那样,阿罗并不接受"同序数"功利主义的观点。

"同序数"功利主义可定义如下[2]:本质上,"同序数"功利主义与古典功利

---

[1] 这一事实说明,从哲学的角度看,把差别原则解释为最大效用原则(最不利者的幸福最大化原则)是一种严重的误解。然而,这未必会影响差别原则在经济或社会选择理论中的应用,只要基本善指标或对基本善的偏好可以被假定具有这些应用所要求的形式或其他性质。

[2] 在这段文字中,我引用了 K. J. 阿罗(Arrow,1977)关于同序数效用的论述。阿罗关心的是讨论由彼得·哈蒙特(Peter Hammond)和史蒂文·斯特拉斯尼克(Steven Strasnick)在 1974 年独立证明的所谓的"词典最大化定理"(Leximin Theorem)(Hammond,1976;Strasnick,1976)。为了简化起见,我假设,同序数效用与上述定义的效用最大化原则相符。就我们这里的目的而言,重要的是善观念。

主义对善持相同的看法,因此,一种理性善是对愿望或偏好的满足,或者更一般地说,是对最理性的愿望和偏好排序的满足。"同序数"功利主义与古典功利主义的不同之处在于,它拒绝基数人际满意度比较,而仅仅依靠序数人际满意度比较;或者更准确地说,依靠不同人的满意度或幸福水平的同序数比较。这就意味着,虽然我们可以确定两个人是否同样富裕,或者其中一个人是否比另一个人更加富裕,但无法对满意度水平差别进行有意义的数字衡量。不同的满意度水平只能按大小顺序进行排序。人际比较是同序数比较,因为无论赋予不同幸福水平的数字(只有在显示幸福水平排序时才有意义的数字)是否被同样单调(总是递增)的函数所改变,比较不同个人之间幸福水平的判断都不会受到影响(换句话说,同样的单调函数可以应用于每个人的效用函数,而不会改变任何人际比较)。在对人际比较有了这样的理解以后,在相应的良序社会中对应于正义原则的就是"同序数"效用最大化原则。

现在简要阐述公民如何在这个良序社会里进行正义问题所要求的人际比较。按照阿罗的做法,我们可以对公民的判断进行如下表述:我们假设所有可能真正影响某人整体满意度的因素用向量 v 表示。我们把这个向量分成两个分向量 x 和 y;分向量 y 包含可能影响人际比较参加者全部特征的因素:天赋和能力、做出各种差别化的能力、运用技能的能力、最终目的、愿望和偏好以及所有其他影响我们的善的因素(但我们必须排除那些决定比较参与者权利和正义意识以及更一般的道德意识的因素,因为在功利主义观中,善高于并独立于权利。而权利则被定义为使善最大化[①]);而分向量 x 是一张描述比较参与者各种情况的实物清单,不但包括产品、不动产和各种各样的有形资产,而且包括一些个人境况社会方面的东西,如个人的权利、自由和机会。一般而言,产品和社会特征是可转让或可互换,而能力和天赋、愿望和态度等则不能;但任何事情都不取决于这种区分是否总是清晰或明了。其实,我们的意思是,分向量 y 中的元素表示对参与人特点的比较;这些比较基础可以随时间而发生变化或者被改变,但不是通常意义上的转让或者交换。通过对两种比较基础的粗略区分,我们假设在进行人际比较时有一个适用于全体公民的函数。

[①] 我认为,把这些因素排除在外的做法符合阿罗的意图。请参阅阿罗 1977 年在篇幅更长的版本中的论述(Arrow,1978a,section 2)。

第十九章　非经济学家论述政府妥善完成其使命意义的著作

这个函数可写作：

$$w = u(x, y)$$

上式中，x 和 y 都被赋予特定的意义。我们可以认为，u 和 w 分别是考虑个人总体情况的效用函数和广义的总满意度。①

让我们按照阿罗的建议假设，公民可以通过扩展同情认同来做出这些判断。② 当然，我们至少可以在有限的情况下设想自己在另一个人的处境中，并回答（根据我们自己的判断）我们在自己的处境中是否会好于在那个人的处境中这个问题。因此，如果我们比较富有，而其他人比我们贫穷，那么似乎很容易得出这样的判断：让一个穷人得到边际美元，要好于让我们中的某个人得到边际美元。分向量 x 和 y 中的任何元素都可能影响函数 u 的 w 值。因此，符合公民判断的函数 u 会扩展同情认同的概念（或者使这个概念一般化），从而涵盖某人总体情况的各个有关方面（当然，函数 u 适用于每个公民，并且符合每个人的判断，但这一事实并不意味着全体公民都有相同的幸福感，因为公民有不同的特征 y，并且持有不同的产品和善 x）。

我们可以用以下方式来想象对同情认同的一般化。③ 我们假设个人和社团所做的选择由这样两个因素决定：他们的偏好排序和可选方案（可行集合）。偏好排序被认为属于有关行为人，并且是事先给定的，因此从一种选择情况到另一种选择情况都相对比较稳定。因此，偏好排序详细说明对无限多的可能情况的选择，其中大多数情况可能纯属假设。可选方案的可行集合可被简单

---

①　阿罗表示，在萨佩斯（Suppes,1966）和 S. C. 科尔姆（S. C. Kolm,1972）的研究中，有一个类似于我在这段文字中引用的概念。然而，我相信，萨佩斯使用的概念在以下两个关键方面不同于阿罗使用的概念：首先，萨佩斯明确把个人属性排除在函数 u 之外[p. 295]；其次，他认识到只根据偏好来阐释正义的困难所在。他表示，"我觉得，那种认为这个理论在直觉上的成功取决于这些个人偏好排序本身是否满足某些正义标准的反对意见可能是正确的。接受这种反对意见并不是承认对循环性的指责，因为正义的道德原则，在逻辑上独立于这里介绍的理论，始终可被作为对个人偏好排序的约束条件引入"（pp. 303—304）。这两点都与我对基本善和正义优先性的阐述相容，并且就如同我们将要看到的那样，明确区分了萨佩斯和阿罗对人际比较的描述。此外，科尔姆的观点类似于阿罗讨论的一个观点。想看到这两种观点的相似之处，可以参阅我们援引的科尔姆的相关论述，把向量 y 的元素想象成被我们归类为偏好对象物的东西，即那些导致被比较者偏好不同的东西。通过这种方式的操作，我们就能从决定偏好结构的参数中消除或者剔除这些东西。如果我们把这个过程进行到极限，那么就能得到科尔姆所说的关于人性的理论。

②　这里，我引用了阿罗（Arrow,1963,pp. 114—115）的论述。

③　这里，我略微详细地阐述了阿罗（Arrow,1977,p. 222）的评论。

地定义为在任何给定的情况下都有的可选方案。因此,那些生病的人,相对不富有的人或者受教育程度比其他人低的人,可以说更偏好健康、富有或接受更多的教育,哪怕没有这样的可能性。他们可能患有疾病,却没有已知的治疗方法,或者他们的处境不可能使他们变得更加富有或者接受更好的教育。我们也常常知道,如果我们有一些不同的最终目的和需要,我们的某些禀赋和能力会以不同的方式变化。那么,我们的偏好会由此发生什么变化呢?函数 u 能使这些判断所涉及的理念一般化,并且涵盖全部可能的选择,甚至是那些同时包括个人处境有可能影响其幸福感的全部特征的选择。

正如我已经说过的,目前,在任何一个良序社会里,公民都能明白在正义问题上什么对公众有利,因此也知道,在这些问题存在争议时,怎样才能使生活得更好。功利主义的特点就是把善看作满足愿望或偏好的手段。于是,正如这种善观念所要求的那样,函数 u 是一个综合函数:它包括有可能影响某人幸福的一切因素,因此代表个人拥有的善,而且并不局限于公民境况的有限客观特征,如基本善。[①]

但是,如果函数 u 用来表示良序社会公民之间的比较,而这个社会的公共正义原则是(由 u 定义的)同序数效用最大化,那么这个函数必须与每个公民关于什么对公众有利的判断相符。这就意味着,u 必须满足两个条件:首先,每个公民可以对所有分量为 x 和 y 的可能向量进行排序,而且他们的排序相同。其次,对于任意两个人,如果拥有基本善 x_1 和特征 y_1 的第 1 个人的指数 w 大于拥有基本善 x_2 和特征 y_2 的第 2 个人的指数 $w[u(x_1,y_1)>u(x_2,y_2)]$,那么包括第 1 个人和第 2 个人在内的全体公民都认为,第 1 个人的总体境况比第 2 个人的总体境况有利。每个公民都有一个关于个人总体境

[①] 为了阐明这种人际比较,我们可以把将公平作为正义的良序社会的公民在正义问题上进行人际比较的函数写成:$g=f(x_i,\bar{p})$。式中,g 是基本善指标(一个实数),f 是决定个人 i 的 g 值的函数,而 x_i 是个人 i 持有或享有的基本善的向量。包括影响个人满意度的各种特征因素的 $w=u(x,y)$ 中的分向量 y,在这里被一个常数向量 $\bar{p}$ 所替代;而且,这个常数向量只被认为是一生都充分合作的社会成员的自由、平等的道德人的特征元素。这个向量之所以恒定不变,因为全体公民具有的这些特征起码达到了最低充分程度。因此,这个函数适用于全体公民,并可进行相应的人际比较。函数 f 和函数 u 的差别表明,在把公平作为正义时,个人不同的最终目的和愿望,以及他们满足愿望和实现目标的或大或小的能力,对决定社会基本结构的正义性不产生任何作用。因此,这些因素没有被纳入 $\bar{p}$。

况有利的概念,因为分向量 x 和 y 收入了影响幸福的各种因素。因此,对于固定的 y,全体公民都试图通过改变 x 来使 u 最大化;而对于固定的 x,全体公民都试图通过改变 y(也就是在可能的范围内,通过改变自己的愿望、实际能力、性格特征等)来使 u 最大化。在上述对第 1 个人和第 2 个人的比较中,每个公民(包括参加比较的两个人)都更愿意处于第 1 个人的总体境况,而不是第 2 个人的总体境况。因此,从这个意义上说,每个公民都更愿意成为具有第 1 个人的最终目的和性格特征的人。

考虑到函数 u 具有以上两个特性,我准备修改科尔姆使用的术语,把这个函数称为"共有最高阶偏好函数"(shared highest-order preference function)。实际上,与这个函数相吻合的是全体公民共同表达的最高阶偏好,而公民就是根据这种偏好觉得采取以下行动对于他们来说是理性的做法:调整和修改自己的最终目的和愿望,并且改变自己的性格特征和重塑实际能力,从而争取在由函数 u 定义的排序中,获得比较靠前的个人总体境况排名。在这样的良序社会里,是用函数 u 表示的公民共有最高阶偏好使得在正义问题的人际比较以及公众都明白"什么有益"成为可能。正是这种共有最高阶偏好维系了由同序数效用原则规范的良序社会的统一。公民都认同理性善,并且相信社会应该尽可能促成这种善,这样做是正确和正义的。

七

共有最高阶偏好函数的概念显然与一个把公平作为正义的良序社会观不相容。因为,在正义的环境下,公民的善观念不但有可能是相互对立的,而且可能没有任何可比性。公民的善观念之所以没有任何可比性,是因为公民在发展和利用自己的道德能力时,不但受到两种最高阶利益的驱使,而且受到一个确定的善观念的驱使,也就是一个由某些明确的最终目的和愿望、特定的依恋和忠诚以及类似的东西定义的善观念的驱使。公民必须站在由自己的善观念的最终目的和特别的依恋和忠诚内容所决定的立场上来评价他人的总体境况和不同的生活方式。因此,在把公平作为正义的良序社会里,并不存在一种可用来共同评价个人总体境况的最高阶偏好。请想象一个被分成两部分的社会,而这个社会的成员肯定有不同甚至对立的生活方式。为了避免复杂化,我假设这些生活方式与我们的正义原则相容,因此可以在不违反这些原则的情况下推行这些生活方式。① 这个社会的一部分成员肯定某些审美价值观和崇尚自然的态度以及优雅礼貌和善待自然物的美德;而这个社会的另一部分成员则肯定自律的价值观,并享受着在与他人的竞争和对抗中感受到的风险和刺激。我认为,这个社会一部分成员即使不会蔑视另一部分成员的生活方式,似乎也会觉得反感。这个社会的两种善观念之所以没有可比性,是因为它们的最终目的和愿望以及具体内容如此不同,以至于无法找到共同的判断基础。在一个功利的良序社会里,并不存在一个可用来给每个成员的总体境况进行排序的共有最高阶偏好函数。因此,在这个我们想象的社会里,如果社会统一确实能得到保证的话,那么就要依靠遵守某些公共的正义原则,而社会统一的基础是否牢固,则取决于社会成员秉持的各种善观念在多大程度上符合并且支持公共正义观。不论怎样,这最后一点提出了正义观稳定性的重要问题。可惜,我不能在这里继续讨论这个问题,但我将继续对共有最高阶偏好函数的概念进行评论。

我借用阿罗的公式来表达这个概念。阿罗认为这个概念会产生令人不安的影响,他写道:②

> 把个人归纳为一张特定的品格特征列表[纳入分向量 y 的元素],是在否认人深层次意义上的个性。从我不能很清楚地表达而且也没有太大的把握来捍卫的意义上讲,个人自主性这个人与人之间没有可比性的元素,似乎被人际比较可能性所否定。毫无疑问,虽然我渴望为正义理论找到立身的基础,但正是某种这样的感觉让我如此不愿偏离纯粹的序数主义。

虽然我认为把个人归纳为一系列品格特征从某种程度上说是错误的,但是,如果我们注意到个人作为某种功利、良序社会的成员具有的某些特征,那么,惊恐不安的理由似乎就会变得更加清晰。因此,首先,共有最高阶偏好的

---

① 相关的复杂化问题绝非微不足道,但我无法在这里进行讨论。关于我对这些问题的看法,请参阅 TJ,pp.30—32,449—451。
② Arrow,1977,pp.222—223.

第十九章 非经济学家论述政府妥善完成其使命意义的著作

概念意味着,这样的个人没有自己践行的确定善观念,而是把自己的各种愿望和能力看作需要调整的品质特征,以便在由函数 u 定义的公共排序中寻求尽可能高的位置。因此,阿罗理所当然地会说,这种个人的个性没有得到承认。他们秉持的各种善观念,通过一个关于什么是令人向往的共有最高阶偏好,才具有公共的可度量性。所以,在这个重要方面,个人的独特性丧失殆尽。任何个人或社团都没有或没有形成一种关于善和如何过属于自己的生活的观念。[1]

这种个性的丧失表明,共有最高阶偏好的概念把人定义为我们所说的"赤裸人"(bare persons)。[2] 这样的人愿意考虑接受任何新的信念和目的,甚至放弃依恋和忠诚。只有这样做,他们才有可能过上总体满意度或由公共排序决定的幸福感更强烈的生活。隐含在共有最高阶偏好概念中的赤裸人的概念意味着那种过着一种能体现本人性格并忠于特定最终目的的生活的人的死亡,并且采纳(或肯定)那些定义与不同(且不可度量)善观念有关的独特观点的价值观。我相信,我们只有像西奇威克那样把享乐主义对善的解释作为个人理性判断的基础,才能从心理上接受这种关于人的观念。考虑到享乐主义对这种判断如何形成的描述,我们至少也可以用语言来描述理性人在归纳同情认同过程时应该怎么做才能进行必要的人际比较。因此,他们会自问:哪种总体境况会产生被理解为某种可识别愉悦感的最大满意度净余额?我不准备在这里讨论这个问题,因为共有最高阶偏好和赤裸人的概念足以说明功利主义和作为公平的正义之间的区别。[3]

阿罗在他的评论中,似乎没有区分个人自主性丧失和个性丧失之间的区别。个性确实有自主性的意思。但根据一种康德式的观点,自主性有更深层的含义,属于自由、平等的道德人这种人观的范畴。在作为公平的正义中,这个概念被表示在了原初状态中,因而被用来说明公正原则的内容和解释这些原则如何能被这种人观肯定的良序社会公民所认可。同序数功利主义(和一

---

[1] 穆勒在《论自由》(*On Liberty*, Mill, 1974),尤其是在《论自由》的第 3 章(第 3—6 段)中,强调了这个问题的重要性。

[2] 是约翰·贝内特(John Bennett)建议我用这个名词。

[3] 在《正义论》(*TJ*, §§83—84)中,我曾试图说明享乐主义如何产生于一个有关完全一般性的第一人称理性选择过程的。

681

般功利主义)先是用人的满足能力来审视人,然后才把正义问题解释为如何为产生最大的总幸福感配置满足手段。这个概念与一些经济学理论中根深蒂固的观点非常契合,因为这些观点认为,经济学理论研究的是如何为了最有效地促进既定目标的实现来配置稀缺资源。当然,所有这些我们都很熟悉,但我们并不那么明确的是,在这样一种学说中,自主性概念从涉及自由、平等道德人观的意义上讲,与推导功利主义正义原则的内容无关。阐明作为公平的正义中原初状态概念的一个原因是,尽可能清晰地表明自由、平等的人观对确定正义原则的作用。①

我们可以把功利主义善观念的主观性看作一种使理性的善观念能满足现代世俗多元民主社会制度要求的手段。这样一种社会的公民会追求许多不同甚至相互对立的最终目的,而宪法赋予的自由则能保障各种不同生活方式的存在。因此,功利主义者可能会争辩说,由基本制度推进的一种理性善公共观,不能被理解为具有明确目的和愿望的确定善观念。例如,如果这是一种完美无瑕的善,以至于社会会安排自己的基本制度,以便最好地促进对真、美和人类卓越的价值观的公共解读,那么,我们就没有理由期待这些制度是民主制度。当这种唯一的善是宗教救赎观视角下的善时,这一点就会变得更加显而易见。因此,在一个民主社会里,唯一的善必然会被认为是主观的,就像对欲望或偏好的满足。

现在,我们假设民主的政治和社会制度被认为能在现有社会条件下使这种主观善最大化,并且假设现有条件被认为差不多是稳定的,而且在不久的将来也不太可能发生太大的变化。因此,使一种主观论的理性善最大化的原则,似乎是一种适合民主社会的正义原则。由于一些之前已经说过的显著原因,一种康德式的观点不可能接受这种对唯一理性善的适应性调整。首先,对于唯一理性善的主观看法是基于赤裸人的概念提出的,因此,自我并不被认为具有任何符合作为正义观组成部分的人观的前置道德结构。其次,由于功利主义从独立和优先的善观念出发,因此没有把基于权利和正义的限制因素强加于通过满足才能实现的目的。对目的的所有限制只能来自如果我们要在给定

---

① 关于自主性概念在作为公平的正义中的作用的深入讨论,请参阅罗尔斯1980年题为《理性和完全自主》(Rational and Full Autonomy)的第一讲,特别是第522—533页。

第十九章　非经济学家论述政府妥善完成其使命意义的著作

环境下实现最大善而设计制度所必需的东西。但是,我们可以很容易地描述现实的社会状况,也就是社会成员的愿望和偏好格局不允许通过确保平等的基本自由来实现最大的满足。因此,在认识到有可能存在许多明确的善观念,而且每种明确的善观念都受到正义原则约束的情况下,平等的基本自由就得到了最大的保证。如果我们想为民主制度奠定坚实的基础,那么最好从基于公共正义观的社会统一概念开始做起。当然,这些考量并不能表明功利主义是一种错误或前后矛盾的观点,因为它们只是追寻这种观点造成的结果。我还要补充一点,(在作为公平的正义中)许多可接受善观念的思想并不意味着对从社会成员的立场来评估这些观念持怀疑态度。因为,这些善观念是根据某人的利益、能力和处境以及理性原则来评价的;而且,即使这样的评价不会对公民对基本自由和其他基本善的主张产生任何影响,有些人(和那些给他们提供建议的人)也仍会认为某些生活方式比其他生活方式更值得追求。

八

我试图通过比较作为公平的正义中基本善的概念与同序数功利主义中共有最高阶偏好函数的概念,来说明人际比较问题如何与正义观中的各种基本概念发生关联。这种比较揭示了这两种人际比较方式的不同哲学背景,并且解释了它们与不同的人观和社会统一观之间的关系。既然作为公平的正义可以接受许多不同、不可调和的善观念的自由主义假设前提,因此可以把一种共同正义观作为比较的起点。公众对这种正义观的认可,而不是公众对一种理性善的认可确保了社会统一所需的各种关系。有了这个起点,平等的基本自由的优先地位就有可能成为民主社会的常态,也就是公民对多种不同善观念的肯定。在正义观的指导下,再结合它关于人和社会合作的理念,我们就可以选择一些实用和为数有限的东西(基本善),而毕生致力于社会合作的自由且平等的道德人则会把它们作为自己以正义社会公民的身份通常需要的东西来接受。我们选择的这些实用东西为与自主性兼容的人际比较奠定了基础,而且允许个性以公民可自由选择的多种不同善观念的形式(在正义的范围内)存在。

在作为公平的正义中,社会成员首先被认为是能够为了互利进行合作的道德人,而不仅仅是有自己寻求要达到的目的和要满足的愿望的理性人。正如我已经说过的那样,合作观有两个要素:一是全体合作参与者都可被合理地认为能接受的公平合作条件;二是每个合作参与者都有合理的利益或者善。合作观不同于为某一目的开展社会协调活动,因此,前者在被应用于社会基本结构时,很自然地会把两种道德能力作为人的本质特征。于是,我们说,两种最高阶利益是旨在发展第一正义原则内容的两种主要形式的道德动机。因此,在把公平作为正义的良序社会里,公民既有在公平的条件下为了互利一生与他人合作的能力,又有这样做的规范性愿望;这反过来又意味着,个人和群体有愿望以一种所有人作为自由、平等的道德人都能够并实际接受的理由来解释和证明其正当性的方式推进他们的善。公众对这些原则的认可与他们每个人无论社会地位如何作为人的身份相符。

这种对合作概念的强调表明,在把公平作为正义的道德观中,正义观和善观念虽然互为补充,却具有截然不同的作用。一方面,从正义限制可接受的善观念的意义上讲,正义高于善。因此,对那些有违正义原则的善观念的追求就被绝对排除在外,而追求不可接受的善观念的主张则根本不会产生影响。另一方面,除非公民有他们努力践行的善观念,而且这些善观念决定完全值得人类去努力的生活方式,否则正义的制度就没有意义。因此,正义观必须允许有充分多的可接受的善观念来满足这个要求。如果,在可接受的善观念中得到最广泛支持的,是那些(譬如说)因为目的与主流善观念的价值和正义所要求的美德具有一定相容性而符合并支持正义观的善观念,那么,正义的道德观作为一个整体则最有可能稳定不变。以上简短的评论解释了正义的道德观与功利观之间的一些区别:正义的功利观把(主观的)善作为独立且优先的概念;而正义则被定义为使善最大化,因而从属于善。

对于关心社会正义和公共政策的经济学家来说,基本善指标似乎只是一种不受理论约束的临时拼凑物。正是由于这个原因,我试图解释这样一个基本善指标的哲学背景。因为经济学家的反应在一定程度上是正确的:基本善指标不属于经济学理论的范畴,而属于一种其本身属于取代唯一理性善传统的自由主义传统的正义观的范畴。因此,我们的问题并不是如何精确地测量

第十九章 非经济学家论述政府妥善完成其使命意义的著作

某些只有科学才有的心理或其他属性,而是一个道德和实际问题。使用基本善并不是一种可用更好的理论来替代的权宜之计,而是一种合理的社会实践。我们设计这样一种社会实践,是为了在需要依靠正义观来理解社会统一的公民之间,达成为进行有效和自愿的社会合作所需的可行协议。对于确定在特定社会环境下进行人际比较的更加明确的特征,经济学理论显然不可或缺,但关键还在于,在适当的哲学背景下理解这个问题。

第三节　社会需要的不仅仅是正义[1]

安妮特·C.拜尔

在这篇文章里,安妮特·C.拜尔(Annette C. Baier)认为,正义社会的自由观必须用一种认为社会应该注重关怀伦理的观念来补强。拜尔表示,一种康德式的自由主义社会观强调个人自主的重要性、尊重平等的契约关系的必要性、自由选择关系的道德品质以及理性控制情感的重要性。不过,拜尔也认为,个人自主也会导致个人生活的孤独感和空虚感;许多人际关系是不平等的关系(如病人与医生之间的关系);许多关系并不是自由选择的结果(如子女与父母之间的关系);但重要的是,我们不但要控制负面情绪,而且要培养好的情绪。

拜尔接着又表示,自由主义的社会观能够容忍社会公民选择关心他人,因为自由主义允许并保证社会公民可以选择不同的生活计划。但是,拜尔又提出了不同的看法。她认为,只有宽容是不够的,因为自由的社会需要那些选择关心他人的成员提供的服务。否则,儿童就无法茁壮成长,弱者就无法过上体面的生活,病人就无法像健康人那样生活,而在某些情况下甚至无法生存。使用他人的服务而不表示感谢——用经济学的术语来说,就是某种形式的付酬——就变成了剥削。因此,拜尔主张进行组织机构变革,并采取法律补救措施来消除对提供这种必要关怀的人的剥削。例如,法律规定的(带薪)产假和对儿童实施的税收优惠,可能就是关怀伦理支持的制度安排的例子。拜尔在道德论证的基础上提出了这些主张,从而为社会变革提出了有益品论。通过这样做,拜尔再次证明了哲学和政治经济学之间的明确联系。

---

[1] 本文在征得了作者和加拿大(阿尔贝塔省)卡尔加里大学出版社(the University of Calgary Press)的允许后转引自:Annette C. Baier,"The Need for More than Justice," in Marsha Hanen and Kai Nielsen (eds.),*Canadian Journal of Philosophy*,Supp.Vol. in Science,Ethics,and Feminism,41—56。作者安妮特·C.拜尔来自美国匹兹堡大学,美国匹兹堡 PA 15213。

第十九章　非经济学家论述政府妥善完成其使命意义的著作

※　※　※

近几十年来,伴随着影响广泛的正义理论——罗尔斯把正义看作"社会制度的第一美德"[1]——的发展和讨论的深入,北美社会与道德哲学界发起的一场对抗运动正在积聚力量,而这场运动的发起人值得关注。在那个以各种不同的方式质疑正义在道德与社会美德中假设的至高无上性的多元化群体中,有一些最直言不讳的成员,他们就是社会中那部分可以被认为特别在意正义至高无上的重要性的成员,即黑人和妇女。在那些他们的平等权利最近才得到承认并且最近才见到自己长期遭受的种族和性别不公平待遇得到修正或部分纠正的社会成员中,有的成了哲学家。这些哲学家认为,正义只是众多道德和社会美德中的一种美德,而且是一种需要其他美德在场才能显示其不可否认的价值的美德。在这些可以说是反哲学主要文化潮流——但力量日益壮大——的哲学家中,有阿拉斯代尔·麦金泰尔(Alasdair MacIntyre)[2]、迈克尔·斯托克(Michael Stocker)[3]、劳伦斯·布卢姆(Lawrence Blum)[4]、迈克尔·斯鲁特(Michael Slote)[5]、劳伦斯·托马斯(Laurence Thomas)[6]、克劳迪娅·卡德(Claudia Card)[7]、艾利森·贾加尔(Alison Jaggar)[8]、苏珊·沃尔夫(Susan Wolf)[9],以及一个包括我本人在内并一直受到哈佛大学教育心理学

---

[1] John Rawls, *A Theory of Justice* (Harvard University Press).

[2] Alasdair MacIntyre, *After Virtue* (Notre Dame: Notre Dame University Press).

[3] Michael Stocker, "The Schizophrenia of Modem Ethical Theories," *Journal of Philosophy* 73, 14, 453—466, and "Agent and Other: Against Ethical Universalism," *Australasian Journal of Philosophy* 54, 206—220.

[4] Lawrence Blum, *Friendship, Altruism and Morality* (London: Routledge & Kegan Paul, 1980).

[5] Michael Slate, *Goods and Virtues* (Oxford: Oxford University Press, 1983).

[6] Laurence Thomas, "Love and Morality," in *Epistemology and Sociobiology*, James Fetzer, ed. (1985); and "Justice, Happiness and Self Knowledge," *Canadian Journal of Philosophy* (March, 1986). Also "Beliefs and the Motivation to be Just," *American Philosophical Quarterly* 22 (4), 347—352.

[7] Claudia Card, "Mercy," *Philosophical Review* 81, 1, and "Gender and Moral Luck," forthcoming.

[8] Alison Jaggar, *Feminist Politics and Human Nature* (London: Rowman and Allenheld, 1983).

[9] Susan Wolf, "Moral Saints," *Journal of Philosophy* 79 (August, 1982), 419—439.

家卡罗尔·吉利根(Carol Gilligan)著述影响的男女学者群体。吉利根的著作《以不同的声音》(*In a Different Voice*, Harvard 1982; hereafter D. V.)不仅在通俗报刊上,而且在哲学期刊上引起了相当大的轰动。①

请允许我一上来就相当明确地指出,说正义是一种非常重要的社会价值观,而不正义则是一种邪恶,几乎不会招来异议。那些研究正义理论的学者也不会否认正义之外还有其他重要的东西。以罗尔斯为例,他把自由的价值融入他对正义的阐释中,因此,否认基本自由就被说成不正义。罗尔斯也为涉及面更大的权利理论留下了空间,而正义理论只是权利理论的一个组成部分。尽管如此,他仍然宣称正义是社会制度的"第一"美德,而我则认为,就是这种关于正义优先性的主张受到了挑战。已经存在的观点分歧很容易被夸大,而我就是想避免这种情况。这些分歧既有内容上的又有重视程度上的差别,或者,我们可以说,它们只有语气上的差别。不过,这些差别往往会导致对很多主题——不但有道德理论的主题,而且有医学伦理等领域的主题(其中有关于病人权利、在知情的情况下表示同意等方面的讨论)——的不同看法,而现在又借助吉利根所说的关怀伦理和正义伦理,倾向于扩大道德问题的讨论范畴。

"关怀"是新的流行词,它不是像莎士比亚笔下的波西亚(Portia)要求的需要伸张正义的怜悯,而是一种不那么专制的人道主义的补充,一种被感受到的对他人利益和与他人共同生活的关心。"冷漠、嫉妒的正义美德"(cold jealous virtue of justice,休谟语)被认为太过冷漠,而"关怀"是用来补充正义的"比较温暖"、更加社群主义的美德和社会理想。有人可能会说,没有友爱(fraternity)②的自由和平等会被认为不够充分,除非"友爱"这个词完全用错了,如果像吉利根一开始所说的那样,女人最容易理解这个词的确切含义。"Sorority"③这个词也不太合适,因为它太排外,而且英语中没有中性的词来形容兄弟姐妹之间的相互关心。此后,她修改了这个主张,承认在道德和社会问题上有两种观点:一种是她所说的正义观,另一种是关怀观;而我们则都倾

---

① 关于富有教益的综述文章,请参阅:Owen Flanagan and Kathryn Jackson, "Justice, Care & Gender: The Kohlberg-Gilligan Debate Revisited," *Ethics*.
② fraternity 又有"兄弟会"的意思。——译者注
③ 姐妹会,这里是指女性之间的友爱。——译者注

第十九章 非经济学家论述政府妥善完成其使命意义的著作

向于交替使用这两种并不总是容易结合起来的观点。不过,有一点越来越明显,那就是许多男性学者(如劳伦斯·托马斯、劳伦斯·布鲁姆、迈克尔·斯托克)成了关怀观的哲学代言人。因此,关怀观不可能只受到女性学者的青睐。尽管如此,吉利根仍想宣称,女性不太可能像一些男性那样,只秉持正义观,至少在一些中年危机使她们变成"双焦"道德愿景("bifocal" moral vision)持有者之前就是这样(see D. V. ,ch. 6)。

吉利根在她的书中没有从理论上对为什么女性和男性的道德观会存在差异的问题进行任何解释,但她确实倾向于把关怀观中的女性自然属性与她们作为幼儿主要照顾人的角色联系起来,也就是与女性扮演的家长角色,尤其是母亲的角色联系起来。吉利根在她的书中回避了这样一个问题:究竟是女性的生理"家长"角色还是她们的社会家长角色与此有关?而一些不喜欢她这本书的人正是担心这种不确定性。有些人认为,把一种可能是社会强制限制妇女扮演家庭角色(而且把这种角色只留给女性)的产物的观点奉为一种特殊的道德智慧是在倒退,因为这似乎正中那些仍在支持这种限制的人的下怀(极权主义者想必不会因为道德真理由于最初的明确表达要依靠社会对说出这种真理的人的压迫和对此的记忆而感到惊讶)。吉利根在《以不同的声音》第一章里引用了南希·乔多罗(Nancy Chidorow)的理论[见《母职的再生产》(*Reproduction of Mothering*,Berkeley,1978)]。乔多罗把孩子人格上出现的性别差异归因于他们的早期社会发展,尤其是孩子的主要监护人是否与孩子性别相同的影响。后来,她在"征服者和黑暗大陆:对爱的本质的反思"(The Conquistador and the Dark Continent: Reflections on the Nature of Love, *Daedalus*,Summer,1984)和"童年早期道德的起源"(The Origins of Morality in Early Childhood,in press)中,对这个问题进行了详细的解释。她假设,任何一个幼儿总会意识到两种不幸:一种是与自己需要他们爱的人分离或隔离,另一种则是相对的无能为力和软弱。然后,她提出了道德发展的两个维度:一个旨在实现以令人满意的方式与他人相处,另一个则旨在争取自治或权力平等。一个道德发展的维度对另一维度的相对优势既取决于上述两种不幸在幼儿时期体验的相对突出程度,也取决于在早期和后期为防止这两种不幸而采取的强化或劝阻措施。吉利根通过以上解释提出了一种回答以下这个问题的理论雏形：为什么在目前既有的育儿习俗下主要是女性不满足于被吉利根称为"正义观"的道德观，尽管她们过去曾经而且现在仍然认为这种道德观为她们艰难摆脱性别歧视的压迫所必需。她们与黑人一样，使用权利和正义等术语来改变自己的社会地位，但仍然根据吉利根作为道德心理学家的发现看到了这些术语的局限性。吉利根表达了她们对个人主义的差不多是康德式道德框架的不满，但这种道德框架主导着西方的道德理论，并且影响了像劳伦斯·科尔伯格（Lawrence Kohlberg）[1]这样的道德心理学家。吉利根试图用另一种观点来取代科尔伯格提出的道德成熟观。由于吉利根批评的对象是占据主导地位的康德哲学传统，又由于这个哲学传统自身也已经成为一些观点各不相同的道德哲学家[如伯纳德·威廉姆斯（Bernard Williams）[2]、阿拉斯代尔·麦金泰尔、菲利帕·富特（Philippa Foot）[3]、苏珊·沃尔夫、克劳迪娅·卡德]的批评对象，因此，吉利根的这本书之所以值得关注，不但因为它试图阐明一种取代康德式正义观的正义观点，还因为它隐含地提出了西方道德理论，尤其是自由民主理论中的男性偏见问题。关于这种道德观的盲点是源于男性偏见或者非父母偏见还是源于早期无能为力感造成的创伤或者早年屈从于与他人的"分离"的问题。我们在对这些盲点的产生原因和解决方法产生兴趣之前，首先必须说服自己相信它们是盲点。那么，正义是对重要的社会价值观视而不见，或至少是"睁一只眼闭一只眼"？从"关怀的视角"看到的东西，与从"正义的视角"看到的东西有什么区别呢？

如果拿吉利根的观点与科尔伯格的观点进行比较，就可以很容易地描述吉利根的观点，而吉利根正是在科尔伯格的观点的基础上提出了自己的观点。科尔伯格在皮亚杰（Piaget）和康德哲学传统的影响下，像约翰·罗尔斯那样发展了一种典型的道德发展理论。这种理论审视了道德发展从前道德成规期以取悦或不冒犯父母权威形象为重的水平进展到道德成规期孩子试图融入某个像学校共同体这样的群体并遵守其标准和规则的水平，再发展到后道德成

---

[1] Lawrence Kohlberg, *Essays in Moral Development*, vols. I & II (New York: Harper and Row, 1981, 1984).

[2] Bernard Williams, *Ethics and the Limits of Philosophy* (Cambridge: Cambridge University Press, 1985).

[3] Philippa Foot, *Virtues and Vices* (Berkeley: University of California Press, 1978).

第十九章 非经济学家论述政府妥善完成其使命意义的著作

规期已形成的道德规则——即那些要求尊重每个人的个人理性意志或自主性,并且遵守任何被认为已经形成的隐性社会契约或者如果大家能想清楚就会制定的道德规则——接受某种功利主义或者最终是康德式的检验的水平。吉利根报告称,在把科尔伯格设计的问卷(主要是通过口头回答口头描述的道德困境)用于女性和男性受试者后发现,不但女孩和妇女通常得分低于男孩和男人,而且即使在短暂地(通常是在青春期)达到道德成规期水平以后,也常常会回归到道德成规期较低阶段的水平。因此,皮亚杰关于女孩缺乏"法律意识"的发现得到了证实。

这些研究结果驱使吉利根想要知道,是否至少女性有一种完全不同的道德发展模式?因此,她进行了访谈,不但旨在搞清受访者对康德式自主性质和重要性的理解有多深刻,而且想知道受访者自己是怎么看待进步或缺乏进步以及到他们成年时会秉持怎样的道德成熟观。她发现,虽然很多年轻男子似乎认同科尔伯格关于尊重他人以及他们平等的权利(包括自由结社的权利)的道德成熟观,但女性在谈论道德本身和道德成熟问题时往往会发表不同的看法。用吉利根的话来说,"由于相互联系的现实被女性受访者认为是给定的,而不是自由契约规定的,所以她们对生活的理解反映了自主和控制的局限性。因此,女性的发展勾勒出一条不但通向一种不那么暴力的生活,而且通过相互依赖和照顾来实现成熟的路径"(D. V. ,172)。她写道,有证据表明,"女性对社会现实的感知和理解与男性不同,两者的差别主要集中在对依恋和分离的体验上……因为妇女的正直感似乎会与关怀伦理交织在一起,以至于把自己看作女性,就是把自己看作一种连接关系,女性生活的主要变化似乎涉及对关怀的理解和活动的变化"(D. V. ,171)。她把对关怀的这种渐进式理解(从仅仅取悦他人到帮助和养育他人),与一种涉及科尔伯格所说的各个阶段的渐进(一种理解相互尊重而不是相互关怀的渐进)进行了比较。在这种渐进过程中,理解有它的康德式距离感,甚至有某种被尊重者的恐惧感;个人的自主和独立,而不是更令人满意的相互依存,是最重要的价值观。

我们不得不认为,这种比较是一种吉利根有可能用极权主义的异化观进行的比较。以正义为第一美德的康德式社会,被说成尊重诸如履行合同、维系程序正义、享有包括参与政治活动制定政策和立法机会在内的机会平等等正式善的权利,以及基本的言论自由、结社与集会自由和宗教信仰的权利。而对这种社会的主要抱怨是,除了维持这样一个"公民社会"运行所需要的最低限度的关系之外,这些正式善并不能更多地保证那些享有这样的权利并相互尊重这些权利的公民彼此之间会有任何其他的关系。生活在这种社会中的公民可能很孤独,甚至孤独到想自杀,对工作和参与政治过程漠不关心,发现自己的生活毫无意义,并且不想让自己的后代也过上同样毫无意义的生活。他们的权利以及对权利的尊重倒也能与巨大的苦难相容,但造成这种苦难的原因不止是个人的不幸和精神疾病,而且有社会和道德的"贫困化"。

吉利根调查的年纪较大的男性受试者抱怨的,正是这种源于某种依稀可见的人类生活得更好的可能性、某种更加丰富多彩的人际关系网络的异化感。就像吉利根调查的一位男性受试者所说的那样,"我们有真正的情感需要依附于某些东西,而平等不会给我们带来这种寄托情感的东西。平等造成社会分裂,并且导致每个成员都要承担自立的责任"(D. V. ,167)。他们不但抱怨自立的不易,还抱怨自立对社会造成的"分裂"效应。在念大学的年纪较轻的受试者把道德看作一种互不干预的关系,而那个年纪较长的受试者则开始把道德看作相互依恋的关系。"道德……对于创造这种环境……至关重要,人际互动,那是实现个人目标的先决条件。如果你想让别人不干预你追求的任何东西,你就必须参与这种游戏。"这位传统自由主义的代言人如是说(D. V. ,98)。但是,如果我们"迷恋于"构建相互关联、相互依存的关系,而不是有可能涉及"分离"的个人自主,那么这样一种道德就会显得不充分。但是,吉利根强调指出,她的成年女性受试者和一些男性受试者想维持的相互关联的关系不仅仅是自由选择的相互关联的关系,也不是平等者之间的相互关联的关系,而且也是那种子女与他们不能选择的母亲和父亲之间、子女与他们不能选择的兄弟姐妹们之间,甚或大多数劳动者与他们不能选择的同事们之间或大多数公民与他们不能选择的公民同胞们之间的相互关联的关系。

吉利根版本的道德成熟中有一种不同于自由主义的体面社会模式,这种模式与现代西方自由主义的理想相比,在许多方面更接近于与宗教有关的旧版道德和美好社会。这也许就是为什么有些人觉得这种模式非常危险、是在倒退的原因。但显而易见,这种模式与我们所说的黑格尔版本的道德成熟和

第十九章 非经济学家论述政府妥善完成其使命意义的著作

社会健康与不适也有许多共同之处,既有马克思主义版本的道德成熟,又有所谓的右翼黑格尔的道德成熟观。

我想总结一下我所看到的以下两方面的主要区别:一方面是吉利根版本的道德成熟以及那种鼓励、表达和保护道德成熟的社会结构;另一方面是吉利根认为她本人要挑战的正统道德成熟观。从现在开始,我将对吉利根对正统的道德成熟观发起挑战的意义做出解释,而不仅仅是介绍她发起的挑战。[①]吉利根发起的最显而易见的挑战是她对西方个人主义传统发起的挑战,也就是向认为每个人都有可能和愿望以自己的方式去追求自己的个人善并只受到最低限度的正式共同善的约束——受到一个确保契约得到执行并保护个人不受他人不当干预的有效法律机构的约束——的非常根深蒂固的信念发起的挑战。吉利根提醒我们,不干预,尤其是对那些相对的无能为力者,如很年轻的人来说,就相当于忽视,甚至也会在平等的人之间造成孤立和疏远感。在吉利根的不那么个人主义的版本中,个性被定义为对自己选择和不是自己选择的依赖和相互关联模式做出的回应。个性不是某种个人拥有然后选择关系去适应的东西,而是某种产生于许多依赖和相互依赖关系以及对它们做出的回应的东西。这种个性观并不是截然不同于(譬如说)罗尔斯的康德式个性观,但罗尔斯与吉利根的个性观之间至少存在说话语气方面的差别,因为,罗尔斯说到了我们每个人都有自己的理性生活计划——正义社会的道德"交通规则"允许我们奉行并且有可能包括或不包括与他人密切关联的生活计划;吉利根则说到了一种涉及"亲和关系发展"的令人满意的生活(D. V. ,170),而"认同概念则扩展到了包括相互关联的体验"(D. V. ,173)。罗尔斯允许这种吉利根式道德成熟的进步可以是一种理性的人生计划,但不是一种对每种生活方式的道德约束。现在的麻烦是,不能只说"让这种道德成为一个追加的选项。让我们在最基本的最低限度上达成一致,也就是在'正义和权利'的问题上达成一致,也能让任何想走得更远并树立这种要求更高的责任和关怀的理想的人如

[①] 我以前在《女性想在一种道德理论中要什么?》("What Do Women Want in a Moral Theory?" *Nous*, 19 March 1985)、《信任与反托拉斯》("Trust and Antitrust," *Ethics*, 96, 1986)和《休谟:女性道德理论家?》("Hume the Women's Moral Theorist?" in *Women and Moral Theory*, Kittay and Meyers, ed., forthcoming)中,阐述过吉利根的研究发现对于道德哲学的重要意义。

愿以偿"。这是因为,首先,如果没有他人更加密切的合作,就无法确保对权利和正义的尊重,那么就不可能令人满意地树立这种理想;其次,鼓励一些人去树立这种理想,而不鼓励其他人这样做,就很容易导致对那些这样做的人的剥削。这种情况显然很适合大多数社会中的某些社会,也就是其他人承担起照顾(患者、无助者和年幼者的)责任,让他们自由地追求自己不那么利他的善。那些接受关怀伦理的人组成的志愿力量,由于在一个由那些接受一种不那么公共的约束自我发展最少的道德的人行使权力并设计、改革或维护制度的社会里运行,因此不会是解决问题的办法。崇尚自由主义的个人主义者也许能够"容忍"更具公共道德心的人(如果他们能够遵守自由主义规则),但我们并不是很清楚更具公共道德心的人是否能够只满足于遵守自由主义规则,也不知道他们是否能满足于被别人容忍并可能受别人剥削的状况。

　　道德传统发展了权利、自主和正义等概念,同时也为压迫那些主要权利持有人依靠他们做自己不愿意做的工作的人提供了"正当的理由"。家务劳动交给了妇女和佣人做,而权利持有人的自由主义道德观,暗中得到了对家务劳动者提出的许多不同的要求的补充。只要妇女能承担起照顾家庭和孩子的责任,并训练自己的孩子继续在性别歧视的制度下苟且偷生,那么,自由主义的道德观就可以继续成为官方的道德观,并且对那些被这种道德观排斥在外的人所做出的贡献视而不见。家务劳动者大多是女性,他们就成了长期受到忽视的道德无产阶级,而权利则通常属于特权阶层。谈论法律和法律承认并保护的权利本身并不能确保立法者和权利持有人不会只限于某些精英。权利法案通常是一些小集团、贵族、地主、男人、白人、非外国人的权利宣言。他们的"正义观"和由此产生的法律意识都被他们的父权历史所遮蔽。那么,伟大的自主先知康德在他关于女性的道德理论中说了些什么呢?他说,她们没有能力立法、不适合投票,她们需要更多的"理性"男士的指导。[①] 自主不属于她们,只属于那些一流的真正理性人士。具有讽刺意味的是,吉利根的最初发现在某种程度上肯定了康德的观点,似乎自主权真的可能并不适合女性。她们中的许多人拒绝这种理想(D.V.,48),并且被认为不像男性那样善于制定规

[①] Immanuel Kant, *Metaphysics of Morals*, sec. 46.

第十九章 非经济学家论述政府妥善完成其使命意义的著作

则。但是,从康德——"女性的处境变得更加糟糕"——的结论中,我们可以得出这样的结论:"女性的处境因为男性对立法这种特殊技能的执着、统治崇拜的官僚心态以及对独立比相互依赖重要的夸大而变得更加糟糕。"

然而,把个人权利观作为其核心的道德理论不但被作为排除某些人的工具,而且也是那些要求把越来越多的人纳入自己心仪的群体的工具,也同样是事实。废除主义者、改革者和妇女都运用权利的语言来维护自己加入社会正式成员群体的权利。自由主义道德理论的传统实际上已经发展到让长期被排斥在外的妇女(包括穷人和富人、黑人和白人等)都加入了社会正式成员的群体。像玛丽·沃斯通克拉夫特(Mary Wollstonecraft)这样的女性,已经把男性的道德理论应用于好的用途。因此,我们不应该因为这些男性的道德理论早先所有令人反感的内容而对它们毫不领情。毫无疑问,它们都是宣扬父权的道德理论,但也含有质疑这种"父权毒药"的种子或者解药。

但是,如果我们想超越康德学派的价值观,那么就不应该忘记历史事实——这些价值观是压迫妇女的人的价值观。虽然阿奎那把基督教会版本的道德律编入了他非常尊重法律的道德理论,但基督教会仍然坚持它所崇拜的上帝是男性的观点,并且煞费苦心地把教会层级制中全部最有权力的位置都留给了男性。基督教会公开宣扬它的父权偏见。在世俗的男性道德理论中,男性至上的偏见在今天通常已经不那么公开,也不像在阿奎那著述、后来的自然法传统以及康德和黑格尔的著述中那么明显,但通常仍然存在。今天,没有一个道德理论家会说,女性不适合投票、不适合制定法律,也不适合在没有强大的男性咨询顾问支持的情况下统治国家(就像大多数女王那样),但旧的教条很难被摒弃。约翰·罗尔斯的道德理论是迄今最好的男性道德理论之一,但在他的理论中,"一家之主"的概念扮演着关键的角色;正是一家之主们在历史细节和他们自己特殊处境的细节的"无知之幕"后面进行着深思熟虑,并且为社会制定出"公正"的宪法。当然,罗尔斯并没有认为或者明说这些"一家之主"是父亲,而不是母亲。但是,如果我们真能像格劳秀斯(Grotius)所说的那样放弃女性需要被内置于更加"理性"的男性保护者和主人的眼皮底下的古老神话,那么,除非父母一方死亡或者放弃做父母的义务,否则家庭怎么会只有一个"主"呢?家庭要么是有两个"主",要么是没有"主"。即使在当代最好的道德理论建构中,古老的"父权毒药"的残留物仍然存在。实际上,很少有人会说,女人就应该待在家里,但在失业率上升时就有很多人抱怨,近来有大量的妇女涌入劳动力队伍使得问题变得复杂,就好像只要失业率上升,妇女就应该回家,把就业机会让给男性是件好事似的。我们仍然没有真正广泛地接受妇女走出家门参加工作的平等权利,也没有广泛接受男人有平等的义务做那些并不需要女性特殊身体条件的家务,如做饭、打扫卫生和照顾断奶后的孩子。各种各样的故事(也许是真实的故事)都是关于孩子需要一个"主要"家长的故事,如果母亲用母乳喂养孩子,那么这个"主要"家长必然是母亲,这样就会加剧父母、夫妻之间家庭责任的不平等分工。如果我们真的要重新审视过去的父权价值观,那么就需要重新思考所有这些假设,真正检验那些心理学理论。而且,如果男人继续受到保护或远离照顾受供养子女的体验——一种能补充我们大家有过的照顾受供养子女的经历的体验,那么,他们如何提升对"关怀伦理"的理解呢?在接受过吉利根调查的女性受试者看来,这种体验是推进道德成熟发展的自然背景。

　　撇开剥削问题不谈,为什么妇女一旦获得解放,就会不满足于她们仅仅得到容忍的道德观呢?为什么她们不能出于自愿,由于自己的原因而承担比自由规则要求的更多的责任,同时对这些规则本身的内容没有异议,而且对剩下的那些被认为应该普遍遵守的规则也没有异议呢?要想知道其中的原因,我们必须继续审视康德学派的自由主义者(通常是契约论者)和他们的批评者之间的三方面区别。这些区别涉及平等者之间关系的相对重要性、选择自由的相对重要性以及智力对情感的权威。平等者之间的关系,或者说在某种重要意义上被认为是平等的人之间的关系,一直是道德主要关注的要规范的关系,这是自康德或者自霍布斯以来主流道德理论和传统的一个典型特征。那些力量明显不对等方面之间的关系,如父母与子女之间的关系、彼此有关的上一代人与下一代人之间的关系、国家与公民之间的关系、医生与病人之间的关系、健康者与有病者之间的关系、大国与小国之间的关系,已经被挤到了议事日程的最后面,然后又被以某种"提升"弱者平等地位的方式营造虚拟平等的表象来处理。公民集体成为与国家平起平坐的平等者,儿童被作为未来的成年人来对待,而病人和垂危者则被作为他们之前健康的自我的延续者看待,因此,

第十九章　非经济学家论述政府妥善完成其使命意义的著作

他们的"权利"可以被视为平等的权利。这种事实上并不存在的平等的假象，往往会促成对较弱或依赖性更大的人进行理想的保护，但在某种程度上掩盖了我们与那些力量比我们大或小的人到底有怎样的道德关系的问题。更现实地接受我们以无助的孩子的身份开始人生；我们几乎在生命的每个节点上都要与比我们更加无助或者没有我们无助的人相处；两个人或两个群体之间的能力平等和相互依赖的情况十分罕见，而且即使发生也很难觉察到，但也许有助于我们采用更加直接的方式来解决关于导致这些不平等者之间关系的机构（家庭、学校、医院、军队）以及我们与强者和弱者打交道的道德准则的设计问题。那些赞同吉利根版道德观的人不愿赞同自由主义者关于"道德规则是一种好的最小规则集合，也是我们必须迫使每个人遵守的仅有的道德规则"的观点的一个原因是，这些规则几乎无助于保护年幼者、垂危者、饥饿者或任何对遭到忽视的相对无能为力者，或者无助于确保教育能培养遵守关怀和责任伦理的人。坦率地说，而且从某种程度上说，吉利根肯定没有说过，自由主义的道德观倘若没有得到补强，也许只能导致人们成为这种道德观证明其正当性的理论假设的不关心彼此利益的人。然而，有些人必然会关心下一代的利益。女性照顾弱者特别是年幼者的传统工作，显然具有重要的社会意义。我们不能把任何不能保证得到很好遵守的道德版本看作适当的"最低限度的道德"，就像我们不能把任何对更加遥远的后代的关怀看作可有可无的事情。我们可以理直气壮地说，一种道德理论不能把对新人和未来人的关怀看作留给关心这个问题的人去做的可有可无的慈善。如果这种理论支持的道德要靠它自身来延续，那么就必须助力它自己的继承者，它不能只依靠我们精心培育的母性本能或者那些把我们关心地球母亲所做的事情作为自己的事业或爱好而自己组织起来的环保团体的热情来助力。

　　承认不平等者之间的关系和只能是不平等者之间的关系对于各关系方的重要性、这两种关系本身及其对关系方人格形成和对其他关系的影响，就如同承认并不是从道德的角度看是重要的关系都能或应该自由选择一样重要。到目前为止，我已经讨论了女性在自由主义道德框架下不能满足于追求自身价值的三个原因。首先是这方面不可信的记录；其次是它对不平等关系或平等假象的忽视；最后是夸大了选择的范围，或者忽视了非选择的关系。揭开社会实际成员之间平等和试图假装平等对待他们所有人的不可取做法的部分神话，就如同揭开道德义务源于平等者之间自由结盟的同伴的神话。易受伤害的后代不会选择对上几代人的依赖，未成年人不能选择自己在家庭或国家中的地位，在他们可以自由参加社团之前也不能享受自由做自己想做的事情的待遇。父母也不总能选择自己作为父母的角色，或自由地承担自己作为父母的责任，就像我们不能选择动用我们的能力来影响后代的生活条件一样。吉利根对道德版本和在女性——其中有许多女性曾面临是否要堕胎和在什么节点当母亲——身上发现的道德成熟的关注，是对感知到权利语言在帮助女性做出选择或引导她们扮演家长角色方面所存在不足的关注。我们可以毫不夸张地把吉利根的"不同的声音"称为潜在母亲的声音。对关怀的强调与对关怀——包括子女关怀年迈或虚弱的父母以及父母关怀他们实际养育的子女——责任的非选择性的承认同样重要。一旦我们关注自己做父母的责任，契约就不再是道德义务的范式来源，而正义作为社会制度的一种美德，充其量只能等同于无论称谓如何但能确保每一代人都能受到适当的欢迎并为他们的成年生活做好准备的社会制度的美德。

这一切虽然姗姗来迟，却提醒西方道德理论家注意一个他们一直清楚的事实：正如亚当·弗格森（Adam Ferguson）和他之前的大卫·休谟（David Hume）所强调的那样，我们出生来到我们的家庭，而我们所属的第一个社会，一个无论是否能让我们适应日后我们要面对的社会的社会，是由父母（或某种子女服务员）和子女组成的小社会。这种小社会有可能表现出既有接近平等的关系，又有力量不平等的关系。这个简单的提醒与它可能对契约道德理论的可信性产生的很大影响一起，同时提醒我们，人类的情感以及人类的理性和意志就如同实际发生的那样，会对道德发展产生作用。吉利根对正统的自由主义道德观发起的第四方面的挑战，就是对这种道德观典型的理性主义或知性主义的挑战，即对这种道德观据以立身的假设——只要人的理性意志能够控制人的激情，那么就不用担心人有什么激情——的挑战。当我们被引导去考虑我们需要什么样的人来扮演父母的角色或者在任何亲密的关系中我们需要什么样的人时，这种对控制性理性支配可能难以驾驭的激情的康德式描述似乎也不太有用。父亲合理控制自己的暴力冲动，对于维护父亲的形象十分

第十九章 非经济学家论述政府妥善完成其使命意义的著作

重要,切勿因被孩子的尖叫激怒而暴打孩子。但从大多数心理学理论来看,母亲或主要家长或者代理家长更需要控制这种讨厌的激情。他们必须爱抚自己的孩子,而不仅仅是控制自己的愤怒。因此,康德理论强调了对情感的理性控制,而没有强调对理想的情感形式的培养,吉利根对这一点提出了疑问,她还对康德以自主、平等关系和自由选择的关系为核心的假设提出了疑问。

不仅仅吉利根和其他一些女性学者对"正统的"自由主义道德理论发起了挑战,提醒其他道德理论家注意家庭作为社会机构的作用和对其他人们想建立或能够维系的关系的影响;而且,就像我在本文开篇中提到的那样,一个相当多样化的男性学者群体,从那些受到黑格尔和基督教传统影响的学者(如麦金泰尔)到其他各种不同学术背景的学者,也对"正统"的自由主义道德理论提出了疑问。在这个男性学者群体中,我想特别提请大家注意一位哲学家和他的著作。这位哲学家就是劳伦斯·托马斯(Laurence Thomas),他发表了一篇相当出色的文章。[1] 他在这篇文章中表示,性别歧视是比种族歧视更加棘手的社会邪恶。在他已经发表的许多文章和一部即将出版的专著中[2],托马斯充分证明了通过强调一些有同样需要的美德以及一些被视为适当的情感和理性能力的美德来补充对正义的关注和对权利的尊重的重要意义。就如同吉利根(但不像麦金泰尔那样),托马斯十分关注童年之初的道德和社会能力形成、父母的爱抚使之成为可能的作用以及我们有理由认为对于人类来说既可能又可取的情感和认知发展等问题。

我认为,最好的道德理论显然必须是男女学者合作的产物,必须对正义和关怀进行协调。这种理论构建的道德,不但是针对所有人的,不论是男人还是女人,而且需要他们的共同见解。正如吉利根所说的那样(D. V.,174),我们现在需要的是已有的男人洞见和新阐述的女性观点的"联姻"。如果吉利根关于女性具有特殊的道德能力的观点是正确的,那么很可能应该是女性主动"求婚",因为女性具有更多的天生同理心,掌握更加高超的社交技能,更有可能承

---

[1] Laurence Thomas, "Sexism and Racism: Some Conceptual Differences," *Ethics* 90 (1980), 239—250; republished in *Philosophy, Sex and Language*, Vetterling-Braggin, ed. (Totowa, NJ: Littlefield Adams, 1980).

[2] 请参阅本文脚注6所列举的文章。托马斯即将出版的专著书名叫《道德人格心理学》(*A Psychology of Moral Character*)。

担责任并发起道德倡议,而且更容易发现同情和关心对方的感受。因此,如果我们能把男人和女人的道德智慧结合起来,那么或许就能让他们互相传授对方目前缺少的道德技能。这样,吉利根发现的在道德观念上的性别差别就会慢慢变得不那么明显。

第十九章　非经济学家论述政府妥善完成其使命意义的著作

第四节　《人人享有的经济正义》节选[①]
——关于天主教社会训导与美国经济的主教牧函

美国天主教主教联合会(U. S. Catholic Bishops, 1986)

本文节选自一份认真思考经济问题的宗教文献，本文献的作者运用不同的道德论点提出了改变经济结果的政策建议。具体而言，他们提出了旨在促进充分就业政策实施的道德论据。本文献的作者明白，他们只能提供一些合乎道德的见解，而没有资格把它们转化为专业性很强的经济计划。但与此同时，我们的这些作者都清楚，如果他们开展经济思想对话，那么他们就能显著提高自己的论据的说服力。

本文选的编者希望在这里提请读者注意，本文献的作者娴熟地把两种关于充分就业和其他道德上值得追求的经济目标的论点结合在了一起。首先，他们运用一种公共品论点证明了失业导致"杀人、抢劫、盗窃、吸毒和青少年犯罪等的发生频率"上升（§142），还"导致家庭纠纷、酗酒、虐待儿童、虐待配偶、离婚和婴儿死亡等发生频率上升"（§141）。这样的论证促使经济学家计算这些负面因素对社会造成了多大的成本，并且考虑整个社会是否能更好地资助创造更多的就业机会。这种论证也使我们必须承认，社会要把它的就业补贴限制在增加就业的边际成本等于增加就业创造的边际效益的水平上。不过，本文献的作者明确表示，这并不是他们的信念。他们写道，"充分就业是经济正义的基础"（§136）。本文选的编者将其解释为，这些作者不愿接受社会把创造充分就业的努力限制在公共品论所限定的水平上，而是提出了一种认为"无论潜在的低效率如何，充分就业都是道德上可取的目标"的有益品论。因此，纯粹的公共品分析所能达到的就业水平和充分就业之间的差别必须被理解为这个社会当时为了达到道德上理想的结果所需要的有益品干预量。

[①] 本文在征得美国天主教主教联合会出版部允许后转引自：National Conference of Catholic Bishops, *Economic Justice for All: Pastoral Letter on Catholic Social Teaching and the U. S. Economy* (Washington, D. C.: United States Conference of Catholic Bishops, 1986)。

主教们(也就是本文献的作者们)的论点可用以下方式量化：我们假设，社会的市场失业率是 u_m%。我们还假设，社会充分就业会导致 u_n%的"自然失业率"——一个不可能把失业减少到更低水平的失业率。的确，有些家庭愿意花钱来减少失业的负面后果(自杀、盗窃、暴力等)。我们可以把这个支付意愿量化为 d 美元。政府旨在减少失业的干预——使它的成本正好等于 d 美元(导致净社会成本为零)——可以用公共品论来证明它的正当性。不管怎样，由此产生的失业率很可能是 u_r%，而且 $u_n < u_r < u_m$。本文选编者理解这个宗教文献认为社会也应该找到达到 u_n%的手段，哪怕成本大于 d 美元(导致一个非零的净社会成本)。虽然社会把失业率从 u_m%降到 u_r%的努力可被视为一种公共品，但失业率降到 u_n%只能用有益品论来证明它的正当性。

※　※　※

选定的经济政策议题

　　127. 我们概述了这种道德愿景，把它作为指导所有在日常经济决策中寻求忠于福音的人的指南，并用它来为改变各种塑造我们生活和世界的经济安排发起挑战。这些安排体现和传达了社会价值观，因此它们本身和它们的影响都具有道德意义。基督徒和所有人一样，必须关心自己的经济活动取得的具体结果怎样才能为人的尊严服务，还必须评估经济结构和实践在多大程度上支持或破坏他们的道德愿景。

　　128. 这种对经济实践、结构和结果的评估，会得出各种各样的结论。有些人认为，一个不受约束并且所有者、劳动者和消费者追逐各自理性私利的自由市场经济，能提供最大可能的自由、物质福利和公平。这种观点的政策含义就是，应该尽可能少地干预经济，因为这是一种非常微妙的机制，任何改善它的尝试都有可能收到适得其反的效果。但另一些人却认为，资本主义制度是一种内在不公平的制度，因此与基督教的道德要求格格不入，因为它是建立在占有欲、竞争力和以自我为中心的个人主义的基础上的。他们断言，资本主义存在致命的缺陷，必须用一种废除私有财产、没有利润动机和自由市场的截然不

第十九章　非经济学家论述政府妥善完成其使命意义的著作

同的制度取而代之。

129. 天主教的社会训导传统上反对这些极端的思想，因为它们有可能产生违背人类尊严和经济正义的结果。① 天主教会认为经济由人类创造，并且可以被人类改造，因此致力于在各种经济和政治背景下的改进，但创建或促进某种具体的新的经济体制并不是天主教会的职责。相反，天主教会必须鼓励一切希望把我们的经济安排转化为能更加全面、系统地实现基督教道德愿景的机制的改革，而且必须时刻准备向那些阻碍我们实现这种愿景或使我们远离实现这种愿景的做法和制度发起挑战。

130. 简而言之，天主教会不受任何特定的经济、政治或社会制度的约束，它已经并将继续与许多形式的经济和社会组织共存，而且要根据道德和伦理准则评估每一种制度：这种制度对人类产生了什么影响？它是维护还是威胁到了人类的尊严？

131. 在本牧函中，我们对美国经济这个特殊现实进行了反思。在这个过程中，我们认识到，不但要解决经济中的具体问题，而且要解决关系到经济体制本身的更重要的问题。我们在分析美国经济时，采用了本质上是务实和渐进的方法。我们生活在一种"混合"经济体制中，这种经济体制是长期改革和调整的结果。正是本着美国这种务实的改革传统的精神，我们试图继续寻求一种更加公正的经济。我们的国家有许多资产可用于完成这项任务——我们可用来形成经济决策的大量经济、技术和人力资源以及一个代议制政府系统。

132. 虽然我们在这一章里选择了主要讨论一些我们认为具有改革现实可能性的经济问题，但我们也强调天主教的社会训导直接关系到经济体制本身及其所表达的价值观等更大的问题——天主教的经济正义观不可忽视的问题。② 例如，我们的经济体制是否更加注重利润最大化，而不是满足人的需要和培养人的尊严？我们的经济是公平地分配利益，还是把权力和资源集中在少数人手中？它是否助长了过度的唯物主义和个人主义？它是否充分保护了环境和国家的自然资源？它是否把太多的稀缺资源用于军事目的？这些和其他有关经济的基本问题，需要根据我们概述的道德规范加以仔细审视。我们

---

① Octogesima Adveniens,26—41; and On Human Work,7,13.
② Program of Social Reconstruction,33—40.

呼吁以一种比本牧函所允许的更加全面的方式继续探讨这些系统问题。

133. 我们在这里选择了以下在全球经济中发挥作用的主题：①就业；②贫困；③粮食和农业；④美国。我们之所以选择这些主题，是因为它们既与经济的"时代征兆"有关，又与我们传统的伦理规范相关。我们在讨论以上每个主题时，都会以美国政策为例。这些政策是建立美国和世界经济正义的基础，而每个例子都说明天主教社会训导中关键的道德和行为准则。我们讨论这些问题，并不是要对美国经济进行全面的分析。我们强调，这些都是说明性的话题，旨在举例说明我们今天的道德价值观和经济问题之间的相互作用关系，而不是要涵盖所有这些道德价值观和问题。本牧函并不是经济改革的技术蓝图，而是一次旨在促进让经济变得更加公正的严肃的道德分析的尝试。

134. 在关注一些核心经济问题和根据道德准则在美国生活中进行的选择的同时，我们意识到，从准则到政策的转化是一个复杂且困难的过程；道德价值观虽然对决定公共政策至关重要，但并没有规定具体的解决方案。它们必然会与经验数据，历史、社会和政治现实以及对有限资源的竞争性需求相互作用。我们审慎判断的可靠性不但取决于我们的准则的道德威力，而且取决于我们的信息的准确性和假设的有效性。

135. 因此，我们对具体经济问题的判断和建议，并不像我们对一般的道德准则和正式的教会训导的陈述那样具有道德权威性；前者与具体情况有关，而具体情况有可能发生变化，或者善意的人可以做出不同的解释。我们期待并欢迎就我们提出的具体的政策建议开展辩论，但也希望我们对这些问题的陈述能够得到天主教徒的认真考虑，因为他们可以决定自己的道德判断是否符合福音和天主教的社会训导。我们认为，应当本着相互尊重和公开对话的精神来表达关于复杂经济问题的不同观点。①

一、就业

充分就业是公平经济的基础。国内经济政策规定的最紧迫的优先目标就是，创造薪资适当和工作条件体面的新的就业机会。国家必须让每个正在找

---

① 请参阅：The Challenge of Peace：God's Promise and Our Response，9—10。

第十九章 非经济学家论述政府妥善完成其使命意义的著作

工作的人都能在合理的时间内找到工作。我们强调这个目标是基于这样一种信念：人类工作具有特殊的尊严，并且是实现社会正义的关键。①

就业是一项基本权利，是一项保证人人都能自由参与社会经济生活的权利，并且也是一项源于我们上面概述的正义原则的权利。与这项权利相对应的是以社会的名义确保这项权利得到保护的义务。这项权利的重要性显而易见，因为对于大多数人来说，就业对自我实现至关重要，而对于满足物质需要必不可少。由于在我们的经济中只有很少的人拥有生产性财产，因此，就业也成了抵御贫困的第一道防线。就业不但有利于劳动者，而且也有利于社会，因为就业能使更多的人为公共利益和经济健康所需的生产率做出贡献。

1. 失业的范围和影响

138. 在我们国家，失业正成为一个更加普遍、根深蒂固的问题。美国大约有 800 万人正在寻找工作，却找不到工作，他们大约占美国劳动力的 7%。②官方统计的失业人数并不包括那些已经放弃寻找工作或者那些在做部分时间工作却想做全职工作的人。如果把这些人都计入失业人数，就显然有大约 1/8 的劳动力直接受到失业的影响。③ 几乎有 3/4 的失业者没有领取失业保险金，从而导致失业问题变得更加严重。④

139. 近年来，即使在经济形势好的时候，失业率也在稳步上升。从 1950 年到 1980 年，年失业率只有在 1975—1976 年经济衰退期间才超过目前的水平。在这 30 年的经济复苏时期，失业率下降到了 3%～4%。但自 1979 年以来，失业率通常在 7% 以上。

140. 那么，在美国有哪些人失业了呢？在失业人群中，黑人、西班牙裔人、印第安人、年轻人、女性户主以及文化程度不高的人不成比例地占据了较高的比例；少数族裔人群的失业率几乎是白人的 2 倍；女性户主的失业率超过了

---

① On Human Work, 3.

② U. S. Department of Labor, Bureau of Labor Statistics, The Employment Situation: April, 1986 (May 1986).

③ Full employment Action Council, Employment in America: Illusory Recovery in a Decade of Decline (Washington, D. C., February 1985), 19. 根据美国劳工部劳工统计局公布的数据计算。

④ U. S. Department of Labor, Bureau of Labor Statistics, The Employment Situation: August, 1985; and U. S. Department of Labor, Employment and Training Administration, Unemployment Insurance Claims, Reference week of June 22, 1985.

10%;而黑人青年的失业率更是达到了令人震惊的1/3以上。[1]

当我们审视失业对人的生活和尊严产生的影响时,就能清楚地看到高失业率对人造成的严重代价。工作是民众自由和福祉的核心,已经成为一个深入美国文化的深层次信念。失业者往往会觉得自己毫无价值,对社会起不了建设性作用。他们每天没有工作可做,我们的社会告诉他们:我们不需要你们的才能,不需要你们的主动性,也不需要你们。失业会严重损害个人和家庭的健康和稳定,还会导致家庭纠纷、酗酒、虐待儿童、虐待配偶等问题频发以及离婚率和婴儿死亡率上升。[2] 失业者常常会觉得社会在责怪他们不做工作,他们即使有足够的钱来满足自己的需要,也很少有人能在经历了长期失业后不受到一定程度的心理伤害。[3] 在极端情况下,失业的压力有可能导致某些人自杀。[4]

失业除了严重浪费失业者个人的才能和创造力以外,还会对整个社会造成伤害。失业者几乎不纳税或者根本就不纳税,从而减少了城市、州和联邦政府的收入。与此同时,不断上升的失业率要求增加失业救济、食品券、福利和其他援助支出。据估计,1986年,失业率每上升1个百分点,联邦赤字就会增加大约400亿美元。[5] 与失业有关的刑事案件的增加,是失业造成社会成本

---

[1] The Employment Situation:August,1985.

[2] Brenner,"Fetal,Infant and Maternal Mortality during Periods of Economic Instability," *International Journal of Health Services*(Summer 1973); P. H. Ellison, "Neurology of Hard Times," *Clinical Pediatrics* (March 1977); S. V. Kasi and S. Cobb, "Some Mental Health Consequences of Plant Closings and Job Loss,"in L. Ferman and J. P. Gordus, eds. *Mental Health and the Economy* (Kalamazoo,Mich:W. E. Upjohn Institute for Employment Research,1979),255—300; L. E. Kopolow and F. M. Ochberg,"Spinoff from a Downward Swing," *Mental Health* 59 (Summer 1975); D. Shaw, "Unemployment Hurts More than the Pocketbook," *Today's Health* (March 1978).

[3] Richard M. Cohn, *The Consequences of Unemployment on Evaluation of Self*, Doctoral Dissertation, *Department of Psychology* (University of Michigan,1977); John A. Garraty, *Unemployment in History:Economic Thought and Public Policy* (New York:Harper and Row,1978); Harry Mauer, *Not Working:An Oral History of the Unemployed* (New York:Holt,Rinehart,and Winston, 1979).

[4] M. Harvey Brenner, *Estimating the Social Cost of National Economic Policy* (U. S. Congress,Joint Economic Committee,1976);Brenner, *Mental Illness and the Economy* (Cambridge,Mass: Harvard University Press,1973).

[5] Congressional Budget Office,Economic and Budget Outlook:FY 1986-FY 1990 (Washington D. C.,February 1985),75.

第十九章 非经济学家论述政府妥善完成其使命意义的著作

增加的一个显著例子。联邦监狱管理局报告称,随着失业率的上升,监狱在押犯也在增加。其他研究已经表明,失业率与杀人、抢劫、盗窃、吸毒被捕和青少年犯罪的发生频率之间存在联系。①

143. 我们与遭受失业负担的个人、家庭和社区的亲身经历使我们坚信,我们国家根本承受不起数百万名身强力壮的男女劳动力失业造成的负担。我们负担不起失业造成的经济代价、社会失序和悲惨的人间悲剧。但说到底,我们最承受不起的是,数百万人失去充分就业的机会对人类尊严的侵犯。因此,我们只能得出这样的结论:目前的失业水平是我们无法忍受的,迫使我们承担起为促成减少失业的政策而努力的道义责任。

2. 经济变化中的失业问题

144. 美国经济结构正在发生变化,这将影响到就业的数量和质量。例如,劳动力规模和构成近年来发生了显著的变化。由于许多原因,现在劳动力市场上的供给比我国历史上任何时候都多。人口增长增加了潜在的劳动力供给。此外,大批妇女进入劳动力市场,不仅是为了更好地利用她们的才能和知识,而且也是出于经济需要。许多家庭倘若想过上体面的生活,就需要两份薪水。以女性为户主的家庭通常严重依赖母亲的收入才能避免领取福利救济。来美国寻求更好生活的移民也扩大了美国的劳动力规模。然而,人口结构的这些变化并不能完全说明造成失业率上涨的原因。

145. 技术变革也对美国的就业前景产生了巨大的影响:不断进步的技术带来了许多好处,但也造成了社会和经济成本,包括劳动力降级和转移。高科技和先进的自动化正在改变我们国家的产业和职业面貌。20世纪70年代,大约90%的新工作岗位是服务业创造的。到了1990年,服务业有望雇用72%的劳动力。20世纪80年代的大部分工作估计是传统上工资低、流失率高的工作,如销售、文秘、清洁工和食品服务业。这些工作往往没有通向高技能、高报酬工作的职业阶梯。因此,美国经济产业和职业结构的变化可能导致向低工资和低技能工作的转变。

---

① Correlation of Unemployment and Federal Prison Population (Washington D.C.: U.S. Bureau of Prisons, March 1975); M. Yeager, Criminology 70:4 (1979); Testimony of M. H. Brenner in Unemployment and Crime (U.S. Congress, House Hearings, 1977), 25.

146. 世界市场竞争加剧,是影响我们国家失业率的另一个因素。许多其他出口国家已经获得并能够开发最新的技术,从而能够显著提高生产率;再加上许多国家工资水平很低,从而在美国市场上占据了更大的份额,并且挤占了美国的出口市场。与此同时,许多公司关闭了在美国的工厂,并把资本、技术和工作岗位转移到了外国的子公司。

147. 就业歧视是造成少数裔族和妇女失业率高、工资低的原因之一。除了找工作这样的常见问题外,黑人、西班牙裔族、印第安人、外来移民和其他少数族裔还要受到其他种种歧视。由于缺乏足够的托儿服务和许多雇主不愿意实行灵活工作制或向非全日制雇员提供附加福利,对妇女的歧视变得更加严重。[1]

148. 高额国防支出也对我们国家的就业人数产生了影响。在本会牧函"和平的挑战"(The Challenge of Peace)中,我们已经指出了军备竞赛造成的严重经济扭曲以及它对社会照顾穷人和需要帮助的人的能力造成的灾难性影响。就业是一个这种相互影响显而易见的问题。我们国家每年因军备竞赛而要花费数千亿美元,这对美国经济造成了巨大的"消耗",同时也造成了非常严重的"人才流失"。这种在军备竞赛上的支出意味着经济创造就业机会的净损失,因为国防工业的劳动密集度低于其他主要经济部门。[2] 此外,美国近一半的科学和工程力量在为与国防有关的项目工作,并且把60%以上的联邦研发预算用在了军事上。[3] 我们必须自问:如果我们继续把如此多的财政和人力资源用于与国防有关的活动,那么,我们的国家是否永远能使我们的经济现代化并实现充分就业?

---

[1] Committee on the Evolution of Work, AFL-CIO, The Future of Work (Washington, D. C.: AFL-CIO, 1983), 11.

[2] Congressional Budget Office, Defense Spending and the Economy (Washington, D. C.: Government Printing Office, 1983). 还请参阅: Michael Edelstein, The Economic Impact of Military Spending (New York: Council on Economic Priorities, 1977); and Robert De Grasse, Jr., Military Expansion, Economic Decline (New York: Council on Bureau of Labor Statistics Report), "Structure of the U. S. Economy in 1980 and 1985" (Washington, D. C.: Government Printing Office 1975); and Marion Anderson, The Empty Pork Barrel (Lansing, Mich.: Employment Research Associates, 1982).

[3] U. S. Office of Management and Budget, Historical Tables, Budget of the United States (Washington D. C.: Government Printing Office, 1985). Table 10. 2, 10. 2(3). 也可参阅: National Science Foundation Report, "Characteristics of Experienced Scientists and Engineers" (1978), Detailed Statistical Tables (Washington, D. C.: U. S. Government Printing Office, 1978).

第十九章　非经济学家论述政府妥善完成其使命意义的著作

149. 以上这些都是近年来推高失业率的一些因素。虽然自1970年以来，我们的经济已经创造了2 000多万个新的就业机会①，但是，就业不足的问题仍然长期存在，而且在不断加剧。面对这一挑战，我们国家的经济体制未能以足够快的速度做出适当的调整。例如，某些行业和地区投资不足，对新的劳动力教育和培训不足，而且缺乏帮助因采用新技术而被取代的劳动力转岗改行的机制，这一切都导致失业问题加剧。

150. 鉴于就业问题的多变性和多样性，为我国经济创造足够多的就业机会是一项复杂的任务，会涉及许多取舍并造成可观的成本。尽管如此，要解决就业问题，有可能需要做出重大的调整并推行创新战略，突破现有政策和体制的限制，但这是一个我们必须完成的任务。

3. 行动指南

151. 我们建议国家做出新的重要承诺，以实现充分就业的目标。目前，国家只在名义上支持充分就业的理想，但没有做出实现这个理想的坚定承诺。如果现在尽一切努力恢复丢失的就业机会，那么有人可能认为，目前的情况是我们能做到的最好情况。但事实并非如此，我们国家在创造就业方面还做得远远不够。

152. 在过去的10年里，经济学家、政策制定者和普通公众对6%~7%甚至更高的失业率表现出了更大的容忍意愿。② 虽然我们认识到降低失业率所涉及的复杂性和要做出的取舍，但我们认为6%~7%的失业率既非不可避免，也不是可以接受。在不断有人进入就业市场而其他人则在调动工作的经济中，要把失业率降到零，显然是不可能的，但如果我们愿意的话，那么，推行适当的政策和采取公私协调一致的行动可以大大改善就业状况。在数以百万计的人由于他们无法控制的因素而被剥夺了工作机会的时候，任何经济体都

---

① "Statistical Supplement to International Comparison of unemployment," Bureau of Labor Statistics,(May 1984):7. Unpublished.

② 伊莎贝尔·V. 索希尔(Isabel V. Sawhill)和查尔斯·F. 斯通(Charles F. Stone)以下列方式来阐述经济学家的主流观点："高就业率通常被定义为没有导致通胀加剧的失业率(目前许多，但并不是全部经济学家，认为失业率大概在6%左右)。""The Economy:The Key to Success," in John L. Palmer and Isabel V. Sawhill, eds, *The Reagan Record:An Assessment of America's Changing Domestic Priorities* (Cambridge, Mass.:Bollinger,1984),72. 还请参阅:Stanley Fischer and Rudiger Dornbusch,*Economics* (New York:McGraw-Hill,1983),731—743。

不能被认为是真正健康的经济体。接受目前的失业率在20年前是不可想象的,而在今天则应该被认为是不可容忍的。

153.我们首先必须就人人都有就业的权利这一点达成共识,然后应该确保我们每个美国人——政策制定者、企业家、一般劳动者和普通大众——担负起充分就业的重任,从而创建和实施保护就业权利的机制。我们必须努力形成一种新的全国协商一致的意见,并在各级调动必要的政治意愿,以实现充分就业的目标。

154.扩大我们国家的就业规模,需要私营和公共部门都采取重大步骤,并需要它们联合采取行动。私营部门的首创精神和创业精神对完成这项任务至关重要,因为私营部门提供了美国80%的工作岗位,而且大部分新的工作岗位是由私营部门创造的。[1] 因此,就业机会创造战略可行的前提条件是,大部分解决方案必须与私营公司和小企业有关。与此同时,我们必须认识到,政府在解决失业问题方面发挥着重要且不可或缺的作用。市场本身不会自动造就充分就业,因此,政府必须采取行动,通过协调一般经济政策、实施就业机会创造项目并采取其他适当的政策措施来确保这个目标的实现。

155.对付失业的有效行动需要综合实施一般经济政策和有针对性的就业计划。总之,这些政策和计划应该把就业作为首要目标。

a.一般经济政策

156.联邦政府的一般或宏观经济政策是鼓励经济稳步增长、为经济创造更多更好的就业机会的必要工具。我们建议国家推行协调一致的财政和货币政策——如联邦支出、税收和利率政策——来实现充分就业的目标。

157.试图扩大就业的一般经济政策也必须应对通货膨胀问题。[2] 这种扩张性政策会造成实实在在的通胀压力风险。不过,我们应对这种风险的办法,绝不能是放弃充分就业的目标,而应该是制定有效的政策以把通胀控制在可

---

[1] W. L. Birch, "Who Creates Jobs?" *The Public Interest*, 65 (Fall 1981):3—14.

[2] Martin Neil Baily and Arthur M. Okun, eds, *The Battle Against Unemployment and Inflation*, third edition (New York: Norton 1982); and Martin Neil Baily, "Labor Market Performance, Competition and Inflation," in Baily, ed, *Workers, Jobs and Inflation* (Washington, D. C.: The Brookings Institution, 1982). 还请参阅: Lawrence Klien, "Unemployment, Poverty, and Economic Policy," testimony before the Subcommittee on Banking, Finance and Urban Affairs (March 19, 1985), serial no. 99—5 (Washington, D. C.: U. S. Government Printing Office, 1985), 15—18, 31—33。

第十九章 非经济学家论述政府妥善完成其使命意义的著作

控的范围内。

158.虽然经济增长是减少失业的一个重要的必要条件,但经济增长本身不足以减少失业。为了努力实现充分就业和抑制通货膨胀,我们仍有必要针对失业问题的特定方面采取更加具体的计划和政策。①

b.有针对性的就业计划

159.(1)我们建议在私营部门扩大由企业、工会和政府共同管理和支持的职业培训和学徒计划。任何全面的就业战略都必须包括为发展充满活力和生产性的经济所需的技术和专业技能的系统手段。对熟练劳动力的投资是维持美国经济增长和实现更大正义的先决条件。私人和公共部门都有义务为这种投资做出贡献。今天,企业、工会和政府都需要协调各方的努力,集中各方的资源来促进学徒计划数量的大幅增加和在职培训计划的扩大。我们建议国家负责扫盲工作,并负责为适应不断变化的就业需求所必需的技能培训。

160.随着技术变革的快速发展,继续教育和培训在今天比过去更加重要。提供继续教育和培训对企业有好处,因为熟练工人对于提高生产率至关重要。工会应该支持继续教育和培训工作,因为工会会员除非继续发展自己的技能和提高工作灵活性,否则就越来越容易受到转岗和失业的影响。继续教育和培训对于本地社区也有好处,这是因为,如果地方工业无法发展、企业被迫关门,那么本地社区的经济福祉也将受到严重的损害。

161.治疗工厂关门这种疾病的最好办法就是预防。预防工厂关门,不但要依靠持续的资本投入、通过引进先进的技术来提高生产率,还要依靠对私营部门员工的培训和再培训。在工厂被迫关闭的情况下,管理层、工会和当地社区必须确保员工不会被简单地抛弃。在这种情况下,会更加迫切需要落实再培训计划。

162.(2)我们建议通过落实直接就业机会创造计划来加大支持长期失业者和有特殊需要的人的支持力度;可以通过采取直接在公共机构安排这些人工作和对在私营部门安排他们工作给予公共补贴的方式来落实这种计划。这两种方式较之于一般的经济刺激手段都能以较低的成本和较低的通胀率,为

---

① Tobin,"Unemployment, Poverty, and Economic Policy"; and Klien, "Reducing Unemployment Without Inflation".

低技能劳动力提供就业机会。① 提供就业机会的成本也必须与政府通过减少福利和失业保险支出以及新增就业者多缴税而实现的节余进行比较。

163. 政府的资金倘若得到有效的利用,那么还可以刺激私营部门为长期失业者和特难找到工作的群体创造就业机会。政府有必要通过试点来确定这类补贴能最成功地吸引企业参与并确保创造长期就业机会的具体方式。

164. 这些创造就业机会的努力应该以使被劳动力市场边缘化的人成为劳动力为目标,促使就业机会净增加,而不是在不同群体之间转移失业负担;还应该以创造长期的就业机会为目标,并且包括必要的支持性服务,以帮助失业者找到并保住工作。

165. 新创造的工作岗位应该能提供社会所需的产品和服务,并为社会创造价值。常识和健康的经济都要求直接创造就业机会来满足社会未得到满足的需要。全美各州和地区都有充分的证据表明,有些社会需要还没有得到满足。我们的许多公园和娱乐设施都需要维护和修理,我们国家的许多桥梁和高速公路已经年久失修。我们迫切需要更多的低收入住房。我们的教育系统、日托服务、老年人服务和其他社区项目需要扩大。以上这些方面和我们国家生活的许多其他方面都是需要未得到满足的领域。与此同时,有超过800万的美国人在寻找生产性的有用工作。当然,我们有能力通过帮助渴望工作的美国人富有效率地完成有待完成的转岗来满足这种需要。使失业者能够通过再就业来获得新的尊严和个人价值这一压倒一切的道德观,也强烈要求落实这些就业计划。

166. 这些创造就业机会的努力需要各级私营部门和公共部门机构加强合作并缔结新的联盟。已经有一些例子说明,这种努力怎样才能取得成功。②

---

① Robert H. Haveman, "Toward Efficiency and Equity through Direct Job Creation," *Social Policy* 11:1 (May/June 1980):48.

② William H. McCarthy, Reducing Urban Unemployment: What Works at the Local Level (Washington, D. C.: National League of Cities, October 1985); William Schweke, "States that Take the Lead on a New Industrial Policy," in Betty G. Lall, ed., Economic Dislocation and Job Loss (New York: Cornell University, New York State School of lndustrial and Labor Relations, 1985), 97—106; David Robinson, Training and Jobs Programs in Action: Case Studies in Private Sector Initiatives for the Hard to Employ (New York: Committee for Economic Development, 1978). See also ch. IV of this pastoral letter.

第十九章 非经济学家论述政府妥善完成其使命意义的著作

我们认为,这类伙伴关系的潜力才刚刚开始得到利用。

c. 检验新策略

167. 除了上述建议的行动之外,我们认为,还需要仔细审视并试行其他可能改善就业数量和质量的办法。更广泛地使用工作共享、弹性工作时间以及减少每周的工作时间等话题,都应该继续提上公众讨论的议程。我们还应考虑限制或废除强制加班的可能性;同样,也应研究一些旨在防止过度使用不能享受附加福利的非全日制雇员的方法[1];还需要在难以找到工作的转岗员工、残疾人和其他有特殊需要的人的教育和培训领域探寻新的策略;必须特别关注男女同工同酬的问题,并且提高传统低薪工作的薪酬和工作条件。国家应继续努力制定有效的平权行动政策,帮助那些过去遭到种族或性别歧视排斥的人;还需要在国家和地方两个层面改进就业安置服务的新策略,而提高职业安全水平则是另一个值得更多关注的重要问题。

168. 最后,还应该更加关注把我们国家的一些军工生产转换成民用和社会生产这项长期任务。国家必须寻求更加有效的方法来实施产业重组和劳动力再培训,并为受这种经济转型影响的社区提供必要的调整援助。

169. 以上这些都属于为奉行公平的就业政策需要探索的途径。对人类工作的固有尊严和就业权利的信念应该能够激励在社会各部门的工作的社会成员以新的和创造性的方式进行这种探索。

---

[1] Rudy Oswald, "The Economy and Workers' Jobs, the Living Wage, and a Voice," in John W. Houch and Oliver F. Williams, eds., *Catholic Social Teaching and the U. S. Economy: Working Papers for a Bishops' Pastoral* (Washington, D. C. : University Press of America, 1984), 77—89. 在缩短每周工作时间的问题上,奥斯瓦尔德指出,在20世纪头40年里,每周的平均工作时间从60小时减少到了40小时。不过,标准的每周工作时间到现在已经大约50年没有发生变化。

第五节 《百年通谕》节选[①]

约翰·保罗二世

在本节选中,约翰·保罗二世(John Paul II)认识到自由市场在组织经济活动方面的重要价值。约翰·保罗二世直接指出了两条限制市场机制成为调节一切经济活动唯一机制的原则:首先,在人们没有资源购买产品和服务来满足重大需要的情况下,不应该允许市场机制成为决定这些需要的终极权威;其次,有些产品和服务即使有人愿意购买和出售,也不应该生产。上述第一条原则符合有益品(教育、基本医疗卫生)的经济学概念,而第二条原则则与有害品(毒品、色情作品)的经济学概念相吻合。约翰·保罗二世进一步指出,市场机制必须由社会力量和国家[p. 68]或用一个让经济为人类自由主要是为道德和宗教自由服务的司法架构来控制[p. 82]。约翰·保罗二世列举了一个社会要实现经济正义必须完成的许多任务:爱护环境;推行崇尚家庭生活的政策;努力提供教育和文化服务,以便公民能做出良好的经济选择;必须弘扬促进自由和奉献真理的精神,包括尊神爱教。约翰·保罗二世通过指出西方的消费主义并不总能实现这些理想的目标(如阻止吸毒)来表明,我们仍有很多工作要做。约翰·保罗二世在这篇节选中要求我们扩大有益品观和有害品观的应用领域,也就是超越目前认为这两种观点适用的领域。

※ ※ ※

34. 在国家之间和国际关系层面,自由市场似乎是利用资源和实际满足需求的最有效工具。但是,这只适用于"有偿付能力"的需求和那些"有市场"的资源。这里"有偿付能力的"需求是指有购买力的需求,而"有市场"的资源则

[①] 本节选引自:John Paul II, *Centesimus Annus* (Washington, D. C. : Office for Publishing and Promotion Services, United States Catholic Conference, 1991)。在 1991 年 5 月 1 日举行的《新事通谕》(Rerum Novarum)发表一百周年的纪念大会上,向圣公会可敬的弟兄们、司祭和执事们,教友们的家人、全体基督教信徒以及所有善男信女发表的《百年通谕》(*Centesimus Annus*)。

第十九章　非经济学家论述政府妥善完成其使命意义的著作

是指能获得令人满意的价格的资源。可惜,人类的许多需要在市场上找不到立足之地,而正义和真理有严格的责任不允许人类的基本需要得不到满足,更不允许基本需要得不到满足的人由此丧生。还必须帮助这些需要帮助的人掌握专业技能,进入交流圈子,并为最好地利用自己的能力和资源而发展自己的技能。甚至在考虑公平交换商品和与之相适应的正义形式之前,就已经存在某种由于人是人并由于人的崇高尊严而属于人的东西。与这种所需的"某种东西"不可分割的是,为人自身的生存以及为人类的共同利益做出积极贡献的可能性。

《新事通谕》提出的某些目标对于第三世界依然有效,而在某些情况下,如果不是把人类的工作和人类存在本身仅仅归结为商品,那么就必须继续努力来实现这些目标,其中包括足够养家的工资、社会养老和失业保险以及对就业条件的适当保护。

35. 工会和其他劳动者组织在这些目标中能够找到很多以正义的名义做出承诺和努力的机会,在发挥重要的文化作用的同时维护劳动者的权利和自身利益,使劳动者更加充分、更有尊严地参与自己国家的生活,并且帮助他们走上发展的道路。

从这个意义上说,如果一种经济体制被理解为维护资本的绝对支配地位,支持对生产资料和土地的占有而不顾人类工作的自由和人性化,那么我们就可以理直气壮地说应该与这样的经济体制进行斗争。[①] 在与这样一种经济体制进行斗争的过程中,被作为替代方案提出的,并不是一种实际上只不过是国家资本主义的社会主义制度,而是一种自由工作、发奋创业和积极参与的社会。这样的社会并不会抗拒市场,而是要求社会力量和国家对市场进行适当的控制,以保证全社会的基本需要得到满足。

教会承认作为衡量企业是否运营良好的指标的合法作用。企业盈利,就意味着生产要素得到了适当的利用,而相应的人类需要也得到了适当的满足。但是,盈利能力并不是反映企业经营状况的唯一指标。虽然企业财务报告有可能显示一切正常,但构成企业最宝贵资产的员工却有可能受到了羞辱,他们

[①] Cf. Encyclical Letter Laborem Exercens,7:loc. cit.,592—594.

的尊严也遭到了侵犯。这种情况不但在道德上不可接受,而且最终会对企业的经济效率产生负面的影响。事实上,企业的目的不仅仅是赚钱,而且要在自己作为由人组成的社群的存在中以不同方式尽量满足本社群成员的基本需求,并成为一个为全社会服务的特殊群体。利润是企业生活的调节器,但不是企业生活的唯一调节器。我们还必须考虑其他从长远看对企业的生存至少同样重要的人性和道德因素。

我们已经看到,说所谓的"真正的社会主义"的失败使得资本主义成为唯一的经济组织模式,这是不能接受的。必须排除各种导致许多国家处于发展边缘的障碍和垄断,并为所有个人和国家创造能使他们共同发展的基本条件。这个目标要求整个国际社会做出有计划、负责任的努力。比较富强的国家必须为比较贫穷的国家提供参与国际生活的机会,而较贫穷的国家则必须学习如何通过做出必要的努力和牺牲来利用这些机会,确保政治和经济稳定、未来变得更加美好、员工技能得到提升,并且培养有责任感和胜任力的商业领袖。①

目前,朝着这些方向所做的积极努力正受到较贫穷国家基本上仍未解决的外债问题的困扰。欠债还钱当然是天经地义,但是,如果明知催债会导致债务国全体人民忍饥挨饿、陷入绝望的严重政治后果,仍然催讨债务或者希望债务国还钱,那就很难说没错。我们不能指望债务国以做出难以承受的牺牲为代价来偿还已经积欠的债务。如果遇到这种情况,就有必要找到——其实在一定程度上正在进行——减轻债务压力的方法,而推迟偿还甚或取消债务才是与各债务国人民生存和进步等基本权利相容的做法。

36. 现在,我们可以把注意力集中到较发达经济体遇到的与它们的特点有关的具体问题和受到的威胁上。在发展的早期阶段,人类总是生活在需要的重压之下,并且只有很少由自身身体构造的客观结构所决定的需要。人类从事经济活动,就是为了满足这些需要。很明显,今天的问题不仅是要提供足够数量的商品,而且要满足对质量的要求,因此,要生产和消费高质量的商品、享受高质量的服务以及高质量的环境和一般生活。

---

① Cf. ibid. ,8;loc. cit. ,594—598.

第十九章 非经济学家论述政府妥善完成其使命意义的著作

追求质量更加令人满意的生活本身无可厚非,但我们不能不提醒注意与我们现在所处的这个历史阶段有关的新的责任和危险。新的需要的产生和定义方式总带有某种差不多合适的人及其真善观的色彩。某种特定的文化通过它在生产和消费方面做出的选择来体现它对生命的总体理解。消费主义现象就是出自这样的文化。我们在挑选新的需要和满足它们的新方法时,必须以人的全貌观——一种尊重人类存在的方方面面并把人的内心和精神维度置于他的物质和本能维度之上的全貌观——为指导。相反,如果我们直接提请注意人的本能维度——同时又以不同的方式忽略人类作为智慧和自由载体的现实存在,那么就有可能导致缺乏客观适当性以及往往有损于人类身体和精神健康的消费态度和生活方式。经济系统本身并不具备正确区分满足人类需要的新的更高形式的标准和阻碍成熟人格形成的人为新需要的标准。因此,我们亟须做大量的教育和文化工作,包括有关消费者负责任地行使选择权、生产者尤其是大众媒体人树立强烈的责任意识以及政府干预必要性的教育。

吸毒是一个与人类健康和尊严相悖并且肯定不易控制的人为消费的显著例子。毒品泛滥是社会制度严重失灵的一个标志,也意味着一种人类需要的物质至上,甚至从某种意义上说是对人类需要的破坏性"解读"。毒品泛滥,会导致自由经济体的创新能力产生片面且不适当的结果。毒品、色情作品和活动以及利用意志脆弱者弱点的其他消费主义形式,往往会乘虚而入填补由此产生的精神空虚。

想把生活过得更好并没有错,错的是名为更好的生活方式,却注重"拥有",而不在乎"存有";而且,想拥有更多,并不是为了过上更加充实的生活,而是把生活作为最终目的来享受。[①] 因此,有必要创造一种新的生活方式,让追求真善美以及为了共同发展而与他人交流,成为在这种生活方式中决定消费者选择、储蓄和投资的因素。在这方面,不但要尽慈善义务,也就是说,因"富足"而尽捐赠义务,有时甚至要拿出自己需要的东西去救济穷人。我是想说,即便是决定在某个地方而不是其他地方、在某个生产部门而不是其他部门投资,也始终是一种道德和文化的选择。考虑到某些经济条件和政治稳定的绝

[①] Cf. Second Vatican Ecumenical Council, Pastoral Constitution on the Church in the World of Today *Gaudium et Spes*, 35; Paul VI, Encyclical Letter *Popuforum Progressio*, 19: loc. cit., 266f.

对必要性,投资决策,也就是提供机会让别人更好地利用自己的劳动力,同样也取决于人的同情心和对天主的信赖,而且能体现投资决策者本人的人性素质。

37.消费主义问题固然令人担忧,但与消费主义相伴而行且密切相关的生态问题也令人不安。人类在渴望拥有和享受而不是生存和发展的过程中,过度、无序地消耗着地球的资源和自己的生命。人类正在毫无意义地破坏自然环境,而造成这个问题的根源就是人类学犯了错误。令人遗憾的是,这个错误在我们这个时代普遍存在。人类虽然发现了自己改造世界的能力,从某种意义上说,就是通过自己的劳动创造世界的能力,却忘了这种能力总是建立在天主之前对现存事物的原初恩赐的基础上的。人类以为自己可以任意使用大地,使之不受约束地服从自己的意志,仿佛大地没有自己的必要条件和天主安排的优先用途,人类确实可以发展,但绝不能违逆大地自身的必要条件和天主安排的优先用途。人类在进行创造劳动的过程中并没有扮演与天主合作的角色,而是把自己放在天主的位置上,从而引发了大自然的反抗。但是,大自然更加专制,人类无法驾驭。[①]

我们从以上这一切中首先注意到了人类前景暗淡和狭窄,仅受到对拥有而不是追求真理的愿望的驱动,并且缺乏在惊叹万物与善美时所需的那种无求无私的审美态度,因此无法通过可见的创造物去发现不可见的造物主发出的信息。在这方面,今天的人类必须意识到自己对后代的责任和义务。

38.除了自然环境遭到非理性的破坏之外,我们还必须关注人类生存环境受到的更严重的破坏。这个问题没有得到应有的重视。虽然我们有理由为保护各种濒临灭绝的动物的自然栖身地的问题表示担忧,但是,这还远远不够,因为我们已经明白,这其中的每一个物种都为一般自然平衡做出了自己的特殊贡献。此外,我们在维护真正的"人类生态"的道德状况方面所做的努力实在是太少。天主不但把大地赐给人类,要求人类在使用大地的时候遵守赐予时规定的原初正确用途,人类本身也是天主赐予人类的礼物。因此,人类必须尊重自身被赋予的自然和道德结构。在这方面,应该提到现代城市化的严重

[①] Cf. Encyclical Letter *Sollicitudo Rei Socialis*, 34; loc. cit., 559f.; Message for the 1990 World Day of Peace: AAS 82 (1990), 147—156.

第十九章　非经济学家论述政府妥善完成其使命意义的著作

问题和城市规划的必要性，因为城市规划涉及人类如何生活以及应该给予工作"社会生态"问题的关注。

人类从天主那里获得了基本的尊严，并随之获得了超越一切社会秩序的能力，从而走向真和善。但是，人类也会受到自己生活的社会结构、接受的教育和所处的环境的制约。这些因素可以帮助或者阻碍人类按照真理去生活。那些创造人类环境的决定会产生特定的罪恶结构，阻碍那些以任何方式受它们压迫的人的完美自我实现。摧毁这些结构，用更真实的社群生活方式取而代之，是一项需要勇气和耐心才能完成的任务。①

39. "家庭是人类生态"首要和最基本的结构，人就是从家庭接受了自己最早的关于真与善的启蒙教育，并且明白了什么是爱和被爱，进而懂得了做人的意义。我们在这里所说的家庭是建立在婚姻基础上的家庭。在这种家庭里，丈夫和妻子把自己作为礼物赐给对方，并且营造了一个子女能在那里出生、发展自己的潜能、意识到自己的尊严并准备去面对他们独特的个人命运的安乐窝。但可惜的是，常常会发生以下情况：有人没有勇气为繁衍后代创造适当的条件，而是被引导把自己和自己的生活看作一系列需要体验的感觉，而不是一项需要完成的工作。结果是自由的缺失，导致有人拒绝承诺与另一个人建立稳定的关系并把孩子带到世界上来，或导致有人认为孩子就像世上的很多"东西"一样，要或不要孩子全由个人按照自己的好恶和其他可能性来决定。

今天，我们完全有必要像过去那样把家庭看作生命的神殿。家庭的确是神圣的：生命这种天主馈赠的礼物能在家庭里受到郑重的欢迎和妥善的保护，不受生命要面对的各种攻击的侵害，并且按照真正的人性成长要素去发展。在所谓的死亡文化面前，家庭是生命文化的核心所在。

人类的聪明才智似乎更多地被用来限制、压制或摧毁生命的源泉（包括堕胎，不幸的是，堕胎在世界上已经那么普遍）而不是用于保护和开启生命契机。《社会事务关怀通谕》(*Sollicitudo Rei socialis*)曾对系统的反生育运动进行了谴责，因为这类运动基于一种对人口问题的扭曲看法，在"绝对不尊重有关各方的选择自由"的氛围中，往往使有关各方"承受无法忍受的压力……以迫

---

① Cf. Apostolic Exhortation *Reconciliatio et Poenitentia* (December 2, 1984), 16; AAS 77 (1985), 213—217; Pius XI, Encyclical Letter *Quadragesimo Anno*, III; loc. cit., 219.

使他们屈服于这种新的压迫形式"。① 上述政策正在借助于新技术扩大自己的行动范围,甚至到了像以"化学战"的形式毒害数百万毫无防卫能力的人类生命的地步。

这些批评与其说是针对一种经济体制,还不如说是针对一种道德和文化体系。经济实际上只是全部人类活动的一个方面或维度。如果经济生活被绝对化;如果商品生产和消费成为社会生活的中心和社会唯一的价值标准,而且不受任何其他价值标准的约束,那么,与其在经济体制中,还不如在以下这个事实中寻找原因:由于我们忽略了人类活动的道德和宗教维度,因此,整个社会文化系统严重萎缩,结果仅限于商品和服务生产。②

所有这一切都可被概括为:再次重申经济自由只是人类自由的一个构成元素。在经济变成人类活动的独立维度,而且人被更多地看作商品生产者或消费者而不是为了生存而生产和消费商品的主体时,经济自由就失去了与人的必要联系,最终会异化和压迫人。③

40. 国家的任务是保护和维护像自然和人类生存环境这样的公共品,因为仅仅依靠市场的力量无法保证这种物品的供应。就像在原始资本主义时期,国家有责任捍卫工人的基本权利;而现在,随着新型资本主义的崛起,国家和全社会都有责任保护集体物品,尤其是那些构成以个人的名义合法追求个人目的框架的集体物品。

在这方面,我们发现市场有一个新的局限性:市场机制无法满足集体的定性需要。人类的有些重要的需要并不合乎逻辑。有些物品因其本身的性质而不能也不应该买卖。当然,市场机制有它可靠的优势:有助于更好地利用资源;促进商品交换;最重要的是,把人的欲望和偏好置于中心位置,并且通过订立契约来满足其他人的欲望和偏好。然而,市场机制也造成了"盲目崇拜"市场的风险,从而导致我们忽略因其本身的性质而不是且不可能仅仅是商品的物品的存在。

41. 马克思主义对资本主义的资产阶级社会进行了批判,指责它们异化人

---

① Encyclical Letter *Sollicitudo Rei Socialis*,25:loc. cit.,544.
② Cf. ibid.,34:loc. cit.,559f.
③ Cf. Encyclical Letter *Redemptor Hominis* (March 4,1979),15:*AAS* 71 (1979),286—289.

第十九章 非经济学家论述政府妥善完成其使命意义的著作

类的存在,并且使之商品化。当然,这种指责是建立在一种被误解且不适当的异化思想上的,而这种异化思想完全源于生产和所有权关系的范畴;也就是说,这种异化思想赋予生产和所有权关系以物质基础,而且否认市场关系的正当性和正面价值,即使在它们自己的领域也是如此。马克思主义最终断言,只有在集体社会里才能消除异化。然而,历史的经验不幸证明,集体主义并没有消除异化,反而加剧了异化,也加剧了基本生活必需品的匮乏和经济效率的低下。

西方的历史经验表明,虽然马克思主义对异化及其基础的分析存在问题,但异化——以及生命真正意义的丧失——在西方社会是一种不争的现实。一旦人们掉入虚假、表面满足的陷阱,而不能以真实和具体的方式去体验作为人的滋味,那么异化就会出现在消费主义中。如果工作的组织方式是确保回报和利润最大化,而不是关心劳动者作为人通过工作是获得了发展还是变得萎缩——前者自然是因为身处真正相互支持的社群而获得了更多的参与和分享机会,而后者则是因为深陷以破坏性竞争和隔阂为特征、把劳动者视为手段而不是目的的复杂关系网络而导致劳动者变得更加孤立无助。

我们必须重新启用天主教的现实观来审视异化的概念,把异化看作手段与目的的颠倒。如果我们人类不能从自己和他人身上认识到人的价值和伟大的话,那么就丧失了从人性中获益的可能性,也就失去了天主赐予人类的与他人建立团结和交流关系的机会。事实上,人类只有无私地奉献自我,才能真正找到自我。[1] 这种奉献只有依靠人类基本的"超脱能力"才能成为可能。人不能献身于纯粹由人类为现实制订的计划、抽象的理想或虚假的乌托邦。我们作为人可以把自己献给另一个人或者其他人,最终把我们自己献给天主,因为天主是人类的创造者,只有天主才能独自承受人类的这份礼物。[2] 人类倘若拒绝超越自我,拒绝体验自我奉献和构建一个面向人类终极命运即天主的名副其实的人类社会,那么就会惨遭异化。倘若一个社会的组织、生产和消费形式使得这种自我奉献和人际团结变得更加困难,这个社会就会遭到异化。

---

[1] Cf. Second Vatican Ecumenical Council, Pastoral Constitution on the Church in the World of Today *Gaudium et Spes*, 24.

[2] Cf. ibid., 41.

剥削的问题,至少是马克思所分析和描述的那种剥削,已经在西方社会得到解决。但是,异化问题不同,它还没有得到解决,因为异化问题存在于各种各样的剥削中。只要有人还在利用他人,而且仍然忽略别人真正的主要需要,却设法以更加精致的方式满足自己的次要需要,那么异化问题就必然继续存在。① 人如果仅仅或者主要关心拥有和享受,而无法控制自己的本能和激情,或者不能通过服从真理来遏制自己的本能和激情,那么就称不上自由;服从真谛,关于天主和人类的真谛,是自由的第一条件,并且能使人类主宰自己的需要和欲望并根据正确的价值观量表来选择满足它们的手段,从而对这些事物的主宰有可能成为人成长的机会。人的这种成长有可能因大众传播手段的操纵而受到阻碍,而大众传播手段通过精心策划的重复灌输来强加时尚和舆情趋势,却无法对这些时尚和趋势赖以形成的前提进行批判性的审视。

42. 现在回到最初的问题:在苏联解体和东欧剧变以后,资本主义是否可以说是取得了胜利的社会制度?资本主义是否应该成为各国努力重建经济和社会的目标?资本主义是应该向正在寻求真正经济和文明进步道路的第三世界国家推荐的模式吗?

这些问题的答案显然十分复杂。如果"资本主义"就意味着一种承认企业、市场、私有产权和由此产生的对生产资料的责任,以及人类不受束缚的创造力在经济部门发挥的基本和积极作用的经济体制,那么答案当然是肯定的——尽管说"商业经济""市场经济",或者更简单地说"自由经济",也许更加恰当。但是,如果"资本主义"是指一种自由经济部门并不受强有力的司法框架的约束、既不能用来为全人类的自由服务也无法被看作人类自由的一个具体方面——道德和宗教核心——的经济体制,那么,答案当然是否定的。

苏联和东欧阵营采用的解决方案没有取得成功,但是,世界上仍然存在边缘化和剥削的现实,特别是在第三世界;世界上也存在人类异化的现实,特别是在比较先进的国家。教会强烈反对这些现象。很多人仍然生活在物质和道德极度贫困的条件下。苏联解体和东欧剧变,当然为以适当和现实的方式面对这些问题排除了一个障碍,但这还不足以解决这些问题。事实上,一种激进

---

① Cf. ibid., 26.

第十九章 非经济学家论述政府妥善完成其使命意义的著作

的资本主义意识形态有可能会蔓延开来。这种意识形态甚至拒绝考虑这些问题,因为它先验地认为任何解决这些问题的尝试都注定要失败,并且盲目相信:任由市场力量自由发展,才是解决问题的根本所在。

43. 教会没有模式可以提供。现实可行和真正有效的模式只能在不同历史背景的框架下,通过全体负责处理所有社会、经济、政治和文化方面相互影响的具体问题的人共同努力才能产生。[①] 对于这样一项任务,教会把它的社会训导作为一种不可或缺的理想取向。如前所述,这种训导不但承认市场和企业的积极价值,而且同时指出了它们必须以公共利益为导向。对于工人为争取自身的尊严得到充分的尊重和更加广泛地参与工业企业的权利而做出的努力,教会的社会训导承认它的正当性。这是因为,工人可以在与他人合作的同时得到他人的指导,并通过发挥自己具有的智力和享受的自由的作用,从某种意义上说"为自己打工"[②]。

通过工作实现人的全面发展,虽然有可能会削弱已经得到巩固的权力结构,但不会阻碍反而会促进工作的生产性和效率的提高。企业不能仅仅被看作一种"由资本货物组成的社会",它也是一种"由人组成的社会"。在企业这个社会里,人们以不同的方式——无论是提供必不可少的资本还是劳动力——参与企业的各种活动,并承担自己的责任。为了实现这些目标,我们仍然需要组织广泛联合的工人运动,以实现人的解放并推进"完人"的诞生。

我们曾对照当今的"新事物"重新解读个人或私人财产与物质财富的一般归宿之间的关系。人通过运用自己的智慧和自由来满足自己的需要,并在这样做的同时把世界上的事物作为对象和工具来为自己所用。这种活动为私人的主动权和所有权奠定了基础。人通过自己的劳动,不但为自己的利益,而且为他人的利益,与他人进行合作并做出奉献。每个人都在与他人的工作中为自己的利益而进行合作。人工作是为了满足自己的家庭、所属的利益共同体和国家——最终是全人类——的需要。[③] 此外,人在与同事一起工作的过程

[①] Cf. Second Vatican Ecumenical Council, Pastoral Constitution on the Church in the World of Today *Gaudium et Spes*, 36; Paul VI, Apostolic Epistle *Octogesima Adveniens*, 2—5: loc. cit., 402—405.

[②] Cf. Encyclical Letter *Laborem Exercens*, 15: loc. cit., 616—618.

[③] Cf. ibid., 10: loc. cit., 600—602.

中,也在供应商供货和客户使用产品的过程中,也就是在一个不断延伸的团结链上开展合作。生产资料的所有权,无论是工业的还是农业生产资料的所有权,只要是为有益的正义服务,就是公正的、合法的;但如果为了牟取并非源于工作和社会财富总体增加,而是源于控制工作和社会财富、非法剥削、投机或破坏劳动人民团结等行为的利润而被弃之不用或被用来阻碍他人工作,那么就会变得不合法。① 这种所有权无法证明它的正当性,在天主和人看来只是一种弊端。

人人有义务靠自己的辛勤劳动来谋生,这也就意味着人有这样做的权利。一个社会如果系统剥夺其成员的这种权利,并执行无法让劳动者达到令人满意的就业水平的经济政策,那么,从道德的角度看,就不能证明它的存在理由,也无法实现社会安宁。② 就像人只有通过无偿的自我付出才能充分地实现自我那样,所有权只有通过在适当的时间以适当的方式为所有的人创造工作和成长机会,才能从道德角度证明自身存在的正当性。

48. 以上这些一般性的阐述也适用于国家在经济部门的作用。经济活动,特别是市场经济活动,不能在制度、司法或政治真空中进行。恰恰相反,在开展经济活动之前,先要确保有个人自由和私有财产以及稳定的货币和有效的公共服务。因此,国家的主要任务就是保证做好这种安全保护工作,以便使那些参加工作和从事生产的人能够享受自己的劳动成果,从而感到国家鼓励自己有效和诚实地工作。如果社会不稳定,加上政府官员腐败,非法活动和投机倒把日益猖獗,导致非法牟利容易,采取不正当手段致富成风,那么就会阻碍经济有序发展。③

国家的另一个任务就是监督和指导人权在经济部门的行使。但是,这方面的主要责任不属于国家,而是属于个人和组成社会的各种团体和社团。国家不能直接保证全体公民的工作权利,除非它控制经济生活的各个方面并限制个人的自由行动。但是,这并不意味着,像那些反对国家支配经济的人所主

---

① Ibid. ,14;loc. cit. ,612—616.
② Cf. ibid. ,18;loc. cit. ,622—625.
③ Second Vatican Ecumenical Council,Pastoral Constitution on the Church in the World of Today *Gaudium et Spes*,26.

第十九章 非经济学家论述政府妥善完成其使命意义的著作

张的那样,国家无权过问这个领域。相反,国家有责任通过创造能够确保就业机会的条件以及刺激有欠缺的活动或在危急时刻支持这些活动来保证企业活动的持续发展。

在某些垄断企业导致发展延误或者成为发展的障碍时,国家还有权进行干预。除了协调和指导发展的任务之外,在特殊情况下,当社会部门或企业系统太弱或刚刚启动无法胜任自己的工作时,国家还可代为履行职责。这样的补充干预虽然由于涉及共同利益的紧急原因而有其正当性,但必须持续尽可能短的时间,以免永久性地剥夺社会和企业系统各自应有的职能,进而避免过度扩大国家干预范围并损害经济和社会自由。①

近年来,这种干预的范围大幅度扩大,甚至创造了一种新型国家,即所谓的"福利国家"。福利国家之所以会在一些国家出现,是因为这些国家想通过摆脱人类不应该遭遇的各种形式的贫困和剥削,更好地满足许多需要和需求。然而,特别是近些年的过度滥用已经导致福利国家受到严厉的批评并被讥讽为"社会援助国家"。社会救助国家的失灵和缺陷是错误理解国家职责造成的后果。在这方面,必须重申应该遵守补充性原则:上层社群不应该干预下层社群的内部生活,剥夺后者的职能,而是应该在它们需要时提供支持,并帮助协调下层社群和社会其他社群的活动;而这一切总是为了社会的共同利益。②

社会援助国家通过直接干预社会并剥夺社会的职责,一方面导致社会人文关怀能量减损,另一方面又造成公共机构过度膨胀;公共机构更多的是被官僚主义的思维方式所支配,而不是关心它们应该服务的公民,并且导致预算支出大幅度增加。事实上,距离需要最近的人和生活在需要帮助的人周围的人,似乎能最好地理解并满足需要。应该补充说明的是,有些种类的需求往往不能只靠物质来满足,还要通过体会到人类更基本的需要才能满足。我们可以想想难民、移民、老人、病人以及所有需要帮助的人(吸毒者)的状况:所有这些人,只有那些除了表示必要的关怀还给予他们真正兄弟般帮助的人才能有效地帮助他们。

49. 教会忠诚于从天主教创始人基督那里领受的使命,因此一直置身于有

---

① Cf. ibid.,22.
② Pius XI,Encyclical Letter *Quadragesimo Anno*,I;loc. cit.,184—186.

needed的人中间并主动帮助他们。教会向他们提供物质帮助的方式既不会让他们感到羞辱,也不会因他们接受帮助而看低他们,而是通过提升他们作为人的尊严来帮助他们摆脱困境。在衷心感谢天主的同时,我们必须指出,教会从未停止过积极行善,事实上获得了多方面的增长,情况令人满意。在这个问题上,必须特别提到志愿者工作,教会通过呼吁人人合作支持并鼓励教会的事业来支持和促进志愿者工作。

为了克服今天普遍存在的个人主义心态,需要大家对团结和慈善做出具体的承诺,从家庭开始做起,夫妻相互支持,老幼彼此关怀。从这个意义上说,家庭也可被称为"工作和团结的社团"。然而,家庭在真正决定充分履行自己的使命时就会发现,自己既没有得到国家的必要支持,也没有足够的资源。因此,当务之急是,不但要推进家庭政策,而且要促进以家庭为主要对象的社会政策,也就是通过提供足够的资源和有效的支持手段来帮助家庭的政策;而且,无论是家庭政策还是社会政策都是为了抚养孩子和照顾老人,以免老人与家庭疏远,也是为了加强家庭内部的代际关系。①

除了家庭以外,其他中间社群也发挥着重要的作用,为特定的团结网络带来了生机。这些社群还在发展,并且必将成为真正有凝聚力的社群并巩固社会架构,从而阻止社会成员沦落为今天经常能遗憾地看到的那种既没人知道姓名又缺乏人情味的乌合之众。人本应生活在多层级的相互关系之中,而社会则应该变得更加"个性化"。但是,今天个人常因夹在国家和市场所代表的两极之间而感到窒息。有时,个人似乎只是作为商品生产者和消费者存在,或者作为国家行政管理的对象存在。我们忽视了这样一个事实:社会生活的最终目的既不是市场,也不是国家,因为生活本身就具有一种国家和市场必须为之服务的独特价值。人首先是一种寻求真理并努力根据真理而活着的存在体,通过涉及过去和未来几代人的对话来加深自己对真理的理解。②

---

① Cf. Apostolic Exhortation *Familiaris Consortio* (November 22,1981),45;*AAS* 74 (1982),136f.

② Cf. Discourse to UNESCO (2 June 1980);*AAS* 72 (1980),735—752.

第六节　有益品收费：第三世界的计划生育[①]

R. 肯尼斯·戈德温

R. 肯尼斯·戈德温(R. Kenneth Godwin)在他的文章中表示，发展中国家的精英们把减少生育作为一个令人向往的国家目标。因此，他们把节育服务看作一种有益品。后来，戈德温通过调查研究考察了各种主张提供节育有益品服务的论点，包括主张低成本或无成本提供节育服务的论点。他还注意到，有些发展中国家把避孕服务看作私人品和公共品。把节育服务视为私人品，允许政府向公众收费，并且允许服务提供商通过增加服务供应量来增加收入；而把节育服务视为公共品，允许政府向不同阶层的公民收取不同的服务费用。把节育服务视为私人品和公共品，并没有阻止一些发展中国家把节育服务也作为有益品。这些国家能够通过允许只按占成本预先确定的份额收费的方式，来补贴按公共品法提供的节育服务。戈德温观察发现，与秘鲁和厄瓜多尔等常常把节育服务视为准有益品（不收费）的国家相比，印度尼西亚和哥伦比亚等同时把节育服务视为私人品、公共品和有益品并实施节育服务供应计划的国家，以较高的效率（以较低的避孕用户成本）收到了较好的效果（出生率以较大的幅度下降）。换句话说，像节育服务这样的私人品可以被宣布为有益品，而不会失去其私人品的特征或公共品的维度。因此，保持有效提供节育服务的要求，就必须不能忽视这种服务的私人品和公共品维度。戈德温所举的例子再次表明，私人品、公共品和有益品的概念都是理想的概念，它们可以在一定程度上同时适用于某种商品或服务。

※　※　※

本文通过探讨四个发展中国家把分散化改革、向使用者收费和采取激励

[①] 本文的早期版本曾提交至亚利桑那大学尤德尔公共政策研究中心（Udall Center for Studies in Public Policy, University of Arizona）在1991年3月27—28日召开的"公共政策对公民能力的影响"（The Impact of Public Policy on the Capacity of Citizens）会议。作者R. 肯尼斯·戈德温毕业于北得克萨斯大学政治学专业。

措施作为提高农村避孕服务系统政策效能、效率和公平性的手段,阐明了在提供分散化和有益品收费方面取得的成绩。

1963—1977年,62个发展中国家实行降低生育率和提供计划生育服务的政策。人口政策的迅速实施反映了这些国家的精英达成的一个共识,即降低高生育率可以改善个人生活条件,刺激国家经济发展(Mauldin and Lapham,1985)。在一定程度上,由于这些政策的实施,发展中国家的总生育率在1965—1985年期间下降了30%(ibid.)。虽然发展中国家的人口政策总的来说是成功的,但农村地区的生育率仍然很高,并且仍远远高于这些国家政府制定的目标。尽管农村地区养育孩子的成本超过养育孩子所能产生的经济效益(Cadwell,1983),而且对避孕药具的大量需求没有得到满足(Bulatao,1983;Joens,1984),但是,高生育率继续居于高位。

一、避孕药具的有益品和私人品特点介绍

发展中国家的精英把降低生育率看作一个令人向往的国家目标。然而,要实现这个目标,就要求大量的个人和夫妇为降低怀孕和生育概率而采取行动。换句话说,如果想要使人口政策取得成功,那么个人必须接受避孕或堕胎。这些国家的精英认为降低生育率是政府的首要任务,而个人避孕药具消费会产生外部经济,这显然是把避孕药具作为有益品来看待。① 因此,避孕可与免疫接种、虫媒病控制和初级教育等政府提供的物品归为同一类别。

毫无疑问,发展中国家存在上述各种服务供给不足的问题,也就是说,增加提供1单位的上述任何一项服务创造的边际价值,超过增加提供1单位这项服务的边际成本。在某些情况下,这些领域的追加投资的回报率非常高。例如,据费尔德斯坦、皮奥特和松德尔森(Feldstein,Piot and Sunderesan,1973)估计,韩国政府的最优结核病防治计划每花费1美元就能产生150美元的回报。根据世界银行的一项研究估计,在印度尼西亚,向因感染钩虫而患上贫血的劳动者提供元素铁补充剂的成本效益比是1∶280(Jimenez,1987;

---

① 按照马斯格雷夫(Musgrave,1969)和贾奇(Judge,1980)所下的定义,本文作者把有益品定义为能给社会带来外部经济性并被统治集团认为适合政府补贴和/或强制消费的商品。

第十九章　非经济学家论述政府妥善完成其使命意义的著作

31)。虽然计划生育项目的成本效益比与结核病和钩虫防治项目的成本效益比不在同一档次,但对生育率降低的社会影响的研究表明,计划生育项目的社会效益远远大于它们的成本(Wheeler,1985)。

虽然避孕的有益品特点使得大多数国家对计划生育服务提供补贴,但避孕服务是一种私人品,具有消费竞争性和排他性。虽然生育率的下降为社会创造了很多效益,但最大的好处还在于妇女可避免怀孕后堕胎,而最大的受益者还是避孕夫妇的家庭,例如,厄瓜多尔农村有50%以上的活产婴儿是在没有家庭成员以外的任何人在场的情况下出生的,而接受产后医疗护理的妇女还不到25%(Florez,1990)。在这种情况下,婴儿和产妇死亡率都很高,怀孕和生育经常造成妇女产后感染、贫血和生病。因此,在可能并负担得起的情况下,许多妇女会采取有效、可靠的避孕措施。

近年来,关于政府目前更多地使用收费、外包和私人化的方式提供服务的文献大量增加。正如罗斯(Rose,1989:266)所指出的那样:"平均而言,发达工业国家把3/4的公共支出花在了可由市场提供但市场没有供应的服务项目上,也就是私人福利项目上。"在工业化程度较低的国家,这个数据也基本相同。这些国家的政府已制定了这方面的政策,如果能获得充分的资金,那么就能提供与工业化程度较高的国家相同或更多的社会服务。但是,对于工业化程度较高的国家和工业化程度较低的国家来说,选择更多地采用定价和其他市场化刺激措施会产生不同的结果。在工业化程度较高的国家,有关辩论主要聚焦于提供这种服务的效率以及谁来承担提供这种服务的成本和谁可从中获益等问题。在工业化程度较低的国家,人们关心的问题并不是目前这种服务的提供是否有效(尽管通常缺乏效率),而是在这类服务的收费收入没有增加的情况下,根据法律应接受服务的主要人群是否得到了服务(Roth,1987)。

在大多数发展中国家,政府是教育和医疗服务的主要提供者。为了促进对这些服务的使用,并承认这些服务的有益品特点,这些国家的政府以很低的价格,甚至免费提供这些服务。这种政策导致对这些服务的需求远远超过它们的供给(Roth,1987;Gertler and Glewwe,1989)。这种供不应求导致许多人认为,政府应该向用户收取费用,以增加收入,从而增加服务供给(Thobani,1983;Birdsall,1983;World Bank,1986;Jimenez,1987;Akin,Birdsall,and de Ferranti,1987)。这种观点的支持者认为,有偿提供服务传递了有关消费者愿意为什么买单的重要信息,哪怕收费只占服务成本的一小部分(Rose,1989:274)。他们还认为,用户付费有利于提高发展中国家的公平水平,因为这些国家的公共服务受益者往往生活在城市地区,而且比较富裕。相对而言,这些项目的成本不成比例地落在农村贫困人口的身上(Griffin,1989:13)。收费的支持者声称,如果以分散化的方式提供服务,并且把收费收入用在服务供应地附近,那么就能提高服务提供的效率和公平程度。下放财政规划的权力并把收入留在地方一级,有利于提高创收的激励水平,增强责任意识,并确保支出项目反映地方的需要(Akin et al.,1987)。

反对政府收费提供服务的人认为,教育和医疗保健等服务是有益品,因此,应该向不同阶层的人群免费提供;社会应该通过把某物排斥在市场之外的方式来宣告它的特殊价值(Kelman,1981)。反对者还声称,增收费用会减少穷人接受教育和医疗服务的机会,从而加剧不平等(Klees,1984;Cornea,Jolly,and Stewart,1987)。另有批评人士认为,提供免费服务会增强社会凝聚力。戴维斯(Davies)写道:

> 社会服务不仅是"功利主义的福利工具",而且是"利他机会的催化剂"。社会政策创造并增加了"与市场占有利己主义相对立的利他主义机会"(1980:133)。

除了以上这种反对社会服务收费的观点外,另有一种观点认为,如果低收入者必须接受经济状况调查,那么此举就会降低他们的自尊,并增强他们的无助感。因此,如果社会服务不是免费提供,那么利己主义就会取代利他主义。如果社会服务只对部分人免费,那么这些人就会受到心理伤害。

一项对不同计划生育服务提供制度的比较研究,初步检验了效率和公平论的效度。计划生育服务是一种有益品,而在享受这种服务方面存在高度不平等的问题:有些国家要收取费用,而另一些国家则不收费用;有些国家采用分散化供应方式,而另一些国家则试图以分层、集中的方式计划和协调这种服务供应。

第十九章 非经济学家论述政府妥善完成其使命意义的著作

二、造成避孕服务供给次优的因素

既然避孕具有很高的社会和个人效用,那么,为什么在农村地区供应如此不足呢?有四个因素造成了这种情况:计划生育服务供应系统偏向城市地区;计划生育服务提供的被动性质;大多数农村人口在政治上处于无助的境地;大多数计划生育方案的分级、集中化特征。

由于政府卫生系统通常提供公费供应的避孕药具,因此,这种特点严重影响了避孕药具的可获得性。许多研究表明,发展中国家政府补贴的医疗卫生有明显偏向城市的倾向,并且把重点放在了治疗而不是预防上(Akin et al.,1985;Jimenez,1987;Maxwell,1981;Meerman,1979)。据世界银行(1988)估计,哥伦比亚、印度尼西亚和马来西亚城市家庭平均获得的医疗补贴是农村家庭的5倍。即使在一般认为关心农村的中国,城市地区获得的人均国家医疗卫生补贴也是农村地区的8倍(Griffin,1989)。

近年来,提供包括计划生育在内的医疗卫生服务变得更加困难。据《1988年世界发展报告》估计,在1972—1985年期间,贫穷国家的医疗卫生相对和绝对支出双双减少,而医疗卫生服务基本上是城市服务这一事实又加剧了经费减少造成的问题。由于几乎所有推行公共部门计划的发展中国家都通过公共医疗卫生系统提供避孕药具,因此,城市地区的避孕药具供应状况没有得到改善,而农村地区的避孕药具供应状况则有所恶化。

导致农村计划生育服务供给不足的第二个因素是这种服务供应的被动性质。大多数发展中国家通过公共医疗卫生设施提供公共计划生育服务。这样做的好处是利用现有的医疗卫生基础设施来提高医疗中心向前来接受产前和产后护理的妇女介绍有效的避孕方法的可能性。但这样做的缺点是:医生在提供计划生育服务方面占据主导地位;计划生育服务主要集中在城市地区;采取消极的方法招募新的避孕药具使用者。赫茨(Herz,1984:50)介绍了大多数计划生育诊所的做法:

> 初次服务通常是通过监管比较容易的城市诊所来提供……通常只提供很少几种方法——最不具争议的方法……广告或"信息

731

传递"努力相当有限;诊所为前来咨询的人提供服务,因此相当被动。

保健诊所的被动做法造成了严重的问题,因为避孕药具的使用,特别是继续使用,在很大程度上取决于能否尽量降低潜在接受者的私人成本。这些成本包括了解避孕方法和药具来源以及前往药具来源所需的时间。例如,医院的托管人比工厂的托管人更有可能赞同员工采取避孕措施。这是因为,医院工作人员掌握的避孕知识和去取避孕药具在路上花费的成本几乎为零。在许多发展中国家进行的研究发现,现代避孕药具的使用随着获取药具在路上花费时间的成本的下降而单调增加(Boulier,1985)。除非外联人员上门服务,否则农村妇女不太可能知道替代性避孕药具或在哪里可获得避孕药具(Jones,1984)。此外,对于农村妇女来说,前往城市地区寻找避孕药具的费用可能令她们望而却步。

公共卫生体制的被动性质限制了招募避孕药具使用者的能力。公共卫生诊所秉持以下宗旨提供服务:想要得到服务,请自行前往。不论客户是否前来,公共卫生工作者都能拿到工资。相反,一种根据避孕接受者数量奖励工作人员的制度,或一种允许避孕服务提供者收取费用并从中获利的制度,就能做到"除非有避孕措施接受者,否则避孕服务提供者就没有收入"。

采取激励服务提供者或向用户收费的措施,不但应该能够鼓励服务提供者主动面向服务接受者,而且应该能够鼓励服务提供者发现那些把潜在接受者转变为实际接受者的直接因素。这些因素往往是区位特定因素,并与目标人口的日常关切和行为有关(Sheehan,1975;Salmen,1987)。不同的影响因素,如宗教、家庭结构、职业,以及与避孕针剂、药丸和手术有关的态度和规范,有可能对决定妇女是否选择避孕和使用哪种避孕方式产生很重要的影响。分散化的服务方式可以使服务提供者根据当地情况调整自己的服务和提供的药具,并立即搜集到关于哪些药具和方法有效、哪些无效的反馈信息,而向使用者收费则可搜集到有关哪些计划生育服务客户最值得关注的有用信息。

导致农村地区计划生育服务提供水平低下的第三个因素,是农村人口政治地位低下。农村人口相对比较贫穷、受教育程度低和居住分散,因此很难自己组织成一股能够成功迫使政府为他们提供服务的政治力量。在许多发展中

第十九章　非经济学家论述政府妥善完成其使命意义的著作

国家,精英们追求的经济发展模式要求剥削农村部门,以便为资本投资积累必要的储蓄(Hirschman,1986)。在这种情况下,势单力薄的农村居民对有益品的需求,与政治力量更大的人群的需求相比,显然只有很低的优先性。

阻碍有效地向农村地区提供计划生育服务的第四个因素是,公共医疗卫生系统具有高度集中和分级的特点。发展中国家在实施计划生育计划时遇到的最大困难之一,就是中央政府无法及时进行协调,无法及时提供物资和服务。撒哈拉以南非洲85%以上的中央政府计划,即使有外国援助,也无法有效管理和及时分发物资(Rondinelli,1987:134)。正如《1988年度世界发展报告》所指出的,发展中国家中央政府关于为医疗卫生项目配置关键投入品的决定可能既不符合本国医疗卫生机构的需要,又不能满足地方社区的偏好;而中央政府的行政人员既没有财力也没有动力去改变现状。中央集权系统往往不能或不愿削减工资分配,这就意味着预算削减有可能导致物资供应,特别是药品供应不足。在计划生育方面,这个问题已经因为医疗卫生系统地位的下降而恶化(World Development Report,1988:135)。

三、农村计划生育服务的替代性提供方法:四个国家的经验

为了举例说明支持更加分散化、面向市场的计划生育服务制度的理由,下面对秘鲁、厄瓜多尔、哥伦比亚和印度尼西亚这四个国家的相关制度进行比较。① 秘鲁和厄瓜多尔都是不采用激励供应者或向用户收费的集中式公共项目的例子,哥伦比亚采取公共部门集中提供制,但又严重依赖分散化的私营部门提供大多数计划生育服务。印度尼西亚实行高度分散化的公共服务提供体制,但采用有限的市场化激励措施、向用户收费和政府提供补贴的私人服务提供制。如表19-6-1所示,1976年,这四个国家的农村生育率大致具有可比性。但到了1988年,这四个国家之间的农村生育率已经出现了非常显著的差

---

① 本文作者参加了安第斯三个国家计划生育服务提供计划的制定和实施工作。有关印度尼西亚计划生育服务提供计划的信息来自对美国国际开发署(USAID)官员和印度尼西亚签约雇员的采访,以及对罗德和亨德拉塔(Rohde and Hendrata,1982)、沃里克(Warwick,1982)、布里埃(Boulier,1985)及马拉维格利亚(Maraviglia,1990)的研究。

733

别:印度尼西亚和哥伦比亚农村地区的总生育率已大幅度下降,而秘鲁和厄瓜多尔的生育率仍保持在 5.0/1 000 或以上。

表 19—6—1　1976 年和 1988 年秘鲁、厄瓜多尔、哥伦比亚和印度尼西亚农村地区的总生育率(/1 000)

	秘鲁	厄瓜多尔	哥伦比亚	印度尼西亚
1976 年的总生育率[a]	5.6	5.6	5.0	5.0
1988 年的总生育率[b]	5.2	5.0	4.2	3.6
变化幅度	−0.4	−0.6	−0.8	−1.4

a. 秘鲁、哥伦比亚和印度尼西亚的生育率数据转引自《世界生育率调查》(*World Fertility Surveys*);厄瓜多尔的数据来源于美国国际开发署(USAID)1978 年《人口与健康调查》(*Demographic and Health Surveys*)。

b. 根据美国国际开发署《人口与健康调查》有关这些国家的数据估计。

那么,这四个国家的生育率差别是否由计划生育和医疗卫生服务提供体制的不同特点造成,并且反映了其他造成因素?虽然已经观察到的生育率变化总有可能用不可测量的变量来解释,但可以排除一些其他可能的解释。以往关于生育率下降的研究表明,生育率会随着总体经济发展水平的提高而下降,但对生育率产生最大负面影响的单一变量是女性受教育水平的提高。为了确定这些因素是否对印度尼西亚和哥伦比亚生育率的下降幅度大于秘鲁和厄瓜多尔产生了影响,本文作者计算了这四个国家的预期生育率和生育率降幅。第一步是把 93 个发展中国家的生育率和生育率降幅归因于收入、城市化、婴儿死亡率和女性受教育程度的提高,这样就得出了每个国家的预期总生育率和生育率降幅。印度尼西亚和哥伦比亚的实际总生育率比各自根据社会经济发展和女性受教育程度预测的总生育率分别低 21.6% 和 17.3%,而秘鲁和厄瓜多尔的实际总生育率则分别比各自的预期生育率高出 2.0% 和 8.3%。这四个国家生育率的预期和实际降幅相差就更多。从 1970 年到 1985 年,印度尼西亚和哥伦比亚的生育率分别要比预期实际低 96.6% 和 44.8%;而秘鲁和厄瓜多尔生育率的实际降幅分别比预期低 40.6% 和 63.7%。[①] 那么,是什么原因造成这些显著的差别呢?这个问题的大部分答案应该在这四个国家的

---

① 由于全国的聚合数据并不只适用于农村地区,因此,采用了适用全国聚合数据的计算公式。

第十九章 非经济学家论述政府妥善完成其使命意义的著作

计划生育服务提供体系结构中找到。

秘鲁是集中式分级提供制造成信息和管理问题的典型例子。美国国际开发署和秘鲁政府决定利用农村医疗卫生诊所来扩大这个国家的计划生育服务供应量。美国国际开发署和秘鲁政府雇用一家总部设在华盛顿的咨询公司，为医疗卫生中心设计避孕药具分发的后勤管理系统。这家咨询公司利用目前避孕药具使用情况和预期家庭规模的调查数据开发了一套精密的计算机程序，用来估计每月能满足每个地区需要的避孕药具数量和组合。但是，这套程序一直没有真正发挥作用，因为它不能准确地预测避孕药具需要量。

与许多发展中国家一样，秘鲁也立法规定，新医生必须到农村诊所工作一段时间，以回报国家为培养他们进行的医学教育投资。但事实上，新医生很少离开城市。官方数据显示，需要配备医生的农村诊所实际上没能配备医生。按照秘鲁卫生部私下的估计，只有不到 1/10 的诊所按照法律规定并由国家预算拨款的方式运营。[①] 在那些诊所按照计划运营的地方，后勤管理程序大大低估了对现代避孕药具的需求，原因就是可靠的避孕药具供给增加了需求。例如，在口服避孕药供应没有保证时，服用的可能性很小。但是，如果一个育龄妇女知道自己能持续获得口服避孕药，那么就更有可能实施避孕，并在近期从事不包括生育在内的活动。

厄瓜多尔提供了一个农村医疗卫生服务的类似例子。政府文件显示，厄瓜多尔与秘鲁的情况一样，各省、区和大村庄都有农村医疗保健诊所。这些诊所根据规模不是配备一名新毕业的医学博士，就是配备一名有执照的护士。所有医疗服务和药品，包括避孕药具，全部免费供应。但实际上，大多数农村诊所很少开门，而大多数妇女没有稳定可靠的避孕药具来源。因此，厄瓜多尔的农村妇女很少使用有效的避孕药具，除非她们愿意去城市私人诊所做绝育手术。[②]

厄瓜多尔还有一个避孕药具公共供应者，即社会保障系统。这个系统为

[①] 秘鲁和厄瓜多尔诊所人员配备的报告数据，是由作者于 1989 年 7 月在秘鲁和厄瓜多尔通过访谈收集到的。

[②] 在厄瓜多尔，女性绝育手术是使用最广泛的避孕方法。接受这种手术的妇女年龄中位数是 33 岁。

政府和大公司农村地区的雇员提供免费医疗保健服务。由于这些雇员的生活条件相对较好,而且大多数人居住比较集中,足以"供养"一家诊所,因此,社会保障系统应该能够提供有效的计划生育服务。但是,医疗保健系统的职责是治疗而不是预防,计划生育在医疗保健服务等级中始终处于较低的地位(Godwin,Charo and McGreevey,1989)。

哥伦比亚与它的安第斯邻国在两个重要方面有所不同。首先,哥伦比亚公共医疗卫生系统只提供收费服务。虽然费用取决于收入,但所有的病人都要为自己接受的医疗服务支付一定的费用。1985年,一次门诊的平均费用是36美元,不包括药费。虽然这个数目很小,但足以维持执业护士的配备。其次,哥伦比亚在1970年决定允许药店商业销售口服避孕药和针剂。国际计划生育联合会(IPPF)在哥伦比亚的附属机构PROFAMILIA批量采购避孕药具,然后以高额补贴的价格转售给药店、私人医生和政府的社会保障系统。到了1985年,哥伦比亚已婚妇女的避孕药具总普及率已经上升到了65%,但隶属于卫生部的诊所和医院向不到20%的避孕接受者提供避孕药具。占主导地位的避孕药具供应系统主要由私人诊所、医疗保健工作者和小药店组成。哥伦比亚政府允许小药店零售避孕药和针剂以及避孕工具,而小药店是哥伦比亚避孕工具的主要供应渠道(Merrick,1990:151)。

哥伦比亚与几乎所有发展中国家一样,农村地区的避孕普及率低于城市地区。但与秘鲁和厄瓜多尔不同的是,哥伦比亚的农村诊所几乎都配备了医务人员。除了在较大的村庄以外,这里的诊所通常都配备了有执照的护士,但诊所不但配备了人员,而且有收入来支付他们的工资。由于PROFAMILIA积极参与避孕用品的销售,因此更有可能保证农村地区有可靠的供应。[1] 为厄瓜多尔项目类似人群服务的社会保障系统的机构情况尤其如此,但服务要收费,并且销售由PROFAMILIA提供大量补贴的避孕药具。然而,即便是哥伦比亚也没有消除提高农村地区避孕药具使用率的最大障碍——基于诊所的计划生育计划的服务被动性质。

---

[1] 哥伦比亚计划生育面临的两个问题是,政府接管了部分私人计划生育服务供应网络以及1984年天主教会对政府允许绝育进行的抨击。这些事件降低了绝育服务的可用性。这两方面的问题影响了绝育的实施。

第十九章 非经济学家论述政府妥善完成其使命意义的著作

印度尼西亚是一个研究由政府资助的分散化计划生育服务供应系统如何运作的极好例子。印度尼西亚成立了负责执行国家计划生育政策的国家计划生育协调机构(National Family Planning Coordinating Body，BKKBN)。国家计划生育协调机构雇用了7 000名主要由村长和当地助产士兼职的实地工作人员。然后，他们通过挨家挨户上门访问、成立"避孕接受者俱乐部"和利用信用合作社促进计划生育工作的方式来招募避孕接受者(Warwick，1990)。此外，接受计划生育计划的地方伊斯兰教领袖被要求提醒虔诚的信徒:《古兰经》要求对新生儿进行两年的母乳喂养(Rohd and Hendrata，1982)。

印度尼西亚的计划生育计划在几个方面有自己与众不同的特点。首先，它利用现职村官、当地助产士和伊斯兰教领袖作为落实计划生育计划的工作人员。[①] 其次，在计划实施的头两年里，工作人员招募到新的避孕接受者，都有奖励。再者，计划生育计划迅速被扩展到包括预防保健、营养、村庄美化和娱乐等内容。最后，国家计划生育协调机构致力于普及医疗技术知识，并把营养管理和计划生育工作交给村民来做。在这种分散化的村级服务提供体系中，计划生育工作人员的部分收入来自避孕药具销售，但他们要负责项目管理、采购和保持业绩等决策。由于他们的收入取决于他们的销售，因此，他们有强烈的动机去招募新的避孕接受者，并使以前的接受者对他们的服务感到满意。[②]

即使在公共保健诊所，印度尼西亚政府也对私人提供的避孕药具进行补贴，并依靠市场来协助分发。印度尼西亚只有5.9%的保健服务提供者在私营部门做全职工作，其余保健服务提供者大多在公共部门做全职工作。印度尼西亚政府允许很多在公共部门做全职工作的保健服务提供者下班后使用诊所设施提供收费服务。由于这个时段就诊方便、候诊时间短，因此，采用这种方式提供的保健服务有很大的需求。梅拉维利亚(Maraviglia，1990：40)调查

---

① 例如，世界生育率调查组织(World Fertility Survey，WFS)在印度尼西亚发现，农村妇女使用的避孕药具，有22%是由村长提供的(Jones，1984：62)。

② 私人销售公共采购的避孕药具的行为从未得到过政府的官方授权。尽管如此，对印度尼西亚计划生育计划的评估表明，为公共采购的避孕药具，大约有20%通过私人渠道出售(Maraviglia，1990)。最近，印度尼西亚政府聘请了一家美国公司开发一种物流软件系统，通过按照"无要求"法向供应商提供避孕用品来减少这种"流失"。在本文作者看来，这是一个严重的错误，有可能损害农村避孕药具分发系统。

发现，大多数在公共部门工作的医生，下班后加班赚的钱比正常的工资还要多。

四、如何评估这四个国家的计划生育计划

按照计划的影响和效率标准，印度尼西亚的计划生育计划显然效率最高。在这四个国家中，印度尼西亚是唯一在农村和城市地区实现服务平等的国家。1988年，农村妇女的避孕普及率是46%，而城市妇女则达到了54%（Maraviglia, 1990: tables 1—7）。在对受教育程度进行了控制以后，受教育程度相当的农村妇女避孕普及率要高于城市妇女。印度尼西亚也是每个避孕药具使用者公共成本最低的国家，每年只有3美元。尽管计划生育计划覆盖农村地区，并对避孕服务提供者采取了激励措施，但仍能维持如此低的公共成本。哥伦比亚虽然在生育率降幅和目前农村地区避孕普及率方面都落后于印度尼西亚，但这两项指标和避孕接受者的平均公共成本（每年4美元）都是排名第二。秘鲁和厄瓜多尔避孕接受者的平均公共成本分别是5美元和15美元。①

反对医疗服务和教育收费的主要理由是，医疗服务和教育都是有益品，因此，应该向不同阶层的人群免费提供。已经执行人口政策的政府也用同样的理由来证明计划生育政策的正当性。1974年在罗马尼亚布加勒斯特举行的世界人口会议（World Population Conference）通过了承认父母可以自由和负责任地选择子女人数和生育间隔期是基本人权的行动计划。也许更重要的是，在工业化程度较低的国家的农村地区，生育的风险非常大，因此，妇女选择是否怀孕以及何时怀孕的权利肯定是一项基本的保健权利。

那么，收费和分散化管理会在多大程度上保护这项权利呢？正如本文引言中所指出的那样，虽然初级教育、医疗保健和计划生育都是有益品，但它们也是个人私人消费和具有个人效用的产品。因此，这些产品的总效用是个人效用加上个人消费的外部经济中有可能带来的社会效用的总和。只要能按低于或等于个人愿意支付的价格的水平获得这些产品，那么每个社会成员都能

---

① 厄瓜多尔的成本很高，因为自愿接受绝育手术是妇女避孕的主要形式。

第十九章 非经济学家论述政府妥善完成其使命意义的著作

从中获益。消费者个人之所以能够获益,是因为他们得到了产品或服务;而社会之所以能够获益,是因为消费者消费产生了外部经济性。

在本文作者看来,哥伦比亚和印度尼西亚农村妇女虽然必须承担小部分费用,但获得了明显优于秘鲁和厄瓜多尔农村妇女的计划生育以及产前和产后护理服务。此外,秘鲁和厄瓜多尔的农村妇女不得不在高风险的条件下怀孕,而且几乎享受不到与怀孕有关的保健护理服务。认为这种医疗服务应该免费,并没有抓住问题的要害,因为只有不免费,才能获得这种服务。为了达到印度尼西亚已经达到的避孕普及率和普及水平,政府必须为了服务提供者的利益,寻找并说服潜在的避孕接受者——如果你愿意的话,就是向他们推销——并让他们成为实际的接受者。有人可能认为,激励服务提供者要好于向服务接受者收费。但是,采取前一种做法会遇到两个困难。首先,政府要承担更多的费用,因此,服务范围可能会缩小;其次,激励服务提供者的经验已经表明,他们只会说服服务接受者选用那些政府提供高激励的避孕方法,而不是说服他们选用最合适他们的方法(Warwick,1990)。

那么,哥伦比亚或印度尼西亚利用私营部门或者收费提供计划生育服务的做法是否降低了这两个国家的服务平等水平?没有。在这两个国家,政府根据服务提供的情况和获得服务的水平发放补贴,而农村地区和城市地区的服务水平远比秘鲁和厄瓜多尔平等。此外,印度尼西亚分散化的计划生育服务提供方式和利用以村为基础的服务供应系统,使得后来向农村地区提供得到政府大量补贴的免疫接种、儿童营养和其他与健康有关的项目的服务成为可能。

那么,在像秘鲁和厄瓜多尔这样的国家,如果能获得避孕药具,即使收费,对避孕药具的供不应求是否足以降低生育率呢?"世界生育研究"机构(The World Fertility Study)发现,秘鲁和厄瓜多尔差不多有30%的避孕需求未得到满足,而农村地区的这个比例可能要高得多(World Fertility Study,1984)。[①] 当然,没有任何先验的理由预期这两个国家对收费服务的反应会不

[①] "世界生育研究"机构把"未得到满足的需求"定义为回答不想怀孕、有很高怀孕风险和没有采取避孕措施的妇女所占的百分比(WFS,1984:25)。一个更加保守的未得到满足的需求的定义是符合上述类别的妇女和表示在可获得避孕药具的情况下会采取避孕措施的妇女的百分比。厄瓜多尔的这个比例为17.3%,而秘鲁的这个比例则是21.4%(WFS,1984:Appendix,Table 1)。

同于哥伦比亚,因为这三个国家女性的受教育程度、收入和城市化水平相似,而且有相似的文化背景。

本文介绍的最后一个反对收费的观点是,对有益品收费,有可能降低社会凝聚力。值得关注的是,印度尼西亚对计划生育计划最近进行的变革对这个假设提出了疑问。印度尼西亚在1988年推出了"KB Mandiri"(大致意思是"自力更生和社会责任")战略。"KB Mandiri"这个概念与爪哇由来已久的传统"分工合作"(Gotong-Royong,即每个人都有责任为了社会利益采取行动)有关。在计划生育服务方面,这种"同心协力"就意味着有能力购买这种服务的人应该自己花钱购买服务,以便那些无力花钱购买的人可以免费享受这种服务(Maraviglia,1990:33)。这种方法为较富裕者提供了匿名把钱转移给不太富裕的人的机会。印尼官员相信,这种方法通过人人参与创造降低生育率的社会效益的方式来提高社会凝聚力。政府通过对避孕药具品牌"蓝圈"(Blue Circle)——表示"社会全体成员心连心"——的营销来增强购买的象征意义。

虽然现在评估"同心协力"和"篮圈"营销行动的效果还为时过早,但印度尼西亚的计划生育实施情况表明,政府可以通过更多的方式来促进社会凝聚力,而不是通过动用强制力来进行社会性转移支付。而且,通过强调个人自愿贡献的义务,印度尼西亚的现行计划可能在道德上优于其他方案。

本文认为,在个人消费私人品时,即使私人品具有外部经济性和有益性,使用者付费也可以提高效率和公平性。政府可以按低于消费者愿意支付的价格的水平提供商品和服务,从而增加福利。

虽然批评人士可能会主张,政府应该提供有益品,如免费的医疗卫生服务,但这种论点可能对潜在的消费者没有什么意义。原因在于,由于政府资金有限或政治力量不足,他们只能选择政府补贴的收费服务,或者根本享受不到服务。在向农村地区妇女提供计划生育服务的情况下,采用收费、激励和分散化提供方式不仅能提高效率和公平性,而且能提高国民的预期寿命。

【简要总结】 本文考察了主张和反对向使用者收费、私有化以及医疗保健和计划生育服务供应系统分散化的论点,并且比较了分散化系统收费提供服务的模式和集中化系统免费提供服务的模式的效能。在过去的25年里，发展中国家取得了生育率显著下降的成就，但能否继续取得这方面的成就，在很大程度上取决于能否持续提高农村地区计划生育和医疗保健服务供应系统的能力。由于城市地区具有更大的政治影响力，又由于中央政府的医疗保健预算不断减少，因此，发展中国家不可能追加资金来改善农村地区的医疗保健服务供应系统，这种情况导致许多人建议在发展中国家的农村地区采用替代性医疗保健服务供应安排。

参考资料

Akin, John C., N. Birdsall and D. de Ferranti (1987). *Financing Health Services in Developing Countries* (Washington, D. C.: The World Bank).

Akin, John C., C. Griffin, D. K. Guilkey and B. M. Popkin (1985). *The Demand for Primary Health Care in the Third World* (Totowa, N. J.: Rowman and Allanheld).

Birdsall, Nancy (1985). *The Effects of Family Planning Programs on Fertility in the Developing World* (Washington, D. C.: The World Bank).

Birdsall, Nancy (1983). "Strategies for Analyzing Effects of User Charges in the Social Sectors." PNN Technical Note 87-4 (Washington, D. C.: The World Bank).

Boulier, Brian L. (1985). "Family Planning Programs and Contraceptive Availability: Their Effects on Contraceptive Use and Fertility," in Birdsall (ed.), *The Effects of Family Planning Programs on Fertility in the Developing World* (Washington, D. C.: The World Bank), pp. 41-115.

Bulatao, Rodolfo (1983). "A Framework for the Study of Fertility Determinants," in R. Bulatao and R. Lee (eds.), *Supply and Demand for Children* (New York: Academic Press).

Caldwell, John C. (1983). "Direct Economic Costs and Benefits of Children,"in R. Bulatao and R. Lee (eds.), *Supply and Demand for Children* (New York: Academic Press).

Cornea, Giovanni, R. Jolly and F. Stewart (1987). *Adjustment with a Human Face* (Oxford: Oxford University Press).

Davies, Bleddyn (1980). "Policy Options for Charges and Means Tests,"in K. Judge (ed.), *Pricing the Social Services* (London: Macmi-Han),132—152.

Feldstein, Martin, M. A. Piot and T. K. Sundcrcsan (1973). "Resource Allocation Model for Public Health Planning: A Case of Tuberculosis Control,"*Bulletin of the World Health Organization*, vol 48, supplement.

Florez, Dario Mejia (1990). *Poplacion, Planificacion Familiar de Ecuador* (Quito, Ecuador: Dual & Associates: Analysis Technico # 007).

Gertler, Paul and P. Glewwe (1989). *The Willingness to Pay for Education in Developing Countries: Evidence from Rural Peru* (Washington, D.C.: The World Bank).

Godwin, R. Kenneth, A. Charo and W. McGrecvcy (1989). Options for Population Policy: Midterm Evaluation (Arlington, VA: Population Technical Assistance Project Report No. 89—048—099).

Griffin, Charles C. (1989). Strengthening Health Services in Developing Countries through the Private Sector. Discussion Paper No. 4, International Finance Corporation (Washington, D.C.: The World Bank).

Herz, Barbara K. (1984). *Official Development Assistance for Population Activities: A Review*(Washington, D.C.: The World Bank).

Hirschman, Albert O. (1986). Rival Views of Market Society and Other Recent Essays(New York: Viking).

Jimenez, Emmanuel (1987). *Pricing Policy in the Social Sectors: Cost Recovery for Education and Health in Developing Countries* (Baltimore, MD:Johns Hopkins University Press).

Jones, Elise F. (1984). "The Availability of Contraceptive Services,"

第十九章 非经济学家论述政府妥善完成其使命意义的著作

WFS *Comparative Studies*, No. 37 (Voorburg, Netherlands: International Statistical Institute).

Judge, Ken (1978). *Rationing Social Services: A Study of Resource Allocation and the Personal Social Services* (London: Heinemann Educational).

Judge, Ken (1980). "An Introduction to the Economic Theory of Pricing," in Judge, (ed.), *Pricing the Social Services* (London: Macmillan), pp. 46—66.

Kelman, Steven (1984). *What Price Incentives? Economists and the Environment* (Boston: Auburn House).

Klees, Steven J. (1984). "The Need for a Political Economy of Educational Finance: A Response to Thobani," *Comparative Education Review*, 28, 424—440.

Maraviglia, Nydia (1990). *Indonesia: Family Planning Perspectives in the 1990s* (Washington, D.C.: The World Bank).

Mauldin, W. Parker and R. J. Lapham (1985). "Measuring Family Planning Program Effort in LDCs: 1962 and 1982," in Birdsall (ed.), *The Effects of Family Planning Programs on Fertility in the Developing World* (Washington, D.C.: The World Bank), pp. 1—40.

Maxwell, Robert J. (1981). *Health and Wealth: An International Study of Health Care Spending* (Lexington, MA: D. C. Heath).

Meerman, Jacob (1979). *Public Expenditure in Malaysia: Who Benefits and Why* (New York: Oxford University Press).

Merrick,. Thomas W. (1990). "The Evolution and Impact of Policies on Fertility and Family Planning," in Godfrey Roberts (ed.), *Population Policy: Contemporary Issues* (New York: Praeger), 147—166.

Musgrave, Richard A. (1969). "Cost-Benefit Analysis and the Theory of Public Finance," *Journal of Economic Literature*, 7: 797—806.

Rohde, Jon E. and Lukas Hendrata (1982). "Development from Below:

Transformation of VillageBased Nutrition Projects to a National Family Nutrition Program in Indonesia," in N. S. Scrimshaw and M. B. Wallerstein (eds.), *Nutrition Policy Implementation: Issues and Experience* (New York: Plenum), 209—230.

Rondinelli, Dennis A. (1987). *Development Administration and U. S. Foreign Aid Policy* (London: Lynne Rienner).

Rose, Richard (1989). "Charges as Contested Signals," *Journal of Public Policy*, 9, 3, 261—286.

Roth, Gabriel (1987). *Private Provision of Public Services in Developing Countries* (New York: Oxford University Press).

Salmen, Lawrence F. (1987). *Listen to the People: Participant-Observer Evaluation of Development Projects* (Oxford: Oxford University Press).

Sheehan, Susan (1975). *A Welfare Mother* (New York: New American Library).

Thobani, Mateen (1983). "Charging User Fees for Social Services: The Case of Education in Malawi," World Bank Staff Working Paper No. 572 (Washington, D. C. : The World Bank).

Warwick, Donald P. (1982). Bitler Pills: *Population Policies and their Implementation in Eight Developing Countries* (New York: Cambridge University Press).

Warwick, Donald P. (1990). "The Ethics of Population Control," in Godfrey Roberts (ed.), *Population Policy: Contemporary Issues* (New York: Praeger), 21—38.

Wheeler, David (1985). "Female Education, Family Planning, Income and Population: A Long-run Econometric Simulation Model," in Birdsall (ed.), *The Effects of Family Planning Programs on Fertility in the Developing World* (Washington, D. C. : The World Bank).

World Bank (1986). *Financing Education in Developing Countries: An*

第十九章 非经济学家论述政府妥善完成其使命意义的著作

Exploration of Policy Options (Washington,D.C.: The World Bank).

World Bank (1984). *World Development Report*, 1984(New York: Oxford University Press).

World Bank(1988). *World Development Report*, 1988(New York: Oxford University Press).

World Fertility Study(1984). *World Fertility Study: Major Findings and Implications* (London: Alden Press).

参考文献

Al-Hamad; A. Y. (2003). The Arab World: Performance and Prospects. In *The Per Jacobsson Lecture. Dubai, United Arab Emirates* (pp. 5—17). Washington, D. C. : The Per Jacobsson Foundation.

Andel, N. (1968/69, March), Zur Diskussion über Musgraves Begriff der "Merit Wants." *Finanzarchiv*, N. S. , 28, 209—213.

Andel, N. (1984). Zum Konzept der meritorischen Güter. *Finanzarchiv*; N. S. , 42, 630—648.

Arcelus, F. , & Levine, A. (1986). Merit Goods and Public Choice: The Case of Higher Education. *Public Finance/ Finances Publiques*, 41(3), 303—315.

Auld, D. , & Bing, P. C. (1971/72). Merit Wants: A Further Analysis. *Finanzarchiv*, N. S. , 30(2), 257—265.

Baier, A. (1994). The Need for More than Justice. In *Moral Prejudices: Essays on Ethics* (pp. 18—32). Cambridge, MA: Harvard University Press.

Ballentine, J. G. (1972/73). Merit Goods, Information, and Corrected Preferences. *Finanzarchiv*, N. S. , 31, 298—306.

Basu, K. (1975/76). Retrospective Choice and Merit Goods. *Finanzarchiv*, N. S. , 34, 220—225.

Besley, T. (1988). A Simple Model for Merit Good Arguments. *Journal of Public Economics*, 35, 371—383.

Braulke, M. (1972/73). Merit Goods: Einige zusätzliche Anmerkungen.

参考文献

Finanzarchiv, N. S. , 31, 307—309.

Brennan, G. (1990). Irrational Action, Individual Sovereignty and Political Process: Why There Is a Coherent "Merit Goods" Argument. In G. Brennan and C. Walsh (Eds.), *Rationality, Individualism and Public Policy*. Canberra: The Australian National University.

Brennan, G. , & Lomasky, L. (1983). Institutional Aspects of "Merit Goods" Analysis. *Finanzarchiv*, N. S. , 41, 183—206.

Brennan, G. , & Lomasky, L. (1993). Paternalism, Self-Paternalism, and the State. In *Democracy and Decision: The Pure Theory of Electorral Preference* (pp. 143—166). Cambridge: Cambridge University Press.

Brennan, G. , and Walsh, C. (Editors). (1990). *Rationality, Individualism and Public Policy*. Canberra: The Australian National University.

Buchanan, J. M. (1983). Fairness, Hope and Justice, In R. Skurski (Ed.), *New Directions in Economic Justice* (pp. 53—89). Notre Dame: University of Notre Dame Press.

Burrows, P. (1977). "Efficient" Pricing and Government Interference. In M. Posner (Ed.), *Public Expenditure: Allocation Between Competing Ends* (pp. 81—93). Cambridge: Cambridge University Press.

Buttler, F. (1973). Explikative und normative Theorie der meritorischen Güter-Eine Problemanalyse. *Zeitschrift für Wirtschafts-und Sozialwissenschaften*, 93(2), 129—146.

Capeau, B. , and Ooghe, E. (2003). Merit Goods and Phantom Agents. *Economics Bulletin*, 8(8), 1—5.

Charles, S. , & Westaway, T. (1981). Ignorance and Merit Wants. *Finanzarchiv*, N. S. , 39(1), 74—78.

Cooter, R. D. , & Gordley, J. (1995). The Cultural Justification of Unearned Income: An Economic Model of Merit Good Based Aristotelian Ideas of Akrasia and Distributive Justice. In R. Cowan & M. J. Rizzo (Eds.), *Profits and Morality* (pp. 150—175). Chicago: University of Chicago Press.

Culyer, A. J. (1971). Merit Goods and the Welfare Economics of Coercion. *Public Finance/Finances Publiques*, 26(4), 546—570.

Del Mar Racioncro, M. (1999). Optimal Redistribution with Unobservable Preferences for an Observable Merit Good. *Université Catholique de Louvain. CORE Discussion Paper 9909*, 18.

Del Mar Racionero, M. (2001). Optimal Tax Mix with Merit Goods. *Oxford Economic Papers*, 53(4), 628—641.

Descals-Tormo, A. (1997). An Economic Characterization of the Concept of "Merit Goods": The Case of Higher Education Service. *Journal of Public Finance and Public Choice/ Economia delle Scelte Pubbliche*, 15(1), 55—67.

Dilnot, A., & Helm, D. (1989). Energy Policy, Merit Goods, and Social Security. In D. Helm, J. Kay & D. Thompson (Eds.), *The Market for Energy* (pp. 55—73). Oxford: Oxford University Press.

Economic Justice for All. Pastoral Letter on Catholic Social Teaching and the U. S. Economy. (1986). Washington, D. C.: United States Catholic Conference.

Feehan, J. P. (1990). A Simple Model for Merit Good Arguments. *Journal of Public Economics*, 43, 127—129.

Folkers, C. (1974). Meritorische Güter als Problem der normativen Theorie öffentlicher Ausgaben. *Jahrbuch für Sozialwissenschqft*, 25, 1—29.

Fritsch, M. (1980). Staatseingriff und "Meritorität." Uberlegungen des Konzeptes der "meritorischen Güter". In *Wirtschaftswissenschaftliche Dokumentation*, Diskussionspapier 53. Berlin: Technische Universität Berlin.

Glendon, A. M. (1987). Economic Consequences of Divorce. In *Abortion and Divorce in Western Law* (pp. 81—104). Cambridge, MA: Harvard University Press.

Godwin, K. R. (1991). Charges for Merit Goods: Third World Family Planning. *Journal of Public Policy*, 11(4), 415—429.

Harberger, A. C. (1984). Basic Needs versus Distributional Weights in Social Cost-Benefit Analysis. *Economic Development and Cultural Change*, 32(3), 455—474.

Head, J. G. (1966, March). On Merit Goods. *Finanzarchiv*, N. S., 25, 1—29. (Also published in Head, John. *Public Goods and Public Welfare*. 1974, 214—247.)

Head, J. G. (1969, March). Merit Goods Revisited. *Finanzarchiv*, N. S., 28, 214—225. (Also published in Head, John. *Public Goods and Public Welfare*. 1974, 248—261.)

Head, J. G. (1974). *Public Goods and Public Welfare*. Durham, NC: Duke University Press.

Head, J. G. (1988). On Merit Wants: Reflections on the Evolution, Normative Status and Policy Relevance of a Controversial Public Finance Concept. *Finanzarchiv*, N. F., 46, 1—37. (Also published in *Rationality, Individualism and Public Policy*. Geoffrey Brennan and Cliff Walsh, Eds. Canberra: Australian National University, 1990, 211—244.)

Hillman, A. L. (1980). Notions of Merit Want. *Public Finance/Finances Publiques*, 35(2), 212—226.

John Paul II. (1991). *Centesimus Annus*. Washington, D. C.: Office for Publishing and Promotion Services, United States Catholic Conference.

Kühne Karl. (1984). Öffentliche Güter, meritorische Güter und Klubtheorie. In K. Oettle (Ed.); *Öffentliche Güter und Öffentliche Unternehmen*. Baden-Baden: Nomos.

Lepelmeier, D., & Theurl, E. (1981). Zur Problematik meritorischer Güter. Anmerkungen zur Politischen Dimension der Theorie öffentlicher Güter. *Wirtschaftswissenschaftliches Srudium*, 553—556.

Mackscheidt, K. (1974). Meritorische Güter: Musgraves Idee und deren Konsequenzen. *WISU—Das Wirtschaftsswdium*, 3, 237—241.

Mackscheidt, K. (1981). Die Entfaltung von privater und kollektiver Initiative durch meritorische Güter. Meritorische Güter zwischen Marktwirtschaft und Staatswirtschaft. *Archiv für öffentliche undfreigemeinniitzige Unternehrnen*,13,257—267.

Mclure,C. E. (1968,June). Merit Wants:A Normative Empty Box. *Finanzarchiv*,N. S. ,27,474—483.

Mclure,C. E. (1990). Merit Wants. In G. Brennan &. C. Walsh (Eds.), *Rationality*, *Individualism and Public Policy*. Canberra: The Australian National University.

Molitor, B. (1988). Meritorisierung des Gutes "Sicherheit?". In K. Hohman,D. Schönwitz, H. Weber and H. F. Wtinsche (Eds.),*Grundtexte zur Sozialen Marktwirtschaft*. Vol. 2. Stuttgart,New York:Gustav Fischer Verlag.

Munro,A. (1992). In Kind Distribution,Uncertainty,and Merit Wants: A Simple Model. *Public Finance Quarterly*,20(2),175—194.

Musgrave,R. A. (1956,September). A Multiple Theory of Budget Determination. *Finanzarchiv*,N. S. ,17,333—343.

Musgrave,R. A. (1957). Principles of Budget Determination. In Joint Economic Committeee (Ed.), *Federal Expenditure Policy for Economic Growth and Stability* (pp. 108 — 115). Washington, D. C. : Government Printing Office.

Musgrave, R. A. (1959). *The Theory of Public Finance*. New York: McGraw-Hill Book Company.

Musgrave,R. A. (1969). *Fiscal Systems*. New Haven,CT:Yale University Press.

Musgrave,R. A. (1969). Provision for Social Goods. In J. Margolis and H. Guitton (Eds.),*Public Economics*. London:Macmillan Press Ltd.

Musgrave,R. A. (1971). Provision for Social Goods in the Market System. *Public Finance / Finances Publiques*,26,304—320.

Musgrave,R. A. (1976). Adam Smith on Public Finance and Distribution. In Wilson and Skinner (Ed.), *The Market and the State: Essays in Honor of Adam Smith* (pp. 296—319). Oxford University Press.

Musgrave, R. A. (1980). Theories of Fiscal Crisis. In Aaron, H. (Ed.), *The Economics of Taxation*. Washington, D. C. : Brookings Institution.

Musgrave, R. A. (1987). Merit Goods. In J. Eatwell, M. Milgate & P. Newman (Eds.), *The New Palgrave: A Dictionary of Economics* (vol. 3). London: Macmillan.

Musgrave, R. A. (1990). Merit Goods. In G. Brennan and C. Walsh (Eds.), *Rationality, Individualism and Public Policy*. Canberra: The Australian National University.

Musgrave, R. A. (1996). Public Finance and Finanzwissenschaft Traditions Compared. *Finanzarchiv, N. S.*, 53(2), 145—193.

Musgrave, R. A. (1997). Crossing Traditions. In H. Hagemann (Ed.), *Zur deutschspmchigen wirlschafilichen Emigration nach* 1933 (pp. 63—79). Marburg: Metropolis.

Musgrave, R. A., & Musgrave, P. (1973). *Public Finance in Theory and Practice*. New York: McGraw-Hill Book Company.

Musgrave, R. A., & Musgrave, P. (1976). *Public Finance in Theory and Practice* (2nd edition). New York: McGraw-Hill Book Company.

Musgrave, R. A., & Musgrave, P. (1984). *Public Finance in Theory and Practice* (4th edition). New York: McGraw-Hill Book Company.

Musgrave, R. A., and Peacock, A. T. (Eds.). (1967). *Classics in the Theory of Public Finance*. New York: St. Martin's Press.

Nelson, R. R. (1987). Roles of Government in a Mixed Economy. *Journal of Policy Analysis and Management*, 6(4), 541—557.

Nelson, R. R. (2002). The Problem of Market Bias in Modern Capitalist Economies. *Industrial and Corporate Change*, 11(2), 207—244.

OECD. (1982). *The OECD List of Social Indicators*. Paris: Organization for Economic Cooperation and Development.

Olson, M., Jr. (1965). *The Logic of Collective Action*. New York: Schocken Books.

Olson, M., Jr. (1983). The Political Economy of Comparative Growth Rates. In D. C. Muller (Ed.), *The Political Economy of Growth*. New Haven, CT: Yale University Press.

Pazner, E. A. (1972). Merit Wants and the Theory of Taxation. *Public Finance / Finances Publiques*, 27, 460—472.

Priddat, B. P. (1992). Ethische Gemeinschaftbedürfnisse? Zur neueren Interpretation der Meritorik bei R. A. Musgrave. *Zeitschrift für Wirtschafts-und Sozialwissenschaften*, 112(2).

Priddat, B. P. (1992). Zur Ökonomie der Gemeinschaftsbedürfnisse: Neuere Versuche einer ethischen Begründung der Theorie meritorischer Güter. *Zeitschrift für Wirtschafts-u Sozialwissenschaften*, 112, 239—259.

Priddat, B. P. (1994). Moderne Ökonomische Staatsbegründung: Zur Theorie meritorischer Güter. In *Diskussionspapiere* (pp. 1—45). Witten: Universität Witten/Herdecke.

Pulsipher, A. G. (1971/72). The Properties and Relevancy of Merit Goods. *Finanzarchiv*, N. S., 30, 266—286.

Rawls, J. (1982). Social Unity and Primary Goods. In A. Sen & B. Williams (Eds.), *Utilitarianism and Beyond*. Cambridge: Cambridge University Press.

Rosen, H. (1999). *Public Finance*. Boston: Irwin/McGraw-Hill.

Roskamp, K. W. (1975). Public Goods, Merit Goods, Private Goods, Pareto Optimum, and Social Optimum. *Public Finance/Finances Publiques*, 30(1), 61—69.

Sandmo, A. (1983). Ex Post Welfare Economics and the Theory of Merit Goods. *Economica*, 50, 19—33.

Schmidt, K. (1988). Mehr zur Meritorik. Kritisches und Alternatives zu der Lehre von den öffentlichen Gütern. *Zeitschrift für Wirtschaft-und Sozialwissenschaften,108(3),383—403.

Sen,A. (1977). Rational Fools:A Critique of the Behavioural Foundations of Economic Theory. *Philosophy and Public Affairs*,6,317—344.

Sen,A. (1985). The Moral Standing of the Market. *Social Philosophy and Policy*,2(2),1—19.

Sen,A. (1990,20 Dec.). More than 100 Million Women Are Missing. *The New York Review of Books*,61—66.

Stiglitz,J. E. (1999). Whither Reform? Ten Years of the Transition. *World Bonk*,WEB,1—32.

Stiglitz,J. E. (2000). *Economics of the Public Sector*. New York:W. W. Norton.

Tiebout,C. M.,& Houston,D. B. (1962). Metropolitan Finance Reconsidered:Budget Functions and Multilevel Governments. *Review of Economics and Statistics*,44(4), 412—417.

Tietzel,M.,& Muller,C. (1998). Noch mehr zur Meritorik. *Zeitschrift für Wirtschafts-und Sozialwissenschaften*,118(1),87—127.

Tobin,J. (1970). On Limiting the Domain of Inequality. *Journal of Law and Economics*,13,263—277.

Treasury of New Zealand. (2002). Guidelines for Setting Charges in the Public Sector. http://www. treasury. govt. nz/publicsector/charges/part3. asp.

Treasury of United Kingdom. (2002). Glossary. http://www. hm-treasury. gov. uk/Spending_ Review/S pen di ng_Review _2000/ Associatcd_Documcnts/spend_sr00_ ad_ccrgloss. cfm.

United Kingdom Cabinet Office. (2002). Learning Zone:Education and training. http://www. statistics. gov. uk/leamingzone/health. asp.

U. S. Department of Health and Human Services. (2001). The Economic Rationale for Investing in Children. http://aspe. hhs. gov/hsp/cc-rationale02.

Ver Eecke, W. (1996). A Refundable Tax Credit for Children: Self-Interest-Based and Morally-Based Arguments. *Journal of Socio-Economics*, 25(3), 383—394.

Ver Eecke, W. (1998). The Concept of a "Merit Good": The Ethical Dimension in Economic Theory and the History of Economic Thought or the Transformation of Economics into Socio-Economics. *Journal of Socio-Economics*, 27(1), 133—153.

Ver Eecke, W. (2001). Le Concept de "Bien Méritoire" ou la nécessité épistémologique d'un concept éthique dans la science économique. *Laval Théologique et Philosophique*, 57(1), 23—40.

Ver Eecke, W. (2003). Adam Smith and Musgrave's Concept of Merit Good. *Journal of Socio-Economics*, 31, 701—720.

Wenzel, D. H., and Wiegard, W. (1981). Merit Goods and Second-best Taxation. *Public Finance / Finances Publiques*, 36, 125—139.

West, E. G. (1991). Merit Wants: Analysis and Taxonomy: Comment: Merit Wants and Public Goods Theory. In L. Eden (Ed.), *Retrospectives on Public Finance* (pp. 255—260). Durham: Puke University Press.

Wirl, F. (1999). Paternalistic Principals. *Journal of Economic Behavior and Organization*, pp. 403—419.

Wildavsky, A. (1987). Opportunity Costs and Merit Wants. In *Speaking Truth to Power: The Art and Craft of Policy Analysis* [Chapter 7]. 2nd ed. New Brunswick: Transaction Publishers, 1987. [1st ed. Boston: Little, Brown and Company, 1979.]

World Bank. (2002). Rational for Government Intervention and Public Expenditure in the Social Sector. Http://www1.worldbank.org/education/economicsed/finance/public/socialse.htm.

译丛主编后记

财政活动兼有经济和政治二重属性,因而从现代财政学诞生之日起,"财政学是介于经济学与政治学之间的学科"这样的说法就不绝于耳。正因为如此,财政研究至少有两种范式:一种是经济学研究范式,在这种范式下财政学向公共经济学发展;另一种是政治学研究范式,从政治学视角探讨国家与社会间的财政行为。这两种研究范式各有侧重,互为补充。但是检索国内相关文献可以发现,我国财政学者遵循政治学范式的研究中并不多见,绝大多数财政研究仍自觉或不自觉地将自己界定在经济学学科内,而政治学者大多也不把研究财政现象视为分内行为。究其原因,可能主要源于在当前行政主导下的学科分界中,财政学被分到了应用经济学之下。本丛书主编之所以不揣浅陋地提出"财政政治学"这一名称,并将其作为译丛名,是想尝试着对当前这样的学科体系进行纠偏,将财政学的经济学研究范式和政治学研究范式结合起来,从而以"财政政治学"为名,倡导研究财政活动的政治属性。编者认为,这样做有以下几个方面的积极意义。

1. 寻求当前财政研究的理论基础

在我国学科体系中,财政学被归入应用经济学之下,学术上就自然产生了要以经济理论作为财政研究基础的要求。不过,由于当前经济学越来越把自己固化为形式特征明显的数学,若以经济理论为基础就容易导致财政学忽视那些难以数学化的研究领域,这样就会让目前大量的财政研究失去理论基础。在现实中已经出现并会反复出现的现象是,探讨财政行为的理论、制度与历史的论著,不断被人质疑是否属于经济学研究,一篇研究预算制度及其现实运行的博士论文,经常被答辩委员怀疑是否可授予经济学学位。因此,要解释当前的财政现象、推动财政研究,就不得不去寻找财政的政治理论基础。

2. 培养治国者

财政因国家治理需要而不断地变革,国家因财政治理而得以成长。中共十八届三中全会指出:"财政是国家治理的基础和重要支柱,科学的财税体制是优化资源配置、维护市场统一、促进社会公平、实现国家长治久安的制度保障。"财政在国家治理中的作用,被提到空前的高度。因此,财政专业培养的学生,不仅要学会财政领域中的经济知识,也必须学到相应的政治知识,方能成为合格的治国者。财政活动是一种极其重要的国务活动,涉及治国方略;从事财政活动的人有不少是重要的政治家,应该得到综合的培养。这一理由,也是当前众多财经类大学财政专业不能被合并到经济学院的原因之所在。

3. 促进政治发展

18—19世纪,在普鲁士国家兴起及德国统一过程中,活跃的财政学派与良好的财政当局,曾经发挥了巨大的历史作用。而在当今中国,在大的制度构架稳定的前提下,通过财政改革推动政治发展,也一再为学者们所重视。财政专业的学者,自然也应该参与到这样的理论研究和实践活动中。事实上已有不少学者参与到诸如提高财政透明、促进财税法制改革等活动中,并事实上成为推动中国政治发展进程的力量。

因此,"财政政治学"作为学科提出,可以纠正当前财政研究局限于经济学路径造成的偏颇。包含"财政政治学"在内的财政学,将不仅是一门运用经济学方法理解现实财政活动的学科,也会是一门经邦济世的政策科学,更是推动财政学发展、为财政活动提供指引,并推动中国政治发展的重要学科。

"财政政治学"虽然尚不是我国学术界的正式名称,但在西方国家的教学和研究活动中却有广泛相似的内容。在这些国家中,有不少政治学者研究财政问题,同样有许多财政学者从政治视角分析财政现象,进而形成了内容非常丰富的文献。当然,由于这些国家并没有中国这样行政主导下的严格学科分界,因而不需要有相对独立的"财政政治学"的提法。相关研究,略显随意地分布在以"税收政治学"、"预算政治学""财政社会学"为名称的教材或论著中,当然"财政政治学"(Fiscal Politics)的说法也不少见。

中国近现代学术进步的历程表明,译介图书是广开风气、发展学术的不二法门。因此,要在中国构建财政政治学学科,就要在坚持以"我"为主研究中国

译丛主编后记

财政政治问题的同时，大量地翻译西方学者在此领域的相关论著，以便为国内学者从政治维度研究财政问题提供借鉴。本译丛主编选择了这一领域内的68部英文和日文著作，陆续予以翻译和出版。在文本的选择上，大致分为理论基础、现实制度与历史研究等几个方面。

本译丛的译者，主要为上海财经大学的教师以及该校已毕业并在外校从事教学的财政学博士，另外还邀请了其他院校的部分教师参与。在翻译稿酬低廉、译作科研分值低下的今天，我们这样一批人只是凭借着对学术的热爱和略略纠偏财政研究取向的希望，投身到这一译丛中。希望我们的微薄努力，能够成为促进财政学和政治学学科发展、推动中国政治进步的涓涓细流。

在本译丛的出版过程中，胡怡建老师主持的上海财经大学公共政策与治理研究院、上海财经大学公共经济与管理学院的领导与教师都给予了大力的支持与热情的鼓励。上海财经大学出版社的总编黄磊、编辑刘兵在版权引进、图书编辑过程中也付出了辛勤的劳动。在此一并致谢！

           刘守刚　上海财经大学公共经济与管理学院
           2023年7月

"财政政治学译丛"书目

1. 《财政理论史上的经典文献》
   理查德·A.马斯格雷夫,艾伦·T.皮考克 编　刘守刚,王晓丹 译
2. 《君主专制政体下的财政极限——17世纪上半叶法国的直接税制》
   詹姆斯·B.柯林斯 著　沈国华 译
3. 《欧洲财政国家的兴起 1200—1815》
   理查德·邦尼 编　沈国华 译
4. 《税收公正与民间正义》
   史蒂文·M.谢福林 著　杨海燕 译
5. 《国家的财政危机》
   詹姆斯·奥康纳 著　沈国华 译
6. 《发展中国家的税收与国家构建》
   黛博拉·布罗蒂加姆,奥德黑格尔·菲耶尔斯塔德,米克·摩尔 编　卢军坪,毛道根 译
7. 《税收哲人——英美税收思想史二百年》(附录:税收国家的危机 熊彼特 著)
   哈罗德·格罗夫斯 著　唐纳德·柯伦 编　刘守刚,刘雪梅 译
8. 《经济系统与国家财政——现代欧洲财政国家的起源:13—18世纪》
   理查德·邦尼 编　沈国华 译
9. 《为自由国家而纳税:19世纪欧洲公共财政的兴起》
   何塞·路易斯·卡多佐,佩德罗·莱恩 编　徐静,黄文鑫,曹璐 译　王瑞民 校译
10. 《预算国家的危机》
    大岛通义 著　徐一睿 译
11. 《信任利维坦:英国的税收政治学(1799—1914)》
    马丁·唐顿 著　魏陆 译
12. 《英国百年财政挤压政治——财政紧缩·施政纲领·官僚政治》
    克里斯托夫·胡德,罗扎那·西玛兹 著　沈国华 译
13. 《财政学的本质》
    山田太门 著　宋健敏 译
14. 《危机、革命与自维持型增长——1130—1830年的欧洲财政史》
    W.M.奥303罗德,玛格丽特·邦尼,理查德·邦尼 编　沈国华 译
15. 《战争、收入与国家构建——为美国国家发展筹资》
    谢尔登·D.波拉克 著　李婉 译
16. 《控制公共资金——发展中国家的财政机制》
    A.普列姆昌德 著　王晓丹 译
17. 《市场与制度的政治经济学》
    金子胜 著　徐一睿 译
18. 《政治转型与公共财政——欧洲 1650—1913 年》
    马克·丁塞科 著　汪志杰,倪霓 译
19. 《赤字、债务与民主》
    理查德·E.瓦格纳 著　刘志广 译
20. 《比较历史分析方法的进展》
    詹姆斯·马汉尼,凯瑟琳·瑟伦 编　秦传安 译
21. 《政治对市场》
    戈斯塔·埃斯平—安德森 著　沈国华 译
22. 《荷兰财政金融史》
    马基林·哈特,乔斯特·琼克,扬·卢滕·范赞登 编　郑海洋 译　王文剑 校译
23. 《税收的全球争论》
    霍尔格·内林,佛罗莱恩·舒伊 编　赵海益,任晓辉 译
24. 《福利国家的兴衰》
    阿斯乔恩·瓦尔 著　唐瑶 译　童光辉 校译
25. 《战争、葡萄酒与关税:1689—1900 年间英法贸易的政治经济学》
    约翰 V.C.奈 著　邱琳 译
26. 《汉密尔顿悖论》
    乔纳森·A.罗登 著　何华武 译
27. 《公共经济学历史研究》
    吉尔伯特·法卡雷罗,理查德·斯特恩 编　沈国华 译
28. 《新财政社会学——比较与历史视野下的税收》
    艾萨克·威廉·马丁·阿杰·K.梅罗特拉 莫妮卡·普拉萨德 编,刘长喜 等 译,刘守刚 校
29. 《公债的世界》
    尼古拉·贝瑞尔,尼古拉·德拉朗德 编　沈国华 译
30. 《西方世界的税收与支出史》
    卡洛琳·韦伯,阿伦·威尔达夫斯基 著　朱积慧,荀燕楠,任晓辉 译
31. 《西方社会中的财政(第三卷)——税收与支出的基础》
    理查德·A.马斯格雷夫 著　王晓丹,王瑞民,刘雪梅 译　刘守刚 统校
32. 《社会科学中的比较历史分析》
    詹姆斯·马汉尼,迪特里希·鲁施迈耶 编　秦传安 译
33. 《来自地狱的债主——菲利普二世的债务、税收和财政赤字》
    莫里西奥·德莱希曼,汉斯—约阿希姆·沃思 著　李虹筱,齐晨阳 译　施诚,刘兵 校译

34.《金钱、政党与竞选财务改革》
   雷蒙德·J.拉贾 著　李艳鹤 译
35.《牛津福利国家手册》
   弗兰西斯·G.卡斯尔斯,斯蒂芬·莱伯弗里德,简·刘易斯,赫伯特·奥宾格,克里斯多弗·皮尔森 编
   杨翠迎 译
36.《美国财政宪法——一部兴衰史》
   比尔·怀特 著　马忠玲,张华 译
37.《税收、国家与社会》
   Marc Leroy 著　屈伯文 译
38.《有益品文选》
   威尔弗莱德·维尔·埃克 编　沈国华 译
39.《政治、税收和法治》
   唐纳德·P.雷切特,理查德·E.瓦格纳 著　王逸帅 译
40.《西方的税收与立法机构》
   史科特·格尔巴赫 著　杨海燕 译
41.《财政学手册》
   于尔根·G.巴克豪斯,理查德·E.瓦格纳 编　何华武,刘志广 译
42.《18世纪西班牙建立财政军事国家》
   拉斐尔·托雷斯·桑切斯 著　施诚 译
43.《美国现代财政国家的形成和发展——法律、政治和累进税的兴起,1877—1929》
   阿贾耶·梅罗特　倪霓,童光辉 译
44.《另类公共经济学手册》
   弗朗西斯科·福特,拉姆·穆达姆比,彼得洛·玛丽亚·纳瓦拉 编　解洪涛 译
45.《财政理论发展的民族要素》
   奥汉·卡亚普 著　杨晓慧 译
46.《联邦税史》
   埃利奥特·布朗利 著　彭骥鸣,彭浪川 译
47.《旧制度法国绝对主义的限制》
   理查德·邦尼 著　熊芳芳 译
48.《债务与赤字:历史视角》
   约翰·马洛尼 编　郭长林 译
49.《布坎南与自由主义政治经济学:理性重构》
   理查德·E.瓦格纳 著　马珺 译
50.《财政政治学》
   维特·加斯帕,桑吉·古普塔,卡洛斯·穆拉斯格拉纳多斯 编　程红梅,王雪蕊,叶行昆 译
51.《英国财政革命——公共信用发展研究,1688—1756》
   P.G.M.迪克森 著　张珉璐 译
52.《财产税与税收争议》
   亚瑟·奥沙利文,特里 A.塞克斯顿,史蒂文·M.谢福林 著　倪霓 译
53.《税收逃逸的伦理学——理论与实践观点》
   罗伯特·W.麦基 编　陈国文,陈颖湄 译
54.《税收幻觉——税收、民主与嵌入政治理论》
   菲利普·汉森 著　倪霓,金赣婷 译
55.《美国财政的起源》
   唐纳德·斯塔比尔 著　王文剑 译
56.《国家的兴与衰》
   Martin van Creveld 著　沈国华 译
57.《全球财政国家的兴起(1500—1914)》
   Bartolomé Yun-Casalilla & Patrick K. O'Brien 编,匡小平 译
58.《加拿大的支出政治学》
   Donald Savoie 著　匡小平 译
59.《财政理论家》
   Colin Read 著　王晓丹 译
60.《理解国家福利》
   Brain Lund 著　沈国华 译
61.《债务与赤字:历史视角》
   约翰·马洛尼 编　郭长林 译
62.《英国财政的政治经济学》
   堂目卓生 著　刘守刚 译
63.《日本的财政危机》
   莫里斯·赖特 著　孙世强 译
64.《财政社会学与财政学理论》
   理查德·瓦格纳 著　刘志广 译
65.《作为体系的宏观经济学:超越微观—宏观二分法》
   理查德·瓦格纳 著　刘志广 译
66.《税收遵从与税收风气》
   Benno Torgler 著　闫锐 译
67.《保护士兵与母亲》
   斯考切波 著　何华武 译
68.《国家的理念》
   Peter J. Steinberger 著　秦传安 译